U0581209

周 炜 | 著

中国少数民族
语言生活研究

——以西藏自治区为例

人民出版社

目　　录

自　序

　　西藏的语言政策是我国少数民族语言政策中的一个重要组成部分,它的形成和发展既与西藏自治区的社会发展和语言文字的现状有密切的联系,同时又与我国的少数民族语言政策有着不可分割的关系。因此,我们认为,西藏的语言政策既有民族的特色,同时又体现了我国语言政策的特征。另外,从民族政策的角度看,西藏的语言政策又是西藏民族政策的一部分。

　　西藏最早的语言政策主要反映在 1951 年签订的《十七条协议》中。协议规定:"中央人民政府依据中国人民政治协商会议通过的共同纲领,宣布中华人民共和国境内的各个民族一律平等……在中华人民共和国各民族的大家庭之内,各个少数民族聚居的地区实行民族区域自治,各少数民族均有发展其自己的语言文字,保持或改革其风俗习惯及宗教信仰的自由。"协议强调:"依据西藏的实际情况,逐步发展西藏民族的语言、文字和学校教育。"可以说后来的西藏语言工作,都是围绕《十七条协议》第九条的规定来进行的。

　　1952 年,昌都第一届人民代表大会通过了《在昌都地区创办学校,发展藏族人民教育事业》的决定,成立了昌都冬学。明确规定学校以学习藏文为主,汉文作为选学课程,教学语言为藏语。同年 3 月昌都小学成立。并先后在盐井、丁青、波密、察隅等地又创办了一批小学。在课程的设置和教学语言上都与昌都小学相同。[①]

　　1952 年,西藏工委也根据《十七条协议》的精神,成立了拉萨小学。这所小学使用自编教材,内地的课本只作参考。包括藏文、数学、自然常识和政治课。教学语言为藏语。1952 年后又在日喀则、江孜、亚东、塔工、林芝、那曲等地建立了一批小学。在课程的设置上都是以藏文为主,教学语言都是藏语。

---

　　① 多杰才旦:《西藏教育》,中国藏学出版社 1991 年版,第 71—76 页。

1956 年,西藏自治区筹备委员会成立以后,专门做出了使用藏语文的决定,一是设立翻译处,筹委会的文件,必须藏汉两种文字同时下达;二是要求筹委会及各分工委的各种会议要首先使用藏文。① 这是西藏首次对政府的文件和会议用语进行了规定。这对后来西藏各级行政部门的公务用语的形成产生了深刻的影响。

20 世纪 50 年代,西藏的语言政策可归纳为一个中心,三个基本点。即,以《十七条协议》第九条的精神为中心,以创办藏语教学为主的现代教育、兴办藏文报纸和藏语广播、制定政府公文和会议用语为基本点。

经过 1959 年的民主改革,西藏的政治、经济已经发生了根本的变化,尤其是西藏文化和教育事业的蓬勃发展,对西藏的语言学习和语言使用提出了新的要求。

1965 年西藏第一届人民代表大会通过了《西藏自治区各级人民代表大会和各级人民委员会组织条例》。其中第二十七条规定:"自治区各级人民代表大会举行会议的时候,使用藏、汉语言文字,并且为不通晓藏、汉语言文字的其他少数民族代表准备翻译。"第五十五条中规定:"自治区各级人民委员会和所属各级工作部门,在执行公务的时候,使用藏、汉语言文字"②。这个政策与 1956 年西藏自治区筹备委员会成立时做出的使用藏语文的决定内容基本相同。

民主改革后,西藏进入了 20 世纪 60 年代的稳定发展期。这时西藏的工作重心向发展生产、繁荣经济倾斜。把干部或学员送到内地大专院校和西藏民族学院等学校学习,是培养藏族干部,提高其藏汉语文水平的主要途径。据统计,从 1955 到 1965 年,中央民族学院、西南民族学院、西藏公学、西藏地方干校等就为西藏培养了 8000 多名干部和专业人才③。这些人是国家培养的第一批学习和使用藏汉双语的人才。

推动西藏学习藏汉语文的另一个重要因素是 20 世纪 60 年代后飞速发展的现代教育。首先是中小学基础教育的发展,1965 年民办小学达 1735 所,1966 年公办小学达 82 所。普通中学也由 1 所发展到 4 所;其次是中高等教

---

① 西藏自治区概况编写组:《西藏自治区概况》,西藏人民出版社 1984 年版,第 418 页。
② 西藏自治区概况编写组:《西藏自治区概况》,西藏人民出版社 1984 年版,第 418 页。
③ 丹增、张向明主编《当代中国的西藏》(下),当代中国出版社 1991 年版,第 362 页。

育的发展。1961 年师范学校成立,1965 年成立西藏自治区师范学校。1957 年西藏团校成立。1958 年成立西藏公学,1965 年改为西藏民族学院。

为了编译出版适合西藏实际的中小学教材,1960 年成立西藏教材编译组。1964 年改为编译室。1965 年,完成了民办、公办小学课本的编译工作。1978 年正式成立教材编译处。

教学用语上民办小学全部使用藏语,公办小学大部分课程使用藏语。中学也以藏语为主,汉语为辅。大学的教学用语则变化很大。西藏团校推行汉字速成教育,教学用语使用汉语。西藏民族学院除藏语文专业使用藏语授课外,其他专业都使用汉语。

1965 年西藏人民出版社成立。1971 年开始逐步成为以藏文为主、出版藏汉图书的综合出版社。到 1974 年连同中小学课本在内共出版图书 155 种,401 万册。藏文图书由 1972 年的 39% 上升到 1974 年的 62%。1965 年自治区电影公司成立译制组,每年翻译近 8 部藏语电影。对发展藏族语言文字、提高民族文化水平起到了一定作用①。

1980 年后,藏语文的学习和使用得到进一步重视,藏语文的工作也恢复了过去好的做法。1980 年 4 月,中共中央在《批转〈西藏自治区党委关于汉族干部、职工学习藏语文的意见〉的通知》中,首次从语言政策的高度对在藏汉族干部和职工的藏语文学习做出了规定。同年《西藏自治区自治条例(草案)》,对学习、使用和发展藏语文做出了专门规定。1984 年《中华人民共和国民族区域自治法》颁布,学习、使用和发展藏语文成为贯彻民族区域自治政策的内容之一。

1984 年召开的第二次西藏工作会议进一步要求西藏自治区各种行文、教学用语、文艺创作和演出都要使用藏语文。在这以后,西藏自治区又多次发出关于机关学习使用藏语文、学校使用藏语文授课、出版发行藏文刊物的指示或通知,这标志着西藏的语言政策已经由初创走向成熟。

1987 年,西藏人大通过了《西藏自治区学习、使用发展藏语文的若干规定(试行)》。其目的在于:既要恢复藏语文应有的地位和作用,又要服从汉语文是我国通用文字这个大前提,把二者有机地结合起来,实行以藏文为主、藏汉

---

① 丹增、张向明主编《西藏》(下),当代中国出版社 1991 年版,第 387 页。

两种语文并用的方针。① 因此,从指导思想上看,它既与我国的民族政策和民族语言政策的指导思想相一致,又符合《宪法》和《民族区域自治法》的有关规定。

为全面落实《规定》提出的各项政策,西藏自治区成立了藏语文工作指导委员会,一是研究并决定自治区学习、使用和发展藏语文工作的重大方针、政策;二是指导自治区藏语文、教学、科研、编译、出版等部门的工作;三是协调各方面的力量,督促解决和落实学习、使用和发展藏语文工作的重大问题和重要任务;四是督促、检查各级党政机关、人民团体、企事业单位学习、使用和发展藏语文的工作②。

1988 年,西藏自治区颁布《西藏自治区学习、使用发展藏语文的若干规定(试行)细则》(简称《细则》)。继自治区成立了藏语文工作指导委员会后,区直各厅、局、地(市)都相继成立了藏语文工作指导委员会或领导小组,并制定了贯彻落实《细则》的具体方案和措施。之后,西藏各地市出台了一系列相关的政策措施,全区县一级以上机构均建立编译科(室),配备了相应的编译人员。《细则》实施以后,藏文报纸、出版物、广播、电视、电影电视剧、社会和公文用语、新词术语的创制和审定等方面都取得十分明显的成绩。

1993 年西藏自治区教科委下发了《教育系统贯彻落实西藏自治区学习、使用和发展藏语文的若干规定的实施意见》,对逐步建立以藏语文授课为主的教育体系进行了统一部署。同年,在西藏第四次教育工作会议上,区党委副书记丹增提出:西藏的教学改革要从适应现代化、适应市场经济发展、适应对外开放、全面提高民族科技文化素质出发,继续重视藏语文的教学,同时积极推行双语教学,要培养藏汉语文兼通的人才③。这是西藏自治区领导首次在教育系统论及双语教学的问题。这也是 20 世纪 90 年代中后期教育系统执行双语政策的主要指导思想。

1994 年 2 月,西藏自治区六届人大通过"西藏自治区实施《中华人民共和国义务教育法》办法",其中第 20 条规定:"自治区逐步完善以藏语文授课体

---

① 《藏语文工作》1990 年第 2 期,第 42 页。
② 《藏语文工作》1990 年第 2 期,第 53 页。
③ 丹增:《西藏教育》1993 年特刊,第 3 页。

系为主的藏汉两种教学用语体系,学校应当保证少数民族学生首先学习当地通用的民族语言文字,同时学好汉语文。学校在所有使用汉语文场合,推广、使用全国通用的普通话和规范的文字。"①这个规定是 1993 年以来西藏最为明确的一个双语政策。

1994 年以后,西藏的藏语文工作逐步走向稳定持续发展的阶段。这是西藏执行少数民族语言政策取得的重要成绩。另一方面,随着西藏政治、经济、文化的发展,随着藏汉文化广泛深入的交流,两种文化的交融对语言的学习和使用逐渐有了新的要求,双语在西藏城乡居民的生活、学习和工作中显得越来越重要,于是西藏的语言政策有新的内容,这是就双语政策的出现和发展。

1994 年,西藏颁布"西藏自治区党委和自治区人民政府关于《中国教育改革和发展纲要》的实施意见",在谈及 1994 年到 2000 年西藏自治区教育发展的目标和任务时,其中有一条明确规定:"重视藏语文教学,积极推行双语教学,做到藏汉语兼通,创造条件开设外语课。"②这个提法基本上是上述双语政策的继续。

1996 年,西藏颁布的《西藏自治区教育事业"95"计划和 2010 年发展规划》中,再次重申了要继续认真实施 1994 年自治区的"纲要意见","重视藏语文教学,积极推行双语教学"。③

为了配合 1993 年陆续出台的双语政策,1996 年西藏自治区教委发布了"关于颁发《西藏自治区中小学办学条件标准》的通知",其中有若干条与双语教学有关。到 1999 年,西藏已经建立了符合区情的以藏语文为主的双语教学体系。

1999 年 4 月 14 日,在西藏自治区召开的拉萨地区藏语文工作表彰大会上,区党委副书记、自治区藏语文工作指导委员会主任丹增做了《目前我区藏语文工作的基本情况》的报告,自治区主席列确同志作了《全面正确地贯彻党的民族语文政策,不断提高我区学习、使用、发展藏语文工作的水平》的报告。

根据两个报告的精神,西藏在 21 世纪初的藏语文工作重心主要包括:1)

---

① 吴德刚主编:《西藏自治区教育法律法规选编》,西藏人民出版社 1999 年版,第 444 页。
② 吴德刚主编:《西藏自治区教育法律法规选编》,西藏人民出版社 1999 年版,第 428 页。
③ 吴德刚主编:《西藏自治区教育法律法规选编》,西藏人民出版社 1999 年版,第 498—503 页。

重视藏语文的学习和使用,认真做好藏语文的工作;2)进一步提高对藏语文工作的重要性的认识;3)搞好民族语文法制建设,使藏语文工作尽快法制化;4)大力加强藏语人才的培养;5)加大监督检查力度;6)继续抓好藏语文规范化工作和藏文软件开发研制工作;7)进一步清理整顿藏文社会用字。

2001年1月1日,我国政府颁布实施的《中国通用语言文字法》,体现了国家新的双语政策特征:推广汉语普通话,推行规范汉字,公民有学习和使用国家通用语言文字的权利。按照这一法律的基本精神,西藏双语政策发展的基本方向也必须符合这种特征,即:西藏的各族群众必须依照《中国通用语言文字法》的规定学习和使用中国通用语言文字,同时,又要学习和使用藏语文。

我们知道,藏文自7世纪初创制以来,一直作为藏族文化和教育的载体延续到了今天。西藏民主改革以来,社会变迁日趋激烈,传统的语言使用模式逐渐发生变化,由一元发展为二元。即,藏语文在逐步适应了新的历史文化背景后继续存在和发展,同时,汉语文也逐步成为另一种与藏语文并存的语言模式,1950年以来这两种语言模式的整合,逐步构成了西藏语言使用的全貌。

在语言模式二元化的影响下,西藏现代教育逐步形成了藏语教学和藏汉双语教学两种模式。50年来语言模式的二元化和与之相适应的教育上的二元模式,与西藏的政治经济和科学文化的发展是相适应的,也取得了有目共睹的成就。西藏语言模式的二元化,涉及民族平等政策前提下的藏语文的持续发展、不同民族的交流与融合以及中华民族多元一体背景下通用语言文字的吸收等几个重要问题。

关于语言使用模式的变迁问题,语言社会学家认为,首先经过社会文化巨变的语言容易产生变化,第二在经济、政治和文化上占优势的语言,容易被想获得同样地位的其他人群采用或仿效。前者是对一个民族的母语而言的,它讲的是母语自身的持续发展或者说变迁,在西藏具体就是指藏语文;而后者则是指母语之外的另一种语言,它讲的是一个民族在现代化的进程中,为了适应国家政治、经济、文化的大环境,努力学习、掌握和使用另一种可以在更大范围内进行流通的共通语,在我国就是指汉语和汉语普通话。

汉语文的学习和使用在西藏已有近60年的历史,且掌握的人数越来越多、使用的范围越来越广,这是西藏语言变迁的现实,不可否认。另外,汉语文的学习和使用对西藏社会的进步起到了非常重要的作用,这一点更不可否认。

西藏语言模式的二元化格局,使我们在制定语言政策时,必须考虑这样一个事实:西藏的现代化是由一个整体两个板块构成,一块是城镇的现代化,另一块是农牧区的现代化。西藏要现代化,首要前提就是要借助语言中介,再通过文化和教育等手段,将现代科技文化知识传授给两个板块的人。因此,在语言模式二元化的情况下,语言政策的制定,一是要掌握好农村与城镇的区别;二是要把握好藏语和汉语的关系;三是要抓紧制定有关汉语文学习的地方性法规,与学习、使用和发展藏语文的语言政策一道构成新的配套的双语新政策,进一步促进汉藏文化的交流和融合。

应该说西藏人的语言生活就是这样,一方面是继续保持着传统的语言生活方式,并随着社会、经济、文化和教育的发展,变得越来越丰富多彩。比如,从小学到大学完整的藏语文和汉语文教育体系的建立、藏语文和汉语文两种语言文字在社会的普遍使用、藏汉文化和谐交融基础上的藏文使用功能的不断拓展等等。从欧洲和整个世界的情况看,这样的成功例子都是不多见的,而且,我们也相信这种和谐还会一直发展下去。

2012.9.27
北京

第一章　欧洲及中国少数民族
语言权益保护与比较

第一节　欧洲少数人的语言权益及语言保护

2006 年 6 月中旬,作为一名中国少数民族语言学家和藏学家,我有幸参加了国家民委民族研究中心与挪威奥斯路大学人权中心有关中国的民族区域自治制度与少数民族的语言权益保护研究项目,为期半月访问了挪威奥斯陆大学人权中心、挪威国家民委萨米人与少数人事务局、萨米议会(挪威北部萨米地区)、欧洲理事会(法国斯特拉司堡)、欧洲安全理事会(荷兰海牙),对欧洲少数人的语言权益及语言保护有了新的认识。

一、欧洲萨米人的语言权益及语言保护

2006 年 6 月 13 日,根据挪威奥斯陆大学人权研究中心的安排,我们一行的中国民族问题专家和民族语言学家在挪威国家民委大楼访问了挪威萨米和少数人事务局,会见了挪威王国地方政府和地区发展部以及挪威文化部主管萨米语言文化事务的官员,听取了有关萨米族群、萨米语言状况及语言保护的专题报告。

萨米人是北欧国家的两个原住民族之一,而且数千年来是唯一位于北欧主体的原住民族。① 游牧、打猎、捕鱼等经济活动范围构成他们的传统生活领域。这个领域在 18、19 世纪被划分为属于北极或次北极的四个国家的领土:挪威、瑞典、芬兰以及俄国的 Kola 半岛。据挪威萨米和少数人事务局的介绍,

---

① 陈郑弘尧(Montclair State University, USA):《语言权的立法——北欧萨米人的经验》,2002 年台湾淡江大学"各国语言政策研讨会——多元文化与族群平等"。

萨米人是挪威最大的少数民族,①人口约 5 万人,瑞典则有 1.5 万至 2 万人、芬兰 4 千至 6.5 千人、俄国约 2 千人,总数不到三个北欧国家总人口的 0.5%。即使北极圈以北,萨米人仍然算是少数族群,在挪威也只有当地北极人口的十分之一 。萨米人在四个挪威市镇、一个芬兰市镇属于相对的多数,但在瑞典则是绝对的少数。一般认为萨米语属于 Fino-Ugric 语系,也有人认为是来自亚洲的某种语言。有十种方言,其中北萨米语、南萨米语以及 Lule 萨米语势力最大。挪威的萨米语使用者约有 2.5 万人,以北萨米语为主。在瑞典、芬兰,北萨米语占有优势。如果包括仅有听力的使用者,瑞典的萨米语人口不到 1 万人,一半以上使用北萨米语。传统以驯鹿维生的家族保持有最完整的萨米语能力,因为萨米语有丰富的词汇构成驯鹿所需的传统知识。②

(一)挪威、瑞典、芬兰三国萨米语立法的特殊背景

尽管从 17 世纪起,萨米社会即有以教导基督教为目的的母语文字传统,一直到最近几年才有较多的萨米人有读写母语的能力,大致上书写能力仍以官方语为主。从历史来看这种状况与挪威等国当时所推行的民族政策和民族语言政策有密切的关系。在 19 世纪末,挪威政府曾对萨米族和其他少数民族实施严格的“挪威化”政策。挪威的宪法也曾规定将挪威语作为萨米人使用的语言。一直到 20 世纪 30 年代后期,对萨米人较为积极的少数民族政策开始出现。1956 年开始,有关萨米人权益的政策在挪威议会得到讨论。1963 年挪威宗教与教育部提出了一项关于彻底摆脱“挪威化”和同化政策的建议报告,就此形成了挪威议会全面讨论挪威萨米民族政策的基础。1964 年挪威有了萨米咨商机构,同时出现了有关萨米的研究机构,更多的人也开始讲萨米语,用萨米文字出版的图书和报纸也越来越多。到了 20 世纪 80 年代,挪威成立了萨米权利委员会和萨米文化委员会。1987 年挪威通过了有关萨米议会和其他萨米法律事务的《萨米民族法》。

挪威政府设立保持并发展萨米民族语言、文化与生活方式这一目标的法律依据是挪威宪法第 110 条和《萨米民族法》的相关条款。由于挪威已经批

---

① 根据挪威萨米和少数人事务局介绍,在挪威除了萨米人之外,还有其他四个少数民族,包括罗马人、吉普赛人、柯文人和森林老兰人。

② 陈郑弘尧(Montclair State University, USA):《语言权的立法——北欧萨米人的经验》,2002 年台湾淡江大学“各国语言政策研讨会——多元文化与族群平等”。

准多项国际公约,特别是《联合国民事政治权利公约》第 27 条和《国际劳工组织关于独立国家原住民与部落民第 169 号公约》,挪威有义务保护萨米民族的权利。作为原住民和四个不同国家的少数民族,萨米族需要并有权在国际和国内法的意义上获得特殊地位。挪威承认其确保萨米语言、文化和社会结构发展的特殊责任。

挪威于 1990 年成为第一个批准国际劳工组织第 169 号公约(1989)的国家。签署国同意根据公约的准则,立法保障原住民多方面的权利。挪威、瑞典、芬兰三国也都批准了欧洲理事会议的《European Charter for Regional or Minority Languages》(1992)以及《European Council Framework Convention for the Protection of National Minorities》(1995)。这些国际间和区域性的人权法文件都明确地阐述了少数人的教育语言权。在宪法上,只有挪威明文规定国家有义务营造利于萨米人"保存和发展［其］语言、文化以及生活方式"的条件(1988)。芬兰的新宪法确认萨米人为该国的原住民,有权于"他们原本的地区(1995)以自治的方式维持与发展他们的语言及文化"。瑞典的宪法则认为"应促进机会让族群的、语言的、或宗教的少数群体可保存与发展他们自身的文化性和社会性的生活"。这个提法没有强调语言应该是被保存、发展的目标之一,也没有明言指出国家为承担义务者。①

从保障原住民权利的观点看,挪威与芬兰的法律较瑞典更为进步。芬兰已正式认定萨米人是原住民族。挪威的最高法律没有使用这个名词,不过挪威的萨米议会将宪法第 110a 条解读为承认萨米人是不同于挪威人的原住民族群。瑞典的萨米议会则认为该议会的成立默认萨米人有其特殊地位。瑞典从 2000 年以后才正式承认萨米人为固有的少数族群。北欧各萨米议会有权向政府机关提出关于萨米事务的建言,并在涉及萨米语言、文化的事务上有相当的决策,也负责任命教育、语言、文化等萨米事务委员会。

语言是构成挪威、芬兰和瑞典三国萨米议会选举人名簿的客观基础。要想在法律上被认定为萨米人,除了主观上需认同族群外,萨米语也必须是自己或父母或曾祖父母的"家中语言"。尽管说萨米人后代的曾祖父辈不乏不会

---

① 陈郑弘尧(Montclair State University, USA):《语言权的立法——北欧萨米人的经验》,2002 年台湾淡江大学"各国语言政策研讨会——多元文化与族群平等"。

母语者,包括芬兰萨米议会在内的萨米组织均坚持语言必须是官方认定的必要条件之一。

(二)挪威、瑞典、芬兰三国与萨米语相关的法律情况

从 20 世纪 90 年代开始,萨米立法尤其重视语言在民主国家体制内的公平性;国家机构的语言多元化成为象征族群政策进步的标志之一。这些立法行动尝试规范少数族群语言在教育、行政、司法、社会福利等领域(domain)应享有的权利。挪威政府以萨米文化调查委员会的报告为基础,在咨询萨米议会的意见之后,提出提升萨米语法定地位的议案,由国会于 1990 年通过。这一系列的条文通称为《萨米语言法》。① 芬兰于 1991 年通过意义、内涵相似的法案。立法原则上欲以"正面的差别待遇"达到弱势原住民文化和强势主流文化之间的平等。换言之,国家有法定义务长期拨款并动用其他资源直接或间接地创造出利于萨米人实行文化自决的条件。②

挪威《萨米语言法》共包括三章。第一章首先规定:"该法案的宗旨是为让挪威的萨米人能够保护与发展他们的语言、文化以及生活方式。""萨米语及挪威语是等值的语言。它们应被赋予同等的地位"。第二章共有两个部分,一是"萨米选举人名簿",规定了法律上和选举意义上萨米人的概念和氛围;二是"议事的语言",规定"所有出席萨米议会的人均有权根据自己的意愿讲萨米语或挪威语。"

第三章是该《萨米语言法》的核心,包括 12 项条款四个方面的内容:一是"萨米语的定义",强调使用某些语言的义务或权利是相对于特定的"萨米语行政区"而言的,它包括挪威北部六个以萨米为多数或少数的市镇③。二是《语言法》所规定的语言权利和义务适用于司法、监狱、行政管理、媒体、文化活动、公共卫生设施、宗教等方面。具体地讲:法规、公告、表格凡涉及萨米人利益,就必须有萨米语版本;行政区内的地方公务员有义务以萨米语(文)答

---

① 根据挪威文化部负责少数民族宗教、文化和语言管理的官员介绍,《萨米语言法》也称《萨米地方性和少数人语言宪章》。

② 陈郑弘尧(Montclair State University, USA):《语言权的立法——北欧萨米人的经验》,2002 年台湾淡江大学"各国语言政策研讨会——多元文化与族群平等"。

③ 这六个市镇的挪威语名称分别是 Kautokeino、Karasjokk、Tana、Nesseby、Porsanger、Kåfjord。

复任何以萨米语(文)进行的官方接触,区域性机关的公务员则只需以萨米语答复书面的接触;管辖权涉及萨米语行政区任何部分的法庭有义务允许使用萨米语参与审讯过程、递送告状、纪录等,并依需要提供翻译;任何人欲使用萨米语以维护其自身利益,相对于行政区内的地方或区域性的公家卫生及社会机构,应提供萨米语的服务;在萨米语行政区内的挪威国教教会里,任何人均有权接受萨米语的个别的礼拜仪式;一般而言,公家机构的人员除了有义务接受萨米语(被动性的语言权),也有义务以萨米语答复。三是国民教育中有关萨米语教育的权利和义务。《语言法》规定,萨米语行政区内的地方或区域性国家公务员有权请假带薪学习萨米语;任何人均有权受萨米语教育;《小学与初级中学教育法》及《高级中学教育法》的相关条文均适用于小学、中学的萨米语教育。

根据美国学者陈郑弘尧(Montclair State University)的研究①,挪威的《中小学教育法》也同样根据《萨米语言法》来界定萨米人、萨米语行政区,并进一步细分三种萨米语(北、南、Lule)。萨米语行政区内的小学(1—7年级)及初级中学(8—10年级)学生享有最为广泛的教育语言权:他们有权学习萨米语并以萨米语为授课的语言②。当地各市镇有权强制实行此政策,也就是将权利转为义务。选择继续升上高级中学(三年制)的萨米学生有权受"萨米语教育"。但是,生活在萨米语行政区外的萨米人子弟虽有权受"萨米语的"小学、初中教育③,法律限制应至少十个学生要求才可开课,且至少六个须留下来。初中开始,学生可自行决定是否继续受萨米语教育。萨米议会还可在全国适用的学科纲要中规划关于萨米族群或萨米语教育的部分。政府的教育研究部在与萨米议会商议后,发布其他法规。

总之,语言权的立法让萨米语在规范的地域、领域范围之内有和挪威语同样的法律效果。据挪威国家民委萨米和少数人事务局以及挪威文化部主管少数民族语言文化的官员介绍,为了保证该法律的实施,挪威政府每年都要向萨

---

① 陈郑弘尧(Montclair State University, USA):《语言权的立法——北欧萨米人的经验》,2002年台湾淡江大学"各国语言政策研讨会——多元文化与族群平等"。

② 这些沙米语言权适用各族群背景的学生。

③ 教育研究部的网站所提供的《教育法》英文译本误将"grunnskole(alder)"(§6—2)翻译为"primary school"而非"primary and lower secondary school"。

米议会提供足够的经费来用于萨米语的学习和使用,并撰写阶段性报告向欧洲理事会汇报本国保护萨米语以及实施《萨米语言法》的情况。通过多年努力,近年来三种主要萨米语的文字标准规划大有进展,加上萨米语得到国家教育系统和传媒系统较为完整的支持,使得萨米语言和文字的使用能力有提升的迹象。现在,无论是在萨米人或非萨米人的心目中,萨米语的社会地位都有所提升。

我们再来看看瑞典萨米语的情况。国会于 1999 年通过政府根据少数族群调查委员会报告提出的语言法案,其内容以官方领域的萨米使用权为主要内容①。瑞典并于 2000 年批准欧洲理事会议的两个关于少数族群权利的公约。瑞典的语言法案同样规定了这个法律适用的地域(含北部四个市镇②,但不如挪威的《萨米语言法》详细),并包含了某些限制。例如,希望使用萨米语者须事先告知法庭,而此要求如被相关单位认为"明显不适当",则可能被拒绝。可见,在瑞典仍然保留有免除特定行政机关承诺萨米语义务的权利。

在瑞典国民教育方面,根据美国学者陈郑弘尧(Montclair State University)的研究,③瑞典的《学校法》有由国家出资、地方行政管理的六年制"萨米学校",该学校的课程设置相当于一般国民义务教育的前六年的课程。这类学校的教育方针除了须符合一般性的国民教育大纲之外,也强调"萨米人"的文化价值观。瑞典学校委员会规定此类学校的教学语言为萨米语以及瑞典语,并强调毕业生应有说、读、写母语的能力。入学学生以萨米语为第一或第二语言。另外有些市镇开设有所谓的综合教室(integrated class),并向学校提供一至九年级的教育,主要以瑞典语教授含萨米文化观点的课程。萨米学校的毕业生通常选择这种学校。第三种选择允许萨米学生以母语课(mother tongue instruction)代替必修的外国语文课程④。一般而言,除了传统萨米技能(如驯鹿管理、手工艺)以外,母语课是高级中学唯一的萨米课程。

---

① 亦即《Act on the Right to Use Sámi with Public Authorities and Courts》。同年,瑞典国会亦通过类似的法案保障芬兰语/Meänkieli 语、罗马尼 Chib 语、意第绪语等的权利。

② 这四个市镇的瑞典语名称分别是 Kiruna、Jokkmokk、Gällivare、Arjeplog。

③ 陈郑弘尧(Montclair State University, USA):《语言权的立法——北欧萨米人的经验》,2002 年台湾淡江大学"各国语言政策研讨会——多元文化与族群平等"。

④ 依规定,有移民背景的学生必须在家中使用母语才可要求加入母语班;沙米人、Tornedalian 人、罗马尼人等固有族群则免。

（三）德国索勃人的语言权益及语言保护

1.德国的少数民族及语言基本情况

德国总面积为 357020.22 平方公里,根据 2000 年统计人口总数为82182824 人,其中 91% 为本国人,9% 为外籍人士。德国境内除了主体民族德意志民族之外,其他少数民族可划分为原生少数民族和外来移民,前者包括分布在德国东部并与捷克人、波兰人血缘相近的索勃人以外,还有丹人(Dänen)、弗利斯兰人(Friesen)、辛提人(Sinti)以及罗马人(Roma)。

什列斯威—霍尔斯坦邦有丹人及弗利斯兰人两支少数人族群,而且有五种语言:标准德语(Hoch-deutsch)、低地德语(Niederdeutsch)、丹麦语(Dänisch)、北弗利斯兰语(Nordfriesisch)、南朱特语(Südjütisch)。现在约有 5万丹人定居在德国,因为有丹麦母国作为他们的后盾,这对于他们的语言及文化的维持及发展有相当大的帮助,而弗利斯兰人则没有这么幸运,由于该邦宪法第五条称丹人为"丹麦少数民族"(die nationale dänische Minderheit),而弗利斯兰人则仅为"弗利斯兰族群团体"(die friesische Volksgruppe),因此弗利斯兰人并未获认为少数民族的地位,更不会有完全教授自身母语的幼儿园及中小学,目前在北弗利斯兰语通行地区的各级中小学都提供每周两小时的母语教学,学生可自由参加。① 在德国,丹人和弗利斯兰人都有推动各自母语及文化保存的组织。

2.索勃人的语言权益及语言保护

索勃人为今日德国东部,即前东德境内的一支少数民族,据统计人口总数约为 6 万人。根据人类学家与语言学家的考证结果,索勃人是属于斯拉夫人种,其语言属斯拉夫语系。索勃人主要居住在德国东部的劳席茨地区,该地区被分上、下劳席茨,索勃人也因此被区分为上索勃人(Obersorben)及下索勃人(Niedersorben)。索勃语(Sorbisch)也因上下劳席茨地区之不同而分为上索勃语(Obersorbisch)及下索勃语(Niedersorbisch),其中上索勃语近似捷克语,而下索勃语则和波兰语相近。19 世纪中期,包岑(Bautzen/Budyšin)与寇特布斯(Cottbus/Chośebuz)的地区语言升格为通行于上、下劳席茨地区的上、下索勃

---

①　蔡芬芳:《德国语言政策——以索勃人为例》。2002 年台湾淡江大学"各国语言政策研讨会——多元文化与族群平等"。蔡芬芳:德国法兰克福大学文化人类学暨欧洲民族学研究所博士。

文的口语与书面的标准用语。上下索勃语不论就书写形式及口语用法上都存有些许差异。①

两德统一之后,索勃人希望德国在修改新的基本法时能增加一些保障少数民族权益的条文,但德意志联邦国会中多数的国会议员却于 1994 年否决了这些想法。应该说德国对于少数民族或族群语言的忽略,表现在历史上各时期对索勃人的同化措施中,而这种对于少数民族的语言及文化的态度直到现在也没有多大的改变。索勃人的语言权益问题可追溯到 1849 年的国民议会宪法(Paulskirchenverfassung)的第 188 条"确保德国境内不使用德语的民族的发展,这类民族所使用语言……皆享有平等地位"。但是它并没有真正以平等的地位来对待德国使用其他语言的少数民族,只是强调在少数民族聚居区之内才能享有某种程度的权益。② 第二次世界大战结束后,索勃人被划入东德。就索勃人而言,索勃语的传承是维系索勃文化的核心要素,因此他们最关心的是学校教育中索勃语的地位以及公开场合索勃语的使用状况。1946 年,第一所索勃语师范学院在罗迪勃(Radibor/Radwor)设立,以培养学前教育及中小学索勃语师资。

第一个针对索勃民族的权利条文《索勃人法》出现在 1948 年通过的萨克森邦宪法中,它也是德国第一个较具雏形的有关少数民族权利规定的邦宪法。其主要内容侧重于中小学以索勃语为教学语言;索勃语可通行于行政机关;公共标志双语化等。到 1949 年和 1950 年,东德宪法及勃兰登堡邦邦宪法才分别颁布了有关索勃人权利条文的相关规定。这段时期强调的是以索勃语为主的学校教育,因此索勃民族教育部于 1948 年成立,但并没有开展什么实质性的工作,原因是政府认为,为索勃人培育教授索勃语的师资或者设立索勃语学校等措施,耗资过多。

20 世纪 50 年代,在索勃人聚居的劳席茨地区推行双语措施为这一阶段

---

① 蔡芬芳:《德国语言政策——以索勃人为例》。2002 年台湾淡江大学"各国语言政策研讨会——多元文化与族群平等"。蔡芬芳:德国法兰克福大学文化人类学暨欧洲民族学研究所博士。

② 蔡芬芳:《德国语言政策——以索勃人为例》。2002 年台湾淡江大学"各国语言政策研讨会——多元文化与族群平等"。蔡芬芳:德国法兰克福大学文化人类学暨欧洲民族学研究所博士。

的特征。东德政府规定在公共场所采取双语并行标示,并规定劳席茨地区的公务员应学习索勃语。1956 年索勃语广播开播。1956 年设立钦绪斯基奖以表扬为索勃语言及文化的发展作出贡献的人士。1958 年索勃语周刊及家园出版社也相继问世。尽管政府制定了为数可观的条文,实际上却并未完全执行。同时,索勃人甚为重视的索勃语教学课程此时也未能实现,一是因为有关在学校实行索勃语课程的民族教育部长会议从未召开;二是行政机关中索勃语通行的相关规定形同摆设,政府机构中没有任何操索勃语的公职人员来服务索勃人。

根据德国法兰克福大学文化人类学研究所蔡芬芳博士的研究,从 20 世纪 60 年代到 80 年代的近 30 年间,东德对索勃语言的政策有以下特点:一是劳席茨地区虽然是德语及索勃语双语并行地区,但并没有完善的规划及具体的保护索勃语的措施。一直到 1982 年设立索勃电影及纪录片机构,1989 年扩充索勃语广播节目时情况才稍见改善。二是就整体而言东德政府有关保护与促进索勃语发展的政策基本上是流于形式。三是索勃语的教学质量不高,学生的索勃语课程成绩不佳,学习索勃语课程的人数持续下降。四是对索勃语教学影响最大的是东德政府学校教育政策的改变,主要表现是在 60 年代宣布 A 型学校(A—Schule)中所有与自然科学相关的科目都不再用索勃语进行教学,同时还打算废除 B 型学校的索勃语课程。因此,这 30 年的索勃语言政策对索勃文化及语言的保障是有限的。①

德国统一后,对索勃民族的保护政策首次出现在 1990 年的《统一条约》(Einigungsvertrag)第 35 条第 14 号议定书的摘要中,而第 3 条"索勃民族及其组织之成员享有在公共领域各范围内的保护,并拥有保存索勃语的自由"的条款则体现了对劳席茨地区双语政策的保障。

总之,1990 年之后德国对索勃人的语言政策有以下特点:一是德国基本法中并没有任何针对国家语言的相关规定,但德语实为现行唯一的国家语言,少数民族的语言未能列入国家语言的层级,但一些邦的基本法中有将索勃语

---

① 蔡芬芳:《德国语言政策——以索勃人为例》。2002 年台湾淡江大学"各国语言政策研讨会——多元文化与族群平等"。蔡芬芳:德国法兰克福大学文化人类学暨欧洲民族学研究所博士。

的使用与德语放在同等地位的条款。① 二是司法用语上德国法院组织法第
184 条明文规定"法院用语为德语",但《统一条约》中又提到在索勃人分布区
域的法庭可以将索勃语作为诉讼程序中的口头及书面用语。三是德国的一些
基本法规定"官方语言是德语",②但德国行政程序法又规定索勃人在行政机
关中不论是口头或书面都可使用母语,③行政机关在进行公告、通知时以德语
为主、可以但无强制义务地附上索勃语之翻译。四是公共领域方面,劳席茨可
说是全德唯一在少数民族居住的领域中实施双语的地区,包括交通标志和街
道标示及方向指示等,但德文字较索勃文字大。五是大众传媒方面,劳席茨地
区用索勃语发行的报刊杂志包括《索勃新闻》等有八种。④ 用索勃语广播的电
台包括萨克森邦的中德电视暨广播电台和勃兰登堡邦东德电视暨广播电
台。⑤ 电视节目有东德电视台从 1992 年起播放的每月半小时的索勃语电视
杂志和中德电视台从 1996 年开播的双周儿童节目。六是学校教育方面,中小
学校教授索勃语的课程分为以索勃语为教学语言的 A 型班级(A-Klasse)及将
索勃语视为他种语言每周进行三小时课程的 B 型班级(B-Klasse)。但因为人
口的减少等因素,劳席茨地区的许多学校被迫关闭,导致索勃语的传承面临困
难的局面。

(四)瑞士少数人的语言权益及语言保护

1.瑞士的族群及语言分布情况

瑞士的政治体制(联邦 Federation、邦郡 Canton、社群区 Commune)中还没
有一套完整的语言政策。而是透过数世纪历史的演进,才形成各种语言法规,

---

① 在萨克森邦宪法中规定,在索勃人聚居地劳席茨地区索勃语在公共领域上的使用与德
语具同等地位,例如选举公告、通知及结果,可以同时使用德语索勃语双语。

② 德国行政程序法(Verwaltungsverfahrensgesetz)第 23 条第 1 款与社会法典(Sozialgesetz
buch)第 19 条第 1 款及税务法(Abgabenordnung)第 87 条第 1 款皆规定"官方语言为德语"。

③ 在德国行政程序法第 23 条第 2 款至第 4 款以及社会法典与税务法同一条文又规定,对
以外语进行行政程序的申请、请愿或提案均可依例外原则处理。所以索勃人在行政机关中,不
论是口头或书面都可使用母语。

④ 包括《索勃新闻》、《新世纪》、儿童杂志"火焰"、天主教双周刊《天主使者》、基督教月刊
《你好!》、周报《新报》及索勃文化杂志《概观》和教育杂志《索勃学校》等。

⑤ 萨克森邦的中德电视暨广播电台从 1992 年起每周播放 19.5 小时的上索勃语广播节
目,内容包括地区、文化、儿童及体育新闻等。下索勃语的广播节目则由勃兰登堡邦东德电视暨
广播电台负责,每周播放 6.5 小时。

其中最重要的是瑞士联邦宪法(1848)所制定或是修正(1874,1938,1999)确立的"国家语言"及"官方语文"。如果瑞士人所使用的母语成了"官方语文",则可以用自己的母语书写,政府得用该官方语文回复。① 根据瑞士联邦统计局发表的统计数字,1990 年讲德语的占全国总人口的 63.6%,聚居在瑞士中、北和东部;讲法语的占 19.2%,集中在邻近法国的西南部;讲意大利语的占 7.6%,集中在东南部邻接意大利北部的区域;极少数的罗曼许族群(占0.6%)则稀疏散布在瑞士的中南部格劳宾登邦郡。依地理分布瑞士族群语言相当集中,但伯恩、佛立堡及瓦雷 3 个邦郡是双语(德语及法语),格劳宾登是多语(罗曼许语、德语及意大利语),其余 19 邦郡都是单一语言的邦郡。联邦政府承认德、法、义及罗曼许都是官方语言,与联邦政府机构有文书来往都可以用国家语言书写。②

2.瑞士各邦郡法律中有关少数人语言政策的法令

佛立堡邦郡的邦郡宪法第 21 条明确规定法律、政令及法令都必须用法文及德文颁布,但法文为原文(texte original),德文是译本。佛立堡邦郡的教育部门尊重国家语文的规定,各个族群有各自的法、德语中小学校。佛立堡大学是瑞士唯一的双语高等学府。邦郡宪法第 61 条邦郡规定法院法官都得通晓法、德语文。

瓦雷邦郡的邦郡宪法也宣布法、德同为邦郡的国家语文。立法及行政机构同等对待法、德文,但在立法或是行政单位主要还是法语法文,法案的草拟也以法文居多,随后译成德文。代表瓦雷邦郡的联邦参议员依不成文法规选出法、德族群代表,以表示占绝大多数的法语族群尊重少数族群的政治权益。法官通常都通晓法、德语文。教学语言依地区使用语文而定。

伯恩邦郡的邦郡宪法特别注意考虑极少数的法语族群的语言权益。第17 条伯恩邦郡宪法规定法、德语是伯恩邦郡的国家语言。官方语文也规定伯

---

① 张维邦:《瑞士的语言政策与实践》,见 2002 年台湾淡江大学"各国语言政策研讨会——多元文化与族群平等"。张维邦,台湾淡江大学欧洲研究所专任教授、欧洲联盟研究协会理事长。

② 张维邦:《瑞士的语言政策与实践》,见 2002 年台湾淡江大学"各国语言政策研讨会——多元文化与族群平等"。张维邦,台湾淡江大学欧洲研究所专任教授、欧洲联盟研究协会理事长。

恩的朱拉地区是法语,在 Biel 市法、德语,其余的邦郡是德语文。法律条文、法令和政令等也依地区的不同使用不同的官方语文。教学语言也依地区而定,但在 Biel 特别规定德、法双语,在首都伯恩特别设立法语学校。①

格劳宾登邦郡的情况较特殊,瑞士全国讲罗曼许语言的人口急剧下降,1880 年到 1980 年 100 年间占全国的人口比例,从 1.4% 减少到 0.8%,现在只剩下约 51000 人。其母语是罗曼许语,而留在格劳宾登邦郡的不超过 37000 名,况且都疏散在深山内。更严重的是四十岁以下的人很少使用罗曼许语。为此联邦政府在新宪法第 70 条第 5 款上注明:"瑞士联邦为了保卫及推广罗曼许语文及意大利语文特别在格劳宾登及堤奇诺邦郡采行支持的措施。"问题是有些罗曼许语区的社群区却特意选择德语为官方语文。罗曼许语系的学校在孩童 10 岁至 11 岁开始接受德文的教育课程,因此,在瑞士对罗曼许语的保护还面临很大的困难。②

3.瑞士联邦法令与语言政策

瑞士联邦现行宪法于 1848 年立法,第 109 条有关语言的规定由沃邦郡的代表提出并得到国会的同意,用意在保障瑞士公民可以用三大族群语言之一的母语。1874 年修订后第 109 条改为第 116 条:"瑞士三大主要口说的语言,德语、法语及意大利语是瑞士联邦的国家语言。"1937 年经再次修订,第 116 条有关语言的联邦宪法条款为"德语、法语、意大利语及罗曼许语是瑞士的国家语言。德语、法语及意大利语则宣布成为瑞士邦联的官方语文",极少数人的罗曼许语正式成为瑞士国家语言。到 1996 年,罗曼许语在新修定的有关瑞士语言的宪法中被列为官方语文。罗曼许语获得了与其他三种语言相同的法律地位。

1999 年瑞士新宪法的修正版经全国公投通过,并由联邦议会公布,2000 年起实施。新宪法有关语言的条款与 1874 年实施以来的旧宪法最大的不同是将第 116 条的内容分别列成两条:第 4 条国家语言:"国家语言是德语、法语、意大利语及罗曼许语。"及第 70 条语文:"第 1 款 瑞士联邦的官方语文是

---

① 张维邦:《瑞士的语言政策与实践》,见 2002 年台湾淡江大学"各国语言政策研讨会——多元文化与族群平等"。
② 张维邦:《瑞士的语言政策与实践》,见 2002 年台湾淡江大学"各国语言政策研讨会——多元文化与族群平等"。

德文、法文及意大利文。瑞士联邦与讲罗曼许语的人联系(保持关系)时,罗曼许文也是官方语文;第2款　各邦郡决定其国家语文。为了确保语言族群间的和谐,各邦郡应留意语言的传统领域的分布,并尊重本地少数族群的语文;第3款　瑞士联邦及邦郡鼓励语族群间的理解与交流;第4款　瑞士联邦支持多语言邦郡执行其特殊的任务;第5款瑞士联邦为了保卫及推广罗曼许语文及意大利语文特别在格劳宾登及堤奇诺邦郡采行支持的措施。"这里还需要注意一点,从人口的数量看,在瑞士虽然说罗曼许语的人在格劳宾登邦郡的人口比例愈来愈少,但瑞士政府为了确保少数族群语言不至于面临灭亡的危机,仍然通过国家的宪法来凸显罗曼许语的法律地位。

在新的宪法中其他与语言相关的条款还有:第18条语言自由:"语言自由受保障。"第188条联邦法院的角色的第4款:"联邦议会(国会)在征选任命联邦法院法官时,应留意到代表官方的语文。"此外,旧宪法的第116条或新宪法的第70条还款衍生出两大原则:"语言的平等原则"以及"语言的个体性原则"。①

4.瑞士语言政策的实际运用

瑞士语言政策不光从制度的层面来规划和设计保护少数族群的语言,同时也非常注重对语言政策的实践。例如在联邦议会下院议员的席次不是依照党派划分,而是根据语言分成德语、法语、义语及罗曼许语的议员座位区。1980年以后的不成文法规定,法语罗蒙区议员集中在左边席次,德语族群则坐在右边,堤奇诺意大利语议员则也坐在法语区,罗曼许语族群议员坐在比德语族群的右边。

在语言的实践上,根据不成文习惯,凡是有关政治任命或是国家公务员几乎都依族群语言人口比例遴派推选,有时反而特别照顾到少数族群,如义语族群,七位联邦政府部长(内阁成员),一般保留两位给予出身法语的族群,义语族群经常保有一席,实际上瑞士国民操义语人口的还不到8%,照道理依比例还不够分到一名部长席次,可是为了考虑到族群的政权分享,占极大多数的德语族群还是愿以接受这种有利于族群谐和的不成文法规的安排。

---

① "语言的平等原则"[1](Principe de l'égalité des langues);"语言的个体性原则"(Principe de la personnalité des laugnes)。

(五)北爱尔兰的语言政策

1.北爱尔兰的族群及语言状况

北爱尔兰的人口约 169 万人。根据北爱尔兰人自己的认知,他们的族群结构大致分为天主教徒和新教徒。目前两个族群的人口比率分别是 45% 和 51%。北爱尔兰在 20 世纪 70 年代和 20 世纪 90 年代分别进行和解。而第一次和解着重权力的分配,第二次和解则兼顾语言的公平性以及对于族群认同的尊重。自从北爱尔兰、英国以及爱尔兰三方在 1998 年签署《北爱尔兰和平协议》以来,除了设立相关的语言复兴机构外,"北爱尔兰人权委员会"更是积极地草拟《人权法案》中的《语言权条款》。①

天主教徒是爱尔兰人的后裔,自认为是本地人,新教徒则是随着英国征服爱尔兰而来的开垦者,大多是从 1607 年就陆续前来的低地苏格兰人、或是英格兰人的后裔。爱尔兰人与苏格兰人有地缘关系,历史渊源、语言文化相近,却因宗教差异而造成民族认同也南辕北辙,到 19 世纪中叶两个族群已经泾渭分明。北爱尔兰的族群冲突并不是因为教义差异而导致的宗教冲突,而是北爱尔兰政府长期由新教徒所控制(1921 — 1972),对于天主教徒在政治参与、教育以及就业上百般歧视,因而强化了原本彼此在国家定位以及国家认同的歧义。②

从都德王朝(House of Tudor)的亨利八世君临爱尔兰(1541)到 19 世纪为止,爱尔兰语被当作是当地叛乱分子所使用的语言,英国费尽心思加以打压、查禁。一直到 1713 年为止,爱尔兰人大致被通盘同化,只剩不识字的乡下人还会说"方言"。英国于 1831 年在爱尔兰设立所谓的"国民学校",使用英文教学,学校不教爱尔兰语,学生如果用爱尔兰语交谈,会被老师嘲笑、羞辱、处罚。这种情况一直延续到 20 世纪初期。

目前北爱尔兰会说爱尔兰语的人数约有 132000 多人。人数最多的是在贝尔法斯特,约有 28000 人,其次是在第二大都会区 Derry,约有 1000 人;在一些"地方政府区域",会讲爱尔兰语的人超过 30%,甚至于一半以上。说爱尔

---

① 施正锋:《北爱尔兰的语言政策》,见 2002 年台湾淡江大学"各国语言政策研讨会——多元文化与族群平等"。施正锋,台湾淡江大学公共行政学系副教授。

② 施正锋:《北爱尔兰的语言政策》,见 2002 年台湾淡江大学"各国语言政策研讨会——多元文化与族群平等"。

兰语的人89.4%是天主教徒,可见语言与族群认同和宗教信仰间有很紧密的关系,此外,天主教徒普遍对于公共领域的双语(爱尔兰语/英语)持相当支持的态度。值得注意的是在这些会讲爱尔兰语的人当中,44岁以下的人占78.1%,45岁以上的人只占21.8%,会说写的有59.9%,只会说的占34.4,可见爱尔兰语的教育有相当的成就。当然,在北爱尔兰也有23%的新教徒认为中学应该有爱尔兰语言、文化的课程。①

2.北爱尔兰语言政策的发展

施正锋先生在研究北爱尔兰的语言政策时,曾引用了Annamalai(2002)有关语言政策的光谱分析理论。施先生指出,语言政策的目标可根据光谱的分布分为消灭、容忍以及推动三种形式。消灭性的语言政策就是以处罚的方式禁止某语言在公开场合、甚至于私下使用,用意是让使用者觉得该语言是一种负担,转而采取被认可的语言,最后达到语言转移(language shift),也就是同化的地步;容忍性的语言政策就是保持现状,并未刻意去扶助弱势族群的语言,也不想去扭转跟随语言而来的结构性不平等,甚至于就是令其自生自灭;推动性的语言政策就是想办法避免任何语言的消失,包括鼓励私下使用、或是确保公开使用而不被歧视。②

那么北爱尔兰究竟推行的哪种形式的语言政策呢?从历史看,自1921年英国同意爱尔兰进行分割(partition),让西南方的26个郡成立"爱尔兰自由邦",北方的6个郡继续留在联合王国(United Kingdom)里面,有自己的内阁制区域政府,一直到1972年的半个世纪里,北爱政府的文化政策有三个特点:一是既不想收揽天主教徒的心,也不想改变他们的信仰。二是虽不会禁止天主教徒的文化表现,但也不准其出现在公共场所,如禁止用爱尔兰语当街道名称等。三是刻意扶植新教徒的单一文化特色。由此可见,北爱政府采取的是排他性的族群化政策,自然要引起天主教徒的对抗。③ 在这种背景下,北爱尔

① 施正锋:《北爱尔兰的语言政策》,见2002年台湾淡江大学"各国语言政策研讨会——多元文化与族群平等"。

② 施正锋:《北爱尔兰的语言政策》,见2002年台湾淡江大学"各国语言政策研讨会——多元文化与族群平等"。

③ 施正锋:《北爱尔兰的语言政策》,见2002年台湾淡江大学"各国语言政策研讨会——多元文化与族群平等"。

兰的语言政策自然要打上与之相符的历史烙印。

施正锋先生引用 O'Reilly(1997)的观点指出，历年来有关北爱尔兰语言政策言论可以分为三大类：民族主义论(去殖民)、文化认同论和语言权利论三种。持民族主义论者的观点以为，爱尔兰语是对抗英国帝国主义的利器，因此，学习爱尔兰语就是一种政治选择，说爱尔兰语就是表达自己的爱尔兰人认同。持文化认同论者的代表可算是北爱政府，虽然赞成语言有其负载认同、传承文化的价值，却反对把语言当作政治运动的工具来利用，一些关心爱尔兰语发展的语言工作者也同意将爱尔兰语的政治色彩降到最低的程度。①

但是，从实践的意义上说，这两种观点并不能更好地推动本国的语言政策的健康发展。目前，爱尔兰语言推动者开始改变过去的做法，采取了新的语言权力论观点。这种观点将语言当作最基本的人权，强调讲爱尔兰语是天主教徒表达自由的形式之一。他们的做法是将语言"多重政治化"，除接受爱尔兰语的民族认同外，也探索其族群认同或是文化认同的可能，想办法冲淡其爱尔兰民族主义的成分。20 世纪 80 年代，英国政府逐步体会到了语言文化的重要性，开始着手致力于改善族群关系，承认族群间存在的差异事实，不再限制天主教徒的文化语言表现。1985 年《英爱协议》签订。双方同意为调和北爱尔兰两个族群的权利、认同、人权保障以及避免歧视，而共同努力。到 20 世纪80 年代的末期，语言问题被纳入到了更为宏观的视野去审视，语言政策的目标不再是单纯的文化资产保存，而是被寄希望于能发挥化解政治冲突(包括社会、经济和语言文化歧视)的功能。

随着北爱尔兰的和解脚步在 20 世纪 90 年代加速，英国与爱尔兰政府在1995 年签署《新架构协议》，1998 年签订《北爱尔兰和平协议》。而此时，后者的签署者们已经认识到"尊重、了解以及容忍语言多元的重要性，而爱尔兰语、北爱苏格兰语以及各种族群的语言，都是整个爱尔兰岛上的文化财产"。从《北爱尔兰和平协议》中有关语言条款的内容看，终极的目标是化解两个族群间的矛盾，因此，对于未来的语言政策作了相当详细的规范。英国政府除了同意将会尽快签署《欧洲区域或少数族群语言宪章》，还特别应允"在适当的

---

① 施正锋：《北爱尔兰的语言政策》，见 2002 年台湾淡江大学"各国语言政策研讨会——多元文化与族群平等"。

情况下、以及百姓的要求下"，采取积极行动来推广爱尔兰语、鼓励爱尔兰语在公私场合的说写、解除对于爱尔兰语维护发展的限制、训示教育部鼓励以爱尔兰语作教学、探寻英国及爱尔兰广播机构的合作、资助爱尔兰语电影及电视的制作等。①

英国国会在1998年通过《人权法案》和《北爱尔兰法》来落实和平协议。虽然语言权并未列入基本人权当中，不过紧接着成立的北爱尔兰人权委员会则负责有关加入欧洲理事会《少数族群架构规约》(1995)的准备工作。同时，还负责包语言权在内的《权利法案》的准备工作。此外，为了充分显示北爱尔兰人权委员会对语言权的重视，在该委员会的机构下面还设有专门的语言权工作小组，具体负责提出详细的与语言相关的建议案。② 2001年，英国签署《欧洲区域或少数族群语言宪章》，同意将爱尔兰语列为 Part III 的地位。③"所谓 Part III 地位"，就是说爱尔兰语具有广泛的实质效力，它在教育、司法、行政、公共服务、媒体、文化活动设施、经济社会生活以及跨国交换等方面都将得到积极推广。而北爱苏格兰语只获得 Part II 的象征性地位。它在语言的法律地位上要低爱尔兰语一级，也就是说北爱苏格兰语将原则性地得到承认、尊重、推广、鼓励、维护、发展、教学、研究等。

根据施正锋先生的研究和调查，现在，北爱尔兰政府有关语言政策的部门包括：(1)1999年设立的"文化、艺术和休闲部"④，下设"语言多元处"(Linguistic Diversity Branch)，负责推动《欧洲区域或少数族群语言宪章》的落实，算是协调性的单位。(2)第一总理、副总理办公室⑤其中一项工作是促进族群间的和谐和公平。(3)教育部掌管各级学校以爱尔兰语为学习用语的课程，下辖谘商性质的爱尔兰语学校理事会。(4)1999年成立的族群关系理事会，下设有"文化多元计划"(Cultural Diversity Programme)，负责拨款给社区办相关活动。(5)根据《北爱尔兰和平协议》，于1999年成立的"北南语言单位"

---

① 施正锋：《北爱尔兰的语言政策》，见2002年台湾淡江大学"各国语言政策研讨会——多元文化与族群平等"。

② 施正锋：《北爱尔兰的语言政策》，见2002年台湾淡江大学"各国语言政策研讨会——多元文化与族群平等"。

③ 当然，还包括使用在北爱尔兰以外的威尔斯语以及苏格兰盖尔语。

④ Department of Culture, Arts, and Leisure, DCAL。

⑤ Office of the First Minister/Deputy First Minister, OFMDFM。

(North/South Language Body)。(6)1999 年成立的爱尔兰语言局和北爱苏格兰语言局。这两个局直接对"北南部长理事会"负责,其工作职责包括:推广爱尔兰语和北爱苏格兰语,倡导公私场合的说写,向公家机构或志愿部门提供谘商、提供经费,支助以爱尔兰语和北爱苏格兰语为学习用语的教学,支助对爱尔兰语和北爱苏格兰语的研究。①

总之,北爱尔兰少数族群母语的发展,除得力于语言学家、政府官员以及语言运动者不遗余力的努力之外,还得力于由容忍、承认、了解、到尊重这样一个完善的语言政策的制定和实施,得力于政府为这些政策所提供的空间、资源和措施。

(六)比利时的民族语言政策

1.比利时族群及语言政策的基本情况

比利时是 1830 年才正式宣告独立的君主立宪国家,土地面积约 32000 平方公里,与英国隔英吉利海峡相望,北、东、南分别与荷兰、德国、卢森堡和法国接壤。人口约有 1200 万,法、荷人口的比例约为 4∶6。廖立文先生在研究比利时语言政策时指出,比利时的法兰德斯语(荷语)族群自 1830 年比利时独立建国起,就长期受到不及国内总人口半数的法语族群的压抑。该国法语人则凭借着既得的政治势力和语言优越感,主宰着国内语言族群的共存事务,导致多数人口的荷语族群反成弱势。廖立文先生指出,比利时的荷、法两大语族历经时代变迁,各族群的经济实力彼此消长,国内的族群政治版图有所重整。加上荷语族人多年的积极运动争取,荷语族人终于得到应得的基本权利。不过两大语言族群的冲突情况,至今依然存在。不仅如此,欧洲联盟建立后,对各国族群问题的介入,以及比利时本身境内存在愈来愈严重的移民问题,使得比利时原本复杂的语族冲突问题变得更加复杂。②

比利时独立建国后,按照宪法精神所采取的议会制的多数决原则,荷语的合法性被排除在议会殿堂之外。尽管比利时境内荷语人口多于法语人口,为了追求更多生存机会的荷语人,只得舍弃使用母语,学习法语,变成双语者。

---

① 施正锋:《北爱尔兰的语言政策》,见 2002 年台湾淡江大学"各国语言政策研讨会——多元文化与族群平等"。

② 廖立文:《比利时语族文化共同体与行政自治区之演变与现状》,见 2002 年台湾淡江大学"各国语言政策研讨会——多元文化与族群平等"。廖立文比利时独立学者。

为反对这种语言上的不平等,比利时西部以农民为主的法兰德斯人(荷兰语族群)发起了要求将荷语和法语作为同等法定语言地位的"法兰德斯运动"。1878 年,比利时准许在政府机构中使用荷语。1888 年高等教育中也准许使用荷语教学。1898 年所订定的《平等条款》正式将荷语和法语定于相同的法定地位。尽管在 19 世纪末荷语在"法兰德斯运动"的推动下成为法定语言,但两大语族间的摩擦与观念差距,仍然在许多公众事务议题上争执不下。1950 年代中期,在比利时的各语族中出现了有极端族群主义意识和倾向的政党,如荷语区的"法兰德斯人民联合阵线"①、法语区的"法语系阵线"和②"瓦隆尼联盟"③,将族群对立拉到正面与全面性层面。至 70 年代,原先以联邦体制为依归,不分南北、法荷的传统政党,也因语族争端问题陆续一分为二,虽然还继续以相同的政党名称,但各以荷文与法文来区分其代表的语族。

在以语族为政治对峙的同时,在 1963 年比利时首先出现了语言文化区④的边界划分法律,将比利时化为四个语言文化区。荷语区四个省。⑤ 法语区五个省。⑥ 布鲁塞尔双语区(含 19 个镇市级地方行政区)。德语区(比利时东部州,包含 9 个乡镇级地方行政区)。此外在各语族文化共同区的接界上还有所谓的"语言便利行政区"⑦。这是因为语区分界地带的镇市级行政区中常有两种语族居民混居,为顾及此类行政区中少数居民的权利,当地政府接受少数语族居民经正式提出申请后,得以其母语书写或收受官方文件⑧,作为其与官方联系的公文书语言。但是,到了 20 世纪 70 年代,面对语族区域分歧越来越大的政治与经济利益,比利时通过决议,以三个语言族群为基本区分原则,重新将比利时划定为三个语族共同体(Gemeenschap / Communaute),首度将

---

① VL Volksunie,1954。

② Front des Francophone-FDF,1965。

③ Rassemblement Wallon-RW,1968。

④ linguistic and cultural communities。

⑤ 东法兰德斯省(Oost-Vlaanderen)、安特卫普省(Antwerpen)、布拉邦法兰德斯省(Vlaams Brabant)、西法兰德斯省(West-Vlaanderen)。

⑥ 纳慕耳省(Namur)、埃诺省(Hainaut),列日省(Liege)、卢森堡省(Luxembourg)、布拉邦法兰德斯省(Brabant Flamand)。

⑦ Faciliteit/Facilite。

⑧ 包括政府通告、户籍、税务资料、社会保险等。

文化与经济自主权下放到两大族群的自治区域中。① 到了 1980 年,两大语族在语言文化及政治社会观念上的分歧更加严重,南北地理区域之间经济实力的差距更加拉大,许多全国性的法律已经无法继续适应不同语区居民的需要。面对这种局面,比利时政府只得下放更多的行政自治权到语区,不得不在 1980 年的修宪会议中决定在 1970 年所划定的语族文化共同体之外,进一步将比利时联邦化,即划定所谓的"行政自治区"(语族区域行政自治区)。由此产生了法兰德斯行政自治区②和瓦隆尼行政自治区③。为两语族共同体的行政独立找到新的思路。

2.比利时语族文化共同体的语言法案

先看"荷语文化共同体"的语言法案情。1971—1980 年的 10 间,荷语文化区文化事务谘议会通过了 49 项法案,多数法案都是意在被动地防止法语人口侵入荷语区。比如 1978 年通过的《图书馆法案》要求荷语区内所有乡镇区都设置荷文社区图书馆。总的来说,这些法案旨在凭借各项地方语言政策的自治化、国家级语言政策的平等化,来加强文化遗产的维护与保存意识,从新找回法兰德斯文化的正常地位。再看"法语语族文化共同体"和"瓦隆尼自治区"。二者一直坚持彼此属于比利时联邦制度下分别负责行政自治与语言文化事务的分离系统。而法兰德斯自治区则在 1980 年宪改后,即将"行政自治区"与"语族文化共同体"两个自治权合并在同一个系统中来加以实施。

我们再看布鲁塞尔首都行政自治区的情况。布鲁塞尔原位于法兰德斯区中,1830 年独立建国定为首都。根据人口统计 1846 年布鲁塞尔的荷语居民还占总城市人口的 67%,而 1947 年的统计,荷语人口降至总人口比例的 24%,由多数人变成了少数人。法兰德斯人为防止布鲁塞尔继续法语化,企图设法收回城市的管辖权力,而法语人自然不愿失去在首都已占有的优势,导致双方为此争执不下。这种争斗僵持到 1988 年双方才妥协,并将布鲁塞尔独立成比利时的第三个自治区,即布鲁塞尔首都行政自治区,④以双语并行管理。

---

① 廖立文:《比利时语族文化共同体与行政自治区之演变与现状》,见 2002 年台湾淡江大学"各国语言政策研讨会——多元文化与族群平等"。

② Het Vlaamse Gewest。

③ La Region Wallonne。

④ Het Brusselse Hoofdstedlijk Gewest / La Region Bruxelles-Capitale。

从多元文化主义(Pluralism)的角度来看,为不同种族或文化族群的存在和延续权利,在教育、文化、艺术、史料保存等方面实施双语(多语)政策,有天赋人权基础的绝对必要。① 但是布鲁塞尔的双语问题怎么样呢? 按照双语法律的规定,布鲁塞尔所有的公共行政机构,包括学校、政府单位、医院乃至街道名称都必须使用双语。而实际情况是除在街道牌、政府公告、公文书等和法律规章上得到了落实之外,在许多的实际层面则存在多个难以扫除的盲点,比如在卫生方面很多医院都不能保证双语医疗和双语咨询的服务。究其原因,布鲁塞尔出现的这种情况与该城市存在的"法语化"倾向有密切关系。布鲁塞尔的法语化族群除原有的法语居民和现实生活具备双语能力的荷语人外,更重要的原因是第二次世界大战后进入布鲁塞尔的外国劳工②和政治难民③,都使用法语,加之因为历史知识不足,始终误将法语视为比利时国语的数万欧洲公务员、外国使节人员及其家属的参与,最终在布鲁塞尔首都区逐渐形成了一个庞大的广义法语族群(francophone),形成布鲁塞尔的法语化现象。

3.比利时德语区域的语言使用情况

在比利时两大语族持续争端的同时,还有一个远在比德边境,居民仅占比利时人口不到1%的德语区域。尽管依语言法有所谓的德语语族文化共同体的设置,在行政上却归属瓦隆尼自治区(法语)支配,仅以联邦政府体制下的三级行政机制运作其语族事务。④ 由于德语区是战后比利时以战胜国向德国索赔而得的领土,因此,生活在这里的德语居民在语言权益的要求上历来低调,以免引起尤其是法语族群的强烈反应。而这样的结果最终使得比利时德语区居民的语言使用发生了很大变化。廖立文先生在研究比利时族语文化时引用了比利时学者 P.Nelde 和 J.Darquennes 在 2002 年提供的一个有关比利时德语区新闻媒体语言使用的报告结果,他指出,比利时德语区在报纸与日常语言中所使用的德语已经转化成一种混杂了德语、荷语与法语的德语主结构语

---

① 廖立文:《比利时语族文化共同体与行政自治区之演变与现状》,见 2002 年台湾淡江大学"各国语言政策研讨会——多元文化与族群平等"。

② 战后因缺乏劳工而从意大利、非洲(摩洛哥)、中东(土耳其)大量引进的劳工移民。

③ 比属刚果(萨伊)政治难民。

④ 廖立文:《比利时语族文化共同体与行政自治区之演变与现状》,见 2002 年台湾淡江大学"各国语言政策研讨会——多元文化与族群平等"。

言。这种现实状况说明,德语区居民面对德语的绝对弱势地位,为了争取更多德语区外的认同,不得不做的让步。① 此外,为争取更多外地就业机会,德语区内几乎人人是三语使用者。总之,比利时语族争端问题是世界罕见的语族冲突例子。透过这个例子我们可以看到从语言的冲突到语族的冲突,往往会加深一个国家的民族矛盾,并给国家的稳定和发展带来极大的负面影响。

(七)法国的语言政策

1.法国的少数民族及语言基本情况

从总体上看法国是属于典型的执行单语政策的国家,因此,法国在语言政策上基本上是采取压抑地区语言及其文化的传播的做法。正如台湾学者无锡德在研究法国语言政策时指出的那样,在其历史发展的过程中,法国历届政府皆强烈主导语言政策,包括单语政策合法性的建构以及法语纯粹性的提升。② 但是,在法国国内除了法语之外,还有七种主要"地区语言"(langues régionales)或者说少数人的语言:奥克语、加泰隆语、科西嘉语、阿尔萨斯语、佛兰芒语、布列塔尼语、巴斯克语。它们分属三个不同的语系,只有前五种与法语同属罗曼语系。根据"国立法语研究中心"的实地调查(1999 年),法语境内共使用 75 种语言之多。

根据最新的统计数字,法语人口为 5870 万人;奥克语(l'occitan)人口为213.87 万人,分布在法国的中部和南部,占全国人口的 3.67%;加泰隆语人口(le catalan)为 15 万人,分布在地中海南岸,占全国人口的 0.26%;科西嘉语(lecorse)人口为 12.5 万人,分布在地中海,占全国人口的 0.22%;阿尔萨斯语(l'alsacien)人口为 180 万人,分布在法国的东北部,占全国人口的 3.7%;佛兰芒语(leflamand)人口约为 4 万人,分布在法国的北部,占全国人口的 0.01%;布列塔尼语(lebreton)人口约为 25 万人,分布在法国的极西布列塔尼半岛,占全国人口的 0.43%;巴斯克语(le basque)人口约为 8.6 万人,分布在大西洋西

---

① 廖立文:《比利时语族文化共同体与行政自治区之演变与现状》,见 2002 年台湾淡江大学"各国语言政策研讨会——多元文化与族群平等"。

② 吴锡德:《法国的语言政策——全球化与多元化的挑战》,见 2002 年台湾淡江大学"各国语言政策研讨会——多元文化与族群平等"。吴锡德,淡江大学法文系副教授。

南岸,占全国人口的 0.15%。①

总之,在法国七个少数民族的总人口为 459 万,占全国人口的 7.83%。另外根据 1992 年的调查,只有 5% 的家庭会在家里说不同于法语的另一种语言,可见少数人语言区母语流失的严重情况。且在 1983—1984 年间,仅有 0.4%(20646 人)的学生选修少数人的语言。②

从历史上看,法国少数人的语言一向受到法语的严重挤压。在第三共和时期(1870—1914)民族主义甚嚣尘上,少数人语言的发展受到巨大威胁,许多重要的少数人文化资源也相继流失,为此激化了地方主义的抬头,地方独立运动蠢蠢欲动,甚至暴力四起。直到 1936 年之后才有人敢呼吁重视这一文化浩劫所造成的严重后果。第二次世界大战后,开始有议员在国会提案要求开放少数人语言的学习,虽然遭到了许多的非议,但最终还是获得了每周一小时的选修课时间。③ 根据一些学者的研究,这种开放一直到 20 世纪末期都没有出现多大的起色。其主要原因在于,一是许多少数人语言的资源早已流失殆尽。二是因为少数人语言的分支过多,彼此无法沟通,词汇也各自有别,难以互相交流。三是政府尤其是教育部门对少数人语言学习的引导不足,无法引起学童,甚至社会青年学习的兴趣。四是法国政府的消极态度更要负起大半的责任。

直到世纪之交的最后一年,法国政府在看待少数人语言的问题上才有了一些小小的松动,这就是经过多年的犹豫终于肯在 1999 年签署了由 45 个国家组成的欧洲理事会于 1992 年通过的《欧洲区域性和少数民族语言宪章》,但是法国人在签署这份文件时是有条件的,它并不是全面地接受《宪章》所提到的条款,而是仅仅答应只接受《宪章》中"宣言"的部分内容而已。尽管如此,在法国的少数人包括少数人语言的推动者们还是看到了少数人语言发展的一线曙光,至少他们开始感觉到了此举已标志着法国在多元文化道路上总

---

① 吴锡德:《法国的语言政策——全球化与多元化的挑战》,见 2002 年台湾淡江大学"各国语言政策研讨会——多元文化与族群平等"。

② 吴锡德:《法国的语言政策——全球化与多元化的挑战》,见 2002 年台湾淡江大学"各国语言政策研讨会——多元文化与族群平等"。

③ 社会党议员戴克索恩(Deixonne)力排众议提案开放少数人语言的传授。结果引来激烈争辩。之后戴氏始以"今日,民族统一已十分牢固,我们不必担忧法国会走上地方分治的道路"而稍微平息众议。但最后仅获得每周一小时的选修课,且科西嘉语还不在此列。

算开始迈出了第一步。

而令人鼓舞的是进入了 21 世纪之后的头一年,法国人又开始逐步加快了他们对少数人语言实施发展和保护的步法。2000 年,法国政府向欧盟的"欧洲较少广泛使用语言推广局"(BELMR)提出了一揽子的八项申请计划,一跃成为当年申请计划最多的国家。这些计划总金额达 146 万欧元,其中欧盟补助 33.6%(49 万欧元)。受惠的少数人语言包括:奥克语、加泰隆语、科西嘉语、阿尔萨斯语、佛兰芒语、布列塔尼语、巴斯克语、克里欧尔语等八种。计划内容包括少数人语言词汇的编纂、翻译、配音、地区语言电视网、儿童刊物、地区语言人口分布图、历史及地理教材等。①

1990 年以后,法国语言政策的演变出现三次重大的变革。一次是 1992 年在宪法条文里增列法语为法国"国语"的字眼。第二次是 1994 通过了《关于法语的使用法》,规定在法国境内某些公开场合禁止使用外语。第三次是 1998 年有关是否将部分现存尚未有女性称呼的职业或头衔词汇一律予以"女性化"(la féminisation)。在这三个事件里,可以看出法国政府严重介入语言使用的痕迹。

从这里可以看出,尽管法国政府在 2000 年之后在对待少数人语言的问题上开始有一些作为,但是,事实上这些工作并没有影响或者是动摇到法国政府语言政策的核心,更准确地说至今为止法国政府的语言政策仍然没有发生多大的变化,至少在以下五个方面依然保持着它的语言政策的一贯性:一是坚持和默守法语的国际地位;二是坚持法语在国内的唯一地位;三是设法阻挡英语的大量入侵;四是联合世界各地的法语国家,共同推进法语的学习、使用和发展;五是强调法语作为人类文化资源的不可替代性,并以多元化、多样化和多语化的捍卫者自居。但是,这些理念和做法所带来的严重后果是,由于政府在语言问题上的保守和干预,在国际上,致使许多重要的国际交流资源横遭阻挡,在国内,则致使许多珍贵的少数人语言文化资源因为受到过度的挤压而大量流失或濒临消亡。

---

① 吴锡德:《法国的语言政策——全球化与多元化的挑战》,见 2002 年台湾淡江大学"各国语言政策研讨会——多元文化与族群平等"。

第二节　欧洲宪法性条约中的少数人权益及语言权益保护

前面我们从国家的角度介绍了欧洲部分国家有关少数人语言权益保护的情况,应该说对于我们具体认识这些国家的少数人语言现状有一定的帮助。下面我们将在此基础上进一步从欧洲整体的角度来介绍欧洲宪法性条约中的少数人权益及语言权益保护情况。

(一)欧洲理事会少数民族保护框架公约顾问委员会主席关于少数人权力和语言权益保护的理念

2006 年 6 月 14 日下午,我们来自中国少数民族语言问题的专家一行在挪威奥斯陆大学人权中心四楼的一间小会议室会见了欧洲少数民族保护框架公约顾问委员会主席艾德教授。在一个多小时的交谈中,艾德教授以"欧洲宪法性条约中的自治、民主和人权"为主题,向我们介绍了欧洲理事会关于少数人权力和语言权益保护的理念。艾德教授是挪威奥斯陆大学人权中心的创始人,曾在联合国担任少数民族工作组的组长一职长达 10 年之久,是世界著名的少数民族人权和语言权益的立法和保护专家。艾德教授的报告可以分为三个主体部分:

一是欧洲关于保护少数民族文化观念的转变。艾德教授指出,无论是在国际还是在欧洲,对各个少数民族的态度都有一个转变的过程,这就是从阻碍少数民族的文化到欣赏少数民族的文化。欧洲很久以来就有一个错误的观念,即一个国家所有的人都应该加入到一个统一的文化中来,这就是对一个国家主流文化的认同。这种完全不顾国内其他少数民族文化权益的观点是基于当时流行的一种看法:有些民族是先进的民族,有些民族是落后的民族,因此,需要把落后的民族整合成为先进的民族。但是,在近 20 到 30 年间,包括欧洲在内的一些有识之士已经改变了这种看法,认为,不同的民族的文化都是基于它特殊的环境逐步形成的,每一个民族的文化都值得尊重。这种见解有利于建立一种新的文化多样性的社会。

二是《欧洲少数民族保护框架公约》关于少数民族的认识和分类。艾德教授认为,1995 年 2 月签署,1998 年生效的《欧洲少数民族保护框架公约》正是基于上面对少数民族及少数民族文化观念的改变,而将少数民族分成三类:第一类,原住民(土著人)。比如挪威的萨米人,美洲的印第安人等。原住民的特点是保持着传统的生活和文化方式,他们不同于现代社会,与土地的联系更加紧密,对传统资料的依赖更强。第二类,被整合的少数民族。他们被包容在多民族的国家里,虽然已被吸收到国家的政治体制和社会发展当中,虽然已在经济上参与到了主流文化当中,但仍然保持着自己的语言和文化的特点。第三类,新少数民族。他们是从祖国新进入另外一个主权国家,脚跟未稳,且尚未充分地享受到该国公民权利的群体。这些人最大的主体是那些跨国的劳工移民。比如挪威奥斯陆 25 年前来自巴基斯坦的劳工,他们已经有了第二代。法国来自南非的劳工。中国目前还没有太多的外国人涌入境内,到国外的中国人有可能成为境外新的少数民族。

三是《欧洲少数民族保护框架公约》(以下简称《公约》)的原则以及树立人权保护理念的措施。艾德教授指出,《公约》认为,国家需要创造条件,使本国少数民族传统文化的保护成为可能。国家应该提供社会整合的机会,使那些属于不同文化圈内的人能够和谐相处,使不同的文化得到平等的保护,使一个国家不同的民族共享平等的公民权利。同样,国家有责任去促进每一个社会的人要有容纳多元文化的胸襟。艾德教授进一步指出,《公约》的制定和签署正是为了鼓励不同民族的和睦相处,鼓励主流社会与少数民族的和睦相处。因为从欧洲的历史可以发现,保护少数民族的权利,对维护一个国家的稳定和安全都是很重要的。正是基于这样的少数民族人权保护理念,《公约》提出必须制定措施来保证这些有利于少数民族人权保护的正确的观念得以逐步形成。艾德教授进而指出,这些措施包括:第一,要进行全面教育。也就是说国家应该将少数民族人权保护的理念纳入到国民教育体系当中。第二,多元文化理念的教育。从中、小学开始就应该加入多元文化的课程和内容,自小就要把文化多样性的理念传输给学生。第三,跨文化的教育。在本民族文化的教育过程中介绍其他民族的文化。第四,为少数民族更有效地参与国家大事的决策搭建平台。少数民族是否具有参与国家大事的权利,对一个民族有着深刻的影响。

(二)欧洲理事会(法国斯特拉斯堡)《欧洲少数民族保护框架公约》组织机构专家关于《公约》的权威性阐释

2006 年 6 月 19 日上午,我们专程访问了位于法国斯特拉斯堡的欧洲理事会,并在欧洲理事会人权大厦会见了《公约》组织机构的专家。欧洲理事会是第二次世界大战以后差不多与联合国同时建立的一个国际性的合作机构。它的职能是推进人权的保护,推进法制,推进基于民主的权利。它最主要的职责是在欧洲推进和维护和平。欧洲理事会有 46 个成员国,5 个国家作为观察员,①地域范围覆盖整个欧洲。成员国之间的合作包括四个方面:一是各国政府间的合作。由各成员国的外交部长组成部长委员会,日常事务由各国外交部长指派的代表来负责处理。二是各成员国议会间的合作。由各成员国的议会代表组成欧洲理事会议会大会。议会大会每 4 年召开一次,会期 1 周。三是由各国地区性的负责人(市长)的代表组成的大会,一年两次小型会议,一次大型会议。主要讨论如何在欧洲推进民主化的管理等问题。四是由成员国的非政府组织(NGO)组成的大会,主要讨论时事热点问题。

　　欧洲理事会是欧盟的一个立法机构,但欧洲理事会与欧盟两个组织有很大的区别。要加入欧盟,必须先加入欧洲理事会。目前,欧盟有 25 个成员国(至 2006 年 8 月)。欧洲理事会自创立以来非常的活跃,它希望通过成员国的合作,在欧元区创建一个框架来推动人权的改善,进而使欧洲有一体感。

　　第二次世界大战之后,《欧洲人权公约》通过。但是,它没有那一条是专门涉及保护少数民族人权的,因此,在 20 世纪的 80 年代到 90 年代,当人们看到前苏、前南因民族间的矛盾引起的国家分裂的严重后果时,越来越感到在欧洲必须要有一个保护少数民族人权公约,来约束欧洲理事会各成员国对本国少数民族人权的不尊重情况。在这样的背景下,欧洲理事会同意在现有联合国有关条款的基础上,起草《欧洲少数民族保护框架公约》。1995 年 2 月,《公约》正式签署,1998 年生效。当时仅有 12 个国家,现在,在 46 个欧洲理事会成员国中有 41 个国家加入《公约》。《欧洲少数民族保护框架公约》是世界上第一个关于保护少数民族人权的公约,它所涉及的条款大都属于原则性的内容,各成员国需要在它的基础上拿出本国更为具体的有关少数民族人权保护的细则。

　　在欧洲理事会,对各国有关《欧洲少数民族保护框架公约》的执行情况有一套专门的监督机制。这个机制是一个由 18 个成员组成的《公约》顾问委员

---

　　①　日本、加拿大、美国、梵蒂冈、墨西哥。

会来完成的,它的领导人就是挪威奥斯陆大学人权中心的艾德教授。这个委员会有权深入到每一个《公约》成员国进行调查,并对该国执行《公约》的情况进行评估,然后向欧洲理事会提交一份长达 50 页的专门报告,其中包括这个国家执行《欧洲少数民族保护框架公约》的情况以及多项建议。这些建议的内容包括帮助起草专门的法律等来使被调查国对少数民族的人权保护更符合《公约》的条款。为了保证报告的中立和客观,《公约》顾问委员会在调查时对被调查国的政府、非政府组织和相关的机构进行特别的询问。根据欧洲理事会官员的介绍,到目前为止,绝大多数的成员国都在积极地实施《公约》顾问委员会提出的意见和建议。

接下来我们再来看看《欧洲少数民族保护框架公约》组织机构专家对《公约》某些重要条款的权威性解释。关于第 1 条,它强调了少数民族人权的保护是国际合作势在必行的一项工作,具有针对性。这是因为,在欧洲历史上,一些主权国家对本国的少数民族长期采取不平等政策,引起了诸多严重的民族矛盾。第二次世界大战就是由于一个国家对某个少数民族的处置出现严重不公,从而引起邻国反映的结果。所以,《公约》的第 1 条要强调少数民族人权保护的必要性。关于第 4 条,用意在强调公民的非歧视政策。第 5 条则强调成员国要保护少数民族的传统和民族认同,禁止同化,容许整合,鼓励民主国家让少数民族参与到国家的政治、经济中来。第 6 条强调对文化多样性的尊重,鼓励跨文化的对话,少数民族有权使用其语言和文化象征来反映和表达他们的存在。第 9 条强调少数民族有表达自己愿望的自由。少数民族的事务包括语言等,在官方媒体中要有所反映,要传播和登载有关少数民族语言文字的信息。第 10 条重点强调少数民族语言使用的权力。这是《公约》成员国的一种责任,成员国要有与少数民族交流的民族语能力。第 11 条,强调地名、街道名要有少数民族的文字,在少数民族的聚居区,要用双语来表示。第 12 条,强调跨文化的教育和国家内部不同民族的互相学习问题。在国民教育中要加入对少数民族文化有客观描述的内容,在主流社会要培养教师讲授多元文化的知识。第 13 条强调用少数民族语言进行教学。要向少数民族提供机会,使他们能够学习自己的语言,同时,也能够学习主流语言。在小学时要用少数民族语言进行教学,中学要加入和扩大主流语言的内容,使两种语言的学习能够达到平衡。第 15 条强调少数民族在国家政治、积极、文化和社会保障等事务中有效地参与重大决策的问题。

（三）欧洲理事会《欧洲区域性和少数人语言宪章》委员会专家关于《宪章》的权威性阐释

根据介绍,《欧洲区域性和少数人语言宪章》的起草工作始于 20 世纪 80 年代。历史地看这个《宪章》的产生是由欧洲语言的多样性决定的,它的出现是历史的必然。虽然《欧洲人权公约》第 14 条提出的"非歧视原则"包括了对少数人语言的非歧视理念,但在实质性的问题上并没有提供什么具体的保护措施,所以,随着历史的推移,欧洲理事会越来越感到在欧洲地区有制定和签署一个强制性的保护少数民族语言宪章的必要。1992 年 6 月,《宪章》诞生,欧洲理事会 46 个成员国中有 20 个批准加入,12 个成员国在文件上签字,但尚未加入。从《宪章》的内容看,它是对《欧洲人权公约》的补充,《宪章》规定它的成员国必须采取措施来承担《宪章》规定的义务。

关于《欧洲区域性和少数人语言宪章》的重要理念,欧洲理事会《语言宪章》委员会专家指出,第一,《语言宪章》的宗旨在于保护欧洲以语言多样性为基础的文化的多样性。从法律上讲《语言宪章》保护的是欧洲各国内部那些属于地方性的少数民族的语言,而不是少数人。因此,《语言宪章》不把个人或者是集体(群体)作为一个权力来加以保护,它的核心是保护语言。第二,《语言宪章》解决的问题不是少数民族的独立问题,而是通过对少数民族语言权力的保护来促成国家内部民族关系的和睦解决。换句话说,《语言宪章》的实施决不能危害到国家的主权和领土的完整,也不能影响和改变成员国的宪法。《语言宪章》主要解决少数民族在语言上的优先性和平等。每个国家都有一种或多种官方语言,它们的保护不在《语言宪章》之列。第三,《语言宪章》不包括新的移民使用的语言。它在起草时并没有明确列出哪些语言需要受到保护,但是,它强调每一个人都有使用母语的权力。《语言宪章》也没有列出哪些语言是少数民族的语言,它只把那些属于区域性的少数民族语言作为客观的事实来看待。

下面我们来看看欧洲理事会《语言宪章》委员会专家关于《语言宪章》具体内容的重要阐释:《语言宪章》的第二部分开立了符合《宪章》规定的原则。第三部分对《语言宪章》所要保护的语言的使用进行了详细的规定:一是强调了《语言宪章》的成员国有义务把语言视为是财产的一部分受保护,规定在教学中要学习这些受到保护的语言,指出国家有义务促成使用不同语言的人的相互理解。二是这些规定包括了 68 项对语言的保护措施,凡签署《语言宪章》的成员国必须承诺同意这些保护条款,或者至少要承诺执行其中的 30 个条款。比如,在司法程序上要向使用少数民族语言的人提供诉讼时的翻译;在教育上,学生可以在某个阶段自由地选择使用少数民族的语言来教学的课程或班级。同样,在职业培训方面也要承诺提供少数民族语言的教学。三是这些规定还包括,成员国一旦签署了《语言宪章》,就要承诺采取措施来发展和保护少数民族的语言,承诺每 3 年要向《语言宪章》顾问委员会(监督委员会)上报有关本国少数民族语言学习、使用和保护的情况。该报告内容必须详细陈述成员国对自己所承诺的事项的兑现情况以及取得的成果和不足等。据这个顾问委员会的专家介绍说,顾问委员会在做进一步的调查完成一份评估报告后一并上报给欧洲理事会部长会议做最后的决断意见。一般来讲当部长会议批准了成员国的报告后,要正式通知该成员国在少数民族语言的保护上需要进一步改进的意见。

(四)欧洲安全理事会(荷兰海牙)少数民族高级专员办公室的职能和主要工作

2006 年 6 月 21 日,我们代表团一行从法国的斯特拉斯堡乘机前往荷兰的海牙,专程前往欧洲安全理事会,会见了欧安会少数民族高级专员办公室专员 John de Fonblanque 先生。在欧安会大楼一层一间不到 40 平方米的小会议室,高级专员和他的法律顾问和助理向我们全面介绍了少数民族高级专员办公室的职能和主要工作。

第一,欧安会少数民族高级专员办公室的职能。该办公室属于欧安会组织。欧安会的职能是合作,一是防止民族间的冲突,二是解决冲突后的善后工作。目前,欧安会有 56 个成员国,一个维也纳秘书处,在 20 多个国家设有委员会和专员局。有新闻、人权和少数民族三个工作机构。欧安会少数民族高级专员办公室成立于 1992 年,由头是波黑战争之后,欧安会对这场战争进行了全面的分析,发现引发这场严重冲突的主要原因是南斯拉夫内部当时日趋严重的少数民族问题和民族冲突。因此,在欧安会有必要设立一个专门负责成员国少数民族事务的高级专员办公室,其重要使命是通过办公室的工作,在最初阶段(萌芽阶段)就能识别出引起成员国内部民族冲突的问题,并提前加以防止。具体地说，就是要识别出引起民族之间紧张关系的原因，并预见它对欧安会成员国的影响，做到提前预警，提前干预。在工作程序上，高级专员具有独立性，并对欧安会主席和常务理事会有建议权，欧安会解决此类问题的机制是通过外交途径。

在高级专员的领导下，有一个 25 人的专家组专门负责成员国内部民族间紧张关系的识别工作。同时，高级专员有责任访问各成员国，就民族问题进行调查和质询。当然，在很多时候，高级专员的出访有针对性，一旦发现问题，他一要提前行动，向有严重民族问题的成员国传达少数民族事务的高级专员办公室的政策建议或法律建议；二要召集专门的和解会议促进冲突双方民族间的对话；三要针对有民族问题的成员国组织研究项目，拿出调查数据，并完成一份能够促成化解矛盾，形成整合的报告。

John de Fonblanque 先生强调指出，成员国要想解决国内的民族矛盾，达到民族间的和谐整合，一个重要的前提是要尊重少数民族的意愿，包括尊重他们的语言、教育和文化。这种和谐整合不光是针对少数民族的，同时，也是针对主体民族的，要让每一个民族都可以按照民族传统的方式生活和进步。因此，和谐整合的过程涉及双边或多边，涉及对少数民族和主体民族的尊重。而和谐整合的基础是一系列的国际法。

第二，欧安会少数民族高级专员关于少数民族语言政策的理念以及他们在这方面所完成的工作。1999 年，欧安会少数民族高级专员 John de Fonblanque 先生在给欧安会的一份重要报告中对少数民族语言的重要性体现了这样一种认识：正确的处理少数民族语言，对解决民族矛盾有重要的作用。他在报告中指出，欧安会成员国中没有实行统一的少数民族语言政策，原因是多方面的。但各国少数民族语言使用的领域却是相同的，都强调民族语在教育、传媒和国家行政事务中的使用。少数民族语言能否在公共关系中得到充分的使用，是造成民族关系好坏的一个重要的指标。在一个国家的内部，一个少数民族在承认和接受了国家通用语言文字之后，有权选择本民族的语言作为交际的工具；同样，国家在推行国语（国家通用语言文字）时，应该在公共社会给民族语留下使用和发展的空间，而不是采取与之冲突的民族语政策。

国家应该尊重少数民族的语言权力，国家虽然有权控制官方语言，但无权干预私人领域的语言使用，然而，在欧安会的许多成员国中，这种情况却是比较严重的。由此,John de Fonblanque 先生认为,有必要将《哥本哈根文件》①中强调少数民族语言权力受国家保护②的条款转换成欧洲的国际公约,让欧安会的成员国来执行。为实现这个想法,从 1996 年起,欧安会少数民族高级专员办公室在 John de Fonblanque 先生的提议和带领下,组建一个研究调查班子并在当年形成了《关于少数民族教育权力的海牙建议书》③和 1998 年的《关于少数民族语言权力的奥斯陆建议书》④,意在通过这些《建议书》,来保护欧安会成员国内部少数民族的语言文化认同,同时也可保证对国家统一的认同。

1996 年的《海牙建议书》希望达到这样一个目的,那就是要让欧安会成员国在相关国际公约的原则下,使少数民族的语言政策更加具体化。《海牙建议书》认为⑤,少数民族权利以及民族认同感的维护,只能在教育过程中获得他们恰当的关于母语的知识时才能实现。另外,少数民族还必须获得国家共通语的知识,才能参与公共社会的活动。因此,这个建议书是在民族认同(学习母语)语公共关系(国家共通语)中找到一种新的平衡。它支持少数民族学习他们的母语或者说接受正常的母语教育,同时,支持少数民族学习和获取国家的通用语言文字及其知识。

在《海牙建议书》的第 11 条中还强调,学前、小学和中学阶段是学习母语最重要的时期,因此,在小学低年级就应该让少数民族学生接受母语教育,同时,还必须使用民族语进行教学。中学阶段,要有相当的民族语课程,同时,用母语授课的内容也要增加。《海牙建议书》认为,越早增加双语的知识,对孩子越有用。到了高等教育阶段,仍然要强调国语(国家通用语言文字)的教育和少数民族语的教育,同时,还要学习第三种语言。不过 John de Fonblanque 先生认为,对少数民族进行双语教育一定要慎重,强调国语教育可以,但应该

---

① 也称《关于人类向度的哥本哈根会议文件》,*The Document of the Copenhagen of the Conference on the Human Dimension* 1990。

② 当少数民族需要用少数民族语言来与社会沟通的时候,国家有义务保障和帮助这种沟通的实现。

③ *The Hague Recommendation Regarding the Education of National Minorities &Explanatory Note.* 1996。

④ *The Oslo Recommendation Regarding the Linguistic Rights of National Minorities &Explanatory Note.* 1998。

⑤ 这些见《关于少数民族教育权力的海牙建议书》第 11—13 条。

使用民族语来进行国语的教育效果会更好。当然,在这份建议书中还提到了使用少数民族语言进行职业培训的问题。

1998 年的《关于少数民族语言权力的奥斯陆建议书》是有关欧安会成员国内部少数民族语言使用的建议。它强调国家应该尊重少数民族的传统,同时,也特别强调在少数民族聚居区,个人名称的使用要尊重该地区的语言使用原则。强调少数民族有权根据他们的传统来保持自己的宗教信仰。更为重要的是,《奥斯陆建议书》强调了少数民族语言在国家事务和公共事务中的使用问题,规定,如果某个地区(选区)的少数民族达到一定数量时,选区内的政府部门在与少数民族成员打交道时,少数民族可以使用他们的语言。比如第 14 条建议,少数民族应该利用充分的可能性来使用自己的民族语言文字,在向政府机构表达他们的意愿时,可以使用他们的语言。[①] 同样,在行政机构和公共服务系统,政府也应该确保这些少数民族语言文字的使用,并通过培训来达到用少数民族语言进行沟通的能力。《奥斯陆建议书》的 17 条和 18 条还规定,当某个聚居区内某个少数民族的人口数达到一定数量时,基于司法公正的原则,该民族有权在司法程序中使用少数民族语言,并免费获得语言上的帮助。在对包括少数民族在内的公民实施指控和逮捕时,都必须用当事人能够听懂的语言来告知其原因,当事人也有权使用自己的母语来进行上诉和辩护,有权获得免费的母语翻译。

第三节　宪法性法规中的中国少数民族语言政策

从理论上看,中国的民族语言政策基于两个基本的政治基础,一是中国共产党的民族政策,二是宪法性法规中有关少数民族和少数民族语言的规定。从实践上看,中国的少数民族语言工作包括少数民族语言调查、民族识别、少数民族文字的创制、少数民族教育、少数民族语言文字的运用、发展和研究、少数民族语言文字的转用等若干个层面。从历史进程看,中国的少数民族语言

---

①　《关于少数民族语言权力的奥斯陆建议书》是根据《哥本哈根文件》和《欧洲人权公约》来起草的。这些文件和公约规定,在少数民族的聚居区内,如果少数民族的人口数达到 10% —20%时,政府机构有义务在公共事务中使用民族语。比如在罗马尼亚和斯洛伐克,就规定少数民族聚居区少数民族人口数达到 20%时,民族语就会被确认为时政府机构需要使用的一种语言。

政策经历了两个重要时期,前者从 20 世纪的 30 年代到 90 年代,之后,一直到现在。

中国有 56 个民族,除汉族外,其他 55 个民族被称为"少数民族"。1990 年中国第四次人口普查的数据表明,在全国总人口中,汉族人口占 91.96%,少数民族人口占 8.04%。1995 年全国 1% 人口抽样调查表明,在中国 12 亿多人口中,少数民族人口为 10846 万人,占全国总人口的 8.98%,比 1990 年提高了 0.94 个百分点。中国的民族分布特点是大杂居、小聚居、相互交错居住。主要分布在内蒙古、新疆、宁夏、广西、西藏、云南、贵州、青海、四川、甘肃、辽宁、吉林、湖南、湖北、海南、台湾等省、自治区。在中华人民共和国成立前,中国历代政府虽都有一套关于民族事务的政策和制度,但无论是汉族还是少数民族建立的中央政权,民族间无平等可言。1949 年中华人民共和国的建立,中国才开始了各民族平等、团结、互助的新时代。

目前,中国 55 个少数民族中,除回族和满族通用汉语文外,其余 53 个民族都有自己的民族语言。有文字的民族有 21 个,共使用 27 种文字,其中壮、布依、苗、纳西、傈僳、哈尼、佤、侗、景颇(载佤文系)、土等十多个民族使用的13 种文字是由政府帮助创制或改进的。

一、中国的民族政策、民族语言政策和宪法性法规

(一)《中华人民共和国宪法》关于少数民族政策和少数民族语言政策的规定

中国最早涉及少数民族语言政策的文件是 1938 年在党的六届六中(扩大)全会上的报告。毛泽东同志在报告中提出了"尊重少数民族的文化,宗教、习惯,不但不应强迫他们学习汉文汉语,而且应赞助他们发展用各民族自己语言文字的文化教育。"1945 年,在党的七大报告中,毛泽东同志又强调:"他们的语言、文字、风俗、习惯和宗教信仰,应被尊重。"1949 年,政协第一届会议通过的《中国人民政治协商会议共同纲领》,又明确规定:"各少数民族均有发展其语言、文字,保持或改革其风俗习惯及宗教信仰的自由。"由此,主张和坚持民族平等、语言平等、各民族都有使用和发展本民族语言文字的自由的民族语言政策成为马克思列宁主义、毛泽东思想民族观的重要内容。

新中国建立以后,一方面民族平等和民族团结作为解决民族问题的基本原则和根本政策,在中国的宪法和有关法律中得到了更明确的规定。另一方面,中国的少数民族语言政策作为国家民族政策的内核之一也在这些宪法和法规性文件中得到了全面的阐述。1954 年颁布实施的新中国第一部宪法《中华人民共和国宪法》首次明确规定:"中华人民共和国各民族一律平等。国家保障各少数民族的合法权利和利益,维护和发展各民族的平等、团结、互助关系。禁止对任何民族的歧视和压迫"。根据这部宪法,中国各民族广泛地享有了宪法和法律赋予公民的各项平等权利。这些平等权利包括:各民族公民不分民族、种族、宗教信仰,都同样地享有选举权和被选举权;各民族公民的人身自由和人格尊严不受侵犯;各民族公民都有宗教信仰自由的权利;各民族公民都有接受教育的权利;各民族公民都有言论、出版、集会、结社、游行、示威的自由;各民族公民都有从事科学研究、文学艺术创作和其他文化活动的权利;各民族都有平等参与国家事务的管理的权利等。

与此同时,这部宪法在明确民族平等这个大原则的基础上,还明确规定:"各民族都有使用和发展自己的语言文字的自由。"(第 3 条)"各民族公民都有用本民族语言文字进行诉讼的权利。人民法院和人民检察院对于不通晓当地通用的语言文字的诉讼参与者人,应当为他们翻译。在少数民族聚居或者多民族杂居的地区,人民法院应当用当地通用的语言进行审讯,用当地通用的文字发布判决书、布告和其他文件。"(第 77 条)这样,《宪法》就从三个方面保障了中国少数民族的语言权利,一是使用和发展民族语言文字的权利;二是在少数民族聚居区内,政府机构在执行公务时有义务按照地方法规使用少数民族语言文字;三是在少数民族聚居区内,在司法诉讼程序中国家有义务提供少数民族语言文字的翻译和民族语的审理以及少数民族文字的司法文书等。由于中国政府采取了特殊的政策和措施,努力使宪法和法律规定的各民族一律平等的权利在社会生活和政府行为中得到有效落实和保障,形成了各民族平等相待、团结和睦、友好互助的良好社会环境。

1975 年我国颁布第二部《宪法》,当时,由于受到文革的影响,这部宪法有关少数民族语言政策的内容只是在原来的第 4 条中保留了"各民族都有使用自己的语言文字的自由。"的内容,而第 77 条中的有关内容则被全部删除。由此也可看到文革 10 年间我国的少数民族语言政策受到的巨大冲击。1978年,我国颁布第三部《宪法》,有关少数民族语言政策的内容与第二部第 4 条完全相同,没有新的增补。这部宪法比 1975 年宪法有了重大变化,但仍然存在许多的缺陷。1979 年 7 月五届全国人大二次会议和 1980 年 9 月五届全国人大三次会议分别对这部宪法进行了修改。1982 年 12 月 4 日,中华人民共和国第四部宪法在第五届全国人大第五次会议上正式通过并颁布。第四部宪法继承和发展了 1954 年宪法的基本原则,总结了中国社会主义发展的经验,并吸收了国际经验,是一部有中国特色、适应中国社会主义现代化建设需要的根本大法。

在第四部《宪法》中,对有关少数民族语言权利的条款做了大量的增补,体现了新的历史时期国家民族政策和民族语言政策的发展。首先,在原来第 4 条"各民族都有使用和发展自己的语言文字的自由"的基础上,通过 134 条从新恢复了 1954 年第一部《宪法》第 77 条的内容,但文字上的不同主要反映在最后一段的叙述上:1954 年第 77 条为"用当地通用的文字发布判决书、布告和其他文件。"1982 的第 134 条为"起诉书、判决书、布告和其他文书应当根据实际需要使用当地通用的一种或者几种文字。"前者规定是用"当地的通用的文字"来发布司法文书,而后者改为了"应当根据实际需要使用当地通用的一种或者几种文字"来发布司法文书,一是强调"根据实际的需要",二是强调"一种或者是几种通用文字,"可以理解为新《宪法》不光强调了民族语言文字在司法程序中的使用问题,同时也强调了其他通用语言文字的使用。

20 世纪 80 年代以后,除了新宪法再次明确规定了"各民族都有使用和发展自己的语言文字的自由"的法律条款外,随着我国社会主义民族法制建设的逐步完善,与各民族政治生活有关的法律和条例对各民族使用和发展自己的语言文字的权利也都做出了相应的规定。这些法律和条例主要有:《中华人民共和国区域自治法》、《中华人民共和国法院组织法》、《中华人民共和国刑事诉讼法》、《中华人民共和国全国人民代表大会和地方各级人民代表大会选举法》、《中华人民共和国民事诉讼法》、《中华人民共和国全国人民代表大会组织法》、《中华人民共和国居民身份证条例》、《中华人民共和国义务教育法》等。在不同的法律和条例中做出这样的规定,其目的和意义在于表明我国政府坚持语言平等,确保各民族使用和发展自己语言文字的自由得以真正实现。这是我国政府一贯的民族语言政策。

为了适应中国经济和社会的发展变化,全国人大分别于 1988 年、1993

年、1999 年和 2004 年对第四部《宪法》逐步进行了修改、完善。2004 年 3 月
14 日,经第十届全国人大二次会议通过的宪法修正案对原宪法中有关少数民
族语言政策的修改主要体现在第 121 条"民族自治地方的自治机关在执行职
务的时候,依照本民族自治地方自治条例的规定,使用当地通用的一种或者几
种语言文字。"这一条强调了国家政府机构执行民族语言政策的义务。总之,
2004 年的宪法修正案除增加了新的民族语言政策的内容外,还完全保留了
1982 年第四部《宪法》这方面的条款。应该说,经过 2004 年的宪法修正案后,
体现在国家宪法中的民族语言政策更加完善和规范。

(二)《中华人民共和国民族区域自治法》中关于少数民族政策和少数民族语言政策的规定以及演进

1984 年 5 月 31 日,中国颁布《中华人民共和国民族区域自治法》,同年 10
月 1 日实施。《区域自治法》是实施《宪法》规定的民族区域自治制度的基本
法律。"民族区域自治是在国家统一领导下,各少数民族聚居的地方实行区
域自治,设立自治机关,行使自治权。实行民族区域自治,体现了国家充分尊
重和保障各少数民族管理本民族内部事务权利的精神,体现了国家坚持实行
各民族平等、团结和共同繁荣的原则。"①正是因为《区域自治法》基于《宪法》
所制定的尊重原则、保障原则以及平等、团结和共同繁荣的原则,真实地反映
了中国的民族政策,因此,它所要体现的民族语言政策自然会更加全面,既要
考虑和兼顾到《宪法》的相关内容,同时,又有反映《区域自治法》作为中国少
数民族区域自治法规的特点。1984 年的《区域自治法》涉及少数民族语言政
策的内容主要有以下条款:

第 10 条 民族自治地方的自治机关保障本地方各民族都有使用和发展
自己的语言文字的自由。

第 21 条 民族自治地方的自治机关在执行职务的时候,依照本民族自治
地方自治条例的规定,使用当地通用的一种或者几种语言文字;同时使用几种
通用的语言文字执行职务的,可以以实行区域自治的民族的语言文字为主。

第 37 条 第 2 款招收少数民族学生为主的学校,有条件的应当采用少数
民族文字的课本,并用少数民族语言讲课;小学高年级或者中学设汉文课程,

---

① 见《中华人民共和国民族区域自治法》序言部分。

推广全国通用的普通话。

第38条　民族自治地方的自治机关组织、支持有关单位和部门收集、整理、翻译和出版民族历史文化书籍。

第47条　民族自治地方的人民法院和人民检察院应当用当地通用的语言检察和审理案件。保障各民族公民都有使用本民族语言文字进行诉讼的权利。对于不通晓当地通用的语言文字的诉讼参与人,应当为他们翻译。法律文书应当根据实际需要,使用当地通用的一种或者几种文字。

第49条　民族自治地方的自治机关教育和鼓励各民族的干部互相学习语言文字。汉族干部要学习当地少数民族的语言文字,少数民族干部在学习、使用本民族语言文字的同时,也要学习全国通用的普通话和规范文字。

民族自治地方的国家工作人员,能够熟练使用两种以上当地通用的语言文字的,应当予以奖励。

第53条　教育各民族的干部和群众互相信任,互相学习,互相帮助,互相尊重语言文字、风俗习惯和宗教信仰,共同维护国家的统一和各民族的团结。

从列举的条款看,共有7个条款涉及了少数民族的语言政策问题。第10条讲的是少数民族的语言权利以及自治机关对少数民族语言的保障责任和义务。是1982年第四部宪法的第4条的具体体现。第21条讲的是自治机关"官方语言"的使用问题,可理解为民族语(通用)或汉语都可以使用,但同时使用几种通用的语言文字时则以民族语为主,它是2004年宪法修正案第121条的具体化。第37条第2款讲的是少数民族地区课本、教学用语和语言学习问题,即采用民族文字的课本,有条件的要用民族语授课,小学高年级或者中学设汉文课程,推广普通话。第38条讲的是民族自治机关肩负的组织和支持民族语书籍的收集、整理、翻译和出版的义务及责任。第47条讲的是司法程序中有关民族语使用的义务及公民的语言权利问题。这一条与1982年第四部宪法的第134条内容相同。第49条讲的是汉族和少数民族互相学习对方的语言文字以及相关的奖励等问题,体现了少数民族语言文字与全国通用汉语的平等地位。第53条讲到了各民族互相学习,互相尊重语言文字的义务。应该说上述七项条款是宪法有关少数民族语言权利的具体再现,它从语言权利、官方语言的使用、教学语言和语言学习、少数民族语言文字的保护和发展、司法语言中少数民族语言文字的保障和各民族相互尊重语言和相互学习语言等七个方面集中反映了我国少数民族的语言权益。

2001年2月28日,我国颁布了根据第九届全国人民代表大会常务委员会第二十次会议通过的新修改的《中华人民共和国民族区域自治法》。其中,对少数民族语言权益方面的修改主要体现在第37条和第47条,其他五个条款未作修改。

第37条第三款修改为:"招收少数民族学生为主的学校(班级)和其他教育机构,有条件的应当采用少数民族文字的课本,并用少数民族语言讲课;根据情况从小学低年级或者高年级起开设汉语文课程,推广全国通用的普通话和规范汉字"与1984年的《区域自治法》相比,修改的关键点有三处,一是将原来的"招收少数民族学生为主的学校"进一步具体扩大到班级和其他教育机构,这样一来使用民族语课本和民族语教学的学校就更加宽泛;二是对汉语课程的开设问题加了限制语,即"根据情况"来实施,这一提法考虑到了少数民族地区具体的汉语教学水平和发展现状,求真务实,便于实际执行;三是将汉语课程开设的时期完提前到了小学,明确规定从小学低年级或小学高年级开始,而不是"小学高年级或中学"。此外,第37条在做以上修改的同时,还新增补了第四款。"各级人民政府要在财政方面扶持少数民族文字的教材和出版物的编译和出版工作。"这一条是对1984年的《区域自治法》第38条的具体化和明确化,它从立法的角度强调了国家有义务在财政上对民族文字的教材和出版物的出版给予支持,体现了国家支持学习、使用和发展少数民族语言文字的决心。

第四十七条修改为:"民族自治地方的人民法院和人民检察院应当用当地通用的语言审理和检察案件,并合理配备通晓当地通用的少数民族语言文字的人员。对于不通晓当地通用的语言文字的诉讼参与人,应当为他们提供翻译。法律文书应当根据实际需要,使用当地通用的一种或者几种文字。保障各民族公民都有使用本民族语言文字进行诉讼的权利。"与1984年的《区域自治法》的第47条相比,修改的关键点是在条款中增加了"并合理配备通晓当地通用的少数民族语言文字的人员"一段文字,这就从立法的角度规定了民族自治地方的法院和检察院除了要用当地通用的语言检察和审理案件外,还要配备通晓当地通用的少数民族语言文字的司法人员,就从两个方面充分保障了少数民族在司法程序中的语言权益。

　　总之,我们在比较和研究中国的《区域自治法》和少数民族语言政策及语言权益的时候,除了要看到宪法性条约中少数民族语言权益的完善外,同时,我们也要看到其中的政策变化和发展走向。一般来说,一种法规、一种语言制度、一种语言政策,都是在实践中伴随着社会的发展以及语言本身的发展而逐步完善的。20世纪80年代以前,我国民族语言政策的侧重点在发展少数民族的语言文字,同时从法律、法规上保证少数民族享有与主体民族相同的语言文字使用权和发展权。因此,民族语言文字的使用范围越来越广泛,取得的成就举世注目。但是,20世纪80年代后,我国的语言政策有了一个重要的转变,这就是双语政策的逐步确立。实际上我国的语言政策一直就是把双语政策作为一项基本的国策,只不过是在不同的历史时期侧重点有所不同,最后才逐步完善和形成的。20世纪80年代后,涉及我国双语政策的法律文件通过2001修改后的《区域自治法》都得到了集中体现,它们对我国少数民族双语政策的确立起到了关键的作用。这些双语政策的规定包括第21条、第37条、第47条、第49条和第53条。可以说这些规定是我国语言规划工作者制定双语政策的主要依据。从本质上看,《宪法》为少数民族的语言文字确立了与汉语文同等的地位,《区域自治法》在宪法的基础上对少数民族地区的语言文字应用又作了具体规定,这些规定的精神不仅适用于少数民族干部和汉族干部,也适用于普通老百姓。当然,普通老百姓也可以完全自愿①,同时,它们也符合2000年10月31日全国人民代表大会常务委员会第十八次会议审议通过、2001年1月1日起施行的《中华人民共和国国家通用语言文字法》的有关规定。正是因为有了这样的民族语言政策的推动,西藏、新疆、延边、凉山彝族和甘孜藏族自治州都制定了有关语言文字的工作条理和规定。②

（三）《中华人民共和国国家通用语言文字法》和《中华人民共和国教育法》中有关少数民族语言政策的规定

　　2001年颁布实施的《国家通用语言文字法》科学地总结了中国建国五十多年来语言文字工作的成功经验,第一次以法律形式确定了普通话和规范汉

---

　　①　苏金智:《语言的声望计划与双文字政策》,《民族语文》1993年第3期,第69页。
　　②　《新疆维吾尔自治区语言文字工作条例》、《西藏自治区学习使用和发展藏语文的若干规定》(试行)、《延边朝鲜族自治州朝鲜语文工作条例》、《凉山、彝族自治州语言文字工作条例》、《甘孜藏族自治州人民代表大会常务委员会关于学习使用和发展藏语文的决议》。

字作为国家通用语言文字的法律地位,充分体现了国家的语言文字方针、政策,是中国第一部语言文字方面的专门法律。①《国家通用语言文字法》有关民族语言政策的规定是通过两个方面的结合来体现的。一是国家通用语言文字政策:普通话、规范汉字是国家通用语言文字,国家推广普通话,推行规范汉字。公民有学习和使用国家通用语言文字的权利。地方各级人民政府及其有关部门应当采取措施,推广普通话和推行规范汉字。② 这里强调的是普通话和规范汉字作为国家通用语言文字的法律地位,每一个公民(包括 56 个民族)都有权利和义务学习。二是民族语言政策:"各民族都有使用和发展自己的语言文字的自由。少数民族语言文字的使用依据宪法、民族区域自治法及其他法律的有关规定。"③这里强调的是各民族语言文字平等共存,禁止任何形式的语言文字歧视;各民族都有学习、使用和发展本民族语言文字的自由;国家鼓励各民族互相学习语言文字。国家推广普通话、推行规范汉字并不是要限制少数民族语言文字的使用和发展,在民族自治地方和少数民族聚居地方,国家通用语言文字和当地通用的少数民族语言文字可以同时使用。少数民族语言文字的使用依据宪法、民族区域自治法及其他法律的有关规定。

众所周知,我国现行的语言文字地位一律平等,但通用的范围不同,分为国家通用语言文字和民族自治地方、少数民族聚居地方通用的语言文字两个层次。《国家通用语言文字法》规定普通话、规范汉字是国家通用语言文字,在全国范围内通用,包括民族自治地方和少数民族聚居地方。在民族自治地方和少数民族聚居地方,国家通用语言文字和当地通用的少数民族语言文字可同时使用。《国家通用语言文字法》通过国家通用语言文字政策和民族语言政策的和谐结合来全面反映我国的宪法性语言政策,符合《宪法》、《民族区域自治法》和各自治地方的少数民族语言文字法规的相关规定,对于我国坚持新时期语言文字的方针、政策,促进汉语言文字规范化、标准化以及少数民族语言文字的学习、使用和发展,促进国家通用语言文字和少数民族自治地方通用语言文字在社会生活中的使用,都将产生重大的影响。

1995 年我国颁布《中华人民共和国教育法》,涉及少数民族语言政策或者

---

① 魏丹:第九届国际法律与语言学术研讨会大会发表论文。
② 见《中华人民共和国国家通用语言文字法》第 1、2、3、4 条。
③ 见《中华人民共和国国家通用语言文字法》第 8 条。

说少数民族语言教育政策的条款共有两条。其中,第10条规定,"国家根据各少数民族的特点和需要,帮助各少数民族地区发展教育事业。"这里提到的"各少数民族的特点"可以包括母语特点和文化特点等,少数民族地区的教育事业不能脱离这一特点来办学,学校教育要有民族语言文字和民族文化的课程。在《教育法》第12条中还进一步强调指出,"少数民族学生为主的学校及其他教育机构,可以使用本民族或者当地民族通用的语言文字进行教学。"但《教育法》在强调少数民族学生为主的学校和教育机构要使用民族语教学的同时,第12条又规定,"汉语言文字为学校及其他教育机构的基本教学语言文字。学校及其他教育机构进行教学,应当推广使用全国通用的普通话和规范字。"①这就是说,用民族语教学考虑到了少数民族的特点和少数民族的语言政策,但汉语又是学校的基本教学语言,所以学校也应当推广和使用。这些条款的规定与《宪法》、《民族区域自治法》和各自治地方语言文字法规中有关少数民族语言政策的相关规定保持了一致。实际上这些规定早在1986年4月12日颁布实施的《义务教育法》第6条中就有体现,该条款规定:"学校应当推广使用全国通用的普通话。招收少数民族学生为主的学校,可以用少数民族通用的语言文字教学。"从文字上看,与《教育法》保持了相同的提法。

（四）其他地方性法规有关少数民族语言文字政策的规定

20世纪80年代之后,一些民族自治地方自治机关也制定了相应的少数民族语言文字的地方性专门法规。1987年西藏自治区颁布《西藏自治区学习、使用和发展藏语文的若干规定(试行)》,1988年颁布《西藏自治区学习、使用发展藏语文的若干规定(试行)的实施细则》,2001年5月22日,西藏自治区人大七届五次会议通过了对《若干规定(试行)》的修订案,正式公布实施《西藏自治区学习、使用和发展藏语文的规定》。自此具有完整思想体系的西藏语言政策以法律的形式固定了下来。此外,青海省为了保障和促进藏语言文字的学习、使用和发展,根据《宪法》、《区域自治法》和各藏族自治州自治条例的有关规定,并结合各自治州的实际,于1993年开始陆续颁布实施了各藏族自治州藏语文工作条例。云南、四川和甘肃等省所辖的藏族自治州、县也制定颁布了相应的藏语文工作条例和规定。应该说这些规定和条例的颁布实

---

① 见《中华人民共和国教育法》第12条。

施,对促进西藏和青海、甘肃、云南和四川四省藏区藏语文的学习、使用和发展起到了巨大的作用。

1993 年,新疆维吾尔自治区颁布实施《新疆维吾尔自治区语言文字工作条例》,2002 年颁布实施新修改的《新疆维吾尔自治区语言文字工作条例》。该条例包括总则、语言文字的使用和管理、语言文字的学习和翻译、语言文字的科学研究和规范、法律责任、附则六章。它最重要的内容在于从法律的形式强调了维吾尔、汉两种语言文字在新疆维吾尔自治区的同等地位;强调了两种语言文字在国家公务,公共场所、公用设施以及从事公共服务,机关、团体、企业和事业单位召开会议等方面的平等使用问题;强调了维吾尔、汉两种语言文字的学习和教育问题;强调了少数民族学生自由选择用不同语言授课的中、小学校的问题;强调了少数民族语言文字的规范和科学研究问题。2004 年,新疆维吾尔自治区下发《自治区人民政府关于大力推进"双语"学习,进一步加强语言文字工作的意见》①对国家通用语言文字和区内各民族语言文字的学习作出了进一步的规定。该《意见》最主要的精神体现在:一是强调要根据国家的语言政策和新疆语言文字工作的实际,依据《国家通用语言文字法》和《自治区语言文字工作条例》,大力推进双语学习;二是强调大力推进各民族互学语言文字,努力营造互学语言文字的良好社会氛围。鼓励少数民族在学习使用本民族语言文字的同时,学习使用汉语言文字,达到民汉双语兼通,使国家通用语言文字和少数民族语言文字发挥各自的优势。②

2001 年内蒙古自治区人民政府颁布实施《内蒙古自治区学习使用蒙古语文奖励办法》③,包括总则、奖励条件、奖励办法和附则四部分,体现了内蒙古自治区对学习、使用、研究和发展蒙古语工作的重视。2004 年内蒙古自治区第十届人民代表大会常务委员会第十二次会议通过并颁布《内蒙古自治区蒙古语言文字工作条例》。该条例包括总则、学习和教育、使用和管理、科学研究和规范化、标准化、法律责任六章。其最重要的精神体现在:一是强调"蒙古语言文字是自治区的通用语言文字,是行使自治权的重要工具。"(第 2条),这就从法律上将蒙古语放到了与汉语相等的地位上。二是强调蒙、汉两

---

① 新疆维吾尔自治区人民政府文件,新政发[2004]64 号。

② 新疆维吾尔自治区人民政府文件,新政发[2004]64 号。

③ 内政发(2001)99 号,2001 年 9 月 10 日颁布实施。

种语言的使用和可以以蒙语为主的问题,即"自治区各级国家机关执行职务时,同时使用蒙汉两种语言文字,可以以蒙古语言文字为主。"(第 2 条)三是强调了蒙古族公民学习、使用、研究和发展蒙古语言文字的权利受到政府保护的问题。四是从国民教育的角度强调了自治区优先发展以蒙语授课为主的各级各类教育(第 8 条),在汉语授课的蒙古族中、小学校设置蒙语课程(第 11条),各类高等学校逐步加强或者增设以蒙语授课为主的专业,扩大预科班蒙语授课学生招生规模等(第 13 条)。

二、中国民族语言政策的实践

在半个多世纪的时间里,中国中央政府和地方自治政府颁布实施了一系列宪法性的民族语言政策,并通过与之紧密相连的工作,科学地完成了中国民族语言政策的实践,成功地实现了民族的平等和语言的平等,成功地实现了汉语与民族语的平等地位。这种实践涉及了民族工作和民族语文工作的方方面面,下文我们将重点从五个层面进行论述。

(一)以民族语言政策的制定为目的的民族识别工作

中国的民族语言政策始终与民族政策的制定和民族工作的进行交织在一起。民族政策和民族语言政策的制定涉及每一个民族的根本利益和平等的权利。中国自古是一个多民族的国家,但是直到新中国成立之前,作为国家而言还从来没有进行过一次彻底的、科学的民族识别工作。"民族识别"工作,是国家对于国内少数民族给予的正式承认,是赋予每一个少数民族享有与主体民族相同的、平等的民族权利的一项重要工作。不清楚国内的少数民族的数量和具体情况,就谈不上民族政策的制定和落实,更谈不上民族语言政策的制定和落实,因此,民族识别工作在政权建立之初就提上了议事日程,但大规模的工作则从 1953 年开始到 1979 年底。民族识别的工作可以分为三个阶段。

第一阶段(1949—1954,第一次全国人口普查在 1953 年)首先认定了 38个少数民族。其中,朝鲜族、回族、满族、蒙古族、苗族、维吾尔族、瑶族、彝族、藏族 9 个少数民族族已经得到公认,不再从新识别自然成立。另外还有白族、保安族、布依族、傣族、东乡族、侗族、俄罗斯族、鄂伦春族、鄂温克族、高山族、哈尼族、哈萨克族、景颇族、柯尔克孜族、拉祜族、黎族、傈僳族、纳西族、羌族、撒拉族、水族、塔吉克族、塔塔尔族、土族、佤族、乌孜别克族、锡伯族、裕固族、壮族29个少数民族经过国家识别而正式获得承认。

第二阶段(1954—1964,第二次全国人口普查在1964年)又识别了阿昌族、布朗族、达斡尔族、德昂族、独龙族、仡佬族、赫哲族、京族、毛南族、门巴族、么佬族、怒族、普米族、畲族、土家族等15个少数民族。

第三阶段(1965起到现在,第三次全国人口在1982年,第四次全国人口普查在1990年)识别出珞巴族和基诺族二个少数民族。通过上面三个阶段的民族识别工作,我国除汉族外,还有55个少数民族,共计56个民族。

(二)多次开展少数民族语言文字情况调查,帮助没有文字或文字不完备的民族创造和改革自己的民族文字

1950年,我国政府开始着手对国内少数民族的语言文字情况进行大规模的、系统的调查研究。1951年3月31日《人民日报》发表了中国科学院语言研究所所长罗常培教授的一篇重要文章:《国内少数民族的语言系属和文字情况》。文章细述我国少数民族的语言系属及少数民族的文字情况,这是中国科学院语言研究中央民族访问团分赴各民族地区对少数民族语言进行调查的初步成果。此后,中国科学院语言研究所的调查工作一直持续到1954年。这一年,罗常培、傅懋勣发表在《中国语文》上的《国内少数民族语言文字的概况》,是四年多来这一调查所取得的最重大和最权威的阶段性成果。

1956年,由国家民委、中国科学院、中央民族大学等单位组织的7个工作队共七百多人,对全国少数民族语言进行了一次更大规模的普查。可以说,这是有史以来发生在中国民族语言领域的最大规模的调查活动。此次调查历时两年多,调查人员对近40个少数民族语言的音位系统、语汇和语法构造等进行了系统的调查和研究,获得了大量的第一手资料,比较系统地了解了民族语言文字的全面情况。对民族语言的再次调查,是在中国共产党十一届三中全会以后。在制定新时期民族研究规划时,国家正式提出将未确定系属的民族语言的识别调查任务列入规划,同时一些省和自治区也作出了调查规划。

通过1591年以来的若干次规模不同的调查,不仅积累了一大批珍贵的少数民族语言文字的原始资料,而且还培养了一大批专门从事这方面教学和研究的学者和专家。①

我国政府在积极开展少数民族语言文字情况调查的同时,当时的政务院在《中央人民政府政务院关于民族事务的几项规定》中提出了"帮助尚无文字的民族创造文字,帮助文字不完备的民族逐步充实其文字"的决定。在具体实施这项工作时,国家采取了自愿的原则,经过一定时期的调查研究以后,帮助没有文字的少数民族创制或选择一种现成文字,帮助文字不完备的民族充实或完备其文字。其中帮助壮、布依、苗、彝、纳西、傈僳、哈尼、佤、侗10个民族创制了14种文字;拉祜、景颇、傣设计了文字改进方案;帮助维吾尔族、哈萨克族设计了文字改革方案。从法律上说各民族语言文字方案一经国家通过,即受到法律承认,并在该民族地区推行实施。乌孜别克族和塔塔尔族选择了维吾尔文或哈萨克文,门巴族、珞巴族选择了藏文。

(三)少数民族语言文字的使用

从少数民族语言的翻译、出版和广播事业中,可以清楚地看到中央政府和自治地方政府的艰苦努力。从中央到有关省、自治区、自治州,先后建立了许多的民族出版社和综合性出版社。这些出版社用民族语出版大量书籍,20世纪70年代之前,其重心在翻译和出版了马恩列斯毛著作和有关政策文件,之后则转向社会科学读物、科学技术读物、文化艺术读物、文化艺术作品以及教科书、工具书等,尤其是整理出版少数民族文字的文学、历史、哲学和医学名著。目前中国用十七种少数民族文字出版近百种报纸,用十一种少数民族文字出版七十三种杂志。

在传媒方面,一是中央人民广播电台开办蒙古、藏、维吾尔、哈萨克、朝鲜五种语言的民族语广播,在内蒙古、西藏、新疆、广西、吉林,黑龙江、云南、青海,四川,甘肃等省区或自治州的广播电台,也相继开办了多种民族语言的广播节目。中央人民广播电台和地方台用十六种少数民族语言进行广播,地方电台使用当地语言广播的达二十多种。二是西藏、新疆、内蒙古、青海、云南、

---

① 著名民族语言学家马学良先生参与了1956年普查的组织设计工作。在各调查队伍奔赴民族地区之前,他为来自全国各地的调查员讲授了《对少数民族语言调查者的基本要求》和《搜集词汇和编排词汇的方法》两门课程。后来,中华书局根据这两个讲义,编辑出版了我国第一部有关民族语言调查的《语言调查常识》一书。在新中国成立后长达48年专注于民族语文的研究中,马学良先生为国家培养了三千多名专业人才。

甘肃吉林、黑龙江等省区还大力兴办电视台,每天固定播放民族语的新闻、专题、电视剧和电影。目前,用少数民族语言摄制的故事片大约在三千五百部(集)、译制各类影片达一万零四百三十部(集)左右。三是民族语网络方面近几年发展迅速,无论是在中央还在民族自治区地方,都可以用蒙古、藏、维吾尔、朝鲜语自由登录上网。

以1951年中央民族学院正式成立,我国高等教育史上一个崭新的系科民族语言文学系诞生,第一个少数民族语言文字"语言班"正式开课为标志,我国的少数民族语言教学真正纳入到了国民教育的轨道。半个多世纪以来,从中央到地方,国家在北京、西藏、新疆、蒙古、四川、云南、青海、甘肃、吉林、湖北、广西、宁夏等省和自治区建立了民族院校和综合性大学,开办民族语文专业,培养了大批从事民族语文教学、科研和翻译的人才。目前,我国已经初步形成了从本科到硕士、博士研究生的少数民族语言文学人才培养机制。与此同时,许多少数民族地区发行了用少数民族语言文字印刷的各级学校的教材,举办了许多使用少数民族语言文字进行教学的中、小学和大学或班系。在教学用语上,各民族自治地方的自治机关根据国家的教育方针,依照法律规定,决定本地方的教育规划和各级各类学校的教学用语。少数民族为主的学校及其他教育机构,使用本民族或者当地通用的语言文字进行教学。

50多年来,国家先后在中央和各有关民族地区建立了少数民族语文的研究机构;在民族院校有组织有计划地开展大规模的全国少数民族语言普查,编写各少数民族语言简志。自20世纪80年代以来,我国语言学者出版了《中国少数民族语言简志丛书》,简要描述55个少数民族语言的语音、语法和词汇系统。一批少数民族语言的大型或中型少数民族词典已经出版,另一些少数民族语言对照词典有的即将出版,有的正在编撰中或已列入计划。新发现的一些少数民族语言正在调查研究,并以《中国新发现语言研究丛书》名义,已经陆续出版。在取得大量新资料的基础上,我国学者开展了专题研究,其中语言谱系分类研究取得重要成果。中国学者提出的在藏缅语族中建立包括羌、普米、嘉绒、尔龚、拉乌戎、木雅、札巴、却域、贵琼、尔苏、纳木义、史兴以及文献语言西夏语的羌语支的观点,得到世界藏缅语言研究者的普遍赞同和支持。我国少数民族语言研究队伍正在不断壮大,研究水平正在不断提高,少数民族语言研究正在不断深入,越来越受到世界各国语言学家的重视。

（四）大力加强民族语和汉语双语教学

在民族学校实行民族语文教学和双语教学,关系到如何贯彻民族平等政策和民族语言文字政策,国家对这一问题高度重视,在《民族区域自治法》、《义务教育法》等一系列法律和法规文件中对此做了明确规定(前文已有论述)。在1992年国家教委、国家民委印发的《关于加强民族教育工作若干问题的意见》中进一步提出了教学用语的标准。指出:在使用民族语言文字教学的地区,要因地制宜地搞好双语文教学,大力推广普通话。民族学校的教学语言文字政策的具体实施,主要由各省(区)遵照《宪法》、《民族区域自治法》的有关规定和有利于民族的长远发展、有利于提高民族教育质量、有利于各民族的科学文化交流的原则,根据多数群众的意愿和当地的语言环境决定。

我国的双语教学主要有四种形式,一种是一些有本民族语言而无民族文字的民族,在学前班或小学低年级用民族语言辅助教学。第二种是在中小学以本民族语文教学为主,一般在小学三年级开始学习汉语文。第三种是以汉语教学为主,在小学一定年级开始学习民族语文。第四种是一些地方用民族语文扫盲,也取得了较好的效果。近年来,一些地方进行汉语和民族语同步教学或在小学一年级加授汉语的试点,也取得了可喜的成果。

目前,全国有一万余所学校使用民族语文或双语授课,在校生达600余万人,使用的民族语言达60余种,民族文字29种。各地开展民族语文教学或双语教学有不同的特点。新疆维吾尔自治区的各级学校分别用维吾尔、哈萨克、蒙古、柯尔克孜、锡伯、汉6种语言文字授课。内蒙古自治区对蒙古族中小学规定:小学阶段凡懂蒙古语的儿童用蒙古语文授课,加授汉语文;不懂蒙古语的儿童用汉语文授课,加授蒙古语文。西藏规定,小学藏文班从四年级开汉语课,汉文班从四年级开藏文课,学生到高中毕业时兼通藏汉两种文字。

（五）少数民族语言文字在司法程序、国家事务和公共场所的广泛使用

我国是一个多民族的国家,每个民族在任何地方和任何时候都有使用本民族语言的权利,这是宪法给每一个公民的一项基本的权利。对于少数民族来讲,必须尊重少数民族使用本民族语言和文字的习惯,在刑事诉讼中也是如此。这也是国家的少数民族政策在刑事诉讼中的体现。具体地讲包括两个方面:第一,每个民族的公民在进行诉讼的时候,都有使用本民族语言文字的权利,这是每个公民的权利,任何人不得剥夺。不通晓当地通用的语言文字的诉

讼参与人,特别是在多民族共同生活的地区,或者少数民族的公民到其他地方
去打官司,司法机关,包括法院、检察院和公安机关,应当想办法为他们进行翻
译。这是公检法机关应尽的义务。第二,在少数民族聚居或者多民族杂居地
区,存在多种民族语言情况下,在刑事诉讼的各个阶段讯问犯罪嫌疑人、被告
人应当使用当地通用的语言,发布判决书、布告和送达传票、通知等文件,应当
使用当地通用的文字。这主要考虑到这些地方,各民族在一起长期共同生活,
有当地通用的语言和文字,司法机关在办案过程中应当尊重他们的习俗和语
言文字习惯,尽量使用当地通用的语言和文字办案。

另外,在国家和公共事务中,民族自治机关执行职务时依法使用民族语言
文字。民族自治地方的自治机关在执行职务时,依照本民族自治地方自治条
例的规定,使用当地通用的一种或几种语言文字。自治机关同时使用几种通
用的语言文字执行职务的,可以以实行区域自治的民族的语言文字为主。自
治区、自治州、自治县制定或者公布的选举文件、选民名单、选民证、代表候选
人名单、代表当选证书和选举委员会印章等,都同时使用当地的民族文字。民
族自治地方各类国家机关、人民团体和企事业单位的发文、证章、牌匾以及商
标等都使用当地通用的民族文字和汉文。

(六)不断加强少数民族语言文字工作

从历史上看,我国的少数民族语言文字工作的管理,以 1991 年 6 月 19 日
国务院批转《国家民委关于进一步做好少数民族语言文字工作报告的通知》
为标志,经历了之前和之后两个重大的时期。

第一个时期,从新中国成立到 20 世纪 90 年代初,经过四十多年的发展,
我国的少数民族语言工作处于了一个良好的发展状况:一是国家帮助十个少
数民族创制了文字,帮助一些民族改革或改进了文字。目前,大多数少数民族
的多数人以本民族语言为主要交际工具。二是国家历来重视民族语文工作,
根据马克思主义关于民族语言文字平等的原则,制定了一系列关于民族语文
的方针、政策和法律。三是中央和自治地方政府认真贯彻民族语文政策,少数
民族语言文字工作取得显著成绩①:少数民族使用和发展本民族语言文字的

---

①　见《国务院批转国家民委关于进一步做好少数民族语言文字工作报告的通知》(1991 年
6 月 19 日)。

自由进一步得到尊重和保障;历来通用的少数民族语言文字得到更加广泛的使用;民族语文的规范化、标准化和信息处理有了可喜的进展;五十年代创制和改进的民族文字的试行和推行工作取得一定成效;民族语文的翻译、出版、教育、新闻、广播、影视、古籍整理和学术研究取得了很大成绩,特别是应用科学研究取得了多方面的成果;民族语文教育事业得到了加强,双语文教学体制在部分民族地区开始形成;民族语文工作机构得到恢复和加强,各类民族语文专业人才不断成长,形成了一支具有一定规模的民族语文工作者队伍;建立了一些跨省区的民族语文协作机构,并积极开展了活动;各民族互相学习语言文字的活动更加广泛地开展起来,少数民族已有更多的人掌握了双语文。民族语文工作为发展少数民族地区政治、经济和文化事业,增强民族团结,维护社会稳定,促进改革开放和四化建设发挥了积极作用。

但从 1987 年开始,国家民委经过 5 年深入的调查发现,我国的少数民族语言文字工作经过近 40 年的发展,从宪法性法规的制定到各方面工作的落实都取得了巨大成绩,可是也存在着一些问题,主要是:对民族语文工作的指导方针认识还不够明确,贯彻不够得力,有忽视民族语言工作的现象;对民族语文工作缺乏有效管理,在文字的创制和使用等方面存在着各行其是的情况;同时,人员编制和经费不足,也影响了这项工作的顺利开展。[①] 1991 年 4 月,国家民委在广泛听取各方面意见的基础上,向国务院呈报了《关于进一步做好少数民族语言文字工作的报告》,同年 6 月国务院批转了这一报告。[②] 这分重要文件对改革开放新时期的民族语文工作的方针、政策、任务和措施做了明确的阐述。

新时期民族语文工作的指导原则和基本方针是:坚持马克思主义语言文字平等原则,保障少数民族使用和发展自己语言文字的自由,从有利于各民族团结、进步和共同繁荣出发,实事求是,分类执导,积极、慎重、稳妥地开展民族语文工作,为推动少数民族地区政治、经济和文化、事业的全面发展,促进国家的现代化建设服务。

主要任务是:贯彻党和国家的民族语文政策;加强民族语文法制建设,促

---

① 见《国务院批转国家民委关于进一步做好少数民族语言文字工作报告的通知》(1991 年 6 月 19 日),国发[1991]32 号文件。

② 国发[1991]32 号文件。

进马克思主义民族语文理论、政策的宣传;搞好民族语文的规范化、标准化和信息处理;促进民族语文的翻译、出版、教育、新闻、广播、影视、古籍整理事业;促进民族语文的学术研究、协作交流和人才培养;鼓励各民族互相学习语言文字。

采取的主要措施:第一,从实际出发,分类指导,切实做好少数民族语言文字的使用和推动工作。第二,鼓励各民族互相学习语言文字。第三,在以招收少数民族学生为主的学校,有条件的应当采取少数民族文字的课本,并用少数民族语言授课,在适当年级增加汉语文课程,实行双语教学,推广全国通用的普通话。要采取有效的措施,多渠道、多层次培养民族语文和汉语文教师、翻译、编辑和研究人员;增强民族语文的教材和各种读本的数量,提高质量。要坚强民族语文的基础理论、应用理论和民族文字信息处理的科学研究,积极推广和普及研究成果①。

第二个时期,从 20 世纪 90 年代初到现在,经过近 16 年的发展,我国的少数民族语言文字工作进入了一个新的历史时期。这一时期的工作主要围绕 1991 年国务院批转国家民委的《通知》来进行的。1991 年 12 月,全国少数民族语言文字工作会议在北京举行。会议的主要议题就是学习和贯彻国发《通知》关于进一步做好少数民族语言文字工作的精神。这些精神除保持了建国以来我国少数民族语言政策的基本原貌,重申已经被实践证明是正确的方针政策之外,又在许多方面有新的补充和发展,具有鲜明的时代特征和针对性。这些新的补充、发展及后来与之相关工作主要体现在:

第一,实事求是,分类执导,积极、慎重、稳妥、地开展民族语文工作。

实事求是是指我国的少数民族语言文字工作要根据中国 55 个少数民族具体的语言文字情况来开展进行,要根据我国的国情、各民族地区的区情、各民族的族情来进行。分类执导是要根据不同的少数民族语言文字的具体情况来进行工作,在我国,藏语藏文、维语维文、蒙语蒙文和朝语朝文等少数民族语言文字的学习、使用、研究和发展工作已经取得了很大的成绩,而新中国成立后我国政府帮助一些少数民族新创制的文字,在这方面的工作上却还存在这样那

---

① 见《国务院批转国家民委关于进一步做好少数民族语言文字工作报告的通知》(1991 年 6 月 19 日),国发[1991]32 号文件。

样的问题,因此,在对待这两大类少数民族语言文字上不能一刀切,而是分类指导,加强工作。此外,各个少数民族语言文字之间的学习、使用和发展情况也很不平衡,中央和自治地方政府也需要根据各自的状况分别给予保护和发展。

第二,加强民族语文法制建设工作。

将民族语文的立法提到了相当的高度。从 1991 年以来我国颁布的宪法性法律和法规对少数民族语言文字相关条款的立法上,都可以看到民族语文法制建设的步伐和成果。一是从国家宪法性法规形式颁布的条款看,对少数民族语言文字的法律地位以及学习、使用和发展都给予了极高的关注。从 1993 年以来三次对《宪法》的修改中,出现了"民族自治地方的自治机关在执行职务的时候,依照本民族自治地方自治条例的规定,使用当地通用的一种或者几种语言文字。"的条款,强调了国家政府机构执行民族语言政策的义务。① 2001 年颁布的新修改的《区域自治法》中,对少数民族语言权益方面的修改体现在第 37 条②和第 47 条③。1995 年颁布的《中华人民共和国教育法》中,涉及少数民族语言政策或者说少数民族语言教育政策的条款包括第 10 条④和第 12 条两条。⑤ 2001 年颁布实施的《国家通用语言文字法》,在以法律形式确定了普通话和规范汉字作为国家通用语言文字的法律地位的同时,也强调了各民族都有使用和发展自己的语言文字的自由,强调了各民族语言文字的平等。二是以地方自治政府颁布的地方性宪法性法规看,涉及地方性少数民族语言文字立法的法规也越来越多,这些法规包括 1993 的《新疆维吾尔自治

---

① 见 2004 年宪法修正案第 121 条。

② "招收少数民族学生为主的学校(班级)和其他教育机构,有条件的应当采用少数民族文字的课本,并用少数民族语言讲课;根据情况从小学低年级或者高年级起开设汉语文课程,推广全国通用的普通话和规范汉字。各级人民政府要在财政方面扶持少数民族文字的教材和出版物的编译和出版工作。"

③ "民族自治地方的人民法院和人民检察院应当用当地通用的语言审理和检察案件,并合理配备通晓当地通用的少数民族语言文字的人员。对于不通晓当地通用的语言文字的诉讼参与人,应当为他们提供翻译。法律文书应当根据实际需要,使用当地通用的一种或者几种文字。保障各民族公民都有使用本民族语言文字进行诉讼的权利。"

④ "国家根据各少数民族的特点和需要,帮助各少数民族地区发展教育事业。"

⑤ "少数民族学生为主的学校及其他教育机构,可以使用本民族或者当地民族通用的语言文字进行教学。汉语言文字为学校及其他教育机构的基本教学语言文字。学校及其他教育机构进行教学,应当推广使用全国通用的普通话和规范字。"

区语言文字工作条例》和 2002 年新修改的《新疆维吾尔自治区语言文字工作条例》、青海省各藏族自治州于 1993 年开始陆续颁布实施的各藏族自治州藏语文工作条例、2001 年的《内蒙古自治区学习使用蒙古语文奖励办法》①和 2004 年的《内蒙古自治区蒙古语言文字工作条例》等。目前,为了从根本上确保我国少数民族语言政策稳定、持续的发展,国家民委正在组织起草《中华人民共和国少数民族语言文字法》。

第三,搞好民族语文的规范化、标准化和信息处理。

1991 年全国少数民族语言文字工作会议之后,为了进一步搞好民族语文的规范化、标准化和信息处理工作,我国启动了"少数民族文字处理技术开发"项目,陆续推出藏、蒙、维、哈、朝、彝、壮以及柯尔克孜、锡伯等少数民族文字的处理系统,西藏、新疆、青海、甘肃、四川、吉林等地的专家学者也在国家的扶持下,开发了多种民族文字处理技术和应用系统,主要包三个层面的工作:

一是国家标准和国际标准的研制与开发。已经完成了字符集、键盘和字模国家标准的民族文字有藏文、蒙文、维文、哈文、柯文和彝文等。国家标准锡伯文信息处理信息交换用七位和八位编码图形字符集也正在编制中;蒙、彝、傣、锡伯和维吾尔、哈萨克、柯尔克孜等文字符集的补充集正在制订中。已经完成了编码字符集国际标准,并被正式编入国际标准编码(ISO)体系中的少数民族文字有藏文(1997 年,ISO/IEC 10646)、蒙文(1999 年,)和彝文,维吾尔、哈萨克等文的编码标准经多方面协商也得到圆满解决。

二是操作系统和电子出版系统的研制和应用。目前,我国藏文开发的品种包括藏文操作系统、藏汉双语信息处理系统、藏文视窗平台、藏文文字处理软件,向世界证明了藏文信息技术全方位、多层次处理藏文自然科学和社会科学的能力。用蒙文开发和研制的品种包括:蒙汉英操作系统,华光 V 型蒙文书刊、图表、报纸激光照排系统,IMU-I 蒙文排版系统,MPS 蒙汉混合字处理系统,蒙文电子出版系统,以及其他基于国际标准的文字处理系统。在新疆地区,开发研制了博格达维吾尔、哈、柯、汉、英、俄多文种排版系统,民族文字、汉、俄、英多文种混合处理的未来多文种系统 UTDOS6.1,维文之星 Windows95 操作系统平台等。此外,我国还研制了方正朝文书版系统,彝文书版软件,

---

① 内政发[2001]99 号,2001 年 9 月 10 日颁布实施。

UCDOS 汉彝平台,SPDOS 汉彝文版汉字操作系统,Windows95 彝文文字平台,壮文书版系统,傣文电子出版系统,锡伯文、满文处理和轻印刷系统,用以通信和显示打印的满文进行二级编码,蒙、藏、维、哈、朝、满、汉操作系统 V4.0 以及基于 Windows 操作系统的少数民族语言文字电子出版系统等。

三是民族文字数据库的研制和应用。目前,我国研制的民族文字数据库包括:中国少数民族语言文字多媒体数据库、藏文方言词汇数据库、中世纪蒙古语文数据库,100 万次级现代蒙古语文数据库,500 万词级现代蒙古语文数据库,《元朝秘史》拉丁、汉文标注和汉文旁注本检索统计系统,蒙古文语料库的词类标注系统——AYIMAG,现代蒙古语词频统计系统,《现代蒙古语频率词典》,MHJ-1 型蒙古语言分析软件包,状语词库,满文档案数据库等。

2004 年,为落实国务院关于民族语文信息化工作的批示精神,推动民族语言文字规范化、信息化,根据国务院赋予的工作职能和经费情况,教育部出台了《民族语言文字规范标准建设与信息化课题指南》,提出了 2004 — 2007 年民族语言文字规范标准建设和信息化方面的主要工作。一是关于少数民族文字的字符集及其平台建设。工作包括:(1)搜集整理古今少数民族文字。充分利用已有的各种字典和相关成果,遵照有见必录的原则,最大限度地搜集少数民族古今文字和各种符号。在广泛搜集的基础上,组织专家对文字和符号进行甄别、查重;(2)制定少数民族文字字符集编码国际标准。对选定的文字和符号进行形体规范,制定民族文字常用字体的字形规范;(3)以现有的中文平台为基础,开发符合国际化/本地化标准,支持藏、维(哈、柯)、蒙、彝、傣等少数民族语言的通用系统平台。二是关于民族语言文字规范标准建设。工作包括:(1)少数民族人名、地名转写规范化。涉及少数民族人名、地名汉字音译转写规范化和制定少数民族人名、地名拉丁转写规范两个层面的工作;(2)术语规范化工作。涉及制定术语标准化、术语缩略语书写、民族语辞书的编纂的原则与方法;建立健全机构,审定发布少数民族术语规范;规范教材中的少数民族术语;建立民、汉、英术语数据库五个层面的工作。(3)基础性规范及研究。三是民族语言文字资源库建设。工作包括:(1)若干民族语言的语料库建设。(2)有关资源库建设的规范标准。(3)若干民族语言文字的知识库建设。

第四,在国民教育体系中实行民族语和汉语双语教学,推广全国通用的普通话和规范汉字。

在 1991 年国务院批转的《国家民委关于进一步做好少数民族语言文字工作报告的通知》中,明确提出了实行民族语和汉语双语教学,推广全国通用的普通话的新的少数民族语言政策,它对推进国民教育体系中的双语教学起到了积极的作用。首先从国家和自治地方的宪法性法规看,从 1991 年之后,强调双语教学的内容不断在出现一些新的条款中。这些宪法性法规有:1993 年以来三次修改的《宪法》、1995 年的《教育法》、2001 年新修改的《区域自治法》和 2001 年的《国家通用语言文字法》等。二是双语教学问题得到了国家高层领导的高度重视。2001 年,李岚清副总理在全国基础教育会议上提出"少数民族地区要认真贯彻执行《国通用语言文字法》,提高教师使用普通话和规范汉字的能力,提高教师双语教学的水平,搞好双语教学特别是要加强汉语教学。"2002 年,在第五次全国民族教育工作会议上,教育部部长陈至立同志和国家民委主任李德洙同志都特别强调了在民族地区开展双语教学的重要意义。三是通过国务院对双语教学进行部署①:大力推进民族中小学双语教学。正确处理使用少数民族语授课和汉语教学的关系,部署民族中小学双语教学工作。在民族中小学逐步形成少数民族语和汉语教学的课程体系,有条件的地区应开设一门外语课。要把双语教学教材建设列入当地教育发展规划,予以重点保障。按照新的《全日制民族中小学汉语教学大纲》,编写少数民族学生适用的汉语教材。要积极创造条件,在使用民族语授课的民族中小学逐步从小学一年级开设汉语课程。国家对"双语"教学的研究、教材开发和出版给予重点扶持。

我国少数民族双语教学指对少数民族学生进行民族语文和汉语文教育的教学方式,包括对少数民族学生进行汉语教学时用母语辅助的教学方式。在少数民族学生集中的地区建立各类双语学校、在少数民族学生较多的学校建立双语班级,并因地制宜、因人而异地进行多种类型、多种模式的民汉双语教学,既符合我国多民族、多语种的基本国情,也体现了我国政府一贯奉行的民族平等以及民族语言文字平等的政策。对少数民族学生进行民汉双语教学,不仅是少数民族双语生活的实际需要,也是发展民族教育的有效途径,更是提

---

① 国务院国发[2002]14 号文件。

高各民族思想和文化素质的必由之路。搞好我国少数民族双语教学,有着重大的现实意义和深远的历史意义。目前,我国已基本建立了符合自己语言文字实际的双语教育体制和适应各民族语言环境与教育条件的双语教学模式,探索总结出了一系列双语教学的科学方法,培养造就了一大批高素质的民汉双语文教师和科研工作者,设立了遍布民族地区的培养各民族双语人才的双语学校和双语班级,编辑出版了一批适用的双语教材和参考书,为少数民族地区现代化建设培养了一大批用得上留得住的双语人才。

第四节 西藏自治区藏文法规的立法及语言保护意义

一、1987 年《西藏自治区学习、使用和发展藏语文的若干规定(试行)》的颁布

1980 年中央第一次西藏工作座谈会召开,西藏工作走向正轨。1980 年,中共中央发出《批转〈西藏自治区党委关于汉族干部、职工学习藏语文的意见〉的通知》。首次从语言政策的高度对在藏汉族干部和职工的藏语文学习作出规定。要求 50 岁以下在藏工作的干部都必须学习藏语文。同年西藏起草完成了《西藏自治区自治条例(草案)》,包括政治、经济、文化、教育、科学、民族、宗教等各个领域。其中也涉及了学习使用和发展藏语文的若干规定。1984 年,第二次中央西藏工作座谈会召开,在这次会议的纪要中,明确要求西藏自治区各种行文、教学用语、文艺创作和演出活动都要使用藏语文。在这以后,西藏自治区党委和人民政府又多次发出关于机关学习使用藏语文、学校使用藏语文授课、出版发行藏文刊物的指示或通知,这标志着西藏的语言政策已经由初创走向成熟,藏语文进一步得到了发展和广泛的使用。到 20 世纪 80 年代末,西藏自治区正式制定和颁布有关藏语文法规的条件已经基本具备。

1987 年 7 月,阿沛·阿旺晋美副委员长和十世班禅大师在西藏自治区四届人大五次会议上提出"关于《西藏自治区学习、使用发展藏语文的若干规定》的建议",希望大会通过。两位副委员长的理由包括四点:一是考虑到藏族语言文字在西藏和其他藏区的地位问题,学习、使用和发展藏语文,关系到传统文化遗产的继承和发展,关系到藏族人民充分行使宪法赋予的当家作主的自治权利。二是西藏和平解放后,藏语文的学习和使用成绩很大,但也走过一段曲折弯路。三是在语言文字的使用上,要认真地贯彻《宪法》和《区域自治法》关于民族语言文字的规定,逐步改变以汉文为主的现象。四是"建议"的指导思想:贯彻《宪法》和《区域自治法》的有关规定,坚持民族团结和共同发展原则,一切从西藏实际出发,既要恢复藏语文的地位和作用,又要服从汉语文是国家通用语文这个大前提,这样做,符合我国国情和自治区的实际,也符合包括西藏人民在内的我国各族人民的根本利益。

会议认为:"建议"以《宪法》和《区域自治法》为依据,符合西藏的实际情况,符合自治区人民的迫切愿望和要求。① 得到正式通过。同时大会还作出了三项决定:一是颁布试行《若干规定》,制定和颁布相关法律。二是先试行,再修改。三是需要增添国家新的政策时,由自治区人民政府负责修改。1987年7月9日,西藏自治区人民政府正式颁布《西藏自治区学习、使用和发展藏语文的若干规定(试行)》(藏政发[1987]49号),并于1988年7月1日实行。这是西藏自治区第一次依据《宪法》和《区域自治法》作出的一项关于藏族语言文字立法的决定,也是我国政府首次通过地方自治政府制定民族语言文字法律法规的一次创举。

《若干规定(试行)》共十六条六部分:(1)第一、第二条。语言文字立法的依据和意图。以《宪法》、《区域自治法》和西藏实际为依据,以实现藏语文为主、藏汉语文并用的方针为目的。(2)第三、第四、第五和第六条。关于学校学习藏语文的规定。以藏语文为主课,其他课程以使用藏语文教学为主;藏族小学生用藏语文教学,高年级增设汉语文课;中学以上藏族学生的语文课以藏语文为主,同时学习汉语文。(3)第七和第八条。关于干部、职工学习藏语文的规定。藏族必须学好藏文,提倡学习汉语文,鼓励汉族学习藏语文。(4)第九、第十、第十一、第十二、第十三条。关于藏语文使用方面的若干规定。政府公文以藏文为主,基层公文只用藏文,企事业单位公文以藏文为主,社会用字为藏汉双文;新闻、出版、媒体和艺术机构和行业积极使用和发展藏语文。

① 西藏自治区第四届人民代表大会第五次会议关于《西藏自治区学习、使用和发展藏语文的若干规定(试行)》的决定(一九八七年七月九日四届人大五次会议通过)。

（5）第十五条关于语言管理机构的设置、性质和任务问题。（6）第十六条关于奖惩问题。

二、1988年《西藏自治区学习、使用和发展藏语文的若干规定（试行）的实施细则》制定与实施

为了更好地科学实施《若干规定（试行）》，1988年10月，西藏正式颁布《西藏自治区学习、使用和发展藏语文的若干规定（试行）的实施细则》（藏政〔1988〕70号）。《实施细则》的调研起草工作由西藏自治区语委办公室牵头，于1987年7月正式启动，到1988年10月颁布，前后历时1年零3个月。它鲜明的特色体现在四个方面：

（1）实事求是。这部法律的制定是从当时西藏自治区学习、使用藏语文面临的实际问题和藏语文自身发展演变的特点、规律出发，正确处理了推进藏语文的学习、使用与促进藏语文的发展、进步之间的关系问题，因而科学、适用、可行。

（2）有针对性。从法律条文的内容看，主要包括学习和使用两大块：第一块包括第三和第四章。第三章针对多年来西藏自治区干部、职工在学习藏语文的过程中存在的具体问题，制定了干部、职工藏语文教育的基本原则、要达到的目标、教材的编写和考试等问题。第四章针对多年来西藏自治区学校教育中藏语文教育不受重视、藏语文教学体系不能建立、藏文师资力量薄弱、藏语文课程大量缩减等问题，分别制定了相关规定，对解决这些问题起到了积极作用；第二块包括第二、第五；第六，第七，第八和第九章，共26条。涉及行文、会议、标记以及科技、文化宣传、企事业、公检法等社会机构如何使用藏语文的若干规定。两大块内容的针对性都非常强，主题鲜明。

（3）目的性强。《实施细则》的另一个明显特点是目的性强。第一章总则明确提出了实施这一法律总的目的是要贯彻执行以藏语文为主，藏、汉语文并用的方针，要使藏族公民努力学好藏语文，同时学习全国通用的汉语文；也要使汉族和其他民族的干部、职工，也要积极学习藏语文。此外，有关学习和使用藏语文的章、条也都提出了各自明确的目标，章节条款言简意赅。

（4）操作性强。法律文书重在实际使用和操作。《实施细则》各条款尤其是关于藏语文的学习、使用等方面的条款，都有具体实施的步骤、措施、方法和

要达到的目标等。比如对教育系统而言,《实施细则》首先提出了要建立藏语文教学体系的目标,然后围绕这个目标的实现,对小学、初中、高中(中专)和大学都提出了具体的要求和实施办法,对师资的培养、教材的编译和出版也都有操作性很强的措施和办法。因此,自《实施细则》颁布实施以来的 16 年间,西藏自治区的藏语文教育以及自治区各级党政机构和各藏语文使用单位都是根据法律所提出的具体做法进行工作,并达到了预期的目的。

三、2001 年关于《西藏自治区学习、使用和发展藏语言文字的若干规定》修改与实施

两个法律文书,对西藏自治区藏语文的学习、使用和发展起到了非常积极作用。经过约 13 年的实施,对原《若干规定(试行)》和《实施细则》中一些不适应新形势发展的部分进行修订已是现实的客观要求。为此,西藏自治区人大常委会主任会议决定采取两步走的方法,第一步首先启动《若干规定(试行)》的修订工程,第二步在新的《若干规定》颁布后,启动《实施细则》的修订工作。

2000 年底西藏自治区人大全面安排部署了《若干规定(试行)》的修订工作。西藏自治区语委办公室和自治区编译局具体承担了这项工作的协调、修订和审定工作。到 2001 年 5 月,历经半年的时间,自治区语委办按照《宪法》、《区域自治法》和国家新时期民族语文工作方针以及中央对西藏工作的指示精神,积极组织参与了对《若干规定(试行)》修改工作,经过多次讨论,征求各方面意见后形成修订案报请自治区审查,最后形成了 20 个具体的修订意见,并于 2001 年 5 月 22 日得到自治区人大审议通过,重新公布实施。

新颁布的《西藏自治区学习、使用和发展藏语文的规定》(《规定》)与1987 颁布的《若不规定(试行)》相比,在 20 个方面进行了修改,最主要的修改点包括:

(1)第一条修改为:"藏语文是自治区通用的语言文字。为了保障藏语文的学习、使用和发展,根据《中华人民共和国宪法》、《中华人民共和国民族区域自治法》、《中华人民共和国国家通用语言文字法》的有关规定,结合自治区实际,制定本规定。"

(2)第二条修改为:"自治区坚持各民族语言文字平等的原则。维护语言文字法制的统一。各级人民政府应当重视和加强学习、使用和发展藏语文工作。"

(3)第三条修改为:"自治区各级国家机关在执行职务时,藏语文和国家通用语言文字具有同等效力。"

(4)第四条修改为:"自治区各级国家机关的重要会议、集会,同时使用藏语文和国家通用语言文字或者其中一种语言文字。自治区企事业单位的工作会议,根据需要使用通用的一种语言文字或者两种语言文字各级国家机关的普发性文件应当同时使用藏文和国家通用文字。"

(5)第五条修改为:"自治区各级司法机关在司法活动中根据需要使用当地通用的一种语言文字或者几种语言文字,保障各民族公民使用本民族语言文字进行诉讼的权利。"

(6)第六条修改为:"义务教育阶段,以藏语文和国家通用语言文字作为基本的教育教学用语用字,开设藏语文、国家通用语言文字课程,适时开设外语课程。"

(7)第十一条修改为:"自治区各级国家机关、人民团体、企事业单位以及驻区外常设机构的公章、证件、牌匾应当同时使用藏文和国家通用文字。城市公共场所设施、招牌、广告等用字应当同时使用藏文和国家通用文字,并应书写规范、工整、译文准确。"

(8)第十二条修改为:"自治区企业生产的在区内销售的商品包装、说明等应当同时使用藏文和国家通用文字。自治区内的各类服务行业的名称、经营项目、标价票据等同时使用藏文和国家通用文字。"

(9)第八条修改为:"自治区鼓励和提倡各民族相互学习语言文字。藏族干部职工在学习使用藏语文的同时,应当学习使用国家通用的语言文字;汉族和其他少数民族干部职工也应当学习使用藏语文。"

(10)第十四条修改为:"自治区应当采取措施培养翻译人才,重视和加强藏语文和国家通用语言文字的翻译工作。"

四、关于《规定》与《国家通用语言文字法》的统一性问题

集中来看,这次修改最大的亮点体现为两点,一是基本保持了1987年《若干规定(试行)》的核心内容,再次强调了藏语文是西藏自治区通用的语言文字(第一条)的地位问题;二是强调了《规定》的制定所依据的宪法性法规,即西藏自治区的语言政策和语言法规一方面要《宪法》和《区域自治法》关于民族政策、民族语言政策的核心精神保持紧密一致,另一方面又要与国家现行语言政策即《国家通用语言文字法》关于学习、使用和推广国家通用语言文字汉文、汉语普通话的法规和谐统一。

2001 年颁布的《规定》正是基于上述两个基本原则,分别强调了藏语文和汉文、汉语普通话在西藏自治区作为"官方语言"的同等效力(第三条);强调了"官方重要会议和集会同时使用藏语文和汉语文或者其中一种语言文字,官方普发性文件同时使用藏文和汉文,企事业工作会议,根据需要使用通用的一种或者两种语言文字(第四条);强调了司法程序中要根据需要使用当地通用的一种或几种语言文字(第五条);强调了自治区国民教育义务阶段藏汉双语作为教学用语用字以及开设藏汉双语课程的问题(第六条);强调了标识和社会用字应该同时使用藏文和汉文(第十一、第十二条);强调自治区鼓励和提倡各民族相互学习语言文字(第八条);强调了国家培养藏汉双语翻译人才的决心。

总之,新修改颁布的《规定》在充分肯定和强调了藏语文在西藏自治区作为通用语言文字地位的基础,同时,也明示了国家通用语言文字的国家地位以及在西藏自治区与藏语文的平等地位关系。因此,新修改的十个关键点都统一地强调了藏汉双语的学习、使用在西藏自治区的同等地位问题。这是不是说这些新的法规可能会与 1987 年的《若干规定(试行)》所提出的以藏语文为主的法规原则相抵触呢? 或者说会不会就此彻底改变了过去的藏语文政策呢? 关于这一点我们的回答是完全否定的。

客观的看,西藏自治区修订颁布的《规定》,其最主要的特点是强调了语言文字法的统一性。《规定》指出,《西藏自治区学习、使用和发展藏语文的规定》是根据《宪法》、《区域自治法》和《国家通用语言文字法》的有关规定,结合自治区实际制定颁布的(第 1 条),自治区坚持各民族语言文字平等的原则。维护语言文字法制的统一(第 2 条)。因此,《若干规定》除了要集中体现《宪法》和《区域自治法》中有关我国民族语言政策的基本内容外,同时,还要集中反映《国家通用语言文字法》中的相关政策,目的是强调国家整体与西藏自治区地方、国家通用语言文字与西藏自治区通用语言文字之间关系的统一性和一致性。

我国《宪法》规定:"民族自治地方的自治机关在执行职务的时候,依照本民族自治地方自治条例的规定,使用当地通用的一种或者几种语言文字。"《区域自治法》规定:"民族自治地方的自治机关保障本地方各民族都有使用和发展自己的语言文字的自由。"(第 10 条)"民族自治地方的自治机关在执行职务的时候,依照本民族自治地方自治条例的规定,使用当地通用的一种或者几种语言文字;同时使用几种通用的语言文字执行职务的,可以以实行区域自治的民族的语言文字为主。"(第 21 条)"招收少数民族学生为主的学校,有条件的应当采用少数民族文字的课本,并用少数民族语言讲课。"(第 37 条)"民族自治地方的人民法院和人民检察院应当用当地通用的语言检察和审理案件。保障各民族公民都有使用本民族语言文字进行诉讼的权利。对于不通晓当地通用的语言文字的诉讼参与人,应当为他们翻译。法律文书应当根据实际需要,使用当地通用的一种或者几种文字。"(第 47 条)《中国国家通用语言文字法》规定:各民族都有使用和发展自己的语言文字的自由。少数民族语言文字的使用依据宪法、民族区域自治法及其他法律的有关规定(第 8 条)。这些民族政策对于坚持语言平等、保障藏语文的学习、使用和发展起到了积极的作用,我国的民族语言文字立法工作必须坚持这些基本原则。

另外,我们在民族区域自治地区使用法律法规的手段来维持和保护包括民族通用语言文字在内的少数民族语言文字的地位的同时,又必须考虑到汉语作为国家通用语言文字在整个国家的地位和作用,因此,在西藏自治区必须坚持各民族语言文字平等的原则,除了要学习、使用和发展本民族的语言文字藏语外,还要学习和使用汉语文。《中国国家通用语言文字法》规定:国家通用语言文字是普通话和规范汉字(第 2 条)。国家推广普通话,推行规范汉字(第 3 条)。公民有学习和使用国家通用语言文字的权利(第 4 条)。国家通用语言文字的使用应当有利于维护国家主权和民族尊严,有利于国家统一和民族团结(第 5 条)。学校及其他教育机构以普通话和规范汉字为基本的教育教学用语用字(第 10 条)。西藏自治区作为统一的中华民族的一部分,以藏族为主体的各民族群众作为中华人民共和国的公民都有学习和使用国家通用语言文字的权利和义务,这是维护国家主权、民族尊严、国家统一和民族团结的需要。

世界各国政府历来都程度不同的重视语言文字问题,许多国家把国语看作民族主权和尊严的象征,并体现在本国的宪法里。据有关资料显示,全世界现有142部成文宪法中,有79部规定了国语或官方语言,占55.6%。我国是一个多民族、多语言、多文种的国家,有56个民族、70多种语言、50多种文字,不同民族、地区间的交流需要有全国通用的语言文字作为载体,对外进行国际交往也需要有代表整个中华民族的共同的语言文字,这就是普通话和规范汉字。普通话和规范汉字的"全国通用"地位是历史形成的,不是哪一个人能够强加给它的。从某种意义上说,它是维系一个国家的文化纽带和精神支柱,是中华民族凝聚力的象征。

因此,新修订颁布的《西藏自治区学习、使用和发展藏语文的规定》从第1条到第8条集中强调了国家通用语言文字和藏语文在西藏自治区的地位以及相互间的统一性问题,规定了国家通用语言文字和藏语文的学习和使用原则等,既符合《宪法》和《区域自治法》中所规定的包括民族语言政策在内的民族政策精神,又与《国家通用语言文字法》的规定浑然一体。从本质上说,这部西藏自治区地方法律既体现了我国的民族政策、西藏人民的意愿、西藏文化传统的特殊性和客观实际,同时,也符合中华民族文化的统一性,有利于维护国家主权和民族尊严,有利于国家统一和民族团结。

五、关于藏文法规《规定》的意义问题

《规定》是我国西藏历史上第一部关于民族语言文字方面的地方专门法律,它的颁行是西藏社会语文生活中的一件大事,具有多方面的意义。

(一)有利于改变认识,促进藏语文自身的发展和进步

藏语在长期的历史发展中,成为西藏自治区通用的语言文字。藏文从创制至今的一千三百多年来,形成了完整而独特的拼音系统,具有较高的语法理论和较强的表达能力。藏文的文献古籍浩如烟海,记载着大量的丰富多彩的藏族历史文化成果,成为中华民族历史文化遗产宝库中一颗光彩夺目的明珠,在世界上早已引人瞩目。

西藏从1951年和平解放到1959年的民主改革,整个社会在政治、经济、文化上都经历了一个翻天覆地的变化,为了使语言的发展和使用能够适应西藏社会的变迁,真正起到促进西藏政治、经济、文化发展的作用,中央政府和西藏自治区人民政府在西藏实行了既符合当地社会发展背景又与全国的发展相吻合的语言政策,积极兴办和发展西藏现代教育,这对于藏语文自身的发展和汉语文的吸收都起到了关键的作用。到20世纪80年代初,西藏已经形成了较为系统、完善的语言教育模式和语言使用模式。首先从语言教育模式看,从小学到大学,藏语文和汉语文的教育各成体系相辅相成,共同构成了现代西藏教育的基础;再从语言使用模式看,20世纪50年代后,藏语作为西藏单一的语言已被打破,逐步出现了一种新的语言使用模式,这就是单一的藏语使用模式在城乡居民生活中的继续存在和藏汉双语使用模式的形成、发展。

1980年以后,全国实行了"改革开放"的政策,西藏与其他地区一样,也在积极地探索如何根据本地的实际来推动社会、经济、文化的全面发展的现代化道路。随着体制改革和对外开放各项政策的落实,随着祖国内地对西藏对口支援力度的不断加大,随着西藏市场经济的发展和城市化规模的扩大,随着科技、教育、通讯、传媒、网络在西藏的飞速发展,西藏与全国各地以及国外的经贸关系、文化关系和人员往来都在急剧增加,在这种新的社会背景下,西藏的语言文字发展和城乡居民的语言使用也必然要适应这种社会发展态势。从全局看,西藏的现代化进程与全国各少数民族的情况有共性,但还有其特殊性,这种特殊性除了地理条件、宗教传统文化和历史原因外,还表现在特殊的语言问题上。

20世纪50年代前,作为文化载体的藏文主要是用来记载和传播西藏的传统文化,主要是宗教文化,也包括部分历史、文学、传统医学等文献,藏文作为传播现代文明的载体是50年代以后的事情,传统藏语的功能相当狭隘。同样,西藏传统的寺院教育体系,严重制约着现代文明在西藏的传播。1950年后,藏语文除了保持传统的功能外,它的功能已发生巨大变化,基本完成了由传统的文化传播工具向现代文明的传播工具的转变。毫无疑问,藏语文功能的扩展极大地增强了它的生命力,使其得到了巨大的发展。

但是,在西藏现代化的进程中,语言和教育的二元模式从一开始就存在着潜在的冲突,它集中表现在人们对汉、藏语两种语言文字价值的判断上,在对藏语文地位和作用的认识出现了偏差,表现在思想上严重缺乏对藏语文地位的认识;表现在学习上藏语文课大幅度缩减,藏语授课体系迟迟不能建立;表现在使用上藏语文的使用日渐萎缩,等等。在这种社会背景下,及时颁布藏语文法规,在西藏自治区重新确立藏语文的地位,建立以藏语文为主,藏汉并用的语言学习和使用法规,起到了扭转人们的错误认识的作用,有利于促进藏语文自身的发展和进步。

　　事实上自1987年颁布《若干规定(试行)》、1988年颁布实施《实施细则》和2001年颁布《规定》以来的15年间,藏语文工作共取得了十大成就:1)藏语文工作得到了自治区党委和政府的一贯重视;2)学习、使用和发展藏语文工作已初步纳入法制化轨道;3)始终坚持文件材料译成藏语文,尽可能地做到与汉文同步下达;4)藏语文在新闻媒体中得到广泛应用;5)科技教育部门结合"科教兴藏"战略,重视用藏语文普及推广科技知识;6)藏语文教学体系和藏汉双语教学体系的逐步建立和完善,藏语文教学质量的不断提高;7)司法机关在执法、法制宣传等工作中注重藏语文的使用;8)邮政、通信、商贸等服务行业始终重视藏语文的学习和使用,方便了广大藏族群众,同时也促进了行业自身的发展;9)文化、出版部门重视藏语文的学习和使用,取得了丰硕的成果;10)翻译事业迅速发展。① 这十大成本身就很好地促进了藏语文的发展和进步。

　　(二)有利于维护祖国的统一和各民族的团结

　　从贯彻和落实党的民族政策的角度看,1949年以来,党中央和国务院下发的许多文件中都强调了民族语文工作的重要性;党和国家领导人在许多讲话中都有关于民族语文的论述;宪法和民族区域自治法以及其他有关法规中都有关于民族语言文字的明文规定。1991年国务院32号文件是关于新时期加强民族语文工作的专门性文件,充分表明了党和国家对少数民族语言文字工作的高度重视。文件对新时期民族语文工作的地位、任务、政策,从理论和实践结合上做了科学的阐释和明确的规定。国发32号文件中特别强调了民族语文工作在加强民族团结、维护祖国统一中的重要作用,这一论述完全符合西藏自治区的实际。加强民族团结,维护祖国统一,反对分裂活动,这是自治区长期的任务,在这一任务中,藏语文工作是一个重要的战线。从西藏的情况看,境内外分裂势力攻击我国政府的一个主要方面就是诬蔑我们在西藏毁灭

---

　　① 自治区党委副书记丹增在全区第二次藏语文工作会议上的讲话:提高认识,明确任务,振奋精神,进一步做好我区藏语文工作(2000年)。

藏族的传统文化,剥夺藏族使用藏语文的权利。我们把藏语文工作做好了,就可以在反分裂的斗争中处于更加有利的地位,从而更好地维护祖国的统一和各民族的大团结。

另外,以藏民族为主体的西藏各族群众千百年来一直把藏语文作为社会交际和进行思维的工具,这是一个不容忽视的重要事实。在西藏 260 多万人口中,80%以上是农牧民群众,从这一实际出发,必须明确,在西藏自治区各族人民中宣传党的方针政策,传播现代科学技术,开发民族的群体智力,提高整个民族的文化素质,离开藏语文是根本行不通的。同时藏语文对区域自治来说,它不仅是社会交际和进行思维的工具,也是行使自治权利的工具。所以,搞好藏语文工作,对维护祖国统一,增强民族团结,保持社会稳定,具有至关重要的作用。

(三)有利于继承和发展藏民族优秀的文化遗产

一个民族的文化绝大多数反映在这个民族的语言文字中,反映在这个民族丰富的文献和成书的文化遗产中。藏族是我国民族大家庭中的一个重要成员,在长期的历史发展过程中创造了绚丽多彩、独具特色的文化,藏族文化成为中华民族文化宝库中的一个不可缺少的重要组成部分。

藏族丰富的文化遗产大多以藏文文献的形式见之于世。藏文文献的数量之多、内容之丰富在国内仅次于汉文文献。据专家统计,藏文卷帙有八万多部。此外,还有不计其数的文史资料。仅以西藏档案馆为例,该馆珍藏的历史档案就有三百多万件,内容包括专门论述哲学、工艺制造学、语言文字学、医学、历算学、修辞学、诗学、戏剧学、辞藻学以及历史等多学科的专著。藏族把上述这些学科分为五个大学科和五个小学科,统称大五明和小五明。浩如烟海的藏文文献以及它们所包含的全方位学科体系和理论是祖国文化宝库中的璀璨瑰宝。

继承和发扬各民族的优秀文化传统,吸收和借鉴人类社会创造的一切文明成果,是社会主义精神文明建设的要求。要科学地继承和发展藏民族优秀的传统文化,就必须学习、使用和发展藏语文,抓紧培养高素质的藏语文研究人才。不难想象,假如没有藏文就不可能保存下来这么多丰富的文化遗产。同样,假如藏文失传了,那么这些文献将会成为一堆纸,藏族的文化将大半终结,继承和发展藏民族优秀文化遗产也是一句空话。

另外,从语言文字上说现在所使用的藏文已有一千三百多年的历史。藏文是一种完善的拼音文字,它具有全面、准确的记录功能,书写方便,文字统一规范等许多特点。语言学家公认的观点是,世界几千种语言中有文字的语种为数不多。其中有上千年历史,而且字形独特的文字也不过十几种,藏文就是其中一个。藏文不仅历史悠久,而且语法理论齐全。据统计,历代藏族学者撰写的语法理论著作多达百余部。常用的藏文字体有十几种。学习、使用和发展藏语文,本身就是对藏族文化的最好的继承和发展。

(四)有利于促进西藏民族通用语言文字的规范化、标准化

党和政府历来十分重视藏族语言文字规范化工作。西藏和平解放以来,首先是国家通过中央民族大学、西藏民族学院、西藏大学、西北民族大学和西南民族大学等大专院校的藏语文教学,不断规范藏语文。第二是《西藏日报》藏文版、西藏人民广播电台藏语部、西藏电视台藏语部、西藏自治区教材编译局、西藏自治区编译局、西藏人民出版社藏文编辑部、《西藏文艺》藏文编辑部等新闻媒体和出版机构依靠各自的藏语文力量收集编撰了一些内部使用的有关西藏农牧业生产、政治、文化、经济和社会等方面的辞书和字典,有意识地规范行业的藏语文用字。第三是国家正式出版了大量的藏语各类字典、词典和藏汉、藏汉英对照词典,规范了大量藏语文词汇。这些工作对推广和规范藏文起到了不容忽视的积极作用,使得我国西藏社会的语言生活面貌发生了深刻变化。

几十年来,藏族语言文字规范化工作虽然取得了一定成绩,但是与形势发展的要求相比还有很大距离。伴随近些年社会语言生活的空前活跃,语言文字应用中某些混乱现象和不健康倾向也随之出现,与此同时,计算机语言文字信息处理技术的普及和发展,也对语言文字规范化、标准化工作提出了更为迫切的要求。藏族语言文字规范化的任务非常繁重,单就西藏通用语言文字本体的规范而言,就有大量工作要做。比如,词汇和语法的规范问题、规范藏文所依据的构词标准和方法问题、新词术语的翻译和规范问题,等等,由于制定和发布的时间不同,出台的历史背景不尽相同,参与翻译的单位和个人不断变化,同一个词之间经常存在相互矛盾、一词多译的现象。

由于语言文字本身是动态发展的,人们对它的研究也应该是逐步深入的;任何规范标准都不可能、也不应该一成不变,需要适时地进行修订以使之完善。这就需国家及时立法,并成立专门机构负责管理、规范并颁布藏语新词术语,监督社会藏文的用字规范。而有关藏语文的各项法规的颁布正好起到了这些作用。

(五)有利于普及文化教育,发展科学技术,提高社会信息化水平

西藏自治区通用语言文字藏语的规范化、标准化工作,是自治区普及教育、发展科技、提高社会信息化水平的必要前提和先导工程。语言文字规范化、标准化程度是文化发达程度的标志之一。作为协调社会生产和社会生活的工具,语言文字服务于社会的经济、政治、文化生活,影响社会的发展。未来社会发展的关键是加速科技进步和提高劳动者素质。就加速科技进步来说,藏文信息处理是高技术的重点之一,而语言文字的规范化、标准化和相应的应用研究水平,则是提高藏文信息处理技术的先决条件。就提高劳动者素质来说,主要在于提高思想道德和科学文化素质,而语言文字能力又是文化素质中最基本的因素。社会主义现代化建设需要数百万计的劳动者和数以万计的专门人才,除了思想和专业方面的要求外,还应该使他们具有较高的语言文字能力。当前,人类文明的历史已进入高科技迅猛发展的信息时代,利用计算机进行信息处理,实现生产、办公、日常生活、图书情报和印刷出版自动化等已成为现实,语言文字的服务领域正由人与人之间的交际拓展到"人机交际",其地位和作用日显突出。

今后十到二十年,可以预见西藏自治区国民经济和社会信息化程度将大幅度提高,信息产业将快速发展,以信息化带动传统产业进而实现跨越式发展将成为必然趋势,而信息化程度的提高和信息产业的发展都离不开语言文字的统一和规范这一先决条件,更有赖于面向藏文信息处理的语言文字研究。考虑到全球已进入信息化社会的大背景,藏语文法规对学习、使用和发展藏语文以及规范和审定新词术语等都作出了明确规定,我们应该从落实科教兴国战略、推进现代化建设的高度,来加深对这一民族语言文字法律文书的时代内涵及其深远影响的认识。

(六)有利于加强西藏民族通用语言文字社会应用的管理

现代社会是法治的社会,一切政府机关都必须依法行政,语言文字工作部门自然也不例外。藏语文法规出台以前,藏语文应用的管理主要靠政策性文件,权威性小,规范性差,法律依据不足,致使一个时期以来,尽管各级政府部门、教育部门、文化宣传部门以及出版部门都做了一些努力,但是语言文字应用的现状与社会发展的要求相比,仍然存在严重的滞后现象。比如:社会用字混乱现象越来越严重,机关、厂矿企业、商店的门牌、路标、街名、会标、锦旗、公章等使用的藏文十分混乱,异体字、乱造字和错别字现象比较普遍;新词术语的翻译和使用极不规范,各藏语文使用部门各有各的翻译标准,各有各的选词用词习惯,经常同一个词,报纸、广播、电视、图书竟有多中译法,等等。

上述混乱现象,自然引起社会有识之士的焦虑和广泛关注。对此人大代表、政协委员以及广大群众反映强烈。有的群众还把错乱的门牌、路标拍下来寄给自治区有关单位,每年自治区人大和政协会议,都有多项议案和提案涉及这一类问题。现在该法的顺利通过并颁行,则从根本上改变了藏语文应用管理无法可依的尴尬状况。西藏自治区各级藏语文工作部门作为执法主体,必须认真学习、深刻领会《若干规定》等藏语文法规的精神实质,把握好法律、政策界限,提高执法水平和依法行政的能力。要认真研究、积极探索并逐步建立能够有效运转的执法机制,严格执法程序,规范执法行为,逐步把藏语文的规范化、标准化工作全面纳入依法管理的轨道。

(七)有利于加强西藏的文明建设

第一,当今世界,科学技术日新月异,经济社会迅猛发展,国际间、地区间、民族间的交往日益频繁,要使藏民族与全国各兄弟民族共同繁荣进步,就必须广泛引进、吸收人类各民族的一切文明成果。如果不学习其他民族的语言和文字,就难于引进、吸收其他民族的文明成果,就难于扩大与其他民族间的交流和往来。如果不使用藏语文,就难于向西藏自治区广大人民群众传播本民族以外的文明成果。

第二,西藏自治区是藏族人口占95%以上的民族自治区,而藏族中绝大多数使用本民族自己的语言。因此,普及科学技术,必须要靠藏语和藏文这个传播工具。也就是说,要把现代科技知识,把兄弟民族的先进经验,通过翻译,用藏语文传播到藏族人民。只有这样才能达到提高整个藏族人民的文化素质的目的。如果这个环节解决不好,就必然会制约西藏现代化建设。

第三,西藏自治区的农牧业在全国处于落后状态,除了农牧区的基础设施薄弱外,科学技术落后是根本的制约因素。要使广大农牧民尽快掌握和使用科学技术,提高科学文化素质,走依靠科学技术发展生产、治穷致富的道路,就必须主要通过藏语文来传播普及科技知识。离开了藏语文,就很难使科技知识进入农牧区,就谈不上科技进步。

第四,从西藏自治区的实际情况看,1988 年前后,在全区人口中,从 15 岁到 45 岁之间,文盲占 45%,加上 45 岁以上文盲人数,文盲的比例大大超过这个数字。文盲比例之高,全民族文化素质之低下,成了全区经济腾飞的极大制约因素。要想搞西藏的现代化建设,无疑首先要提高整个民族的科学文化素质。这个问题比以往任何时候都显得更为突出和紧迫。而在目前,要提高民族文化素质,特别是提高广大农牧民群众的文化素质,加强藏文的学习和使用。因此,为了进一步改革和开放,广泛进行经济建设,必须加快藏语文工作。

由此可见,藏语文工作绝不仅仅是落实某项政策的问题,而是在西藏进行现代化建设,使人民走上富裕道路的重要条件之一,具有重大的现实意义和长远的作用,从世界上许多民族的经验来看,一个民族的语言文字是这个民族跨入现代化的桥梁。一些经济上处于较后进的民族,正是通过发挥民族语文的功能,把其他民族的先进科技知识和经验传播到自己民族中,从而进入先进民族的行列。这个经验很值得我们借鉴。

从理论上说,语言文字的应用是否合乎规范、标准,往往反映一个国家、一个民族或一座城市、一个单位的文明程度和形象。语言文字应用的不规范现象特别是用词、用语的混乱与城市的"脏、乱、差"一样,既影响城市环境,也在一定程度上制约着当地经济、社会的发展和社会主义精神文明建设。因此,用法律的形式推广藏语普通话、推行规范藏文字,对于提高公民的语言文字规范意识和正确使用自治区通用语言文字的能力,对于增强公民的法制观念,进一步加快社会主义精神文明建设的步伐,同样具有重要意义。

第五节 中国少数民族语言法规与欧洲 少数人语言法规的比较

一、我国的宪法性少数民族语言法规的立法以国家的民族政策为基础,注重国家政策与宪法性法规的统一,欧洲的少数人语言法规则缺少这些政治基础,因此,它在实际执行的过程中缺少国家的民族政策支撑。

中国最早涉及少数民族语言政策的文件是 1938 年在党的六届六中(扩大)全会上的报告。毛泽东同志在报告中提出了"尊重少数民族的文化,宗教、习惯,不但不应强迫他们学习汉文汉语,而且应赞助他们发展用各民族自己语言文字的文化教育。"1945 年,在党的七大报告中,毛泽东同志又强调:"他们的语言、文字、风俗、习惯和宗教信仰,应被尊重。"1949 年,政协第一届会议通过的《中国人民政治协商会议共同纲领》,又明确规定:"各少数民族均有发展其语言、文字,保持或改革其风俗习惯及宗教信仰的自由。"由此,主张和坚持民族平等、语言平等、各民族都有使用和发展本民族语言文字的自由的民族语言政策成为马克思列宁主义、毛泽东思想民族观的重要内容。新中国成立以后,一方面民族平等和民族团结作为解决民族问题的基本原则和根本政策,在中国的《宪法》《区域自治法》等相关法律中得到了更明确的规定。另一方面,中国的少数民族语言政策作为国家民族政策的内核之一也在这些宪法和法规性文件中得到了全面的阐述。但是,在欧洲各个的少数人语言立法中,我们看不出哪个国家有一个清晰的包括民族平等、语言平等核心内容在内的民族政策,只是就宪法而宪法,没有充分的体现国家的民族政策观念和主张。

二、我国宪法性少数民族语言法规的立法,强调少数民族语言文字与国家通用语言文字的统一性,注重国家与少数民族之间不同语言的和谐,在欧洲,少数人语言的立法则很难做到这一点,往往是两者的分离或者说是双方的妥协与分庭抗礼。

在我国,一方面,少数民族语言文字的使用依据《宪法》和《区域自治法》及其他法律的有关规定。这些民族政策对于坚持语言平等、保障少数民族语言文字的保护起到了积极的作用,我国的民族语言文字立法工作必须坚持这些基本原则。另一个方面,我们在民族区域自治地区使用法律的手段来维持和保护少数民族语言文字地位的同时,又必须考虑到汉语作为国家通用语言文字在整个国家的地位和作用,因此,在少数民族地区必须坚持各民族语言文字平等的原则,除了要学习、使用和发展本民族的语言文字外,还要学习和使用汉语文。西藏、新疆、内蒙古等少数民族地区作为统一的中华民族的一部分,以藏族、维吾尔族和蒙古等少数民族为主体的各民族群众作为中华人民共和国的公民都有学习和使用国家通用语言文字的权利和义务,这是维护国家主权、民族尊严、国家统一和民族团结的需要。

世界各国政府都程度不同的重视语言文字问题,包括欧洲在内的许多国家把国语看作民族主权和尊严的象征,并体现在本国的宪法里。据有关资料显示,全世界现有 142 部成文宪法中,有 79 部规定了国语或官方语言,占 55.6%。我国是一个多民族、多语言、多文种国家,有 56 个民族、七十多种语言、五十多种文字,不同民族、地区间的交流需要有全国通用的语言文字作为载体,对外进行国际交往也需要有代表整个中华民族的共同的语言文字,这就是普通话和规范汉字。普通话和规范汉字的"全国通用"地位是历史形成的。从某种意义上说,它是维系一个国家的文化纽带和精神支柱,是中华民族凝聚力的象征。

因此,西藏、新疆和内蒙古等少数民族省区陆续颁布的有关少数民族语言文字保护的规定和条例等,都强调了国家通用语言文字和民族语文在各自治区的地位以及相互间的统一性问题,规定了国家通用语言文字和民族语文的学习和使用原则等,既符合《宪法》和《区域自治法》中所规定的包括民族语言政策在内的民族政策精神,又与《文字法》的规定浑然一体。从本质上说,这些自治区地方的语言法律既体现了我国的民族政策、各族人民的意愿、民族文化传统的特殊性和客观实际,同时,也符合中华民族文化的统一性。

三、我国的少数民族语言法规除了注意将国家的民族政策与宪法性法规的条款和谐结合之外,还非常关注其实际的操作、监督和科学的实践,成绩斐然。欧洲的少数人语言法规虽然同样具有宪法性,但是,在操作和监督层面上不如我国,因此,成就也不如我国。

应该承认,欧洲国家基于少数人权益基础上的语言权益的立法要早于我国很多年,不少国家经过多年的努力也取得了多方面成就,但很多时候由于不能和谐地处理好国家通用语言与民族地区少数人语言在法律意义上的平等的地位关系,因此,很多的宪法和宪章虽然涉及了国家内部少数人语言的地位问题、学习和使用等问题,可是,在具体的实施过程中却存在操作和监督等方面的很多问题,要么是仅仅停留在宪法性法规的字面上,要么是执行起来莫衷一是。而我国的民族语言政策、《宪法》《区域自治法》以及各自治地方的语言法规和条例的制定,却重在实践和国家机制性的监督。

过去的半个多世纪里,我国民族语言政策和法规的实践,完成了欧洲几百年来所不能完成的六大业绩:1)完成了多次民族语言文字调查,帮助没有文字或文字不完备的民族创造、改革自己的民族文字,完成了部分少数民族的语言转用,培养了一大批民族语言教学和研究的专家。2)民族语言的使用从翻译、报刊、出版到现代传媒全方位发展。3)民族语教育、双语教育体系完善。4)民族语言文字在司法程序、国家事务和公共场所得到广泛使用。5)民族语文法制建设和少数民族语言文字工作不断加强。6)民族语文的规范化、标准化和信息处理与国际接轨。

在西藏自治区,我们不光是在地区宪法性法规中制定了有关学习、使用和发展藏语文的若干规定,同时,我们还制定了相关、配套的具体实施细则,自治区和各地市、政府机构成立了专门的藏语文管理监督机构,教育机构制定了专门的藏语文教学计划并逐项实施,将法规与操作、实践和监督完美的融为一体。这一点,欧洲所有的与少数人语言保护相关的法规或宪章都没有做到。正因为这一点,在西藏自治区,从 1987 年第一部藏语文法规颁布到现在,从藏语文的立法到科学实践完成了一次次跨越,并在继续保持藏语文传统的功能外,逐步使藏语文由传统的文化传播工具向现代文明的传播工具的转变。据我们的调查,藏语文功能的扩展与发展变化可以反映在下面 10 个领域:新闻报刊、图书出版;现代传媒、通信;计算机与藏文信息处理;社会、标识、法律程序、公文、会议用语;经济生活;国民教育体系;宗教生活;文化艺术、医疗卫生;科学技术;国内外交流等。藏语文的教育,建立了从基础教育到高等教育的藏语文教学体系。藏族人的语言生活除继续保持着藏语文的传统外,也容进了新的语言使用特征,这就是藏汉双语的使用。

上述这些成绩我们只用了五十多年,欧洲人乃至世界上的任何一个国家都做不到。这就是中国少数民族语言立法与科学实践给我国的少数民族的语言生活带来的变化,这也是我国不同于欧洲国家少数民族语言立法的关键所在。

第二章 西藏的语言政策及语言变迁

第一节 西藏语言政策的变迁及藏语文的发展

从 1951 年到 1999 年的 50 年间,总体上看西藏城乡居民的语言使用在发生着急剧的变化,这种变化除了与社会发展的诸多因素有关系外,最重要的一点就是与西藏城乡的人口构成和人口民族成分的构成的变化有很大的联系,并与西藏的语言政策紧密地交织在一起,从而构成了一种既相互联系,又相互制约的关系。

在本章里,将首先结合国外一些国家具体的少数民族语言政策,来介绍我国少数民族语言政策的制定、实施以及对西藏语言政策制定的影响;从吐蕃到民国时期,西藏基本上是单一民族和单一语言的社会。1951 年开始,西藏的主要城镇逐步向双语社会过渡,而广大的农牧区依然保持着古老的语言传统,所以五十多年来,处理西藏语言问题的政策都是针对这个特点而定的。语言政策可以是明示的,也可以是暗含的。西藏自治区人民政府的语言政策属于前者的部分较多,后者也有一部分。本报告将把西藏语言政策的形成和变迁的轨迹划分为三个时期,并分别讨论其特点以及对藏语文的学习、使用和发展的影响,另外,通过这种分析,我们还将向读者展示西藏自治区语言使用的变化和发展的过程及特征。这将是本章的主要内容。

一、国外以及我国的少数民族语言政策

毫无疑问西藏的语言政策是根据西藏的实际情况来制定的,但是它又不是孤立存在的,而是与我国整个的少数民族语言政策的制定和实施有密切的关系。因此,在讨论西藏的语言政策时,有必要首先介绍一下我国的少数民族语言政策的制定、实施和发展情况。同样我们也认为,完全孤立地看待我国的

少数民族语言政策会使我们的研究视野受到一定的限制,所以,在这一节中我们将着重谈两个方面的问题,即国外和国内的少数民族语言政策。

(一)国外的少数民族语言政策

从标题上看国外的少数民族语言政策的确是一个很大的题目,由于本报告并不是一个专门研究国外少数民族语言政策的专著,所以我们的介绍只能做到提纲挈领,而难以面面俱到,有枝有节;另外因为少数民族语言政策涉及的国家很多,所以我们也只能选择部分国家或地区来进行介绍。

1.前苏联及当代俄罗斯等前苏国家的少数民族语言政策

第一,前苏联时期的少数民族语言政策

在十月革命前的俄国政策是支持和发展俄语的统治作用。因此在少数民族语言政策上推行的是不平等的政策。1918 年苏维埃政权通过了"劳动者和被剥削大众权利宣言",它包含了新的国家民族政策的基本原则,即列宁所强调的不允许一个民族压迫另一个民族。根据这个原则,1922 年 12 月 30 日建立了苏维埃社会主义共和国联盟。到 20 世纪 90 年代苏联解体之前,苏联100 多个民族,约有 130 种少数民族语言①。

由于沙皇政府千方百计阻挠民族语言的发展,把它们同俄罗斯的语言对立起来,所以列宁和列宁主义者竭力反对沙皇政府的语言政策,提出了民族语言权利平等的原则,指出了只有创造了丰富和发展民族语言的必要条件,才能在有利于各民族的情况下正确解决民族语言问题。为了达到这个目的,苏联从 20 世纪 20 年代到 70 年代,一直采取的是自由发展各民族语言,同时又推广作为族际语的俄语的民族语言政策([苏]ΙΟ・布朗利,《民族译丛》1988-03-02)。

早在 1917 年颁布的《俄罗斯各民族权利宣言》中就谈到了各民族平等的问题。第二年教育人民委员部就作出了《关于少数民族学校》的决定。同年民族事务委员部成立了用俄国各民族语言出版书籍的民族委员会。1919 年

---

① 苏联解体前是世界上民族最多的国家之一,大大小小的民族共有 100 多个。它们的来源、语言、文化、习俗特点各不相同。根据 1989 年的资料,人口在 100 万以上的民族有 22 个,占全国总人口的 96.3%;人口在 10 万至 100 万的民族有 30 个,占总人口的 3.4%;其余的几十个民族占全国人口的 0.4%。当时苏联有 130 多种民族语言,包括标准语 70 种左右,其中新近才有的文字约 50 种。语言的数目比民族的数目大约多三分之一。

俄共(布)第八次代表大会讨论了必须成立用本民族语言进行教学的统一的劳动学校。1921年第十次俄共(布)代表大会通过了关于民族政策的决议,提出了全国各民族法庭、行政机关、经济部门、剧院改用本民族语言的任务。在30年代又提出使苏联个民族的语言达到俄罗斯语言的水平这一任务,当时这个任务被叫着"语言建设"。在这一建设中,消灭了从前几乎人人都不识字的现象,形成了民族知识分子阶层,使苏联各民族熟悉了世界文化。当然用他们的语言翻译了许多基本的政治常识,但同时也翻译了苏联的名著以及其他世界名著。为了从学术上保证上述语言政策的实施,以语言建设为工作核心的全苏新字母中央委员会还吸收了许多著名学者。在这一时期,在苏联的127个东方少数民族中,80多个已经有了文字和学校,并采用了几十种语言编写的初级读本和教科书,在中学甚至在高等学府可以用某几种语言来教学([俄]B·M阿尔帕托夫,《民族译丛》1999-04-13)。

一种新的语言政策在1938年的联共(布)中央和苏联人民委员会的《关于在民族共和国和州的学校中必须学习俄语》的决议中被提了出来。但是在这个决议中依然保留了关于"作为民族学校教学基础"的本民族语言的提法([俄]B·M阿尔帕托夫,《民族译丛》1999-04-20)。这个政策实际上与苏联以前的民族语言政策共同构成了后来全苏的语言政策,即我们在前面所说的自由发展各民族语言,同时又推广作为族际语的俄语的民族语言政策。

到了20世纪70年代末期,苏联有75%的非俄罗斯民族学生用本民族语学习,同时根据家长的愿望,有25%的非俄罗斯学生到用俄语授课的学校学习。与此同时,熟练地掌握俄语的人数也在不断的增加,掌握国内外文化、科学和技术成就的可能性也随之扩大。因此俄语作为民族间交往工具的作用也正在日益增长。从1970年到1979年,熟练掌握俄语或把俄语看作母语的总人数在苏联从1.83亿人增加到2.148亿人。即从全国人口的76%增长到了81.9%。同时,各民族共和国的俄罗斯人也正在掌握少数民族的语言。在外高加索和波罗的海沿岸用民族名称命名的加盟共和国,本民族的语言被认为是国语。各共和国宪法宣布,国家将尽一切可能大力发展民族语言,保障民族语在国家机关和共和部门,在文化、教育和其他机关的使用。更为重要的是,不论是俄语还是当地居民使用的其他语言都必须保证使用自由,以避免语言歧视现象发生(苏联新闻社亚洲总编辑部,1989,《民族译丛》1990-01-13)。

正是基于上面的基本情况,1985 年苏共第 19 次全国代表大会通过了《关于民族关系》的专门决议。决议提出了新时期苏维埃国家民族政策的基本任务。其中有两条体现了苏联 20 世纪 80 年代民族语言政策的基本思路:(1)发展民族语—俄语的双语体制,同时更多地关心民族语,让它在国家、社会和文化生活各个方面发挥积极作用;(2)鼓励那些居住在用某一民族名称命名的共和国内的其他民族公民,特别是儿童和青年学习当地的民族语言。

从这两条政策看,前苏联在解体之前已经开始重视双语问题,但是整个民族语言政策的中心并没有改变。苏联由于各民族使用 130 多种语言,在这个条件下,既要保持本民族的语言,互相交往中又必须使用一种语言。起这种作用的通常是人数最多的民族的语言,而在当时苏联的条件下,这个人数最多的民族就是俄罗斯人。因此全苏的语言政策就是把两种倾向结合在一起:在民族交往中推广使用俄语,同时又自由发展民族语言及其功能(苏联新闻社亚洲总编辑部,1989)。

从上面简单的介绍可以看出,从十月革命前到苏联解体,在 71 年间苏联制定了一系列的民族语言政策,对于少数民族语言的发展起到了重要的作用,但是由于政策的偏差及实际执行中存在的种种问题,也给苏联民族语言的发展造成一些不良的影响,这一点在下文将提到。

第二,苏联解体后俄罗斯等前苏国家的少数民族语言政策

俄罗斯联邦从 1991 年以来的语言政策的形成和实现是以两个文件为基础的:1991 年 10 月 25 日俄罗斯联邦最高苏维埃一致通过的《关于俄罗斯联邦各民族的语言法》(以下简称《俄语言法》),以及 1992 年 6 月 3 日俄罗斯联邦最高苏维埃民族院赞同的“关于保存和发展俄罗斯联邦各民族语言的国家纲要的构想”(以下简称“俄构想”)。

《俄语言法》确认:“俄罗斯联邦各民族的语言是俄罗斯国家的民族财产。它们是历史遗产并手国家保护。”而在“俄构想”中则谈到了“寻求建设性解决办法”的必要性,这些解决办法“并非旨在克服语言政策中的某些缺点和扭曲,而实质上是为了转换政策范式,为俄罗斯民族所有语言的自由发展创创造真正有利的条件。”这个语言政策范式的转换还包括有实现关于改变地方双语居民以及未掌握地方语言的俄语居民的语言取向的若干规定。

苏联解体后俄罗斯为什么要通过这两个新的语言政策呢？在他们看来从

30 年代末开始在苏联实行的民族语言政策的后果之一是,不论是直接讲民族语言的居民,还是与之相邻的其他民族和讲其他语言的居民,对民族语言的兴趣都在急剧下降,把本民族的语言当作母语的非俄罗斯居民的比重总在稳定地降低。换句话说,就是发生了强烈的语言同化①,同时有一些少数民族语言正在消失②。因此俄罗斯民族语言政策中一个紧迫的任务就是抢救和保存这些民族语言。另外,在不同的民族居住的地区,形成和推行双语也是当时俄罗斯语言政策的一个刻不容缓的最重要的任务③。

解体后的白俄罗斯共和国最高苏维埃在 1992 年颁布了《白俄罗斯共和国法律:少数民族法》(以下简称《民族法》)。这部《民族法》是以《白俄罗斯共和国宪法》和《白俄罗斯共和国最高苏维埃关于白俄罗斯共和国国家主权和少数民族权利方面的国际法原则宣言》为依据。它构成了族际关系范围内的法律基础,保障白俄罗斯共和国少数民族的自由发展,它的使命是促进白俄罗斯共和国境内族际关系的和谐,促进少数民族文化的保存和自由发展,促进少数民族合法权益的满足。在《民族法》的第五条中规定白俄罗斯少数民族具有学习和使用本民族语言的权利、具有用民族语言出版和传播信息的权利、具有用本民族语言举行民族礼仪和宗教仪式的权利④。

乌克兰境内有 110 个民族。在总人口 5200 万人中,72.7% 是乌克兰人,22.1%是俄罗斯人,5.2%是其他少数民族。乌克兰早在 1989 年就通过了《语言法》。1991 年宣布独立后,乌克兰政府对少数民族奉行宽容的政策,并于 1991 年通过了《乌克兰民族宣言》,再次向少数民族保证他们的权利受国家的保护。乌克兰《语言法》预计,乌克兰语过渡成国语需要 5—10 年;并规定那些非乌克兰民族占人口多数的地区,允许当地民族语言与乌克兰语同时作为

---

① [俄]M·B·季亚奇科夫在《当代俄罗斯的语言政策》(《民族译丛》1994 年第 1 期)中指出,仅在 1979 年和 1989 年两次调查统计之间的 10 年间内,把本民族语言当做母语的人数为:卡累利阿人从 61.8%降到了 51.5%;科米人从 80.0%下降到了 74.4%;马里人从 93.7%下降到了 88.4%;乌德暮尔人从 82.3%下降到了 82.3%;莫尔多瓦人从 94.3%下降到了 88.5%;汉蒂人 64.8%下降到了 55.1%;曼西人从 51.9%下降到了 36.3%。

② 尤戈语、克雷克语、阿列乌特语、奥罗克语、涅吉达尔语、爱斯基摩语、伊捷尔缅语、乌德盖语、尤卡吉尔语、阿留申语等都属于正在消失的语言。

③ [俄]B·M 季亚奇科夫,《民族译丛》1994 年第 1 期,第 34 页。

④ 《民族译丛》1994 年第 3 期,第 79 页。

官方语言。1992 年通过的《乌克兰少数民族法》重申了上述规定。该法还被写进了《乌克兰各民族权利宣言》中,并增加了一些规定,其中最有意义的条款是保证政府支持少数民族的发展,保证乌克兰公民有权自由使用俄语①。

2.东南亚等国的少数民族语言政策

在过去的几十年里,东南亚诸国的官方语言政策曾发生过重大的改变。这种改变不仅影响着当地的教育语言政策,而且使起更加复杂和多变。

在泰国,唯一的语言教育媒介是标准(中央)泰语,唯一重要的语言科目是英语而非标准泰语本身,这一宗旨在过去的几十年几乎没有改变过。实际上,就教育政策而言,可以说泰国只有"泰语"和"外语"两种语言。在泰国习惯不加区分地把英语和其他欧洲语言、汉语、高棉语、马来语、越南语等统称为"外语"。1976 年,泰国公布了新的语言教学政策,小学取消外语课,中学把外语课作为选修课。此项政策遭到公众的反对。1978 年后,泰国的语言政策发生了改变,马来语、高棉语、越南语等语言被视为少数民族语言,但却不包括华语。与此同时,泰国还宣布了新的教育语言政策,其中泰语的学习带有强制性,并要求及早推行,一切层次都要把泰语的教授与学习看作通向全民族一体化的途径。②

印度尼西亚的教育语言政策与泰国相似。允许地方语言或本地方言用于小学低年级,但教学用语总的趋势是向国语过渡。1965 年以后,在私立学校,华语不准用作教学用语。在教育之外的其他领域,华语的使用也受到影响。1975 年语言政策发生了新的变化,把国语、主要的当地语和其他外语都列入教学计划中。

在马来西亚,少数民族语言政策的历史可以追溯到 1957 年。这一年颁布的《马来西亚联邦宪法》第 152 条制定了双语的基本政策:"国语应为马来语,并使用议会以法律规定的书体。不得禁止或妨碍任何人使用或教授或学习其他语言。"在整个 20 世纪 60 年代,小学有四种语言小组:马来语、英语、华语普通话、泰米尔语。到 20 世纪 80 年代,小学变成了三个语言小组:马来语、华语普通话、泰米尔语。公立学校一律使用马来语。

---

① ［美］苏姗·斯图尔特,《民族译丛》1994 年第 1 期,第 6 页。
② 《民族译丛》,1994 年第 1 期,第 68 页。

新加坡从 1959 起,在语言政策上就把马来语作为"官方的"国语。但是随后又指定英语、华语普通话和泰米尔语为"官方语言"。从理论上讲,行政机关可以使用四种语言中的任何一种。新加坡政府提供或管理初等教育使用四种语言小组,但是英语是议会、法院、行政机关的用语。20 世纪 80 年代后,新加坡一方面鼓励那些使用华语和英语教学的学校,一方面逐渐让使用泰米尔语和马来语的学校自然消亡。新加坡从一开始就在探讨"双语教育"方针,即两种不同的语言同时用作同一所学校的教学用语,或者其中只有一种专门作为必修课的第二语言。这种双语政策的结果是越来越多的学生把英语视为"第一语言",而把华语普通话作为"第二语言"。20 世纪 80 年代以后,新加坡全面掀起讲华语普通话的运动,在这种新的语言政策的影响下,今天的新加坡的双语问题变得更加复杂。① 直到今天,在新加坡关于双语的讨论还在激烈地进行着,最后的结论还需等待一段时间。

不管怎么说,东南亚四国从语言政策的发展途径看,都侧重发展人口占多数的主体民族的"国语",而对人口较少的民族的语言则采取了一种相对消极的态度,没有形成完整的民族语言政策,因此体现在语言政策上的平等不明显。

3.西方其他国家的少数民族语言政策

欧盟成员国各国家对本国的民族问题和少数民族语言问题一直非常关心。欧洲理事会一向极为重视民族语言机器民族语教学的国际性问题,从小学期间就对儿童进行民族语教学为其基本宗旨之一。1981 年,该理事会通过议会敦促各成员国政府采取具体政策,开展学龄前到小学及至中学阶段的民族语和双语教学的工作。1982 年在斯特拉斯堡召开的会议更强调了要把发展多种民族语言的教学提高到更高的水平,以便在西欧各国之间消除偏见与歧视,加强互相往来、合作,了解与尊重并促进民族间的交融。同年召开的部长会议进一步强调了少数民族语言的教育和使用问题。

1984 年在欧洲地区首脑常务会议上,少数民族语言问题再次被提上议程。这次会议的 250 名与会者研讨了关于在当代西方社会保存少数民族及地区性语言的文件。大会代表提出了 40 种少数民族语言。他们首先谈到了关

---

① 《民族译丛》1994 年第 1 期,第 68—75 页。

于这些语言的教学以及它们在报纸、广播、电视等大众传媒中的使用问题。文件的按语指出:少数民族语言教学除了最起码要培养学生的双语能力外,还有发展少数民族语言的特性,其中包括民族地区的历史与文学。大会代表指出:"有 3500 万欧洲人在使用着地区性或少数民族语言。因此有必要把文化、政策、课程设置、师资培养、电视节目和宣传方面的权利向地区或地方转移。"此外,少数民族的个人必须具有在法庭和公务机关使用本民族语言的能力。

这些代表的紧急呼吁是有一定的原因的,那就是基于欧洲许多区域和少数民族地区的语言正在或已经濒临死亡这一严重的事实。从语言的分布情况看,在西欧地区的 22 个国家中,只有冰岛、爱尔兰、列支敦士登和葡萄牙 4 个国家没有地区性和少数民族语言。而其他 18 个国家的少数民族语言问题却相当复杂,所以长期以来,语言问题在当今的欧洲确实是一个大众关心的热门话题。当然如果欧洲理事会的语言政策能够得到广泛的实施的话,或许居住在多数国家的少数民族个人将被要求学习 5 种语言:本民族语、一种以上地区性语言、再加一至两门外国语,所以这项少数民族语言政策尽管具有非常良好的愿望,但是要取得成功却有一定的难度。①

(二)我国的少数民族语言政策

我国最早涉及少数民族语言政策的文件是 1938 年在党的六届六中(扩大)全会上的报告。毛泽东同志中报告中提出了"尊重少数民族的文化、宗教、习惯,不但不应强迫他们学习汉文汉语,而且应赞助他们发展用各民族自己语言文字的文化教育。"1945 年,在党的七大报告中,毛泽东同志又强调:"他们(少数民族)的语言、文字、风俗、习惯和宗教信仰,应被尊重。"1949 年,政协第一届会议通过的《中国人民政治协商会议共同纲领》又明确规定:"各少数民族均有发展其语言、文字,保持或改革其风俗习惯及宗教信仰的自由。"由此,主张和坚持民族平等、语言平等、各民族都有使用和发展本民族语言文字的自由的民族语言政策成为马克思列宁主义、毛泽东思想民族观的重要内容。

1.20 世纪 50 年代少数民族语言政策的基础时期

从整体看,从 1949 年到 20 世纪末,我国的民族语政策大致经历了三个大

---

① [美]威廉·布里克曼:《民族译丛》,1985 年第 1 期;1988 年第 2 期。

的变化时期,中间的"文革"时期虽然民族语言政策在某些方面仍继续得到实施,但是破坏是主要的,这里不多赘言。下面主要介绍前后两个时期我国少数民族语言政策的基本特征。

20世纪50年代开始的第一年,政务院在《中央人民政府政务院关于民族事务的几项规定》中规定:"帮助尚无文字的民族创造文字,帮助文字不完备的民族逐步充实其文字。"1954年在《中华人民共和国宪法》中进一步明确了"各民族都有使用和发展自己的语言文字的自由"这一规定。可以说整个50年代,我国的民族语言工作都是围绕这个政策来进行的。主要做了三方面的具体工作:

第一,根据自愿的原则,经过一定时期的调查研究以后,帮助没有文字或文字不完备的民族创造和改革了自己的民族文字,或帮助他们选择了一种现有的适用的文字。其中帮助壮、布依、苗、彝、纳西、傈僳、哈尼、佤、侗10个民族创制了14种文字;拉祜、景颇、傣设计了文字改进方案;帮助维吾尔族、哈萨克族设计了文字改革方案。乌孜别克族和塔塔尔族选择了维吾尔文或哈萨克文,门巴族、珞巴族选择了藏文。

第二,从法律上对少数民族语言政策加以保证。确保各民族使用和发展自己的语言文字的自由得以真正实现。《中华人民共和国宪法》明确规定,"各民族都有使用和发展自己的语言文字的自由","民族自治地方的自治机关在执行公务时,依照本民族自治地方自治条例的规定,使用当地通用的一种或者几种语言文字","各民族公民都有用本民族语言文字进行诉讼的权利。人民法院和人民检察院对于不通晓当地通用的语言文字的诉讼参与者,应当为他们翻译。在少数民族聚居或者多民族共同居住的地区,应当用当地通用的语言进行审理;起诉书、判决书、布告和其他文书应当根据实际需要,使用当地通用的一种或者几种文字。"

第三,从中央到民族地区,兴办了使用少数民族语言文字的新闻、广播、出版、翻译、印刷等事业;设立了少数民族语言文字的研究机构;在各民族学院和其他高等院校,开设了民族语文专业,专门培养少数民族语文工作者的人才。与此同时,许多少数民族地区发行了用少数民族语言文字印刷的各级学校的教材,举办了许多使用少数民族语言文字进行教学的中、小学和大学或班系。

20世纪50年代,由于党和国家民族语言政策的贯彻、落实,各少数民的语言文字普遍受到了重视和尊重。各民族人民群众在日常生活、生产劳动、通信联系和社会交往中,都自由地广泛地使用自己本民族的语言文字。少数民族语言文字的科学研究工作也得到了很大的发展。少数民族语言文字的广泛使用,促进了各民族之间政治、经济、文化的交流,推动了各民族地区各项事业的发展。但是1958以后由于受"左"的错误的干扰和受"文化大革命"的冲击,新创、改进的民族文字的推行工作被迫终止,一些通用的民族文字的使用也受到很大的干扰。

2. 20世纪80年代以后少数民族语言政策的发展时期

20世纪80年代后,我国民族语言政策的发展又迎来了新的春天。从党的十一届三中全会后,在党的实事求是思想路线的指导下,民族语文工作和民族语言政策在逐步恢复的基础上又有了新的发展。

首先是新宪法除再次明确规定了"各民族都有使用和发展自己的语言文字的自由"的法律条款外,随着我国社会主义民族法制建设的逐步完善,与各民族政治生活有关的法律和条例对各民族使用和发展自己的语言文字的权利也都作出了相应的规定。这些法律和条例主要有:《中华人民共和国民族区域自治法》《中华人民共和国法院组织法》、《中华人民共和国刑事诉讼法》、《中华人民共和国全国人民代表大会和地方各级人民代表大会选举法》、《中华人民共和国民事诉讼法》、《中华人民共和国全国人民代表大会组织法》、《中华人民共和国居民身份证条例》、《中华人民共和国义务教育法》等。在不同的法律和条例中作出这样的规定,其目的和意义在于表明我国政府坚持语言平等,确保各民族使用和发展自己语言文字的自由得以真正实现。这是我国政府一贯的民族语言政策。

但是另一方面,一种法规、一种语言制度、一种语言政策,却是在实践中伴随着社会的发展以及语言本身的发展而逐步完善的。20世纪80年代以前,我国民族语言政策的侧重点在发展少数民族的语言文字,同时从法律、法规上保证少数民族享有与主体民族相同的语言文字使用权和发展权。因此,民族语言文字的使用范围越来越广泛,取得的成就举世瞩目。但是,20世纪80年代后,我国的语言政策有了一个重要的转变,这就是双语政策的逐步确立。

实际上我国的语言政策一直把双语政策作为一项基本的国策,只不过在不同的历史时期侧重点有所不同,最后才逐步完善和形成的。20世纪80年代以后,涉及我国双语政策的法律文件除了宪法已经确定的条款外,最重要的法规就是 1984 年 5 月 31 日全国人大六届二次会议上通过的《中华人民共和国民族区域自治法》,它对我国少数民族双语政策的确立起到了关键的作用。这部法律规定:"民族自治地方的自治机关教育和鼓励各民族的干部互相学习语言文字。汉族干部要学习当地的少数民族语言文字,少数民族干部在学习、使用本民族语言文字的同时,也要学习全国通用的普通话和汉文。"这些规定是我国语言规划工作者制定双语政策的主要依据。宪法为少数民族的语言文字确立了与汉语文同等的地位,民族区域自治法在宪法的基础上对少数民族地区的语言文字应用又作了具体规定,这一规定的精神不仅适用于少数民族干部和汉族干部,也适用于普通老百姓。当然,普通老百姓也可以完全自愿。① 在这项政策的推动下,西藏、新疆、延边、凉山彝族自治州和甘孜藏族自治州都制定了有关语言文字的工作条例和规定。②

1991 年 4 月,经过 5 年的深入调查,国家民委在广泛听取各方面意见的基础上,向国务院呈报了《关于进一步做好少数民族语言文字工作的报告》。同年 6 月国务院批转了这一报告,即国发[1991]32 号文件。这分重要文件对改革开放新时期民族语文工作的方针、政策、任务和措施做了明确的阐述。

新时期民族语文工作的指导原则和基本方针是:坚持马克思主义语言文字平等原则,保障少数民族使用和发展自己语言文字的自由,从有利于各民族团结、进步和共同繁荣出发,实事求是,分类执导,积极、慎重、稳妥地开展民族语文工作,为推动少数民族地区政治、经济和文化事业的全面发展,促进国家的现代化建设服务。

主要任务是:贯彻党和国家的民族语文政策;加强民族语文法制建设,促进马克思主义民族语文理论、政策的宣传;搞好民族语文的规范化、标准化和信息处理;促进民族语文的翻译、出版、教育、新闻、广播、影视、古籍整理事业;促进民族语文的学术研究、协作交流和人才培养;鼓励各民族互相学习语言文字。

---

① 苏金智:《民族语文》,1993 年,第 3 期,第 69 页。
② 《新疆维吾尔自治区语言文字工作条例》、《西藏自治区学习使用和发展藏语文的若干规定》(试行)、《延边朝鲜族自治州朝鲜语文工作条例》、《凉山彝族自治州语言文字工作条例》、《甘孜藏族自治州人民代表大会常务委员会关于学习使用和发展藏语文的决议》。

采取的主要措施:第一,从实际出发,分类指导,切实做好少数民族语言文字的使用和推动工作。第二,鼓励各民族互相学习语言文字。第三,在以招收少数民族学生为主的学校,有条件的应当采取少数民族文字的课本,并用少数民族语言授课,在适当年级增加汉语文课程,实行双语教学,推广全国通用的普通话。要采取有效的措施,多渠道、多层次培养民族语文和汉语文教师、翻译、编辑和研究人员;增强民族语文教材各种读本的数量,提高质量。要坚强对民族语文的基础理论、应用理论和民族文字信息处理的科学研究,积极推广和普及研究成果。[①] 这是新中国成立 40 多年来对我国民族语文工作进行全面论述的第一个文件。它总结了新中国成立以来民族语文工作取得的成绩、经验和教训,既重申了已经被实践证明是正确的方针政策,又在许多方面有了新的补充和发展,具有鲜明的时代特征和很强的针对性。它从理论的高度概括了民族语文工作的规律,明确了民族语文工作的基本方针和根本任务。更为重要的是它将民族语文的立法提到了相当的高度,把少数民族双语政策放到了应有的地位。它对后来很长一段时期的民族语文工作都起了重要的作用。

1991 年 12 月 3 日—7 日,全国少数民族语言文字工作会议在北京举行。会议的主要议题就是学习和贯彻国发[1991]32 号文件关于进一步做好少数民族语言文字工作的精神。为了从根本上确保我国少数民族语言政策稳定、持续地发展,目前国家民委正在组织起草《中华人民共和国少数民族语言文字法》。

二、西藏语言政策的变迁及藏语文的发展

西藏的语言政策是我国少数民族语言政策中的一个重要组成部分,它的形成和发展既与西藏自治区的社会发展和语言文字的现状有密切的联系,同时又与我国的少数民族语言政策有不可分割的关系。因此,我们认为,西藏的语言政策既有民族的特色,同时又体现了我国语言政策的特征。从 1951 年和平解放到 2000 年的 50 年间,西藏的语言政策大致经历了初创、形成和发展三个大的时期。各个时期虽然主要的任务、采取的主要措施有所不同,但是基本方针都是相同的。

---

① 国家民族事务委员会:《中国民族工作五十年》,民族出版社 1999 年版,第 59 页。

(一)西藏语言政策的初创时期

1. 20 世纪 50 年代西藏的语言政策及执行情况

我国最早制定的西藏语言政策主要反映在 1951 年 5 月 23 日签订的《中央人民政府和西藏地方政府关于和平解放西藏办法的协议》(简称《十七条协议》)。该协议规定:"中央人民政府依据中国人民政治协商会议通过的共同纲领,宣布中华人民共和国境内的各个民族一律平等,实现团结互助,反对帝国主义和各民族内部的人民公敌。在中华人民共和国各民族的大家庭之内,各个少数民族聚居的地区实行民族区域自治,各少数民族均有发展其自己的语言文字,保持或改革其风俗习惯及宗教信仰的自由。"这段话的中心意思是再次重申我国的民族平等政策和民族语言平等政策。"十七条协议"还规定,为了"使西藏民族和西藏人民获得解放,回到中华人民共和国大家庭中来,与国内其他各民族享受同样的民族平等的权利,发展其政治、经济、文化教育事业,中央人民政府在命令人民解放军进军之际,通知西藏地方政府派遣代表来中央举行谈判,以便订立和平解放西藏办法的协议"。这段话是讲解放西藏,是为了让西藏人民回到祖国大家庭,享受与各民族平等的权利。这个权利其中就包括西藏有发展自己的语言文字的自由这一条。为此,《十七条协议》第九条专门规定:"依据西藏的实际情况,逐步发展西藏民族的语言、文字和学校教育。"①与此同时,中央有关西藏工作问题的文件,毛泽东主席、周恩来总理和其他中央领导人在谈到西藏工作时,都一再强调要发展西藏民族的语言文字,还敦促进藏干部学习藏文。并经常询问西藏小学是否开设了藏文课。②

在后来的西藏语言工作中,实际上都是围绕着民族平等、各少数民族均有发展其自己的语言文字的自由这个中心,而基本的任务就是《十七条协议》第九条的规定。

为了执行《十七条协议》的规定,由国家文委主任、中国科学院院长郭沫若亲自组织的中央文委西藏科学工作考察队在西藏进行了考察,其中考察的内容就包括西藏的语言文字。在中央的号召和敦促下,广大干部和群众都十分重视藏语文的学习和使用,进藏人民解放军和工作人员不但尊重藏族的语

---

① 西藏自治区概况编写组:《西藏自治区概况》,第 626 页。
② 西藏自治区概况编写组:《西藏自治区概况》,第 417 页。

言文字,而且从进军西藏开始,领导就带头克服各种困难,认真学习藏语文。西藏和平解放不久,就成立了以学习藏文、藏语为主的西藏军区干部学校,以后又举办了各种形式的训练班,学习藏语文。

1951 年《十七条协议》签订后,进藏的党、政、军领导就积极在西藏创办示范小学,以实际行动落实《协议》关于发展西藏民族的语言、文字和学校教育的精神。1952 年昌都地区第一届人民代表大会通过了《在昌都地区创办学校,发展藏族人民教育事业》的决定,成立了昌都冬学,并于 1951 年 1 月开学。根据实际的需要,确定学校的方针是以学习藏文为主,汉文作为选学课程。教学的语言是藏语。同年 3 月正式成立昌都小学。1951 年 8 月 1 日,昌都第二届人民代表大会又通过了《在昌都全地区试办小学》的决议。在昌都地区人民解放军的帮助下,先后在盐井、丁青、波密、察隅等地又创办了一批小学。到 1952 年已达 12 所,600 余名学生。在课程的设置和教学语言上都与昌都小学相同。① 1952 年中共西藏工委多次开会讨论,根据《十七条协议》的精神,在拉萨创办学校的问题。1952 年 8 月 15 日拉萨小学成立。根据西藏工委的指示,这所小学使用的教材是自编的内容,内地的课本只作参考。包括藏文、数学、自然常识和政治课。教师主要是噶厦派来的僧官和俗官教师,教学语言全部为藏语。1952 年以后,西藏又在日喀则、江孜、亚东、塔工、林芝、那曲等地建立了一批小学,到 1958 年已经发展到 13 所,学生 2600 人。在课程的设置上都是以藏文为主,教学语言都是藏语。

1952 年前后,藏文版《新闻简讯》在拉萨和日喀则两地创刊发行,1953 年秋,拉萨有线广播站首次开播藏语节目,这标志着西藏藏语文的使用进入了一个新的时期。1952 年藏文版《新闻简讯》为 32 开月刊,1953 年 10 月改为半月刊 4 开 4 版,1955 年改为铅印。当时藏文版的发行对象主要是藏族中上层人士、喇嘛、学校教员等,均为赠阅。1955 年中央人民政府驻西藏代表张经武就在西藏创办藏汉合璧的大型报纸一事,请示了毛主席。毛主席指出:"在少数民族地区办报,首先应该办少数民族文字的报。""西藏与青海不同,不要藏汉两文合版,要办藏文报。"1956 年 4 月 22 日,藏汉两种文字的《西藏日报》同日创刊发行。1953 年西藏工委宣传部建立拉萨有线广播站,每天上午 10 点至

---

① 多杰才旦:《西藏教育》,中国藏学出版社 1991 年版,第 71—76 页。

12 点广播藏语节目。之后在日喀则、昌都、江孜也建立了类似的广播站,节目都以藏语为主。1959 年西藏人民广播电台正式成立,使用藏汉两种语言,每天播音 8 小时。

1955 年在《中央人民政府驻西藏代表张经武关于西藏地方工作的报告》中指出,三年多以来,进藏解放军和工作人员始终不渝地执行了民族政策、宗教政策和和平解放西藏办法的协议,认真尊重民族平等权利、宗教信仰和风俗习惯,尽力帮助藏族人民逐步改善物质和文化社会状况。他在汇报落实《十七条协议》第九条规定的情况时讲道:在拉萨、日喀则、江孜等城市创办了小学校,全部采用藏文藏语教学。现在各小学的学生已经达到一千余人。此外,拉萨还出版了《藏文简报》,并设立了社会教育班,有许多藏族男女青年得到了学习的机会。这些都为发展西藏的文化教育提供了有利的条件。张经武代表还进一步强调,汉族干部应该学习藏族人民和藏族干部的优点,学好藏文藏语,全心全意为藏族人民服务;应该加强西藏的文化教育工作,加强编译藏文书报的工作。

1956 年西藏自治区筹备委员会成立以后,再次专门作出了使用藏语文的决定。主要内容是在筹委会设立翻译处,把中央、中央各部委的文件翻译成藏文,同时西藏自治区筹委会的文件,用藏汉两种文字下达,召开各种会议以及进行其他各项工作,首先使用藏文。①

这是西藏首次对政府的行文、文件、各种会议的用语进行了规定。这对后来西藏自治区各级行政部门的公文、文件和会议的用语的形成产生了深刻的影响。

从西藏 20 世纪 50 年代语言政策的制定及执行情况看,可以归纳为一个中心,三个基本点。即,以《十七条协议》第九条关于"依据西藏的实际情况,逐步发展西藏民族的语言、文字和学校教育"的精神为中心,以创办藏语教学为主的现代教育、兴办藏文报纸和藏语广播、制定政府公文和会议用语为基本点。将这个"中心"和"三个基本点"与 20 世纪 50 年代全国少数民族语言政策的制定和实施作比较,我们既可以看出它们之间一致的地方,又可以发现西藏语言政策的特殊层面。

---

① 《西藏自治区概况》编写组:《西藏自治区概况》,1984 年,第 418 页。

2. 20 世纪六七十年代西藏的语言政策及执行情况

第一,语言政策的制定。

应该说 20 世纪 60 年代至 70 年代的西藏语言政策仍然是 20 世纪 50 年代政策的继续,但是,经过 1959 年的民主改革,西藏的政治、经济已经发生了根本的变化,尤其是西藏文化和教育事业的蓬勃发展,对西藏的语言学习和语言使用提出了新的要求。

1965 年 9 月 1 日,西藏自治区成立。接着西藏第一届人民代表大会召开,并在第一次会议上通过了《西藏自治区各级人民代表大会和各级人民委员会组织条例》(以下简称《组织条例》)。第二十七条规定:"自治区各级人民代表大会举行会议的时候,使用藏、汉语言文字,并且为不通晓藏、汉语言文字的其他少数民族代表准备翻译。"第五十五条规定:"自治区各级人民委员会和所属各级工作部门,在执行公务的时候,使用藏、汉语言文字。"①这个政策与 1956 年西藏自治区筹备委员会成立时作出的使用藏语文的决定看上去内容基本相同,但是它在西藏民主改革后以自治区的法令形式被固定下来是与当时的形势分不开的。

从 1951 年到 1959 年民主改革,西藏工作的重心主要是和平解放西藏、维护和执行《十七条协议》。这时的语言、教育、文化工作都是围绕这个中心来进行的。在涉及语言文字的场合,都不能违背《十七条协议》第九条规定的"依据西藏的实际情况,逐步发展西藏民族的语言、文字和学校教育"这个基本原则。西藏民主改革后进入了 20 世纪 60 年代的稳定发展期。这时西藏的工作重心初向发展生产、繁荣经济倾斜。为了适应这种形势的需要,兴办各类学校,大力培养民族干部和各类建设人才,成为时代的要求。在这样的背景下,西藏语言政策的内涵和外延也都随之发生了变化,即一方面是继续执行《十七条协议》第九条的规定,另一方面则是要学习汉语文。从这个角度来理解 1965 年通过的《组织条例》,我们就可以发现虽然它只提到了会议及执行公务时藏语和汉语的使用,但是它同时也包括了藏和汉语的学习。而西藏实际的语言学习情况也的确如此。

第二,干部的培养与汉语文的学习。

---

① 《西藏自治区概况》编写组:《西藏自治区概况》,1984 年,第 418 页。

把干部或学员送到内地各大专院校和各类干部学校、培训班学习、培训，是培养藏族干部，提高他们的汉语文和藏语文水平的主要途径和办法。从西藏和平解放开始，西藏工委就根据各个时期的条件，把干部、农牧民子女和上层人士的子女分期分批地送到内地大专院校、民族院校和西藏民族学院、干校、训练班学习。干部和学员不但认真学习藏语和汉语，也刻苦学习其他文化知识。据统计，从1955年到1965年光中央民族学院、西南民族学院、西藏地方干校就为西藏培养了4000多名干部和专业人才。而西藏民族学院（前身为西藏公学）从1958年创办到1965年则培养了4000多名各个专业的人才。这些人在学校不光提高了藏语文的水平，而且具有了一定的汉语文能力，且掌握了专门的知识，他们是国家培养的第一批学习和使用藏汉双语的人才，后来大多成为各条战线的骨干。

第三，现代教育与藏语文和汉语文的学习。

推动西藏学习藏语文和汉语文的另一个重要因素是20世纪60年代后西藏现代教育的飞速发展。1959年民主改革后，百万翻身农奴成了社会的主人。在这一时期，党的西藏教育工作任务，主要是大力开办学校尽快扫除文盲，以满足广大翻身农奴随着政治、经济上的翻身，文化上也得翻身解放的迫切要求。从1959年到1965年西藏教育初具雏形。

首先是民办小学的发展。1959年拉萨、山南等地的群众自发集资办起了民办小学。同年，西藏工委和自治区筹委会提出了"民办为主，公办为辅"的办学方针。到1965年已经达到1735所。在校生近5.55万人。第二是公办学校的恢复和发展。自1959年4月到1966年，全区公办小学达到了82所，在校生近1.12万人。普通中学由1所发展到4所。1960年拉萨中学成为完全中学。1961年师范学校成立，1962年撤销。1965年成立西藏自治区师范学校。1957年西藏团校成立，1960年并入1958年成立的西藏公学。1965年该校改建为西藏民族学院。

从教材使用的情况看，民办小学的教材包括藏语文课本1—8册，藏文版数学课本1—8册，汉语文课本1—6册，藏文农村简易簿记课本1册，夜校中文扫盲课本1册；公办小学的教材包括藏语文课本1—12册，藏文语法1册，藏文版数学课本1—12册，汉语文课本1—8册。藏文自然常识和地理课本各1册。

　　根据教材的要求,在学校教学用语上,民办小学全部使用藏语,公办小学大部分课程使用藏语。中学的情况也是以藏语为主,汉语为辅。大学的教学用语则发生了很大的变化。1958 年成立的西藏团校在教学上主要推行的是汉字速成教育,教学用语全部使用汉语。这种完全丢开藏文的教学方式在西藏教育史上开了一个错误的先例。1965 年正式成立的西藏民族学院,有藏语文、农业、畜牧兽医、师范、财会、医疗五个专业和预科以及不定期的邮电、机要短训班。但教学用语除藏语文主专业使用藏语外,其他专业都使用汉语。

　　总之,在学校教育中,从民族学院到中、小学课程的设置,都有藏文课,藏汉族学生都要学习。各类学校从藏、汉族学生中培养了一批翻译人才,对藏语文和汉语文的沟通和翻译起到了积极的作用。一些学校还成立了藏语文的研究班[①],对藏语文进行了深入的研究。可以说正是西藏现代教育的兴起,使藏语文的学习和使用,当然也包括汉语文的学习和使用进入了一个新的历史阶段。

　　第四,藏语文在其他领域的广泛使用。

　　民主改革以后的 20 世纪 60 年代,藏语文的使用更加广泛,涉及的领域除了 20 世纪 50 年代创办的新闻和广播外,又开始在教材的编译、图书的出版、电影的译制、艺术的创造、藏文经典的整理、民间文学的收集整理等方面进行拓展,对藏语文的发展起到了重要的作用。

　　民主改革后,西藏组织大量的人力、物力和财力,开始着手进行中小学各科藏文教材的编译工作,逐步建立起了基本适应现代学校教育需要的中小学藏文教材体系。1960 年在西藏筹委文教处翻译组的基础上,成立了西藏教材编译史上第一个教材编译组。1964 年改为编译室,有编译人员 22 人,下设小学藏语文编译组、小学数学编译组、小学汉语文编写组、初中数、理、化编译组等。到 1965 年,完成了西藏民办小学、公办小学和夜校汉文扫盲课本的编译工作。为小学藏语文的教育和农村扫盲工作作出了重要的贡献。1978 年改为自治区教育厅教材编译处,规模进一步扩大。

　　1965 年西藏人民出版社成立。1971 年西藏召开出版工作会议,提出建立

---

　　①　1960 年和 1961 年在周恩来总理的关怀下,在中央民族学院开办了两期藏文研究班,每期学制三年,邀请知名的藏学家开设藏语文和藏学课程,培养藏学研究人才。

出版藏汉两种文字、以藏文为主的综合出版社。到 1974 年,连同中小学课本在内共出版图书 155 种、401 万册。藏文图书由 1972 年的 39%上升到 1974 年的 62%。一批出版社的藏语文专家、学者为藏语文出版事业作出了贡献。

旧西藏除个别贵族家庭引进过简易的小型电影放映设备外,广大群众不知电影为何物。民主改革后,西藏的电影事业有了发展。20 世纪 60 年代成立了电影发行放映公司,各地区成立了发行放映站。到 1965 年年底,全区有电影放映队 128 个。为了帮助群众看懂电影,电影工作者采取了各种办法,由边放映边口头翻译解释发展到对口型配角色,又发展到录音制作藏语译制片。1965 年自治区电影公司又成立了译制组,每年翻译近 8 部藏语电影。对执行民族政策,发展藏族语言文字,提高民族文化水平起到了一定的作用。

1960 年西藏开始着手发掘和整理藏族民间艺术遗产的工作;收集、整理了大量藏族民间音乐和舞蹈资料,整理改编了一批藏戏传统节目;将在藏族人民中间广泛流传的民歌、民谣、寓言、神话传说、民间故事分别整理出版。还举办了 5 期佛学研究班,着手整理西藏的佛教经典。1961 年西藏成立了第一个藏语话剧团。这些工作对藏语文的发展都起到了重要的作用。

(二)西藏语言政策的形成时期

十年动乱,西藏自治区藏语文的学习和使用受到了严重破坏。党的十一届三中全会后,藏语文的学习和使用重新得到重视,藏语文工作也恢复了过去好的做法。1980 年第一次西藏工作会议召开,这以后西藏的各项工作逐步走向正轨。1980 年 4 月,中共中央发出《批转〈西藏自治区党委关于汉族干部、职工学习藏语文的意见〉的通知》。1984 年第二次西藏工作会议召开,在这次会议的纪要中,明确要求西藏自治区各种行文、教学用语、文艺创作和演出都要使用藏语文。在这以后,西藏自治区党委和自治区人民政府又多次发出关于机关学习使用藏语文、学校使用藏语文授课、出版发行藏文刊物的指示或通知,这标志着西藏的语言政策已经由初创走向成熟。1987 年,西藏自治区第四届人民代表大会第五次会议通过《西藏自治区学习使用和发展藏语文的若干规定(试行)》,1988 年正式发布《西藏自治区学习、使用发展藏语文的若干规定(试行)的实施细则》,标志着西藏的语言政策已经形成了完整的体系。

1.20 世纪 80 年代初语言政策的拓展

第一,关于汉族干部学习藏语文的新政策。

在西藏,党和政府重视和提倡学习使用和发展藏语文,当然不排斥藏族干部和群众学习使用汉语文。相反,为了加强民族团结和互相了解,为了便于学习和掌握汉民族的先进文化和科学知识,这种学习是很必要的。所以,党中央、毛主席、周总理和中央其他领导同志,在指示西藏要学习和使用藏语文的同时,又总是要求藏族同志学习汉语。西藏和平解放,特别是民主改革以后,西藏自治区干部和群众对汉语文的学习非常认真、非常刻苦,掌握得也非常快,这给藏族人民尤其是干部的学习和工作带来了很大的方便。

但是从西藏的语言政策上看,还没有对汉族干部的藏语文的学习作出过专门的要求和规定。这对于加强藏汉民族间的文化交融,促进两个民族的团结,建设西藏的物质和精神文明都是不利的。鉴于这种情况,1980 年 4 月,中共中央发出了《批转〈西藏自治区党委关于汉族干部、职工学习藏语文的意见〉的通知》(以下简称《通知》),首次从语言政策的高度对在藏汉族干部和职工的藏语文学习作出了规定。要求 50 岁以下在藏工作的干部都必须学习藏语文。

第二,民族区域自治法的贯彻与藏语文工作的新发展。

为了进一步完善西藏自治区民族区域自治制度,充分体现藏族人民当家做主的区域自治权利,1980 年西藏起草完成了《西藏自治区自治条例(草案)》(以下简称《条例》),这部条例包括政治、经济、文化、教育、科学、民族、宗教等各个领域。其中也涉及了学习使用和发展藏语文的若干规定。1984 年《中华人民共和国民族区域自治法》(以下简称《自治法》)颁布。根据西藏的实际情况,学习使用和发展西藏本地的语言文字是贯彻民族区域自治政策的主要内容之一,是自治区机关行使政治权利的重要标志。自 1980 年贯彻执行《条例》、《自治法》和第二次西藏工作会议纪要精神以来,藏语文得到了进一步尊重和广泛的使用。

第一,自治区人大通过的决议、法规、法令,自治区人民政府下达的正式文件、发布的布告,都使用藏汉两种文字。公、检、法拘留、审判、宣判时对藏族使用藏语文。各种群众参加的大型会议和集会都使用藏文。第二,与藏语文的使用相关的部门也加强了藏语文使用的力度。《西藏日报》、《西藏科技报》、

《西藏文学》、《西藏研究》、《西藏教育》、《西藏佛学》等报纸杂志不断改进藏文版的出版和发行。西藏人民广播电台、电视台和各地市自办的广播、电视节目都用两种语言播出,并且不断增加藏语节目播出的时间。为使群众看好电视和电影,有关部门组织力量译制了一批藏语配音电影拷贝、录像带,数量质量都超过了 20 世纪 70 年代。西藏人民出版社编辑出版的图书中,藏文图书的品种和印数也迅速增加,由 1974 年的 62% 上升到了 70%。第三,在教育方面,全区中小学除汉族班外,都使用藏文版教材。藏族专任教师已占教师总数的 83.6%。在农村和牧区,小学教育形成了完整的藏语文教学体系,教育语言全部使用藏语。在城镇,中、小学均把藏文作为教学主课,教学用语以藏语为主。在内地开办的西藏中学、西藏班,也把藏语文的学习列为学生的必修课。在西藏大学设立了藏文系,主要招收藏族学生;在西藏民族学院设立了藏语文专业,主要招收汉族学生(笔者有幸就是从这个专业毕业)。第四,全区城市、街道、机关的名牌,绝大多数都用藏、汉两种文字书写。可以说这一时期藏语文工作的新发展为 1987 年西藏颁布系统的语言政策打下了坚实的基础。

2. 20 世纪 80 年代末形成的系统的语言政策

第一,新的语言政策产生的历史背景。

我们说 20 世纪 80 年代最初的几年西藏的语言政策有了新的拓展,这是说藏语文的学习和使用取得了一定的成绩,较 60 年代和 70 年代有了长足的发展。但是由于 50 年代后期开始的"左"的影响以及"文化大革命"十年的破坏,党和国家的民族政策受到了极大的损害,西藏的语言政策也出现了偏差,主要表现在:自治区的"国家机关和企事业单位,只使用汉语文不使用藏语文,领导机关的方针、政策以及工作计划、重要措施不能在基层很好地传达贯彻,基层的许多情况和问题也难以顺畅地反映到领导机关,工作受到不应有的损失。由于在藏工作的许多汉族干部不会藏语,很难同广大藏族群众交流感情和思想,有些藏族干部也不讲藏语,使干群关系和工作都受到了不应有的影响,人民群众意见很大。特别严重和危害深远的是在学校教学中有不少的学校不学藏语文,或者不用藏语授课,或者轻视藏语文的学习,教学质量下降"。

1980 年以来,通过贯彻执行《通知》、《条例》、《自治法》和第二次西藏工作会议纪要精神,上面提到的这些偏差和错误影响已经基本得到了纠正和消除,"学习、使用藏语文有了进展,人们对学习、使用藏语文的重要性、迫切性的认识有了提高和改变。但在较长时间内形成的具有相当基础的以汉文为主的行文体系和教学体系还没有根本改变,这对于党和国家的各项方针政策的宣传贯彻实施,在广大农牧民群众中逐步普及和运用科学技术,提高生产力,逐步普及义务教育,提高全民族素质,乃至加强民族团结,维护祖国统一等重大战略的实施都会产生很不利的影响。"①

基于这种思路,在1987年7月9日召开的西藏自治区第四届人民代表大会第五次会议上,阿沛·阿旺晋美和班禅额尔德尼·确吉坚赞向大会提出了一条关于《西藏自治区学习、使用发展藏语文的若干规定》的建议。经过大会审议,通过了这条建议,即《西藏自治区学习、使用发展藏语文的若干规定(试行)》(下面简称《规定》)。1988年发布了《西藏自治区学习、使用发展藏语文的若干规定(试行)的实施细则》(下面简称《细则》)。自此具有完整思想体系的西藏语言政策以法律的形式固定了下来。

第二,《规定》的指导思想和主要内容。

两位藏族领导人在谈到他们提出这个建议的总的指导思想和基本的出发点时指出:目的"是贯彻我国《宪法》和《民族区域自治法》的有关规定,坚持各民族紧密团结和共同发展进步的原则,坚持实事求是、一切从西藏的实际出发的思想路线,既要恢复藏语文在自治区内本来应有的地位和作用,又要服从汉语文是我们国家的通用语文这个大前提,并把二者有机地结合起来,因此,我们提出了自治区机关在行使职务的各项活动中,'实行以藏文为主、藏汉两种语文并用的方针'。我们认为这样做符合我国的国情和自治区的实际情况,也符合包括西藏人民在内的我国各兄弟民族长远的根本利益。《规定》的各个条文都贯穿了这个总的指导思想。"②

正如两位领导人所说,《规定》实际上提出了新时期西藏语言政策一个新的思路和构架,这就是以藏文为主、藏汉两种语文并用的方针。以藏文为主是要恢复藏语文在西藏应有的地位和作用;藏汉两种语文并用则是要服从汉语文是我们国家的通用语文这个大前提,二者必须有机地结合。因此从政策性

① 阿沛·阿旺晋美、班禅额尔德尼·确吉坚赞:《藏语文工作》,1990年第2期,第41—42页。

② 阿沛·阿旺晋美、班禅额尔德尼·确吉坚赞:《藏语文工作》,1990年第2期,第41—42页。

上讲,这个《规定》的理论框架既与我国长期以来制定的语言政策和少数民族语言政策的指导思想相一致,符合《宪法》和《民族区域自治法》的有关规定,同时又与西藏当时语言发展的实际情况相吻合,所以,当这个《规定》在自治区人大第五次会议上提出后,立刻得到与会代表的认同。大会审议时,代表们一致认为,这项建议和意见,是以《宪法》和《民族区域自治法》为依据的,它关系到继承和发展藏族的传统文化,关系到藏族人民充分行使当家做主的政治权利,关系到藏族发展进步等根本原则问题,完全符合西藏的时间情况,符合西藏人民的迫切愿望和要求,也是发展西藏社会主义物质文明和精神文明的迫切需要。①

1987 年发布的《规定》共 16 条。1—2 条主要从《宪法》和《民族区域自治法》的角度阐述了西藏自治区实行以藏文为主、藏汉两种语文并用的方针的原则;3—6 条规定各类各级学校的藏族学生,必须把藏语文列为主课;其他课程的教学用语原则上以使用藏语文教学为主;藏族小学生全部使用藏语文教学。从高年级开始增设汉语文课;中学、中专和大专院校的藏族学生以藏语文为主,同时学习汉语文,学习汉语普通话;汉族学生以学汉语文为主,适当年级增设藏语文课。另外还对藏文扫盲、藏语授课教师的培养、藏文教材的编译出版作出了规定。7—8 条分别对藏族干部、职工学习藏文和汉文、部队学习藏语文作出了规定;9—12 条则规定:自治区各级国家机关的公文(包括基层)、公务用语以藏语文为主,服务性行业、证件、公章、街道、商标、商店等以使用藏语文为主,同时使用汉语文,刑事诉讼、法律文书使用藏语文。13—16 条规定:自治区努力发展语言文的新闻、出版、广播、电影、电视事业,积极出版藏文少儿读物、通俗读物和科普读物。鼓励使用藏语文进行科学研究、文艺创作和演出。同时还就翻译机构的设置、自治区藏语文工作领导机构的设立等作出了规定。

第三,《细则》的起草、指导思想和主要内容。

1987 年发布《规定》以后不久,为了全面落实这个新的语言政策,成立了西藏自治区藏语文工作指导委员会(语委),自治区党委副书记丹增同志任主任。该委员会是在自治区党委和人民政府的领导下,领导、监督和检查全区学

---

① 《藏语文工作》,1990 年第 2 期,第 38 页。

习、使用和发展藏语文工作的领导机构。它的职责是:研究并决定自治区学习、使用和发展藏语文工作的重大方针、政策;指导自治区藏语文、教学、科研、编译、出版等部门的工作,协调各方面的力量,督促解决和落实学习、使用和发展藏语文工作的重大问题和重要任务,督促、检查自治区各级党政机关、人民团体、企事业单位学习、使用和发展藏语文的工作。①

受自治区人民政府的委托,语委办公室在深入调查研究,广泛听取意见的基础上,着手起草《细则》。先后 8 次在教育、文化、新闻出版、社科系统召开座谈会,请专家、学者出谋献策;多次到有关厅局、学校、邮电、银行、医院、商店了解藏语文工作的现状和存在的问题。为了使《细则》符合实际,1988 年 4 月,自治区人民政府要求区直机关制定本单位、本系统实施《规定》的具体方案,作为起草《细则》的基础,最后由语委提出了《细则》的框架。自治区党委和政府经过反复研究,修改后将《细则》的初稿向两位委员长、中央统战部、全国人大民委、国家民委和在京的藏学专家进行了汇报。经过广泛地征求意见和修改,区党委和人民政府最后将第五稿作为定稿,于 1988 年 10 月正式颁布实施。

《细则》一共分为 13 章共 61 条。第 1 章总则,共 3 条,为整个《细则》的指导思想,内容与《规定》的 1—2 条相同。它规定:在民族地区重视使用和发展民族语言文字是党和国家的一贯政策。西藏自治区必须贯彻执行以藏文为主藏、汉两种语文并用的方针。藏族公民应努力学好藏语文,藏族干部、职工在学好藏语文的同时,学习全国通用的汉语文;在区内工作的汉族和其他民族的干部职工,也应积极学习藏语文。第 2 章行文、会议、标记,共 3 条。对县以上机关、团体、单位的行文、会议、标记用语进行了规定,基本内容与《规定》的第 9—11 条相同;第 3 章干部、职工,共 8 条。内容是《规定》7—8 条的扩展。主要涉及藏族干部、职工的藏语文学习、组织、考核、目标、教材等,其中的第 9 条对汉族干部、职工学习藏语文提出了新的规定。

第 4 章教育,共 13 条,是《细则》重中之重的内容。第一,对西藏的教育用语进行了规定,即在西藏逐步建立以藏语文授课为主的教学体系。具体的目标是:在进一步完善小学藏语文教学体系的基础上,从 1993 年的初中新生

---

① 《藏语文工作》,1990 年第 2 期,第 53 页。

开始,初中阶段藏语班除汉语和外语外,大部分或主要课程用藏语文授课;从1997年高中、中专新生开始,高中阶段大部分的课程要用藏语文授课;中专学校的多数课程原则上用藏语文授课;2000年高等院校逐步实现使用藏语文授课为主。第二,加速培养、培训藏语文授课的师资。第三,加快教材的编译,充实编译力量,成立自治区教材编审协调委员会。第四,加强藏语文教学的研究工作和开始工作。5—10章分别对科研、文化、新闻、企事业单位和服务行业、公检法司、编译部门藏语文的使用和发展提出了具体要求。内容基本是《规定》13—16条的扩展。第11章藏语文工作领导机构,对自治区藏语文工作指导委员会的性质、任务、权限作出了规定。12—13章主要是关于执行《细则》的奖惩制度及其他规定。

（三）西藏语言政策的发展时期

《规定》和《细则》的发布,使西藏自治区的藏语文工作进入了一个有法可依、有章可循的新阶段,西藏的语言政策从此走向新的发展时期。从两个重要语言政策的颁布到1999年的十多年间,西藏的语文工作主要获得了两个重要的发展,即:藏语文的发展以及语言政策自身的完善和发展。从日期上看,20世纪80年代末、20世纪90年代初的前5年,由于认真执行《细则》所规定的各项语言政策,藏语文的学习、使用都有了空前的发展。20世纪90年代的后5年,随着西藏现代化发展进程加速,随着西藏对外开放政策的不断加快,随着藏汉文化的进一步交融,随着西藏城市化规模的扩大,随着藏族人民文化素质的提高,西藏的语言学习和语言使用都在发生变化,所以,基于《细则》指导思想基础之上的语言政策有了新的发展,即随着双语的发展,一种新的双语政策已经显得越来越重要,并占有了一定的地位。

1. 20世纪80年代末至90年代初新语言政策的贯彻

从20世纪80年代末至90年代初期的6年间,西藏藏语文工作的发展是全方位的,它主要体现在四个大的方面:(1)语言管理机构的形成及监督机制的作用、编译机构及编译队伍的建设和发展;(2)藏语文教学体系的建立及教育用语的确立;(3)藏语文在文化建设及精神文明建设中的拓展;(4)藏语文在公文、行文、会议以及服务性行业中的突出地位等。

第一,全面贯彻《细则》精神,建立藏语文工作各级领导机构,健全编译队伍,为了从组织上保证《细则》的贯彻落实,继西藏自治区成立藏文工作指导委员会后,区直各厅、局、地(市)都相继成立了由主要领导参加的藏语文工作指导委员会或领导小组,将藏语文工作纳入了议事日程,并制定了贯彻落实《细则》的具体方案和措施。

1987年8月,拉萨市人大通过了《关于认真贯彻执行西藏自治区学习、使用和发展藏语文若干规定的决议》。规定"各级国家机关,首先是市委、市府机关,要以身作则,带头学习",并将藏语文的学习和使用作为任免、升降的依据。拉萨市城关区和部分县也通过了《学习、使用藏语文的决议》。9月,拉萨市通过了贯彻《细则》的《实施办法》,1998年3月拉萨市人大作了《关于拉萨市学习、使用藏语文情况》的报告,同年7月,拉萨市藏语文工作指导委员会成立。日喀则在《细则》颁布后不久就成立了藏语文工作指导委员会,他们在传达学习的同时,还采取了藏语文的学习与本职工作相结合的办法,使藏汉两种语文互相促进,协调发展。另外他们还采取了先抓形式上存在的不使用藏语文的问题,然后再具体抓干部职工和学校的藏语文学习的办法,在藏语文授课试点班和使用两种文字行文的工作上下工夫。山南藏语文工作指导委员会成立于1987年年底。各县和地直机关及企事业县级单位也有专人负责藏语文工作。根据《细则》的精神,山南地区对所属县及地直机关的藏语文工作提出了8点具体要求。

为加强编译机构和编译队伍的建设,西藏在全区增加了500名翻译编制。区党委、区人大、区政府、区政协等办公厅及各地(市)都建立了县一级的编译局(室),区直各厅局和各县也都基本上新建了编译科(室),配备了相应的编译人员。使西藏自治区的编译队伍初步具备了一定规模。各藏语文工作领导机构的建立和新的编译机构的设置,使贯彻落实《细则》的工作在组织上得到了保证。拉萨市对编译机关的建立非常重视,除在各县(区)建立编译局外,所有市直单位都建立了编译科或翻译室。到1990年,全市专职翻译和兼职翻译人员已经接近百名。日喀则地区充实和加强了地区和各县(市)翻译人员,加强了藏语文文秘的培训。地区建立了编译局,16个县(市)也建立了翻译室,全地区有专职翻译人员40多人。《细则》发布以后,山南地委行署就对加强编译问题作了专门研究,将原来行署办公室编译科升格为地区编译室,区级建制改为县级建制;由原来的5名工作人员增加到10名;各县也成立了区级建制的县翻译室。地区编译室不仅承担着地委、行署的文件材料的翻译工作,同时还承担了一些地直部门发至乡级文件的翻译任务。各县翻译室主要承担着县委、政府和人大的文件材料和县大型会议主要材料的翻译。地县发至乡镇府的文件材料和大型会议的主要材料文件均做到藏汉文同时下发。

第二,藏语文教学体系的建立及教育用语的确立。

按照《细则》的规定,为在自治区逐步建立以藏语文授课为主的教学体系,区教委在进一步完善西藏自治区小学藏语文教学体系的基础上,中学、中专和大学都不同程度地加强了藏语文教学。过去没有开设藏文课的也都积极创造条件,开设了藏语文课。按照《细则》规定,从1989年秋天开始,西藏大学每年招收250名学生,开始实施培养双语教学师资的计划;从1990年开始,自治区每年给西北师大选送藏文和专业基础较好的师范学校毕业生40名,学习专业知识,同时加强藏语文学习。西藏大学培训部为完成自治区中学藏语文授课师资的培训任务,从1989年秋天开始,举办了各中学在职教师藏语文授课培训班。同时,各地市的师范学校进一步加强藏语文教学,努力使师校成为藏语文授课的小学教师培训基地。区教委还在拉萨中学、拉萨一中、山南二中和日喀则地区中学分别开办了初中藏语文授课试点班,为1993年全区初中使用藏语文教学做好准备。1991年,教科委又陆续开办了四个藏语授课班。1991年,教科委对全区初中政治和数学双语师资进行了藏文卷统考。

西藏自治区教科委为了实现从1993年的初中新生开始,初中阶段藏语班,除汉语文和外文外,大部分主要课程使用藏语文授课的目标,下发了《教育系统贯彻落实西藏自治区学习、使用和发展藏语文的若干规定的实施意见》(下面简称《意见》),对自治区逐步建立以藏语文授课为主的教育体系进行了统一部署。《意见》制定的"过渡阶段"的措施主要包括:(1)成立教育系统"学习、使用和发展藏语文领导小组";(2)确定西藏大学为初中以上使用藏语文授课师资的培养培训基地,切实在经费、编制、教材、招生、实习场地等方面加强基地建设;(3)师范学校面向全区农牧区小学,把本地市的师范学校建设成培养培训藏语文授课小学教师的基地,并在藏语文授课方面先行一不;(4)建立中学藏语文授课教师资格考试制度,1993年前考核初中教师,1993年考核高中教师;(5)创办藏语文授课试点班。① 各地市教育部门和教材编译

---

① 《西藏教育》,1991年第1期,第2—4页。

部门按照这一部署,加快了双语师资的培训和教材编译工作的速度。自1991年起,西藏自治区教材编译中心承担了五省区九年义务制教育西藏中小学乡土教材的编译任务,以及供五省区使用的值更师范学校教材的编译工作。至1996年年底,中小学教材共完成翻译、编写教材258种,基本满足了中小学藏语文教学的需求;自治区教委还利用电教等先进手段,大量译制藏语文电教教材,出版西藏教育藏语文版二十多期,发表藏语文文章400多篇。还专门成立了藏语文研究学会,对相关问题进行研究。上面这些工作和措施,都为藏语文教学体系的建立及藏语教育用语的确立奠定了基础。

第三,藏语文在文化建设及精神文明建设中的拓展

《细则》实施以来,在西藏自治区的新闻出版工作中,报纸、期刊的藏文编辑出版工作得到了进一步加强。全区30多种报纸、期刊中有27种有藏文版,占总数的90%。到1993年已经到达100%。1989年,西藏自治区的译制故事片为25部,制成拷贝509部。据统计1990年到1995年,共译制故事片、电视剧、专题片共166部,制成复制达3000多部。1999年以制作藏语故事片、电视剧和专题片的彩电中心竣工并投入使用,这使西藏自治区故事片的译制、藏语电视的制作及播放上了一个新的台阶。藏文图书的出版和发行工作也有了新的发展,特别是中文科普读物和少儿读物数量有了大幅度的增长。据统计,从1987年到1995年的7年间,西藏人民出版社共出版了藏文图书达380万册。另外由自治区编撰出版的"十大集成"(西藏卷)以及已经出版的民族文化艺术抢救成果也都有藏汉两种版本。1990年,西藏自治区藏语文工作指导委员会与有关单位合作,举办了西藏首届文学翻译理论研讨会。1993年正式成立了西藏翻译家协会,并于1994年8月在拉萨召开了第二次全国藏语文翻译学术讨论会暨西藏首届翻译理论研讨会,重点讨论了新时期藏语文翻译工作的地位、作用及面临的任务。这次会议标志着西藏及我国的藏语文翻译及学术研究进入了一个新的阶段。1988年以来,新闻事业面向群众,贯彻以藏语文为主的方针取得了明显的效果。自治区广播电台已经开始使用10个频率播音,其中6个使用藏语广播,并增设了9个教育性、新闻性藏语节目。西藏人民广播电台每天的藏语播音已近13个小时。西藏电视台专门开辟了一个频道,播送以藏语为主的节目。到1995年底,自治区电视台和拉萨电视台已经译制了近100部藏语电视片和小品等节目,每天的节目时间超过了3个

小时。广播和电视都达到了《细则》的要求。

第四,藏语文在公文及不同行业中的运用

从 1988 年开始,在区直属机关的各个厅局,全部或主要行文都做到了藏、汉并用,不少单位开具的介绍信、证明等也都使用藏、汉两种文字。在召开大型会议时,也做到了会议文件、材料同时具备藏、汉两种文本。另外在大型会议上,藏族与会者可以使用藏语正式发言。个单位的公章、证件、表格、信封、信签、稿纸、标语、街道名称、学校、车站、机场、商店、招待所、影剧院、交通路标等都使用了藏、汉两种文字,并基本做到了正确、规范。此外,西藏服务性行业的店名、商标名称、标签、标价、广告,税务工商部门的各种业务票据及税单、医院的科室门牌、各种检验表格、药方等也开始使用藏、汉两种文字。

邮电、银行等单位一方面积极组织直接接触群众的营业员、会计举办藏语文学习班,学习业务用语,一方面将各种业务单册和票据翻译成藏文。到 1990 年 3 月,自治区邮电系统已经开始使用近 50 种藏文票据。藏文电报业务也开始在全区开展,藏文电报明码本、藏、汉对照电话号码本也出版发行。为了使业务术语规范化,自治区邮电管理局还编写出版了《邮电术语藏汉对照词典》。中国人民银行自治区分行各下属机构也开始使用藏文业务凭据,自治区分行编写的《藏汉对照金融词典》也于 1992 发行。服务行业中使用藏语文,为藏族群众提供了很大的方便。

自治区各级公安、检察院、法院、司法部门在办案中,受理了大量的藏族诉讼参与人使用藏语文进行的陈述、公诉、辩护和提出诉讼请求、提供证据的案件。司法人员在侦察、检查、审理过程中,注意保证藏族群众使用藏语文诉讼的权利。在办理有藏族诉讼人员参人参与的案件时,所有的法律程序文件及材料都使用藏汉两种文字。自治区高级法院编写的《藏汉对照法律词典》也于 1995 年出版。

2. 1994 年以后西藏语言政策的持续发展及双语政策的提出

1994 年以后,西藏的语言政策经过近 7 年对《细则》的贯彻,有关藏语文的各项工作逐步走向了稳定持续发展的阶段。这是西藏自治区执行国家少数民族语言政策及西藏地方制定的《细则》所取得的重要成绩。另一方面,随着西藏政治、经济、文化的发展,随着藏汉文化广泛深入的交流,两种文化的交融对语言的学习和使用逐渐有了新的要求,于是,西藏的语言政策也出现了一种新的发展趋势,这就是双语的使用或者说双语现象在西藏自治区城乡居民的生活、学习和工作中已经显得越来越重要,并占有了相当重要的地位。在这样的形势下,西藏的语言政策又有了新的发展。

第一,藏语文政策的持续发展及藏语文的稳固推进

藏语文工作是涉及西藏各行各业的一项全区性工作。各地区和各部门经过 20 世纪 80 年代末至 20 世纪 90 年代初近 6 年对《细则》新的语言政策的贯彻和落实,到 20 世纪 90 年代最后的 6 年间,西藏的藏语文政策进入了一个相对稳定的持续发展阶段,藏语文工作在全区各个部门、各个系统不断得到稳固推进,并取得越来越明显的成效。从新词术语规范到藏文编码,从文化系统到教育部门,从政府部门到行业社会,藏语文的学习和使用与 20 世纪 90 年代初的 4 年相比,又有了新的突破和发展。下面我们要特别介绍一下新词术语的规范和藏文编码的制定这两项与藏语文的发展有直接关系的重要工作,当然文化系统中藏语文的新发展也是我们要关注的重点。至于教育系统的情况,我们将在下一个问题中提及。

在信息技术高速发展的今天,民族语文也面临着如何在信息技术领域中高效使用的问题,民族语文要在计算机等新技术领域应用,首先要实现自身的标准化,以消除信息交换中的障碍。所以实现民族语文在各个领域中的标准化显得非常必要和迫切。近些年国家民委与有关部门合作,共同开展了民族语文术语、编码、字体等多项标准化工作,藏文编码标准就是其中一项。藏文是我国语言文字中历史悠久的文字之一,为使藏语文适应现代化的发展,从1993 年开始,在西藏自治区党委和政府的直接领导下,由自治区藏语文工作指导委员会牵头,西藏大学和其他院校共同开展了藏文编码国际标准和国家标准的研究制定工作。经过 4 年的努力,国家标准(GB16959—1997)《信息技术、信息交换用中文编码字符集—基本集》和(GB/T16960.1—1997)《信息技术藏文编码字符集(基本集)24×48 点阵字型 第一部分:白体》于 1996 年 10月通过国家鉴定,并于 1998 年 1 月 1 日起正式实行。藏文编码国际标准于1997 年 7 月在 33 届 WG2 会议及 S2 会议上正式获得通过,最终成为(ISO/IEC 10646)《通用八位编码字符集》的重要组成部分。藏文编码标准的通过是中文信息技术标准化取得的又一项重大成果,它标志着藏文的信息化正式走向了世界,确定了我国在这一领域的主导地位。同时也反映了西藏自治区

严格执行党的民族政策和民族语言政策,高度重视西藏藏语文政策。正是在这种方针指导下,藏文编码才取得与国际接轨的巨大成绩。

　　新词术语的创制、使用和规范是发展文化教育和科学技术的一项基础工程,1995 年在全国术语标准委员会的指导下,按照国际上通行的规范程序和国家标准的要求,西藏开始着手《藏语术语标准化工作的一般原则与方法》的研究制定工作,自此西藏藏文术语的标准化工作正式起步。1999 年已经完成了初稿的起草任务。与此同时,自治区还通过多种形式加大新词术语的审定和规范工作。先后召开了 6 次审定会,统一规范了 3000 多条有关市场经济和中小学爱国主义教育读本等方面的新词术语。另外自治区语委和翻译协会还不定期地将新审定的近期出现的新词术语,以活页的形式下发到各地市县、各厅局的编译机构和新闻出版部门、五省区编译系统、国家语委等。西藏自治区还通过两年一届的五省区藏文报协作会议进行交流,达到新词术语在五省藏区内统一使用的目的。

　　1994 年以来的 6 年间,西藏文化系统在藏语文的使用上又上了一个新台阶。《西藏日报》坚持以办好藏文报为主的方针,高度重视藏文版的出版和发行工作。到 1999 年底,每天有一个直接用藏文编写的版面,有时可达到两个版面,重要新闻均能当日或次日见报。现在《西藏日报》每日发行 1.6 万份藏文报的任务已顺利完成,计算机藏文打印、排版系统也建立和使用。1997 年《西藏日报》创办了藏文版《致富之友》手册,为广大农牧民学习各项方针政策,掌握致富知识和方法起到了很好的作用。西藏人民广播电台坚持用藏语广播,并不断改进和增加节目内容,所有藏语对内、对外和文艺节目都实现了编、采、译、播一体化,使藏语广播更加贴近群众。播音时间由过去的全天三次播音,连接为二次播音,节目播出时间从 1995 年的 12 个小时增加到了 14 小时 30 分。随着市场经济的发展,对农牧区的节目增加到了 9 个藏语栏目。1996 年藏语广播开辟了专门面向农牧民播送科技的《农业广播学校》,《藏语广播讲座》自 20 世纪 80 年代初播出后,在 1995 年后又多次重播。西藏电视台除办好藏语新闻性和服务性节目及影视译制片外,还不定期地播出藏语专题节目,每周二、四、六固定播放的藏语电视剧是深受农牧民和城镇群众的欢迎。1998 年自治区电影公司译制组合并到电视台,藏语译制力量得到加强,仅 1998 年电视译制就达 120 个小时,电影译制达 30 部之多。1999 年 10 月 1

日,专门的藏语节目频道正式上星,每天 12 个小时播出藏语节目。为了传播科学种田、养殖、防病治病等实用科技,自治区科委和农科院等职能和研究部门,先后编译、出版和发行了各种藏文或藏汉对照的科普图书达 108 种,录制播放了一套四部与农牧业科技有关的藏语电视片。西藏科委还拨专项经费在《西藏日报》藏文版开辟了农村牧区科普栏目,在西藏人民广播电台开办了科技长廊藏语节目。

第二,西藏双语政策及的形成和发展

1994 年以后,西藏的语言政策又有了新的发展,这就是双语政策的出现。从理论是说,这个政策的指导思想仍然来自于《规定》和《细则》,同时也是西藏社会发展的需要。因此我们认为从理论和实践上说,这种新的发展并不是凭空出现的,而是基于《细则》语言政策指导思想基础之上的新的发展。

在 1987 年 7 月 9 日召开的西藏自治区第四届人民代表大会第五次会议上,阿沛·阿旺晋美和班禅·确吉坚赞两位副委员长提出了《西藏自治区学习、使用发展藏语文的若干规定》的建议,在这个"建议"的指导思想中就已经包含了双语政策的思想。他们认为,在西藏自治区,贯彻《宪法》和《民族区域自治法》,就是要恢复藏语文的地位和作用,同时又要服从汉语文是我国的通用语文这个大前提,把二者有机地结合起来。这样做符合我国的国情和西藏自治区的区情,因此他们提出了新时期"实行以藏文为主、藏汉两种语文并用"的语言政策。

从理论上来认识这个语言政策,它具有明显的双项特征,"以藏文为主"是说西藏是以藏族为主的民族自治区,藏族占全区人口的 90% 以上,藏文已有 1300 多年的历史,曾经对藏族悠久的历史和灿烂的文化的形成发挥过巨大的作用。认真学习、使用和发展藏语文,对于执行《民族区域自治法》,切实贯彻和落实民族政策,增进民族团结和社会稳定,维护祖国统一,继承和发扬藏族优秀文化,加速建设西藏的现代化,都具有重要的意义,所以要恢复藏语文在西藏应有的地位和作用。指导思想是要把强调学习、使用发展藏语文摆在头等重要的位置,这是西藏语言政策的一个重要特征;"藏汉两种语文并用"则是要服从汉语文是我国的通用语文这个大前提,二者必须有机地结合。这就从另一个侧面强调了西藏在学习、使用和发展藏语文的同时,又不能忽视汉语文的学习和使用,必须走二者相结合的双语道路的语言政策原则。所以两位副委员长要把"藏汉两种语文并用"这一双语政策放在与"以藏文为主"的藏语文政策同等重要的位置。这就反映出了西藏语言政策的另一个重要特征。

从后来的情况看,西藏自治区在 1987 年发布的《规定》和 1988 年颁布的《细则》都坚持了"实行以藏文为主、藏汉两种语文并用"的语言政策。《规定》的第二条规定:自治区坚持语言平等的原则,认真贯彻执行民族语文政策,各级国家机关在执行公务中,实行以藏文为主、藏汉语文并用的方针,鼓励各民族公民互相学习语言文字。《细则》第一章总则第二、三条规定:在民族地区重视使用和发展民族语言文字是党和国家的一贯政策。我区必须贯彻执行以藏文为主、藏、汉两种语文并用的方针。藏族公民应努力学好藏语文,藏族干部、职工在学好藏语文的同时,学习全国通用的汉语文。

虽然西藏在 20 世纪 80 年代末颁布的上述语言政策中就已经包含了明显的双语政策思路和基本原则,但是当时以及后来的一段时间并没有明确地提出双语政策这个概念。这是因为:

20 世纪 50 年代后期开始的"左"的影响,对藏语文的学习和使用逐步削弱,"文化大革命"十年,我国的民族政策受到极大损害,西藏的语言政策也出现了严重偏差,致使国家机关和企事业单位,只使用汉语文不使用藏语文,特别严重的是不少学校不学藏语文,或者不用藏语授课,或者轻视藏语文的学习,教学质量下降①。十一届三中全会后,随着民族政策的恢复,特别是《规定》和《细则》颁布以后的若干年里,西藏的语言工作主要是围绕藏语文的学习、使用和发展来贯彻和落实《规定》的基本精神及《细则》的若干规定,以期恢复藏语文在西藏应有的地位和作用,真正达到"以藏文为主"的目的。在这种背景下,西藏的语言政策中没有过早地提出双语政策这个做法是实事求是的。

西藏自治区由于认真按照《规定》和《细则》的准则来开展学习、使用和发展藏语文的工作,所以经过 1987 年到 20 世纪 90 年代初期近 6 年的努力,无论是藏语文的学习,还是藏语文的使用都已经取得了巨大的成绩,逐步达到了"以藏文为主、藏汉两种语文并用"的目标。我们认为,正是这个目标的实现,

---

① 《藏语文工作》,1990 年第 2 期,第 40—41 页。

才使得西藏的语言政策有了新的发展,并在 20 世纪 90 年代中后期出现了越来越多的关于双语及双语政策的提法。由于《规定》和《细则》的指导思想本身就体现了双语政策的思想,所以在西藏自治区,这两个重要文件的内容也自然成为了后来的双语政策的基本内容。实际上在 20 世纪 90 年代后期初步建立的符合西藏自治区实际的以藏语授课为主的双语教学体系,其理论根据和思想基础就是来自于《规定》和《细则》的双语政策的思想。因此在西藏自治区,执行双语政策与贯彻执行《规定》和《细则》的精神从根本上说是一致的,并不存在冲突。换句话说,西藏在 20 世纪 90 年代中后期所执行的双语政策,实际上就是继续贯彻和执行《规定》和《细则》的精神及各项规定。

实际上,自 1987 年西藏自治区颁布《规定》和《细则》以来,有关双语教学的提法就越来越多。1993 年,在西藏自治区第四次教育工作会议上,自治区党委丹增副书记提出,西藏的教学改革,要从适应现代化、适应市场经济发展、适应对外开放、全面提高民族科技文化素质出发,继续重视藏语文的教学,同时积极推行双语教学,要培养藏汉语文兼通的人才①。这是西藏自治区领导首次在教育系统论及双语教学的问题。这也是 20 世纪 90 年代中后期教育系统执行双语政策的主要指导思想 。

1994 年 2 月 25 日西藏自治区六届人大 8 次会议通过的"西藏自治区实施《中华人民共和国义务教育法》办法"第 20 条也就双语政策进行了详细的规定:"自治区逐步完善以藏语文授课体系为主的藏汉两种教学用语体系,学校应当保证少数民族学生首先学习当地通用的民族语言文字,同时学好汉语文。学校在所有使用汉语文场合,推广、使用全国通用的普通话和规范的文字。"这个规定可以说是 1993 年以来西藏最为明确的一个双语政策。

1994 年 10 月西藏自治区召开第五次教育工作会议,并于 12 月 21 日颁布了"西藏自治区党委和自治区人民政府关于《中国教育改革和发展纲要》的实施意见"(以下简称"纲要意见")。"意见"在谈及 1994 年到 2000 年西藏自治区教育发展的目标和任务时,其中有一条明确规定:"重视藏语文教学,积极推行双语教学,做到藏汉语兼通,创造条件开设外语课。"这个提法基本上是上述两个双语政策的继续。

---

① 丹增:《西藏教育》,1993 年特刊,第 3 页。

为了进一步配合西藏双语政策,1996 年以后,西藏陆续颁布的一些教育政策几乎都涉及了这一问题。1996 年西藏自治区教委发布的"关于颁发《西藏自治区中小学办学条件标准》的通知"中,专门对中小学教职工的编制及师资配备作出了规定,其中有若干条都与双语教学有关。如,同时开设藏语文、汉语文、外文班级的中学,按每班 0.4 人增加教职工编制。同时开设藏语文、汉语文两门课程班级的小学,按每班 0.3 人增加教职工编制。对小学教师的配备要求是,除明确要求能够开出数学、自然、思想品德等课程外,特别强调要能开出藏语文和汉语文课程。对中学教师的配备要求是能开满课程计划规定的全部必修和选修课程,其中也包括重要的藏语文和汉语文课程。这些规定都可以看出对双语教学的重视。

在 1996 年颁布的《西藏自治区教育事业"95"计划和 2010 年发展规划》中,再次重申了要继续认真实施 1994 年自治区的"纲要意见","重视藏语文教学,积极推行双语教学"。

经过了近 5 年的努力,到 1999 年,西藏已经建立了符合西藏自治区实际的以藏语文为主的双语教学体系。全区除少数城镇小学外,95%以上用藏语文授课。初中阶段藏语文授课教学正在稳步推进,目前西藏全区中学有 102 个班的教学用语是使用藏语,另有部分中学的部分课程也用藏语授课。从双语教学的模式看,已经发展成为三种主要的类型:(1)以藏语授课为主的双语教学模式。该双语教学模式主要分布在县以下广大的农牧区小学、县属中小学及各地市的部分中学;(2)以汉语授课为主,同时使用藏语辅助的双语教学模式;(3)以汉语授课为主的双语教学模式。后两种模式主要分布在西藏的中心城市。从师资的情况看,从 1993 年起,西藏大学开始重点培养初中双语教师,各地市师范学校也通过各种渠道培养了一部分师资,到 1999 年西藏的初中双语师资已经增加到 1500 多名。

第三,1999 及新千年藏语文工作的重心

1999 年 4 月 14 日,西藏自治区在拉萨召开了区藏语文工作表彰大会。区党委副书记、自治区藏语文工作指导委员会主任丹增作了《目前我区藏语文工作的基本情况》的报告,自治区主席列确同志作了《全面正确地贯彻党的民族语文政策,不断提高我区学习、使用、发展藏语文工作的水平》的报告。根据他们的讲话,西藏自治区在 1999 年及下个世纪初的藏语文工作重心主要

体现在8个方面：

（1）在区党委和政府的领导下，以邓小平理论和党的十五大精神为指导，继续认真贯彻西藏工作座谈会和区党委五届三、四次全会（扩大）的精神，按照"继续重视藏语文的学习和使用、继承和发扬民族优秀文化传统"的要求，做好藏语文的工作。

（2）进一步提高对学习、使用和发展藏语文工作的重要性的认识。真正做到领导重视，有计划、有措施、有落实、有监督，努力把这项工作抓好。加强民族政策的宣传，搞好民族语文法制建设，使藏语文工作尽快法制化。

（3）大力加强藏语文人才的培养。各个部门要采取有效措施加大现有人才的培养，特别是教育部门要进一步加强藏语文研究和藏文翻译人才的培养。

（4）加大监督检查力度。把监督检查的重点放在教育、科技、新闻、影视、文化、出版、编译等系统，随时掌握藏语文工作的进展情况和存在的问题。

（5）继续抓好藏语文规范工作。首先要抓好制定中文术语标准的一般原则与方法及新词术语的审定工作。同时按照国家的要求，搞好中文编码国际标准的后续工作。

（6）继续抓好藏文软件的开发研制工作。协同有关部门继续抓好编译队伍的建设。改进设备，提高翻译手段现代化的水平。

（7）进一步清理整顿藏文社会用字。

三、结束语

十月革命前列宁就反对沙皇的语言政策，提出了民族语言权利平等的原则。从20世纪20年代到70年代，苏联一直采取自由发展各民族语言，同时又推广族际语—俄语的民族语言政策。20世纪80年代后，前苏联民族语言政策的基本思路主要是发展族际语—俄语，同时更多地关心民族语的双语体制。鼓励民族地区的民族公民，特别是儿童和青年学习当地的民族语言。这些民族语言政策对少数民族语言的发展起到了重要作用，但由于政策偏差也造成一些负面影响。

苏联解体后，俄罗斯、白俄罗斯和乌克兰等前苏国家都加紧制定语言政策，包括民族语政策的立法工作。俄罗斯联邦在1991年的《俄语言法》等法律文件中规定，俄罗斯民族语言政策中一个紧迫的任务就是抢救和保存正在消失的民族语言,同时在不同的民族居住地区,形成和推行双语。白俄罗斯在1992 年的《民族法》等法律文件中,则规定少数民族具有学习和使用本民族语言的权利,具有用民族语言出版和传播信息、举行民族和宗教仪式的权利。乌克兰 1991 年的《语言法》则允许当地民族语言和乌克兰语同时作为官方语言。

东南亚四国从语言政策的发展途径看,都侧重发展人口占多数的主体民族的"国语",而对人口较少的民族的语言则采取了一种消极的态度;体现在语言政策上的平等是不明显的。另外与少数民族语言相关的政策性法律文件的制定也很不充分。

欧盟对待本国少数民族语言问题的态度是明确的,他们提倡开展学龄前到小学及至中学阶段的民族语和双语教学的工作,并强调要把发展多种民族语言的教学提高到更高的水平。另外对少数民族语言在报纸、广播、电视等大众传媒中的使用也采取了积极态度。

我国的民族语政策始终都是围绕《宪法》关于"各民族都有使用和发展自己的语言文字的自由"来进行的。20 世纪 50 年代民族语言工作主要是"帮助尚无文字的民族创造文字,帮助文字不完备的民族逐步充实其文字。"从法律上对少数民族语言政策加以保证;从中央到民族地区,大力兴办学习和使用少数民族语言文字的各项事业。20 世纪 80 年代后我国的民族语文工作在逐步恢复的基础上进入了新的时期。这段时期,民族语言政策的侧重点在发展少数民族的语言文字,同时从法律、法规上保证各个民族享有相同的语言文字使用权和发展权。1991 年国务院批转了《关于进一步做好少数民族语言文字工作的报告》,报告总结了 40 年来的成绩、经验和教训,对改革开放新时期的民族语文工作的方针、政策、任务和措施做了明确的阐述,并将民族语文的立法提到了相当的高度,把少数民族双语政策放到了应有的地位。《报告》的要求对后来很长一段时期的民族语文工作起了重要的指导作用。

我国与国外部分国家除东南亚四国外的少数民族语言政策都采取了一种积极的态度来对待少数民族语言和文字,即在自由发展各民族语言的同时,又积极推行双语政策,努力建成民族语言与国内通行语言的双语体制。从政策所体现的基本思想到一些具体的措施及做法看,在 20 世纪 80 年代以前(尤其是 20 世纪 50 年代),我国的语言政策与前苏联有很多相似的地方,我们都是在列宁提出的民族平等和民族语言权利平等的原则上制定民族语言政策。而欧盟国家的民族语言政策并没有受到苏联的影响,其语言政策也没有包含民族平等和语言平等这样的思想。

虽然我国和前苏联的民族语言政策在思想核心上是相同的,但是两个国家在民族语言政策的具体提法上却有所不同。20 世纪 70 年代以前,苏联一直采取自由发展各民族语言,同时又推广族际语—俄语的民族语言政策,但是 20 世纪 80 年代后,提法改变为发展民族语—俄语的双语体制,同时更多地关心民族语,鼓励民族地区的民族公民,特别是儿童和青年学习当地的民族语言。两个时期民族政策的基本内容虽然相同,但是民族语和族际语—俄语的关系却颠倒了,20 世纪 70 年代是把"自由发展各民族语言"放在首位,而 20 世纪 80 年代却把"发展民族语—俄语的双语体制"放在了首位,这就是说 20 世纪 80 年代后,前苏联民族语言政策的思想核心有所转移,即将双语体制的建立放在了显要的位置,而把民族语言的发展放在了双语体制的后面,所以出现了政策偏差,并造成一些负面影响。正因为如此,苏联解体后,俄罗斯、白俄罗斯和乌克兰等前苏国家都通过语言立法,及时纠正了这个偏差。

我国政府于 1954 年在《宪法》中明确规定"各民族都有使用和发展自己的语言文字的自由"。在 20 世纪 80 年代以前,我国民族语言政策的侧重点在发展少数民族的语言文字,同时从法律、法规上保证少数民族享有与主体民族相同的语言文字使用权和发展权。1991 年 6 月国务院批转的《关于进一步做好少数民族语言文字工作的报告》中再次重申了我国的民族语言政策是,"坚持马克思主义语言文字平等原则,保障少数民族使用和发展自己语言文字的自由。""切实做好少数民族语言文字的使用和推动工作。鼓励各民族互相学习语言文字"。"在以招收少数民族学生为主的学校,有条件的应当采取少数民族文字的课本,并用少数民族语言授课,在适当年级增加汉语文课程,实行双语教学,推广全国通用的普通话。"

因此,我国的民族语政策始终是把保证少数民族享有与主体民族相同的语言文字使用权和发展权、把发展少数民族语言文字放在首位。我国所要建立的双语体制是基于民族语言文字基础之上的双语体制。我国的双语政策首先是发展各民族的语言文字,然后才是"鼓励各民族互相学习语言文字","推广全国通用的普通话"。所以从根本上说,我国一贯主张的民族语言政策和双语政策与国外相比本质上是不同的。这种语言政策首先保证了少数民族语言文字的学习、使用和发展,同时又适应了经济的发展、各民族文化的交流以及语言发展的规律对双语的需要。它符合我国的国情和民族地区的实际情况,也符合我国各民族长远的根本利益。

西藏的语言政策是我国民族语言政策中一个重要组成部分,它的形成和发展既与西藏自治区的社会发展和语言文字的现状有密切的联系,又与国家的民族语言政策有着不可分割的关系。因此西藏的语言政策既有民族的特色,同时又体现了我国语言政策的上述特征。从 1951 年和平解放到 2000 年的 50 年间,西藏的语言政策大致经历了初创、形成和发展三个时期。各个时期虽然主要的任务和措施有所不同,但基本方针都是相同的。

西藏语言政策的初创时期从 1951 年和平解放到"文化大革命"开始。在语言政策上以民族平等、各少数民族均有发展其自己的语言文字的自由为中心,而基本的任务就是执行"十七条协议"第九条规定:"依据西藏的实际情况,逐步发展西藏民族的语言、文字和学校教育。"的精神。为此,西藏在 20 世纪 50 年代创办了以藏语教学为主的现代教育,兴办了藏文报纸和藏语广播,制定了政府公文和会议用语使用藏语文的原则。这与 20 世纪 50 年代我国民族语言工作的基本精神是一致的。60 年代至 70 年代的西藏语言政策仍然是 20 世纪 50 年代政策的继续。1959 年民主改革后,为适应形势的需要,政府兴办各类学校,大力培养民族干部和各类建设人才。到"文化大革命"开始前,在现代教育中,中、小学到大学的课程里,都有藏文课,藏汉族学生都要学习。各类学校从藏、汉族学生中培养了一批翻译人才,对藏语文和汉语文的沟通和翻译起到了积极的作用。另外,藏语文的使用也更加广泛,涉及的领域除了 20 世纪 50 年代创办的新闻和广播外,又开始在教材的编译、图书的出版、电影的译制、艺术的创造、藏文经典的整理、民间文学的收集整理等方面进行拓展,对藏语文的发展起到了重要的作用。这段时期,藏语文的学习和使用,当然也包括汉语文的学习和使用都进入了新的历史阶段。

20 世纪 80 年代是西藏语言政策的形成时期。党的十一届三中全会后,藏语文的学习和使用重新得到重视,藏语文的工作也得以恢复。1980 年 4 月,中共中央发出《批转〈西藏自治区党委关于汉族干部、职工学习藏语文的意见〉的通知》。首次从语言政策的高度对在藏汉族干部和职工的藏语文学习作出了规定。1984 年,第二次西藏工作会议召开,会议明确要求西藏各种行文、教学用语、文艺创作和演出都要使用藏语文。在这以后,区党委和政府又多次发出关于机关学习使用藏语文、学校使用藏语文授课、出版发行藏文刊物的指示或通知,标志着西藏的语言政策已经由初创走向成熟。1987 年西藏自治区颁布《西藏自治区学习使用和发展藏语文的若干规定(试行)》,1988年颁布《西藏自治区学习、使用发展藏语文的若干规定(试行)的实施细则》,标志着西藏的语言政策形成了完整的体系。这两项政策的指导思想是:西藏自治区必须贯彻执行以藏文为主,藏、汉两种语文并用的方针。藏族公民应努力学好藏语文,藏族干部、职工在学好藏语文的同时,学习全国通用的汉语文;在区内工作的汉族和其他民族的干职工,也应积极学习藏语文。主要内容包括:藏语文的使用和学习两个部分;县以上机关、团体、单位的行文、会议、标记用语以藏语文为主,同时使用汉语文;在西藏逐步建立以藏语文授课为主的教学体系。

　　20 世纪 80 年代末和 90 年代是西藏语言政策的发展时期。《规定》和《细则》的发布,使西藏自治区的藏语文工作进入了有法可依,有章可循的新阶段,西藏的语言政策也从此走向了新的发展时期。到 1999 年的 10 多年间,西藏的语文工作获得了两个重要的发展:一是藏语文自身的发展,二是语言政策的完善和发展。从 80 年代末 90 年代初的前 5 年,由于认真执行《细则》所规定的各项语言政策,藏语文的学习、使用都有了空前的发展。90 年代的后 6年,随着西藏现代化发展的进程,西藏的语言学习和语言使用都在发生着变化,并逐步形成了基于《规定》和《细则》指导思想基础之上的以藏语文为主的双语政策。这个政策体现在语言的使用上是以藏语文为主,藏汉两种语言文字并用;体现在教育上是逐步完善以藏语文授课体系为主的藏汉两种教学用语体系。到 1999 年,西藏已经建立了符合西藏自治区实际的以藏语文为主的双语教学体系;以藏语文为主,藏汉两种语言文字并用的双语政策也得到全面贯彻,并取得了前所未有的成绩。

第二节　西藏双语政策的形成和完善

　　西藏的双语政策是西藏语言政策中的一个组成部分。我们这篇文章在论及西藏的语言政策时,主要是站在藏语文的角度,着重分析和讨论了西藏语言政策的形成和发展以及它与藏语文的学习、使用和发展之间的各种关系,而对于西藏的双语政策,我们则没有作专门的分析和讨论。目的就是想在研究西藏的双语问题时再讨论这个问题,以避免内容重复。在这篇文章中,我们首先要对西藏的双语政策进行必要的回顾,这也是我们认识西藏双语发展的关键所在。西藏双语的学习、使用和发展是本章的重点。关于西藏双语的学习,将主要研究西藏双语教学的历史、现状和未来的发展趋势,在某些问题上还将与其他少数民族的双语教学进行比较,以进一步把握西藏双语教学的特征。双语的使用是西藏语言发展的一个主要特征,西藏科学文化事业的发展与双语的使用有着紧密的关系,而社会用语双语化的过程也体现了西藏社会的发展与双语之间的特殊关系。最后我们还将从宏观上对西藏现代化过程中的双语特征进行初步的描述,并进一步分析影响和造成这些特征的主要原因。

由于西藏的双语政策是整个西藏语言政策的一个组成部分,所以它的出现不是孤立的,而是伴随着西藏语言政策的形成和发展逐步出现,逐步形成的。从时间上看,西藏双语政策的出现、形成和完善主要经历了三个大的时期。

从1951年西藏和平解放到20世纪的90年代初,是西藏双语政策的雏形期,这时在语言政策上并没有明确地提出双语的概念。但是有关藏汉两种语言文字的学习和使用的语言政策却自始至终存在于西藏的有关法令和重要的文件中。从政策性上讲,西藏语言政策的制定一贯的指导思想是依据《宪法》、"十七条协议"、《民族区域自治法》和《细则》等关于民族平等、语言平等、各民族有自由学习、使用和发展本民族语言文字的权利等原则和规定,坚持学习、使用和发展藏语文,同时又主张藏族干部、职工在学好藏语文的同时,学习全国通用的汉语文,在区内工作的汉族和其他民族的干部职工,也应积极学习藏语文。由于这些语言政策的立足点主要是站在发展藏语文的立场上,所以它们虽然具有明显的双语特征,但是长期以来我们在讨论西藏的语言政策时,还是主要从藏语文的发展这个角度来论述西藏的语言政策的。因此,我们下面在论及西藏双语政策的雏形时,还必须从上面这些语言政策中,梳理出有关双语政策方面的内容。

1993年以后,西藏的双语政策逐步进入了完善时期。这时在西藏的一系列政策中,有关双语教学和藏汉两种语言文字并用的提法已经越来越多,到90年代中期,最终形成并完善了西藏特殊的双语政策。

一、西藏双语政策的雏形

西藏的语言政策是我国少数民族语言政策的一部分。自新中国成立后,我国政府就制定了一系列法律和政策,为我的双语在平等、和谐的条件下发展提供了根本的保证。同时这些政策也构成了西藏语言政策的主要内容,为西藏后来的双语学习和使用创造了条件。

1949年通过的《中国人民政治协商会议共同纲领》和1951年颁布的第一部《宪法》都明确规定:"各少数民族均有发展其语言、文字,保持或改革其风俗习惯及宗教信仰的自由";由此,主张和坚持民族平等、语言平等、各民族都有使用和发展本民族语言文字的自由的民族语言政策成为马克思列宁主义、毛泽东思想民族观和民族语言观的指导思想。

1952年公布实施的《中华人民共和国区域自治法实施纲要》规定:"自治机关得采取一种在自治区内通用的民族文字为行使职权的主要工具,对不适用此种文字的民族行使职权时,应同时采用该民族的文字","自治区机关得采用各民族自己的语言文字,以发展各民族的文化教育事业";1951年政务院批准的《关于第一次全国各民族教育会议的报告》指出:"关于少数民族教育中的语文问题,会议规定凡有现行通用的文字的民族,如蒙古、朝鲜、维吾尔、哈萨克、藏族小学或中学的各科课程必须用本民族语文教学。"1954年5月政务院批准的《关于帮助尚无文字的民族创立文字问题的报告》指出:"各少数民族均有发展其语言文字的自由,同时,不论是已有文字或还没有语言文字的各民族,凡是愿意学习和使用汉语文或其他民族语言文字者,各级人民政府应予以保障和帮助,凡机关、学校、团体等亦均应尽可能予以帮助,并不得加以歧视,这是非常重要的。"1954年的《宪法》又规定:"民族自治地方的自治机关在执行公务时,依照本民族自治地方自治条例的规定,使用当地通用的一种或者几种语言文字","各民族公民都有用本民族语言文字进行诉讼的权利。人民法院和人民检察院对于不通晓当地通用的语言文字的诉讼参与者,应当为他们翻译。在少数民族聚居或者多民族共同居住的地区,应当用当地通用的语言进行审理;起诉书、判决书、布告和其他文书应当根据实际需要,使用当地通用的一种或者几种文字。"

这一系列法律和政策的颁布,不仅保障了少数民族语言文字的自由学习、使用和发展的语言平等权利,而且使少数民族语言文字的使用范围史无前例地扩大了。民族语文不仅仅只是少数民族的日常交际工具,而且成为少数民族地区政治、经济、文化发展的重要工具。根据宪法以及1951年签定的《中央人民政府和西藏地方政府关于和平解放西藏办法的协议》第九条关于"依据西藏的实际情况,逐步发展西藏民族的语言、文字和学校教育"的精神,西藏从和平解放以来,就根据当时的历史条件,逐步确定了藏语文与汉语文(双语)的关系,制定了在西藏以学习、使用和发展藏语文为主,同时又自愿学习、使用汉语文的语言政策。

从1951年到1964年,西藏主要是贯彻落实"十七条协议"的精神,重点学习、使用和发展藏语文。因此,在当时的一些地方法令法规中,并没有明确涉及学习和使用汉语文的问题。但是,并不是说这段时间在西藏只是藏语文的学习和使用,而不学习和使用汉语文。实际的情况是双语的学习和使用是并存的。这一点我们将在后面提到。

在西藏,党和政府重视和提倡学习使用和发展藏语文,当然不排斥藏族干部和群众学习使用汉语文。相反,为了加强民族团结和互相了解,为了便于学习和掌握汉民族的先进文化和科学知识,这种学习是很必要的。所以,党中央、毛主席、周总理和中央其他领导同志,在指示西藏要学习和使用藏语文的同时,又总是要求藏族同志学习汉语。西藏和平解放,特别是民主改革以后,西藏自治区干部和群众对汉语文的学习是非常认真、非常刻苦的,掌握得也非常地快,这给藏族人民尤其是干部的学习和工作带来了很大的方便。

1965年西藏自治区成立,接着西藏第一届人民代表大会召开,并在第一次会议上通过了《西藏自治区各级人民代表大会和各级人民委员会组织条例》。第二十七条规定:"自治区各级人民代表大会举行会议的时候,使用藏、汉语言文字,并且为不通晓藏、汉语言文字的其他少数民族代表准备翻译。"第五十五条规定:"自治区各级人民委员会和所属各级工作部门,在执行公务的时候,使用藏、汉语言文字"①。这些内容明确将双语政策以自治区法令的

---

① 西藏自治区概况编写组:《西藏自治区概况》,西藏人民出版社1984年版,第418页。

形式固定下来。

二、西藏双语政策的形成

十年动乱,西藏自治区藏语文的学习和使用受到了严重破坏。藏语文政策和与之有关的双语政策也同样遭到践踏。十一届三中全会后,藏语文的学习和使用重新得到了重视,藏语文的工作也恢复了过去好的做法,西藏的双语政策及双语工作也逐步走向了正轨。

1980 年 4 月中共中央发出了《批转〈西藏自治区党委关于汉族干部、职工学习藏语文的意见〉的通知》。首次从双语政策的角度对在藏的汉族干部和职工的藏语文学习作出了规定:要求 50 岁以下在藏工作的干部都必须学习藏语文。这对于加强藏汉民族之间的文化交融,促进两个民族的团结,建设西藏的物质和精神文明是非常有利的。这个政策的出台,使西藏的双语政策更加的全面和系统,即双语的学习和使用是双项的,不光藏族学生、干部和职工要学习和使用双语,汉族学生、干部和职工也要学习和使用双语。

1984 年第二次西藏工作会议召开,在这次会议纪要中,明确要求西藏自治区各种行文、教学用语、文艺创作和演出都要使用藏语文。在这以后,西藏自治区党委和自治区人民政府又多次发出关于学习使用藏语文,学校使用藏语文授课,出版发行藏文刊物的指示或通知,这标志着西藏的语言政策包括双语政策已经趋向成熟。1987 年《西藏自治区学习使用和发展藏语文的若干规定(试行)》(以下简称《规定》)的通过以及 1988 年《西藏自治区学习、使用发展藏语文的若干规定(试行)的实施细则》(以下简称《细则》)的正式颁布,标志西藏的藏语文政策已经形成完整体系,同时标志西藏双语政策的形成。

在 1987 年 7 月 9 日召开的西藏自治区第四届人民代表大会第五次会议上,阿沛·阿旺晋美和班禅·确吉坚赞两位副委员长提出了《西藏自治区学习、使用发展藏语文的若干规定》的建议,这个"建议"的指导思想就明确包含了双语政策的思想。他们认为,在西藏自治区,贯彻《宪法》和《民族区域自治法》,就是要恢复藏语文的地位和作用,同时又要服从汉语文是我国的通用语言这个大前提,把二者有机地结合起来。这样做符合我国的国情和西藏自治区的区情,因此他们提出了新时期"实行以藏文为主、藏汉两种语文并用"的语言政策。这个语言政策的立足点是站在藏语文的立场,主要强调藏语文的学习、使用和发展问题,但是,内容和理论上来认识这个语言政策,它又具有明显的双语政策特征。

"以藏文为主"是说西藏是以藏族为主的民族自治区,藏族占全区人口的90%以上,藏文已有1300多年的历史,曾经对藏族悠久的历史和灿烂的文化的形成,发挥过巨大的作用,认真学习、使用和发展藏语文,对于执行民族区域自治法,切实贯彻和落实民族政策,增进民族团结和社会稳定,维护祖国统一,继承和发扬藏族优秀文化,加速建设西藏的现代化,都具有重要的意义,所以要恢复藏语文在西藏应有的地位和作用。指导思想把强调学习、使用发展藏语文摆在头等重要的位置,这是西藏语言政策的一个重要特征。"藏汉两种语文并用"则是要服从汉语文是我国的通用语文这个大前提,二者必须有机地结合。这就从另一个侧面强调了西藏在学习、使用和发展藏语文的同时,又不能忽视汉语文的学习和使用,必须走二者相结合的双语道路的语言政策原则。所以两位委员长要把"藏汉两种语文并用"这一双语政策放在与"以藏文为主"的藏语文政策同等重要的位置。这就反映出了这个语言政策不光是关于藏语文发展的政策,同时也是关于学习和使用藏语文和汉语文两种语言文字的构想。

根据两位副委员长的建议,西藏自治区在1987年颁布了《规定》,1988年又颁布了《细则》。这两个法令的指导思想都坚持了"实行以藏文为主、藏汉两种语文并用"的这个基本构想。《规定》的第二条规定:自治区坚持语言平等的原则,认真贯彻执行民族语文政策,各级国家机关在执行职务的各项活动中,实行以藏文为主、藏汉语文并用的方针,鼓励各民族公民互相学习语言文字。《细则》第一章总则第二、三条规定:在民族地区重视使用和发展民族语言文字是党和国家的一贯政策。我区必须贯彻执行以藏文为主,藏、汉两种语文并用的方针。藏族公民应努力学好藏语文,藏族干部、职工在学好藏语文的同时,学习全国通用的汉语文。

很明显,这两个语言政策中已经包含了完整的双语政策思路和基本原则,可是当时为什么没有明确地提出双语政策这个概念呢?这是因为:50年代后期开始的"左"的影响,对藏语文的学习和使用逐步削弱,文革十年,我国的民族政策受到极大损害,西藏的语言政策也出现了严重偏差,致使国家机关和企事业单位,只使用汉语文不使用藏语文,特别严重的是不少学校不学藏语文,或者不用藏语授课,或者轻视藏语文的学习,教学质量下降(藏语文工作,1990-2,40—41)。十一届三中全会后,随着民族政策的恢复,特别是《规定》和《细则》颁布以后的若干年里,西藏的语言工作主要是围绕藏语文的学习、使用和发展来贯彻和落实《规定》的基本精神及《细则》的若干规定,以期恢复藏语文在西藏应有的地位和作用,真正达到"以藏文为主"的目的。在这种背景下,西藏的语言政策中没有过早地提出双语政策这个做法是实事求是的。

下面我们再来看看这两个法令中除了藏语文之外有关汉语文学习和使用的重要规定。由于《细则》的思路来自于《规定》,所以在介绍《细则》时,《规定》中已经提到的内容不再重复。从两份文件的内容看,明确涉及双语政策的条款包括:

(1)《规定》中的规定:藏族小学生全部使用藏语文教学。在不影响藏语文教学的前提下,从高年级开始增设汉语文课。中学、中专和大专院校在藏族学生的语文课,以藏语文为主,同时学习汉语文,学习全国通用的普通话。汉族学生以学习汉语文为主,各种课程用汉语文教学,到适当年级增设藏语文必修课(第三条)。自治区内的藏族干部、职工必须学好藏文,提倡学习汉语文;鼓励汉族干部、职工学习藏语文。驻藏解放军和人民武装警察部队,要根据《规定》的精神,提倡学习藏语文。招工、招干、晋级、晋职时,在同等条件下,对能熟练使用藏汉两种语言文字的藏族、汉族及其他民族的公民优先招收或晋职、晋级(第七条)。区内的邮电、银行、商店等直接为群众服务的部门的业务活动,以使用藏语文为主,同时使用汉语文(第九条)。自治区内各级国家机关、人民团体、企事业单位在召开各种会议时,应当以使用藏语文为主,同时使用汉语文(第十条)。自治区各级国家机关、人民团体、企事业单位及驻区外常设机构的公章、证件、牌匾和区内的街道、商店及其他服务部门的名称,必须使用藏汉两种文字。本区生产的商品的名称、商标,以及商店的商品价格、标签等一律使用藏汉两种文字(第十一)。

(2)《细则》中的规定:区内县以上党政机关、人民团体和事业单位的所有区内行文都要以藏文为主,藏、汉文并用。企业单位的区内行文要逐步做到藏、汉文并用。区内县以上党政机关、人民团体和事业单位各种来文的拟办意见、批示、处理结果等用藏汉两种文字记载(第四条)。区内县以上党政机关等的会议文件、材料必须同时具备藏汉两种文本。企业的会议原则上也要具备藏汉两种文本。重大会议藏族的正式发言用藏语,并翻译成汉语,汉族的发言也要翻译成藏语(第五条)。藏族班使用藏语文授课,从四年级开设汉语文课(城镇小学汉语拼音可以从三年级开设),县以下有条件的 学校也可这样做。各地(市)可确定一所实验小学和中学进行改革,使这部分学生高中毕业时达到藏汉文兼通(第十六条)。自治区命题的试卷,除汉语和外语外,其他学科应有藏汉两种试卷(第二十五条)。在建全以藏语文授课为主的教学体系的过程中,必须重视汉语文的教学(第二十六条)。所有出版的民族文化艺术抢救集成成果(十大集成)都必须采用藏汉两种文字(第三十条)。自治区创办的各类刊物都应该有藏汉两种文版,有的可以只办藏文版(第三十四条)。各种类型的文娱活动及各种规模的体育运动会要使用藏汉两种语言,各项活动和竞赛项目的名称、奖杯等必须使用藏汉两种文字(三十六条)。第八章规定,商业、邮电、银行和医务部门凡直接接触群众的人员,必须熟练掌握藏汉两种语言,所有的业务文本及用文都必须使用藏汉两种文字。各种宣传材料必须以藏语文为主,同时使用汉语文。第四十九条规定,在办理有藏族诉讼参与人参加的案件时,设计法律程序的各种文书都必须以藏语文为主,同时并用汉语文。

这一系列涉及双语的法令和政策的颁布,首先保障了藏语文自由学习、使用和发展的平等权利,同时进一步摆正了藏汉双语的关系。依据这些基本的双语政策,西藏的藏语文得到了前所未有的发展,汉语文的学习和使用也在协调中稳固发展。

三、西藏双语政策的完善

1994 年以后,西藏的语言政策经过近 7 年对《细则》的贯彻,有关藏语文的各项工作逐步走向了稳定持续发展的阶段。这是西藏自治区执行国家少数民族语言政策及西藏地方制定的《细则》所取得的重要成绩。另一方面,随着西藏政治、经济、文化的发展,随着藏汉文化广泛深入的交流,两种文化的交融对语言的学习和使用逐渐有了新的要求,于是,西藏的语言也出现了一种新的发展趋势,就是双语的使用或者说双语现象在西藏自治区城乡居民的生活、学习和工作中已经显得越来越重要,并占有了相当重要的地位。在这样的形势下,西藏的双语政策又有了新的发展。从理论上说这个政策的指导思想仍然来于《规定》和《细则》,同时也符合西藏社会发展的需要。因此这种新的发展不是凭空出现的,而是基于《规定》和《细则》双语思想基础之上的新的发展。

西藏自治区由于认真按照《规定》和《细则》的准则来开展学习、使用和发展藏语文的工作,所以经过 1987 年到 90 年代初期近 6 年的努力,无论是藏语文的学习,还是藏语文的使用都已经取得了巨大的成绩,逐步达到了"以藏文为主、藏汉两种语文并用"的目标。我们认为,正是这个目标的实现,才使得西藏的语言政策有了新的发展,并在 90 年代中后期出现了越来越多的关于双语及双语政策的提法。由于《规定》和《细则》的指导思想本身就体现了双语政策的思想,所以在西藏自治区,这两个重要文件的内容也自然成为了后来的双语政策的基本内容。实际上,在 90 年代后期初步建立的符合西藏自治区实际的以藏语授课为主的双语教学体系,其理论根据和思想基础就是来自于《规定》和《细则》的双语政策的思想。因此在西藏自治区,执行双语政策与贯彻执行《规定》和《细则》的精神从根本上说是一致的,并不存在冲突。换句话说,西藏在 90 年代中后期所执行的双语政策,实际上就是继续贯彻和执行《规定》和《细则》的精神及各项规定。

实际上自 1987 年西藏自治区颁布《规定》和《细则》以来,有关双语教学的提法就越来越多。1993 年,在西藏自治区第四次教育工作会议上,自治区党委丹增副书记提出,西藏的教学改革,要从适应现代化、适应市场经济发展、适应对外开放、全面提高民族科技文化素质出发,继续重视藏语文的教学,同时积极推行双语教学,要培养藏汉语文兼通的人才[1]。这是西藏自治区领导首次在教育系统论及双语教学的问题。这也是 90 年代中后期教育系统执行双语政策的主要指导思想 。

1994 年 2 月 25 日西藏自治区六届人大 8 次会议通过的"西藏自治区实施《中华人民共和国义务教育法》办法"第 20 条就双语政策进行了详细的规定:"自治区逐步完善以藏语文授课体系为主的藏汉两种教学用语体系,学校应当保证少数民族学生首先学习当地通用的民族语言文字,同时学好汉语文。学校在所有使用汉语文场合,推广、使用全国通用的普通话和规范的文字。"这个规定可以说是 1993 年以来西藏最为明确的一个双语政策。

---

① 丹增:《西藏教育》,1993 年特刊,第 3 页。

1994 年 10 月西藏自治区第五次教育工作会议召开,并于 12 月 21 日颁布了"西藏自治区党委和自治区人民政府关于《中国教育改革和发展纲要》的实施意见"(以下简称"纲要意见")。"意见"在谈及 1994 年到 2000 年西藏自治区教育发展的目标和任务时,其中有一条明确规定:重视藏语文教学,积极推行双语教学,做到藏汉语兼通,创造条件开设外语课。这个提法基本上是上述两个双语政策的继续。扬朝济在大会所作的"西藏教育工作报告"中,也提到要特别注意保证双语授课师资的培养及培训质量①。

在 1994 年召开的中央第三次西藏工作座谈会再次明确提出了"重视藏语文教学,积极推行双语教学,做到藏、汉兼通,创造条件开设外语"的语言教学方针。

为了进一步配合西藏双语政策,1996 年以后,西藏陆续颁布的一些教育政策几乎都涉及了这一问题。1996 年西藏自治区教委发布的"关于颁发《西藏自治区中小学办学条件标准》的通知"中,专门对中小学教职工的编制及师资配备作出了规定,其中有若干条都与双语教学有关。如,同时开设藏语文、汉语文、外文班级的中学,按每班 0.4 人增加教职工编制。同时开设藏语文、汉语文两门课程班级的小学,按每班 0.3 人增加教职工编制。对小学教师的配备要求是,除明确要求能够开出数学、自然、思想品德等课程外,特别强调要能开出藏语文和汉语文课程。对中学教师的配备要求是能开满课程计划规定的全部必修和选修课程,其中也包括重要的藏语文和汉语文课程。这些规定都可以看出对双语教学的重视。

在 1996 年颁布的《西藏自治区教育事业"95"计划和 2010 年发展规划》中,再次重申了要继续认真实施 1994 年自治区的"纲要意见",重视藏语文教学,积极推行双语教学。

1998 年,西藏自治区教委主任张荣扬在教育系统纪念中央第三次西藏工作座谈会四周年的大会上,在谈到 21 世纪的西藏自治区教育以及今后几年教育战线的重要任务时,也把双语授课体系和三语教学(藏、汉、英)两个问题纳入了西藏教育教学改革的范畴②。

---

① 扬朝济:《西藏教育》增刊,1995 年,第 87 页。
② 张荣扬:《西藏教育》,1998 年第 5 期,第 12 页。

1999 年,西藏自治区党委副书记丹增同志在西藏自治区传达"中共中央、国务院关于深化教育改革全面推进素质教育的决定"的大会上发表了《解放思想,真抓实干,努力开创我区教育改革发展的新局面》的讲话,在讲话的第三部分,丹增副书记又一次强调了西藏的双语教学问题。他指出:"要加强双语教学。藏语教学要高度重视,这既是落实民族政策的需要,也是继承民族传统的需要。我区的 90% 以上中小学生在农牧区,90% 是藏族学生,用他们的母语授课,可以达到事半功倍的效果。一定要加强藏语教学,改革教材、教学大纲和教学方法,提高教育质量;同时要上好汉语课,为学生今后的发展和走向打好基础。"关于双语师资问题,丹增副书记指出:"要加紧培养合格的'双语'师资。目前的双语教师数量不足,质量较差,不能满足教学要求,要努力为我区双语教学的开展、为素质教育的全面实施培养更多更好的双语教师。"①

1999 年 2 月,西藏自治区教委根据西藏的一系列双语政策要求,进一步阐述了今后西藏双语教育的有关思路,明确制定了有关的政策和具体的实施方案:

（1）关于实施双语教学的指导思想,西藏自治区教委指出,贯彻国务院批转的《面向 21 世纪教育振兴行动计划》的精神,以三个面向为战略指导,全面贯彻党的教育方针和中央第三次西藏工作会议提出的"重视藏语文教学,积极推行双语教学,做到藏、汉兼通,创造条件开设外语课。"的语言教学方针,着眼于民族长远利益和时代发展的要求,坚持从实际出发,实事求是,因地制宜。

（2）关于藏语文、汉语文两种语言文字的教学问题,西藏自治区教委指出,藏语文、汉语文是西藏自治区中小学民族学生的必修科目和考试科目。藏语文、汉语文的教学目标是使学生藏语、汉语兼通,为自身今后的发展打下基础。在中小学,首先要高度重视藏语文的教学,基础教育阶段,藏语文是藏族学生从小学一年级到高中的必修课程。汉语是我国各民族间交流的共同用语,是我国主要的信息载体语文。西藏自治区的教育要面向全国。加强汉语文教学,是民族团结的需要,是西藏自治区稳定、改革与发展的需要,是藏族学生自身发展的需要。能否使藏族学生做到藏、汉兼通,关系到西藏自治区基础教育的成败。藏族学生的汉语文课程学习,最迟应从小学三年级开始,有条件

---

① 丹增:《西藏教育》,1999 年第 4 期,第 19 页。

的地方学校,也应从小学一年级开始。

(3)关于教学用语体系问题,西藏自治区教委指出,在西藏自治区,教学用语的选择主要看是否有利于教育的普及,是否有利于提高教学质量,是否有利于民族的改革开放与进步事业,兼顾可能与需要两个方面。伴随着西藏自治区现代民族教育体系的不断完善和历史发展的客观趋势,西藏自治区基础教育阶段教学用语的总体模式设想是:小学阶段除个别城镇小学外,都将以藏语文授课;初中阶段,除少数城市学校外,均实行以藏语文授课为主,藏、汉语授课并存的双语授课体系;高中阶段,双语授课并存,再继续探索。

西藏自治区各地基础教育发展的情况差异很大,不同的地区、不同的学校,不同的班级,允许选择不同的教学用语的具体形式。允许、鼓励、支持第一线的广大教师、教育工作者积极探索,在教学实践中创造出符合班级学生实际学科的教学用语形式。

第三节　西藏双语教学的过去、现在和未来

一、西藏双语教学的历史回顾

(一)历史上的双语教育

根据一些学者的研究清政府曾在西藏举办了双语教育。特别是到了1905年联豫任驻藏大臣以后,在他的一再要求下,在拉萨设立了初级小学堂,学制初等为五年,高等为四年,招收藏汉族子弟入学。1906年联豫又在当雄设立了两所小学,专门教授汉语文和算术。联豫又鉴于驻藏大臣衙门里的汉人通晓藏语文、藏族人通晓汉语文的人太少,于1907年在拉萨增设了"藏文传习所"和"汉文传习所"各一所,选派汉族子弟专学藏语文,藏族子弟专学汉语文。为了巩固国防,联豫又在1908年在日喀则创办了陆军小学堂一所,学制一年,学生毕业后担任联豫在西藏所训练的新军队的一些官职。到1909年,在西藏共设立16所学堂。这些学校都同时讲授藏汉两种语文,分别以母语为基础,促进第二语言的学习①。

---

① 多杰才旦:《西藏教育》,中国藏学出版社1991年版,第46—47页。

　　清末民初拉萨创建的回民子弟小学,也讲授藏汉语文和阿拉伯文。民国时期,昌都、拉萨等地也都设有小学。特别是 1938 年由民国政府教育部建立的国立拉萨小学到 1946 年已达学生 300 名之多。学校有比较正规的教学秩序,课程设有藏文、汉文、算术、历史等,中文由喇嘛任教,汉文课本由民国政府教育部审定。由于学校主要进行藏汉双语的教学,毕业的学生一般能在实际生活中使用藏汉两种语言,成为了西藏文化建设的骨干①。

（二）1959 年以前的双语教育

　　和平解放前,西藏的教育为三大领主服务,为封建农奴制和宗教服务,接受教育的人仅限于上层子弟或富裕人家的孩子。西藏和平解放以后,党和政府根据十七条协议第九条关于"依据西藏的实际情况,逐步发展西藏民族的语言、文字和学校教育"的精神,开始在西藏逐步兴办现代教育,普通人民群众的子女接受教育的人数逐年增加。1951 年到 1959 年民主改革前,政府先后在拉萨、昌都、盐井、丁青、波密、察隅、日喀则、江孜、亚东、塔工、林芝、那曲等地建立了 13 所小学,学生 2600 多名。在教学中实行以教授藏语文为主,使用藏语文授课,同时讲授一部分汉语文的教学计划。1956 年西藏创办了第一所中学——拉萨中学,课程包括藏语文、汉语文、数学、物理、历史等。可见在西藏中学的双语教学不同于小学,它是把汉语文作为一门主课来安排教学的。

　　民主改革之前,西藏双语教育的另一种形式就是通过举办各种类型的学习班和培训班来完成的。1951 年进藏部队在进藏途中,就以汉文给藏文注音的方法学习藏语文。后来这些军人下地方工作后,大都能用藏语联系群众,宣传党的政策。1952 年后,西藏工委为了适应形势的需要,于 1952 年到 1956 年期间,举办了青年训练班、社会教育班、农业技术培训班、财会训练班、电影技术训练班、公路工程职工学习班、塔工在职干部业余文化夜校等。上述种种训练班,都广泛地采用了双语教学,迅速有效地为西藏的社会主义革命和建设培养了大批少数民族干部职工。1956 年,西藏自治区筹备委员会通过了《大力培养藏族干部的决议》,各基巧(相当于地区行署)办事处也都开办了各种形式的干部训练班。当时在西藏的成人职业技术教育中进行的双语教学是卓有成效的,从这种成人学校培养毕业的汉族学员初通藏语文,藏族学员初通汉语文。通过双

---

　　① 田家乐:《西藏教育》,1998 年第 3 期,第 12 页。

语教学,他们不仅学到了技术,而且能承担生产和生活简单的翻译任务①。

民主改革之前,西藏双语教育的第三种形式就是在内地兴办高等学校。1957 年西藏团校在内地成立,课程主要是汉语文和政治课,教学用语为汉语文。1958 年在陕西兴办西藏公学,学制五年,前三年有汉语文、藏语文、算术、自然常识、政治等,后两年加强政治课比重。教学用语主要使用汉语文,个别专业也使用藏语文。另外,对学校的汉族学生则集中学习藏语文,对中文程度较高的藏族学生则组成师训班,专门进修藏语文②。

(三)民主改革以后的双语教育

从 1959 年民主改革到 1965 年,是西藏现代教育的发展时期,同时也是双语教学稳固前进的时期。这期间西藏已经有公办小学近 50 所,民办小学1300 多所,中学 4 所,在校生 40000 多名。课程设置是:民办小学以藏语文和算术为主,公办小学另加一部分汉语文课。中学课程的设置和教学内容最初全部使用藏语授课,数、理、化、生物等课程随着内容的深化,逐步改用汉语讲授。对于藏语文教学,则完全尊重藏族传统的教学方法,但是在内容上剔除不利于民族团结的东西。为了解决藏语、汉语授课的衔接问题,西藏还对学制进行了改变,中学改为七年,其中一年为预备班,主要是突击学习汉语文和巩固数学知识。通过这样的双语教学,1963 年拉萨中学有八名学生考入了内地的重点大学③。总之这段时间仍然是继续贯彻小学用藏语授课的方针,并根据开课的需要,大部分地区从中学开始,逐步过渡到以汉语文为主,藏汉并重的授课形式④。

民主改革以后,促进双语教学的另外两个因素是师资的培养和双语文教材的发展。

为了更好地在西藏中小学实行以藏语文为主的藏汉双语教学,培养藏汉兼通的师资是西藏民主改革以后的当务之急。为此,西藏于 1960 年开始筹建西藏师范学校。1965 年又在原西藏地方干部学校的基础上创建了拉萨师范学校。此外还先后在各地区建立了专门的师资培训班,如拉萨师资培训班、日

---

① 田家乐:《西藏教育》,1998 年第 3 期,第 12 页。
② 《西藏民族学院学报》,1988 年第 3 期,第 3 页。
③ 《西藏教育》,1985 年第 2 期,第 50 页。
④ 《西藏教育》,1984 年第 1 期,第 30 页。

喀则师资培训班等。这些师范学校和师资培训班普遍设立了藏语文专业和汉语文专业。与此同时，还从内地引进了一部分师范院校的毕业生，一边学藏语文，一边进行教学工作。为了培养藏汉族语文师资、研究整理藏族文化的科研人才以及兼通藏汉双语的专业干部，繁荣和发展民族的语文、教育和其他各项事业，西藏还于1965年在西藏公学的基础上正式成立了西藏民族学院。开设了藏语、师范、农业等7个专业。学生入学后，凡没有达到中学文化水平的先在预科学习文化基础课，包括汉语文、藏语文等主要课程，然后才转入各专业学习。藏语专业的主要任务是进行藏语文专业的学习，要求本科生毕业后能够熟练地使用藏语文和汉语文，并能掌握语言科学知识，成为民族语言工作者、翻译和教师。招收的学生除了藏族外，还同时在内地招收汉族高中毕业生[①]。其他专业主要招收藏族学生，课程除了专业课程外，还有藏语文和汉语文。总之这些师范学校、师资培训班和高等学校的不同专业，为西藏培养了大批的既懂藏语文又懂汉语文、受过语言学基础训练的师资、翻译和语文工作者。这些人才成为西藏基础教育、汉语普通话的推广、藏语文研究、藏汉翻译的中坚力量，为发展西藏的双语教育作出了突出的贡献；同时还培养大批藏汉兼通的各种专门人才。他们为西藏的社会主义建设同样作出了重要的贡献。

民主改革以后西藏的双语文教材也有了长足的发展。在编译大量藏语文或藏汉对照的各类教材的同时，还出版了大量的汉文课本，同时还适时地引进了部分兄弟省区编译的藏汉对照的各科教材（汪永忠，《西藏教育》1984－1，31）。1960年西藏成立了专门的教材编译组，分别翻译藏语文和汉语文教材以及其他教材。到1963年，编译出版了民办小学藏语文课本1—8册，汉语文课本1—6册；公办小学的教材包括藏语文课本1—12册，藏文语法1册，藏文版数学课本1—12册，汉语文课本1—8册，藏文自然常识和地理课本各1册。引进的教材有：1950年青海省编译出版的藏、汉对照初小语文课本4册，算术1—6册，高小历史1—4册，高小地理1—4册，自然课一、二册。1956年出版的藏文初小、高小语文、算术、历史、地理、自然等7种教材。

1951年到1965年，在当时的历史条件下，虽然西藏的民族教育中已经存在双语教育的事实，但是，广大的民族语文和教育工作者都没有从科学的定义

---

① 《西藏民族学院学报》,1988年第3期,第3页。

上明确地认识到西藏教育中的双语教学问题,在各级各类学校中开展藏汉双语教育还没有成为大多数语文工作者、教育工作者和各有关部门的自觉行动,还没有把双语教育当成一门科学来教育,而且双语教育中的主要概念、术语均未建立起来。所以,这一时期作为西藏双语教育的初创阶段,是主要以学习、使用藏语文,同时学习和使用汉语文为特色的。60年代以前,无论是藏语文方针、政策上,或是藏、汉教材的编译出版、双语师资的培养等方面,都为西藏后来的双语教育打下了坚实的基础。

但是西藏这种还不完善、尚处于初创阶段的双语教学则由于"文化大革命"而受到了严重破坏。1966年文化大革命开始后,西藏的学校教育陷入混乱。整个藏语文工作处于停滞状态,不少藏语文机构被解散,1960年成立的民族教材编译室也被撤销。这段时期,虽然西藏的各级学校仍然在进行双语教学,但是在思想上和实际的教学活动中,都只偏重于汉语文教学,忽视了藏语文的教学和研究。与此同时,藏语文的使用也受到了严重的影响。

(四)80年代中、后期的双语教育及存在的问题

十一届三中全会后,藏语文的学习和使用重新得到了重视,藏语文的工作也得到恢复。随着西藏自治区与双语教学相关的各项语言政策的出台,双语教学的工作又逐步走向了正轨。这一时期双语教学的基本情况是:从三年级起,小学汉族班开始学习藏语文,教学要求比藏族低,小学藏族班开始学习汉语文(也有的小学从二年级开始学),教学要求比汉族低,课本是五省藏区合作编写的藏文教材和汉语文教材。到初中和高中,藏族学生除继续学习藏语文外,主要的课程如数学、物理、化学、生物等都用汉语授课。到中专和大学,学生不按民族分班,而是按专业分班,藏语文和汉语文都是西藏所有大学各个专业和绝大部分中等专业学校的必修课。藏语文教材由各院校自编或用五省藏区合作编写的藏文教材,汉语文各门课程使用全国统一教材,教学语言主要是汉语。

经过多年努力,西藏自治区的小学已经基本实现了用藏语授课,中专和高校也有了一些用藏语授课的学校和专业。初中也正在进行藏语授课的试点。通过五省藏区协作已编译了一套藏文中小学教材,培养了一大批藏族师资力量,积累了一定的藏语授课经验和教训。这为西藏教育工作学习使用和发展藏语文,建立以藏语授课为主的教学体系奠定了基础。与此同时,西藏还逐步形成了另一套以汉语授课的教学体系。这种双语授课体系之间的关系非常复杂，既互相依存，又互相混合交叉。

从小学到高等教育，汉语授课体系虽然已经建立，但是内部又存在着其他问题。其主要原因在于小学和中学教学用语的不平衡。西藏初中的新生多数来源于用藏语授课的小学，这部分学生的汉语文水平多数在初小左右的程度，很不适应初中以上的汉语授课，达不到学习中学所开课程所需要的汉语文能力。根据有关资料表明，汉语文教学较好的拉萨地区藏族小学毕业生，最多汉语识字量只有1700个左右，最少识字量只有450个左右，平均识字量达不到800字。即使上一年初中预备班补习汉语文，最多识字量也不足1800字，平均识字量只有1100字左右。如果从听、说、读、写等方面综合考察，对汉语文的掌握会更差。因此，西藏自治区多数藏族学生进入中学后，汉语文水平还远没有达到以用汉语文学习足的程度。当学生进入初中后，各科均用汉语文授课时，由于语言障碍，带来了教学上的一系列问题，结果自然是严重影响了藏族学生的学习质量。另外属于汉语授课体系学校中的藏族学生和大中专学校中的汉族学生虽然都开设了藏文课，但是由于受社会不重视藏语文的影响，藏语文课有名无实，致使许多藏族学生成了"四不像"，汉语文过不了关，藏语文也没有学好，外语就更差了。属于藏语授课体系的学校，在80年代中后期，小学已经基本做到了用藏语授课，但是初中和高中这个重要的阶段，初中只有一个藏语授课班，高中没有，几乎是空白（参见表1）。中专和大学阶段也只有1所中专藏语授课学校和2个大学藏语授课专业。因此可以说，从小学到高等教育西藏还没有完全形成系统的藏语授课体系①。

由于西藏的教学体系或者说双语教学体系之间存在着非常明显的不平衡，一方面是从托幼到高等教育系统的汉语授课体系的存在，另一方面又没有建立与此相对应的系统的藏语授课体系，结果是，属于藏语授课体系的一些学校只好依附于汉语授课体系来生存，而汉语授课体系的学校也不得不在藏语授课小学的基础上发展，即藏语授课小学的毕业生只能升入汉语授课的初中学习。如表2-1所示，1987年，藏语授课小学有2250所，但是藏语授课中学却只有1所，相反汉语授课小学有370所，汉语授课中学有40所，因此，从汉

---

① 《西藏教育》，1987年第2期，第5页。

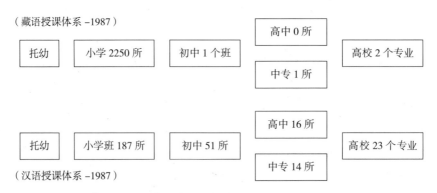

表 2-1　西藏双语教学体系

参见西藏自治区民族教育科学研究所:《西藏教育》,1987 年第 2 期;"教学体系现状图"及"各级各类学校(1959—989)"(《西藏社会经济统计年鉴》1990 年版,第 439 页。)

语授课小学的学生升入初中的机会要大,而藏语授课小学的学生升入藏语授课中学的机会几乎为零,最后只能选择汉语授课的中学,而且机会还非常的少。这种状况造成西藏双语教学的失衡。从宏观上说,在课程的设置上,藏语授课体系和汉语授课体系的内部都包含了双语教学的内容,这是西藏双语教学几十年来取得的成就。但是,在教学用语的布局上,藏语授课体系只是具备了小学的基础,而汉语授课体系从小学到大学已成系统,因此,我们认为,西藏 80 年代中后期的双语教育具有两个最明显的特征:一是课程的设置已经具备了双语教育的要求,二是教学体系中,教学用语的布局严重失衡,没有形成平衡的藏、汉双语教学体系。

　　另外我们还需要特别注意的是,这种失衡的藏、汉双语教学体系除了给西藏的民族教育带来了一定的负面影响外,对藏语文的学习和使用也是极为不利的。根据表 7-1 提供的数据,将藏语授课体系和汉语授课体系各个阶段进行比较,藏语体系和汉语体系学校数的比例分别是:小学 12:1,初中 0:51(1 个班:51 所),高中 0:16,中专 1:14,大学专业 1:11.5。这种严重的比例失衡说明:从初中开始,西藏藏语文的学习就开始严重削弱,相反,随着汉语授课体系的发展,汉语文的学习也远远超过了藏语文。

　　总之,由于在中学阶段对多数不懂汉语文或汉语文程度不高的藏族学生直接采用了汉语授课的办法,让学生完全接受汉语文的各科教育,结果这一时期的学生既没有掌握的藏语文,也没有学好汉语文,严重地影响了他们的文化水平,进而也严重地影响了西藏文化教育事业的发展,拉大了同汉族之间经济、文化的差距。

在这样的历史背景下,阿沛·阿旺晋美和班禅·确吉坚赞两位副委员长于 1987 年 7 月在西藏自治区第四届人民代表大会第五次会议提出了"关于《西藏自治区学习、使用发展藏语文的若干规定》的建议",指出:西藏不少的学校不学藏语文,或者不用藏语授课,或者轻视藏语文的学习,除了农村小学以外,城镇大部分的小学和中学以汉语单语教学的居多;语言使用的状况是:国家机关和企事业单位,只使用汉语文不使用藏语文,领导机关的方针、政策以及工作计划、重要措施不能在基层很好地传达贯彻,基层的许多情况和问题也难以顺畅地反映到领导机关。鉴于这种情况,两位副委员长在"建议"中提出了若干学习、使用发展藏语文的规定,以纠正西藏当时双语教学中出现的上述问题。1987 年西藏自治区发布《规定》,1988 年又颁布《细则》。这两个西藏地方法令都坚持在西藏"实行以藏文为主、藏汉两种语文并用"的指导思想,从而为 90 年代西藏建立新的双语教学体系拉开了序幕。

二、西藏双语教学的现状

(一)双语授课体系的建立和发展

由于西藏双语教学体系中存在着严重的失衡现象,因此,要改变这种状况,就必须首先在藏语授课体系的建立上下工夫。只有建立了从小学到大学系统的藏语授课体系,逐步达到与汉语授课体系相平衡的程度,西藏的双语教学才会真正走向健康、稳定、科学的道路。为此,《细则》第四章地十五条明确规定,在西藏自治区"要逐步建立以藏语文授课为主的教学体系。在建立这个体系过程中,应采取'新生新办法,老生老办法'的原则,分阶段、分层次、分学科地逐步过渡,慎重稳进。"但是,在当时的情况下,要建立以藏语文授课为主的教学体系,首先要做两件大事,一是要解决小学阶段的藏语文授课问题,二是要在中学阶段建立藏语文授课体系,这是问题的关键所在。从表 7-1 看,只有解决了这个问题,西藏的藏语文授课体系才可能真正解决中学阶段藏语文授课缺环问题,也只有建立了小学和中学藏语文授课体系,才能谈得上中专和高等教育阶段藏语授课体系的建立。

为了达到这个目的,从 1987 年开始,西藏自治区对全区的中小学进行了藏、汉分班,实行小学藏文班以藏语授课为主,根据实际情况,适当年级开设汉语文。到1992年,全区以藏语文授课的小学在校生人数已经达到177735,占小学在校生总数的92.7%,小学藏语文授课教师约有7062人,占小学教师总数的81.7%。到1993年,包括昌都地区在内的全区小学,民族学生已经基本实现了以藏语授课为主①。

1989年秋天,西藏自治区教委开始进行中学藏语文授课试点工作,在自治区拉萨中学、拉萨市一中、日喀则地区中学、山南地区第二中学开办了四个初中藏语授课试点班,共招收应届小学毕业生161名。初中试点班学制3年②,由能用藏、汉双语授课的教师任教,使用五省协作通编教材,按照自治区教委制定的教学计划开设藏文、汉文、数学、物理、化学、政治、历史地理、生物等12门课程。试点班的教学目标是要使学生达到藏、汉兼通。因此,在整个试点阶段,不仅加强了汉语文的学习,而且还开设了英语课,为学生的升学和就业开拓了广阔的道路。

表2-2　高中藏语文授课试点班课程设置

年级、周学时　　学科	高　一	高　二	高　三	授课总时数
政　治	2	2	3	184
藏语文	4	4	5	392
汉语文	5	5	5	460
数　学	5	5	5	460
外　语	3	3	3	276
物　理	3	3		204
化　学	3	3		204
生　物		3		102
历　史	2	2		136
地　理	3			102

---

① 《西藏教育》,1993年第6期,第10页。
② 当时西藏自治区的民族初中半基本上是四年制,预备班一年补习汉语文。

续表

年级、周学时　学科	高　一	高　二	高　三	授课总时数
体　育	2	2		184
劳动技术	每学年 4 周	每学年 4 周	每学年 4 周	
人口教育	8—12 总课时	8—12 总课时	8—12 总课时	
社会实践	每学年 1 周	每学年 1 周	每学年 1 周	
周课时总数	32	32	22	2704
选修课	2	2	12	424
课外活动	5	5	5	460
周活动总量	39	39	39	3588

资料来源：《西藏教育》1993 年第 2 期，《西藏自治区普通高中教学计划的调整意见》。

经过 6 年的努力，初中阶段的藏语授课试点工作取得了成功的经验，并于 1992 年在全区逐步铺开。可以说，1989 年到 1992 年，是西藏自治区藏语授课的试点阶段，而 1993 年以后，则真正进入了推广阶段。根据当时中学藏语授课教师十分缺乏的实际情况，经西藏自治区人民政府和藏语文指导委员会同意，1993 年，全区开办了 47 所初中藏语授课班，占当时初中新生班总数的 27%[1]。

1992 年，高中阶段的藏语授课试点班也开始举办。为了搞好高中藏语文授课试点班工作，西藏自治区教委专门下发了《关于办好高中藏语文授课试点班有关事宜的通知》，强调了自治区语委和教委对这项工作的管理和领导，提出了"把试点班学生培养成德、智、体全面发展的、两语兼通型人才，真正把试点班办成示范班"的要求。高中阶段的藏语授课试点班仍然是 4 个班，学生全部来自 1989 年秋举办的 4 个初中试点班。高中试点班使用会考必修教材，并增设了英语[2]。1993 年，西藏自治区高中藏语文授课试点班按期完成了教学任务，各项工作取得了初步成效[3]。

---

[1]　《西藏教育》，1993 年第 6 期，第 10 页。

[2]　当时国家已经建立了会考制度，所以试点班改用会考必修教材。

[3]　《西藏教育》，1993 年第 5 期，第 2 页。

到 1993 年为止,西藏自治区在经过 7 年多的中小学藏语文授课试点工作后,随着小学藏语文授课体系的建立和完善,随着中学初中阶段藏语授课试点班的开办和推广,随着中学高中阶段藏语文授课试点班教学任务的按期完成,西藏自治区已经初步建立了从小学到中学的藏语文授课体系,基本上解决了西藏由于中学阶段缺乏藏语文授课机制所造成的西藏双语教学体系严重失衡的现象,以藏语文为主的藏、汉双语授课体系也开始逐步实现。

随着中学藏、汉双语授课体系的逐步实现,进入 90 年代后,西藏自治区的中等专业学校和高校对藏语文的学习继承和发展工作也更加重视,它们为西藏的基础教育培养了一批藏语文授课师资,特别是从 1992 年开始,西藏的大中专院校实行了应届毕业生不分民族,凡藏语文不及格者不准毕业的制度。由于大中专学生在具备了相应的汉语文水平的基础上,又重视了藏语文的学习,所以毕业生基本上都达到了藏、汉兼通的程度①。应该说在 90 年代,西藏大中专学校的双语教学取得了很好的成绩。也正是因为这一点,从 90 年代的中期开始,西藏自治区从小学到高等学校的藏语文授课体系已经趋于完整。

表 2-3　藏语文授课试点班与普通班成绩比较

地区	班别	人数 平均分	政治	藏文	汉文	数学	物理	化学	人均总分	备注
山南	试点班	37	51.3	74.3	35	51.6	48	37.7	297.5	
	普通班	43	29.8	64.9	21.7	20.5	29.1	24.1	215.3	
日喀则	试点班	39	50	69.3	42.9	25.5	48.3	31.1	267.1	不含英语成绩
	普通班	30	31.5	58.5	32.2	33.8	39.1	24.4	219.4	
拉萨市	试点班	39	36.9	57.3	38.6	23.9	36.1	21	213.3	
	普通班	42	29.4	51.6	23.4	9.3	21.6	16.6	151.8	
拉中	试点班	35	44.3	66.1	42.9	17.4	47.2	36.8	254.7	
	普通班	35	38.2	57.8	34.1	11.3	28.4	19.1	188.9	

资料来源:《西藏教育》1993 年第 4 期,《我区初中教学用语试点与研究报告》。

① 《西藏教育》,1998 年第 3 期,第 14 页。

　　尽管这时西藏自治区的藏语文授课体系还处于初步的发展阶段,存在的问题还很多,还有待进一步的发展和完善,但是,这种授课体系已经受到广大农牧区学生的欢迎,并引起了社会的普遍关注。6 年间参与了藏语授课班试点的广大师生普遍认为,实行藏语文授课后,消除了教学中的语言障碍,使学生更容易接受和学习各科教学的内容,更有利于激发学生的学习兴趣,增强学生学习的信心,更有利于提高教学质量。在 6 年试点期间,从学生的学习成绩看,无论是在学校内部进行的统一考试,还是自治区全区性的统一考试,成绩都要好于汉语文授课班学生的成绩。1992 年为了检查初中试点班的教学质量,试点班的初中毕业生共 150 名参加了中考,考试结果有 121 名学生上线,上线率为 80.2%,而当年普通民族班考生的上线率仅为 27.3%,上线率远远高于当年全区考生的平均水平。1994 年报考区内外中专学校的少数民族学生有 3410 人,实际录取了 691 人,平均录取率为 20.3%,而藏语授课班试点班参加考试的有 321 人,实际录取 133 人,录取率高达 41.4%,比平均录取率高出 21 个百分点。1995 年,藏语文授课高中试点班的全体毕业生共 129 名参加了全区高考,有 103 名考生上线,上线率达 79.8%,而普通民族班考生的平均上线率仅为 39.34%,试点班比普通班高 40 个百分点①。

　　由于西藏自治区小学藏语文授课体系的建立和完善,由于中学藏语授课试点班的初见成效和逐步推广,从 1995 年以后,西藏的藏语文授课体系进入了一个稳定的时期。到 1999 年,西藏已经建立了符合西藏自治区实际的以藏语文为主的藏、汉双语教学体系。全区除少数城镇小学外,95% 以上用藏语文授课。初中阶段藏语文授课教学正在稳步推进,目前西藏全区中学有 102 个班的教学用语使用藏语,另有部分中学的部分课程也用藏语授课。在 102 个藏语授课班中,有初中班 93 个,高中班 9 个。具体分布格局是:拉萨市 35 个初中班,山南地区 35 个初中班、9 个高中班,日喀则地区 15 个初中班,昌都地区 5 个初中班,那曲地区 3 个初中班。全区初中藏语授课班在校生近 4000 人,占少数民族初中在校生总数的 13% 左右,高中藏语授课班在校生 381 人,占少数民族初中在校生总数的 5.7%②。

---

①　《西藏教育》,1995 年第 5 期,第 4 页。
②　《西藏教育》1999 年增刊,第 34 页。

（二）双语教学基本类型的形成和发展

西藏双语教学的类型不是孤立存在的,而是与西藏双语授课体系的建立和发展有着密切的关系。到目前为止西藏已经形成了以藏语文授课为主的藏、汉双语两种授课体系,因此,从授课用语的角度来进行分类,西藏的双语教学也相应地形成了藏语文授课加汉语文型和汉语文授课加藏语文型两种主要的类型。另外还有藏语文汉语文混用型和汉语文授课藏语辅助型等类型也在西藏的双语教学中被广泛运用。全面地看,藏语文授课加汉语文型是西藏双语教学的主体类型,汉语文授课加藏语文型次之,而其他的双语教学类型在整个西藏双语教学中所占的比例相对更小一些。

（1）藏语文授课加汉语文双语教学类型

实行这种类型的学校中各年级的各门课程全部使用藏文教材,使用藏语文讲授,汉语文仅仅作为一门课程从小学到中学毕业。

第一,小学藏语文授课加汉语文双语教学类型的发展

从历史的情况看,这种类型从 20 世纪的 50 年代一直到今天都贯穿于西藏的农牧区小学。在城镇,于 20 世纪的 50 年代以前创建的昌都小学、拉萨小学、日喀则小学等都是这种双语教学类型。60 年代后期到 70 年代末期,西藏的城镇小学的双语教学类型分化成了两种,一种是继续保持 50 年代以来的类型,另一种就是汉语文授课加藏语文的类型。这时前者所占的比例已经比较小,而后者所占的比例较大。80 年代初期和中期,小学民族班继续使用藏语文授课加汉语文双语教学的方法,在城镇小学教育中所占的比例也逐年增加,这时的民族小学有从一年级开始学习汉语文的,也有从二年级开始的。如表2-4 所示。

表2-4 西藏自治区中小学藏语授课班双语文课时（周时数）安排情况

年级 / 学科	小 学						初 中				高 中		
	一	二	三	四	五	六	一	二	三	四	一	二	三
藏语文	13	14	14	9	8	8	4	6	6	5	3	3	3
汉语文				5	5	6	13	9	6	6	5	5	5

资料来源:表4-5 均源于萨玛·加甲、罗永华:《发展中的民族语文教学》。

从 1987 年开始,西藏自治区对全区的小学进行了藏、汉分班,这时城镇属

于藏语文授课加汉语文双语教学类型的小学的比例进一步扩大,到 1992 年,西藏自治区包括城镇在内属于这种类型的小学在校生人数已经达到 177735,占小学在校生总数的 92.7%,授课教师约有 7062 人,占小学教师总数的 81.7%。到 1993 年包括昌都地区在内的全区小学民族班都属于这种类型。这一时期城镇的小学民族班从一年级开始学习汉语文,农牧区小学从四年级开始学习汉语文的都有。1999 年前后,随着西藏自治区小学藏语文授课体系的建立和完善,全区除少数城镇小学的汉族班外,藏语文授课加汉语文双语教学类型的小学达到了 95% 以上。根据西藏自治区教育事业统计资料显示,1998—1999 年度全区共有小学生 310220 人,因此到 1999 年接受小学藏语文授课加汉语文双语教学类型教育的小学生人数约为 294690 人[1]。

第二,中学藏语文授课加汉语文双语教学类型的发展

从表 1 中可以看出,在 1987 年以前,西藏的双语教学体系中由于中学阶段缺少藏语文授课这个重要的环节,因此,在 1988 年才提出了要建立中学藏语文授课体系的政策。从这个角度说,1988 年以前藏语文授课加汉语文双语教学类型的中学是很少的。1988 年以后,随着《细则》的贯彻,随着藏语文授课试点班的成功和推广,到 1993 年,全区属于藏语文授课加汉语文双语教学类型的初中班已经从 1988 年以前的 1 个班增加到了 47 个班,1998 年增加到了 102 个班,其中初中有 93 个班,在校生近 4000 人;高中 9 个班,在校生 381 人。根据西藏自治区教育事业统计资料显示,1997—1998 年度全区共有初中班 523 个,高中班 72 个,因此,1998 年,属于中学藏语文授课加汉语文双语教学类型的初中班约占全区初中班总数的 18%,高中班约占 13%[2]。

(2)汉语文授课加授藏语文型

实行这种类型的学校中各年级的各门课程全部使用汉文教材,使用汉语文讲授,藏语文仅仅作为一门课程从小学到大学毕业。

第一,中小学汉语文授课加授藏语文双语教学类型的发展

1960 年以前,西藏的小学教育还没有这种双语教学类型。60 年代到 70 年代的末期,随着西藏双语教学类型的分化,西藏的城镇小学中属于这种类型

---

① 西藏自治区教委:《西藏自治区教育事业统计资料(1998—1999)》,第 135 页。
② 西藏自治区教委:《西藏自治区教育事业统计资料(1997—1998)》,第 73 页。

的学校越来越多,在城市小学所占的比例也越来越大。80 年代末和 90 年代初期,由于属于藏语文授课加汉语文双语教学类型的小学在全区小学中所占的比例逐步增大,城镇汉语文授课加藏语文双语教学类型的小学始终处于比较稳定的状态,到 1999 年,大致维持在全区小学的 5%,在校生人数大约为15530 人。1990 年以前,属于这种类型的学校一般从 4 年级开始学习藏语文,见表 2-5。从某种意义上说,在西藏这种类型仅仅是对城镇小学的汉族班而言的。

表 2-5　西藏自治区中小学汉语授课班双语文课时(周时数)安排情况

年级 学科	小　学						初　中				高　中		
	一	二	三	四	五	六	一	二	三	四	一	二	三
藏语文				3	3	3	3	3	3	2	2	2	
汉语文	13	14	14	11	9	9	6	6	6	5	5	5	

1987 年以前,西藏的中学大都属于汉语文授课加授藏语文双语教学的类型,1988 年贯彻落实《细则》规定以后,这种类型的学校和班级逐年减少。到1998 年,属于这种类型的学校共有 430 个班,高中有 63 个班。另外,开办多年的内地西藏班,也都属于这种双语教学类型。

第二,中专和大学汉语文授课加授藏语文双语教学类型的发展

西藏的中专和大学,学生都不按民族分班而是按专业分班。各学校和专业都要学习藏语文,但是,有的学校把藏语文作为必修课,也有的学校没有作为必修课。1988 年后,按《细则》第十八条的规定,藏语文成为大学各个专业和绝大部分中等专业学校的必修课,并适当地增加了课时。像西藏大学除了将藏语文作为公共必修课外,还对不同专业的藏语文课时进行了专门规定,见表 2-6。大中专使用的藏语文教材,有学校自编的,也有五省区协作编写的。

(3)藏语文汉语文混用型

这种类型的主要特点是,学校的部分课程使用藏语文讲授,部分课程用汉语文讲授,藏语文和汉语文作为两门课程贯穿于中专或大学。

表2-6　西藏大学藏文系藏语言文字专业本科课程设置(1996)

课程类	课程名称	周学时数								总学时
		一年级		二年级		三年级		四年级		
		一	二	三	四	五	六	七	八	
公共课	德育	4								48
	法制			2						38
	中国革命史		4							72
	马克思主义原理				4					72
	民族理论与政策					4				76
	体育	2	2	2	2					134
	英语	4				4	4	4	4	260
专业基础课	现代汉语			4						120
	汉语文选			4	4					148
	汉文实用写作					4				76
	藏族史							4	4	128
	中国简史								4	56
专业基础课	因明学			4	4	4				224
	宗教源流概论						4			72
	翻译理论与实践					2	2			74
	心理学				2					36
专业课	文法	2	4							96
	外国文学							4		56
	诗学					4	4			148
	文学概论		4							72
	语言学概论		2	2						74
	民间文学概论								4	56
	藏族文学史						4	2		100
	藏文写作			4	4					148
	藏族古代文学							4	4	128
	藏族近代文学		4	4	4					220
	藏族现代文学	4								48
	比较文学								4	56

资料来源:《西藏大学各专业教学计划(1996年修订稿)》。

属于这种类型的学校主要是西藏中专或大学中的一些专业。当然也有一些大学都属于这种情况。如西藏医药学校、西藏卫生学校、西藏大学的藏语系和一些地方中师的藏语文职业就属于前者,而西藏藏医学院就属于后者。像西藏大学藏语系的专业课①中的藏族文学史、藏文写作、诗学、文法、藏族古代文学、近代文学、因明学、辞藻学、梵文释读等课程一般都是使用藏语文讲授,而公共课、专业基础课②中的中国简史、语言学概论、外国文学、现代汉语、中国革命史、民间文学概论等课程则使用汉语文讲授。见表2-6。

(4)汉语文授课藏语辅助型

这种类型的主要特点是,把藏语文和汉语文作为一门单独的课程开设,其余课程都使用汉文版教材。授课用语以汉语为主,藏语周围辅助教学用语。部分城镇小学及多数农牧区的中学采用这种双语教学类型,约占全区农牧区中学班总数的85%(自治区教委双语教学调研组,《西藏教育》1999-增刊,34)。

(三)双语授课师资的培养及教材的建设

(1)双语授课师资的培养

1989年颁布的《细则》中,有三条专门谈到了双语授课师资的培养问题。这与西藏建立双语授课体系的目标是一致的。其中的第十八条对西藏1990年后高、中师毕业生的藏语文水平进行了规定:原在汉语授课班的高、中师毕业生,藏语文应达到初小程度,并能做到能用藏语辅助解释所教课程的部分内容;原在藏语授课班的高、中师毕业生,藏语文应达到高中或高中以上的程度,基本上能用藏语文授课。

第二十条是1989年以后培养双语授课师资的具体步骤和做法:采取以区内为主,区内外相结合的办法,加速培养、培训藏语文授课师资队伍。第一,西藏大学从1988年起调整师范专业教学计划,加强用藏、汉语文结合教学,培养

---

① 根据《西藏大学各专业教学计划(1996年修订稿)》中藏语言文学专业四年本科教学计划的课程设置,专业课包括:文法、诗学、外国文学、藏族古代文学、藏族近代文学、藏族现代文学、藏文写作、语言学概论、比较文学、民间文学概论等。

② 公共课包括:中国革命史、马克思主义原理、德育、法制、民族理论和民族政策等;专业基础课包括:现代汉语、汉语文选、汉文实用写作、中国简史、藏族史、心理学、因明学、翻译理论和实践等。

使用藏语文教学的师资。第二,从 1989 年起,扩大区内师范专业招生比例。从 1993 年起,每年培养出能用藏语文教学的初中以上各科教师 250 名。第三,1989 年前入校的西藏大学师范专业的少数民族大专毕业生,一律回校学习两年藏语文,并研讨相应专业的初中教材。返回原单位后,持证上岗用藏语文授课。第四,从 1989 起,每年从内地西藏班初中毕业生中挑选 300 名学生在当地中师集中办班,继续加强藏语文的学习,毕业后保送到西藏大学再学习两年藏语文,并进行初中教材、教法的培训。大学毕业后全部到初中任教,用藏语文授课。第五,经 1988 年国务院第二次援藏会议确定,辽、皖、鲁、苏、津 5 年为西藏代培 1000 名少数民族师范生,一面学习专业,一面继续学习藏语文(藏语文教师由西藏选派),毕业后到中学任教,用藏语文授课。第六,抓好在职少数民族师资的培训工作。从 1989 起,西藏大学培训部每年培训 60 名用藏语文授课的各科教师。第七,西藏各地中师要加快对用藏语文授课的小学教师的培养和培训。从 1989 年起,凡培训后藏语文不及格者不予毕业。1988 年后招收的新生,毕业时必须胜任用藏语文授课①的要求。

自 1989 年以来,西藏自治区教委、各有大中专院校严格按照《细则》的要求,依据自治区培养双语授课师资的具体步骤和做法,经过多年的努力,双语师资的培养、培训工作已经初见成效。

西藏大学从 1989 年起开始扩招师范专业,重点培养初中双语师资。在学制上师范专业本科生为 4 年,前 3 年按大专 3 年制相应专业要求学习汉语文课程,每周学习藏语文课时不少于 6 节,第四年根据实际工作的需要集中学习藏语文,并用藏语文研究初中相应的学科教材,改进教法,加强实践②。另外,据《西藏大学各专业教学计划》(1996 年修订稿)显示,1995 年,西藏大学共有 29 个专业,其中双语师范专业 12 个,占全校所有专业的 41.3%,包括政治、历史、数学、物理、化学、生物、地理 4 年本科和 3 年专科。如果再加上藏语文、藏文新闻、汉藏翻译等 6 个本科和专科专业,西藏大学在 1996 前后年共有 18 个专业与双语教育有关,约占全校专业的 62%。

1995 年,西藏大学在修订双语各专业和其他非双语专业的教学计划时,

---

① 《藏语文工作》,1990 年,第 1 期,第 50—53 页。
② 西藏自治区教育厅全区中学双语教学和双语师资调研组,1998 年 7 月 15 日。

就双语各专业的培养目标提出了新的要求:政治、历史、数学、物理、化学、生物、地理本科专业的培养目标是:培养德、智、体全面发展的能从事中等学校上述课程双语教学的合格师资,而专科专业的培养目标则是分别培养德、智、体全面发展的能从事初中上述课程双语教学的合格师资;在政治方面,认真学习马列主义、毛泽东思想的基本原理,树立正确的世界观和科学的人生观,坚持四项基本原则,维护祖国统一,加强民族团结,遵纪守法,树立正确的专业思想,服从组织分配,积极地社会主义现代化建设服务;在专业方面,要掌握所学专业所必需的基本理论、基本知识和基本技能。了解所学专业的研究成果,了解中学所学专业教学的基本规律及教学法,具有运用藏汉两种语言讲授中学所学专业课程的基本能力、藏汉文翻译能力(政治专业)以及班主任工作能力。

对于其他非双语专业,西藏大学在修订教学计划时,除了在培养目标中专门将"初步掌握好藏语"作为专业要求外,还把藏语文作为公共必修课,提出了专门的藏语文公共课教学计划。这项藏语文公共课教学计划分别对双语师资班、一般师范专业和非师范专业的教学目标提出了不同的要求:第一,双语师资班的教学要求是:比较扎实地掌握藏语文基础知识,准确运用常用正字和语法,达到高中程度。具备一定的藏文写作、文字翻译能力和较高的藏文阅读能力,能基本独立翻译所学专业课程的专业术语,并能用藏语准确地表达专业所学的内容,在今后的中学教育岗位上能使用藏、汉两种语言进行授课。第二,一般师范专业的教学要求是:初中藏文班的教学以藏文初中教材中的正字、文法、应用写作、文学学习为主,重点加强藏文基础知识的训练,达到初中程度;藏文小学班的教学目标是,藏族学员达到小学三年级程度。汉族学员以学习藏语口语会话为主,掌握藏文的基本字母的组成、书写和拼读方法,至少掌握500以上常用单词的书写、造句和短句翻译。第三,非师范专业的教学要求是,藏族学生达到一般师范类初中藏文班的程度,内地生源本科班基本达到一般师范藏文小学班的程度,非师范班的汉族学员以学习藏语会话为主,掌握藏文200个以上常用单词的书写、拼读,具有一定的口头翻译能力①。

---

① 西藏大学教务处《西藏大学各专业教学计划〈1996年修订稿〉》,1996年7月。

表 2-7　1996 年西藏大学藏文公共课学时分配表

类别		学期	周学时数	总学时数	备注
双语师范专业	本科	1—6	4	416	
	专科	1—5	4	344	
一般师范专业		1—3	4	196	
非师范专业		1—2	4	120	
内地生源班		1—4	4	268	

资料来源:西藏大学教务处《西藏大学各专业教学计划〈1996 年修订稿〉》1996.7。

　　到 1998 年初已经培养了数、理、化等 7 个专业的毕业生近 900 人;培训部及其他系科按照自治区教委和《细则》的规定,也非常重视对在职双语教师的再培训工作。1999 年 9 月,政史系等根据自治区教委的部署,又开始对本校已经毕业的在职双语师资进行培训。经过 10 多年的努力,西藏大学已经承担起了西藏自治区培养、培训双语师资的主要任务,真正成为了西藏自治区的双语师资基地。

　　根据《细则》的有关规定,西藏自治区教委从 1990 年起,开始逐年对全区能用藏、汉两种语言文字授课的教师分学科进行了考试和考核。到 1994 年西藏自治区共进行了三次初中双语教师资格考试,有 99 人合格。按照《细则》第二十条关于双语教师可浮动一级工资的规定,这些合格的教师都浮动了一级工资①。

　　为了更好地培训双语师资队伍,各地市通过各种渠道培养、培训了一批双语师资队伍。山南地区教委为了办好藏语授课班,从 1989 年起,先后选派了一百多名藏语文水平较高的教师到内地学习专业知识,进行离职培训。同时各地市还在本地集中举办了多期在职藏语文教师短训班,有效地提高双语师资的教学水平。日喀则地区针对区内新培养的藏语文授课教师短时间内还不能满足需求的实际情况,也每年选送一定数量的教师到内地进行专业培训。这些做法对提高教师素质,缓解师资数量紧张状况起到了一定的作用②。与此同时,自治区教委还从内地中师班毕业生中每年选拔一定数量的优秀生到

① 　西藏自治区教育厅,藏教政人字[94]18 号文件。
② 　《西藏教育》,1993 年第 1 期,第 16 页。

西藏大学深造,也培养了一批初中藏语文授课师资队伍①。

表 2-8　1992 年西藏自治区在职初中藏语授课教师统计

地区学校 ＼ 科目人数	政治	历史	数学	物理	化学	生物	地理	合计
拉　萨	6	3	12	3	1	2	2	29
山　南	5	4	11	3	3	2	4	32
日喀则	7	3	26	5	4	4	2	51
林　芝	1		1				1	3
那　曲	2	1	1				1	5
昌　都	1	1	1					3
阿　里	1	1	2					4
拉萨中学	1	1	5	3	1	2	3	16
合　计	24	14	59	14	9	10	13	143

资料来源:藏教委字(92)48 号文件。

　　根据《细则》有关双语授课师资的培养步骤,自 1989 年这项工作正式启动以来,到 1993 年,西藏初中双语师资已经达到近 250 名,并每年以 100 名以上的速度向上增长(西藏自治区教委藏语授课问题调研组②,到 1995 年,已经培养了近 500 名双语教师。据西藏自治区教委专题调研组的调查,到 1998 年,全区约有初中双语教师 1500 人,比 1993 年增长了 6 倍。

　　加速培养、培训双语师资,是西藏顺利开展双语教学的重要保证。到 20 世纪末,西藏双语师资的培养虽然已经取得了巨大的成绩,但是离双语教学发展的要求还存在着较大的差距,因此,在 1999 年 2 月,西藏自治区教委根据西藏的一系列双语政策,就今后双语师资队伍的建设问题提出了新的思路。

　　首先,继续把西藏大学作为培养西藏自治区中学双语师资的重要基地,在经费投入上优先保证,重点扶持,不断改善其办学条件,加强该校师资力量建设。不断改革完善培养双语师资的方式,重点加强双语师资的素质,培养一批素质较高,下得去,留得住的双语师资队伍。第二,委托有关院校为西藏自治区培养双语师资,走区内外相结合培养双语师资或五省区协作培养的路子。

---

① 《西藏教育》,1995 年第 5 期,第 5 页。
② 《西藏教育》,1993 年第 1 期,第 16 页。

第三,从区外藏区院校引进部分双语师范毕业生,聘请骨干教师来西藏自治区培训双语师资,或把中学教师和部分双语师资送到有关院校进修深造。第四,以西藏大学为主,对现有在职双语师资进行一次全员脱产培训,提高双语水平,提高专业水平。目前这些工作正在有序地实施。

(2)西藏双语教材的建设和成就

自西藏和平解放以来,在党和政府的关怀下,藏语文事业有了很大发展,它不但继承弘扬了民族优秀传统文化,而且融入了现代科学文化内容。作为现代社会交际工具,藏语文课程教材,从无到有,逐步形成了中小学完整的教材体系,为藏语文的教学提供了良好的保障。从 1980 年开始,西藏以最快的速度完成了从小学到高中的全套藏语文课本的重新编写工作。1982 年西藏、青海、甘肃、四川、云南五省区藏文教材编写协作领导小组成立。1983 年完成了中小学 65 种教材的编译修订再版任务。1988 年小学六年制全套编译教材全部出版。此外,还编译、出版、发行了藏文小学各科教学大纲、教材及部分教学参考书共 222 种,计 1662 万字。另据统计,从和平解放到 1988 年,西藏共编译出版了 200 多种中小学教材,共印刷了 3000 万册中小学教科书,其中绝大多数是藏文教材。全部中小学教材都实行免费供应。这些教材的建设,使西藏教育史上第一次有了本民族的统一完整的中小学各科教学用书,为西藏的中小学开展双语教学提供了方便条件,促进了西藏教育事业的发展。

为了配合西藏双语教学体系的建立,1989 年颁布的《细则》中,又再次谈到了西藏双语教材的建设问题。其中第二十一条提出的几个重要目标尤为重要:第一,要加快藏语教材编译步伐,充实编译力量,成立自治区教材编审协调委员会,力争两年内完成初中主要科目的藏语教材编译任务。第二,1994 年前力争完成高中主要科目及中师主要科目的藏语教材的编译任务。第三,1995 年完成中师以外的中专学校所需的部分专业和多数公共课的藏语教材的编译任务。第四,1997 年前完成高等学校文科、公共课藏语教材的大部,在此基础上逐步完成其他专业基础课和专业课藏语教材的编译任务。另外,第二十二条关于开发中小学藏语文电教教材软件的内容也与西藏双语教材的建设有关。

随着教育体制改革和九年义务制教育的推行,国家加快了学校设施建设、师资建设和教材建设的步伐。80 年代末,国家开始编写新的教学大纲和教材,90 年颁布大纲,93 年开始在起始年级(小学初中两个起始年级)使用。在这样的情况下,过去编译出版的双语教材已经不再适应新的教育发展形势,为了及时调整藏语文教材的编译、出版和发行工作,为了尽快达到《细则》提出的上述双语教材的建设目标,1991 年,按照《细则》的要求,西藏自治区教材审查委员会首先成立,同年 5 月,西藏相关人员参加了在西安召开的五省区藏文教材编写协作会议。这次会议根据国家教委提出的"九年义务教育藏、汉文教材配套建设、同步供书"的要求,确定了教材编写协作分工任务,西藏承担了小学和中学 14 门课程 328 种教材的编译任务。

西藏自治区教材编译中心在编译上述协作教材的同时,根据西藏建立双语教学体系的需要,还对藏、汉双语教材进行了全面的改革。从 1991 年开始,经过 1 年多的努力,到 1992 年 5 月,小学、初中、中师的藏语文教学大纲和编写提纲经自治区教材审查委员会审查通过。到 1995 年,初、高中藏语文教材已经配套出齐,小学教材编译到三年级。

从整体上说,1993 年到 1998 年的 6 年间,西藏的教材建设主要做了 3 个方面的工作:

第一是九年义务教育新译藏文教材的建设。6 年间共翻译、出版、发行了 172 种新译藏文教材。具体包括:数学、自然、美术、音乐、社会、劳动、体育、劳动技术、思想品德、思想政治、代数、地理、几何、化学、化学名词术语等课本和与之相配套的教材参考以及部分学科的教学大纲。第二是新编九年义务教育乡土教材的建设。6 年间共新编、出版、发行了 141 种藏、汉双语教材。具体包括:小学、初中、高中、中师藏语文和汉语文,小学、初中劳动技术、美术、音乐,初中历史、生物、地理、藏族简明历史,高中会考藏语文教材等课本和与之相配套的教参以及部分学科的教学大纲。第三是九年义务教育新译藏文教材和新编乡土教材的再版建设。6 年间共新编、出版、发行了 764 种课本、教参和教学大纲[1]。

到 1999 年,西藏自治区已经完成了从小学到高中共 16 门学科的 181 种课本,122 种教学参考书,16 种教学大纲的编译工作,基础教育阶段的教材已经达到与汉文教材"配套建设,同步供书"的目标[2]。

---

[1] 西藏自治区教材编译中心:《九年义务教育 1993 秋季至 1998 年春季完成基层统计表》,1998 年。

[2] 丹增:《目前我区藏语文工作的基本情况》,1999 年 4 月 16 日。

　　为了统一全区学校各科教学中的专业术语,西藏教育部门与有关单位合作,编译审定了《政治术语藏文词典》、《物理术语藏文词典》、《数学术语藏文词典》、《生物术语藏文词典》、《化学术语藏文词典》、《地理术语藏文词典》、《体育术语藏文词典》、《历史术语藏文词典》等 8 种专业术语词书,共收录藏文专业术语 12 万条,其中有 5.8 万条藏、汉、英三种文字对照的专业术语词汇。为了扩大指示的藏语文课文读物,自治区教委还组织翻译了 55 种中小学爱国主义教育图书,共计 440 万字,发行约 55 万册。

表 2-9　1998 年西藏秋季双语教材完成品种

品种	序号	教材名称	类别	再版册次(108 种)
藏文新译品种	1	九年义教小学数学	课　本	第 10 册
	2	九年义教小学自然	课　本	第 10 册
	3	九年义教小学思想品德	课　本	第 10 册
	4	九年义教小学思想品德	教　参	第 8 册
	5	九年义教小学自然	教　参	第 8 册
	6	九年义教小学数学	教　参	第 8 册
	7	九年义教小学社会	课　本	第 4 册
	8	九年义教小学美术	课　本	第 8 册
	9	九年义教小学音乐	课　本	第 8 册
	10	九年义教初中音乐简谱(修订)	课　本	第 2 册
	11	九年义教小学数学(修订)	课　本	第 2 册
	12	九年义教小学数学(修订)	课　本	第 4 册
	13	九年义教小学数学(修订)	课　本	第 6 册
新编乡土教材	1	九年义教小学藏语文	课　本	第 10 册
	2	九年义教小学自然	教　参	第 10 册
	3	九年义教小学汉语文	课　本	第 10 册
	4	九年义教小学汉语文	教　参	第 10 册
	5	九年义教小学汉语文	练习册	第 10 册
	6	九年义教小学汉语文(修订)	课　本	第 2 册

资料来源:西藏自治区教材编译中心:《九年义务教育 1993 秋季至 1998 年春季完成基层统计表》。

　　西藏双语教材的建设经历了从 20 世纪 60 年代的初创,到 80 年代的繁荣和 90 年代的改革完善的过程,2000 年以后已经进入了一个相对稳定的时期。另外,与此相对应的其他媒体的配套教材在 20 世纪的 90 年代中后期也开始出现。1996 年以来,西藏自治区电教馆开始把电视教材的建设纳入中心工作,加强了领导和统筹规划,并采取引进和自制相结合的办法,积极推进与九年制义务教育文字教材相配套的电教教材的建设,到 1998 年,已经逐步形成了包括双语在内的电教教材体系。

1998 年初,西藏自治区电教馆录制完成了《小学数学》、《小学自然》第 1—6 册双语投影片教材,并在此基础上完成了《小学数学》、《小学自然》7—11 册双语投影片的前期设计、画稿及审定工作。完成了与九年制义务教育文字教材相配套的《小学藏语文》1—4 册录音教材的录制工作。完成了两部小学生日常行为规范教育电视片《小德吉的故事》和《做文明礼貌的小学生》的文字翻译和编辑工作。到 1998 年底,已经发行了 115 套电视教材投影片,其中《小学数学》和《小学自然》各 50 套,《小学藏语文》15 套,复制录像带 450 盘①。

1999 年,西藏自治区电教馆又完成了《小学藏语文》5—8 册录音教材的录制以及《小学数学》、《小学自然》第 12 册双语投影片教材的设计、画稿和翻译等工作。到 1999 年底,西藏自治区电教馆共拍摄了 600 多个小时的小学、初中藏语文教学录像片,自制的小学各科藏语文投影片近 500 多张。这些藏语文教学带和投影片在当地教育电视节目中反复播出后,为学校的教改发挥了积极作用。

客观地说,到 20 世纪末,西藏双语教材的建设已经取得举世瞩目的成就,但是,由于藏语文教学中还存在着方法陈旧、手段落后、课时多、效率低、不适应其他学科教学需要等问题,因此,还必须深化对双语教材的改革。为此,西藏自治区教委提出了新世纪西藏自治区双语教材的改革思路:首先,要研究作为拼音文字的共性规律,研究其他民族母语教学的共性规律,努力使藏语文与现代教育课程体系相适应,与现代社会发展的需求相适应,与其他学科教学相适应,与藏语文专门人才的培养要求相适应。遵循教育发展规律和心理学原理,改革传统的知识结构和体系,实现藏语文教材和教学的现代化。其次,要

---

① 《西藏电教》,1991 年第 1 期,第 5—10 页。

从藏族学生学习第二语言的规律和特点出发,改革西藏自治区的汉语文教材。要按学习第二语言的共性规律进行教学,要首先突出听说能力的培养①。

第四节　西藏的双语使用与科学文化事业的发展

一、双语在新闻、出版事业中的运用

新中国成立后,在发展汉语文新闻出版、广播事业的同时,作为新中国新闻事业组成部分的民族新闻事业也有了新的发展。而新闻、出版和广播的群众性、广泛性也必然会对我国的双语现象的发展起到极大的促进作用。正是在这样的文化背景下,从 1951 年开始,双语在西藏新闻、出版和广播事业中的使用范围越来越广泛和深入,它一方面极大地促进了西藏双语现象的发展,同时,对于西藏文化事业的发展也起到了积极的作用。

表 2-10　西藏自治区藏、汉双语报纸出版数量　　（印数:千印张）

年份	合　计		汉文版		藏文版	
	种数	印数	种数	印数	种数	印数
1971		10109		52206		4903
1972		12723		6820		5903
1973		13767		6534		7233
1974		16984		7937		9047
1975		20952		8867		12085
1976		26664		15570		11094
1977		28192		10684		17508
1978		26669		10112		16557
1979		23153		9102		14051
1980		20739		8342		12397
1981		15129		5788		9341
1982		15167		6593		8574

---

①　西藏自治区教委文件:《西藏自治区教委双语教学情况汇报》,1999 年 2 月 12 日。

续表

年份	合　计		汉 文 版		藏 文 版	
	种数	印数	种数	印数	种数	印数
1983	6	17251	3	6854	3	10397
1984	6	17253	3	7329	3	9924
1985	13	16529	6	9035	7	7494
1986						
1987	10	15121	5	8103	5	7018
1988	11	15446	5	8177	6	6869
1989	12	14782	6	8973	6	5809
1990	11	13441	5	7493	6	5948
1991	13	15535	6	8851	7	6684
1992	14	16454	7	9325	7	7129
1993	15	15377	8	9072	7	6305
1994	15	27004	8	15451	7	11553
1995	15	27207	8	15593	7	11614
1996	10	28690				
1997	12	26739				

资料来源:《西藏统计年鉴》,中国统计出版社 1998 年版。

(一)双语新闻事业的发展

西藏最早出现的双语报纸是《新闻简讯》。汉文为 4 开 4 版,藏文为 32 开月刊,1953 年 10 月藏文改为半月刊 4 开 4 版,以后又改为周刊。1954 年以后汉文和藏文先后改为铅印。藏文也由周刊改为双日刊。《新闻简讯》主要刊登新华社的国内外重要新闻,同时刊登西藏的时事。大部分内容为汉藏合璧。

1956 年汉藏两种文字的《西藏日报》同日创刊发行。《西藏日报》同《新闻简讯》一样,主要刊登新华社的国内外重要新闻,一般是汉藏文对译,或进行一定的编辑后再翻译;同时刊登西藏的时事新闻,这一部分内容有汉藏对译的,也有一部分藏语来稿。1973 年后,西藏地方的新闻主要选用记者和通讯员的藏文来稿,对新华社的电讯稿,除具有文献性质者外,一般根据藏文报读者的接受程度,在精心挑选的基础上,作深入浅出的改写,然后再翻译成藏文。1990 年以后,《西藏日报》藏文版发行近 2 万份,汉文版发行近 3 万份。《西藏

· 150 ·

日报》自创刊以来,培养了一批能使用汉藏两种文字采访、编辑的藏族和汉族记者和编辑,还坚持编辑出版藏汉文合璧的业务刊物《西藏日报通讯》,为藏汉文《西藏日报》的发展起到了积极的作用。

十一届三中全会以后,西藏的新闻事业发展很快,报纸的数量和种类也逐步增加。先后创办了《西藏科技报》、《拉萨晚报》、《西藏青年报》和《日喀则晚报》等10多种报纸。1979年10月,藏、汉文版《西藏科技报》正式创刊,该报为4开4版,半月刊。创刊初期发行量为5000份,1987年汉文版增加到2.5万份,藏文版达1.5万份。《西藏科技报》以宣传党的科技方针、政策,宣传辩证唯物主义为宗旨,报道和介绍西藏的科技成果、生产技术、科学管理、农业生产常识,介绍西藏独特的地质地貌、藏医藏药及风土人情、历史文物等。读者对象是科技工作者、具有初中文化程度的干部、工人和农牧民群众。

藏、汉文版《拉萨晚报》创刊于1985年7月1日。1986年公开发行。1987年订户达5000多个。《拉萨晚报》是中共拉萨市委的机关报。藏、汉文版《西藏青年报》由西藏自治区团委主办,1985年创刊,4开4版,半月刊,每期发行1000份,全部赠阅。藏、汉文版《日喀则晚报》创刊于1987年10月,是中共日喀则地委的机关报。其他藏、汉文版的报纸还有《西藏广播电视报》[①]、《昌都报》等。根据统计,1983年,西藏仅有藏、汉版的报纸3种,其中汉文版总印数6854印张,藏文版总印数10397印张;到1995年增加到7种,其中汉文版总印数15593印张,藏文版总印数11614印张。[②] 详见表2-10。1999年发展到12种。

(二)双语出版事业的发展

表2-11　西藏自治区藏、汉双语杂志出版数量　　(印数:千册)

年份	合　计		汉文杂志		藏文杂志	
	种数	印数	种数	印数	种数	印数
1978	4	74	4	74		
1980	7	835	4	512	3	316

---

① 周报,1989年创刊,1990年正式发行。
② 达瓦顿珠:《西藏统计年鉴》1998年版,第287页。

续表

年份	合 计		汉文杂志		藏文杂志	
	种数	印数	种数	印数	种数	印数
1981	8	898	5	522	3	376
1982	12	803	6	430	6	373
1983	8	284	4	114	4	170
1984	8	328	6	208	2	120
1985	14	417	8	298	6	119
1986						
1987	12	218	66	107	6	111
1988	17	277	9	181	7	96
1989	15	217	7	137	8	80
1990	16	205	7	96	8	106
1991	18	299	8	109	9	187
1992	26	355	14	220	11	133
1993	26	297	15	171	11	126
1994	23	293	12	181	11	112
1995	23	286	12	182	11	104
1996	21	252				
1997	20	290				

资料来源:《西藏统计年鉴》,中国统计出版社 1998 年版。

第一,双语期刊的发展　西藏自治区为了促进西藏文化和藏学研究事业的发展,自 1976 年以来,先后创办了一些文艺和学术刊物,这些刊物一般都是藏、汉两种版本,有些期刊的内容有一部分的对译,有的则大部分的对译,也有的是全部对译。

如《西藏文艺》(1976 年创刊,后改为《西藏文学》)、《西藏研究》(1981 年创刊)、《西藏教育》(1986 创刊)、《山南文艺》(1987 年创刊)、《半月谈》、《求实》、《西藏民族宗教》(1992 年创刊)、《西藏艺术研究》(1989 年创刊)、《西藏纪检》(1990 年创刊)、《邦锦梅朵》(1977 年创刊)、《党的生活》(1990 年创刊)、《雪域文化》(1989 年创刊)、《藏语文研究》(1991 年创刊)、《藏语文工作》(1990 年创刊)、《主人》(1990 年创刊)、《西藏民兵》(19? 创刊)等。根据统计,1980 年西藏只有 3 种藏、汉语期刊,到 1995 年已经发展到 11 种。见表 2-11。

第二,双语图书出版业的发展　西藏自治区自 1971 年成立出版藏、汉两种文字、以藏文为主的西藏人民出版社后,还翻译出版了大量的藏汉对照的书籍。根据西藏人民出版社的统计,1972 年,该社仅有 20 个藏语品种,17 个汉语品种,到 1996 年藏语图书品种已经达到了 42 个,而汉语图书品种也达到了 38 个。西藏人民出版社对藏族丰富的文化遗产,积极慎重地作了挖掘、收集、整理、翻译、出版工作,重点整理出版了一批古典名著,包括佛经、藏医藏历、历史、宗教、传记、民间文学等,其中《甘珠尔目录》《青史》《红史》《新红史》、《萨迦世系》《朗氏家族史》《四部医典》《四部医典系列挂图全集》《土观宗派源流》《颇罗鼐传》《米拉日巴传》《勋努达美》《候鸟故事》《萨迦格言》等都有藏语版和汉语版。

表 2-12　西藏藏、汉文图书的出版物情况　　　（单位:万册）

年　份	合　计	汉　文	藏　文
1978	306.0	61.0	245.0
1980	359.0	159.0	200.4
1981	301.0	88.5	212.5
1982	284.0	88.0	196.0
1983	342.0	169.0	173.0
1984	367.0	218.0	149.0
1985	310.0	96.0	214.0
1986	293.0	124.0	169.0
1987	378.0	153.0	225.0
1988	301.3	117.8	183.5
1989	371.8	124.9	246.9
1990	435.3	225.3	210.0
1991	363.4	114.1	249.3
1992	367.9	118.7	249.2
1993	416.4	108.4	307.9
1994	307.9	121.6	186.3

续表

年　份	合　计	汉　文	藏　文
1995	402.4	94.1	308.3
1996	450.0		
1997	349.2	87.2	262.0

资料来源:《西藏统计年鉴》,中国统计出版社1998年版。

1989年以来,西藏人民出版社还抢救出版了近30种藏文版《格萨尔王传》,其中有一部分已经翻译成汉语出版。与此同时,这家出版社还把其他汉文等名著翻译成藏语,如《水浒传》、《红楼梦》、《一千零一夜》等,促进了西藏双语图书出版事业的发展。近30年来,西藏人民出版社还翻译了大量藏、汉对照的图书和期刊,如翻译了大量的马恩列斯的著作、毛主席、刘少奇、邓小平等党和国家领导人的著作,以及其他一些方针政策性文件、政治学习资料和文学艺术、经济、科技等各个方面的书籍①。

(三)双语在广播、电视、电影领域的运用

除藏、汉双语报刊和出版物有了蓬勃的发展外,西藏自治区的藏、汉双语广播、电视和电影事业也有了新的发展,尤其是西藏的藏、汉双语广播和电视事业有了质的飞跃。

(1)双语广播事业的发展

西藏人民广播电台创建于1959年,当时只有一套节目,用藏语和汉语普通话交替轮流播音。每天播出时间是8小时。广播内容主要是转播中央人民广播电台的《新闻联播》、《新闻和报纸摘要》、《国际生活》等,同时还有自办的《地方新闻》、《科学常识》等。1966年后藏汉语节目分别由各个组编排,由藏语播音组和汉语播音组分别轮流录音播出。藏语节目由藏语组编排,采通组统一组稿、采写,藏汉语节目共同使用稿件,同时各有侧重。文艺组统一编辑藏语、汉语文艺节目。全天播音时间增加到了11小时15分。

1973年自治区党委正式批准西藏人民广播电台改为藏语和汉语两套节目分开播音,全天播音时间增加到24小时15分。这是西藏广播史上的一次重大举措和飞跃。当时藏语节目全天播音3次,共12个小时。节目设置有:

---

① 1978—1997年西藏藏、汉文图书的出版物总的情况。请参见表12。

《学习马列主义和毛主席著作》、《对农牧民广播》、《学科学、讲卫生》、《简明新闻》、《对流落国外的藏胞广播》、《文艺园地》等。汉语节目全天播音 2 次,共 13 个小时零 5 分。自办的节目有《全区新闻联播》、《新闻》、《高原建设者》、《对人民解放军广播》、《文艺节目》等,同时转播中央人民广播电台的中央人民广播电台的《学习马列主义和毛主席著作》、《新闻和报纸摘要》、《各地广播电台联播》、《国际新闻》、《科学知识》、《对工人广播》等。

1978 年,西藏人民广播电台在藏语节目中用 30 分钟增设了《昌都地方语广播》栏目,使昌都地区的几十万群众能够用当地语言更好地听懂广播节目的各种内容。1983 年在拉萨召开了首届全国藏语文艺广播会议。随后开辟了固定栏目《说唱连续广播》,开播了《听众点播》、《广播剧院》、《空中雪莲》、《藏族音乐》、《兄弟民族音乐》等综合文艺节目。1987 年藏语节目又增加了《简明新闻》、《国际简讯》、《雪域佳音》、《理论与实践》、《西藏历史知识讲座》、《少儿节目》等。当然,十一届三中全会后,汉语的广播也得到了相应的快速的发展。《高原子弟兵节目》、《在世界屋脊节目》、《西藏新闻》、《全区新闻联播节目》继续得到了加强和改进。为汉族干部举办的学藏语的《藏语广播讲座》从未中断,《英语广播讲座》也第一次在汉语节目中播出。西藏双语广播事业还得到了内地各省市兄弟单位的大力支持。多年来,各省市援藏的业务人员不断加强西藏人民广播电台汉语节目的编、采播力量。近几年强大的广播网的建设、收听工具的增加、发射台的改造完成,都为藏、汉双语广播的大发展提供了更加广阔的前景,特别是藏、汉语双语节目上行到卫星转发,更加扩大了广播的覆盖面。

(2)双语电视事业的发展

西藏电视台成立于 1985 年。当时只有电视台 1 座,电视转播台 59 座,卫星地面站 8 座,电视人口覆盖 32%。1988 年西藏第四次广播电视工作会议召开,会议提出了今后西藏广播电视事业的建设目标:到世纪末,在西藏建成一个符合实际的,广播和电视相结合、城市和农村、对外和对内并重,以藏语为主的社会主义现代化广播电视宣传网。到 1990 年西藏已经有电视台 2 座,电视转播台 76 座,卫星地面接收站、收转站 279 座,电视人口覆盖 35%。1995 年,西藏自治区有线电视台成立,随着中央电视台加密电视的播出,推动了有线电视台藏、汉双语电视的发展。到 1996 年入网户已经达到 6000 多户。1996 年光缆开通后,到 1997 年入网户增加到 2.6 万多户。与此同时,各地市县有线电视也发展很快,从 1995 年到 1997 年,山南、昌都、那曲、日喀则、林芝有线电视网先后投入使用。各县所在地的有线电视网也逐步建立,到 1997 年,40 多个县建立了有线电视网,全区入网用户约 6 万户,覆盖人口近 10%。随着自治区到县级垂直电视网络的建立和完善,西藏自治区已经基本形成了完整的藏、汉双语电视网络。

1996 年西藏广播电视译制制作播出中心建成并投入使用。为了全面促进双语电视的发展,自治区政府要求广电中心在今后几年要实现以下目标:"九五"期间自治区广播电台和电视台的译制制作能力要分别在现有的基础上增加 100%,广播和电视节目的年译制量要分别达到 3400 小时和 800 小时;广播人口覆盖率要从现在的 55% 提高到 80%,电视台,电视人口覆盖率要从现在的 50% 提高到 60%;自治区广播电台,各地市广播电视台、转播台争取与中央人民广播电台和中央电视台同步播出汉语或藏语节目。从 2001 年到 2010 年,继续增加藏语节目的译制制作量,逐步实现 24 小时播出。到 1996 年底,全区共有电视台 2 座,电视转播台 90 座,县级调频转播台 53 座,乡镇广播电视站 971 座,卫星多么接收站 1500 多座,电视人口覆盖率达到 50%。

西藏电视台从 1979 年开始进行彩色电视试播,每周播出 8 次,每次 5 小时,大部分内容是从中央电视台录制的汉语节目。到 1985 年电视台正式成立,共拍摄了 2870 多条电视新闻,50 多部电视专题纪录片。制作了《还愿》等 16 部电视剧。从 1989 年开始,除了了完整地转播中央电视台的一套节目外,还自办了两个频道的节目,一个频道是面向全区的藏汉语混播的卫视节目,另一个频道是面向拉萨地区的藏汉语混播节目。每天中午和晚上播出。从 1989 年西藏电视台开始使用两个频道播出以来,已经由播出次数较少、内容很不完整、质量较差的电视台,逐步变成节目配套,构成合理,播出完整、正规、质量有较大进步,具有新闻、专题、文艺、服务、教育等 5 大类的藏、汉双语节目的省级电视台。

(3)双语电影事业的发展

西藏的双语电影开始于民主改革前夕。从 1959 年到 1965 年开始进入初步的发展时期。1965 年到 1977 年是西藏双语电影机构的完善期和农牧区电影的起步期。1978 年到 1992 年,西藏的双语电影迎来一个繁荣的时期。1993 年以后,西藏的双语电影开始与市场接轨,又有了进一步的发展。

西藏自和平解放以来,除了坚持抓好汉语电影的发行工作外,为了保证广大藏族群众能够看懂电影,将工作的重点主要放在藏语电影的译制和发行上。1960 年以前,内地制片厂每年只能为西藏译制藏语节目 2—6 个拷贝,根本不能解决藏族群众对电影的需求。1965 年西藏自治区电影公司成立了影片译制小组,开始探索双语影片的译制道路。同年底,译制完成了西藏第一部藏语电影《丰收之后》,揭开了西藏双语电影事业的序幕。1973 年译制小组改为译制科。至 1980 年,西藏的电影译制队伍的业务水平和译制能力得到了很大的提高。每年可完成 3—8 个节目,转录几十个拷贝。1984 年以后,随着藏语译制事业的发展,西藏的农牧区的电影放映已经基本上实现了藏语化。据统计,到 1984 年藏语译制片的产量已经达到了 25 个节目,500 个拷贝,这个产量一直持续到 1996 年。40 多年来,一支以藏族为主体的电影译制队伍已经成长起来,现在西藏的电影译制已经自成体系,并具备了批量生产的能力。现在,西藏年译制藏语节目 25—30 个,拷贝 500—540 个,电视剧 5—10 个。从 1990 年到 1996 年,共译制国内外故事片 551.5 个,录制拷贝 12000 多个,各种纪录片就科教片节目 150 多个,电视剧 40 个节目,藏语电影复制录像节目 95 个。

（四）双语在农牧业等科学、技术领域的运用

科普工作是关系到我国 21 世纪的根本性、战略性的工作,是普及科学知识、促进科学技术转化为现实生产力的基本途径,是提高全民族素质,坚强社会主义精神文明建设的重要内容。在西藏自治区,科普工作的进行与藏、汉双语的使用有着密切的关系。根据我们在西藏自治区农牧区的调查,双语在科普工作中的使用主要体现在以下几个方面:

第一,双语科普书籍的翻译和出版。科技兴藏是西藏农牧业和社会发展的一个重要途径。为了满足广大农牧民和全社会对科学知识的需求,西藏自治区科协、科委和农科院等部门多年来一直十分重视撰写和翻译适合西藏实际的科普书籍。用藏、汉两种文字先后编译出版了一系列的科普图书,这些图书包括:《碘缺乏病知识》、《西藏农村植保手册》、《科普常识手册》、《青少年课外科普读物》、《科普知识挂图》、《西藏农业生产中的新品种》、《提高农业产量的重要技术》、《家畜常见病预防》、《黄牛的繁殖技术》、《茄子、辣椒西红柿的栽培技术》、《青菜栽培技术》、《牦牛、犏牛和羊的饲养和繁殖技术》、《黄瓜和四季豆的栽培技术》、《西藏畜牧兽医实用手册》等。这些图书一般都有藏、汉两种文本,或者是藏汉对照。

第二,双语科普推广片的摄制。为了具体形象地推广西藏的科普工作,西藏自治区有关部门还摄制了藏、汉双语《西藏农业实用技术推广系列片》,内容涉及优良品种的介绍、机耕机播、耕作栽培、深施化肥、灌溉、病虫草鼠害防治、轮作、混播、低产田改造等,共37套。这些农牧业科普录像带除了在西藏电视台播放外,也是科技下乡的主要内容。

第三,双语科普的宣传。西藏自治区科协、农科院等有关部门为了提高西藏劳动者的科技素质,促进农牧区两个文明建设,维护西藏社会的稳定,多年来一直坚持进行科技扶贫和科技下乡。在这些活动中,科普人员除了向农牧民群众赠送藏、汉双语的科普图书、报刊和资料外,还举办了各种类型的农牧业实用技术培训班,用双语向农牧民传授科普知识,取得了显著的效果。

西藏自治区除了采取上面几种双语形式的科普工作外,《西藏日报》藏、汉文版自创刊以来,还创办了各种类型的科普专栏,宣传农牧业和其他科技知识。藏文编辑部还在1997年创办了藏文版的《致富之友》,专门开辟了相当篇幅的科普园地栏目。

第五节　西藏现代化进程中双语的特点及其主要原因

一、西藏现代化进程中双语的特点

综观西藏双语发展的基本脉络,我们可以发现许多特征,但总体上看主要的特征包括七个方面。

(1)双语政策进一步完善

根据我国的民族语言政策以及《十七条协议》中关于"依据西藏的实际情况,逐步发展西藏民族的语言、文字和学校教育"的精神,西藏从和平解放以来,就逐步确定了藏语文与汉语文(双语)的关系,制定了以学习、使用和发展藏语文为主,同时又自愿学习、使用汉语文的双语政策。1987年《西藏自治区学习使用和发展藏语文的若干规定(试行)》的通过以及1988年《西藏自治区学习、使用和发展藏语文的若干规定(试行)的实施细则》的正式颁布,既可以看作西藏的藏语文政策已经形成完整体系的标志,同时又可以看作是西藏双语政策形成的标志。1990年以后,西藏的双语政策在《规定》和《细则》的基础上进一步完善。1993年,西藏自治区提出了西藏的教学改革要从适应现代化、适应市场经济发展、适应对外开放、全面提高民族科技文化素质出发,继续重视藏语文的教学,同时积极推行双语教学,要培养藏汉语文兼通的人才的双语政策。1999年西藏自治区教委进一步阐述了今后西藏双语教育的有关思路,明确制定了有关的政策和具体的实施方案,使西藏的双语政策趋于完善。

(2)以藏语文为主的藏、汉双语授课体系逐步实现

到1993年,西藏自治区在经过7年多的中小学藏语文授课试点工作后,随着小学藏语文授课体系的建立和完善,随着中学初中阶段藏语授课试点班的开办和推广,随着中学高中阶段藏语文授课试点班教学任务的按期完成,西藏自治区已经初步建立了从小学到中学的藏语文授课体系,基本上解决了西藏由于中学阶段缺乏藏语文授课机制所造成的西藏双语教学体系严重失衡的现象,以藏语文为主的藏、汉双语授课体系也开始逐步实现。与此同时,西藏自治区的中等专业学校和高校对藏语文的学习继承和发展工作也得到了进一步的加强,双语教学取得了很好的成绩。从90年代的中期开始,西藏自治区从小学到高等学校的藏语文授课体系已经趋于完整。由于西藏自治区小学藏语文授课体系的建立和完善,由于中学藏语授课试点班的初见成效和逐步推广,从1995年以后,西藏的藏语文授课体系进入了一个稳定的时期。到1999年,西藏已经建立了符合西藏自治区实际的以藏语文为主的藏、汉双语教学体系。

(3)双语发展中重视藏语文的发展,达到了以藏文为主、藏汉两种语文并用的目标

这主要表现在发展、使用和学习藏语文政策的制定和实施上。1987年和1988年分别制定和颁布了《规定》和《细则》,有关藏语文的各项工作逐步

走向了稳定持续发展的阶段。这是西藏自治区执行国家少数民族语言政策及西藏地方制定的《细则》所取得的重要成绩。西藏自治区由于认真按照《规定》和《细则》的准则来开展学习、使用和发展藏语文的工作,所以经过1987年到1999年近13年的努力,无论是藏语文的学习,还是藏语文的使用都已经取得了巨大的成绩,逐步达到了"以藏文为主、藏汉两种语文并用"的目标。

(4)逐步形成了比较稳定的双语授课类型

从授课用语的角度来看,西藏的双语教学已经形成了藏语文授课加汉语文型和汉语文授课加藏语文型两种主要类型。另外还有藏语文汉语文混用型和汉语文授课藏语辅助型等类型。藏语文授课加汉语文型是西藏双语教学的主体类型,汉语文授课加藏语文型次之,而其他的双语教学类型在整个西藏双语教学中所占的比例相对更小一些。

(5)藏族群众对双语必要性和重要性的认识开始从自发向自觉过渡,双语的学习和使用从无序走向有序的发展

西藏和平解放后,随着社会的进步,随着藏族群众文化教育水平的普遍提高,逐步认识到了学习和掌握第二语言汉语的重要性,人们对第二语言的需要从自发的、自然的交际需要向自觉的、多方位的需要转变。这是一个重要的变化。

与此同时,藏族群众也更加清醒地认识到,母语的学习和使用同样具有重要的意义,过去人们更多的是自然地学习和使用藏语文,而现在则是自觉地有目的地学习和使用藏语文,从而为双语的学习和使用打下了坚实的群众基础;1987年以前,西藏的双语学习和使用已经开始有政策有领导地进行,已经开始从最初的无序过渡到了有序的阶段,但是还不完善。

1988年以后,西藏的双语学习和使用才真正进入了一种有政策、有内容、有计划、有目标的、有领导的有序发展阶段,双语的学习和使用真正成为政府的行为。就是说,西藏双语的发展中已经增加了人为的因素,双语得到了有序的发展,这种有序的发展必然为今后的双语建设带来更大的生机。

(6)与1980年以前相比,双语的发展速度加快,第二语言的普及率进一步提高

主要表现为:使用双语的人数、兼通第二语言—汉语的人数有了大幅度的

增长。在操双语的水平上,西藏出现了更多的水平较高或很高、能熟练使用两种语言平衡的双语人。另外,就是第二语言汉语的使用范围或使用频率较以前也有了相当明显的扩大和提高。

从历史上看,1951 年和平解放后,西藏的双语经历了一个由不发达到发达的发展过程,特别是 1980 年以后,双语的发展无论在人数上、水平上和过去相比都有了很大的变化。有人曾经做过这样的估计:到 1980 年代的下半期时,在少数民族单语区内,即在某一个人口又多又聚居的自治民族为主的自治区、州、县里,懂汉语的人占 12 岁以上人口的 5%—20%,而西藏就被认为是属于这种情况①。具体人口数字见表 2-13。但是经过 20 年的时间,单语区内使用双语的人数已经大幅度的增加,西藏自治区也同样属于这种情况。

表 2-13　1980 年代末西藏的语言状况

民　族	操本民族语单语的总人口数	占总人口的%	本民族操双语的总人口数	占总人口的%	转用其他语言的总人口数	总人口数的%
藏　族	3158504	82.08	538106	13.39	173860	4.52
门巴族	5110	82.14	1111	17.86	0	0
珞巴族	581	28.13	819	39.66	665	32.21

资料来源:根据中国社会科学院民族研究所、加拿大拉瓦尔大学国际语言规划研究中心:《世界的书面语:使用程度和使用方式概况》第四卷(中国部分)第 1、2 册绘制。详见何俊芳《中国少数民族双语研究——历史与现实》第 92 页。

根据我们的调查和其他统计分析,从 1990 年开始,西藏的双语人口从 1990 以后逐年稳固上升,到 1997 年已经达到了 17.2%,双语人口数达 34.8 万。上升幅度详见表 2-14 和表 2-15。

①　参见周耀文:《中国少数民族语文使用研究》,中国社会科学出版社 1995 年版,第 13—15 页。周耀文认为,新疆的维吾尔地区,西藏的藏族地区,青海、云南、四川的大多数藏族地区,内蒙古的蒙古族地区,四川凉山的彝族地区,云南怒江州的傈僳族地区,以及其他分布于新疆、西藏、云南边疆地区的少数民族聚居区等都属于这一地区,人口约 1700 万,约占全国少数民族总人口的 25%。

表 2-14　西藏单语人口与相对双语人口对照表

指　标	1982 年	1990 年	1995 年	1996 年	1997 年	百分比
单语人口	90.5	83.6	83.3	83.1	82.8	%
双语人口	9.5	16.4	16.7	16.9	17.2	%

　　从第二语言—汉语的使用范围及使用的频率看,1980 年以后较以前呈现出明显的扩大趋势。从 1990 年以后,这种扩大趋势更有增无减。可以说在西藏自治区,尤其是城镇,汉语已经不仅广泛使用于日常生活中,而且还特别广泛地使用于工作中和报刊、文学作品的阅读及收听(看)广播、电视等方面。而在部分地方和部门还出现了以汉语为主要工作用语、阅读用语的局面。

表 2-15　藏族双语人口与藏族总人口数比较表

指　标	1982 年	1990 年	1995 年	1996 年	1997 年	单　位
藏族总人口	178.794	209.556	226.875	230.517	233.979	万
双语总人口	10.95	28.94	33.05	33.52	34.80	万

　　从使用两种语言的程度上看,由于西藏自治区教育水平的提高和双语教育的普及,使得原先只懂会说两种语言的不少双语人成为既会说又能写、读的高级双语人。这从西藏的藏族接受教育的人数,即从低等教育到高等教育人数的大量增加的情况,特别是内地西藏班和高等学校藏族学生在 1980 年代以后大幅度增长的情况,就可以得到一些说明(当然接受教育的人数的增加在一定程度上还与人口的增加有关),参见表 4。西藏自治区的农牧区小学一般从二年级或四年级开始加授汉语,而城镇的民族小学或民族班一般从一年级就加授汉语,中学的民族班汉语文是必修课。在内地的西藏班,全部使用汉语文授课,而在中专和高等学校,除了少数专业使用藏语文教学,绝大多数的学校都使用汉语文教学,而使用藏语文教学的专业,汉语文课同样是必修课,这就使得从小接受双语教学的学生接受着高等教育阶段第二语言汉语的知识得到了很大的巩固和提高,成为同样熟练地掌握两种语言的平衡双语人,甚至有

些人的第二语言的水平超过了母语。

（7）近几年双语状况有向第二语言—汉语—端倾斜的趋势

1987年以后，随着《规定》和《细则》的执行，西藏的民族语言政策得到了正确的贯彻，藏族群众爆发出了对学习本民族语言文化从未有过的热情，大家都积极学习藏语文，家长也纷纷把自己的孩子送入藏语文授课班或民族学校学习，藏语文授课班逐年增加，以藏语文为主的藏汉双语教学体系也更加完善。

表2-16　1995—1998年西藏普通高等学校、中专少数民族学生状况

年份	高等学校少数民族学生数				中专少数民族学生数				招生总数
	毕业生数	招生数	在校生数	毕业班学生数	毕业生数	招生数	在校生数	毕业班学生数	
1995	445	505	1628	308	993	1094	3829	839	6087
1996	559	402	1633	369	1081	1094	3947	862	
1997	372	212	1461	557	919	888	3554	682	
1998	615	855	1793	545	905	1037	3584	1234	

资料来源：《西藏自治区教育事业统计资料》1994—1995、1996—1997、1997—1998、1998—1999学年初统计资料汇编。根据"少数民族普通高等学校分科显示数"、"少数民族中等专业学校分科显示数"绘制。

但是，自1990年代以来，随着西藏经济的进一步发展，对汉语需求的进一步增加，加上招生制度的改革，一些家长为了使自己的孩子走向城镇、全国乃至世界，为了日后择业有更广的出路，在本民族语、汉语两种语言的抉择面前，不少家长忍痛割舍本民族语，让孩子进入汉语授课班学习，因此出现了藏语文授课班与汉语文授课班失衡的状况，这种现象造成的直接结果就是双语的状况向第二语言—汉语—端倾斜。我们从西藏自治区教委获得的最新资料也可以看出这一问题的程度。根据西藏教委1998年的统计，全区共有初中班523个，高中班72个，而藏语文授课班仅有102个，其中初中93个班，约占全区初中班总数的18%，高中9个班，约占13%。

双语状况向第二语言—汉语倾斜的现象是西藏经济出现变革的产物，是双语关系不稳定、不平衡的反映。应当如何看待这种现象呢？何俊芳博士后在谈到我国少数民族双语状况的这种现象时认为，这只是一种暂时的现象，其

不稳定性、不平衡性将在以后的异端时间里得到缓解。她认为,语言使用特点的变化是缓慢的,但是当社会出现重大变革的时期,特别是社会由过去的封闭走向开放,社会的成员由不流动变为流动时,这时的双语现象会发生明显的变化。在经济发展大变革的初期,社会上使用语言的特点一时间会发生知道变化。这种变化,其方向是正确的,即语言的使用随着社会的需要而调整,但是往往会出现"过猛"、"过速"的现象。因为在经济发生重大变革的时期,人们可能会过多地、片面地注意经济效益,而忽视了综合平衡,在语言使用上会过多地强调"流通"语言,而忽视了本民族的语言文字的作用。这种不平衡性和不稳定性在经济发展重大变革的初期是难免的,一般要等待一段时间后逐步加以调整,是可以使之平稳的。

二、1980 年以后西藏双语现象增多的主要原因

第一,广播电视普及率的提高

在西藏自治区广播早在 1970 年代左右就有了广泛的普及,进入 80 年代中后期以后电视也开始由城镇向广大农牧区辐射。广播电视作为新闻媒体,在传播信息方面有着其他工具无法比拟的作用。人们为了解更多的信息,获得更多的知识和娱乐,就必须选择使用不同语言编播的电视节目,这就为人们掌握双语或多种语言提供了机会。现在西藏自治区的广播和电视都以较快的速度增长,用藏语和汉语转播的广播电视转播台、差转台和卫星地面接收站也遍及城乡。根据我们 1999 年在西藏广播电视厅的调查获得的最新资料,1985 年西藏第一座电视台西藏电视台正式成立以来,到 1985 年电视覆盖全区人口的 32%,城镇达 80% 以上。1987 年全区上升到 40%。1990 年上升到 35%。1997 年全区电视人口覆盖面达到 52%,1999 年达到了 60%。1970 年西藏广播的人口覆盖面是 10%,1985 年中波广播人口覆盖面为 18%。到 1995 年,广播人口覆盖率达 40%,1998 年上升到 65%,1999 年达到了 80%。城镇接近100%。另外,1989 年西藏还成立了电化教育馆,各地市也相继成立了教育电视台,现在,日喀则、昌都、那曲、山南、林芝等都有自己专门的教育电视台,播出藏语和汉语教育节目,进一步增大了西藏电视人口的覆盖面。总之,1980 年代以来广播电视事业的飞速发展,极大地促进了细致的术语现象的发展。今后,随着西藏广播电视覆盖率的进一步扩大,城乡间广播电视覆盖率差距的

进一步缩小,西藏更多的农牧区人口将收听(看)到藏语和汉语广播电视节目,可以说,广播电视等传媒工具对西藏少数民族民族人口语言行为影响力的进一步扩大,必将促进西藏双语的发展。

第二,双语教育的全面实施

1980 年以后,由于国家正确的民族语言政策得到了贯彻,加之 1988 年以后,西藏开始执行《规定》和《细则》制定的以藏语文为主的双语教学政策,经过 10 多年的努力,以藏语文为主的藏汉双语教学体系已经建立并且日臻完善。为了配合双语教学的进行,西藏还建立了专门的民族文字的教材编译机构,为加强教材的建设还设立了五省藏区藏文教材协作机构,到 1999 年,光西藏自治区就已经出版了从小学到高中共 16 门学科的 181 种课本,122 种教学参考书,16 种教学大纲的编译工作,基础教育阶段的教材已经达到与汉文教材"配套建设,同步供书"的目标。与此同时,藏语读物和汉语读物的种类和数量从 1980 年以后增长也很快。以 1995 年为例,西藏出版藏文图书 308.3 万册,比 1983 年的 173 万册增长了 56%。出版汉文图书 94.1 万册,比 1983 年的 169 万册下降了 41%,这说明 1983 年以后,西藏的出版业经过调整,更加重视藏文读物的出版,进一步缩小了西藏图书市场上汉文读物同藏文读物在品种和数量上的差距。藏文报纸 1161.4 万份,比 1983 的 1039.7 增加了约 9%;汉文报纸 1559.3 万册,比 1983 年的 685.4 万册增长了 44%,两者都呈上升趋势。这些成就都极大地促进了西藏双语教育的推广和发展。

第三,人口的增长、流动性的增强及城市化过程的加快

1982 年第三次全国人口普查时,西藏的藏族人口是 178.65 万人。与 1964 年年相比增长了 47.8%,平均每年递增 2.2%。1990 年,增加到 209.67 万人。根据《西藏统计年鉴》(1998)提供的数据,1994 — 1997 年西藏的藏族人口分别为 223.59、226.87、230.52、233.98 万人,平均每年增长 3 万人左右。1995 — 1997 年汉族常住人口分别是 6.7772、6.8725、6.9205 万人,3 年间一直保持在 6 万—7 万人。随着西藏人口的增加,西藏市镇人口数也增加很快。1997 年达到 41.7184 万人(达瓦顿珠,1998,37),比 1982 年的 17.9450 万人增加了 23.765 万人,因此,根据我们前面的研究,西藏的双语人口〔相对〕自 1990 以后逐年稳固上升,到 1997 年已经达到了 17.2%,双语人口数在 34.8 万左右。这种现状对于西藏双语的发展是有很大影响的。

另一方面,随着我国改革开放政策的实行,各民族间经济和文化交往需求的增加,人口的流动性较1980年代时期有了很大的增加。到1988年,全国流动人口的规模比1982年就增加了一倍还多。另外,我国人口迁移的主要流向是农村人口向城市迁移、流动。1987年和1990年的人口普查资料表明,1985至1990年由农村迁入市镇的人口比1982至1987净增加了3.11个百分点。这说明改革开放加快了农村人口向市镇的转移,促进了人口城市化的进程。

西藏自治区的人口迁移大致分为跨国界、跨自治区(省)界和区内迁移三个部分,由于西藏人口稀少,位处高原,四周为高大的雪山所包围,与外界交通十分不便,所以在西藏自治区人口迁移的三个部分中,最主要的还是自治区内部的迁移,其次是跨自治区(省)界的省际迁移。

表 2-17　西藏自治区各地区省际迁移的人口迁入情况(1986—1994)

迁入情况(%)

地　区	1986	1987	1988	1989	1990	1991	1992	1993	1994
拉　萨	46.8	58.0	49.9	52.8	42.2	57.0	56.7	42.2	37.0
林　芝	14.3	11.3	9.2	6.8	16.7	10.9	10.4	8.1	8.9
昌　都	7.5	9.4	10.9	7.4	7.6	4.8	7.9	6.1	6.1
山　南	6.1	3.2	6.2	6.8	4.2	6.7	6.1	6.7	8.3
日喀则	14.8	6.7	6.3	8.1	5.5	13.6	8.1	20.6	21.9
那　曲	8.3	8.8	15.0	16.8	22.9	4.2	7.4	11.4	12.0
阿　里	2.2	2.6	2.4	1.4	0.8	2.8	3.4	4.9	5.8
全区迁入%	%	%	%	%	%	%	%	%	%
全区迁入人数	4156	11436	7916	6760	4860	3818	4702	22962	22488

资料来源:西藏自治区统计局:《西藏自治区人口省际迁移数据(1986—1995)》。

根据马戎教授的研究,1986年至1994年期间,西藏自治区的省际迁移中,由区外迁入拉萨的人口占区外人口迁入总数的37%—58%。日喀则作为西藏的第二大城市,在省际迁移人数中的比例也在不断增加,在1993和1994两年占到总数的20%。从西藏自治区省际迁移人口迁入的总数看,1986年是0.4156万人,1989年是0.4860万人,而1994年上升到2.2488万人,比1986年增加了1.8322万人,比1989年增加了1.7628万人。详见表17。此外,还有一个值得注意的现象就是西藏自治区作为一个整体,各个地区的省际迁移数量都有明显的增大。像拉萨市、日喀则市、昌都镇、泽当镇、八一镇、黑河镇这些政治、经济、文化中心,至今仍然是西藏省际人口迁移发生的主要地点①。以拉萨市为例,20 世纪 90 年代,拉萨市加快了改革开放的步伐,市场经济发展迅速,"内联外引"的政策吸引了西藏各地和兄弟省区的国有、集体、个体企业家和 商人到拉萨投资、经商,市区的暂住人口和流动人口迅速增长。1990 年拉萨市区(城关区)户口在外地而常住该市一年以上者多达 2.7150 万人,占总人口的 19.42%;还有户口待定的有 0.2814 万人,占总人口的 2.01%。另根据英国部门统计,1992 年仅城关区就有外省市个体工商业者 3000 户,0.4900 万多人。到 1993 年上半年,增加到 4600 多户,约 0.6500 万多人。加上来自西藏各地农村的集体和个体工商业者,以及区内外的朝圣者和其他流动人口,拉萨市的人口出现了过快的增长。根据我们 1998 年和 1999 年的调查,现在拉萨市和各地的主要城镇的这一类没有户口的常住人口的增长更为加快,其数量也远远超过了 1993 年人数。

　　上面是西藏自治区的省际迁移中的人口增长情况,而自治区内部的迁移情况怎么样呢? 1988 年马戎教授领导的调查组对拉萨市的 1312 户藏族家庭进行了户访,结果发现被访户主中本市出生的仅有 45.2%,其余有 39% 的被访户主出生在西藏的其他地区甚至外省。马戎教授指出,西藏的区内迁移中,像省际迁移一样,拉萨市约占全区区内迁移的半数。根据 1990 年人口普查资料的显示,在西藏的 7 个地、市中,拉萨市是区内移民最集中的地方,常住拉萨市而户口在外地的占普查时居民总数的 9.5%,在城关区甚至高达 19.4%。其次是西藏东部 1985 年新设立的林芝地区,6% 的人口户口不在本地。有 2.3 万持有农业户口的人常住拉萨市城关区,但是户口在外地。总之,西藏的区内迁移一是从各地区向首府拉萨的"向心"迁移,一是从西部向东部迁移。而迁入拉萨老城区的多数是各地的农民,来到拉萨后即转入非农业职业②。

　　毫无疑问,西藏改革开放以后出现的省际和区内迁移,加快了西藏农牧区人口向城镇的转移,同时也加快了内地人口向西藏、尤其是主要城镇的转移,这来自于两个渠道的移民汇合,其必然的结果是促进了西藏人口的城市化的

---

① 马戎:《西藏的人口与社会》,同心出版社 1996 年版,第 125—129 页。
② 马戎:《西藏的人口与社会》,同心出版社 1996 年版,第 125—129 页。

进程。而人口城市化的过程并不只是表示大量农村人口（区内的和区外的）迁往城市，同时它意味着工业的进步、商业的发达、产业的发展、交通的便利，一句话，意味着西藏市场经济的发展和社会文化的进步。正是由于这种居住区域人口的改变，不同民族的人们用不同语言接受和传播各种信息的数量增加，速度加快，导致人们的思想行为的改变，以适应迅速变动的现代社会，因此城市化的过程，同时也是语言的使用发生变化的过程。总之，西藏的人口流动性的增强及城市化过程的加快，客观上为西藏的双语发展创造了有利条件。

第四，民族语言政策和双语政策的制定与完善

民族不平等政策必然导致民族之间的隔阂，不利于民族间的友好往来，不利于双语的发展。而平等的民族政策必然会营造一个友好和谐的民族关系，互相平等的民族之间必然往来频繁，从而促进不同民族之间自愿掌握对方的语言。我国的民族语政策始终是把保证少数民族享有与主体民族相同的语言文字使用权和发展权、把发展少数民族语言文字放在首位。我国所建立的双语体制是基于民族语言文字基础之上的双语体制。我国的双语政策首先是发展各民族的语言文字，然后才是"鼓励各民族互相学习语言文字"，"推广全国通用的普通话"。这种语言政策首先是保证了少数民族语言文字的学习、使用和发展，同时又适应了经济的发展、各民族文化的交流以及语言发展的规律对双语的需要。它符合我国的国情和民族地区的实际情况，也符合我国各民族长远的根本利益。

西藏的语言政策是我国民族语言政策中一个重要组成部分，它的形成和发展既与西藏自治区的社会发展和语言文字的现状有密切的联系，又与国家的民族语言政策有着不可分割的关系。西藏语言政策的初创时期是从1951年和平解放到文革开始。在语言政策上以民族平等、各少数民族均有发展其自己的语言文字的自由为中心，基本的任务就是执行"十七条协议"第九条"依据西藏的实际情况，逐步发展西藏民族的语言、文字和学校教育。"的精神。20世纪60年代至70年代的西藏语言政策仍然是50年代政策的继续。80年代末《规定》和《细则》发布。80年代末到90年代初，由于认真执行《细则》所规定的各项语言政策，藏语文的学习、使用有了空前的发展。20世纪90年代的后6年，随着西藏现代化发展的进程，西藏的语言学习和语言使用都在发生着变化，并逐步形成了基于《规定》和《细则》指导思想基础之上的以藏语

文为主的双语政策。这些政策不仅有力地推动了西藏文化教育事业的发展，而且也促进了双语的发展。

不平等的语言政策则是限制民族语言文字的发展，实行大民族的单语政策。这种政策对少数民族语言是起破坏作用的，必然会影响少数民族文化的发展甚至民族的社会进步。例如文革时期"四人帮"对包括藏语在内的民族语文采取大汉族主义的同化政策，否认民族语文的地位和作用。在这种"左"的思潮下，西藏的民族语文机构被解散，藏语文的书籍和报刊的出版受到严重削弱，藏语文的规范受到损害。特别是中学阶段藏语文授课学校严重缺乏，一些不懂汉语文的藏族学生直接实行汉语单语教育，致使这一时期毕业的学生既没有掌握好本民族的语文，也没有学好汉语文，严重影响了一代人的文化水平。但是，由于1988年以后，西藏所制定的语言政策包括双语政策，体现在语言的使用上是以藏语文为主，藏汉两种语言文字并用，体现在教育上是逐步完善以藏语文授课体系为主的藏汉两种教学用语体系。所以到1999年，西藏已经建立了符合西藏自治区实际的以藏语文为主的双语教学体系；以藏语文为主，藏汉两种语言文字并用的双语政策也全面得到贯彻，并取得了前所未有的成绩。

总之，我国的民族语言政策、西藏的语言政策，都会对西藏的民族教育体系、大众传媒、出版活动以及国家机关、社会组织乃至居民的语言使用起到导向的作用，对西藏双语格局的形成也会产生重大的影响。因此，民族政策和语言政策在客观上是影响西藏双语发展的一个重要因素。

第五，融洽的民族关系

在西藏自治区，民族关系的状况如何对双语的发展有很大的影响。西藏50多年来的发展证明，民族关系搞得好的时候，互相学习语言的风气就比较浓厚，操用双语的人就比较多，因为和谐融洽的民族关系能够促使各民族重视对其他民族语言的学习，因为友好的气氛能够促使人们互相交往的愿望，因为平等互利的民族关系，才能使人们更明显地感到掌握对方语言对自己的好处。

江总书记说，振兴西藏，不仅是西藏各族人民的责任，也是中华民族的共同责任。西藏革命和建设的实践充分证明，汉族离不开少数民族，少数民族离不开汉族，少数民族之间也相互不离开。几十年来，汉族和其他兄弟民族响应国家的号召，自愿到西藏工作，克服了重重困难，为西藏的革命和建设，为西藏的繁荣与进步贡献了力量。可以说,《三个离不开》不仅促进了西藏的经济建设和文化的发展,同时也促进了藏汉两个民族之间的交往,促进了西藏民族关系的发展。另一方面,十一届三中全会后,在自治区的领导下,经过拨乱反正,落实了党的统战、民族、宗教政策,统战工作的地位和作用得到进一步加强。自治区党委和政府还十分重视贯彻党的民族政策。广泛开展增强民族团结的宣传教育,先后召开了三次民族团结进步表彰大会。认真贯彻执行了《中华人民共和国民族区域自治法》,健全了各级人大组织,大力培养和使用民族干部,继承和发展民族传统文化,尊重民族风俗习惯和语言文字,自治区人大还颁布了《西藏自治区关于学习、使用和发展藏语文的若干规定》(试行)。各部门和各地县相继建立了翻译机构,配备了专职人员,行文、会议和标记绝大部分使用藏汉两种语言文字。全面正确贯彻执行党的民族政策,促进了各民族的共同发展、共同繁荣。自治区还全面贯彻了党的宗教信仰自由政策,维修开放了一批寺院,恢复了一些传统的宗教节日和庆典活动,开办佛学院,保障广大信教群众宗教信仰自由的权利。现在西藏社会稳定,民族团结进步,经济持续、快速、健康发展,为西藏民族关系的进一步融洽提供了一个良好的社会环境。可以说正是在这样的民族关系氛围中,西藏的双语得到了健康的发展。

第六,经济形态的转变

从双语的发展与经济形态的关系看,不同经济形态类型的少数民族地区,所呈现的双语状况是各不相同的。

1952 年以前,西藏传统的经济形态主要是以农牧业为主。农业和畜牧业是西藏传统的主要经济生产活动。"农业生产占四分之一,牧业生产占四分之三。"拉萨河谷是西藏最重要的农业区,其他农业区大多分布在各个河谷地带。西藏主要的畜牧区主要位于北部和西部。一方面西藏的地理和气候条件在很大程度上限制了农业和牧业人口的发展①。另一方面,由于西藏地处西南边陲交通不便,同时经济的特点是分散经营,处于比较封闭的状态,所以不需要与外界发生太多的接触,因而掌握第二语言的机会和需求相对要弱。马戎教授在《西藏的经济形态及其变迁》一文中认为,1952 年以前,汉族地区于西藏的政治、社会与经济关系就是在当时的经济形态和历史背景下建立和发

① 《西藏社会发展研究》,中国藏学出版社 1997 年版,第 19 页。

展起来的。一方面,西藏的地理特点(高原)和交通条件(四周多山)使得西藏与其他地区的社会经济、文化交流十分困难。另一方面,由于汉族地区的"地主—佃农"制度与西藏的农奴制很不一样,汉族农民进入西藏,既不愿意把自己变成人事牧业失去人身自由的农奴,也不可能从庄园主那里租到土地。此外,汉族地区通行的是一种多元的宗教体系:道教、大乘佛教、基督教等和平共存,宗教组织对于行政的影响很小,这与西藏政教合一的体制也很不一样。这些自然条件、社会制度、土地 制度、宗教角色等方面的巨大差异,长期以来限制了汉族地区与西藏的人员往来和经济贸易。从语言接触的理论看,1952 年以前由于西藏的经济形态限制了藏汉两个民族的交往,所以,西藏的双语是难以发展的。

西藏和平解放五十多年来,随着传统的经济形态逐步向新的经济形态的转变,随着传统的农牧业逐步向新的科技型农牧业的转变,西藏的双语发展也受到了一定的积极影响。1959 年西藏开始民主改革,废除了农奴制,寺院也失去了对行政权的控制,这是西藏几百年来所发生的两项最重要的变化。1980 年代,西藏像内地农村一样,也开始实行家庭联产承包责任制。土地和牲畜又重新分配给了农牧民。1984 年后,农区实行"土地归户使用,自主经营,长期不变"的政策,在牧区实行"牲畜归户,私有私养,自主经营,长期不变"的政策。30 多年来,西藏在生产资料所有制方面经历了翻天覆地的变化。随着 1959 年经济形态的转变,西藏的经济和城乡景观在许多方面也已经完全改变了。首先是修建了四通八达的公路网,农业机械的使用也达到了全国的平均水平,化肥及其他增产技术也已经普及。更重要的是,随着西藏逐步引入汉族地区的政治和经济制度,政府也一直在积极推动西藏经济的发展,特别是努力发展西藏的现代工业,到 1992 年,西藏的工业产值达到了 4.97 亿元,1998 年增长到 11.7586 亿元。与此同时,西藏的建筑业、运输邮电业、内贸和外贸、旅游环保、金融保险、科技文化教育、卫生等行业也在 50 年里也得到了全面的发展。50 年来,西藏的经济生活已经从一个自给自足的封闭的经济状态发展到与外界接触的开放的多民族的共同体经济形态,在这样的经济形态中,人们的语言学习和使用情况自然会从单一的语言向双语发展,逐步实行双语化。这是因为,从事农牧业以外职业的藏族人群,从事的是一种开放的职业,他们与汉族的交往密切,经常接受来自汉语文方面的信息,对第二语言的需求相对要强,因此掌握双语的人数要大大高于从事农牧业的农牧民。总之,经济生活的封闭将导致语言使用单一,而开放性的经济生活,必然带来语言使用的开放。参与这种开放生活的社会成员越多,使用双语的人就越多。

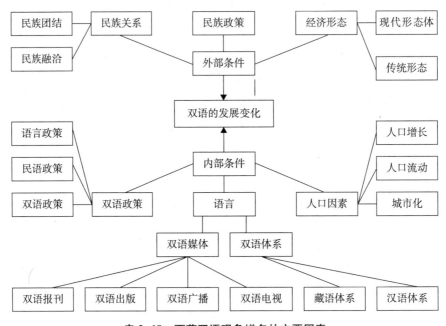

表 2-18　西藏双语现象增多的主要因素

总之,双语政策是西藏语言政策的一个重要组成部分,西藏双语政策的出现、形成和完善主要经历了三个大的时期。从 1951 年西藏和平解放到 20 世纪的 90 年代初,是西藏双语政策的雏形期,这时在语言政策上并没有明确地提出双语的概念。但是有关藏汉两种语言文字的学习和使用的语言政策却自始至终存在于西藏的有关法令和重要的文件中。1993 年以后,西藏的双语政策逐步进入了完善时期。这时在西藏的一系列政策中,有关双语教学和藏汉两种语言文字并用的提法已经越来越多,到 20 世纪 90 年代中期,最终形成了"重视藏语文教学,积极推行双语教学,做到藏、汉兼通,创造条件开设外语"的双语方针。

西藏历史上的双语教育大致出现在清代政府在藏设立的各种学校中,但真正意义上的双语教育则是从西藏和平解放后才开始的。1959 年以前西藏的双语教育主要是由小学教育、在藏成人学习和培训班、内地中、高等学校教育来共同进行的。民主改革到 1965 年西藏自治区成立,西藏的双语教育随着现代教育的发展而稳固前进。在课程设置上,民办小学以藏语文和算术为主,公办小学另加一部分汉语文课。大部分地区从中学开始,逐步过渡到以汉语文为主,藏汉并重的授课形式。双语教材的建设也取得了显著成绩。1965 年以前虽然双语教育已经存在,但主要概念、术语均未建立,其特点主要是以学习、使用藏语文为主,同时兼学兼用汉语文。文革时期虽然各级学校仍然在进行双语教学,但在思想和实际教学中,都偏重于汉语文教学,忽视了藏语文的学习和使用。

1980 年代中后期藏语文的学习和使用重新得到重视,藏语文的工作得到恢复。随着自治区与双语相关的各项政策的出台,双语教学走向正轨。在课程的设置上,藏语授课体系和汉语授课体系的内部都包含了双语教学的内容,但在教学用语上,藏语授课体系只具备小学基础,而汉语授课体系从小学到大学已成系统,因此,这一时期的特点是课程的设置虽然具备双语教育的要求,但教学用语失衡,没有形成平衡的藏、汉双语教学体系。这种失衡的藏、汉双语教学体系除了对藏语文的学习和使用极为不例外,也严重地影响了西藏文化教育事业的发展,拉大了同汉族之间经济、文化的差距。在这样的历史背景下,阿沛·阿旺晋美和班禅·确吉坚赞两位副委员长于 1987 年提出了"关于《西藏自治区学习、使用发展藏语文的若干规定》的建议"以纠正双语教学中出现的上述问题。同年自治区发布《规定》,1988 年颁布《细则》。这两个西藏地方法令都坚持在西藏"实行以藏文为主、藏汉两种语文并用"的指导思想,从而为 20 世纪 90 年代西藏建立新的双语教学体系拉开了序幕。

经过 7 年多的中小学藏语文授课试点,随着小学藏语文授课体系的建立和完善,中学初中阶段藏语授课试点班的开办和推广,中学高中阶段藏语文授课试点班教学任务的按期完成,到 1993 年西藏已初步建立了从小学到中学的藏语文授课体系,基本解决了西藏由于中学阶段缺乏藏语文授课机制所造成的西藏双语教学体系严重失衡的现象,以藏语文为主的藏、汉双语授课体系也开始逐步实现。与此同时,大中专学校的双语教学也取得成绩。从 1990 年代的中期开始,从小学到高等学校的藏语文授课体系已趋于完整。

西藏双语教学的类型包括藏语文授课加汉语文型和汉语文授课加藏语文型两种主要的类型。另外藏语文汉语文混用型和汉语文授课藏语辅助型等类型也广泛运用。藏语文授课加汉语文型是西藏双语教学的主体类型,汉语文授课加藏语文型次之,而其他的双语教学类型在整个西藏双语教学中所占的比例相对更小一些。

从 1989 年开始,根据《细则》有关双语授课师资的培养步骤,西藏陆续出台实施了一系列配套的双语师资培养和培训计划,到 1998 年整个全区约有初中双语教师 1500 人,比 1993 年增长了 6 倍。1999 年自治区教委又提出:继续把西藏大学作为培养、培训中学双语师资的重要基地,并有计划地对现有在职双语师资进行一次全员脱产培训,提高双语水平;委托区外有关院校培养双语师资;从区外藏区院校引进双语师范毕业生,聘请骨干教师来藏培训双语师资,或把中学教师和双语师资送到有关院校深造。

为配合双语教学体系的建立,1989 年起西藏对藏、汉双语教材进行了全面改革。1999 年基础教育阶段的教材已达到与汉文教材"配套建设,同步供书"的目标。与九年制义务教育教材配套的双语电教教材也于 1998 年完成。1999 年自治区教委又提出了双语教材改革的新思路,努力使藏语文与现代教育课程体系和现代社会发展的需求相适应,努力遵循教育规律和心理学原理,改革传统的知识结构和体系,实现藏语文教材的现代化。要从藏族学生学习第二语言的规律和特点出发,改革汉语文教材。要按学习第二语言的共性规律进行教学,要首先突出听说能力的培养。

西藏科学文化事业的发展与双语的学习和使用有着密切的联系。改革开放以来,国家大力发展少数民族新闻、出版、广播、电视、电影事业,对少数民族的双语发展起到了极大的促进作用。正是在这样的文化背景下,双语在西藏的各项事业中的使用范围也越来越广泛、深入,它一方面极大地促进了西藏双语现象的发展,同时,对于西藏科学文化事业的发展也起到了积极的作用。50年来,除藏、汉双语报刊和出版物有了蓬勃的发展外,全区的藏、汉双语广播、电视和电影事业都有了质的飞跃。双语科普书籍的翻译和出版、双语科普推广片的摄制、双语科普的宣传也同样取得了显著的成绩。

西藏现代化进程中的双语特点主要表现在:双语政策进一步完善,以藏语文为主的藏、汉双语授课体系逐步实现,双语发展中重视藏语文的发展,达到了以藏文为主、藏汉两种语文并用的目标,逐步形成了比较稳定的双语授课类型,藏族群众对双语必要性和重要性的认识开始从自发向自觉过渡,双语的学习和使用从无序走向有序的发展,与 1980 年以前相比,双语的发展速度加快,第二语言的普及率进一步提高,近几年双语状况有向第二语言—汉语—端倾斜的趋势。

1980 年以后西藏双语现象增多的主要原因在于:广播电视普及率的提高,双语教育的全面实施,人口的增长、流动性的增强及城市化过程的加快,民族语言政策和双语政策的制定与完善,融洽的民族关系以及经济形态的转变。

第六节 西藏现代化过程中语言使用模式的分析和讨论

从理论上说科教兴藏涉及两个层面:一个是西藏的科学技术发展水平;另一个则是西藏的教育发展水平,这两个方面缺少了哪一条对西藏的社会发展都是极为不利的。作为科技文化的载体和特殊地理及民族文化背景下的教育,在西藏地区,与藏语文和汉语文密切相关。另外,根据 2000 年 1 月 1 日开始在全国实施的《中国通用语言文字法》第二条规定国家通用语言文字是普通话和规范汉字。第三条规定国家推广普通话,推行规范汉字。第八条规定各民族都有使用和发展自己的语言文字的自由等条款的规定。在西藏,必须学习和使用中国通用的语言文字,即汉语普通话和规范的汉字,这是国家的法律,是西藏现代化的需要,同时,又必须学习使用和发展本民族的语言文字,即藏语文,这是国家民族政策的体现,是继承和发展西藏传统文化的需要,与西藏的发展也有密切的关系。

因此,如果我们处理不好藏语文和汉语文这种特殊复杂的关系,从某种意义上说,对于科教兴藏战略的实施会产生不利的影响。我们认为,在西藏的现代化或者说科教兴藏的进程中,西藏的语言正在发生着激烈的变迁,这种变迁除了涉及藏语文本身的变化外,更多的还涉及了整个西藏的语言使用模式问题。认清这种变迁,对于我们正确把握西藏的语言使用现状,制定西藏的语言政策及其他相关政策都有益的理论参考价值。

一、西藏语言的二元变迁及其对文化教育、语言使用的影响

从藏语史和西藏文化史的角度看,自 7 世纪初吞弥桑布扎创制藏文以来,藏语文作为藏族文化的载体和教育的主体一直延续到了 20 世纪 50 年代。西藏和平解放后,特别是民主改革以来,随着西藏政治、经济、文化、社会发展的需要,这种传统的语言使用模式逐渐发生了变化,也就是说由一元的模式逐步发展为二元的模式。即藏语文作为传统的文化载体模式和教育模式,在逐步适应了新的历史文化背景而继续存在和发展外,在西藏,汉语文也逐步成为另外一种与藏语文并行的新的文化载体和教育模式,可以说,1950 年以来,这种二元模式的整合,逐步构成了西藏语言使用的整体或者说全貌。

（一）西藏的语言使用模式

历史唯物主义和辩证唯物主义认为,一个事物的形成和发展与主观和客观、内部环境和外部环境有密切的联系,用流行的话来说,就是与小环境和大环境有紧密联系,同样我们也认为,一个民族的文化和教育模式的拓展与多层级化,也与这个民族在历史的进程中的大、小环境的变化有必然的联系。从 20 世纪 50 年代往前追溯,在元代以前,西藏社会虽然与祖国内地有着各种各样的政治、经济、文化方面的交往,但是藏族的文化传统模式以及教育模式并没有受到汉语文文化模式的大规模影响。

元代以后,西藏归入中央政府管辖,藏族与祖国内地各民族之间的文化和政治等方面的交往和交流更加密切,直到 20 世纪 50 年代,这种交往和交流模式基本上没有发生什么变化,因此对西藏而言在文化载体和教育模式上,应该说是一如既往地保持着自 7 世纪以来逐步形成的定势。造成这种结果的原因主要在于,从元代直到 20 世纪 50 年代,历代中央政府并没有在西藏大力推进教育,加之历史上在藏的汉族人口极少,内地通行的语言文字和教育模式在西藏并没有产生大规模、大范围的影响,所以,无论是大环境还是小环境,都决定了西藏的语言曾长期维持一元模式,这种模式与西藏当时的文化背景是完全相适应的。

20 世纪 50 年代,特别是民主改革后,西藏的大环境和小环境都发生了根本的变化,汉藏文化交流规模超过了历史上的任何时期,传统的一元模式已经完全不适应西藏新的政治、经济、文化、教育发展的需要,教育上的藏语、汉语双语模式和文字上的藏语、汉语双语文化模式的出现成为历史的必然,可以说这种一元模式向二元模式的转变,正是西藏现代文化和教育的标志。

　　众所周知,在 20 世纪 50 年代以前,作为文化载体的藏文主要是用来记载和传播西藏的传统文化,其中最主要的宗教文化,当然也包括一部分历史、文学、传统医学等方面的文献。藏文作为传播现代文明的工具是从 20 世纪 50 年代后才形成规模的,这就是说传统藏语的功能是相当狭窄的,同样,西藏的传统教育体系是以宗教寺院教育为主体的,而在民间具有现代意义的学校则很少,根本没有形成规模,因此不可能对西藏的传统教育产生更大影响。这种教育由于是用藏语单语教学,同时受藏语现有词汇体系本身和藏传佛教的约束,所以同样严重制约现代文明在西藏社会的传播。

　　西藏和平解放以后,西藏语言的二元模式主要表现在两个层面上,一种是以藏语文为文化载体的文化模式,另一种则是以汉语文为载体的文化模式。上述这两种语言模式并不是截然分开的,在很多时候,这种模式仅仅是一种外在的形式,而它们各自所要表现的东西却往往是交叉的,或者说是相同的。因为我们都清楚,1950 年代后,藏语文除了保持其传统的功能外,在使用上随着国家政治、经济、文化的发展变化,它的功能已经发生了巨大的变化,这种变化集中体现在藏语文由传统的文化传播工具向现代文明的传播工具的转变。

　　据我们的调查,西藏和平解放五十年来,藏语文功能的扩展与发展变化可以反映在下面若干个领域:

　　(1)现代新闻出版

　　(2)现代传媒:广播、电影、电视、录音、录像、光碟

　　(3)计算机与藏文信息处理

　　(4)党政公文和重要会议

　　(5)经济生活:商业、工业、农牧业、手工业

　　(6)教育:幼儿园、小学、中学、职业教育、中专、大学

　　(7)宗教生活

　　(8)文化艺术、医疗卫生、体育

　　(9)科学技术

　　(10)国内外交流

　　毫无疑问,藏语文功能的扩展与发展,促使以藏语文为文化载体的文化模

式的生命力极大地增强,五十多年来藏语文本身的发展取得了巨大成就。但是,就在藏语文文化模式取得这一系列丰硕成果的同时,活跃于西藏的另一种文化模式,即以汉语文为载体的文化模式同样在这块土地上得到了发展,如果单从它本身的辐射面看,汉语文同样也像藏语文一样,触及到了上面提到的十多个领域,甚至更大的领域(这是因为这两种语言在知识信息等方面的传播和接受上是有差别的)。因此我们认为,在西藏,藏语文和汉语文这两种语言模式是相互并存、相互支撑的。

(二)西藏教育的授课模式

下面我们接着讨论另一个问题,这就是西藏和平解放以后,与西藏语言变迁紧密相关的教育模式问题。如果从广义的角度看,西藏现代教育的授课模式可以分为藏语教学模式和双语教学二元模式;如果从狭义的角度看,又可以分为三元模式,即藏语教学模式、汉语教学模式、藏汉语相结合的双语模式。从时间上看,藏语教学模式和双语教学模式起步较早,汉语教学模式稍后。

1951 年,中央和原西藏地方政府签订了《关于和平解放西藏的十七条协议》,其中第九条规定:"依据西藏的实际情况,逐步发展西藏民族的语言、文字和学校教育",从此拉开了西藏现代教育的序幕。

根据统计,在 20 世纪 50 年代,继拉萨小学、昌都小学、日喀则小学的创办,西藏一共创办了 13 所公办小学,其中部分属于藏语模式的教学体系,部分属于双语教学模式。1956 年拉萨中学创办,教学体系属于双语模式。另外,西藏还举办了各种类型的培训班和学习班,教学模式基本上属于双语教学。1957 年和 1958 年,西藏团校和西藏公学先后在陕西咸阳成立,其教学模式为汉语模式。1959 年自拉萨市东城区创办第一所民办小学后,到 1961 年,西藏已经有民办小学 1496 所,教学体系都是藏语模式。

20 世纪 60 年代中期到 70 年代的中期,由于受"文革"的影响,虽然农牧区的民办小学仍然继续其藏语教学的模式,县以上各级学校仍然在进行双语模式的教学,但是在思想上和实际工作中都偏重于汉语模式的教学,忽视了藏语模式的教学和研究,致使藏语文模式的教学和双语教学的模式开展得不好。

到了 80 年代的中期,西藏颁布了《西藏自治区学习、使用和发展藏语文的若干规定(试行)》。同年,自治区教委制定了"关于加强藏语文教学的意见"。1988 年自治区又颁布了《关于"西藏自治区学习、使用和发展藏语文的若干规定"的实施细则》。以上三个文件明确提出了"在西藏逐步建立以藏语文授课为主的教学体系",规定西藏各级各类学校的藏族学生,必须把藏语文课立为主课,其余课程原则上使用藏语文教学为主。在要求藏族学生全部使用藏语文教学,优先保障藏语文教学的前提下,从高年级开始增设汉语课。1989 年全区四所中学开展初中用藏语文授课的试点工作。同时山南地区的 5 所县中学和日喀则等地县的中学举办藏语文授课班。全区小学基本上实现了用藏语文授课。

到了 90 年代末期,西藏教育的授课模式主要有四种,据我们在 1998 年的调查,这四种基本模式是:

(1)藏语文授课加汉语文双语教学类型

实行这种类型的学校中各年级的各门课程全部使用藏文教材,使用藏语文讲授,汉语文仅仅作为一门课程从小学到中学毕业。可进一步分为小学和中学两类。

这种类型从 50 年代一直到今天都贯穿于西藏的农牧区小学。在城镇 50 年代创建的昌都、拉萨、日喀则等小学都是这种双语教学类型。1987 年西藏自治区对全区的小学进行了藏、汉分班,城镇属于这种类型的小学进一步增多。1999 年前后,随着小学藏语文授课体系的建立和完善,这种类型的小学达到 95%以上。1987 年以前,西藏的双语教学体系中由于中学阶段缺少藏语文授课这个环节,到 1988 年才提出了要建立中学藏语文授课体系的政策。1998 年中学藏语文授课加汉语文双语教学类型的初中班约占全区初中班总数的 18%,高中班约占 13%。

(2)汉语文授课加授藏语文型

实行这种类型的学校中,各年级的各门课程全部使用汉文教材,使用汉语文讲授,藏语文仅仅作为一门课程从小学到大学毕业。1960 年以前小学还没有这种类型。60—70 年代末西藏双语教学类型分化,城镇小学中的此类学校增多。80—90 年代初期,这种类型的小学发展比较稳定,1999 年大致维持在全区小学的 5%左右。实际上此类学校只是对城镇小学的汉族班而言的。1987 年以前西藏的中学大都属此类型,1988 年贯彻落实《细则》规定以后,这种类型的学校和班级逐年减少。1998 年此类学校共有 430 个初中班和 63 个高中班。另外,开办多年的内地西藏班也属此类型。西藏的中专和大学除一部分藏语专业外,也基本属于这种类型。1988 年以前各学校和专业都要学习藏语文,区别在于有的学校列为必修课,有些学校列为选修课。1988 年后藏语文成为必修课。

(3)藏语文汉语文混用型

这种类型的主要特点是,学校的部分课程使用藏语文讲授,部分课程用汉语文讲授,藏语文和汉语文作为两门课程贯穿于中专或大学。属于这种类型的学校主要是西藏中专或大学中的一些专业。

(4)汉语文授课藏语辅助型

这种类型的主要特点是,把藏语文和汉语文作为一门单独的课程开设,其余课程都使用汉文版教材。授课用语以汉语为主,藏语作为辅助教学用语。全区部分城镇小学和约占农牧区中学班总数 85%的中学班级采用这种双语教学类型。

(三)西藏二元语言使用模式中藏语文的功能扩展、地位及其汉语文的重要作用

毫无疑问,西藏和平解放 50 多年来,语言的二元模式和与之相适应的多元教育模式,不同时期与西藏的政治经济和科学文化的发展是相适应的,所取得的成就也是有目共睹的。但有一点我们必须看到,这就是西藏在现代化的进程中,或者说在科教兴藏的征途中,虽然藏、汉双语的协调发展和融合是西藏文化发展的潮流,但在这种二元语言模式和多元教育模式的内部,二者之间从一开始又存在着一种潜在的冲突,并且随着时间的推移越来越明显。如果不及时着手研究,并进而解决这些问题,使西藏二元语言使用模式健康发展,那么西藏在现代化的进程中就有可能受其影响而出现这样那样的问题。

我们首先来看西藏语言使用上由二元模式所带来的冲突问题。无需讳言,虽然五十年来藏语文发展变化很大,基本适应了社会发展的需要,在使用的功能上也扩展到了人类文化的每一个领域,但是由于多方面的原因,近几年,藏语文和汉语文之间的矛盾冲突是客观存在的,它集中表现在西藏的现代化进程中,人们对汉语文和藏语文两种语言的价值取向或者说判断上。我们不得不面对这样一个事实,这就是对藏语文的认识出现了一些偏差。我们现在不得不提出这样一些问题:在西藏现代化进程中,应该怎样面对这种二元语言模式的存在,怎样认识和判断藏语文的地位,怎样认识西藏实际存在的藏、汉双语模式化问题,应该怎样处理和协调好它们二者间的关系,以使西藏这种客观存在的二元语言模式更好地为现代化服务。

应该承认,1987 年以来藏语文的学习、使用和发展已经取得了举世瞩目的巨大成绩,这是任何人都不能否认的,但忽视藏语文的现象也是客观存在的。这个问题非常复杂,涉及西藏社会、经济、文化的方方面面,这里我们着重要谈的是与藏语本身相关的一些重要问题。

而科学技术发展的前提是首先必须有一种与之相适应的语言载体。在西藏的现代化进程中,科学文化和教育都与藏语文有关,具体地说,藏语在西藏现代化过程中具备什么样的地位? 它能不能承担其传播现代科学技术的任务? 50 年来藏语文本身发展的结果是不是担负起了这样的重任呢? 回答是肯定的。

民族语言学家胡坦教授指出,"使用藏语文在藏族人民中传播现代科学技术,首先必须创制大批反映现代科教成果的新词术语。术语是指称专业概念的词或者词组,是人类科学知识在语言中的结晶,术语丰富与否反映一个民族科技发展的水平。[①]"西藏和平解放以来,特别是改革开放以来,随着社会的巨变,现代化进程的加快,藏语词汇中出现了大批的新词术语。仅民族出版社1991 年出版的《藏汉对照辞典》就收集了 8 万条新词术语。近几年,汉藏对照的数学、物理、生物、化学、法律、生理卫生、历史、地理、医学、政治、经济多种专业术语词汇陆续出版。此外西藏还录制和出版了农牧业科学技术方面的录像带,配备了与之相结合的汉藏对照读物。青海也制定了自然科学术语词典系列工程 5 年计划,已经完成了计算机、化学、药物学、地理学、经济学、数学、物理、现代科技管理等 8 种专业术语词汇的编撰工作。与此同时,1995 年 10月,我国成立了"藏语术语标准化工作委员会",开始制定确立藏语术语的一般原则和方法,并开始筹建藏语术语数据库。

50 年来藏语中虽然出现了大批的新词术语,但是同我国乃至世界科技文化的发展速度相比,差距仍然很大,这一点我们必须清楚地看到。实际上,从世界现代语言的发展历史看,像印尼、中亚、日本、以色列以及土耳其等国家和地区,因应现代科技文化教育、政治、经济及日常生活的需要,都有计划地进行

---

① 　胡坦:《藏语科技语的创造与西藏现代化建设》,《中国藏学》1998 年第 1 期。

了语言词汇的扩充,从而使自己的语言通过新词术语的创制,达到了传播现代科学技术文化的能力,进而适应了社会发展的要求。

因此我们有理由相信,通过有关民族语言政策的进一步贯彻和实施,通过有关藏语文政策的宏观调整和部署,通过政府职能部门和相关的管理及科研部门的协作和监督,系统地分门别类地收集、整理、编撰和出版新词术语词典,并根据西藏和其他藏区社会经济和科技文化发展的现状和趋势,有计划、有目的、有预见地扩充藏语新词术语,通过教育部门的配合和实施,能够促使藏语文逐步与现代科学技术和文化发展要求相适应。

下面我们再来看看西藏语言使用发展过程中关于汉语使用模式的一些相关问题。

从双语发展的角度来看,西藏的双语使用模式,涉及藏民族的母语—藏语的持续发展和汉语的学习、使用两个问题,即一方面是民族平等前提下的藏语持续发展,另一方面则是对外开放、民族交往与融合、中华民族多元一体背景下的汉语吸收问题。其结果是:西藏人一方面是继续学习、使用、发展其传统的语言。同时,选择学习、使用汉语的人也越来越多,最终促使汉语在西藏的使用范围也越来越宽泛,使用的频率越来越高。在一些开放性的场所,比如,工作场所、公共场所、文化教育场所,甚至越来越多的藏族群众更趋于选择藏汉双语或者是汉语;在传媒语言的选择和信息的吸收过程中,更多的人是更依赖汉语。

从语言变迁的角度看,这种现象是符合语言使用发展规律的。我们知道,在近代历史上,世界上至少出现了 5 次大型的语言变迁,在这些实例中,都是有一大批人,放弃了(或尚未放弃)自己原来的语言或语型,改用另一种语言或语型。这些实例是:(1)在欧洲,政府机关、工业界、教育界、文化界中用语的通俗化;(2)北美洲的英语化以及南美洲的西班牙语化;(3)全世界,尤其在非洲和亚洲,知识分子大量使用英语、法语沟通;(4)前苏联的俄语化;(5)80年代在亚洲和非洲,曾经被广泛使用的一些外来语的逐渐消失,政治界、技术界和文化界语言的通俗化。①

关于语言使用的变迁问题,语言社会学家认为可以从两个角度来认识,一

---

① Joshua A.Fishman 著:《语言社会学》,黄希敏译,巨流图书公司 1980 年版。

是经过社会文化巨变的语言容易产生变化；另一个则是在经济上、政治上、社会文化上占优势的语言，也容易被想获得同样地位的其他人群所采用或仿效。前者是对一个民族的母语而言的，它讲的是母语自身的持续发展或者说变迁，而后者则是对作为双语之一的另一种语言来说的，它讲的是一个民族在现代化的进程中，为了适应国家政治、经济、文化的大环境，努力学习、掌握和使用另一种可以在更大范围内进行流通的共通语，具体地说在我国就是汉语。有关藏语的持续发展等问题我们在前面已经讲过，这里不再重复。关于汉语文的广泛学习和使用，在西藏已经有近50年的历史，且掌握的人数也越来越多、使用的范围也越来越广，这是西藏语言变迁的现实，不可否认。

　　但是，汉语文在今天的西藏双语中究竟占了多大的比重呢？或者说掌握汉语文的人数在藏族总人口中究竟占了多大比例呢？还有一个重要问题，就是双语在西藏地理上的分布处于何种状况呢？我们认为不先回答这些问题，就很难说清西藏一些重大的语言问题或者说语言现象。

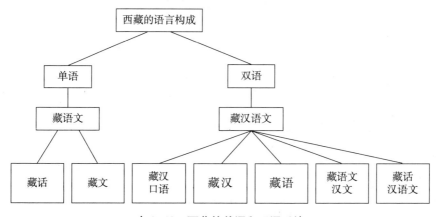

表2-19　西藏的单语和双语系统

　　我们先从整体上看看今天西藏实际的语言构成情况。西藏语言近50年的变迁结果是形成了由单语和双语2个系统构成的语言网络，它们的内部又可以细分为7个小类。见表1。

　　单语比较简单，第一个层面是藏语文，第二个层面存在2两种现象：（1）只会藏话；（2）掌握藏语文。双语第一个层面是藏汉语文，第二个层面比较复杂，从西藏的实际情况看有5种现象存在：（1）只会藏话和汉话；（2）典型的双语,既掌握藏语文,又掌握汉语文;(3)掌握藏语文和汉语口语;(4)掌握藏语文和汉文;(5)掌握藏话和汉语文。

综合考察现在西藏语言变迁后的结构格局,情况的确非常复杂。但是如果先把这种语言结构格局分成两块,分别从整体上来考察单语和双语各自所占的人口比例以及它们的语区分布,也许更容易理解我们西藏所要讨论的问题。

二、西藏语言使用的二元模式及相对单语、双语人口分析

要准确地统计西藏现有人口中藏族单语人口和双语人口的数字是比较困难的,因此我们在这里所采用的方法是:把西藏的人口切割成两大块,即市镇人口和农牧区人口,并且根据西藏的实际,整体上先把农牧区人口看作藏族单语人口,然后再假设市镇人口全部为相对双语人口,并扣除其中的市镇汉族人口,得到西藏相对的双语人口数。所以我们这里所说的藏族双语人口实际上是广义的,我们笼统地把西藏市镇人口中的藏族人都看成相对双语人口(即理论上可以程度不同地接触汉语文的人口)。

根据西藏 1982 年、1990 年人口普查、1995 年人口抽样调查、1998 年《西藏统计手册》(西藏自治区统计局编印)、1999 年《西藏统计年鉴》等资料的主要数据,西藏的人口情况大致如表 2-20。

表 2-20　1982—1998 年西藏人口统计表

指　标	单　位	1982 年	1990 年	1995 年	1996 年	1997 年	1998 年
总人口	万人	189.25	218.05	235.55	239.30	242.74	245.39
民族构成	%	100.0	100.0	100.0	100.0	100.0	100.0
藏　族	%	94.5	95.5	95.8	96.3	96.4	96.2
汉　族	%	4.8	3.7	3.3	2.9	2.9	3.0
其他民族	%	0.7	0.8	0.9	0.78	0.75	0.8
城乡分布	%	100.0	100.0	100.0	100.0	100.0	100.0
市镇人口	%	9.5	16.4	16.7	16.9	17.2	17.87
农牧区人口	%	90.5	83.6	88.3	83.1	82.8	82.13

从表 2-20 所显示的西藏市镇人口和农牧区人口占人口总数的百分比

看,1982 年,市镇人口仅占 9.5%,农牧区人口占 90.5%;1990 年,市镇人口仅占 16.4%,农牧区人口占 83.6%;1995 年市镇人口仅占 16.7%,农牧区人口占 88.3%;1996 年市镇人口占 16.9%,农牧区人口占 83.1%;1997 年,市镇人口占 17.2%,农牧区人口占 82.8%;1998 年市镇人口占 17.287%,农牧区人口占 82.13%。从六个时期的情况看,1982 年这一年市镇人口的比例最低,仅有 9.5%;但是后面的五个时期,都在 16%—18% 之间,而且从 1995 年到 1998 年,平均每年增长不到 0.4%。

总之,从 1982 年到 1998 年,西藏市镇人口总的趋势是呈上升的态势,但是除 1990 年上升的幅度较大外,后来的五个时期上升的幅度都很小,不到 0.4%。如果我们姑且把市镇人口看作相对双语人口、把农牧区人口看作单语人口的话,则可以大体上估计出西藏六个时期单语人口以及相对双语人口的百分比概率。见表 2-21。

表 2-21　西藏相对单语人口与相对双语人口对照表

指标	1982 年	1990 年	1995 年	1996 年	1997 年	1998 年	百分比
单语人口	90.5	83.6	83.3	83.1	82.8	82.13	%
双语人口	9.5	16.4	16.7	16.9	17.2	17.87	%

资料来源:1999 年《西藏统计年鉴》,3—7 市镇人口。

从表 2-21 中我们可以发现这样一个重要的现象:从整体上看,1982 年到 1998 年的 17 年间,西藏的单语人口呈下降趋势,而相对双语人口则呈上升趋势。但是将单语人口和相对双语人口的百分比进行对照后可以看到,虽然相对双语人口的比率在逐年上升,但是除 1982 年以外,其他年份的上扬幅度并不是很高。到 1998 年,相对双语人口在整个西藏的人口中才占 17.87%,也就是说当年西藏的单语人口数是整个西藏人口数的 82.13%。

另外还有一点,我们在统计西藏相对双语人口的时候,是先把所有的市镇人口都看成是说双语的人口,因此在计算西藏的相对双语人口时,还必须扣除一部分说汉语的市镇人口[①],这样一来,西藏的双语人口数量将会更低。见表 2-22。

---

①　这里的双语人口包括:藏族、珞巴族、门巴族、僜人、夏尔巴人等,详见《西藏统计年鉴》1999 年,第 3—4 页,"各民族人口"中所列的母语为藏语的民族。

表 2-22　市镇相对双语人口与汉语人口对照表

	单 位	1982 年	1990 年	1995 年	1996 年	1997 年	1998 年
市镇人口	万	23.63	35.68	39.83	40.40	41.72	43.86
双语人口	万		27.73	32.06	33.08	34.4	36.07
汉语人口	万	.	7.95	7.24	7.32	7.32	7.79

资料来源:1999 年《西藏统计年鉴》。

从表 2-22 可以看出西藏的相对双语人口数(实际上这里面还包括有一部分学龄前儿童、文盲和不会汉语的老人,因此这个数字实际上仍然是相对双语人口数)的大致变化情况。1990 年西藏的市镇人口为 35.68 万,其中双语人口 27.73 万,占 77.7%,单语人口 7.95 万,占 22.3%。

1995 年为 39.83 万,其中双语人口为 32.06 万,占 80.1%,单语人口 7.24 万,占 19.9%。

1996 年为 40.40 万,其中双语人口为 33.08 万,占 81.9%,单语人口 7.32 万,占 18.1%。

1997 年为 41.72 万,其中双语人口为 34.4 万,占 82.5%,单语人口 7.32 万,占 17.5%。

1998 年为 43.86 万,其中双语人口为 36.07 万,占 82.2%,单语人口 7.79 万,占 17.8%。

如果只将 1990、1995、1996、1997、1998 五个时期的西藏市镇相对双语人口数与相同时期的藏族人口总数相比,就能够进一步发现,它们之间的百分比差是很大的。见表 2-23。

表 2-23　西藏市镇相对双语人口与藏族总人口数比较表

指 标	单 位	1990 年	1995 年	1996 年	1997 年	1998 年
藏族人口	万	209.556	226.875	230.517	233.979	236.132
双语人口	万	27.73	32.06	33.08	34.4	36.07

资料来源:1999 年《西藏统计年鉴》。3—4 各民族人口数、3—7 市镇人口。

从表 2-23 中我们可以得出几个结论:

(1)1990 年西藏市镇相对双语人口数占藏族总人口数的 占 13.2%,1995

年占 14.1%,1996 年占 14.4%,1997 年占 14.7%,1998 年占 15.3%。从这个意义上说,从 1990 年到 1998 年,西藏的市镇相对双语人口数从来没有超过 16%,也就是说在整个西藏藏族人口中,藏族的单语人口始终没有低过 84%。

另一方面,我们所说的西藏市镇相对双语人口数实际上还包括市镇人口中的学龄前儿童、文盲和不会汉语的老人,因此,客观地看,从 1990 年到 1998 年,西藏的市镇相对双语人口数达不到藏族总人口的 15%。

(2)从 1990 年以来的西藏市镇相对双语人口的数字显示看,90 年代初比较低,例如 1990 年才 27.73 万人,进入 90 年代中后期后,西藏的市镇相对双语人口上升得比较快,到 1998 年发展到 36.07 万人,与 1990 年相比增加了 8.34 万人,增长率为 75.9%,

虽然从 90 年代初到 90 年代末,西藏的市镇人口中,相对双语人口增长较快,但是增长幅度仍然没有超过西藏藏族总人口数的 16%,这就是说 84% 的藏语单语人口与不足 16% 的市镇相对双语人口实际构成了西藏语言使用的人口分布实态。

(3)西藏的这种语言使用人口分布实态说明了两个重要的问题,一是在 90 年代中后期,西藏的双语或者说汉语文发展很快,但是从市镇相对双语人口的发展看,并不是像我们想象的那样快;另外一点就是,占藏族总人口 84% 的藏语单语人口说明,藏语文在今天的西藏仍然占有很重要的地位。

(4)从西藏相对双语人口的地理分布来看,主要分布在市镇,农牧区几乎是空白,这就是说相对藏族双语人口从市镇向农牧区的扩散还相当缓慢。

三、人口分布背景、城市化现状及语言政策

前面两节我们集中讨论了西藏语言的二元变迁及其对文化教育、语言使用的影响,并对西藏的市镇相对双语人口和单语人口进行了分析。

关于第一个问题,我们的看法是在西藏的现代化进程中,西藏的语言使用模式已经从一元发展成为二元,西藏教育的授课模式也同样发展成为藏语教学和汉语教学并存的二元模式。在西藏语言的二元模式中,藏语文的功能不断扩展,地位不断提高,同时汉语文也发挥着重要的作用。这种语言的二元模式在相互协调发展和融合,不断与西藏的政治、经济、科学和文化的发展相适应的同时,其内部也存在着一种潜在的冲突。

关于第二个问题,我们认为从 20 世纪 90 年代初到 90 年代末,西藏的市镇相对双语人口将近增长了 75.9%,这说明西藏的双语化在 90 年代末已经登上了一个新的台阶,这个数字同时也说明汉语文在西藏的使用范围(人口数)较 90 年代初扩大了 75.9%。这是不可否认的事实。可是把这个数字与西藏的藏族单语人口相比较,它实际所占的人口比例却非常少。

对西藏语言变迁中的这种格局,第一应该从理论上去认识它,第二如果承认这种格局的实际存在,西藏的语言政策和教育政策等就应该符合这种语言格局,然后才谈得上在此基础上的宏观调控,才能够使涉及藏语和汉语两者具体的语言政策和教育政策构架方面的指令性措施符合实际。我们在西藏制定语言政策和教育政策前,必须考虑这样一个不容忽视的事实:西藏的现代化是由一个整体两个板块构成,一块是藏族相对双语人口约占 16% 的西藏市镇的现代化,另一块是单语人口约占 84% 的西藏农牧区的现代化。

西藏要现代化,它的首要前提就是要借助语言中介,再通过教育手段,将现代科技文化知识传授给 16% 的市镇双语人口和 86% 的农牧区藏族单语人口。我们认为,现代化和语言政策、藏语和双语、市镇人口和农牧区人口、市镇语言和农牧区语言背景、单语教学和双语教学等一系列问题在西藏构成了一个复杂交叉的网络,它们既互相影响又互相制约。如果处理不好这种复杂关系,就会出现很多矛盾,就会给科教兴藏战略的实施带来负面影响,就会影响西藏现代化的进程。

在西藏现代化进程中,应该制定什么样的语言政策、借助什么样的语言中介、依靠什么样的教育手段把科技文化知识传授给两个板块不同的语言背景的群体才比较合理呢? 我们认为应该主要把握好以下几个方面:

(一)市镇人口语言变迁较快,农牧区人口语言变迁缓慢,应根据不同的人口分布和语言背景,在语言政策上有所区别,在单语教学和双语教学上有所侧重。

语言的持续变迁研究证明,城市人口的语言变迁多,变迁速度快,相反,乡下人口的语言变迁少,变迁速度慢。社会语言学认为,乡村多半保存着自足的传统互动形态和社会结构,而城市由于其中形形色色的社会网互相作用的结果,可能会导致以较自觉、有条理而新奇的方式来保存、复兴或者是改变传统的语言。都市的环境能够促成流动、促成民族间的语言接触。而在乡村,由于操母语的人群集中一处,而且很少与外界接触,所以容易保持他们的语言传统。一般来说,在同样语言背景的人高度集中的地方,把传统的生活方式及语言传给下一代比较容易。

比如印度的非乡村生活以及随之而起的高等教育,导致了英文成为了今日印度的第二语言,而使北印度语(Hindi)日渐势弱。要传播英文则有赖于机关、高等学校、政府当局和大众传播工具,如电影、电视、报纸等,而这些在农村都非常缺乏;同样,要传播 Hindi 语,则有赖于在乡村常见的初级学校、收音机广播以及政府的农业示范、协助等,可是城市又缺乏这些,所以,印度的乡村生活几乎可以说与英语完全隔绝了,也因此增加了与 Hindi 语接触的机会。

西藏的情况怎么样呢?

从民主改革以来,在西藏的市镇中,藏族和汉族长期聚居在一起,藏语和汉语的接触和影响越来越大。如表 8-3 所示,1990、1995、1996、1997、1998 年五个时期,在西藏市镇人口中汉族和藏族的比例分别 1∶3.5、1∶4.4、1∶4.5、1∶4.7、1∶5.3。这种情况说明,90 年代以后,西藏市镇人口中,双语人口的数量增加得很快,拿 1990 年与 1998 年相比,增加了 8.34 万人,增长率为 75.9%。

这说明 90 年代末,藏族和汉族、藏语和汉语的接触机会较 90 年代初已经发生了很大的变化。有机会接触到汉语的藏族(包括母语为藏语的其他市镇民族人口)的正在逐年增多,在市镇,一定规模的藏族双语相对人口已经形成。而 84% 以上的农牧民与汉语文接触的机会非常有限的。尚未形成规模性双语人口。

在西藏的市镇,基础教育、中高等教育、党政机构、文化设施、大众传播媒介(电视、电影、新闻报刊、出版)迅速发展,对于汉语文的传播有非常积极的推动作用,极大地扩大了市镇人口与汉语文的接触机会;而在西藏的农牧区则尚未具备这样的条件,因此传统的语言形态没有受到多大的影响。

从上面的分析中我们认为,应该根据两个板块不同的人口分布和语言背景情况,在语言政策上有所区别,在单语教学和双语教学上有所侧重。具体地说,在语言政策的制定上,应该具体问题具体分析,不能在具体语言政策上搞一刀切,把西藏的市镇与农牧区相提并论。

对市镇而言,应该大力提倡双语政策和双语教育,进一步强化汉语文的教学和外语的教学,使市镇的双语化继续稳固、健康地发展。

对农牧区而言,除了要大力提倡单语政策,扎扎实实地搞好藏语文教学外,要创造条件或者是在已经具备了条件的学校,把汉语文的教学与藏语文的教学放在同等重要的地位,使农牧区的双语教学水平尽快上台阶,逐步接近和赶上市镇中小学双语教学水平。过去那种从小学三、四年级才开始学习汉语文,且不作为与藏语文同等重要的主课的做法,已经完全不能适应西藏农牧区现代化对藏、汉双语的要求,西藏农牧区的汉语文教育必须从小学一年级抓起,从娃娃抓起。

只有这样,当西藏逐步实现了"六年制义务教育"和"九年制义务教育"后,一批又一批的小学生和中学生毕业后,藏、汉双语都具备了一定的基础,既可以升入更高一级的学校学习,成为西藏市镇双语人口的后备军,又可以回到农牧区,利用已经掌握的藏、汉双语,可以更好地为家乡的现代化建设服务,可以使西藏的农牧区逐步出现新型的双语人口,可以促使农牧区藏、汉双语的接触,可以使藏、汉文化在农牧区共同扎根、开花、结果,可以进一步促进藏、汉民族的团结和融合。最终使西藏的农牧区由单一的语言使用模式逐步向双语使用模式过渡。

(二)西藏的城市化规模较90年代有了长足的发展,可是除了拉萨、日喀则、泽当、昌都、八一等市镇外,绝大多数的县镇双语人口尚未真正形成规模,从长远的角度看,西藏的城市化任重而道远,大多数县镇人口的规模化在短期内也不可能实现,因此,不能过早地认为西藏全区已经开始出现良好的双语化条件。在一定时期内,藏语和汉语的关系必须摆正。

从现在西藏实际的城市化规模和藏族人口的城乡分布情况看,主要有下面一些特征:

(1)城镇数量少、规模小,非农业人口少

西藏共有1个省(区)直辖市,1个地辖市,34个镇。城镇数量少、规模小,尚未形成相对集中的城镇群。据1999年《西藏统计年鉴》首府拉萨市,城市人口只有13.97万人,其中非农业人口12.16万人。第二大城市日喀则市,市镇非农业人口仅为2.76万人。34个镇的非农业人口总共是3.13万人,平均不足920人(达瓦顿珠,1999:37),可见西藏的城镇化规模目前还比较小,真正具有一定城市化规模的城市仅有拉萨一个。

（2）城乡人口分布不平衡

根据 1999 年《西藏统计年鉴》的数据显示,1998 年西藏城乡人口的比重是,17.9∶82.1。西藏的城镇人口主要分布在拉萨、日喀则两市以及 34 个县镇。各地区的市镇非农业人口占该地区总人口的比重分别是:

拉萨地区:32.5%

林芝地区:10.1%

阿里地区:8.1%

日喀则地区:6.1%

那曲地区:5.3%

昌都地区:3.7%

山南地区:4.0%。

可见,藏族人口乡村比重大,城镇比重小,这是西藏藏族人口分布的又一特征。

城镇数量少,城市化规模小,藏族人口乡村比重大、城镇比重低等特点,在西藏究竟会给人们的交际带来什么样的影响呢?

汉语是我国的共通语,学习和使用好汉语文,对促进我国各少数民族社会的进步具有重要的意义。自从西藏和平解放以来,党和政府在西藏为汉语文的学习和使用做了大量的工作,在今天的西藏社会,除了藏语文外,汉语文在政治、经济、文化、教育各个领域都占有了相当大的比重。随着西藏现代化进程的不断深入,随着藏汉之间更加密切的交往,汉语文越来越发挥着重要的作用。

到目前为止,西藏实际形成了两个广义上的语言区,即以母语藏语为主要交际工具的单语区和以藏、汉双语为主要交际工具的双语区。农牧区主要把藏语文作为单一的交际工具和文化载体;而在城镇,尤其是在拉萨、日喀则、泽当、昌都、八一等市镇,则把藏语文和汉语文作为交际工具和文化载体模式。一般来说,对于西藏城镇中的汉族人口而言主要是使用单语汉语,而对藏族(包括母语为藏语的境内其他民族)而言,则主要是使用藏、汉双语,藏语一般用于日常生活、宗教生活及传统、社会生活中,而汉语则一般用在职业、政治生活、学校教育、经济生活、文化生活和一部分社会生活等。两者交叉的情况也是经常存在的。

　　一般来说,在拉萨市、日喀则市、泽当镇等市镇和地、县、镇机关所在地,从小在双语区中长大者、机关干部、职工、职业技术人员等藏族,他们在同样的场合可以随意换用藏语和汉语进行交际,他们与汉族交际时几乎可以讲汉语,与本族人交际时,在多数场合也广泛使用汉语。可以说随着西藏城市化规模的扩大,市镇人口的增加,政治、经济、文化、社会生活方方面面的扩展,西藏现代化进程的深入,各民族的接触会更加频繁,汉语的使用领域会日益扩展。

　　换一句话说,像拉萨市、日喀则市、泽当镇、昌都镇、林芝镇等已经或初步成为了西藏典型的双语区,已经基本具备了双语化的条件。

　　从 1998 和 1999 年两次在西藏农牧区的调查结果看,西藏的农牧区基本上还不具备双语化的条件。

　　第一,西藏的农牧区是单一的民族聚居区,人们的生活相对处在一个固定、狭小的地理范围内,藏族与汉族的交往与互动、藏语与汉语的接触与互动并不普遍。

　　第二,从教育上看,西藏约 95% 的县以下小学,一般把藏语文、汉语文作为一门单独的课程,其余课程全部使用藏文教材,用藏语授课。从我们在拉萨市林周县春堆乡和春堆村、拉萨市墨竹工卡县城和贡嘎镇伦布岗村、日喀则南木林县城和南木林镇的调查看,汉文课只是在 3、4 年级开设,口语普遍不能说,一些汉语单词可以用藏语说出来,写很困难。再看中学的情况。西藏的农牧区一般没有中学,县里一般只有一所,教学方法基本上与小学相同。据我们的调查,全区中学共有藏语授课班 102 个,其中初中藏语授课班在校生人数近 4000 人。

　　我们知道,母语之外的某种语言的习得、掌握和使用,只有通过教育和语言接触。目前西藏农牧区既缺少与母语之外的其他语言的频繁接触,汉语文教学又相对薄弱,因此农牧区在短期内形成一定规模的双语人口是不现实的。

　　基于上述原因,我们认为西藏习得汉语文的人口的多少,除了与农牧区的教育制度和汉语文教学有一定关系外,还与城市人口规模化的大小有重要的联系。要扩大西藏双语人口比例,实际上是受城市化规模影响的。但是从目前西藏经济的发展以及西藏世居的藏族人口很少迁入城市的现状看,西藏的城市化规模在今后一段时期内还不会出现大幅度的增长,因此,不能过早地认为西藏全区已经开始出现良好的双语化的条件。

　　在西藏的城乡首先必须加强藏语文的学习、使用和发展,但同时为了适应西藏现代化发展的需要,为了使大量科学技术和社会、政治、经济、文化等方面的信息及时传播到广大的农牧区,为了更好地学习、掌握和利用现代农牧业科技,又必须把汉语文的学习和使用放到与藏语文同等重要的位置。在西藏市镇要大力提倡双语的学习和使用,在农牧区更要强调双语的学习和使用。

(三)认识到藏文在西藏现代化进程中可以达到与现代科学技术和文化接轨的能力,就必须加强藏语新词术语的创制,让藏语文真正为农牧业现代化服务

如前所述在西藏现代化进程中,通过有计划、有目的、有预见地扩充符合西藏实际的藏文新词术语,并通过教育部门和传媒的配合和实施,藏语文可以逐步达到与现代科学技术和文化接轨的能力,而且必须首先使藏语单语区即农牧区具备这种能力,因此,我们就必须加强藏语科技新词术语包括农牧业科技新词术语的创制、规范、推广、学习和使用工作;在现阶段,还要加强藏语文教育、藏语文传媒、藏文书刊等方面投入力度,使西藏农牧业科技新词术语的创制、规范、推广、习得、使用形成一个完整的体系,以使藏语文才能真正为西藏的农牧业现代化服务,为整个西藏的现代化服务。

从语言学的角度看,一种语言的发展实际上主要包括两个方面,其一是语言本身的发展,其二则表现在语言使用的拓展上。

从西藏和平解放开始,藏语文的发展从宏观上看基本适应了西藏社会发展的步伐。进入 90 年代后,随着知识爆炸和知识更新速度的加快,随着现代科技文化的飞速发展,随着各种信息的剧增,藏语文作为一种文化载体,要完全适应这种文化背景是很困难的。但是我们可以根据西藏城市和农牧区科技、文化、信息等发展的实际要求、进程和水平,部分或者是选择性地适应。

这种适应不是盲目的,它符合西藏特殊的地理环境、人口素质现状、文化教育发展的需要、城市和农牧区对科技的需求、单语人口和双语人口的教育水平等,一句话,要符合西藏的实情;更重要的是这种适应是通过努力可以逐步实现的。我们不能采取虚无主义的态度,仅仅因为藏语不能完全达到汉语传播和表达现代科技的能力(实际上汉语在这方面也需要不断创新),就采取消极的态度来看待藏语文的发展前景。

胡坦教授指出"藏语历史悠久,与汉语同出一源,属汉藏语系藏缅语族;藏族文字是一种独特的拼音文字,初始于 7 世纪,几经改进,通行至今,留下了丰富的文献典籍。藏语文在历史上曾支撑了藏民族物质文明与精神文明的创造和传承,功不可没。它今天仍然其中起着重要的作用,但在普及传播现代科技方面却远远落在了后面。用藏文撰写和翻译的现代科技著作寥寥无几,在课堂上、会场上用藏语宣讲各种科学知识的也屈指可数。究其原因,除科技人才缺乏外,就语言本身而论,藏语词汇中缺少反映和表达现代科技成果的专门术语,也是一个重要的制约因素。因此,要发挥藏语文在科技传播和文化交流中的作用,还需要科技工作者和藏语文专家联手做些基础性的工作,即从基础学科入手,分门别类地系统地创制大批空缺的专业术语,同时对已经有的术语通过协调进行统一、规范和标准化工作。"①

胡坦教授进一步指出,"藏语是一种古老而又年轻的语言,语汇丰富,表达能力强,在现代科技术语的创制和标准化工作方面虽然起步较晚,比国内外先进水平尚有差距,但新中国成立以来,政府对此十分重视,在科技工作者和藏语文专家的共同努力下,已创制和审定了大批的新词术语,各藏区也正在努力推行和应用。"②

继 1995 年 9 月"藏语术语标准化工作委员会"成立,从 1997 年开始,西藏自治区语文工作指导委员会向有关翻译部门发出了通知,重申藏语术语标准化工作的重要性,并决定:藏语新词术语的统一规范工作由西藏自治区编译局和自治区翻译工作者协会负责协同有关部门,组织专家,逐步开展。统一规范的新词术语由自治区语文工作指导委员会办公室以活页的形式统一印发,各有关单位参照使用,并在使用中逐步改进。这是藏语文术语规范化、标准化的重要举措。

与西藏现代化建设相适应的新词术语的创制、规范是一项伟大而艰苦的工程,同样,推广、习得和使用这些新词术语,使其为西藏的现代化建设服务则是另一项伟大而艰苦的工程。由于西藏实际存在着比较明显的单语和双语两个不同语区,并且两个语区由于在人口素质、文化教育水平、传媒手段、经济建设的内容等方面都有很大差别,所以,双语区新词术语的推广、习得和使用应该与单语区,即农牧区有区别,这里面同样有一个适应问题。

---

① 《术语标准化信息技术》1998 年第 3 期。
② 《术语标准化信息技术》1998 年第 3 期。

　　拉萨、日喀则城市等代表了西藏的都市文化,它们是自治区和各地市政治、经济、文化、教育、商业、传媒、通讯、交通、金融的中心,因此,对新词术语的需求是多方面、多层次的,在推广、习得和使用上必须与此适应;而作为单语区的西藏广大农牧区,至今仍在很大程度上保持着传统的农业和牧业文化。西藏农牧区的现代化,说到底就是农牧业的现代化,西藏农牧业的现代化表现在语言的需求上,就是首先要有配套的与西藏农牧业发展相适应的农牧业科技术语,否则,会影响到西藏农牧区的现代化进程。

　　1999 年在西藏实地调查时,我们惊喜地发现,改革开放 20 年来,西藏自治区有关部门在这方面已经做了大量工作,西藏人民出版社出版了一批用藏文写成的农牧业科普图书,这里面涉及了许多农牧业科技方面的新词术语。《西藏日报》藏文科技版和西藏自治区科委的《西藏科技报》藏文版,除了担负报道和宣传农牧业科技的重任外,实际上也在很大意义上起到了规范和传播农牧业新词术语的作用。《西藏日报》藏文编辑部资料室根据报社自成立以来编译农牧业方面的稿件所获得的资料,编辑刊印了一部涉及农牧业方方面面的藏语科技词典(上、下两卷)。根据西藏农牧业科技发展的新动态,以及近两年不断出现的新词语大幅度增加的态势,这个资料室还准备着手编印藏语科技词典续编。

　　西藏科委和西藏电教馆等部门在有关专业部门的协助下,采用新的传媒手段,拍摄了一套完整的与农牧业科技相关的录像带(共四盘),并配套出版了内容相同的藏汉对照科普本。这些录像带和科普本对于藏文科技新词术语的收集、规范、传播都起到了一定的作用。西藏自治区翻译协会除了协调全区的藏汉文翻译工作外,他们在农牧业科技新词术语的创制、规范、推广使用等方面都做出了很大成绩。

　　就目前的情况看,我们在农牧业新词术语的创制、规范、推广方面所做的工作还很不够,与西藏农牧业的发展的需要还差得很远,因此,我们丝毫不能松懈。另外,在我们看来也是重要的一环,就是在西藏农牧区,农牧业科学技术的普及工作还存在问题,这对于西藏广大农牧民掌握农牧业新词术语,提高科学种田和科学放养技能是有很大影响的。农牧业科普的推广以及农牧业新词术语的习得和使用,必借助于教育、传媒、新闻、图书等手段,但是在 1999 年的调查中我们看到,这四个方面还存在着一些问题。

在拉萨林周县的春堆乡和春堆村、墨竹工卡的伦布岗村、日喀则的南木林县和南木林镇等调查时，我们专门对这四个方面进行了调查。我们发现，在西藏农牧区的乡村一级，通过学校教育或扫盲手段传授农牧业科学知识的例子是很少的；在传媒方面，我们去的三个村（其中一个是半农半牧村）都没有电，所以根本没有电视，即或乡政府有一个电视差转台，但是藏语节目很少（多是译制的故事片），而涉及农牧业科技方面的内容就更少了，并且又有多少农牧民可以经常去乡政府看呢？新闻方面，能够发行到农牧区的主要是《西藏日报》藏文版。据 1997 年日喀则地区一份关于藏文报发行情况调查所提供的资料看，1997 年日喀则地区收订《西藏日报》藏文版 3617 份（不含自治区给每个乡赠送的 2 份）。但是在正常情况下，一般乡、村和各乡办小学一周才能送到一次报纸，偏远村则很难一周送到一次。因此，我们在当地调查时，参观了一些村的文化室，几乎没有看到报纸和图书。春堆乡很重视文化建设，专门盖了一个很漂亮的文化中心，我向乡长和乡教育秘书打听图书的情况时，他们说多是一些文艺作品，科技类图书很少。

广播在西藏农牧区很普及，它的特点就是快捷、经济、方便、简单，只要有电池，有收音机就可以了。我们在调查时，农牧民都说他们了解时事以及获得的新知识几乎都是从广播上得到的。因此，我们认为，在现阶段，西藏农牧区首先需要在藏文教育、藏语传媒、藏文报纸、藏文图书等方面加强投入力度，此外还必须充分利用广播传播信息快、传播新知识快、经济快捷、不受时间地点环境限制、适合西藏地理环境的特点，办好藏语广播，办好藏语农牧业科技知识普及讲座，办好藏语农牧业新词术语普及于使用广播讲座，等等。只有这样，西藏农牧业科技新词术语的创制、规范、推广、习得、使用才可能形成一个完整的体系。

四、结束语

总之，我们认为，在西藏的现代化或者说科教兴藏的进程中，西藏的语言正在发生着激烈的变迁，这种变迁除了涉及藏语文本身的变化外，更多的还涉及了整个西藏的语言模式问题。从藏语史和西藏社会发展史的角度看，从 7 世纪初吞弥桑布扎创制藏文以来，藏语文作为藏族文化的载体和教育的主体一直沿续到了本世纪的 50 年代。西藏和平解放后，特别是民主改革以后，随着西藏政治、经济、文化、社会发展的需要,这种传统的语言模式逐渐发生了变化,由一元的模式逐步发展为二元模式。即藏语文作为传统的文化载体模式和教育模式,在逐步适应了新的历史文化背景而继续存在和发展外,汉语文也逐步成为与藏语文并行的新的文化载体和教育模式。可以说,从1950年代以后,随着这种二元模式的整合,逐步构成了西藏语言使用的整体框架。

毫无疑问,西藏解放近50年来,语言的二元模式和与之相适应的教育上的多元模式在特定的时期,与西藏的政治经济和科学文化的发展是相适应的,在科学文化和教育上所取得的成就也有目共睹。但是有一点我们又必须看到,这就是西藏在现代化的进程中,或者说在科教兴藏的征途中,在这种语言上的二元模式和教育上的多元模式的内部,从一开始就存在着一种潜在的冲突,并且随着时间的推移越来越明显和激烈,如果不及时着手研究这些问题,进而解决这些问题,那么西藏在现代化的进程中就有可能受其影响而出现一些这样那样的问题。

藏语文和汉语文之间的冲突是客观存在的,它集中表现在西藏的现代化进程中,人们对汉语文和藏语文两种语言的价值取向或者说判断上,因为我们不得不面对这样一个事实,这就是对藏语文的认识出现了一些偏差。所以我们现在不得不提出这样一些问题:在西藏现代化进程中,我们应该怎样面对这两种语言模式的冲突? 怎样认识和判断藏语文的地位? 怎样认识西藏城镇的双语化问题和农牧区的单语以及双语过渡问题? 在西藏的现代化进程中,科学文化和教育都与藏语文和汉语文有关,而在一个地域广阔、人口众多的少数民族聚居区,科学技术发展的前提首先必须有一种或两种与之相适应的语言载体,具体地说除了通用语言文字汉语文以外,还要看藏语在西藏现代化过程中,能不能承担其传播现代科学技术的任务? 如果它不能承担这种重任,那么它在西藏现代化过程中就会自然失去其地位,就不可能扮演传播现代科学技术文化的载体角色,就会被淘汰。近50年来藏语文本身发展的结果是不是担负了这样的重任呢? 回答是肯定的。

西藏城镇现在实际存在的双语化问题,用社会语言学的角度来看,涉及语言的持续发展和变迁两个问题,即一方面是藏语的持续发展,另一方面则是语言变迁所带来的双语的急剧发展,其结果是西藏人中选择使用汉语的人越来越多,随之而来的是汉语的使用范围也越来越宽泛。这是西藏语言变迁的现实,不可否认。但是,汉语文在今天的西藏双语中所占的比重并不大,虽然从90年代初到90年代末,西藏的市镇人口中相对双语人口增长较大,但是其总数仍然占不到西藏藏族总人口数的16%,这就是说84%的藏语单语人口与不足16%的相对藏汉双语人口实际构成了西藏的语言使用实态。

这种状况说明,在90年代中后期,西藏的双语或者说汉语文发展很快,但是从市镇的相对双语人口看,并不是像我们想象的那样快,占总人口84%的藏语单语人口说明,藏语仍然在今天的西藏占有很重要的地位。另外从西藏双语人口的地理分布来看,主要分布在市镇,农牧区几乎是空白,这说明双语人口从市镇向农牧区的扩散还相当缓慢,也就是说在西藏的农牧区,必须尽快把双语教育搞上去,使汉语文和藏语文一起共同为西藏农牧区的现代化建设服务。

面对西藏语言变迁中的这种格局,我们第一应该从理论上去认识它,与此同时,如果说我们承认这种格局的实际存在,我们在西藏的语言政策和教育政策等就首先应该符合这种语言格局,然后才谈得上在此基础上的宏观调控,才谈得上涉及藏语和双语二者具体的语言政策和教育政策构架方面的一系列指令性措施。要做到这一点,我们必须把握好以下几个方面:

(1)市镇人口语言变迁较快,农牧区人口语言变迁缓慢,因此我们应该根据两个版块不同的人口分布和语言背景情况,在语言政策上有所区别,在单语教学和双语教学上有所侧重。

(2)西藏的城市化规模较1990年代初有了长足的发展,可是市镇人口尚未真正形成规模,从长远的角度看,西藏的城市化任重而道远,市镇人口的规模化在短期内也不可能实现,因此,不能过早地认为西藏全区已经开始出现良好的双语化条件。在一定时期内,藏语和汉语的关系必须摆正。在市镇,要继续、稳定地发展双语教育,在农牧区,藏语文的学习、使用和发展是重中之重,但汉语文的学习、使用也必须迎头赶上。农牧区的双语教育必须从娃娃抓起,从小学一年级抓起,必须花大力气,必须在民族语言政策和教育方针上给予支持,在15年或者说30年的时间内,尽快缩小市镇与农村双语差距,使农牧区的现代化受益于双语的发展。

(3)如果承认在西藏现代化进程中,通过藏文新词术语的扩充以及西藏教育部门、社会和传媒的配合和实施,藏语文可以逐步达到传播现代科学技术和文化的能力,如果承认西藏的现代化必须包括农牧区的现代化,那么,就必须加强藏语科技新词术语包括农牧业科技新词术语的创制、规范、推广、学习和使用工作,并使其形成一个完整的体系,只有这样藏语文才能真正为农牧业现代化服务,为整个西藏的现代化服务。

第七节　西藏的语言文字立法工作

我国是一个多民族、多语言、多文种的国家,有 56 个民族、70 多种语言、50 多种文字。语言文字是民族的基本特征之一,也是做好民族工作的重要内容。我国政府一贯实行列宁提出的语言平等原则,尊重少数民族语言文字。根据《中华人民共和国宪法》和《民族区域自治法》,"各民族都有使用和发展自己语言文字的自由。""民族自治地方的自治机关在执行公务的时候,依照本民族自治地方自治条例的规定,使用当地通用的一种或者几种语言文字。"语言文字立法体现了一个国家或地区对其语言文字的重视程度,反映了一种语言政策倾向。我国政府历来重视语言文字的立法工作,包括少数民族语言文字的立法工作,并取得了显著的成就。

从现有的资料看,世界上有专项的语言法的国家不多,主要有法国、加拿大、俄罗斯等独联体 12 个国家、比利时、坦桑尼亚等国家;有的国家的语言立法正在进行之中(南非);有的国家虽然没有专项的语言法律,但在宪法和人权法约中也有关于语言方面的条款;很多国家都制定了本国的语言政策。

在欧洲地区,法国于 1975 年 12 月 31 日颁布了《法兰西共和国法语使用法》,主要目的是保卫法语的地位和纯洁性,限制外语的使用。比利时于1932—1938 年先后颁布了四项法律,规定弗拉芒语和法语为比利时官方语言。全国划分为四个语言区,每个语言区在行政、教学、司法等方面使用本区法定语言。英国主张不成文法。18 世纪的约翰逊词典把英文的拼写规范规定了下来;词语规范主要依据牛津大词典;标准音由 BBC 广播电台的语音委员会加以推荐。俄罗斯联邦于 1991 年 10 月 25 日通过《俄罗斯苏维埃联邦社会主义共和国民族语言法》。该法涉及俄罗斯民族语言实际应用的所有重要领域,但是没有规定个人在非官方交际中语言的使用。除俄罗斯外,还有 12个前苏联加盟共和国制定了本国的语言法,这些语言法带有浓厚的政治色彩。

在美洲地区,美国的宪法没有规定官方语言,实际上英语起着官方语言的作用。英语的推广和传播主要依靠教育。加拿大联邦政府非常重视语言工作,1969 年通过了《官方语言法》,确定英语和法语为官方语言,二者地位平等。联邦下属的省和地区有的颁布了自己的语言法。如魁北克政府 1974 年通过《官方语言法》,确定法语在英语之上,法语为魁北克省唯一的官方语言。

在非洲地区,坦桑尼亚:坦葛尼喀于 1963 年 10 月 5 日通过"国语法案",规定斯瓦希里语为国语。桑给巴尔于 1964 年 1 月 12 日独立,斯语是桑给巴尔人的母语,1964 年 4 月成立坦桑尼亚后,斯语作为国语的政策得到进一步加强。在南非,南非语言规划专职小组负责语言的立法工作,目前语言立法工作正在进行之中。

在亚洲地区,日本:日本是使用单一民族语言的国家,其法定语言文字只有日语、日文。印度尼西亚:1996 年颁布条令,规定所有的广告宣传用语、公共场所的标牌等不准出现外文。越南则规定广告上的越南文字必须大于外国文字。

我国政府于 2000 年颁布《中华人民共和国国家通用语言文字法》,这是我国历史上第一部关于语言文字方面的专门法律。它是根据宪法制定的,体现了国家关于语言文字工作的方针和重要政策,科学地总结了清末以来前贤们在语文革新运动中的探索实践、特别是新中国成立 50 多年来开展语言文字工作的经验、教训,反映了人民的呼声、时代和现代化的呼唤以及几代语文工作者的夙愿,确立了普通话和规范汉字作为国家通用语言文字的法律地位,对国家通用语言文字在国家机关、学校、新闻出版、广播影视、公共服务行业以及公共场所和公共设施、信息技术产品、广告、招牌、企业事业组织名称和在境内销售的商品的包装、说明等方面的使用作出了规定。

在这部法律起草的过程中,国家也注意到了少数民族文字的立法问题,但是,鉴于少数民族语言文字的复杂性和特殊性,全国人大常委会委员长会议决定,少数民族语言文字规范问题,不是《国家通用语言文字法》的调整范围,少数民族语言文字的使用依据《中华人民共和国宪法》和《中华人民共和国民族区域自治法》及其他法律的有关规定执行。

从时间上看,我国少数民族语委文字的立法工作要先于《中华人民共和国国家通用语言文字法》,1987 年 7 月 9 日,西藏自治区第四届人大第五次会议正式通过了《西藏自治区学习、使用、和发展藏语文若干规定(试行)》,并开始起草相关法律。1988 年 10 月西藏自治区颁布《西藏自治区学习、使用和发展藏语文的若干规定(试行)的实施细则》,这是第一部藏语文学习、使用和发展的正式法规,也是中国第一部为发展和保护一个少数民族语言而制定的专门性法规。本章将重点研究西藏自治区语言文字立法工作的起步、发展和成就,以期从各个角度来揭示西藏语言文字法律的基本特征和内容,最终达到总结我国少数民族语言文字立法工作的成功经验的目的。

一、西藏自治区语言文字立法工作起步的历史背景

十年动乱,西藏自治区藏语文的学习和使用受到严重破坏。十一届三中全会后,藏语文的学习和使用重新得到了重视,藏语文工作开始恢复。1980年中央第一次西藏工作座谈会召开,从这以后,西藏的各项工作逐步走向正轨。1980 年 4 月,中共中央发出《批转〈西藏自治区党委关于汉族干部、职工学习藏语文的意见〉的通知》(以下简称《通知》)。在西藏,党和政府重视和提倡学习、使用和发展藏语文,当然不排斥藏族干部和群众学习使用汉语文。相反,为了加强民族团结和互相了解,为了便于学习和掌握汉民族的先进文化和科学知识,这种学习是很必要的。所以,党中央、毛主席、周总理和中央其他领导同志,在指示西藏要加强藏语文学习和使用的同时,又总是要求藏族同志学习汉语。

西藏和平解放,特别是民主改革以后,西藏自治区干部和群众对汉语文的学习非常认真、非常刻苦,掌握得也非常快,这给藏族人民尤其是干部的学习和工作带来了很大的方便。但是从西藏的语言政策上看,还没有对汉族干部的藏语文学习作出过专门的要求和规定。这对于加强藏汉民族之间的文化交融,促进两个民族的团结,建设西藏的物质和精神文明都是不利的。鉴于这种情况,1980 年的《通知》,首次从语言政策的高度对在藏汉族干部和职工的藏语文学习作出了规定。要求 50 岁以下在藏工作的干部都必须学习藏语文。

为了进一步完善西藏自治区民族区域自治制度,充分体现藏族人民当家做主的民族区域自治权利,1980 年西藏起草完成了《西藏自治区自治条例(草案)》(以下简称《条例》),这部《条例》包括政治、经济、文化、教育、科学、民族、宗教等各个领域。其中也涉及了学习使用和发展藏语文的若干规定。1984 年《中华人民共和国民族区域自治法》(以下简称《自治法》)颁布。根据西藏的实际情况,学习使用和发展西藏本地的语言文字是贯彻民族区域自治政策的主要内容之一,是自治区机关行使政治权利的重要标志。同年,第二次中央西藏工作座谈会召开,在这次会议的纪要中,明确要求西藏自治区各种行文、教学用语、文艺创作和演出都要使用藏语文。在这以后,西藏自治区党委和人民政府又多次发出关于机关学习使用藏语文、学校使用藏语文授课、出版发行藏文刊物的指示或通知,这标志着西藏的语言政策已经由初创走向成熟。应该说,自 1980 年贯彻执行《条例》、《自治法》和第二次西藏工作会议纪要精神以来,藏语文进一步得到了发展和广泛的使用。

首先,自治区人大通过的决议、法规、法令,自治区人民政府下达的正式文件、发布的布告,都使用藏汉两种文字。公、检、法拘留、起诉审判时对藏族使用藏语文。各种群众参加的大型会议和集会都使用藏文。

其次,与藏语文使用相关的部门也加强了使用藏语文的力度。《西藏日报》、《西藏科技报》、《西藏文学》、《西藏研究》、《西藏教育》、《西藏佛学》等报刊杂志不断改进藏文版的出版和发行。西藏人民广播电台、电视台和各地市的自办的广播、电视节目都用两种语言播出,并且不断增加藏语节目播出的时间。为使群众看好电视和电影,有关部门组织力量译制了一批藏语配音电影拷贝、录像带,数量质量都超过了 70 年代。自治区人民出版社编辑出版的图书中,藏文图书的品种和印数也迅速增加,由 1974 的 62%上升到了 70%。

再次,在教育方面,全区中小学除汉族班外,都使用藏文版教材。藏族专任教师已占教师总数的 83.6%。在农村和牧区,小学教育形成了完整的藏语文教学体系,教育语言全部使用藏语。在城镇,中、小学均把藏文作为教学主课,教学用语以藏语为主。在内地开办的西藏中学、西藏班,也把藏语文的学习列为学生的必修课;在西藏大学设立了藏文系,主要招收藏族学生;在西藏民族学院设立了藏语文专业,主要招收汉族学生。

最后,全区城市、街道、机关的名牌,绝大多数都是藏、汉两种文字书写。可以说这一时期藏语文工作的新发展为 1987 年西藏颁布系统的语言政策打下了坚实的基础。

我们说 21 世纪 80 年代最初的几年,西藏的语言政策有了新的拓展,这是说藏语文的学习和使用取得了一定的成绩,较 60 和 70 年代有了长足的发展。但是由于 50 年代后期开始的"左"的影响以及文革十年的破坏,党和国家的民族政策受到了极大损害,西藏的语言政策也出现了偏差,主要表现在:自治区的"国家机关和企事业单位,只使用汉语文不使用藏语文,领导机关的方针、政策以及工作计划、重要措施不能在基层很好地传达贯彻,基层的许多情况和问题也难以顺畅地反映到领导机关,工作受到不应有的损失。由于在藏工作的许多汉族干部不会藏语,很难同广大藏族群众交流感情和思想,有些藏族干部也不讲藏语,使干群关系和工作都受到了不应有的影响。特别严重和危害深远的是有不少的学校不学藏语文,或者不用藏语授课,或者轻视藏语文的学习,教学质量下降。"①

1980 年以来,通过贯彻执行《通知》、《条例》、《自治法》和第二次西藏工作会议纪要精神,上面提到的这些偏差和错误影响已经基本得到了纠正和消除,"学习、使用藏语文有了进展,人们对学习、使用藏语文的重要性、迫切性的认识有了提高和变化。但在较长时间内形成的具有相当基础的以汉文为主的行文体系和教学体系还没有根本改变,这对于党和国家的各项方针政策的宣传贯彻实施,在广大农牧民群众中逐步普及和运用科学技术,提高生产力,逐步普及义务教育,提高全民族素质,乃至加强民族团结,维护祖国统一等重大战略的实施都会产生很不利的影响。"②

基于这种思路。在 1987 年 7 月 9 日召开的西藏自治区第四届人民代表大会第五次会议上,当时的全国人大常委会副委员长、西藏自治区人大主任阿沛·阿旺晋美和和全国人大常委会副委员长班禅·确吉坚赞向大会提交了一份"关于《西藏自治区学习、使用发展藏语文的若干规定》的建议",这份建议在这次会议上引起了非常强烈的反响,从此,西藏自治区拉开了语言文字立法工作的序幕。

---

① 《藏语文工作》1990 年第 2 期,第 41 页。
② 《藏语文工作》1990 年第 2 期,第 41—42 页。

二、1987 年《西藏自治区学习、使用和发展藏语文的若干规定(试行)》的颁布及主要内容和特点

(一)关于《西藏自治区学习、使用和发展藏语文的若干规定》的建议及自治区四届人大五次会议的决定

1987 年 7 月 9 日,阿沛·阿旺晋美和十世班禅在西藏自治区第四届人民代表大会第五次会议上,向大会提出了一个"关于《西藏自治区学习、使用发展藏语文的若干规定》的建议"。建议在第五次人民代表大会会议上通过一个有关学习、使用和发展藏语文的规定。两位副委员长提出这项建议的理由有四点:

第一,关于藏族语言文字的地位问题。西藏是我国藏族聚居的主要地区之一,藏族人口占全区人口的 95%以上,属于单一民族聚居的自治区。藏族语言文字在长期历史发展中,成为全区通用的语言文字。藏文已有 1300 多年的历史,文献古籍浩如烟海。学习、使用和发展藏语文,关系到传统文化遗产的继承和发展,关系到藏族人民充分行使宪法赋予的当家做主的自治权利,关系到提高藏族的科学文化素质和藏族社会的发展进步,关系到两个文明的建设。

第二,西藏和平解放后,藏语文的学习和使用成绩很大,但也走过一段曲折弯路。首先是 50 年代后受"左"的影响,藏语文的学习和使用逐渐削弱,到 60 和 70 年代,党的民族政策受到极大破坏,自治区的党政机构和企事业单位,主要使用汉语文,因为语言障碍政令上传下达不畅。特别严重的是不少学校不学藏语文,或者不用藏语文授课,或者轻视藏语文的学习。教学质量下降,广大藏族人民的文化科学知识水平无法提高,难以培养出合格的各类建设人才。

第三,关于西藏的行文、教学体系和认识问题。1980 年和 1984 年两次中央西藏工作座谈会,都强调了民族文化教育建设。尤其是 1984 年的座谈会纪要明确要求:西藏自治区各种行文、教学用语、文艺创作和演出都要使用藏语文。经过努力,藏语文的学习和使用有了进展,人们对藏语文的重要性在认识上有了提高,但行文和教学体系还是以汉文为主。这对政策的宣传贯彻,科学技术的普及,生产力的提高,义务教育的普及,藏民族素质的提高,祖国的统一

等都会产生不利影响。因此,在语言文字的使用上,坚定地认真地贯彻国家宪法和有关基本法关于民族语言文字的规定,坚定地认真地贯彻执行党和国家的民族语文政策,坚决改变目前仍然存在的以汉文为主的不正常状况,真正实行以藏语文为主,是一项具有战略意义的大事。

第四,建议的指导思想和基本出发点:贯彻《宪法》和《民族区域自治法》的有关规定,坚持民族团结和共同发展原则,一切从西藏实际出发,既要恢复藏语文的地位和作用,又要服从汉语文是国家通用语文这个大前提,将二者有机结合。这样做符合我国国情和自治区的实际,也符合包括西藏人民在内的我国各族人民的根本利益。

自治区第四届人民代表大会第五次会议,认真讨论了两位副委员长的建议,同时,根据自治区党委书记伍精华同志关于处理这一问题"原则要坚定,步骤要稳妥,先试行,后立法"的意见。一致认为:这项建议和意见,是以《中华人民共和国宪法》和《民族区域自治法》为依据提出的,它关系到继承和发展藏族的传统文化,关系到藏族人民充分行使当家做主的自治权利,关系到藏族发展进步等根本原则问题,完全符合西藏自治区的实际情况,符合自治区人民的迫切愿望和要求,也是发展自治区两个文明建设的紧迫需要。①

1987年7月9日,与会代表在充分讨论,意见达到统一的基础上,正式通过了这个建议,并做出了三项重要决定:

第一,原则同意《西藏自治区学习、使用和发展藏语文若干规定(试行)》,责成自治区人民政府颁布试行,并尽快制定和颁布实施办法,认真组织实施。

第二,自治区各级国家机关、人民团体、企事业单位对《若干规定》要高度重视,认真贯彻执行。自治区人民政府要加强领导,对有关的重大问题积极调查研究,及时总结经验,对《若干规定》修改、充实、完善和提高,待试行一年或更长时间,条件具备时,由自治区人民政府做出条理性的修订草案,提请自治区人民代表大会审议通过。

第三,在《若干规定》试行过程中,如果国家对少数民族语言文字的学习、使用和发展定出新的方针政策,对《若干规定》必须做某些修改时,则由自治

---

① 西藏自治区第四届人民代表大会第五次会议关于《西藏自治区学习、使用和发展藏语文的若干规定(试行)》的决定(一九八七年七月九日四届人大五次会议通过)。

区人民政府做出相应的修改,报自治区人民代表大会常务委员会备案。①

这三项决定的核心包括:第一,颁布试行《若干规定》,制定和颁布相关法律。第二,先试行,再修改。第三,需要增添国家新的政策时,由自治区人民政府负责修改。

1987年7月9日,西藏自治区人民政府下发了"关于颁布《西藏自治区学习、使用和发展藏语文的若干规定(试行)》的通知"(藏政发〔1987〕49号),正式颁布该法令,并于1988年7月1日实行。

这是西藏自治区人大第一次根据我国《宪法》和《民族区域自治法》赋予的权利,做出的一项关于藏族语言文字立法的决定,也是我国政府首次通过地方自治政府制定民族语言文字法律法规的一次创举,开创了我国乃至世界语言文字立法史上的一个先例。

(二)《若干规定》的基本内容和基本特征

1.《若干规定》的基本内容,共包括十六条:

第一条　藏语文是我区通用的语言文字。为保障藏语文的学习、使用和发展,根据《中华人民共和国宪法》和《中华人民共和国民族区域自治法》的有关规定,结合我区使用语言文字的历史和现实状况,特制定本规定。

第二条　自治区坚持语言平等的原则,认真贯彻执行民族语文政策,各级国家机关在执行职务的各项活动中,实行以藏语文为主、藏汉语文并用的方针,鼓励各民族公民互相学习语言文字,对学习成绩优异者予以奖励。

第三条　自治区各级各类学校的藏族学生,必须把藏语文列为主课,其他课程原则上以使用藏语文教学为主;积极创造条件,在招生考试时,做到以藏语文授课的课程用藏语文答卷。

藏族小学生全部使用藏语文教学。在不影响藏语文教学的前提下,从高年级开始增设汉语文课。

中学、中专和大专院校的藏族学生的语文课,以藏语文为主,同时学习汉语文,学习全国通用的汉语普通话;其它课程要积极创造条件,尽快实行用藏语文教学;有条件的中学还应增设外语课。

---

①　西藏自治区第四届人民代表大会第五次会议关于《西藏自治区学习、使用和发展藏语文的若干规定(试行)》的决定(一九八七年七月九日四届人大五次会议通过)。

汉族学生以学习汉语文为主,各种课程用汉语文教学,到适当年级增设藏语文必修课;还应增设外语课。

第四条　自治区采取实际有效的措施,在广大藏族公民中积极扫除藏文文盲。

第五条　自治区积极编译出版藏文的各科(包括数学、物理、化学)教材和教学参考资料。

第六条　自治区要大力培养用藏语文授课的各级各类学校的教师。对从社会上招聘的藏语文教师,聘任相应的专业职务。

第七条　自治区内的藏族干部、职工必须学好藏文,提倡学习汉语文;鼓励汉族干部、职工学习藏语文。

现有的藏族干部年龄在四十五岁以下,职工年龄在四十岁以下不会藏文的,必须补学藏文,并在三年内达到能基本使用藏文,经统一考试合格的发给合格证明,并予以公开表扬;学习成绩优异的作为晋级的重要条件之一。

驻藏人民解放军和人民武装警察部队,要按本规定的精神,提倡学习藏语文,密切同广大藏族群众的联系,增强民族团结。

第八条　自治区各级国家机关、企事业单位招收藏族干部、职工,要把藏文文化程度作为必要条件。藏族干部、职工的考评、晋级,要把藏文文化程度作为一项重要内容。招工、招干、晋级、晋职时,在同等条件下,对能熟练使用藏汉两种语言文字的藏族、汉族及其他民族的公民优先招收或晋职、晋级。

第九条　自治区各级国家机关下发的行使职务的公文,如果没有藏文,下级机关可以拒绝接受。自治区各职能部门和各人民团体执行职务中使用藏文确有困难的,要积极创造条件,自本决定公布之日起两年内做到以藏文为主行文;县以下基层政权机关上报的公文可以只用藏文;自治区一切企事业单位也要积极创造条件,逐步做到在业务活动中以使用藏文为主。

区内的邮电、银行、商店等直接为群众服务的部门的业务活动,以使用藏语文为主,同时使用汉语文。

第十条　自治区内各级国家机关、人民团体、企事业单位在召开各种会议时,应当以使用藏语文为主,同时使用汉语文。

第十一条　自治区各级国家机关、人民团体、企事业单位及驻区外常设机构的公章、证件、牌匾和区内的街道、商店及其它服务部门的名称,必须使用藏汉两种文字。

本区生产的商品名称、商标,以及商店的商品价格、标签等一律使用藏汉两种文字。

第十二条 自治区各级人民法院和人民检察院必须保障藏族公民用本民族语言文字进行诉讼的权利。对藏族诉讼参与人,要使用藏语文检察和审理案件,法律文书要使用藏文。

第十三条 自治区努力发展藏语文的新闻、出版、广播、电影、电视事业,积极出版藏文少年儿童读物,以及藏文通俗读物和科普读物。鼓励区内的科研机构、学术、文艺团体和艺术学校用藏语文从事科学研究、文艺创作和演出。

自治区采取实际措施大力培养用藏文写作的编辑、记录、作家、秘书和翻译等人才。

第十四条 自治区各级国家机关、人民团体、企事业单位,根据需要设置翻译机构或翻译人员。

第十五条 自治区设立藏语文工作领导机构,加强对藏语文学习、使用、发展的领导和监督检查;加强对藏语文的科学研究,遵循它的发展规律,对藏语文的学习、使用和发展给予科学指导;统一新产生的名词术语的拼写规则,使之规范化。

第十六条 对认真贯彻执行本规定取得优异成绩的部门负责人,给予表扬和奖励;对不认真贯彻执行本规定,甚至玩忽职守的给予批评乃至必要的行政处分。

2.《若干规定》的主要特征

从《若干规定》十六条的内容看,主要包括六大部分:(1)语言文字立法的依据和意图。第一和第二条。以《宪法》、《民族区域自治法》和西藏实际为依据,以实现藏语文为主、藏汉语文并用的方针为目的。(2)关于学校学习藏语文的规定。第三、第四、第五和第六条。以藏语文为主课,其它课程以使用藏语文教学为主;藏族小学生用藏语文教学,高年级增设汉语文课;中学以上藏族学生的语文课以藏语文为主,同时学习汉语文。(3)关于干部、职工学习藏语文的规定。第七和第八条。藏族必须学好藏文,提倡学习汉语文,鼓励汉族学习藏语文。(4)关于藏语文使用方面的若干规定。第九、第十、第十一、第十二、第十三条。政府公文以藏文为主,基层公文只用藏文,企事业公文以藏文为主,社会用字为藏汉双语;新闻、出版、媒体和艺术积极使用和发展藏语文。(5)第十五条关于语言管理机构的设置、性质和任务问题。(6)第十六条关于奖惩问题。

三、1988 年《西藏自治区学习、使用和发展藏语文的若干规定(试行)的实施细则》制定与实施

(一)《实施细则》的起草和审定工作

西藏自治区人民政府根据自治区四届人大五次会议精神,在《规定》颁布之后,于 1987 年 7 月委托自治区语委办公室,根据实事求是,一切从实际出发;现在能办到的事情立即去办,暂时办不到的事情积极创造条件去办;从群众中来,到群众中去的基本原则,在深入调查研究,广泛听取意见的基础上,着手起草《西藏自治区学习、使用、和发展藏语文若干规定(试行)》实施细则(以下简称《实施细则》)。

根据自治区人民政府的指示,自治区语委办公室在酝酿阶段,首先认真学习了中央关于西藏工作的一系列指示,深入学习自治区党委、人民政府的有关文件,认真领会《规定》的指导思想,在此基础上开展广泛的调查研究。先后数次在教育系统、新闻系统、文化系统、社会科学系统召开了各种类型的座谈会,70 多名藏、汉族专家、学者以及部分干部在座谈会上出谋划策。藏指办(《西藏自治区语言文字工作指导委员会办公室》简称)还前往有关厅局直接与干部职工对话,到部分学校及邮局、医院、商店了解藏语文工作的现状和存在的问题,掌握了大量的第一手材料。

为使《实施细则》符合西藏实际,依照自治区人民政府的指示,自治区语委办公室将区直有关厅、局制定的本单位、本系统实施《规定》的具体方案作为起草《实施细则》的基础。并结合西藏当时经济文化的实际情况,以及群众的建议和要求,按照《规定》的精神,提出了《实施细则》的总体设想和框架结构。草稿先后进行了多次修改,然后由党委和政府联席会议反复研究、逐字逐段敲定。《实施细则》初步确定后,自治区语委办公室派专人携稿进京,直接向阿沛·阿旺晋美、班禅两位副委员长及中央统战部、全国人大民委、国家民委进行了汇报,并走访了在京的藏学专家和学者,听取了他们的意见。

1988年7月,自治区党委、人民政府政府联席会议,认真听取了自治区语委办公室的汇报,充分考虑并尊重了阿沛·阿旺晋美、班禅两位副委员长及中央有关部门的指示和建议,再次对《实施细则》草案提出了具体的修改意见。修改送审稿完成后,自治区语委办公室又及时下发给自治区各厅局征求意见,着重研究有关条款的可行性。同时提交自治区人大讨论,广泛征求代表们的意见。在此基础上,经区党委、人民政府联席会议讨论、修改,形成了《实施细则》第五稿,最后,经两位副委员长审定后,区党委、人民政府联席会议讨论通过。1988年10月,西藏自治区人民政府正式发布《西藏自治区学习、使用和发展藏语文的若干规定(试行)的实施细则》的通知(藏政〔1988〕70号),《实施细则》正式颁布实施。

(二)关于《实施细则》的基本内容和调整

1988年颁布的《实施细则》,实际上在1987年颁布的《若干规定》的基础上扩展制定的,共十三章六十一条,可划分为六个部分:

第一部分,总则。第一章共3条:依据《若干规定》制定本实施细则;必须贯彻执行以藏语文为主,藏、汉语文并用的方针;藏族公民应努力学好藏语文,同时学习全国通用的汉语文;汉族和其他民族的干部、职工,也应积极学习藏语文。

第二部分,关于行文、会议、标记的规定。第二章共3条:区内行文以藏文为主,藏汉文并用,企业单位行文逐步做到藏汉文并用,行文拟办意见、批示、处理结果等用藏汉两种文字记载;会议文件必须具有藏汉两种文本,企业会议文件同时具备藏汉两种文本,技术性会议材料逐步使用藏汉两种文字。县以下(不含县)单位会议文件可只用藏文。重要会议藏族与会者用藏语发言,译为汉语;其他与会者用汉语发言,译为藏语;社会用字以及标记等使用藏汉两种文字,介绍信、证明等使用藏汉两种文字。

第三部分,干部、职工和学校的藏语文教育问题。包括第三章和第四章共21条。第三章为藏族包括汉族干部、职工的藏语文教育及需要达到的目标、教材的编写和考试等问题。第四章共十三条:1.逐步建立以藏语文授课为主的教学体系。2.1987年起小学按藏、汉族学生分班。藏族班用藏语文授课,从四年级开设汉语文课。汉族班用汉语文授课,高年级开设藏语文课。3.各地确定一所实验小学和中学进行语言教学改革,使其在高中毕业时达到藏、汉文兼通。4.在藏语文授课体系建立前,适当调整中、小学教学计划,保证藏语文课课时;中专以上学校要把藏语文作为必修课,1990年以后藏语文必须达到相应水平。5.加速培养、培训藏语文授课师资的措施和办法;双语教师的优惠待遇。6.成立教材编审委员会,两年完成初中教材的编译,6年前完成高中、中师教材的编译;加强中、小学藏语电教工作。7.加强藏语文教学研究工作,提高藏语文授课的质量。8.积极扫除藏文文盲。9.升学考试藏族学生必须考藏文,应有藏、汉文两种试卷。10.必须重视汉语文教学。

第四部分,关于科技、文化宣传、企事业、公检法等社会机构藏语文的学习和使用问题。包括:第五章科技;第六章文化,第七章新闻,第八章企事业单位和服务行业,第九章公安、检察、法院、司法,共23条。内容包括:1.编译藏文科技资料和农业声像资料。2.成立译制厂,实现影视藏语化;加强藏文图书尤其是教材的出版;各类刊物应有藏、汉两种文版。艺术团体城镇以上演出以藏语为主,县以下全部用藏语。运动会等使用藏、汉两种语言。3.广播电视以办好藏语节目为主,报社以办好藏文报为主,培养藏语文编采新闻工作者队伍。4.企事业单位和商贸、邮电、医疗等服务行业的广告、标签和业务票据、公函等标记都要同时使用藏、汉两种文字,从业人员熟练掌握藏、汉两种用语。银行系统使用藏语文开展业务活动。5.公检法司部门受理案件时,藏族诉讼人有权用藏语文;起诉书、判决书、布告、通缉令等都必须以藏语文为主,同时使用汉语文;在受理藏族公民的来信、来访和法律咨询等时,用藏语文答复。

第五部分,关于西藏的翻译机构和语言管理机构。包括第十章编和译,第十一章藏语文工作领导机构,共4条:1.建立健全翻译机构。地、市建立处级翻译机构,县设立翻译科,自治区厅(局)根据需要设立翻译机构。2.自治区编译局负责指导全区翻译业务。3.规范审定新词术语。4.建立西藏自治区藏语文工作指导委员会,下设办公室。

第六部分,附则和其他内容。包括第十二章和第十三章,共5条:1.各级党政机关、团体和企事业单位,依据《若干规定》和本《实施细则》,制订本单位实施方案。驻藏解放军由西藏军区根据部队实际制订具体办法。2.关于学习、使用藏语文过程中的奖惩问题。3.《实施细则》自1988年10月29日起生效试行,解释权属西藏自治区人民政府。

（三）《实施细则》颁行的意义及其特色

1.《实施细则》颁行的意义

1988 年是我国民族语言文字立法历史上颇不寻常的一年。这一年的 10 月 29 日，西藏自治区人民政府在藏政〔1988〕70 号文件中正式发布《西藏自治区学习、使用和发展藏语文的若干规定（试行）的实施细则》。《实施细则》是根据《中华人民共和国宪法》和《中华人民共和国民族区域自治法》以及西藏的实际情况制定的，它体现了国家和西藏自治区关于语言文字工作的方针和重要政策，科学地总结了西藏和平解放 50 多年来开展藏族语言文字工作的经验、教训，反映了藏族人民的呼声、时代和现代化的呼唤以及一代藏语文工作者的夙愿。在服从《国家通用语言文字法》前提的基础上，《实施细则》确立了藏语文作为西藏自治区通用语言文字的法律地位和作用；提出了以藏语文为主，藏、汉语文并用，藏族公民应努力学好藏语文，同时学习全国通用的汉语文，汉族和其他民族的干部、职工，也应积极学习藏语文，逐步建立以藏语文授课为主的教学体系的民族语言政策，对西藏自治区通用语言文字在国家机关、学校、新闻出版、广播影视、公共服务行业以及公共场所和公共设施、信息技术产品、广告、招牌、企业事业组织名称和在境内销售的商品的包装、说明等方面的使用作出了规定。《实施细则》是我国西藏历史上第一部关于民族语言文字方面的地方专门法律，它的颁行是西藏社会语文生活中的一件大事，具有多方面的意义。

（1）有利于改变认识，促进藏语文自身的发展和进步

藏语在长期的历史发展中，成为西藏自治区通用的语言文字。藏文自创制至今的一千三百多年来，形成了完整的独特的拼音文字，具有较高的语法理论和较强的表达能力。藏文的文献古籍浩如烟海，记载着大量的丰富多彩的藏族历史文化成果，成为中华民族历史文化遗产宝库中一颗光彩夺目的明珠，在世界上早已引人瞩目。

西藏自 1951 年和平解放和 1959 年的民主改革后，整个社会在政治、经济、文化上都经历了一个翻天覆地的变化，为了使语言的发展和使用能够适应西藏社会的这种变迁，真正起到促进西藏政治、经济、文化发展的作用，中央政府和西藏自治区人民政府在西藏实行了既符合当地社会发展背景又与全国的发展相吻合的语言政策，积极兴办和发展西藏现代教育，这对于藏语文自身的

发展和汉语文的吸收都起到了关键的作用。到 20 世纪的 80 年代初,西藏已经形成了较为系统、完善的语言教育模式和语言使用模式。首先从语言教育模式看,从小学到大学,藏语文和汉语文的教育各成体系,相辅相成,共同构成了现代西藏教育的基础;再从语言使用模式看,20 世纪 50 年代后,藏语作为西藏单一的语言已被打破,逐步出现了一种新的语言使用模式,这就是单一的藏语使用模式在城乡居民生活中的继续存在和藏汉双语使用模式的形成、发展。

1980 年以后,全国实行了"改革开放"的政策,西藏与其他地区一样,也在积极地探索如何根据本地的实际来推动社会、经济、文化的全面发展。随着体制改革和对外开放各项政策的落实,随着祖国内地对西藏对口支援力度的不断加大,随着西藏市场经济的发展和城市化规模的扩大,随着科技、教育、通讯、传媒、网络在西藏的飞速发展,西藏与全国各地以及国外的经贸关系、文化关系和人员往来都在急剧增加,在这种新的社会背景下,西藏的语言文字发展和城乡居民的语言使用也必然要适应这种社会发展态势。从全局看,西藏的现代化进程与全国各少数民族的情况有共性,但还表现在它的特殊性上,这种特殊性除了地理条件、宗教传统文化和历史原因外,还表现在特殊的语言问题上。

20 世纪 50 年代前,作为文化载体的藏文主要是用来记载和传播西藏的传统文化,主要是宗教文化,也包括部分历史、文学、传统医学等文献,西藏传统的寺院教育体系,同样严重制约着现代文明在西藏的传播。藏文作为传播现代文明的载体是 50 年代以后的事情,传统藏语的功能相当狭窄。1950 年后,藏语文除了保持传统的功能外,它的功能已发生巨大变化,基本完成了由传统的文化传播工具向现代文明的传播工具的转变。毫无疑问,藏语文功能的扩展极大地增强了它的生命力,使其得到了巨大的发展。

但是,在西藏现代化的进程中,语言和教育的二元模式从一开始就存在着潜在的冲突,它集中表现在人们对汉、藏语两种语言文字价值的判断上,在对藏语文地位和作用的认识出现了偏差,表现在思想上是:严重缺乏对藏语文地位的认识,表现在学习上是:藏语文课大幅度缩减,藏语授课体系迟迟不能建立,表现在使用上是:藏语文的使用日渐萎缩,等等。在这种社会背景下,及时颁布《实施细则》,在西藏自治区重新确立藏语文的地位,建立以藏语文为主,藏汉并用的语言学习和使用法规,对于扭转人们的错误认识,促进藏语文自身的发展和进步有很大帮助。

事实上,自 1988 年颁布和执行《实施细则》以来的 15 年间,藏语文工作共取得了十大成就:①藏语文工作得到了自治区党委和政府的一贯重视;②学习、使用和发展藏语文工作已初步纳入法制化轨道;③始终坚持文件材料译成藏语文,尽可能地做到与汉文同步下达;④藏语文在新闻媒体中得到广泛应用;⑤科技教育部门结合"科教兴藏"战略,重视用藏语文普及推广科技知识;⑥藏语文教学体系和藏汉双语教学体系的逐步建立和完善,藏语文教学质量的不断提高;⑦司法机关在执法、法制宣传等工作中注重藏语文的使用;⑧邮政、通信、商贸等服务行业始终重视藏语文的学习和使用,方便了广大藏族群众,同时也促进了行业自身的发展;⑨文化、出版部门重视藏语文的学习和使用,取得了丰硕的成果;⑩翻译事业迅速发展。① 这十大成就本身就很好地促进了藏语文的发展和进步。

(2)有利于维护祖国的统一和各民族的团结

从贯彻和落实党的民族政策的角度看,解放以来,党中央和国务院下发的许多文件都强调了民族语文工作的重要性;党和国家领导人在许多讲话中都有关于民族语文的论述;宪法和民族区域自治法以及其他有关法规中都有关于民族语言文字的明文规定。1991 年国务院 32 号文件是关于新时期加强民族语文工作的专门性文件,充分表明了党和国家对少数民族语言文字工作的高度重视。文件对新时期民族语文工作的地位、任务、政策,从理论和实践结合上做了科学的阐明和明确的规定。国发 32 号文件中特别强调了民族语文工作在加强民族团结、维护祖国统一中的重要作用,这一论述完全符合西藏自治区的实际。维护祖国统一,反对分裂活动,加强民族团结,这是自治区长期的任务,在这一任务中,藏语文工作是一条重要的战线。从西藏的情况看,境内外分裂势力攻击我国政府的一个主要方面就是诬蔑我们在西藏毁灭藏族的传统文化,剥夺藏族使用藏语文的权利。我们把藏语文工作做好了,就可以在反分裂的斗争中处于更加有利的地位,从而更好地维护祖国的统一和各民族

---

① 自治区党委副书记丹增在全区第二次藏语文工作会议上的讲话:提高认识,明确任务,振奋精神,进一步做好我区藏语文工作(2000 年)。

的大团结。

另外,以藏民族为主体的西藏各族群众千百年来一直把藏语文作为社会交际和进行思维的工具,这是一个不容忽视的重要事实。在 260 多万人口中,80%以上是农牧民群众,从这一实际出发,必须明确,在西藏自治区各族人民中宣传党的方针政策,传播现代科学技术,开发民族的群体智力,提高整个民族的文化素质,离开藏语文是根本行不通的。同时藏语文对区域自治来说,它不仅是社会交际和进行思维的工具,也是行使自治权利的工具。所以,搞好藏语文工作,对维护祖国统一,增强民族团结,保持社会稳定,具有至关重要的作用。

(3)有利于继承和发展藏民族优秀的文化遗产

一个民族的文化绝大多数反映在这个民族的语言文字中,反映在这个民族丰富的文献和成书的文化遗产中。藏族是我国民族大家庭中的一个重要成员,在长期的历史发展过程中创造了绚丽多彩、独具特色的灿烂文化,藏族文化成为中华民族文化宝库中的一个不可缺少的重要组成部分。

藏族丰富的文化遗产大多以藏文文献的形式见之于世。藏文文献的数量之多、内容之丰富在国内仅次于汉文文献。据专家统计,藏文卷帙有八万多部。此外,还有不计其数的文史资料。仅以西藏档案馆为例,该馆珍藏的历史档案就有三百多万件,内容包括专门论述哲学、工艺制造学、语言文字学、医学、历算学、修辞学、诗学、戏剧学、辞藻学以及历史等多学科的专著。藏族把上述这些学科分为五个大学科和五个小学科,统称大五明和小五明。浩如烟海的藏文文献以及它们所包含的全方位学科体系和理论是祖国文化宝库中的璀璨瑰宝。

继承和发扬各民族的优秀文化传统,吸收和借鉴人类社会创造的一切文明成果,是社会主义精神文明建设的要求。要科学地继承和发展藏民族优秀的传统文化,就必须学习、使用和发展藏语文,抓紧培养高素质的藏语文研究人才。不难想象,假如没有藏文就不可能保存下这么多丰富的文化遗产。同样,假如藏文失传了,那么许多文献将会成为一堆纸,藏族的文化将大半终结,继承和发展藏民族优秀文化遗产也是一句空话。

另外,从语言文字上说现在所使用的藏文已有一千三百多年的历史。藏文是一种完善的拼音文字,它具有全面、准确的记录功能,书写方便,文字统一规范等许多特点。语言学家公认的观点是,世界几千种语言中有文字的语种为数不多。其中有上千年历史,而且字形独特的文字也不过十几种,藏文就是其中一个。藏文不仅历史悠久,而且语法理论齐全。据统计,历代藏族学者撰写的语法理论著作多达百余部。常用的藏文字体有十几种。学习、使用和发展藏语文,本身就是对藏族文化的最好的继承和发展。

(4)有利于促进西藏民族通用语言文字的规范化、标准化

党和政府历来十分重视藏族语言文字规范化工作。西藏和平解放以来,第一是国家通过中央民族大学、西藏民族学院、西藏大学、西北民族学院和西南民族学院等大专院校的藏语文教学,不断规范藏语文。第二是《西藏日报》藏文版、西藏人民广播电台藏语部、西藏电视台藏语部、西藏自治区教材编译局、西藏自治区编译局、西藏人民出版社藏文编辑部、《西藏文艺》藏文编辑部等新闻媒体和出版机构依靠各自的藏语文力量收集编撰了一些内部使用的有关西藏农牧业生产、政治、文化、经济和社会等方面的辞书和字典,有意识地规范行业的藏语文用字。第三是国家正式出版了大量的藏语各类字典、词典和藏汉、藏汉英对照词典,规范了大量藏语文词汇。这些工作对推广和规范藏文起到了不容忽视的积极作用,使得我国西藏社会的语言生活面貌发生了深刻变化。

几十年来,藏族语言文字规范化工作虽然取得了一定成绩,但是与形势发展的要求还有很大距离。伴随近些年社会语言生活的空前活跃,语言文字应用中某些混乱现象和不健康倾向也随之出现,与此同时,计算机语言文字信息处理技术的普及和发展,也对语言文字规范化、标准化工作提出了更为迫切的要求。藏族语言文字规范化的任务非常繁重,单就西藏通用语言文字本体的规范而言,就有大量工作要做。比如,词汇和语法的规范问题、规范藏文所依据的构词标准和方法问题、新词术语的翻译和规范问题,等等,由于制定和发布的时间不同,出台的历史背景不尽相同,参与翻译的单位和个人不断变化,同一个词之间经常存在相互矛盾、一词多译的现象。

由于语言文字本身是动态发展的,人们对它的研究也应该是逐步深入的;任何规范标准都不可能、也不应该一成不变,需要适时地进行修订以使之完善。这就需国家及时立法,并成立专门机构负责管理、规范并颁布藏语新词术语,监督社会藏文的用字规范。而《实施细则》的颁布正好起到了这方面的

作用。

(5)有利于普及文化教育,发展科学技术,提高社会信息化水平

西藏自治区通用语言文字藏语的规范化、标准化工作,是在自治区普及教育、发展科技、提高社会信息化水平的必要前提和先导工程。

语言文字规范化、标准化程度是文化发达程度的标志之一。作为协调社会生产和社会生活的工具,语言文字服务于社会的经济、政治、文化生活,影响社会的发展。未来社会发展的关键是加速科技进步和提高劳动者素质。就加速科技进步来说,藏文信息处理是高技术的重点之一,而语言文字的规范化、标准化和相应的应用研究水平,则是提高藏文信息处理技术的先决条件。就提高劳动者素质来说,主要在于提高思想道德和科学文化素质,而语言文字能力又是文化素质中最基本的因素。社会主义现代化建设需要数百万计的劳动者和数以万计的专门人才,除了思想和专业方面的要求外,还应该使他们具有较高的语言文字能力。当前,人类文明的历史已进入高科技迅猛发展的信息时代,利用计算机进行信息处理,实现生产、办公、日常生活、图书情报和印刷出版自动化等已成为现实,语言文字的服务领域正由人与人之间的交际拓展到"人机交际",其地位和作用日显突出。

今后十年到二十年,可以预见西藏自治区国民经济和社会信息化程度将大幅度提高,信息产业将快速发展,以信息化带动传统产业进而实现跨越式发展将成为必然趋势,而信息化程度的提高和信息产业的发展都离不开语言文字的统一和规范这一先决条件,更有赖于面向藏文信息处理的语言文字研究。考虑到全球已进入信息化社会的大背景,《实施细则》学习、使用和发展藏语文以及规范和审定新词术语等作出了明确规定,我们应该从落实科教兴国战略、推进现代化建设的高度,来加深对这一民族语言文字法律文书的时代内涵及其深远影响的认识。

(6)有利于加强西藏民族通用语言文字社会应用的管理

现代社会是法治的社会,一切政府机关都必须依法行政,语言文字工作部门自然也不例外。《实施细则》出台以前,藏语文应用的管理主要靠政策性文件,权威性小,规范性差,法律依据不足,致使一个时期以来,尽管各级各级政府部门、教育部门、文化宣传部门以及出版部门都做了一些努力,但是语言文字应用的现状与社会发展的要求相比,仍然存在严重的滞后现象。比如:社会

用字混乱现象越来越严重,机关、厂矿企业、商店的门牌、路标、街名、会标、锦旗、公章等使用的藏文十分混乱,异体字、乱造字和错别字现象比较普遍;新词术语的翻译和使用极不规范,各藏语文使用部门各有各的翻译标准,各有各的选词用词习惯,经常同一个词,报纸、广播、电视、图书竟有多种译法。等等。

上述混乱现象,自然引起社会有识之士的焦虑和广泛关注。对此人大代表、政协委员以及广大群众反映强烈。有的群众还把错乱的门牌、路标拍下来寄给自治区有关单位,每年自治区人大和政协会议,都有多项议案和提案涉及这一类问题。现在该法的顺利通过并颁行,则从根本上改变了藏语文应用管理无法可依的尴尬状况。西藏自治区各级藏语文工作部门作为执法主体,必须认真学习、深刻领会《实施细则》的精神实质,把握好法律、政策界限,提高执法水平和依法行政的能力。要认真研究、积极探索并逐步建立能够有效运转的执法机制,严格执法程序,规范执法行为,逐步把藏语文的规范化、标准化工作全面纳入依法管理的轨道。

(7)有利于加强西藏两个文明的建设

第一,当今世界,科学技术日新月异,经济社会迅猛发展,国际间、地区间、民族间的交往日益频繁,要使藏民族与全国各兄弟民族共同繁荣进步,就必须广泛引进、吸收人类各民族的一切文明成果。如果不学习其他民族的语言和文字,就难以引进、吸收其他民族的文明成果,就难以扩大各民族间的交流和往来。如果不使用藏语文,就难以向西藏自治区广大人民群众传播本民族以外的文明成果。

第二,西藏自治区是藏族人口占95%以上的民族自治区,而藏族中绝大多数使用本民族自己的语言。因此,普及科学技术,必须要靠藏语和藏文这个传播工具。也就是说,要把现代科技知识,把兄弟民族的先进经验,通过翻译,用藏语文传播到藏族人民。只有这样才能达到提高整个藏族人民的文化素质的目的。如果这个环节解决不好,就必然会制约西藏四化建设。

第三,西藏自治区的农牧业在全国处于落后状态,除了农牧区的基础设施薄弱外,科学技术落后是根本的制约因素。要使广大农牧民尽快掌握和使用科学技术,提高科学文化素质,走依靠科学技术发展生产、治穷致富的道路,就必须主要通过藏语文来传播普及科技知识。离开了藏语文,就很难使科技知识进入农牧区,就谈不上科技进步。

第四,从西藏自治区的实际情况看,1988 年前后,在全区人口中,从 15 岁到 45 岁之间,文盲占 45%,加上 45 岁以上文盲人数,文盲的比例大大超过这个数字。文盲比例之高,全民族文化素质之低下,成了我区经济腾飞的极大制约因素。要想搞西藏的“四化”建设,无疑首先要提高整个民族的科学文化素质。这个问题比以往任何时候都显得更为突出和紧迫。而在目前,要提高民族文化素质,特别是提高广大农牧民群众的文化素质,加强藏文的学习和使用。因此,为了进一步改革和开放,广泛进行经济建设,必须加快藏语文工作。

第五,我区精神文明建设的重点是治乱治愚。要逐步淡化群众的宗教意识和迷信思想,破除陈规陋习,就必须大力宣传马克思主义唯物论和无神论。在宣传教育中,如果不把宣传材料翻译成藏语文、不发挥藏语文的交际工具作用,就难以让群众理解并掌握马克思主义的科学思想,也就难以完成精神文明建设的任务。

由此可见,藏语文工作绝不仅仅是落实某项政策的问题,而是在西藏进行“四化”建设,使人民走上富裕道路的重要条件之一,具有重大的现实意义和长远的作用,从世界上许多民族发展的经验来看,一个民族的语言文字是这个民族跨入现代化的桥梁。一些经济上处于较后进的民族,正是通过发挥民族语文的功能,把其他民族的先进科技知识和经验传播到自己民族中,从而进入先进民族的行列。这个经验很值得我们借鉴。

从理论上说,语言文字的应用是否合乎规范、标准,往往反映一个国家、一个民族或一座城市、一个单位的文明程度和形象。语言文字应用的不规范现象特别是用词、用语的混乱与城市的“脏、乱、差”一样,既影响城市环境,也在一定程度上制约着当地经济、社会的发展和社会主义精神文明建设。因此,用法律的形式推广普通话、推行规范汉字,对于提高公民的语言文字规范意识和正确使用自治区通用语言文字的能力,对于增强公民的法制观念,进一步加快社会主义精神文明建设的步伐,同样具有重要意义。

2.《实施细则》的特点

《实施细则》的调研起草工作由西藏自治区语委办公室牵头,于 1987 年 7 月正式启动,到 1988 年 10 月颁布,前后历时 1 年零 3 个月。该法之所以能够在这么短的时间里制定出台,有着多方面的原因:如党和政府高度重视藏语文的立法工作,《宪法》和《民族区域自治法》的贯彻执行、民族语言政策的不断发展;依法治藏、建设社会主义法制社会的大环境比较有利;藏语文的学习、使用和发展工作多年来形成了较为扎实的工作基础和比较深厚的群众基础,藏族公民关于学习、使用和发展藏语文的意识在逐步提高;西藏自治区已经积累了一些依法管理藏语文学习、使用藏语文的实践经验,并有国内外语言文字法制建设的某些做法和经验可资借鉴,等等。这些基本上都属于外部因素。有了较好的外部条件,再加上西藏自治区语委办和参与起草的同志的不懈努力,才形成了《实施细则》鲜明的特色。

(1)实事求是。这部法律的制定是从当时西藏自治区学习、使用藏语文面临的实际问题和藏语文自身发展演变的特点、规律出发,正确处理了推进藏语文的学习、使用与促进藏语文的发展、进步之间的关系问题,因而科学、适用、可行。

(2)有针对性。从法律条文的内容看,主要包括学习和使用两大块:第一块包括第三和第四章。第三章针对多年来西藏自治区干部、职工在学习藏语文的过程中存在的具体问题,制定了干部、职工藏语文教育的基本原则、达到的目标、教材的编写和考试等问题。第四章针对多年来西藏自治区学校教育中藏语文教育不受重视、藏语文教学体系不能建立、藏文师资力量薄弱、藏语文课程大量缩减等问题,分别制定了相关规定,对解决这些问题起到了积极作用;第二块包括第二、第五、第六、第七、第八和第九章,共26条。涉及行文、会议、标记以及科技、文化宣传、企事业、公检法等社会机构如何使用藏语文的若干规定。两大块内容的针对性都非常强,主题鲜明。

(3)目的性强。《实施细则》的另一个明显特点是目的性强。第一章总则明确提出了实施这一法律总的目的是要贯彻执行以藏语文为主,藏、汉语文并用的方针,要藏族公民努力学好藏语文,同时学习全国通用的汉语文,要汉族和其他民族的干部、职工积极学习藏语文。此外,有关学习和使用藏语文的章、条也都提出了各自明确的目标,章节条款言简意赅。

(4)操作性强。法律文书重在实际使用和操作。《实施细则》各条款尤其是关于藏语文的学习、使用等方面的条款,都有具体实施的步骤、措施、方法和要达到的目标等。比如对教育系统而言,《实施细则》首先提出了要建立藏语文教学体系的目标,然后围绕这个目标的实现,对小学、初中、高中(中专)和大学都提出了具体的要求和实施办法,对师资的培养、教材的编译和出版也都有操作性很强的措施和办法。因此,自《实施细则》颁布实施以来的 16 年间,西藏自治区的藏语文教育以及自治区各级党政机构和各藏语文使用单位都是根据法律所提出的具体做法在进行工作,并达到了预期的目的。

四、2002 年关于《西藏自治区学习、使用和发展藏语言文字的若干规定》修改与实施

(一)关于《若干规定》的修订

1987 年 7 月西藏自治区四届人大五次会议通过《西藏自治区学习、使用和发展藏语文的若干规定(试行)》和 1988 年 10 月颁布的《西藏自治区学习、使用和发展藏语文的若干规定的实施细则》两个法律文书,对自治区藏语文的学习、使用和发展起到了非常积极作用。随着改革开放的不断深入,特别是西藏自治区随着西部大开发和跨越式发展以及全面建设小康社会等三大战略的全面实施,对原《若干规定》和《实施细则》中一些不适应新形势发展的部分进行修订已是现实的客观要求。是符合西藏自身发展的实际,是西藏面向世界、面向未来、面向现代化的迫切需要。为此,自治区人大常委会主任会议决定采取两步走的方法,第一步首先启动《若干规定》的修订工程,第二步在新的《若干规定》颁布后,启动《实施细则》的修订工作。

2000 年底,自治区人大常委会主任会议全面安排部署了《若干规定》的修订工作。西藏自治区语委办公室和自治区编译局具体承担了这项工作的协调、修订和审定工作。2000 年 12 月,自治区语委办和西藏自治区编译局首先对《若干规定》的修改提出了一些基本意见,比如:(1)建议将规定的第二条修改为:自治区依据宪法、民族区域自治法及其它法律的有关规定,坚持各民族语言文字平等原则。(2)为完整表述藏语文工作部门的性质和职责,建议在规定第十三条"县级以上人民政府……"自然段前增加两个自然段,即:自治区藏语言文字工作机构是自治区党委、政府贯彻执行国家有关民族语言文字法律法规和方针政策的具体工作部门。自治区藏语言文字工作机构,负责制定全区学习、使用和发展藏语言文字的规划、措施,研究起草藏语言文字工作的地方性法规草案和重大方针政策的建议稿。(3)建议将规定第十四条第二自然段修改为:自治区语言文字工作机构统一规范颁布藏语文新词术语,促进藏语文的现代化。①

从 2000 年 12 月到 2001 年 5 月,历经半年的时间,自治区语委办在自治区人大的直接领导下,按照《宪法》、《民族区域自治法》和国家新时期民族语文工作方针以及中央对西藏工作的指示精神,积极组织参与了对《若干规定》修改工作,经过多次讨论,征求各方面意见后形成《规定》修订案(草案)并报请区党委审查,最后形成了 20 个具体的修订意见,并于 2001 年 5 月 22 提交自治区人大七届五次会议审议正式通过。

在"西藏自治区人民代表大会关于修改《西藏自治区学习、使用和发展藏语文的若干规定(试行)》的决定"(西藏自治区人民代表大会公告〔2001〕1号)中,正式决定将《西藏自治区学习、使用和发展藏语文的若干规定(试行)》修正为《西藏自治区学习、使用和发展藏语文的规定》,予以重新公布,2001 年5 月 22 日起施行。1987 年 7 月 9 日颁布实施的《西藏自治区学习、使用和发展藏语文的若干规定(试行)》同时作废。②

西藏自治区第七届人民代表大会第五次会议的决定从 20 个方面对过去的《若干规定》进行了修订:

1.《西藏自治区学习、使用和发展藏语文的若干规定(试行)》修改为:"《西藏自治区学习、使用和发展藏语文的规定》"。

2.第一条修改为:"藏语文是自治区通用的语言文字。为了保障藏语文的学习、使用和发展,根据《中华人民共和国宪法》、《中华人民共和国民族区域自治法》、《中华人民共和国国家通用语言文字法》的有关规定,结合自治区实际,制定本规定。"

3.第二条修改为:"自治区坚持各民族语言文字平等的原则。维护语言文字法制的统一。各级人民政府应当重视和加强学习、使用和发展藏语文工作。"

4.第三条修改为:"自治区各级国家机关在执行职务时,藏语文和国家通用语言文字具有同等效力。"

---

① 《西藏自治区编译局对〈西藏自治区学习、使用和发展藏语言文字的若干规定(修改稿)〉的修改意见》(2000 年)

② 《西藏自治区人民代表大会关于修改〈西藏自治区学习、使用和发展藏语文的若干规定(试行)〉的决定》(2001 年 5 月 22 日西藏自治区第七届人民代表大会第五次会议通过)

5.第四条修改为:"自治区各级国家机关的重要会议、集会,同时使用藏语文和国家通用语言文字或者其中一种语言文字。

自治区企事业单位的工作会议,根据需要使用通用的一种语言文字或者两种语言文字。

各级国家机关的普发性文件应当同时使用藏文和国家通用文字。

6.第五条修改为:"自治区各级司法机关在司法活动中根据需要使用当地通用的一种语言文字或者几种语言文字,保障各民族公民使用本民族语言文字进行诉讼的权利。"

7.第六条修改为:"义务教育阶段,以藏语文和国家通用语言文字作为基本的教育教学用语用字,开设藏语文、国家通用语言文字课程,适时开设外语课程。"

8.第七条修改为:"自治区应当采取措施,扫除藏族公民中的中青年的藏文文盲。"

9.第八条修改为:"自治区鼓励和提倡各民族相互学习语言文字。

藏族干部职工在学习使用藏语文的同时,应当学习使用国家通用的语言文字;汉族和其他少数民族干部职工也应当学习使用藏语文。"

10.第九条修改为:"自治区积极发展藏语文的教育、新闻、出版、广播、影视等事业。重视出版藏文少儿、通俗、科普读物。

鼓励和支持科研机构、科技人员、文艺工作者用藏语文进行科普宣传、文艺创作和演出。

自治区采取措施培养藏文教师、编辑、记者、作家和秘书等人才,重视培养研究藏语文的专门人才。"

11.第十条修改为:"自治区各级国家机关、事业单位录用国家公务员和聘用技术人员时,对能够同时熟练使用藏语文和国家通用语言文字的,在同等条件下优先录用。"

12.第十一条修改为:"自治区各级国家机关、人民团体、企事业单位以及驻区外常设机构的公章、证件、牌匾应当同时使用藏文和国家通用文字。

城市公共场所设施、招牌、广告等用字应当同时使用藏文和国家通用文字,并应书写规范、工整、译文准确。"

13.第十二条修改为:"自治区企业生产的在区内销售的商品包装、说明等应当同时使用藏文和国家通用文字。

自治区内的各类服务行业的名称、经营项目、标价票据等同时使用藏文和国家通用文字。"

14.第十三条修改为:"县级以上人民政府藏语文工作部门,应当加强对藏语文学习、使用的监督管理,加强对藏语文的科学研究,促进藏语文的发展。"

15.第十四条修改为:"自治区应当采取措施培养翻译人才,重视和加强藏语文和国家通用语言文字的翻译工作。

自治区人民政府藏语文工作部门统一规范并颁布藏语文名词术语,促进译文的规范化、标准化。

自治区各级国家机关、人民团体、企事业单位,根据需要设置翻译机构或者配备翻译人员。"

16.第十五条修改为:"县级以上人民政府对学习、使用和发展藏语文做出显著成绩的单位和个人,给予表彰和奖励。"

17.第十六条修改为:"违反第十一条规定的,由县级以上人民政府藏语文工作部门责令限期改正。"

18.增加一条,作为第十七条,内容为:"违反第十二条规定的,由工商行政管理部门责令限期改正。"

19.增加一条,作为第十八条,内容为:"违反本规定其他条款的,由县级以上人民政府藏语文工作部门给予批评教育或者由所在单位给予行政处分。"

20.增加一条,作为第十九条,内容为:"自治区人民政府根据本规定制定实施细则。"

(二)关于藏语文与国家通用语言文字的统一性问题

修订颁布的《若干规定》最主要的特点是强调了语言

文字法制的统一性。《若干规定》指出,《西藏自治区学习、使用和发展藏语文的规定》是根据《宪法》、《民族区域自治法》和《国家通用语言文字法》的有关规定,结合自治区实际制定颁布的,(第1条)自治区坚持各民族语言文字平等的原则。维护语言文字法制的统一。(第2条)因此,《若干规定》除了要集中体现《宪法》和《民族区域自治法》中有关我国民族语言政策的基本内容外,同时,还要集中反映《国家通用语言文字法》中的相关政策,目的是强调国家整体与西藏自治区地方、国家通用语言文字与西藏自治区通用语言文字之间关系的统一性和一致性。

我国《宪法》规定:"民族自治地方的自治机关在执行职务的时候,依照本民族自治地方自治条例的规定,使用当地通用的一种或者几种语言文字。"《民族区域自治法》规定:"民族自治地方的自治机关保障本地方各民族都有使用和发展自己的语言文字的自由。"(第10条)"民族自治地方的自治机关在执行职务的时候,依照本民族自治地方自治条例的规定,使用当地通用的一种或者几种语言文字;同时使用几种通用的语言文字执行职务的,可以以实行区域自治的民族的语言文字为主。"(第21条)"招收少数民族学生为主的学校,有条件的应当采用少数民族文字的课本,并用少数民族语言讲课。"(第37条)"民族自治地方的人民法院和人民检察院应当用当地通用的语言检察和审理案件。保障各民族公民都有使用本民族语言文字进行诉讼的权利。对于不通晓当地通用的语言文字的诉讼参与人,应当为他们翻译。法律文书应当根据实际需要,使用当地通用的一种或者几种文字。"(第47条)《中国国家通用语言文字法》规定:各民族都有使用和发展自己的语言文字的自由。少数民族语言文字的使用依据《宪法》、《民族区域自治法》及其他法律的有关规定。(第8条)这些民族政策对于坚持语言平等,保障藏语文的学习,使用和发展起到了积极的作用,我国的民族语言文字立法工作必须坚持这些基本原则。

另一个方面,我们在民族区域自治地区使用法律法规的手段来维持和保护包括民族通用语言文字在内的少数民族语言文字的地位的同时,又必须考虑到汉语作为国家通用语言文字在整个国家的地位和作用,因此,在西藏自治区必须坚持各民族语言文字平等的原则,除了要学习、使用和发展本民族的语言文字藏语外,还要学习和使用汉语文。《中国国家通用语言文字法》规定:国家通用语言文字是普通话和规范汉字。(第2条)国家推广普通话,推行规范汉字。(第3条)公民有学习和使用国家通用语言文字的权利。(第4条)国家通用语言文字的使用应当有利于维护国家主权和民族尊严,有利于国家统一和民族团结。(第5条)学校及其他教育机构以普通话和规范汉字为基本的教育教学用语用字。(第10条)西藏自治区作为统一的中华民族的一部分,以藏族为主体的各民族群众作为中华人民共和国的公民都有学习和使用国家通用语言文字的权利和义务,这是维护国家主权、民族尊严、国家统一和民族团结的需要。

世界各国政府历来都程度不同的重视语言文字问题,许多国家把国语看作民族主权和尊严的象征,并体现在本国的宪法里。据有关资料显示,全世界现有 142 部成文宪法中,有 79 部规定了国语或官方语言,占 55.6%。我国是一个多民族、多语言、多文种的国家,有 56 个民族、70 多种语言、50 多种文字,不同民族、地区间的交流需要有全国通用的语言文字作为载体,对外进行国际交往也需要有代表整个中华民族的共同的语言文字,这就是普通话和规范汉字。普通话和规范汉字的"全国通用"地位是历史形成的,不是哪一个人能够强加给它的。从某种意义上说,它是维系一个国家的文化纽带和精神支柱,是中华民族凝聚力的象征。

因此,新修订颁布的《西藏自治区学习、使用和发展藏语文的规定》从第 1 条到第 8 集中强调了国家通用语言文字和藏语文在西藏自治区的地位以及相互间的统一性问题,规定了国家通用语言文字和藏语文的学习和使用原则等,既符合《宪法》、《民族区域自治法》和《国家通用语言文字法》中所规定的包括民族语言政策在内的民族政策精神,又与《国家通用语言文字法》的规定浑然一体。从本质上说,这部西藏自治区地方法律既体现了我国的民族政策、西藏人民的意愿、西藏文化传统的特殊性和客观实际,同时,也符合中华民族文化的统一性,有利于维护国家主权和民族尊严,有利于国家统一和民族团结。

第八节　1987—1989 年西藏中小学藏语文教学相关政策的出台

本节将重点介绍 1987 年《西藏自治区学习、使用和发展藏语文的若干规定(试行)》和 1988 年《西藏自治区学习、使用发展藏语文的若干规定(试行)的实施细则》正式发布以后,有关藏语文教学和基础教育方面的内容。正如我们所知道的,西藏自治区现代教育意义上的藏语文教学,起步于 1951 年西藏和平解放之后,到 1987 年经过近 36 年的实践,实际上已经在教材的出版、师资的培养、课程的设置、学校的模式等方面都积累了大量经验,取得了很大的成绩,这是西藏教育史上一段光辉的历程。但客观地说,这段时期的藏语文教学与《若干规定》和《实施细则》颁布之后的藏语文教学比较起来,后者所取得的经验和成就都是史无前例的,有许多的工作值得回顾,有许多的措施值得分析,有许多的经验值得总结,本文的立意正是基于这些思考。

一、1987 年关于藏族小学生藏语文教育政策的出台

1987 年 7 月《西藏自治区学习、使用和发展藏语文的若干规定(试行)》颁布之后,立即在西藏全区范围内引起了极大的震动。两个月之后,当时主管教育的西藏自治区教科委为了认真贯彻《若干规定》中与藏语文教育有关的规定,下发了《西藏自治区教科委关于贯彻藏政发〔1987〕49 号文件精神有关事宜的通知》。① 这是《若干规定》颁布之后,西藏教育主管机构出台的第一份关于贯彻这一新的语言政策和教育政策的初步思路。从内容上看,《通知》主要是依据《若干规定》中有关"今年新招收的一年级藏族小学生,应全部用藏语文授课"的精神,对 1987 年秋季小学一年级藏族新生制定的有关藏语文教学的规定,共五条:

一、各院校附小和企事业办的藏族小学新生也按此通知精神执行。各中专、大学请按教科委〔87〕11 号文件精神执行。

二、各中学首先要加强保证藏语文课,同时积极创造条件,为初中各门课程用藏语文授课做准备。

三、九月一日开学后请各地(市)对本通知精神的落实、执行情况和在执行中的问题用书面材料一并上报我委。

四、从今年招收的一年级新生起,学制为六年;教材统一使用五省协作的六年制教材;毕业考试按六年制教材命题。

五、我区一九八二年虽明文规定小学实行六年制,但现仍实行五年制,而教材是六年制的教材,这对教学带来诸多不便。因此,请各地(市)教体委采取措施,五年制向六年制过渡。为避免学制过渡出现没有毕业生而影响初中招生的被动局面,请各地(市)在今年小学四年级毕业考试时采取分留的办法,即考得好的升五年级,(升入五年级的人数要控制在 50%左右)读完毕业;考得差的那一部分向六年制过渡。过渡以后的教材应使用五省协作六年制教材,汉族学生仍按现行教材执行。

———————————

① 周炜、格桑坚村主编:《西藏的藏语文工作》,中国藏学出版社 2004 年版。

关于教学用语、藏汉族学生的分班(分校)和课程设置

这是该《通知》的最核心部分。规定:(1)1987年秋季新招收的藏族小学生的全部课程必须用藏语文授课;(2)在不影响藏语文教学的前提下,从四年级开始增设汉语文课;(3)为便于教学和保证藏族学生用藏语文授课,各地根据具体情况,可以采取藏、汉族学生分班或分校的办法。上述三项内容实际上对西藏的小学教育制度提出了新的内涵,至此,西藏的小学藏族学生教育出现了一些新的改变。

(一)教学用语向藏语的转变

根据我们的调查,西藏自治区的小学教育一直分为两个大的板块,一块是农牧区的小学教育,另外一块是城镇的小学教育。从1987年的数据看,当时全区有小学2437所①,在校生人数137069人。② 其中,分布在城镇的小学(包括县中心小学)为187所370个班,基本属于汉语授课体系,分散在乡村的小学为2250所(见表2-24),全部属于藏语授课体系,③对乡村小学而言基本不

■农村小学 ■城镇小学

表2-24 西藏自治区城镇与乡村小学数比较(1987)

存在教学用语的转变问题。应该说教学用语的转变主要在城镇小学。据西藏自治区教育科学研究所1987年的调查,当时从托幼到大学,西藏全区的教学用语基本形成了两大体系共存,但是在体系的内部教学用语的使用却存在着严重失衡,两大体系之间的差异非常大(见表2)。一方在,西藏的藏语授课体系是"脚重头轻中间空",所谓脚重是全区分布于乡村的2250所小学全部使用藏语教学,达100%,到了初中阶段,一下发生了巨大的变化,仅有一个班,

---

① 《西藏统计年鉴(1993)》,中国统计出版社1993年版,第388页。

② 《西藏统计年鉴(1993)》,中国统计出版社1993年版,第390页。

③ 西藏教育研究所:《关于西藏建立以藏语授课为主的教学体系初探》,《西藏教育》,1987年第1期。

使用藏语教学的学校几乎是零,进而继续影响到高中和大学,其使用藏语进行教学的学校都没有超过 2 所,因此,就藏语文授课体系而言,重点是要真正扩大从初中到大学阶段的藏语授课学校或者是班级和专业的数量,然后逐步建立一个和谐、平衡的小学自大学阶段的藏语教学体系。另一方面,西藏的汉语授课体系实际上是对城镇的教育体系而言的,在小学阶段,全区有小学 187 所,汉语授课达 370 个班,还有一小部分班是用藏语授课。到了初中、高中和大学阶段,这种完全使用汉语授课的情况始终如一,没有任何的变化。换句话说就是在当时西藏的城镇,教学用语是汉语占绝对的统治地位,

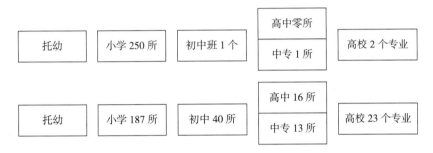

表 2-25　西藏自治区藏汉语授课体系(1987)

图表数据参见西藏自治区教育科学研究所:《关于西藏建立以藏语授课为主教学体系初探》,《西藏教育》,1987 年第 1 期。

这正好与农村的情况形成了鲜明的对比和不协调。因此,1987 年的 49 号文件的精神所说的"1987 年秋季新招收的藏族小学生的全部课程必须用藏语文授课"就是想从汉语授课体系最基础的小学抓起,从而保证从一年级起对藏族小学生就开始全部使用藏语教学的制度,以真正改变城镇教育体系中主要以汉语作为单一授课语言的情况。但是,怎么才能做到这一点呢? 最好的办法就是实行城镇小学生藏、汉族学生分班或者是分校学习的小学教育制度。

(二)汉、藏小学生分班或者是分校制度的提出

　　严格地说,1987 年西藏自治区教委提出的汉、藏族小学生分班或者是分校的做法,是为了使城镇小学藏族学生教学用语逐步由单一的汉语向藏语转变,进而从西藏城镇以语汉为主的教学用语模式中分化出另外一套完全针对藏族小学生的藏语授课体系,以期形成西藏的城镇小学教育同时有藏、汉两种

授课体系并存发展的局面。从逻辑上说，西藏的教育管理机构在做好这项工作的同时，如果在初中、高中或者是大学阶段，也可以采取这种藏、汉族学生分班，并分别采取藏、汉两种语言教学，这样，西藏自治区在城镇就完全可以建立从小学到大学藏、汉两套教学用语并列的教育模式。(见表2-26)从1987年以后的情况看，西藏自治区也正是这么做的，并达到了预期的目的，关于这些内容在后文将分别叙述。

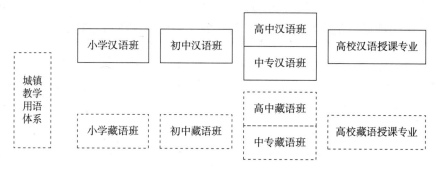

表2-26　西藏自治区城镇教学用语体系(理论构架)①

在西藏自治区为什么要实行藏、汉学生分班呢？这还与西藏的人口构成以及学生的民族构成有直接的关系，这一点也是西藏的学校不同于内地学校的主要特征之一。下面我们简要地来看看西藏城镇的人口构成情况。从1951年以来，西藏人口开始稳定的发展。另外，从人口的民族成分来看，除藏族人口本身的发展外，其他少数民族的人口也在不断地发展，当然，这其中汉族人口的增加也是西藏人口变化的一个重要特点。

表4的数据显示，1982年西藏的市镇藏族人口为8.78万人，占48.9%，汉族为9.17万人，占51%；1987年增加到26.35万人，其中藏族人口为18.47万人，占70%，汉族人口为7.88万人，占30%；1990年猛增到35.68万人左右，其中市镇藏族人口为27.67万，占77.6%，汉族8.01万人，占22.4%；1995年近39.83万人，其中市镇藏族人口为33.05万人，占82.9%，汉族6.78万人，占17.%；1996年近40.40万人，其中市镇藏族人口为33.52万人，占82.9%，汉族6.78万人，占17.%。

---

① 表3的藏语教学体系和藏、汉教学用语体系都是虚拟的，所以用虚线来表示。

表 2-27　西藏城镇藏汉人口对照表

西藏城镇人口构成	单　位	1982 年	1987 年	1990 年	1995 年	1996 年
市镇人口	万	17.95	26.35	35.68	39.83	40.40
藏族人口	万	8.78	18.47	28.94	33.05	33.52
汉族人口	万	9.17	7.88	6.74	6.78	6.88

资料来源:刘瑞主编:《中国人口:西藏分册》,中国财政经济出版社 1989 年版,第 140、283 页。

马戎:《西藏的人口与社会》,同心出版社 1996 年版,第 66 页。

上面这些数据可以反映出这样一些基本的事实:一是西藏城镇的人口主要由藏族和汉族构成;二是西藏城镇人口中藏族的比例从 1982 年的 48.9%开始一直呈上升趋势,并在 1996 年达到了 82.9%。三是汉族的人口比例从 1982 年开始下降,从 1987 年到 1996 年基本趋于稳定,保持在 7 万人左右,仅占城镇人口的 17%左右。

从逻辑上推断,一方面,从 1982 年开始,西藏自治区城镇人口中藏族人口的稳定增长必然会带来适龄儿童或者说小学藏族在校生人数的增加,而相应的城镇小学藏文班或者说藏语授课班的数量也应该随之成比例的增加。与之相反,另一方面,从 1982 年开始,西藏自治区城镇人口中汉族人口的数量一直是在减少,并从 1990 年之后保持在城镇总人口的 17%左右,其必然结果是汉族适龄儿童或者说小学汉族在校生人数的呈下降趋势,而相应的城镇小学汉文班或者说汉语授课班的数量也应随之成比例的减少。但是,1982 年前后的西藏城镇小学的实际情况是怎么样的呢?

我们先看看西藏自治区教育科学研究所的调查数据。1987 年西藏自治区全区城镇有小学 187 所,共有 370 个班使用汉语授课。藏文班或者说藏语授课班的情况怎么样呢? 从 1987 年前后的资料看这方面的数据并不是很清楚,一般说来西藏城镇小学学生的民族构成可以分为两种,一种是藏族学生和汉族学生是混合在一起学习,教学语言是汉语,另外一种是藏文班,学生成分是单一的藏族,教学语言是藏语。从全区当时的情况看,采取这种藏、汉族学生分班的学校主要分布在拉萨、地市所在地和部分县。

以拉萨市城关区为例,1987 年共有 17 所小学,仅有实验小学和第二小学

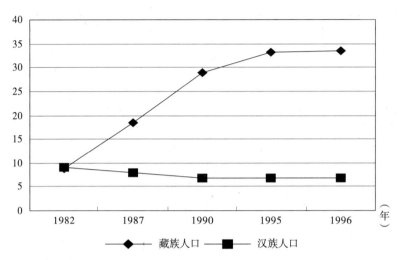

表2-28　西藏自治区城镇藏、汉族人口数量变化（1982—1996）

两所是汉、藏学生同校的小学，同时采取汉藏分班学习。分析这两所小学从1984年到1988年的藏文班和汉文班数量的增减情况，可以帮助我们认识拉萨市城关区当时的小学分班情况和教学用语情况。根据见表2-29提供的数据看，有以下几个基本的特征：

表2-29　拉萨城关区两所汉藏同校小学的分班情况（1988）

年级	实验小学						市第二小学					
	藏文班			汉文班			藏文班			汉文班		
	班数	藏族	汉族	班数	藏族	汉族	班数	藏族	汉族	班数	藏族	汉族
一	2	81	0	1	0	64	3	155	0	1	11	42
二	1	51	0	2	0	84	2	122	0	0	0	0
三	0	0	0	3	68	83	1	65	0	2	38	46
四	0	0	0	2	43	52	2	85	0	2	35	39
五	0	0	0	4	96	90	2	72	0	2	36	36
教员	—	16				37		24		—		25

资料来源：马戎：《西藏的人口与社会》，同心出版社1996年版，第386页。

　　一是从1984年到1986年（三、四、五年级）的3年间两校藏文班和汉文班

的增减情况看,1984 年藏文班是 2 个,汉文班 6 个,藏文班占 25%,汉文班占
75%;1985 年藏文班 2 个,汉文班 4 个,藏文班占 33%,汉文班占 67%;1986 年
藏文班 1 个,汉文班是 5 个,藏文班占 17%,汉文班占 83%,三年间藏文班平均
仅占 24%,汉文班占 76%,藏文班的数量少于汉文班 52 个百分点。藏、汉文
班的比例严重失调。

　　二是从 1987 年到 1988 年两年间(一、二年级)的情况看,两校共有藏文班
8 个,汉文班 4 个,藏文班占 67%,汉文班占 33%,藏文班超过汉文班 34 个百
分点。应该说 1987 年以后藏文班比例的上升与当时提倡的藏汉学生分班,藏
族学生全部用藏语教学的藏语文政策有密切的关系。从数据上看,1987 年和
1988 年两年藏文班的数量从前 3 年总和的 25%上升到了 67%,增长了 42%,
藏文班和汉文班的比例开始向合理的方向发展。

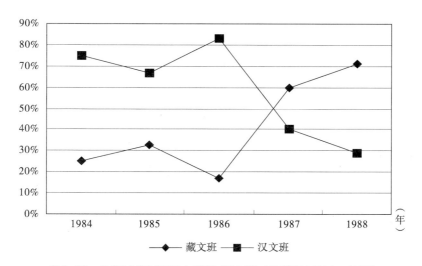

表 2-30　拉萨城关区两所小学藏、汉文班对比情况(1984—1988)

　　三是从藏汉族学生的人数上看,1984 年到 1986 年三年间,藏族学生的总
人数是 538 人,占 61%,汉族学生人数是 346 人,占 39%,藏族学生高出 22 个
百分点。两所小学藏族学生的人数占绝大多数,但藏文班的数量却要少于汉
文班 52 个百分点,可见 1986 年以前藏、汉文班的数量与藏族学生的比例是在
拉萨城关区是极不合理的。1987 年开始到 1988 年的两年间,两校的藏族学
生人数为 420 人,占 69%,汉族学生为 190 人,占 31%,随着藏族学生人数的增

加,以及新的藏、汉分班政策的实施,两校的藏族班在两年内也上升到了总班数的67%,藏族学生的人数与藏族班的数量基本趋于协调。

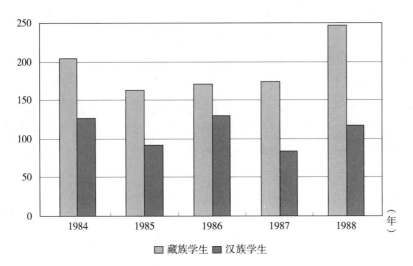

250

200

150

100

50

0

1984   1985   1986   1987   1988   (年)

藏族学生   ■ 汉族学生

表2-31   拉萨城关区两所小学藏、汉学生数量对比情况(1984—1988)

因此,通过上面的分析我们认为1987年西藏自治区教委提出的汉、藏族小学生分班或者是分校的做法既符合西藏城镇藏、汉族人口的实际状况,同时也完全符合新的藏语文政策,初步解决了1987年以前一直存在的藏族学生数与藏文班数量完全失衡的问题,使藏语文的学习从藏族学生的小学教育开始就有了比较扎实的基础。

(三)在不影响藏语文教学的前提下,从四年级开始增设汉语文课

熟悉西藏教育的学者和专家都很清楚,西藏的教育实际上面临着两个最大的矛盾,一方面,从小学开始为了落实新的藏语文政策必须实现教学用语从汉语向藏语的转变,同时在城镇对新入学的一年级学生实行藏族学生和汉族学生分班学习,力图从教育制度上保证藏语文的学习、使用和发展,这一初衷与西藏独特的历史背景和语言文化传统是一致的。但是,从另一方面来说,1951年以后,西藏与祖国内地的交流越来越广泛和深入,几十年来,西藏的文化背景、教育背景和社会背景都已经发生了很大的变化,尤其是语言的使用以及基于语言基础之上的教育,藏、汉双语的学习和使用对西藏传统的语言模式产生了巨大的影响。我们知道,从藏语史和西藏文化史的角度看,自7世纪左右吞弥桑布扎创制藏文以来,藏语文作为藏族文化的载体和教育的主体一直延续到了 20 世纪 50 年代。西藏和平解放后,特别是民主改革以后,随着西藏政治、经济、文化、社会发展的需要,这种传统的语言使用模式逐渐发生了变化,也就是说由一元的模式逐步发展为二元的模式,即藏语文作为传统的文化载体模式和教育模式,在逐步适应了新的历史文化背景而继续存在和发展外,在西藏,汉语文也逐步成为另外一种与藏语文并行的新的文化载体和教育模式,可以说,从 50 年代以后,随着这种二元模式的整合,逐步构成了西藏语言使用和教育的整体或者说全貌。

首先从语言使用模式上看,西藏语言的二元模式主要表现在两个层面上,一种是以藏语文为文化载体的文化模式;而另一种则是以汉语文为载体的文化模式,但是这两种语言模式并不是截然分开的,在很多时候,这种模式仅仅是一种外在的形式,而它们各自所要表现的东西却是有交叉的,或者说是相同的。因为我们清楚,20 世纪 50 年代后,藏语文除了保持其传统的功能外,在使用上随着国家政治、经济、文化的发展变化,它的功能已经发生了巨大的变化,这种变化集中体现在藏语文由传统的文化传播工具向现代文明的传播工具的转变。毫无疑问,藏语文功能的扩展与发展促使以藏语文为文化载体的文化模式极大地增强了它自身的生命力,这是西藏五十多年来藏语文本身所取得的巨大成就。但是,就在藏语文文化模式取得这一系列丰硕成果的同时,活跃于西藏的另一种文化模式,即以汉语文为载体的文化模式同样在这块土地上得到了发展,也像藏语文一样,触及到了社会的各个领域,可以说在西藏,藏语文和汉语文这两种语言模式是相互并存、相互支撑的。我们再来看西藏教育的授课模式。西藏和平解放以后,出现与西藏语言变迁紧密相关的教育模式问题。如果从广义的角度看,西藏教育的授课模式可以分为藏语教学模式和汉语教学二元模式;如果从狭义的角度看,又可以分为三元模式,即藏语教学模式、汉语教学模式、藏汉语相结合的双语模式。从时间上看,藏语教学模式和双语教学模式起步较早,汉语教学模式稍后。

毫无疑问,西藏和平解放五十多年来,语言的二元模式和与之相适应的教育上的二元模式在特定的时期与西藏的政治经济和科学文化的发展是相适应的,取得的成就有目共睹,这种语言和教育上的二元模式是协调发展、相互融合的。因此,我们在强调学习、使用和发展藏语文的同时,同样也需要加强汉语文的学习和使用,换一种说法就是我们在努力建立从小学教育开始的藏语文教学模式的同时,汉语文的教学依然必不可少,这是由西藏的教育体制、语言的二元模式特征、以汉语授课模式为主的升学路径的衔接和约束、就业机会多寡的影响等诸多因素的制约和影响造成的。

的确,多年来西藏的基础教育一直面临着一些瓶颈问题的困扰和制约,致使西藏的教育管理机构在出台某个政策或对某个政策做调整时,首先要考虑到方方面面的因素,诸如藏文课程和汉文课程问题、升学衔接和就业问题等,这就是西藏的特殊性。在内地除英语课外所有课程都使用汉文教材,汉语授课,从小学到大学只有一个汉语授课体系,根本不存在升学衔接问题。但是,在西藏情况却完全不同。由于我们必须执行民族政策,坚持学习、使用和发展藏语文的民族语言政策,努力建立以藏文为主的从小学到大学的授课体系,站在这个角度说,如果可以全部使用藏文教材,藏语授课,毕业生又可以正常地逐级升学直到大学,那自然不存在什么瓶颈因素。

可问题的关键是西藏的语言生活已经步入到了双语社会,如前所述,西藏的教育到 1987 年时因为种种的原因已经基本形成了以汉语授课为主、藏语授课为辅的教学体系或者是升学体系,要解决这个问题,首先需要创建一条比较完整的藏语授课体系,同时,又还需要适应已有的以汉语授课为主的升学体系,以充分保证 1987 年秋季入学的藏族小学生在学好藏语的时候,又能够在小学阶段打好汉语的基础。这些学生不管他们将来是继续接受藏语授课体系、还是选择汉语授课体系教育逐级升学,都能适应不同语言的授课体系,都能适应西藏双语社会发展的要求,都能适应就业对藏、汉双语的要求。应该说西藏自治区在 1987 年出台 49 号文件,规定当年藏族小学新生课程全部用藏语文授课,藏、汉族学生分班或分校的同时,又特别强调"在不影响藏语文教学的前提下,从四年级开始增设汉语文课"正是考虑到了上面提到的各种因素。

二、1989 年藏族中学生藏语文教育政策的出台

1989 年 12 月 20 日,西藏自治区教育科技委员会正式出台了"教育系统贯彻落实《西藏自治区学习、使用和发展藏语文的若干规定的实施细则》的意见"(简称《意见》),开始部署初中阶段藏族班使用藏语文授课的新政策。

《意见》指出，"为了贯彻落实《实施细则》，从 1993 年起的初中新生开始，初中阶段藏族班除汉语文和外语外，为保证大部分或主要课程用藏语文授课等目标如期实现，必须从现在开始，根据教科委的统一部署，充分发挥各地市教体委、学校和教师的积极性，克服困难、创造条件，在教材、师资、生源、经费等方面做好充分的预测和准备，并在拉萨中学、拉萨市一中、山南二中和日喀则地区中学各选一个 1989 年秋季入学的初中藏族班开展试点工作。开辟路子、积累经验、培养队伍。因此，制订'过渡阶段'的几条措施。"①认真分析这段文字以及"过渡阶段"的五条具体措施，我们认为《意见》主要含有两个重要部分。第一是发布《意见》的目的是要实现从 1993 年新生开始，初中阶段藏族班除汉语文和外语外，大部分或主要课程都要使用藏语文来进行授课，这是西藏初中阶段藏族班实现藏语文授课的基本目标；第二是实现这一目标的基本思路：即从 1990 年到 1992 年底三年"过渡期内"，将采取的具体措施和做法。包括组织保障、条件保障、制度保障和中学藏语文教学经验的保障，这是《意见》的核心部分，也是我们讨论的重点。

（一）《意见》决定成立领导小组，为 1993 年初中阶段藏族班实现藏语文授课基本目标提供有力的组织保障

1988 年颁布的《实施细则》中，尽管对初中阶段藏族班除汉语文和外语外，大部分或主要课程都要使用藏语文来进行授课等做了明确的规定，但是，对西藏自治区整个初中阶段的授课用语来说，这却是一次革命性的改革，是一庞大的系统工程，因此，有一个系统内部强大的领导班子是这次改革能否成功的关键。根据 1988 年西藏自治区藏语文工作指导委员会的机构设置情况，以及全区相关系统均设置系统内部藏语文工作指导委员会和领导小组的做法，《意见》决定由西藏自治区教科委和西藏大学等相关教育和研究机构的主要负责人组成教育系统"学习、使用和发展藏语文"领导小组。杨朝济任组长、西珠朗杰、旦巴江村、强巴央宗任副组长。② 下设领导小组办公室，由教科委副主任西珠朗杰同志主持办公室工作。同时，对办公室的主要工作职能做出了规定：一是在西藏自治区教科委的统一领导下，全权负责教育系统学用藏语

---

① 周炜、格桑坚村主编：《西藏的藏语文工作》，中国藏学出版社 2004 年版，第 73 页。
② 杨朝济时任西藏自治区教科委主任，西珠朗杰、旦巴江村、强巴央宗为副主任。

文的组织领导工作;二是从宏观上给予指导,并负责制订有关文件;三是审批试点单位以及处理办公室的日常工作。

(二)《意见》决定以抓好藏文授课师资基地建设为突破口,为 1993 年初中阶段藏族班实现藏语文授课基本目标提供扎实的后备藏文师资人才条件保障

从《意见》的内容看,西藏自治区教科委为了充分保证西藏自治区能够在 1993 年全面实现初中阶段藏族班实现藏语文授课的基本目标,首次提出了抓好小学和初中两个藏语文授课师资基地建设的工作思路。

第一,正式将西藏大学确定为西藏自治区初中以上用藏语文授课师资的培养培训基地。

1985 年成立的西藏大学,前身是成立于 1975 年的西藏师范学院。当时它的建院思想就是为西藏的初中和高中培养师资。升格为大学后,学生的培养方向除传统的师范专业外,则开始向其他方向变化。从藏文授课师资的培养情况看,从建院伊始到 1985 年改为大学的 10 年间,全校只有一个藏语文文学系专门培养初、高中藏语授课师资。1985 年西藏大学成立政治语文系,下设了藏语文文学系、语言文学系和政治历史系,①藏语文文学系实际上变成了西藏大学的二级系,教学的地位明显不如从前。再加之其他系科的师范生藏语课只是选修课或必修课,即使是必修课校方和学生的重视程度都不高,在这样的背景下,如果继续原来的办学思路,3 年后也就是 1993 年,西藏全区初中阶段藏族班除汉语文和外语外,大部分或主要课程都要使用藏语文来进行授课,藏文师资或者说双语师资从哪里来? 因为仅仅靠一个藏语文文学系的力量,每年培养出来的藏文授课师资是非常有限的,根本满足不了《实施细则》颁布后西藏教育发展的基本形势。

根据西藏自治区教育厅的统计资料看,1985 年,西藏全区共有普通中学 56 所,在校生 18887 人,其中少数民族学生 11349 人,少数民族学生约占 60%,平均每所普通中学有藏族学生 202.7 人;②而普通中学的教职工人数是 2315 人,其中专任教师有 1493 人,专任教师约占 64.5%,每一位专任教师负担的学生数是

---

① 西藏大学文学院:《西藏大学文学院本科生硕士研究生培养方案》,2006 年 11 月。

② 《历史的回顾——自治区成立二十周年教育发展的历程》,《西藏教育》,1985 年第 2 期。

13.68 人。① 其中藏族教师不到 500 人,只占 33%。② 西藏自治区每所普通中学平均不到 9 个藏族专任教师,每一位藏族专任教师负担的藏族学生数为 22.44 人,远远超过其他民族的老师负担的学生数量,藏文师资不足的迹象在 1985 年已经比较显现。因此,当时的西藏大学在培养藏文师资方面存在严重不足。

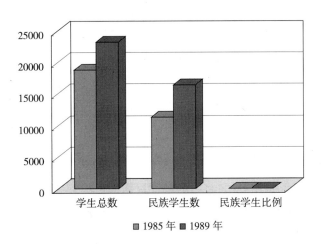

表 2-32　1985 年和 1989 年民族学生数

　　到 1989 年底,西藏自治区教育科技委员会正式出台《意见》,开始部署初中阶段藏族班使用藏语文授课的新政策时,西藏普通中学的少数民族学生和藏文师资的情况又是怎么样的呢? 根据《西藏自治区教育志》的资料看,1989 年,西藏全区共有普通中学 68 所,在校生 23226 人,③其中少数民族学生 16398 人,少数民族学生约占 70%,比 1985 年增长了 10%,平均每所普通中学有藏族学生 241.1 人,比 1985 年增长了约 19%;而普通中学专任教师有 2317 人,其中藏族和区内其他少数民族教师是 900 人,占 38.9%。④ 将 1985 年与 1989 年的情况相比,四年间少数民族学生增长了 10 个百分点,而能够担任藏文课的师资仅增长了 5.9 个百分点,因此,藏文师资不足呈现进一步加剧的现象。

　　这里还有一个更重要的问题需要看到,从 1985 年到 1989 年底,西藏的普

---

　　① 《西藏自治区统计年鉴(1993)》,中国统计出版社 1993 年版,第 390 页。

　　② 西藏自治区教育科学研究所:《关于西藏建立以藏语授课为主教学体系初探》,《西藏教育》,1987 年第 2 期。

　　③ 《西藏自治区教育志(2005)》,中国藏学出版社 2005 年版,第 48 页。

　　④ 《西藏自治区教育志(2005)》,中国藏学出版社 2005 年版,第 274 页。

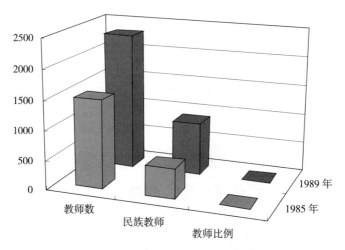

表 2-33　1985 年和 1989 年民族师资数比较

通中学只有藏文课是用藏语授课,如果在这样的情况下,藏文师资还捉襟见肘
的话,那么到 1993 年,初中阶段藏族班除汉语文和外语外,大部分或主要课程
要想用藏语文来授课,师资从哪里来。根据 1987 年的资料看,当时西藏普通
中学的课程设置除了汉语文、外语和藏文外、还有政治、数学、物理、化学、生
物、地理、历史 7 门主课(见表 2-34),即普通中学初中阶段的藏族班到 1993
年后,用藏语授课的课程要增加 7 门,依次为基础,届时用藏文授课的师资数
量也应该增加 7 倍,也就是说在 1989 年 900 个少数民族师资的基础上要增加
到 6300 人才能满足这样的教学需求。另外,从表 11 提供的数据看,在所有
10 门主课中,有 7 门课的藏族师资严重不足,即政治、物理、化学、生物、地理、
历史和外语等,培养这些课程的藏族师资任务更加繁重艰巨。我们认为西藏
自治区教育主管部门正是充分考虑到了上述这些具体问题,所有,才在 1989
年冷静地提出将西藏大学确立为西藏自治区初中以上藏语授课师资培养培训
基地,这是符合当时的具体情况的。

表 2-34　西藏初中课程设置及师资情况(1997)

人数＼学科		政治	藏文	汉文	数学	物理	化学	生物	地理	历史	外语
初中	汉族	49		214	183	91	83	27	29	30	48
	藏族	17	97	114	132	36	16	1	7	13	5

数据来源:《西藏教育》1987 年第 2 期,第 6 页。

　　为了将藏语授课师资培养培训基地的建设要求落到实处,西藏自治区教育科技委员会在《意见》中还提出了5项具体的措施,就此形成了西藏培养藏语授课师资的基本框架。这些措施涉及四个大方面。

　　一是在师范生数量和质量上做文章。具体做法是制定相应措施,变通执行国家有关政策。从1989年秋季招收的新生开始,对西藏大学师范生在招生、分配、待遇等方面给予一定的优惠,保证西藏大学师范生的数量和质量。

　　二是在办学方向、学制、课程设置和教学方法上下功夫做文章。其一,是恢复西藏大学传统的办学方向,从1989年秋季招生开始,西藏大学主要招收师范专业本科生,学制四年。其二,在课程上走双语设置的新路。前三年按大专三年制相应专业用汉语文授课,每周学习藏语文时数不得少于六节,第四年根据实际工作需要集中学习藏语文,并用藏语文研究初中相应学科教材。其三,改进教法,加强实践,让学生有足够的登讲台机会,进行藏语文授课的实习。

　　三是在毕业生回炉再造和待遇上下功夫。首先,从教育系统的西藏大学师范毕业生中挑选具有小学四年级以上藏语文水平者,带工资回校学习两年藏语文,并研讨相应学科的初中教材。

　　学习期满考试合格者,回校用藏语文授课,上调一级工资;原大专学历者,发给本科文凭,学习期间计算工龄;原本科学历者,如能胜任藏语文授课的教学工作,可再提高一级工资并可申报中级职称。此外,各地市还可选派藏语文和专业基础较好的教师作为回“校生班”到西藏大学跟班学习,学习期满经考核确能用藏语文讲授初中一门课程者上浮一级工资。

　　四是西藏大学培训部承担西藏全区中学藏语文授课师资的培训任务,并着手建立用藏语文教学体系的筹建工作,加强用藏语文授课师资队伍建设,各系、专业实现主要课程或大部分课程用藏语文授课的具体时间。

　　第二,师范学校面向全区农牧区小学招生,争取在几年内将其建设成为培养培训用藏语文授课小学教师的基地,并在用藏语文授课方面先行一步。具体包括三项主要措施:

　　一是从1989年开始,全区的师范学校必须采取有效措施,力争早日实现西藏自治区全部师范学校或主要课程都用藏语文教学的目标,逐步缓解和最终解决师校毕业生不适应用藏语文教学的矛盾。具体的做法首先是要增加用藏语文授课的课时数,其次是在学生毕业的前一年,应用藏语文讲授各科小学教材教法课程,最后是实习期间所有应届毕业生必须用藏语文授课,凡藏语文考试不及格者,不予毕业。

二是从全地区范围内抽调藏语文水平较高、教学能力较强的教师充实师校,在1993年前逐步实现师范学校大部分或主要课程用藏语文授课。

三是从1989年开始,各地市教育管理机关责成所属师校,陆续开办各科培训班,培训用藏语文授课有困难的小学教师。同时,各校从各自的专业特点出发,组织编写藏汉对照的工作手册或专业名词术语小册子,并在此基础上逐步编译各专业课程用书。

(三)《意见》决定建立中学用藏语文授课教师资格考核制度,为1993年初中阶段藏族班实现藏语文授课基本目标提供制度保障

根据当时藏语文授课师资的情况,西藏自治区教育管理机关提出了建立初中和高中藏语文授课教师资格考核制度的构想,1993年前考核初中教师,1993年起考核高中教师的两步走计划。

其一是在1990年的第一季度,完成本地市用藏语文授课师资摸底工作。下半年起,逐年对西藏全区用藏语文授课教师分学科进行考核。考试内容包括:汉语方面为所任学科的基础知识、基本技能技巧和教学方法;藏语文方面包括藏文文法、正字法和所任学科专业术语、定律、法则等方面使用藏语授课的表述能力。此外,由西藏自治区教育管理部门制订统一的教学评估标准,采取听课、观摩、查教案,召开教师和学生座谈会等方法,对教师的教学态度、教学能力和教学效果进行全面评估。

其二是对承担双语教学的初中和高中老师提出的基本的要求。双语教学的高中教师应具备本科专业水平,初中教师应具备专科专业水平,小学教师应具备中师专业水平,藏语文水平一般要求达到高中程度。

其三凡是专业、藏语文考试合格、教学思想端正、教学能力较强、效果较好的教师,均颁发藏语文授课教师合格证书,上浮一级工资。

(四)《意见》决定创办用藏语文授课试点班,为1993年初中阶段藏族班实现藏语文授课基本目标提供经验保障

为了实现在西藏全区中学中逐步推行藏语文授课的目标,这过去从来没有做过的事情,为了积累经验,为今后的工作打下可以借鉴的坚实基础,西藏

自治区教育管理部门决定首先选择有一定基础和代表性的中学教学藏语文授课试点,具体的做法是创办试点班,包括四项基本措施:

一是对各地试点班的组织和管理进行了规定。在组织管理上,规定试点班由教育主管部门统一领导,分级管理,各地市教体委、各试点中学对试点班的工作要指定专人负责;在教学管理上,规定各试点班的教学计划必须逐级上报上级教育主管部门,试点班的学年考试由自治区教科委统一命题、统一评卷。

二是对各地试点班的教学设备和经费等进行了特别的规定,原则是优先保证。此外特别规定对专职双语教师实行待遇从优政策。①

三是考虑到汉语文教学的一贯性和长期政策,《规定》在强调试点班加强藏语文教学的同时,还强调指出试点班的汉语文教学不但不能削弱,还要进一步加强,要保证教学时数,保证教学质量。规定初中毕业时,学生的汉语文水平要达到《全国少数民族汉语文教学大纲》初中部分的要求。

四是为保证试点工作的连贯性,拓宽试点班初中毕业生升学的选择面,到1997年能在全区高中班实现大部分或主要课程用藏语文授课目标,西藏自治区教委初步决定在初中试点班的毕业生,大部分升入高中试点班学习或自愿报考其他类型的学校。

五是制定了相应的奖惩制度,要求各地教育主管部门每年要举行一次试点班经验交流会,对办试点班态度积极、成绩显著的单位和个人,教科委将给予奖励,并将其经验推广全区;对办不好的则要追究主管部门和领导人的责任,同时适当扣发当年的教育经费。

总之,在1987年和1989年的两年间,西藏自治区教委先后就中小学藏语文教学问题颁布了两项重要的政策,这些政策对当时和今后很长一段时间的藏语文授课工作起到了积极的推动作用。实际上从这段时间开始,西藏在藏语文授课方面所推行许多重要做法都与这些政策有直接的关系,比如后来在西藏的藏语文授课史有过深远影响的"藏语文授课试点班"就是一个最好的例子。

---

① 专职教师每周任课超过六课时的,可计发超课时补贴(初中数学、物理、化学、历史、地理、生物、植物、动物、生理卫生、政治等科目为专职教师任教)。

第三章　西藏的语言管理

第一节　西藏的藏语文规范化工作

一、术语规范理论在我国的实践

术语（terminology）是在特定学科领域用来表示概念的称谓的集合。术语是传播知识、技能,进行社会文化、经济交流所不可缺少的重要工具。随着社会的发展进步,表达新概念的术语大量涌现,语言管理机构或语言工作者必须用科学的方法定义、指称和规范这些概念。不同的文化要用不同的术语来说明,吸收外来文化,同时必须吸收外来术语。术语的规范化意味着语言文化的发达,规范术语,是一个国家或者是一个民族语言文化建设当中必不可少的重要环节。

术语是通过语音或文字来表达或限定科学概念的约定性语言符号,是思想和认识交流的工具。术语作为文化发展和交流的载体,一直与语言文字同步产生和变化。术语反映了语言文字不断发展的成果,是人类进步历程中知识语言的结晶。从某种意义上说,术语工作的进展和水平,直接反映全社会知识积累和文化进步的程度。

由于名词术语的规范和统一是一个国家或者说一个民族社会文化发展所必须具备的基础条件,所以从世界各种语言文字发展的历史看,对于一种语言文字,无论是作为国家通用的语言文字,还是作为一个民族通用的语言文字,这个国家或民族都十分关心和重视这种语言文字包括新词术语在内的名词术语的规范和统一工作。作为人类文化交流的重要载体,名词术语的规范和统一始终是人类知识和文明传播过程中的关键环节。

从世界术语规范化理论发展的历史看,早在 20 世纪 30 年代就已经出现了与研究概念、概念定义和概念命名基本规律相关的边缘学科——术语学。之后,这一学说的理论、原则和方法开始广泛应用于各个专业领域的术语规范工作。

作为一门学科,术语学是奥地利语言学家欧根·于斯特(augen wister,1898—1977)教授提出来的。此外,前苏联的艾·德列曾·察普雷金(1868—1942)、洛特(1898—1950)等也在 20 世纪 30 年代的初期开始了这方面的研究工作。洛特撰写的《科技术语构成原则》被认为是苏联术语工作的理论基础,他和察普雷金同为后来兴起的术语学中莫斯科学派的鼻祖。语言学中布拉格学派的后继者至今仍在致力于术语学课题的研究。术语学中加拿大的魁北克学派兴起于 20 世纪 70 年代,在建立术语库和翻译工作方面成绩显著。在魁北克的拉维尔大学,著名的术语学家隆多教授开设有术语学理论讲座,并致力于培养术语学方面的高级人才。

术语学是指导术语标准化的重要工具。在科学文化高度发展的今天,术语标准化具有更加明显的现实意义。现在国际上已经出现了专门的国际标准化组织 ISO(The International Organization for Standardization),其属下的 120 个技术委员会负责制定相关的术语标准,到 1988 年底该组织发布的术语标准已经有 334 个。大约从 20 世纪 50 年代,国际标准化组织(ISO)和苏联、联邦德国、英国、法国等国家即已开始编写术语标准化的原则与方法,用以指导统一术语的工作。

我国历史悠久,术语工作源远流长,但把术语学理论正式纳入术语标准化的议事日程,则是从 20 世纪 80 年代才开始的。

1950 年,我国政府在政务院文化教育委员会设立了"学术名词统一工作委员会",审定了汉语中一批自然科学名词。1985 年国务院批准正式成立了"全国自然科学名词审定委员会"(现在改名为"全国科学技术名词审定委员会")该组织是代表国家进行科技名词审定、公布和管理的权威机构。下设理、工、农、医和交叉学科的名词审定分委员会 52 个,有 1700 多位科学家参加了汉语名词审定工作。目前已公布了天文学、物理学、大气科学、林学、遗传学、测绘学等 38 个学科的名词。

为了建立规范术语的标准,作为国际标准化组织术语工作委员会(ISO/TC37)的积极成员,1988 年由国家技术监督局牵头成立的"全国术语标准化技术委员会"组织制定了指导术语工作的基础标准,即《确立术语的一般原则与方法》(国家标准代号 GB10112)、《术语标准编写规定》(国家标准代号 GB1.6)等国家标准。这些标准所确定的工作原则与方法以现代术语学思想和实践为依据,其中提出的原则具有通用性,适用于各个知识领域,当然也包括社会科学领域的术语工作。据统计,到 20 世纪末,先后发表国家术语标准近 800 项,总计 10 万余条。

1995 年 6 月"全国术语标准化技术委员会"增设了"少数民族术语标准化特别分委员会",同年 9 月,成立了"藏语术语标准化工作委员会",开始制定确立藏语术语的一般原则与方法、藏语的辞书编纂一般原则与方法、藏语的辞书编纂符号等,并准备建立藏语术语数据库。近几年还在西藏等地举办了两期术语标准化培训班。

根据我国多年来术语工作经验的实践经验,1988 年由国家技术监督局发布的"确立术语的一般原则与方法"(GB10112-88)中提出选择和构成术语的基本要求是:1)语言正确,2)表意准确,3)表达简明,4)易于构词,5)尽可能单义,6)相对稳定,7)协调统一。这些原则对制订和统一藏语新词术语具有指导意义。

二、西藏历史上的藏语文规范运动

藏族的文字是中华民族文化宝库中的一颗璀璨的明珠。它不仅具有次于汉文的悠久历史,而且具有足以与汉文相媲美的浩瀚文献。此外,还有大量的金铭石刻、木刻木牍、文书经卷等,是藏族的一大文化宝藏。藏文创制初期,吐蕃王朝崇奉佛教,专设译场,翻译了众多的佛教经籍,至今保存了大量、完整而自成宗派体系的创作和译述的佛教经典,尤其是保存了佛教发源地印度都已经失传的某些原始经典。宋元雕版印刷术传入西藏后,书籍印制更加方便简捷,客观上加速了经卷的印制和传播,促进了宗教、文化和语言文字本身的发展。

早在 1000 多年前,当藏族的先辈们创制文字时,已经对自己的语言有所分析和研究。他们没有走表形、表意的老路,而是采用了比较先进的表音文字体制。众所周知,要创制一套表音文字,就必须对自己语言的语音系统做一番分析。藏族的先贤们选择了就近的古代印度的字母系统作基础,再根据藏语的语音特点加以改造,去其所无,增其独有,创制了一套基本上反映当时藏语语音面貌的拼音文字,用以记录藏语,从事翻译和著述,留下了浩瀚的文献典籍。在使用过程中还继续不断改进,经过三次厘定和规范,大致定型于公元 9世纪,流传至今,成为我国第一套比较完备的拼音类型的民族文字。

(一)关于 9 世纪前后藏文的改革和语词的厘定问题

最早的藏文文献多属八、九世纪的遗物,通称"吐蕃文献",包括木简木牍、纸卷皮卷、金铭石刻等,内容以会盟祭祀、记功述德、历史文书和佛教经典居多。例如矗立在拉萨布达拉山前的"外碑"(763 年)和大昭寺门前公主柳下的长庆盟碑(823 年)以及敦煌石室发现的大批藏文手卷和新疆出土的藏文简牍等。这一时期的藏文有许多特点不同于现代藏文,主要表现在:1.正字法尚未定型,异体字较多。这是古代文字初创时期难以避免的现象。2.古藏文中的有一些特殊符合和拼写形式。例如元音的反书形式,复辅音韵尾以及单根基字垫音等,这些形式在现行的藏文中已经不通用。3.简写和缩体字较多。总之,7—9 世纪的吐蕃文献是藏语书面语的奠基阶段,对于研究古代藏语具有极高的价值。①

正是因为藏文在创制的最初阶段存在着上述各种不适应文化发展需要的问题,在其后来的发展过程中,出现了三次有名的文字厘定和规范运动,其主要内容包括"文字改革"、"词语厘定"、"正词法规范"等。从时间上看,史书记载的 3 次重大修订第一次是 7 世纪中叶至 9 世纪初,没有明确记载主持人;第二次在 9 世纪初,由吐蕃王赤热巴巾亲自领导,在噶哇·白泽、觉若·鲁意竖参和尚·益西德三大译师主持下进行的;第三次是 11 世纪至 13 世纪,由阿里地区古格王意希畏时的仁青桑布等一些译师陆续进行的。以第二次为影响最大。

据历史记载,9 世纪初以噶哇·白泽为首的一批翻译家鉴于当时出现的拼写混乱、译语分歧和古今差异等问题,提出书写要规范、译语要统一,"废除难懂难读之古词,代之以易读易懂之词,以适应地区和时代之需要"。这一主张得到吐蕃当政者的支持,赞普以法令形式推行改革,明文规定:"各译场不得自行其是按照自己的方言习惯译制新词术语。确需创制者,应说明语出何典、创新缘由以及原文出自何种语言,并需报请译经大堪布和大译师核准,待

① 胡坦:《藏语研究文论》,中国藏学出版社 2002 年版,第 9 页。

钦定后方可正式列入词条目录后面……"为了统译名,后来还编辑了藏梵对照的《翻译名义大集》,所收术语近万条。敦煌写本中有汉藏对照的《瑜伽师地论·菩萨地》,所收词语近千条。

《翻译名义大集》原是梵藏对照的佛学大辞。藏语称为 Lo-pan man-pos mdsad-paki bye-brag-tu togs-par byrd-pa chen-po 或简称为 Bye-brag-tu bogs che。书名原意是指由多位学者及翻译官共同编纂的大辞典。在西藏翻译佛典最隆盛的时代,从印度入藏的佛教高僧,采录佛教经典中的常用语句,类别成二百八十余章,再经过西藏的翻译家把它翻译成藏语,整理成梵藏对照的词汇,作为有意翻译佛典的人的永久标准。关于此书的编撰年代,古来相传是在公元9世纪。由该书第六十五章列出的九十余种经典的名称来看,或者是华严部经典,或者是般若部经典等,种类非常繁杂,但都是9世纪以后翻译出来的东西。从该书所列译场的印度学者看,如莲花戒(Ka-mala-fila)、胜友(nina-mitra)、无边吉祥(Ananta-fila)等,则都是9世纪或者更早以前就入藏的。

8世纪末叶,是吐蕃极为强盛的时代,到9世纪,与唐和亲,吐蕃进入全盛时期。尤其是赤松德赞的佛经翻译事业,在吐蕃王室的保护下,极为强盛。200多年前,藏语即文字也无典籍,但这时竟然发展成为可以翻译华严、般若和唯识等十分复杂的佛教思想观念的文字。客观地说这时的西藏社会,能够以最缺乏语典礼上的变化、连文法也尚未完全固定的语言,来翻译最富有语典礼上的变化的语言,其翻译的经文在词汇等方面的混乱现象的确是很难想象的。因此固定译语词汇等是当时各位佛经翻译家所面临的一大重任。所以,印度出生的佛学家和西藏当地的翻译家们,不得不依照当时一般的趋势,编撰梵藏对照词汇表,以适应西藏佛经翻译事业发展的要求。

宋元之交,西藏佛教渐渐传播到内地和蒙古地区。到了元代有不少的西藏僧人到中原地区把西藏的经典翻译为汉语,藏传佛教开始在中原地区和蒙古地区产生影响,而《翻译名义大集》也开始在这些地区流传,并出现了汉文与蒙古文的翻译。于是本来只有梵藏两体的《翻译名义大集》加上了汉蒙两译,便成为四译对照的佛教大词汇。

《瑜伽师地论·菩萨地》(ernal-vbyor pyod-paĥi sa-bas rgyar - bod gha-snyad shan-sbyar bros ma-pod),又可翻译为《瑜伽师地论词语汉藏对照写卷》。共145行。李方挂先生《敦煌的一本汉藏词汇集》对此卷作过缜密研究,指出其中汉文词语出自玄奘所译《瑜伽师地论》13 至 20 品和 31 至 34 品;藏文词语可能出自于已遗失的同部经典的藏文本。这个本子的《瑜伽师地论》与东京再版的北京版藏文《大藏经》的《丹珠尔》15 至 16 卷(NO.5536)和 14 至 20 卷(NO.5537)相当。李方挂先生指出写《瑜伽师地论词语汉藏对照写卷》的年代约为 9 世纪中叶或末叶,它还转录了全部词语并附索引。现在学术界的观点一般认为该写卷可能是吐蕃译师为统一译语而留下的记录,也是汉地佛教经典由敦煌地区深入吐蕃的一个反映。

从现在研究的结果看,一般的学者认为藏文历次的修订内容主要包括 3 个方面。

第一,关于字母体系的修订主要包括下面的内容:取消可以反写的元音字母"ai";在 14 世纪左右将合体字母"wa"改写 为单体字母"wa",晚近又增加了表示[f]音的合体字母"hpa"。①

第二,关于正字法的修订可分为两方面:

(1)拼写形式的修订。如取消了带"ai"(i)、"we"(e)元音的合体字母 mya(ya)的下加字"ya"、"stsa"中的"tsa"以及复合基字前的"ga"、"da"、"ma"、"ĥa"四个前加字合再后加字"tsa";将 stsel-ba 写成 swl-ba(消除)、"drŋa-mo"写成"rŋa-mo"(骆驼)、"myi"写成"mi"(人)、"phyind-pa"写成"phind-pa"(去)。以上四种修订都是适应语音发展的需要。

(2)拼写规则的修订。如取消了大部分后加字"ĥa",只保留了少数带前加字而无上、下加字合元音字母的基字后面的"ĥa",以区别读音。如"brgyaĥ"写成"brgya"。由于规范的原则是从字形而不是从区别出发,所以,有些可取消的"ĥa"就没有取消。如"bkaĥ"(命令)合"dpaĥ"(英雄)等。

第三,关于词汇的修订。以当时的"今词"去替代古词。由于藏语方言的分歧,藏文的超方言性质已经逐步形成,这种词汇的规范只局限于局部的范围,并没有按当时西藏的口语全面进行。②

藏文几次修订,调整字母体系,简化正字法,统一译语,规范词语,并立法推行,对藏族文字的统一和推广、文化的发展、宗教的传播都起到了积极的作

①　瞿霭堂:《藏族的语言文字》,中国藏学出版社 1996 年版,第 26 页。
②　瞿霭堂:《藏族的语言文字》,中国藏学出版社 1996 年版,第 31 页。

用。可以说,这一时期的藏文厘定工作是藏文史上一次划时代的成功的文字规范化运动,经过这次规范,藏文正词法基本定型,异体字大部分消除,佛教译语趋于统一,书面语更加成熟。①

(二)《丁香帐》与16世纪藏语词汇的规范问题

《丁香帐》被认为是一部完成于16世纪初叶的古藏文词书。全称是《藏语古今词语指津善言丁香帐》(bod kyi skad-las gsar-rnying gi brdavi khyad-par ston-pa legs-par bshad-pa li-shivi gur-khang zhes bya-ba bzhugs),简称为《丁香帐》。全书共十五页,172行,收录了1000多条词语。其中古今语词对照的有八百多条,其余部分是作者对一些文人将汉语借词、蒙古(hor)语借词、笨教术语、象雄(zhang-zhung)语、用藏文字母转写的梵文语词、藏文错字、藏语敬称语词语、方言语词和隐语等,误解为藏语固有古语词的纠正(计约二三百条)。安世兴先生的研究认为,《丁香帐》是一部规范化的词书。书中所说的古今词汇(brda gsar rnying)主要是9世纪初赤热巴巾时的"固定新语"(skad gsar bcad)为界限的。赤热巴巾厘定文字之前的词语为古词(brda rnying pa)厘定文字之后的词语,即至今使用的书面语为今词(brda gsar pa)。②

《丁香帐》一书收集的词汇,都是出自"厘定新语"之前的书籍中的古词,即主要是从佛教"gsung-rab",特别是从《大方广佛华严经》(sangs rgyas phal po che)、《四部经》(lung sde bzhi)以及经部合《般若波罗密多经》的各一部分经典(mdo sde kha gcig dang shes phyin gyi mdo kha cig)中摘录出来的。

《丁香帐》是一本工具书。这类古今词汇对照的工具书过去虽然有不少人编著,但影响都不及本书。这本书自问世以来,历代作家和读者都认为这是一本较为实用,较有水平的著作。作者对当时使用藏文词汇的混乱现象,作了调查研究,并根据藏文的几次"厘定",编写了这本古今语词对照的工具书,让人们能正确区分古今语词和正确运用正字法,实际上起到了藏文规范化的作用。在今天来说,这本书对我们从事古藏文的研究,对翻译、教学和学习古藏文,仍然是一本很好的,很有价值的参考书。特别是对研究藏语语音历史演变情况的人来说,更有重要的参考价值。③《丁香帐》收录的词语包括佛学术语

① 胡坦:《藏语研究文论》,中国藏学出版社2002年版,第11页。
② 安世兴:《评价古藏文词书〈丁香帐〉》,民族出版社1982年版,第2页。
③ 安世兴:《评价古藏文词书〈丁香帐〉》,民族出版社1982年版,第4页。

词汇和一般词语两种。就前者而言,占全书800多条古今词汇的15%左右,而一般词汇要占百分之八十五以上,此外这一类词语中主要包括实词和虚词,两者的比例是实词要占多数,而虚词具有代表性。从古今词汇的异同情况看,《丁香帐》收录的词语大致包括词形改变和今词替代两种。词形改变的原因在于语音的变化,因此,词形的改变主要发生在语音的拼写形式上。今词的替代主要是因为原有的书面语的古词已经不能完全表达发展了的新的含义,因而必须由几个意义相近的新词来替代和充实原有词汇的含义,才能较准确地表达旧词发展的新概念。①

总之,随着藏文的不断规范,藏族在历史学和文学方面的作品大量出现。著名的史书如《巴协》、《布顿佛教史》、《西藏王统记》、《童祥·青史》、《红史》、《智者喜宴》、《西藏王臣史》、《五部遗教》以及敦煌的古藏文史料等。藏族传记文学特别发达,著名的有《玛尔巴传》、《米拉日巴传》、《唐东杰布传》、《宗喀巴传》等。长期流传于民间的英雄史诗《格萨尔王传》也开始有手抄本和木刻本问世。优美文学作品的大量问世对于推广普及藏文、丰富发展藏族书面语言起了重大的作用。此外,在医药、天文、历算、文法等方面也有不少名著传世,文法名著《授记根本三十颂》、《性入法》(音势论)、《司徒文法》等也相继问世。

随着社会生活的变革,藏文得到更快地普及和发展。藏文书刊开始以现代化设备大量印刷出版,新词术语急剧增加,语法格式也有所创新,表达方式多种多样,藏语书面语向着更趋成熟、功能更加全面的方向发展,使用范围也不再固于宗教文化、文学历史,逐渐进入政治经济、科学技术领域。同时,藏语书面语又以其超方言、规范化和更多的继承性等特点为社会所接受,成为全民族语言统一的象征。②

三、藏语新词术语的创制、收集和审定、颁行

(一)藏语文的发展与早期的术语规范审定工作

新中国成立后,国家在西藏实行了民族平等政策,消除了民族压迫和民族

---

① 安世兴:《评价古藏文词书〈丁香帐〉》,民族出版社1982年版,第20页。
② 胡坦:《藏语研究文论》,中国藏学出版社2002年版,第12页。

隔阂,宪法规定各民族都有使用和发展本民族语言文字的自由,藏族语言文字的使用和发展才取得平等的权利和合法的地位,受到高度的重视,得到飞速发展,成为藏族人民民族团结、社会建设和发展文化教育的重要工具。藏文作为藏族的法定文字,随着宪法、民族政策和民族区域自治法等各项体现民族平等和语言平等的政策、法令的贯彻和实施,法律地位得到肯定,使用范围日益扩大。不仅政府文件、司法文书、公函布告乃至公章、名牌都以藏文书写,广播影视和文艺演出的稿本也都以藏文编撰。为了加强藏文的使用、传播、教育和翻译等工作,中央和地方各有关院校,如中央民族大学、西北民族学院、青海民族学院、西南民族学院、甘南师专等院校都开设藏文系,有关藏区都建立了藏文专科学校,中、小学都开设了藏文课。中央设立包括藏文在内的编译局,西藏自治区和各藏族自治州、县也都设有相应的编译机构。西藏、青海、四川、甘肃等省区以及有关自治州都建立了编发藏文书稿的民族出版社和承印藏文的印刷厂。

在西藏自治区,《西藏日报》、《西藏科技报》、《西藏文学》、《西藏研究》、《西藏教育》、《西藏佛学》等报刊杂志不断推进藏文版的出版和发行。西藏人民广播电台、电视台和各地市的自办的广播、电视节目都用两种语言播出,并且逐步增加藏语节目播出的时间。为使群众看好电视和电影,有关部门组织力量译制了一批藏语配音电影拷贝、录像带。西藏人民出版社编辑出版的图书中,藏文图书的品种和印数也迅速增加。在教育方面,全区中小学除汉族班外,都使用藏文版教材。在农村和牧区,小学教育形成了完整的藏语文教学体系,教育语言全部使用藏语。在城镇,中、小学均把藏文作为教学主课,教学用语以藏语为主。在内地开办的西藏中学、西藏班也把藏语文的学习列为学生的必修课。西藏大学设立了藏文系,西藏民族学院设立了藏语文专业。全区城市、街道、机关的名牌,绝大多数都是藏、汉两种文字书写。出版发行了包括小说、诗歌、民间文学、医学、科技、农业、科普、课本、工具书、字帖等各类图书上千万册。中央一级的出版社出版发行了包括马恩列斯毛泽东著作、政治文献、辞书、小说、诗歌、民间文学、科技、医学、农业以及其他各类创作和翻译的藏文图书数千万册。正是在这样的文化背景之下,从 20 世纪 50 年代末开始,一些反映时代特征的新的辞书开始出现,其中不乏带有新词术语和规范性性质的作品。比如《汉藏新词汇》(北京民族出版社,1954)、于道泉主编《藏汉对照拉萨口语词典》(北京民族出版社,1983)、张贻苏主编《藏汉大辞典》(北京民族出版社,1984)、山木旦《新编藏文字典》(青海人民出版社,1979)等。

　　除了上述这些个人主编的辞书类作品外,事实上从 20 世纪六七十年代开始,包括《西藏日报》等在内的五省区所属主要藏文报刊以及广播电台的藏文编辑部、中央民族大学等涉藏专业的大专院校系科,根据工作和教学的需要,都陆续创制、整理、收集和编辑了一些有价值的藏语新词术语辞典。比如《西藏日报》藏文编辑部从 20 世纪 60 年代开始,就陆续对本部翻译的涉及农牧业方面的藏文新词术语进行整理和规范,到 1980 年前后就已经完成了《藏文农牧业词汇》上下两卷共 5000 多条词汇的收集、整理和初步的规范工作,并成为报社藏编部的必备工具书。但是,从总的情况看,20 世纪 80 年代以前藏文新词术语的创制工作基本上是各藏族省区、各民族院校、各藏文报刊杂志、各藏语广播电台各自为政,没有统一的新词术语审定机制,结果当然可想而知。

(二)藏语新词术语规范化的历史进程

　　1.关于藏语规范问题的两个规定

　　自 1988 年 7 月,西藏自治区颁布《西藏自治区学习、使用和发展藏语文若干规定(试行)》,1988 年 10 月,颁布《西藏自治区学习、使用和发展藏语文的若干规定(试行)的实施细则》,两个法规先后对藏语新词术语的规范问题作出了相应的规定后,西藏自治区藏语新词术语的创制与规范化工作才逐步走向了法制化道路,并取得了举世瞩目的成就。

　　关于藏语规范问题的两个法规是这样规定的,首先《若干规定》第十五条规定:"自治区设立藏语文工作领导机构,加强对藏语文学习、使用、发展的领导和监督检查,统一新产生的名词术语的拼写规则,使之规范化。"这就明确了西藏自治区将设立专门的政府部门来管理和指导藏语的规范化工作,这就是后来成立的西藏自治区藏语文工作指导委员会,他的职责就是协调、规范和统一新创制的藏语新词术语。其二,《实施细则》第五十五条规定:"加强翻译理论、翻译技巧、新词术语翻译的研究。自治区编译局、自治区广播电视厅、西藏日报社以及其他部门,从今年开始收集整理各类新词术语,由自治区编译局负责召集上述部门交流,并进行归类规范审定,我区藏语委分批颁布,统一使用。"这就明确了今后藏语新词术语的创制和规范工作的两个主要工作任务:一是加强涉及新词术语创制各个环节方面的研究工作;二是规范审定,分批颁布,统一使用;明确了西藏自治区藏语新词术语的审定机构以自治区编译局、广播电视厅和西藏日报社为主;明确了具体的规范工作步骤是归类规范审定;明确了规范审定后的新词术语的颁布机构。总之,两个法规明确了西藏自治区新词术语规范工作的组织程序和工作程序。详见表1。

1988年,为落实《若干规定》和《实施细则》中的相关条款和规定,西藏自治区藏语文工作指导委员会召集自治区编译局、自治区广播电视厅、西藏日报社三家法定的藏语名词术语审定单位以及拉萨市编译局和自治区教材编译局等相关机构,首次就藏语名词术语的规范工作进行了研究。这些会议共四个主要议题,一是就藏文正字、缩写、方言土语的使用标准和新词术语的统一译法等问题,进行了初步的讨论、协商和研究。二是考虑到藏语文规范化工作是一项涉及面广、难度大、学术性很强的长期性工作,是西藏藏语文工作的一个重要方面,因此,必须抓好组织和计划落实,尽快成立翻译家协会,并最终通过与有关语言研究部门的紧密配合和通力协作,逐步开展藏语文规范工作。三是通过藏语文工作指导委员会会刊《藏语文工作》大力宣传藏语文规范化工作的意义合目的,努力推动这项工作健康发展。四是由自治区编译局牵头拟订《专业技术干部职务名称系列藏汉对照表》。

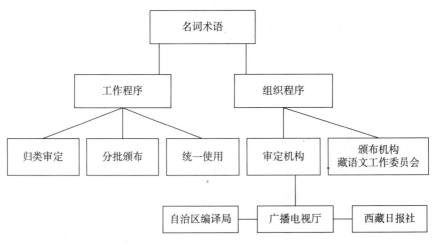

表3-1　西藏自治区名词术语规范审定工作机构

2.新词术语的规范与审定工作

1988年6月,由自治区编译局、西藏日报社、西藏广播电视厅、自治区教材编译局合拉萨市编译局等单位参与审定的《专业技术干部职务名称系列藏汉对照表》正式通过自治区藏语文工作指导委员会向自治区各地、市人事局、编译局(科),自治区各厅、局、委政治部(办公室)转发,从此拉开了西藏自治区有组织、有计划的名词术语审定、规范、颁布和实施工作的序幕。

藏语专业技术干部职务名称的规范化问题,一直是西藏自治区人事部门多年来面临的一个头疼问题,从某种意义上说,藏语专业技术职称术语的乱译、乱用和不规范性不仅给全区的人事工作带来了许多负面的影响,同时,也给西藏的职称评定工作制造了许多的麻烦。1988 年初步统一审定、规范和发布的《专业技术干部职务名称系列藏汉对照表》包括大学教师、科学研究、中专教师、广播电视、新闻、图书馆和博物馆、法医、医疗卫生、出版、农业技术、工程技术、技校教师、中小学教师、艺术、经济、会计、审计、统计、翻译、海关、工艺美术、律师、公证员 23 个专业技术系列共计 182 个名词术语。[①]

进入 20 世纪 90 年代以后,藏语文功能扩展的速度进一步加快,藏语新词术语层出不穷,涉及了社会和文化生活的方方面面。名词术语的规范、审定、颁布和统一使用的任务越来越重。1993 年夏天,西藏自治区藏语文工作指导委员会开始着手筹备成立由自治区编译局牵头、包括西藏日报社、自治区广播电视厅、自治区教材编译局等部门组成的自治区藏语文规范委员会,以加强这方面的工作。与此同时,藏语文的规范工作也引起了自治区党委和人民政府的高度重视。1994 年,时任西藏自治区党委副书记、藏语文工作指导委员会主任的丹增同志在自治区藏语文工作指导委员会扩大会议上指出:"我们现今处在改革开放的大变革时代,各种新词术语和各种表达方式纷呈而现,这实际上反映出社会交流的扩大和各种新观念的传播。也就是说这是社会的变革在语言文字上的反映,这对藏语文工作来说,既是机遇,又是挑战。从目前藏语文的使用现状上看,规范化工作已是刻不容缓了。我们应当跟上时代的步伐,增强规范意识,抓紧抓好藏语文的规范化工作。当然,规范工作是一项十分细致的科学工作,我们既不能草率行事,贻误后代,又不能坐失良机,落后于时代的要求。"丹增同志进一步指出:"藏指办要在深入调查研究藏语文使用

---

① 《关于转发"专业技术干部职务名称系列藏汉对照表"(草稿)的通知》,西藏自治区藏语文工作指导委员会文件,区藏指办[88]1 号。

现状的基础上制定藏语文规范工作的规划。去年未能成立起来的规范委员会要尽快成立起来,一步一步地开展这项工作。自治区教育、文化、新闻、出版、编译等有关部门要协同作战,配合藏指办搞好藏语文规范化工作。同时,规范化工作也要面向农牧区广大群众。我希望藏语委办和区内承担藏语文工作的各个部门,根据业务实际,加强规范化工作,为农牧区服务。"

丹增同志的讲话包括下面几个要点:一是藏语文规范工作的重要性和历史意义。二是要在调查研究的基础上制定藏语文规范工作规划。三是尽快成立西藏自治区藏语文规范委员会。四是自治区各文化教育和新闻出版机构要协同作战,配合藏语文工作委员会办公室(以下简称藏指办)搞好全区的规范工作。五是藏语文的规范工作要面向农牧区,为农牧民服务。

根据丹增同志的指示,西藏自治区语委一方面积极着手筹备成立自治区藏语文规范委员会的工作,另一方面在藏指办的具体部署和领导下,原则上由自治区教育、文化、新闻、出版、编译等有关部门的藏语文编译、研究和出版机构组成了一个规范领导小组,负责具体实施这项工作。根据我们的调查,这个规范领导小组的工作主要包括以下几个步骤:

第一,分门别类拟订规范审定计划。

1950年以来,随着西藏政治、经济和文化的全面发展,藏语文的发展也出现了新的契机,伴随着藏语功能的不断扩展,藏语名词术语的发展也出现了前所未有的新局面,通过几十年的不断积累,与传统藏语的名词术语相比,新出现的名词术语的总量已经达到了相当的数量,涉及的范围几乎触及社会、经济和文化社会的各个层面,这就给藏语名词术语的规范和审定工作带来了极大的困难。说到底,藏语名词术语的规范和审定工作不是一项简单的工作,而是一项宏大的系统工程,不光需要有财力、物力和人力的支撑,同时,也需要用相当长的时间来运作。因此,采取分门别类的方法,有计划有目标的进行分类规范审定,是符合藏语文发展状况的。

西藏自治区藏语文工作指导委员会办公室的具体做法首先是划分大类,然后再划分小类。比如在经济类中再细分市场经济、商品经济、经济系学等若干小类,在医学类中再细分为医学专业、畜牧兽医专业、高原病等若干小类,在专业技术干部职务类中再细分为大、中小学教师和新闻出版类等。每年根据实际情况,拟订多项小类计划进行规范审定。

　　第二,不定期地进行规范审定工作。

　　由于严格意义上的藏语文规范委员会还没有成立,因此,西藏自治区藏指办经过与自治区编译局、西藏日报社、广播电视厅、教材编译局等部门协调,确立了不定期的规范审定工作方案,视人力和时间等因素,灵活地进行工作。从1996 年开始,自治区语委加大了新词术语的审定和统一工作的力度,先后召开了 6 次有各行各业专家参加的研讨会,审定统一了 3000 余条有关市场经济和中小学爱国主义教育等方面的藏文术语,并以活页形式下发区内各地市编译机构和区直新闻等有关单位,发送到五省区语委、院校和内地有关部门,以便及时交换意见,达到藏文新词术语在使用上的统一。

　　1999 年,自治区语委藏指办、自治区编译局、自治区翻译家协会共同开展的术语审定工作取得突破性进展。这三个机构首先抽出专人收集了有关市场经济术语 1000 余条,然后组织业务工作人员,对每个术语所包含的概念从内涵、外延和功能等多方面进行深入分析研究,完成初审和二审工作,并在此基础上召开专家审定会议,对其中 500 余条术语进行了最后审定。

　　2001 年到 2002 年,上述机构又以中央和自治区重要会议文件的内容为主,广泛搜集、整理、翻译、初审新词术语,并在此基础上,组织有关单位、部门的专家学者对新词术语进行了认真审定,全年共审定新词术语 300 条,并以文件的形式把这些审定的新词术语及时发送到全区各翻译单位和有关部门统一使用,使新词术语在我区的具体使用中,实现统一化、标准化、规范化,为基层干部群众完整、准确地理解贯彻中央及自治区的精神,提供了较好的服务。

　　第三,统一体例,先试用,再最后审定公布。

　　由于西藏自治区语委采取的是分门别类的规范审定办法,如果没有统一的体例,很可能每一小类都会出现不同的情况,对今后统一颁布新词术语极为不利。为此,各参与规范审定的机构首先确定了审定后的新词术语的编辑体例,即每一小类的术语均以汉藏对照的体例颁布,术语的排序按汉语拼音的顺序进行编排,也就是说规范审定后的术语基本不采用藏语辞典以藏语字母来排序的传统办法。同时,确定将每一小类作为一个单元公布,公布的形式主要有两种,一是以单行本的形式发布到全区,一方面统一试用;另一方面征求意见。二是在西藏自治区语委的机关刊物《藏语文工作》上作为内部材料发表,供有关部门使用。

据我们的初步统计,到 2003 年底,西藏自治区语委已经先后发布了 20 多个新词术语小类单元词汇,其类别涉及市场经济、畜牧兽医、法律、教育、职称、文化、科技、艺术、政治、农业、医疗、社会、技术等小类。其中的 1800 个新词术语经过统一编排后,于 2004 年发布在《西藏的藏语文工作》上。①

3.藏文术语标准化工作开始起步。

我国的术语标准化工作起步晚,是在十一届三中全会之后才逐步开展起来的。少数民族语言的术语标准化工作则是 90 年代正式纳入国家标准化工作的规划中,并于 1995 年成立了全国少数民族语言标准化特别分委员会和主要语种的术语标准工作委员会,同年 9 月又成立了"藏语术语标准化工作委员会",开始制定确立藏语术语的一般原则于方法。从理论和实践上说,术语标准化工作绝不是简单的统一名词术语的工作。术语标准化是国家整个标准工作的组成部分,是一项极为重要的基础性工作。它的任务是统一国内术语,并使其指称的概念与国际上协调一致。同时,术语规范化也是普及文化教育,发展科学技术的一项基础工程。

西藏自治区语委藏指办为了密切配合国家的术语标准化工作,稳步推进这项工作在区内的开展,从 1995 年开始,西藏自治区语委在全国术语标准委员会的指导下,按照国际上通行的规范程序和国家标准的要求,着手开展《藏语术语标准化工作的一般原则与方法》(征求意见稿)的研究制定工作。为了顺利完成这项难度较大的工作,西藏自治区语委藏指办于 1996 年选派了两名同志到京参加国家技术监督局举办的术语标准培训班,初步了解了术语标准的原则、范围及基本方法等,进一步认识到术语标准工作的紧迫性和难度。

为使术语标准这一新的学术知识能够尽快在西藏自治区藏语文及翻译界得到普及推广从而依照国内外通行的术语标准理论和方法开展西藏自治区的术语标准化工作,促进藏语文的规范化工作,在国家民委语文室和国家技术监督局的指导下,自治区语委藏指办于 1996 年和 1997 年先后主办了两期全国藏语文术语标准培训班,从北京请来三位术语专家为培训班授课,区内外共 27 名从事藏语文及其翻译工作的骨干参加了培训班的学习。通过两期约两周的培训,参加培训的人初步了解了当前国际国内有关术语标准化的最新理

---

① 周炜、格桑坚村主编:《西藏的藏语文工作》附录部分。中国藏学出版社 2004 年版。

论原则及动向、术语标准化工作的范围及意义、术语标准化的操作方法等,大开了眼界,明确了方向。

　　搞好藏语文术语规范化、标准化和信息处理,是新时期藏语文工作的主要任务之一,是普及文化教育、发展科学技术、提高工作效率的一项基础工程。1999 年,为了全面推动全区术语工作的进程,西藏自治区语委藏指办根据 1995 年 9 月藏语术语标准化工作委员会讨论通过的《全国术语标准化技术委员会少数民族语特别分委会藏语工作委员会 1995—1996 年度工作计划》,在 1997 年工作的基础上,依照中华人民共和国国家标准 GB10112—88《确立术语标准化工作的一般原则与方法》,组织专家学者起草研讨和审定了《藏语术语标准化工作的一般原则与方法》,修改《全国术语标准化技术委员会少数民族语特别分委会藏语工作委员会章程》翻译件,并于当年一并上报了国家有关部门。

四、藏文社会用字的检查、整顿及相关法规

　　1997 年 12 月 23 日,前国务院副总理李岚清同志在全国语言文字工作会议上的书面讲话[①]中指出:“语言文字是文化的主要载体,也是一种重要的文化发展的标志。语言文字的规范化、标准化程度是文化发达程度的标志之一。作为协调社会生产和社会生活的工具,语言文字服务于社会的经济、政治、文化生活,影响社会的发展。未来社会发展的关键是加速科技进步和提高劳动者的素质。就加速科技发展来说,中文信息处理技术是高技术的重点之一,而语言文字的规范化、标准化和相应的应用研究水平;则是提高中文信息处理技术的先决条件。”“语言文字工作的根本任务,是使语言文字社会应用的规范化、标准化水平与我国经济、科技、社会发展水平相适应,为提高全民族科学文化素质、解放发展生产力服务。”“要做好语言文字立法和建章立制工作,逐步把语言文字纳入依法管理的轨道,争取在 21 世纪初叶,基本形成一个较为完备的语言文字管理和技术方面的规范、标准体系,使全社会在语言文字应用的各个方面有法可依、有章可循。”

　　1951 年以来,在西藏自治区,藏文社会用字的规范、管理和监督工作为整

---

① 李岚清同志在全国语言文字工作会议上的书面讲话,1997 年 12 月 23 日。

体提高藏民族的科学文化素质以及西藏的经济和社会的发展做出了一定的贡献,同时,伴随着社会、经济和文化的发展也越来越受到各级领导部门和文化管理机构的重视。但是,在1987年以前,应该说这一工作几乎还处在无法可依,无章可循的状态,藏语言文字的规范、标准化程度以及社会用字规范和管理等都远远落后于社会、经济和文化发展的脚步,直到1987年、1988年西藏自治区先后颁布《西藏自治区学习、使用和发展藏语文若干规定(试行)》和《西藏自治区学习、使用和发展藏语文的若干规定(试行)的实施细则》两个语言文字法规,对社会用字的规范和管理做出了相应的规定后,这种状况才逐步发生了变化。

五、有关藏文社会用字的法规条款和相关地方性法规

1. 1988年和2002年颁布的法规中关于社会用字的相关规定

关于藏文社会用字的管理和规范问题,《若干规定》第十一条规定:"自治区各级国家机关、人民团体、企事业单位及驻区外常设机构的公章、证件、牌匾和区内的街道、商店及其他服务部门的名称,必须使用藏汉两种文字。本区生产的商品名称、商标,以及商店的商品价格、标签等一律使用藏汉两种文字。"《实施细则》第六条则进一步规定:"自治区各级党政机关、人民团体、企事业单位及驻区外常设机构的所有公章、证件、表格、印有单位名称的信封、信笺、稿纸、会标、标语以及区内所有机关、厂矿、学校、车站、机场、商店、公园、招待所、影剧院、体育馆(场)、公共厕所以及街道名称、交通路标等各种标记,必须使用藏、汉两种文字,做到准确、规范。"

上述两个条款主要包含了两个层面的意思:一是社会用字涉及的主要范围和领域;二是社会用字的基本原则,即必须使用藏、汉两种文字,并做到准确、规范。

2002年5月,西藏自治区人民代表大会通过并颁布了修订后的《西藏自治区学习、使用和发展藏语文的规定》,其中直接涉及社会用字规范和管理方面的条款多达六条之多,由此可见在21世纪西藏自治区对此项工作的重视程度。下面是这六个条款的具体内容:

第十一条　自治区各级国家机关、人民团体、企事业单位以及驻区外常设机构的公章、证件、牌匾应当同时使用藏文和国家通用文字。城市公共场所设施、招牌、广告等用字应当同时使用藏文和国家通用文字,并应书写规范、工整、译文准确。

第十二条　自治区企业生产的在区内销售的商品包装、说明等应当同时使用藏文和国家通用文字。自治区内的各类服务行业的名称、经营项目、标价、票据等同时使用藏文和国家通用文字。

第十三条　县级以上人民政府藏语文工作部门,应当加强对藏语文学习、使用的监督管理,加强对藏语文的科学研究,促进藏语文的发展。

第十五条　县级以上人民政府对学习、使用和发展藏语文做出显著成绩的单位和个人,给予表彰和奖励。

第十六条　违反第十一条规定的,由县级以上人民政府藏语文工作部门责令限期改正。

第十七条　违反第十二条规定的,由工商行政管理部门责令限期改正。

上述条款的内容包括:第一,各种社会用字使用藏文和国家通用文字汉文。第二,藏文要求书写规范、工整、译文准确。第三,各级藏语文工作部门负责对藏语文的学习和使用的监督管理。第四,各级藏语文工作部门负责相关的表彰和奖励事宜。第五,各级藏语文工作部门有权对违反"十一条"有关规定者责令限期改正。第六、工商行政管理部门有权对违反"十二条"有关规定者责令限期改正。

将2002年颁布的以上条款与1988年的两个法规的相关条款进行比较,有这样一些明显的特点:

(1)涉及社会用字方面的条款增多、分量加重了。1988年的两个法规各有一条这方面的内容,而修订后的《规定》有六条之多。

(2)相关的规定更加明确,社会用字的要求明晰有据。1988年的两个法规只是笼统地规定社会用字使用藏汉两种文字,而修订后的《规定》则明确社会用字除了使用藏文外,同时还使用国家通用文字,此外,使用时必须做到书写规范、工整、译文准确。这就是说在西藏自治区,社会用字必须同时使用规范的藏文和规范的汉语。

(3)进一步明确了社会用字的管理和监督机构。1988年的两个法规都没有明确社会用字的管理机构问题,只是笼统地说由自治区语委负责这方面的工作,实际是分工不细,职责不明。2002年颁布的新规定中有四条即第十三、

十五、十六和第十七条就社会用字不同方面的管理问题分别作了不同规定,责任和权利清楚,管理范围清楚。

(4)进一步明确了社会用字的奖惩制度,针对不同的违规者确定了不同的管理机构和奖惩机构,分工明确,职责分明,便于管理。

2. 2001 年《拉萨市社会用字管理办法(试行)》的颁布及相关内容的分析

(1)《拉萨市社会用字管理办法(试行)》出台的社会背景

1998 年 8 月,笔者曾作为"西藏现代化进程中的藏语文问题"课题组的主要成员,在拉萨市进行语言使用状况的调查时,为了详细了解西藏社会用字的实际情况,用三天的时间对拉萨市林廓中路所有店铺的藏语名称进行了一一登记,经过初步的分析,结果发现,这条繁华街道的 100 多家店铺的藏文用语极不统一,相同的汉语店名使用不同的藏文译文的情况相当严重。下面就是这方面的一些典型例子(藏文为拉丁字母转写):

门市　　　sgo-tshong;tsong-khang;sgo-bston

茶座　　　dza-khang;ar-khang

干洗　　　skam-vkhrus-khang;skam-vbrus-khang

家具　　　vdzin-chas;khyim-chas

建材　　　wr-las-rgyu-chas;vdzugs-skrun-rgyu-cha

五金　　　lcags-chas;lcags-rigs

食府　　　bzav-khang;za-khang

装饰店　　mdzes-bcos-khang;mdzes-rgyan-khang

经营部　　khe-gnyer-khang;tshong-gnyer-khang;tshong-khang

美容美发　skra-dang-zhal-ras-mdzes-bzo-khang

　　　　　dbu-skra-mdzes-bzo-khang

　　　　　rnam-pa-mdzes-bzo-khang

　　　　　mdo-dang-skra-mdzes-bzo

有限公司　tshad-yi-kong-se;tshad-ldan-gong-se

　　　　　tshad-bkag-kong-se

五金建材　lcags-rigs-sna-lnga;wr-rgyu-tshong-khang

　　　　　lcags-rigs-vdzugs-skrun-rgyu-cha-tshong-khang

南海陶瓷　lho-mtsho-rdza-dkar；lho-rgya-mtsh-rdza-dkar

维修中心　nyams-gso-lte-ba；nyam-gso-lte-gnas

装饰材料　yo-chas-tshong-khang；mdzes-rgyun-tshong-khang

　　　　　rgyun-chas-rgyu-cha-tshong-khang

　　　　　brgyan-pags-bdag-gnyer-khang

　　以上所举的例子中，虽然是相同的店名，但是使用的藏文店名却非常不统一，有的两种、三种，而多的甚至达到四种、五种以上。不光如此，错字及不规范的用法也比较严重。为了进一步了解这方面的情况，我们还专门拜访了负责拉萨市社会用字的监管机构拉萨市编译局。据我们了解，根据西藏自治区的规定，各地市的编译局同时还有另外一个行政职能，这就是要负责该地区的语言文字工作，因此，拉萨市编译局同时兼有拉萨市藏语文工作委员会办公室的职能，而拉萨市藏文社会用字的管理正好是他们的主要工作。我们在交谈中得知，自 1987 年、1988 年西藏自治区颁布了《若干规定》和《实施细则》以来，拉萨市人民政府明确规定该市藏文社会用字的审定和监督权由市编译局负责，多年来这一制度从来没有改变过。

　　但是，随着经济文化的飞速发展，拉萨市区内的各种商业网点和零售业店铺如雨后春笋遍布大街小巷。按照当地政府的规定，这些店铺的名称虽然都使用了藏汉两种文字，不过还是有一些商家由于不了解藏文规范化的社会意义和政治意义，在请人翻译店铺的名称时，往往不通过拉萨市编译局，而是随便请藏族人士翻译，本来店铺的藏文名称早就有了规范的写法，可是因为翻译者不知道这些情况，多数时候只是根据口语的说法或者是依据对字面的一般理解进行意译，结果当然是不同的翻译者所翻译的相同汉语名称的店铺，其藏文会五花八门，有时甚至会大相径庭，致使拉萨市的藏文社会用字的不规范现象日趋严重。对此后果，多年来西藏的藏族有识之士和普通群众一直深有感触。

　　1998 年，西藏自治区语委办公室在工作总结中也提到了自治区范围内出现的比较严重的社会用字混乱现象，对城市文明建设的直接影响。为了及时遏制这一情况，自治区语委办公室用三周的时间协同拉萨市有关部门对驻市区的各党政机关、企事业单位、个体工商户等所挂的门牌、广告等各种标记进行了一次全面的清理检查，纠正了 400 多处社会用字上的错误。经过清理，拉萨市内的社会用字混乱现象有了一定的改观。①

1999 年,西藏自治区党委副书记丹增同志在拉萨地区藏语文工作表彰会上再一次强调指出,"社会用字的情况反映一个地区的文明程度,我区社会用字经过不断的清理整顿,虽有较大改观,但是离规范、美观、整洁的要求还有相当的距离。今年我区要迎接新中国成立 50 周年大庆,迎接民主改革 40 周年,迎接全国民运会的召开,为此我们要把拉萨市内的社会用字要进一步清理,达到规范、美观、整洁的要求,创造一个良好的文明环境。工商和综合治理部门要紧密配合,搞好这项工作。"②

从 1998 年开始,根据自治区党委和政府的指示,自治区语言办公室在全区范围内先后多次开展了社会用字清理整顿工作,纠正了社会用字上的混乱现象。特别是 1999 年,围绕新中国成立 50 周年、西藏民主改革 40 周年、第六届全国少数民族运动会拉萨分赛场赛事和澳门回归等大型活动,藏语委与工商、税务、城管等有关部门联合进行了以拉萨为重点,面向各地市两次社会用字大检查和清理整顿工作,纠正了大量的社会用字混乱现象,使西藏自治区社会用字走上了规范、美观、整洁的轨道,显示了西藏良好形象和精神风貌。

尽管如此,单靠这种突击式的检查、清理和整顿方式,要想彻底解决西藏全境的社会用字混乱问题是收效甚微的。2000 年,在全区藏语文工作会议上,自治区党委副书记丹增根据西藏社会用字不规范现象屡禁不止的情况,首次提出了要制定《社会用字管理规定》,将西藏自治区的社会用字管理纳入法制化轨道的意见,指出,加强藏语文的法制化建设是新时期西藏自治区藏语文工作的主要任务和职责之一。③

2000 年 7 月 20 日,中共西藏自治区委员会、西藏自治区人民政府召开联席会议,专门讨论和研究西藏全区的社会用字以及相关法规的制定问题。在这次会议上,自治区党委和政府根据自治区语委办公室、自治区工商局和拉萨市人民政府提交的《关于对拉萨市区社会规范用字检查情况的报告》做出了 6 项重要指示④:

① 周炜、格桑坚村主编:《西藏的藏语文工作》,中国藏学出版社 2004 年版,第 300 页。
② 周炜、格桑坚村主编:《西藏的藏语文工作》,中国藏学出版社 2004 年版,第 210 页。
③ 周炜、格桑坚村主编:《西藏的藏语文工作》,中国藏学出版社 2004 年版,第 223 页。
④ 周炜、格桑坚村主编:《西藏的藏语文工作》,中国藏学出版社 2004 年版,第 93 页。

第一,在近期对目前没有使用藏文的跨街横幅、条幅全部予以清除,符合使用藏汉两种文字要求后方可批准悬挂。

第二,由自治区语委办公室、自治区工商局和拉萨市政府联合发出通知,对目前没有使用藏汉两种文字的商业广告、公益广告、霓虹灯广告、大型广告牌和交通指示牌的单位要求限期整改,对部署整改后仍然存在问题的要采取纠正措施。

第三,由自治区语委办公室牵头,有关部门参加,于 2000 年 8 月份对拉萨市进行一次社会用字情况检查,重点检查装潢公司、广告公司的广告用字情况。同时,加强有关法规和党的民族语文政策的宣传,增强规范使用藏汉两种文字的意识和舆论氛围。拉萨市区各单位要按照门前"四包"要求,做好本单位出租房牌匾的规范管理工作。

第四,由拉萨市语委办公室牵头,自治区语委办公室、拉萨市法制局协助,制定《拉萨市社会用字管理暂行规定》,经有关部门同意、市政府审核后,提交拉萨市人民代表大会审批,尽快颁布实施。在拉萨市进行试点的基础上,向全区推广,使全区的社会用字工作逐步纳入法制管理轨道。

第五,由自治区人民政府在全区第二次藏语文工作会议上,通报有关情况,要求各地市、各部门要进一步加强规范社会用字工作,坚持使用藏汉两种文字,进一步提高社会各界对使用藏语文的重视。

第六,明确规范社会用字工作管理职能。由自治区藏语委办公室牵头,公安、工商、税务、城管等部门配合,具体负责规范社会用字工作。

上述 6 条主要包括 3 个核心内容,一是社会用字的检查和监督问题;二是《拉萨市社会用字管理暂行规定》的起草问题;三是明确了负责规范社会用字工作的机构和协作单位。根据联系会议第四条的规定,由拉萨市语委办公室牵头,自治区语委办公室、拉萨市法制局开始着手起草制定有关拉萨市社会用字管理方面的语言政策。2000 年 10 月草稿完成并提交自治区语委审定。经过专家学者和相关机构的讨论,自治区语委又对草稿的十一项内容进行了认真的修改。2000 年 11 月修订后的《拉萨市社会用字管理办法》被正式提交给拉萨市人民政府。2001 年 8 月 2 日拉萨市人民政府常务会议正式通过了《拉萨市社会用字管理办法(试行)》,同年 11 月 16 日,拉萨市市长洛桑江村签署发布令,正式实施这一办法。

（2）《拉萨市社会用字管理办法（试行）》的主要内容

《拉萨市社会用字管理办法（试行）》共包括 15 条，主要涉及五个方面的内容：

第一，社会用字所涉及的层面，包括第二条共 8 个方面：（1）报纸、刊物和图书等出版物用字；（2）法规、政令、公文、证件、标语、标牌、会标、公章、证书和奖品用字；（3）商品名称、商品包装、商品说明、商标标志和广告用字；（4）自然地理实体名称、行政区划名称、居民地区名称和具有地名意义的台、站、港、场、路、街等名称用字；（5）各类文化体育活动和会议用字；（6）计算机、打字机等文字信息处理用字；（7）企业、事业单位和机关团体名称用字；（8）其他具有公共性、示意性的社会用字。

第二，该管理办法的颁行区域以及不同语言职能部门的管理权限，共包括两条。其中第三条：凡在本市行政区域内使用藏汉文字的单位和个人均应遵守本办法。第四条：市藏语文工作指导委员会办公室统一管理本行政区域内的社会用字工作。各县（区）藏语文工作领导小组，负责对本辖区内社会用字管理工作。新闻出版、广播电视、工商行政管理、税务、教育、城建、文化等有关部门在各自的职责范围内做好社会用字管理工作。

第三，社会用字的标准，共包括三条。其中第五条：社会用字不得出现错别字和使用自造字。第六条：社会用字必须符合以下规范标准：（1）藏汉文字规范、工整、易于辨认；（2）藏、汉文翻译准确，且藏汉两种文字并用；（3）藏、汉文字规范大小一致；藏文在上，汉文在下或者藏文在左，汉文在右；（4）汉文简化字以 1986 年 10 月 10 日经国务院批准重新发表的《简化字总表》为准；（5）异体字中的正体字以国家文化部和中国文字改革委员会 1955 年公布的《第一批异体字整理表》为准；（6）印刷用字以国家语言文字工作委员会和新闻出版署 1988 年联合发布的《现代汉语通用字表》及国家语文工作委员会 1999 年 10 月 1 日发布的字形规范为准。

第四，社会用字制作单位、服务出租者以及社会用字监督管理部门的责任和管辖范围，共包括三条。其中第七条：各装潢、广告店承接制造各类牌匾、招牌、广告宣传品等社会用字时必须使用藏汉两种文字，如果违反规定第六条，不使用藏汉两种文字和社会用字不规范的由装潢、广告店负责纠正。第九条：房屋出租单位和个人，应对出租房屋所挂牌匾的用字负责。第八条：社会用字监督管理部门按下列职责分工,负责社会用字应用管理工作:(1)报纸、刊物、图书等出版物、印刷行业和电影、电视的社会用字,分别由文化、新闻出版、广播电视行政管理部门负责;(2)标语、牌匾和宣传栏、橱窗等社会用字,由城市管理部门负责;(3)企业名称、广告、商品商标、包装,说明等社会用字,分别由工商行政、技术监督部门负责;(4)地名社会用字,由地名管理部门负责。

第五,有关社会用字使用过程中的奖励和处罚事项,共包括五条。其中第十条:市人民政府及语言文字管理部门对执行本办法,在推进社会用字规范化工作中做出突出成绩的单位和个人,予以表彰和奖励。第十一条:对违反本办法规定有下列行为之一的单位和个人,由社会用字监督管理部门依照职责权限给予批评教育,并责令限期改正;逾期不改正的处以每日 50 元以上 1000 元以下的罚款,直至改正。

依照前款规定所处的罚款总额,对非经营活动中的违法行为,不得超过1000 元,对经营活动中的违法行为,不得超过 5000 元。(罚款的范围):1)藏、汉文翻译不准确的;2)不使用藏汉两种文字的;3)藏、汉文字不工整的;4)滥用繁体字、乱造简体字,随便写错别字的;5)使用已明令废止的其他用字的。第十二条:单位和个人委托书写;印刷、刻字;电子显示的社会用字中出现不规范用字的,受委托人为责任单位或责任人;按本办法第十一条的规定处理。第十三条:当事人对行政处罚决定不服的可依法申请行政复议或提起行政诉讼。逾期不申请复议不诉讼,又不履行处罚决定的,做出处罚决定的机关可以申请人民法院强制执行。

(3)《拉萨市社会用字管理办法(试行)》的主要特点

2001 年拉萨市人民政府颁布的这部"管理办法"具有比较鲜明的特点,第一,它不像西藏自治区以往所推行的只对藏文社会用字进行专门规定的政策,而是将藏文和汉文两种文字纳入到了同一个社会用字管理体系中,因此,《拉萨市社会用字管理办法(试行)》是有关藏汉双语社会用字的管理办法,适应了西藏自治区和拉萨市双语社会发展的形势,符合西藏的实际。第二,藏文、汉文两种社会用字的管理办法相同、规范的标准各异,既考虑到藏文社会用字规范过程中的特殊因素,又兼顾了国家颁布的有关规范汉字的各种使用标准,因此,从语言政策的角度看,这部"管理办法"具有极为扎实的法律基础,体现了民族文字和国家通用语言文字之间的统一关系。第三,这部"管理办法"共

15 条五个层面,每个部分中心思想明确,条款层次分明,既方便于执法者照章操作,也方便于社会用字使用单位或个人依法办事。

第二节　西藏的语言管理机构及其历史变迁

语言规划(Language Planning)也叫做语言计划,这个术语是 20 世纪 80 年代从国外引进并逐渐在我国开始使用。但是,语言规划尤其是少数民族的语言规划在我国却已经有 50 多年的历史。《语言学百科词典》在解释"语言计划"一词时认为:语言计划是国家和政府为了改善语言的社会功能、解决社会中的语言问题,有目的按步骤地对语言进行改进的活动。它又是一种对语言资源进行估计,使某种语言具有优势地位和多种功能,并按确定的方针发展该语言的过程。它包括语言地位(status)和语言材料(corpus)计划两部分。前者指确定某一语言在社会中的特点地位,后者指某种语言的本身(主要包括语音、词汇、语法、文字)进行规范化或改造。我国推选普通话、进行文字改革是一种语言计划活动。人工辅助语的设计,语音复活、科技术语的规范化等也属语言计划范畴①。

《中国大百科全书·语言文字》卷在解释"语言规划"一词则认为:语言规划是"国家或社会团体为了对语言进行管理而进行的各种工作的统称","所谓语言规划或管理,是个广义的概念,包括语言的选择和规范化,文字的创制和改革等方面的具体问题。"②

语言学界普遍认为我国的语言规划工作大体包括三方面:一是语言政策的研制和调整,包括语言的选择和语言地位的确定;二是各项语言应用规范、标准的研制;三是政策、规范、标准的推行、落实和监督检查。语言规划的目标是:①消除信息交流与人际、人际沟通中的语言障碍,充分发挥语言的社会功能,提高交际效率,使语言更好地为经济社会的发展服务;②促使语言自身的健康发展;③增强民族的团结,巩固国家的统一。③

① 《语言学百科词典》上海辞书出版社 1993 年版,第 455 页。
② 《中国大百科全书·语言文字》,中国大百科全书出版社 1988 年版。
③ 许嘉璐、王福祥、刘瑞主编:《中国语言学现状与展望》,外语教学与研究出版社 1996 年版,第 241 页。

西藏的语言规划是我国语言规划工作中的一个重要组成部分,它们二者之间有相同地方,但又有自己自身的特点。从西藏 50 年来语言文字工作的开展看,西藏的语言规划主要应该包括下面几个内容:①语言政策的研制和调整,包括藏语和汉语政策的研制和调整以及藏语文地位的确定等问题;②藏语文工作的指导管理机构及社会职能部门;③藏语文政策的推行、落实和监督检查;④社会用字的规范、监督和检查;⑤藏语文的学习、使用和发展问题,藏语文新词术语的规范、推广和使用问题,藏语国际标准的制定问题等。本章的研究将主要围绕第一个问题来展开,其他 4 个问题将在其他章节作专题研究。

一、70 年代以前西藏的语言管理机构

1951 年西藏和平解放以后,西藏的语言管理工作都是围绕民族平等、各少数民族均有发展自己的语言文字的自由这个中心来进行,而工作的基本任务则是"十七条协议"第九条所说的"依据西藏的实际情况,逐步发展西藏民族的语言、文字和学校教育"。从 1951 年到 1987 年,西藏自治区虽然还没有专门的语言管理机构,但与之有关的一些社会职能部门却一直在从事这方面的管理和规划工作:①教育系统负责对语言的管理和规划:60 年代以前在创办现代小学教育时,严格规定课程的设置以藏文为主,教学用语为藏语;70 年代期间在教学用语上,规定民办小学全部使用藏语,公办小学大部分课程使用藏语,中学以藏语为主,汉语为辅;教材的管理和规划上则成立了教材编译组,全面负责中小学教材的编译和出版。②政府职能部门负责对有关语言政策的研制和颁布:1956 年自治区筹委会对藏语文的使用作出专门决定;①1965 年自治区通过专门条例对藏语和汉语的使用作出相关规定;②1971 年自治区对

---

① 西藏首次对政府的行文、文件、各种会议的用语进行了规定:在自治区筹委会设立翻译处,把中央、中央各部委的文件翻译成藏文,同时西藏自治区筹委会的文件,用藏汉两种文字下达,召开各种会议以及进行其他各项工作,首先使用藏文。《西藏自治区概况》,西藏自治区概况编写组,1984 年版,第 418 页。

② 《西藏自治区各级人民代表大会和各级人民委员会组织条例》第二十七条规定:自治区各级人民代表大会举行会议的时候,使用藏、汉语言文字,并且为不通晓藏、汉语言文字的其他少数民族代表准备翻译。第五十五条规定:自治区各级人民委员会和所属各级工作部门,在执行公务的时候,使用藏、汉语言文字。

藏汉文图书的出版作出规划。① 1980 年自治区研制颁布《西藏自治区自治条例(草案)》,对学习使用和发展藏语文作出若干规定,藏语文的使用更加广泛。

二、20 世纪 80 年代后期的语言管理机构

(一)西藏自治区藏语文工作指导委员会的成立

党的十一届三中全会以后,西藏的一切工作都转到了以经济建设为中心的轨道上来。一方面,50 年代后期"左"的影响及文革十年的破坏,党和国家的民族政策受到极大损害,西藏的语言政策也受其影响出现了偏差,给藏语文的学习、使用和发展造成了很大损害。1980 年和 1984 年两次西藏工作座谈会,都明确要求西藏各种行文、教学用语、文艺创作和演出都要使用藏语文。经过几年努力,学习、使用藏语文有了进步,对藏语文的地位也有了一定认识,但在较长时间内形成的教学用语、社会用语等问题并没有得到根本转变。另一方面,改革开放政策和经济体制改革的实施,使西藏的整个社会生活,包括人们的语言文字生活都发生了深刻的变化。市场经济的高速发展、新词术语的大量涌现、文化教育的普及,科学技术的进步,特别是现代通信技术和计算机技术的应用和普及,都要求藏语文保持自身的规范和稳定;在新的形势下,西藏自 1950 年代以来制定的语言方针政策显然已经不能完全适应新时期的客观需要。西藏的语言文字工作正面临一个新的历史转折。要实现这个转折,就必须正确总结、评价以往的工作,深入研究新的形势,转变观念,在此基础上相应地调整西藏语言文字工作的方针、政策和任务。

为此,1987 年 7 月 9 日,西藏自治区第四届人大第五次会议正式通过了《西藏自治区学习、使用和发展藏语文的若干规定(试行)》(以下简称《若干规定》)。《若干规定》对西藏自治区正式成立藏语文工作领导作出了规定。第十五条规定:"自治区设立藏语文工作领导机构,加强对藏语文学习、使用、发展的领导和监督检查;加强对藏语文的科学研究,遵循它的发展规律,对藏语文的学习、使用和发展给予科学指导;统一新产生的名词术语的拼写规则,

---

① 1965 年西藏人民出版社成立。1971 年西藏召开出版工作会议,提出建立出版藏汉两种文字、以藏文为主的综合出版社。

使之规范化。"

1988 年 10 月,西藏自治区颁布《西藏自治区学习、使用和发展藏语文的若干规定(试行)的实施细则》(以下简称《实施细则》)。《实施细则》进一步对西藏自治区成立藏语文工作指导委员会作出了明确规定。第十一章"藏语文工作领导机构"第五十六条规定:"西藏自治区藏语文工作指导委员会是在自治区党委和人民政府的领导下领导、监督和检查全区学习、使用和发展藏语文工作的具有权威性的领导机构……藏语文工作指导委员会下设办公室。"

根据《若干规定》和《实施细则》两个地方法规的条文,西藏自治区党委和人民政府于 1988 年正式设立了西藏自治区藏语文工作指导委员会(以下简称西藏自治区语委)及其常设机构自治区藏语文工作指导委员会办公室(以下简称藏指办),这是西藏历史上第一个由政府设立的语言管理机构。为切实加强对西藏语言工作的管理和领导,西藏自治区党政部门还作出决定,西藏自治区语委的领导职位均由自治区党委和政府的主要领导兼任。藏指办设在西藏自治区编译局,正厅局建制。

1988 年首届西藏自治区藏语文工作指导委员会组成人员如下:

顾问:全国人大常委会副委员长、西藏自治区人大常委会主任阿沛·阿旺晋美;全国人大常委会副委员长班禅额尔德尼·确吉坚赞

主任:伍精华(西藏自治区党委书记)

副主任:多吉才让(西藏自治区党委常务副书记、西藏自治区人民政府主席)、热地(西藏自治区党委常务副书记)、丹增(西藏自治区党委副书记)、吉普·平措次登(西藏自治区人民政府副主席)

委员:东嘎·洛桑赤来(中国藏学研究中心副总干事、西藏社会科学院名誉院长、西藏大学教授)

办公室主任:丹增

办公室副主任:次仁曲杰(西藏自治区编译局副局长)

首届西藏自治区藏语文工作指导委员会的组成具有几个明显的特点:一是行政规格高,由阿沛·阿旺晋美和班禅额尔德尼·确吉坚赞两位国家领导人担任顾问;自治区党委书记伍精华、自治区党委常务副书记热地、自治区人民政府主席多吉才让等分别担任指导委员会主任和副主任;自治区党委副书记丹增担任藏语文工作指导委员会办公室主任。这说明我国政府从中央到西

藏自治区党委和人民政府都十分重视西藏的藏语文工作。二是学术规格高。东嘎·洛桑赤来教授一方面是国际知名的藏学家、历史学家和藏语文专家,在藏语文研究方面有杰出的造诣和贡献。另一方面他又是一位有影响、有代表性的宗教界人士,同时身兼中国藏学研究中心副总干事、西藏社会科学院名誉院长、西藏大学教授等重要职务,在西藏和其他藏区都有广泛的影响。由这样的藏族著名学者出任藏语文指导委员会中的高级职位,一可以表明国家对藏族学者的高度信任,二可以表明西藏自治区决心做好未来藏语文工作的决心,三可以表明国家决心依靠藏语文专家重新恢复藏语文在现代化建设中的特殊地位的工作思路。三是业务规格高。出任藏语文工作指导委员会办公室副主任、具体负责办公室各方面行政事务的次仁曲杰教授,是新中国培养的著名藏语文专家,他早年在西藏民族学院语文系从事过多年的藏语文教学、管理和研究工作,培养出了一大批藏汉族藏语文工作者,发表过一些重要的涉及藏语文方面的论述,有着丰富的藏语文教学经验、管理经验和研究资力。在担任西藏自治区编译局副局长期间,次仁曲杰教授在藏语文的翻译和管理工作上又有了新的体会和感受,由这样一位具有丰富藏语文教学和管理、藏语文翻译和管理工作经历的专家型人才参与管理西藏的藏语文工作,是自治区党委和政府经过反复研究决定的。正是这样一届藏语文指导委员会领导班子,肩负起了历史赋予的重大使命,使西藏自治区学习、使用和发展藏语文的工作开始起步。

(二)西藏自治区语委的性质、职责和任务

1.关于西藏自治区语委的性质、职责和任务的几点认识

关于西藏自治区语委的性质,《实施细则》第十一章"藏语文工作领导机构"中,对其进行了详细的规定:西藏自治区语委是在自治区党委和人民政府的领导下,领导、监督和检查全区学习、使用和发展藏语文工作的领导机构。

关于西藏自治区语委的职责和任务,《若干规定》第十五条规定:"自治区设立藏语文工作领导机构,加强对藏语文学习、使用、发展的领导和监督检查;加强对藏语文的科学研究,遵循它的发展规律,对藏语文的学习、使用和发展给予科学指导;统一新产生的名词术语的拼写规则,使之规范化。"第十六条规定:"对认真贯彻执行本规定取得优异成绩的部门负责人,给予表扬和奖励;对不认真贯彻执行本规定,甚至玩忽职守的给予批评乃至必要的行政处

分。"《实施细则》第五十六条规定："研究并决定自治区学习、使用和发展藏语文工作的重大方针、政策;指导自治区藏语文教学、科研、编译、出版等部门的工作,协调各方面的力量,督促解决和落实学习、使用和发展藏语文工作的重大问题和重要任务,督促、检查自治区各级党政机关、人民团体、企事业单位学习、使用和发展藏语文的工作。"

认真分析《实施细则》对西藏自治区语委性质的规定,我们可以看出这样几个基本特征:第一,从机构隶属上看,西藏自治区语委是一个特别的行政管理机构,归口到自治区党委和人民政府,由两大班子直接管理,在西藏自治区,像这样同时隶属党委和政府的机构可以说是独此一家,这一方面显示了西藏自治区语委的特殊地位,同时也表明党和政府对西藏藏语文工作的绝对领导。第二,从工作性质看来看,西藏自治区语委是一个领导机构,它是在自治区党委和人民政府的领导下,全权负责领导、监督和检查全区学习、使用和发展藏语文工作的工作机构,其主要性质在体现在三个职能上,即领导职能、监督职能和检查职能。

因此,《若干规定》和《实施细则》在规定西藏自治区语委的职责和任务时,也紧紧围绕这三个职能。首先是研究和制定与学习、使用和发展藏语文工作相关的重大方针、政策,并通过法律的形式予以颁布实施,同时依据这些法律条文来指导西藏全境的藏语文教学、科研、编译、出版等部门的工作,协调各方面的力量共同来做好相关工作,主要目的在于充分发挥西藏自治区语委领导机制的作用,这一点正是西藏自治区语委的领导职能;第二,学习、使用和发展藏语文的工作是一项非常艰巨的任务,在贯彻落实《若干规定》和《实施细则》的过程中,必然要遇到一些重大问题,必然会有一些重大任务,因此,必须要有一个有效的监督机制来督促解决和落实所有的重大问题和重大任务,学习、使用和发展藏语文的工作才会落实到实处,工作才会有成效,这一点正是西藏自治区语委的监督职能。第三,西藏的藏语文工作是一个宏伟的系统工程,涉及自治区各级党政机关、人民团体和企事业单位,如果缺乏一个权威性的检查机制,工作很有可能走过场,因此,建立一个基于法律法规基础上的检查机构,才能使藏语文工作的顺利进行得到充分的保证。根据以上分析,我们认为,三个职能是西藏自治区语委的工作核心,领导职能是其主体,监督职能和检查职能是其手段,三者互相作用,缺一不可。

2."学习、使用和发展藏语文"与西藏藏语文工作的基本思路

上面所说的西藏自治区语委的职能,是从其机构性质的角度来说的,并没有更多地涉及藏语文工作所包含的具体内容。"领导、监督和检查"是西藏自治区语委的职能,而"学习、使用和发展藏语文"才是西藏自治区语委的工作核心。从宏观的角度看,西藏的藏语文工作包括三个层面:第一个层面是藏语文的学习问题,它是整个藏语文工作的基础,没有藏语文的学习,搞不好藏语文的学习,就根本谈不上藏语文的发展问题,当然也谈不上藏语文的使用。具体地说藏语文的学习主要涉及学校教育,也就是藏语文教学体系的建立问题,因此,搞好藏语文工作关键是要搞好藏语文的学习问题,而搞好藏语文的学习又主要是搞好学校的藏语文教学、建立符合西藏实际的藏语文教学体系问题。第二个层次是藏语文的使用问题。从语言学、社会语言学和应用语言学的角度说,语言文字的使用是一种语言存在的标志,如果一种语言文字不再被人使用,或在说一个拥有古老语言文化传统的人口众多民族的语言文字,已经不再被这个民族的绝大多数人使用的话,那么这个语言文字就有面临死亡的可能,当然更谈不上语言文字的发展了,因此,一种语言文字要想发展,前提是这种语言文字要被广泛地使用,同理,藏语文要发展,那么前提是藏语文要得到广泛的使用,只有做好了藏语文的使用工作,藏语文的学习工作才有了坚实的基础,它们二者的关系是一种典型的共生关系。第三个层次是藏语文的发展问题。做好了藏语文的学习和使用两个基础工作,藏语文的发展就有了基础、条件和保证,藏语文的功能就有了进一步扩展的文化空间,并在现代化的进程中发挥自己的特殊作用。因此,从这三个层次的构架看,西藏自治区藏语文工作的基本思路是符合语言规律和语言发展规律的。

(三)与语言管理相关的藏语文翻译机构的设立

1987年颁布的《若干规定》第十四条首先对设置与藏语文工作相关的其他行政管理和业务机构作出了规定,指出:"自治区各级国家机关、人民团体、企事业单位,根据需要设置翻译机构或翻译人员。"

1988年10月颁布的《实施细则》进一步对西藏自治区各级政府和企事业单位设置藏语文翻译机构作出了规定,其中第五十三条规定:"本着精简的原则,建立健全翻译机构。适当增加自治区编译局的编制。地、市建立处级翻译机构,县设立翻译科,自治区厅(局)也可以根据工作需要设立翻译机构。各

级翻译机构均为事业单位,并给翻译工作人员聘任或任命相应的专业技术职称。"

为从组织上保证《若干规定》和《实施细则》上述规定的的贯彻实施,自治区各级组织部门根据自治区党委和人民政府的要求,继西藏自治区语委成立之后,自治区直属各厅、局首先成立了藏语文工作指导委员会或领导小组,全权负责本系统的藏语文管理工作。拉萨、日喀则、山南、林芝、昌都、那曲、阿里等地区也先后成立了由市委、市政府或地委、地区行署主要领导同志组成的藏语文工作指导委员会,下设办公室,正处级建制,一般由一位副市长或书记等兼主任。全市、地所属各县(区)及市、地直属各部门各单位相继成立藏语文工作领导小组,与之相配套的是全区各县(区)都建立了区级建制的编译科或翻译室(组),配备了专职翻译人员。一般情况下,各县的藏语文工作领导小组都设在县属编译科(组)内,一套人员,两个牌子。

在组织程序上,西藏自治区语委与自治区直属各厅、局语委或领导小组以及各市、地语委之间虽然没有上下级关系,但在语言管理业务上要接受西藏自治区语委的指导;同样,各市、地语委与各县所属藏语文工作领导小组和编译(室)之间虽然没有上下级关系,但业务上必须接受自治区和上一级语委的指导。

与西藏自治区语委的性质和职责基本相同,一般来讲地区一级语委的性质是:在各市、地党委和行政专属的领导下,监督和检查本地区学习、使用和发展藏语文工作的领导机构。其职责是贯彻执行自治区学习、使用和发展藏语文的方针和政策;研究并决定指导本地区藏语文教学、编译等部门的工作,协调各方面的力量,督促解决和落实学习、使用和发展藏语文工作的重大问题和重要任务,督促、检查本地区各级党政机关、人民团体、企事业单位学习、使用和发展藏语文的工作。

三、1990 年以来西藏语言管理机构的调整

自 1988 年西藏自治区首届藏语文工作指导委员会成立到 2003 年的 16年间,西藏经济发展,社会进步,文化建设取得的长足的发展,特别是中央第三和第四次西藏工作座谈会都对西藏的文化工作包括藏语文的学习、使用和发展工作给予了特别的关注;虽然西藏自治区党委和人民政府主要领导几经异

人,但藏语文的工作并没有因为自治区主要人事的变动而影响了西藏自治区的藏语文工作,相反各届自治区党委和人民政府都对这项工作始终给予积极关心和支持,始终对西藏自治区语委的工作紧抓不放,始终配备由自治区党委和政府主要领导为核心的工作班子来领导这一工作,不断开拓进取,有效地保证西藏自治区学习、使用和发展藏语文工作的正常进行,取得了举世瞩目的成绩。1988 年以来西藏的语言管理机构大致经历了三次大的调整,主要成员的配备构成和知识结构都显示了藏语文工作不同时期的历史特征。

1992 年以来历届西藏自治区语委工作班子的调整。

1. 1992 年西藏自治区党委和政府对首届西藏自治区藏语文工作指导委员会工作班子进行了调整:

主任:江村罗布(自治区党委副书记、自治区人民政府主席)

副主任:丹增(自治区党委副书记)、吉普·平措次登(自治区人民政府副主席)

成员:米玛旺堆(自治区组织部副部长)、李维伦(自治区宣传部副部长)、优嘎(自治区民宗委主任)、杨朝济(自治区教委主任)、东嘎·洛桑赤来(中国藏学研究中心副总干事、西藏社会科学院名誉院长、西藏大学教授)、楚如·次朗(西藏藏医学院副院长、教授)

丹增兼办公室主任

办公室副主任:次仁曲杰(西藏自治区编译局副局长)

将新一届工作班子与首届工作班子相比较,除继续保留了高规格的领导特征外,还有几个明显的变化:一是不再继续设置顾问。二是自治区语委主任一职改由自治区党委常务副书记、人民政府主席担任,不再由自治区党委书记担任。这一做法体现了西藏自治区决心由藏族领导来全权领导和管理藏语文工作的新精神。三是精简副主任成员职数,将原来的四个副主任减少到两个,一个代表自治区党委,另一个代表自治区人民政府。四是不再继续设置委员职位,改设成员职位,扩大具体职能部门主要领导名额。

这些变化体现了一些新特点:

(1)领导班子更加求真务实。丹增副书记负责自治区党委意识形态方面的领导工作,吉普·平措次登副主席负责自治区人民政府文化教育方面的领导工作,由这两个副主任分别代表党委和政府参与自治区藏语文指导委员会的领导工作,工作对口,有利于领导和管理。

（2）班子的成员构成与藏语文指导委员会的工作密切联系,有利于组织落实、工作落实。从组织落实的角度说,藏语文指导委员会办公室、自治区各直属机构以及各地市县的藏语文管理机构和翻译机构的设置、编制职数的确立,都需要组织部门协调解决;藏语文的学习,藏语文教学系统的建立则与教育部门有密切的联系;而藏语文的学习、使用和发展以及藏语文的宣传等又与文化机构、宣传机构、大众传媒等有特殊关联,而自治区宣传部则属于这些系统的职能管理机构。自治区民族宗教委员会负责自治区的民族宗教工作,藏语文的学习、使用和发展与国家的民族、宗教政策关系密切,藏语文工作的好坏直接影响着党的民族、宗教政策的贯彻和落实,有民族宗教部门参与自治区语委的领导工作,工作会更加有力。组织、宣传、教育和民族宗教四方面的主要领导进入自治区藏语文指导委员会,为未来藏语文工作的发展提供了可靠的组织保证。

（3）藏语文指导委员会的学术地位和权威得到了新提升。除东嘎·洛桑赤来教授外,新班子中增补了西藏藏医学院副院长、我国著名藏医专家楚如·次朗教授,两位教授都是活佛,对藏语文有很高的造诣,在国内外有很高的宗教地位、学术影响和社会声誉,他们进入藏语文指导委员会,对今后的指导工作必将发挥重要的作用。

2.2001 年西藏自治区党委和政府对自治区藏语文工作指导委员会领导班子的第二次调整。

2001 年,根据西藏自治区党委领导分工和自治区各部门领导成员变动的实际,区党委对各领导小组（委员会）的设置和组成人员进行调整。调整后的新一届自治区藏语文工作指导委员会经自治区人民政府颁布,名单如下:

主任:列确（自治区党委常务副书记、自治区主席）

副主任:李立国（自治区党委副书记）、向巴平措（自治区党委常委、拉萨市委书记）、群培（自治区人民政府副主席）

委员:巴桑顿珠（自治区组织部副部长）、洛桑欧珠（自治区宣传部副部长）、尤嘎（自治区人大教科文卫委员会主任委员）、吴英杰（自治区教育厅厅长）、塔尔青（自治区民宗委主任）、格桑坚村（自治区编译局党组书记、局长）、洛桑朗杰（西藏大学副校长）、达娃次仁（布达拉宫管理处研究员）

办公室主任:格桑坚村(自治区编译局党组书记、局长)

与第二届工作班子相比较,新一届工作班子基本上保留了上一届藏语文指导委员会领导班子的总体框架,主要的变化有三点:一是增加自治区党委常委向巴平措为新的副主任,由两名自治区党委常委以上领导担任副主任一职,很显然是要加强党对藏语文工作的领导。二是在基本保留上一届委员(成员)的基础上,新增加了三位委员,在委员的构成上表现出一些新的特点:(1)教育口成员由一人增加到两人,教育口比例加大,体现了新一届藏语文指导委员会将加大藏语文教育工作的决心。(2)从第一届和第二届领导班子成员的组成看,西藏自治区语委办公室都是设立在自治区编译局内,并由其主要领导担任办公室副主任一职,在这一届班子里其主要领导则是担任办公室主任,同时升任西藏自治区语委委员,这说明自治区语委的工作将进一步强调藏语文工作的专业性和业务性,工作对口,领导对口,有利于业务指导和工作落实。(3)在委员中新增加了自治区人大教科文卫委员会的领导,这是头一次。有利于发挥该委员在藏语文立法工作中的积极作用。

3.2003 年西藏自治区党委和政府对自治区语委领导班子进行了第三次调整,名单如下:

主任:向巴平措(自治区党委常务副书记、自治区人民政府主席)

副主任:李立国(自治区党委副书记、政协党组书记)、甲热·洛桑旦增(自治区人民政府副主席)

委员:洛桑欧珠(自治区党委宣传部副部长)、龙嘎(自治区人大教科文卫委员会主任委员)、宋和平(自治区教育厅厅长)、多吉次仁(自治区科技厅党组书记、厅长)、塔尔青(自治区民宗委主任)、白玛才旺(自治区财政厅党组书记)、次旺俊美(自治区社会科学院院长)、大罗桑朗杰(西藏大学副校长)、格桑坚村(自治区编译局党组书记、局长)

办公室主任:格桑坚村(自治区编译局党组书记、局长)

这一届班子的成员构成最大的变化是有了自治区社会科学院、科技厅和财政厅的主要领导参与,这在历届班子的调整中还是首次,这是什么原因呢?我们认为有下面三个因素在起作用。第一,第四次中央西藏工作座谈会以后,西藏提出了跨越式发展的社会发展构想,特别是十六大提出全面建设小康社会以后,农牧民的增收问题和反贫困问题成为西藏农村工作的主要任务,而农牧业科技成分在增收和脱贫中所占的比例越来越大,在这样的社会背景下,藏语文在农牧业科技的推广和使用中也越来越现出它的特殊地位,因此,将科技厅的领导吸收到自治区语委中,非常有利于推进藏语文工作的发展。第二,随着社会的进步和藏语文工作的不断推进,藏语文工作的内涵在不断地加大和扩展,特别是藏文国家标准和国际标准的研究和制定以及藏文软件的研究、开发和利用等,都需要有大量的财政经费做后盾,吸收财政厅的领导进入自治区语委,可以进一步提高自治区财政部门对藏语文工作的重视和支持。第三,藏语文工作,学习、使用和发展是头等重要的笼头,而藏语文的研究以及藏语文工作本身的研究则又是一项基础性的工作。近几年随着西藏自治区藏语文工作的有序发展,与藏语文相关的各项研究工作越来越受到各方面的重视,作为西藏社会研究的核心机构,西藏社会科学院有责任承担起负责全区包括全国在内的藏语文研究的协调和组织工作,因此,将西藏社会科学院的主要领导吸收到自治区语委中,有利于推动西藏的藏语文工作。

四、西藏语言管理机构的完善

(一)西藏语言管理机构存在的问题

2002 年 7 月由中国藏学研究中心和西藏自治区语委两家部门组成的联合调查组对自治区学习、使用和发展藏语文工作的情况进行了专门调查,结果显示,西藏语言管理机构还不够完善,还存在着下面一些急需改变的问题,这些问题是:

第一,关系不顺、政事不分、机构不健全。

1.藏语文工作部门关系不顺,政事不分,难以全面行使职责。自治区语委办公室作为处级机构由自治区编译局代管,不便行使其行政职能。同样各地市语委办公室也存在着类似问题。另外,只有部分县有藏语文工作领导小组,大多数县还没有设立。

2.编译机构还不健全完善。自治区直属机关除自治区党委、人大、政府、政协四大班子的办公厅和自治区国税局设有编译室外,部分区直部门包括一些重要的涉农部门有的已经没有保留翻译机构和人员。全区七个地市和 63 个县设置翻译机构,但还有 10 个县没有设置。少数地区已将所有的县翻译科降格为副科级单位,作为县委办或县府办的下属单位,有的地区或县将人员长期抽去搞其他工作,无法开展正常的翻译业务。

第二,翻译人员少、水平低、队伍不稳定。

全区从事党政行文的翻译人员只有 236 名(其中自治区翻译部门 37 人,地市翻译部门 57 人,各县翻译部门 142 人),远远不能满足藏文翻译工作的需要,尤其是县一级翻译部门,业务人员更是紧缺。如阿里地区核定各县翻译科为 3 个编制,但日土县既没有机构也没有人,扎达、革吉、改则、嘎尔、措勤五个县各只有 1 人;昌都地区芒康、关乌齐、洛隆三个县各有 2 人,边坝、贡觉两县各只有 1 人。这 236 名人员中,具有大专以上学历的有 154 人,翻译职称为正高的有 4 人,副高的有 18 人,中级的有 47 人,初级的有 63 人,无职称人员有104 人。这些人员大部分是八十年代参加工作的,又很少得到培训和学习深造的机会,使他们的翻译水平很难得到提高。同时,还存在由于翻译人员专业技术职称评聘问题长期得不到解决,翻译队伍不稳定等现象。

第三,业务经费少,工作条件差。

地县藏语文和翻译部门的业务经费、办公条件、办公手段、交通工具、福利待遇比较差。大部分县的翻译科,除人头费外,没有专项业务经费。少数好一点的县每年只有 800 元至 2000 元的经费。全区 47 个县的翻译科还没有配备电脑设备,仍然处在手刻蜡印的落后状态。

联合调查组认为,上述情况和问题的存在已经影响到西藏自治区藏语文工作的发展,从自治区到地、市、县三级原有的语言管理机构从机构级别到人员编制等都已经不适应新的形势对藏语文工作的要求,更好地解决存在的问题,理顺各方面的关系,调查组提出了一些具体的解决办法:

第一,理顺关系,政事分开,建立健全机构

1.政事分开、理顺关系。为了加强各级藏语文工作部门的职能作用,推动藏语文工作的进一步开展,建议将西藏自治区藏语文工作指导委员会和西藏自治区藏语文工作指导委员会办公室,更名为西藏自治区藏语文工作委员会(简称西藏自治区藏语委)和西藏自治区藏语文工作委员会办公室(简称西藏自治区藏语委办)并明确自治区藏委办与自治区编译局合署办公、同样规格,实行一套人马、两块牌子的办法。各地市语委和语委办公室,可参照自治区的做法。全区各县成立藏语文工作领导小组,其办公室设在县翻译科。另外,针对自治区没有明确专门部门负责管理汉语文工作的实际,建议由自治区教育厅负责汉语文的管理工作。

2.建立健全各级翻译机构。建议全区各县独立设置正科级翻译科,负责县委、县人大、县政府和县政协文件材料的翻译工作;建议自治区党委宣传部和统战部、农牧厅、民政厅、民宗委、卫生厅、科技厅、公安厅、区检察院、区法院、区工商局等单位恢复设立翻译处或翻译科。采取措施,认真解决翻译人员的专业技术职务评聘问题。

第二,适当增加翻译编制,充实加强翻译队伍。根据工作需要,建议自治区藏语委办核定行政编制 20 人,自治区编译局核定事业编制 30 人;各地市根据不同情况,语委办核定编制为 3—5 人,编译处核定编制为 10—20 人,全区各县翻译科核定编制为 3—5 人。为解决翻译人员的来源,提高翻译队伍的素质,建议自治区组织人事部门协同自治区教育厅、有关院校开办翻译专业班,培养合格的翻译人才,并加强在职从事藏语文翻译人员的培训和学习深造工作。

第三,增加经费,改善条件。建议各级政府增加藏语文工作部门和翻译部门的业务经费,改善办公条件、配备电脑设备,尽快改变落后状况。

(二)西藏语言管理机构的调整和完善

2003 年 1 月 2 日,自治区党委常务副书记、政府主席、自治区语委主任列确主持召开了自治区藏语文工作指导委员会工作会议,听取了自治区语委办公室和中国藏学研究中心《关于我区学习、使用和发展藏语文工作情况的调研报告》,会议作出了四项与语言管理机构调整相关的决定:

1.将西藏自治区藏语文工作指导委员会更名为西藏自治区藏语文工作委员会,自治区藏语文工作指导委员会办公室相应更名为自治区藏语文工作委员会办公室,行使行政职能,和自治区编译局同一规格、合署办公,并增加编制。

2.各地市藏语文工作机构与编译室合署办公,处级规格,由各地市创造条件适时安排;自治区涉农部门和有关综合部门设立和恢复翻译机构;各县设立藏语文工作领导小组和正科级翻译机构。

3.及时办理藏语文工作机构和翻译工作部门业务人员的专业技术职务评聘工作。责成区藏指办会同区人事厅进行专门调研,提出解决方案和工作措施,报自治区政府审定。

4.各级党委、政府要认真解决藏语文和翻译工作部门存在的办公设施、交通工具、业务经费等困难,支持其发挥好职能作用。自治区语委办公室和编译局工作上存在的困难,由财政厅解决。

这次会议后,西藏自治区党委办公厅和自治区人民政府办公厅转发了"西藏自治区藏语文工作指导委员会会议纪要",及时向全区传达了会议的重要精神。2003 年 8 月 19 日,西藏自治区机构编制委员会下发了《关于调整自治区藏语文工作指导委员会办公室机构编制的批复》(藏机编发〔2003〕47号)。文件内容主要包括机构更名、机构职责、内设机构、人员编制和领导职数四个方面:

第一,将自治区藏语文工作指导委员会更名为自治区藏语文工作委员会,为自治区党委和政府的高层次议事协调机构,同时将自治区藏语文工作指导委员会办公室更名为自治区藏语文工作委员会办公室,与区编译局合署办公,一个机构两块牌子。

第二,西藏自治区藏语委的主要职责

(1)承办自治区藏语文工作委员会的日常工作。

(2)宣传、贯彻、执行党和国家新时期民族语文方针政策。

(3)研究和起草全区学习、使用和发展藏语文工作的地方性法规、条例、办法草案和重大方针政策的建议稿,并在获得区党委、区人大、区人民政府批准后监督实施。

(4)指导和监督检查全区学习、使用和发展藏语言文字工作。

(5)负责制定和审定藏语言文字及藏语言文字信息处理的规范和标准;承担藏语言文字新词术语的审定、推广工作;负责指导藏语文软件开发、推广应用工作。

(6)组织、开展藏语言文字以及翻译工作的理论研究;管理、监督全区社会使用藏语言文字的规范化工作。

(7)承担区党委、区人大、区人民政府交办的重要文件、材料、法律法规的藏语文翻译工作。

(8)指导全区藏语文翻译业务,承担业务人员的培训工作。

(9)管理自治区翻译工作者协会,指导译协开展藏语文的翻译学术研究与合作交流工作;承担《藏语文工作》的编辑出版工作。

（10）承办自治区藏语文工作委员会交办的其他事项。

第三，西藏自治区藏语委的内设机构

自治区藏语文工作委员会办公室与自治区编译局内设综合处、藏语言文字管理处、藏语言文字科研处、编译处4个处室。

（1）综合处。负责区藏语委办、编译局的综合协调、文秘、党务、纪检监察、人事、群团工作；负责财务、资产管理等行政后勤工作；制定并组织实施机关有关规章制度。

（2）藏语言文字管理处。承办藏语言文字工作的日常事务；负责起草、修改全区学习、使用和发展藏语言文字的地方性法规、条例、办法草案和重大方针政策的建议性文件、报告；指导和监督检查自治区各级国家机关、人民团体、企事业单位学习使用藏语言文字工作；管理、监督全区社会使用藏语言文字的规范化工作。

（3）藏语言文字科研处。负责制定和审定藏语言文字及藏语言文字信息处理的规范和标准；承担藏语言文字新词术语的审定和推广工作；负责指导藏语文软件开发、推广应用工作；承担《藏语文工作》的编辑出版工作。

（4）编译处。承办区党委、区人大、区人民政府交办的重要文件、材料、法律，法规的藏语文翻译工作；指导全区藏语文翻译业务，承担藏语文翻译业务人员的培训工作；承办自治区翻译工作者协会日常事务，指导译协开展藏语文的翻译学术研究与合作交流工作；

第四，西藏自治区藏语委的人员编制和领导职数

在现有40名事业编制基础上增加5名事业编制，为45名。厅级领导职数5名。在现有7名处级领导职数基础上增加3名职数，为10名。

（三）2003年西藏语言管理机构调整的特点及其意义

1.自治区藏语文工作委员会的规格更高，职权更大。

将自治区藏语文工作指导委员会更名为自治区藏语文工作委员会，这是西藏语言管理机构最重要的变化。尽管后者少了"指导"两字，但是，整个委员会的性质已经发生了根本的变化，即由原来的"指导性"的语言管理机构，改变成了综合性的语言管理机构，所以西藏自治区机构编制委员在规定更名后的语委性质时，指出该委员会是"自治区党委和政府的高层次议事协调机构"。分析这个定性，有三点需要强调，第一，自治区藏语文工作委员会是自

治区党委和政府的一个机构;第二,这个委员会是一个高层机构;第三,这个委员会的工作是议事和协调。综合这三点,现在的自治区藏语文工作委员会已经成为西藏自治区党委和政府一个高层次的专门负责研究和讨论藏语文问题、协调全区藏语文工作的机构。委员会的规格更高了,职权更大了,管理的范围更广了。这说明自治区语委自成立以来,经过 16 年的艰苦努力,在指导全区的藏语文工作中取得了显著的成绩,藏语文工作的重要性已经普遍得到各级党委和政府的高度重视,自治区语委的特殊地位已经牢固确立,作为指导全区藏语文工作的任务已经完成,现在开始迈出全区藏语文工作的第二步,即协调全区的藏语文工作,全面推进藏语文的学习、使用和发展,使藏语文的工作面向未来、面向世界、面向现代化。

2.藏语文工作委员会的任务更加明确具体,管理范围更加宽泛深入。

1988 年西藏自治区颁布的《实施细则》规定:自治区语委的职责为四个方面,即一个研究和决定、一个指导、一个协调和督促、一个督促和检查。(1)研究并决定藏语文工作的重大方针政策。(2)指导藏语文教学、科研、编译、出版等部门的工作。(3)协调、督促、解决、落实藏语文工作的重大问题和重要任务。(4)督促、检查各级党政机关、人民团体、企事业单位的藏语文工作。

但是,西藏自治区机构编制委员会下发的藏机编发〔2003〕47 号文件则从10 个方面对自治区藏语文工作委员会的工作进行了新的规定。除了第三和第四条与 1988 年的规定基本相同外,其他八条都是新的内容,反映了 21 世纪初西藏自治区藏语文工作委员会工作职能的改变,其主要特征就是由过去的"指导"型机构转变成为现在的"领导"型机构,具体负责领导、承办、管理和监督与自治区藏语文工作相关的各项事务,领导任务更加明确具体,管理范围更加宽泛深入。

3.委员会办公室的机构更加健全完善,职权范围更加明确。

新的委员会办公室下设综合处、藏语言文字管理处、藏语言文字科研处、编译处 4 个处室,机构健全,分工明确,独立办公,一改过去与自治区编译局各处室混杂办公,机构、职权不明,人员、任务不清的工作局面。理顺了关系,完善了体制。

4.委员会办公室的编制职数更加充实,机构级别升格。

1988 年自治区语委成立时,自治区党委和政府明文规定语委办公室的行政级别为正厅级编制,但是,后来因为种种原因,其级别降格为正处级,各地、市、县的语委或藏语文工作领导小组办公室的级别也都受其影响而降格为副县或正科、副科。2002 在中国藏学中心和自治区语委的联合报告中,就此问题向自治区党委和政府进行了汇报,希望提升各级语委办公室或领导小组的级别。

2003 年自治区机构编制委同意首先就自治区语委办公室的编制职数进行了扩编,并正式升格为正厅级事业机构,直属自治区党委和政府。自治区语委办公室的扩编和升格,不仅为西藏全区藏语文工作的发展提供了组织保证和人员保证,更为重要的是,这一举措充分体现了我国政府始终如一的民族政策和民族语言政策,体现了自治区党委和政府对学习、使用和发展藏语文工作的积极态度,体现了自治区藏语文工作委员会和办公室与时俱进、开拓创新,努力开创藏语文工作新局面的远大抱负和决心。

第三节 现代化进程中的藏语文标准化和信息处理

一、我国语言文字信息化工作的历史进程

20 世纪 70 年代,在周恩来总理的关怀下,由当时的四机部、中国科学院、国家出版局等部门发起的"汉字信息处理技术工程"被列入国家科研规划,从此开始了出版印刷事业告别铅与火的攻坚阶段,但真正将语言文字信息管理工作提上国家语言文字工作日程,却是在 20 世纪 80 年代的中后期。1986 年,全国语言文字工作会议提出:"汉语汉字的信息处理是一门新兴的边缘学科,有广阔的前景,加强这方面的研究,对经济、文化、科学技术的发展具有长远的意义。因此,当前语言文字工作的任务必须包括这项内容。"1994 年国务院明确规定国家语委在语言文字信息处理领域的职责和任务,加强对语言文字信息处理工作的宏观管理。1995 年,国家语委设立了专门的职能部门一中文信息司。

1995 年,李岚清副总理指出,中文信息处理的应用研究和宏观管理,是国家语言文字工作的重要组成部分。1997 年,在全国语言文字工作会议上,李岚清副总理又指出:语言文字领域的专家学者在加强基础研究的同时,要注重

应用研究,要与计算机方面的专家继续密切合作,针对汉语、汉字在信息处理中的问题,组织联合攻关,促进中文信息处理技术的进一步突破和发展。1998年国务院机构改革,国家语委并入教育部,原中文信息司重组为教育部语言文字信息管理司,具体负责语言文字规范标准建设和语言文字信息处理的宏观管理工作。在党中央、国务院领导下,经过不懈努力,语言文字信息处理取得了骄人成就。这些成就主要表现在两个方面。一是国家通用语言文字中文的信息化工作成就;二是我国少数民族语言文字的信息化工作成就。

我们首先来看国家通用语言文字中文的信息化工作成就。从20世纪80年代以来,我国陆续开发的多种键盘输入方法,解决了汉字和一些少数民族文字输入计算机问题。汉字自动识别技术达到国际先进水平,语音识别和语音合成进展明显。《信息交换用汉字编码字符集》基本集及辅助集的制定,国际标准编码字符集的建设,为中国语言文字信息技术的发展和网络信息传递奠定了坚实基础。字库制作由点阵字库、矢量字库过渡到曲线轮廓字库,字形描述与处理取得重大进展。语料库、语言文字知识库等语言资源库的建设得到重视,信息处理开始走向对自然语言大规模真实文本的自动处理。电子出版系统使中国出版告别铅与火,步入光与电,而今又向告别纸与笔的多媒体出版新时代进发。

我国政府在大力推进中文信息化工作进程的同时,对少数民族文字处理系统的开发也给予了极大的关注,并取得了巨大成绩。众所周知,我国是一个拥有56个民族、13亿人口的泱泱大国,各民族璀璨的文化和丰富多彩的语言共同构成了中华民族五千年辉煌的历史。少数民族语言文字及其所承载的民族文化是中华民族大家庭文化的重要组成部分,同时又与世界民族文化有着千丝万缕的联系。面对各民族间政治、经济和文化交流日趋密切的社会发展现实,面对开放的世界,少数民族语言文字信息化,特别是跨境民族语言文字信息化对提高我国国际地位,扩大国际影响力有不可忽视的积极作用。少数民族语言信息化理论的研究、少数民族语言的资源与信息处理技术的开发和利用等工作,关系到少数民族语言政策的贯彻和落实,关系到少数民族语言文字的学习、使用和发展,关系到少数民族语言文字信息技术的科学化,关系到民族文化兴衰,促进各民族共同繁荣与发展,并涉及国家稳定与安全以及国际影响的重要社会问题。因此,加速少数民族语言文字信息化进程,具有重要的社会意义和科学意义。

我国 55 个少数民族中有 21 个少数民族拥有自己的文字。从 20 世纪 80 年代开始,在国家民委、国家技术监督局、国家科委、电子工业部等有关部门的关心、支持和帮助下,集结起各方面的力量协同攻关,使民族文字信息处理工作取得突破进展。20 世纪 90 年代我国启动的"少数民族文字处理技术开发"项目陆续推出藏、蒙、维、哈、朝、彝、壮以及柯尔克孜、锡伯等少数民族文字的字处理系统,西藏、新疆、青海、甘肃、四川、吉林等地的专家学者也在国家的扶持下,开发了多种民族文字处理技术和应用系统,主要包括五个层面的项目。

第一,国家标准和国际标准的研制与开发

目前,已经完成了字符集、键盘和字模国家标准的民族文字有藏文、蒙文、维文、哈文、柯文和彝文等。国家标准锡伯文信息处理信息交换用七位和八位编码图形字符集也正在编制中;蒙文、彝文、傣文、锡伯文和维吾尔、哈萨克、柯尔克孜等文字符集的补充集正在制订中。已经完成了编码字符集国际标准,并被正式编入国际标准编码(ISO)体系中的少数民族文字有藏文(1997 年,ISO/IEC10646)、蒙文(1999 年)和彝文,维吾尔、哈萨克等文的编码标准经多方面协商也得到圆满解决。

第二,操作系统和电子出版系统的研制和应用

除藏文外(下文将作专门介绍),目前,我国蒙文开发和研制的品种包括:蒙汉英操作系统,华光 V 型蒙文书刊、图表、报纸激光照排系统,IMU-I 蒙文排版系统,MPS 蒙汉混合字处理系统,与蒙文有关的满文和八思巴文等文字操作系统,蒙文电子出版系统,以及其他基于国际标准的文字处理系统。在新疆地区,开发研制了博格达维吾尔、哈、柯、汉、英、俄等多文种排版系统,民族文字、汉、俄、英多文种混合处理的未来多文种系统 UTDOS6.1,维文之星 Windows95 操作系统平台等。此外,我国还研制了方正朝文书版系统,彝文书版软件,UCDOS 汉彝平台,SPDOS 汉彝文版汉字操作系统,Windows95 彝文文字平台,壮文书版系统,傣文电子出版系统,锡伯文、满文处理和轻印刷系统,用以通信和显示打印的满文进行二级编码,蒙、藏、维、哈、朝、满、汉操作系统 V4.0 以及基于 Windows 操作系统的少数民族语言文字电子出版系统等。

第三,民族文字数据库的研制和应用

除藏文外(下文将作专门介绍),目前,我国研制的民族文字数据库包括:

中国少数民族语言文字多媒体数据库,中世纪蒙古语文数据库,100万词级现代蒙古语文数据库,500万词级现代蒙古语文数据库,《元朝秘史》拉丁、汉文标注和汉文旁注本检索统计系统,蒙古文语料库的词类标注系统——AYIMAG,现代蒙古语词频统计系统,《现代蒙古语频率词典》,MHJ-1型蒙古语言分析软件包,状语词库,满文档案数据库等。

第四,少数民族文字其他信息处理系统的开发和研制

除涉及藏文方面的系统外(下文将作专门介绍),目前,我国研制的这方面的软件和其他系统主要包括:蒙文自动校对软件,蒙文拉丁输入法,新老蒙文转写软件,蒙文字幕机系统,蒙汉混排图章辅助设计系统,蒙汉身份证管理系统,蒙语电台文艺节目管理系统、蒙文图书目录管理系统、激光蒙文台式印刷系统、蒙汉英图形用户界面系统、蒙文黑体白体文字识别技术,满汉文辅助翻译系统,WINNT字幕机系统等。近几年还在进行的项目有:蒙语文语料库词形标注与统计系统,蒙语语音合成系统,英蒙机器翻译系统,蒙古文E-mail及英蒙汉电子词典项目,蒙文等五种文字统一编码与转写系统,蒙文整词输入法编码系统,维吾尔文字仿真发声系统,朝文印刷体和手写体的识别技术系统,朝文组合式字处理系统,满语语料标注系统,以及更深层次的与少数民族语言文字相关的计算语言学、实验语言学、社会语言学等信息处理系统。

为了大力推进我国的少数民族文字信息处理技术,使我国各少数民族在跨入信息社会和知识经济时代的关键一环上紧跟时代前进的步伐,我国政府正在加大资金的投入和研制的力度,在未来的5—10年间,我国少数民族语言文字信息技术的研制和应用必将上升到更高的高度,并与中文信息技术的研制和应用一起,共同开创中华民族新的信息时代。

二、藏文编码国际标准的研制工作

信息化是世界的发展大潮,以信息技术为代表的科技革命,带动经济、科技和社会的迅猛发展,将对世界产生巨大而深刻的影响。语言文字是信息的主要载体,语言文字信息处理的水平,直接关系到国家的信息化水平,语言文字信息化是国家信息化的基础。语言文字工作必须走在信息时代的前列,不断提高语言文字的规范化、标准化水平,推进语言文字信息处理向更高层次发展,为国家信息化的发展提供坚实的基础。我国是一个统一的多民族国家,多

民族、多语言、多文种是我国基本国情的一个特点。根据社会历史发展和语言发展规律,民族语文将在很长的时期内与汉语文相辅相成,并存并用,发挥其重要的、不可替代的作用。民族语文工作是民族工作的重要组成部分,是弘扬民族文化的一个重要的工作环节,毋庸置疑。

我国语言文字的信息化工作毫无疑问包括了少数民族语言文字的信息化工作,我国少数民族语言文字信息化水平发展的高低、各民族之间语言文字信息化非常程度的平衡与否等问题,不仅关系到每个少数民族个体的信息化程度和社会经济文化的发展,同时,也关系到我国信息化整体水平的平衡发展等重大问题,因此,在信息技术高速发展的今天,民族语文作为少数民族交际的重要手段,必须不断完善自身,以适应少数民族对现代信息交流和知识传播的需要。1991 年国务院颁发的国发〔1991〕32 号文件就明确要求各有关部门要密切配合,推进民族语文规范化、标准化和信息处理工作的向前发展。长期以来,我国政府在积极发展中文信息处理技术的同时,对少数民族语言文字的信息化工作也给予了特殊的关注,并取得了举世瞩目的历史性成就。

西藏是中国领土不可分割的一部分,藏族是中华民族大家庭中的一员,具有悠久的历史和灿烂的文化。藏文被誉为世界上最美好的文字之一。世界各国人民都对这个生活在世界屋脊上的古老民族的传统文化和风俗习惯怀有浓厚的兴趣。中华民族的文化是世界文化的瑰宝,藏族文化是中华民族文化的重要组成部分。在信息时代,计算机网络成为各民族文化传播的重要渠道。语言文字的编码,是语言信息化建设必不可少的技术基础,要想弘扬藏族优秀文化,使藏语文适应现代化的发展,一个首要的问题就是必须不失时机地发展藏语文信息处理技术,制定藏文编码的国家标准和国际标准,使藏语文能够紧跟世界信息技术的大潮,使藏语文的学习、使用和发展真正步入现代化的轨道。正是基于这样的思路,藏文编码国家标准和国际标准的研制工作在经过一个阶段的准备之后,于 20 世纪 90 年代初开始正式启动实施。

(一)20 世纪 90 年代以前的藏文信息技术与标准化工作

从和平解放,到 1993 年开始正式实施藏文编码国家标准和国际标准研制工程之前的 42 年里,西藏的藏语文工作一直得到了国家和自治区各级政府的支持。尤其是 1987 年和 1988 年,西藏自治区先后颁布《西藏自治区学习、使用和发展藏语文的若干规定(试行)的决定》和《西藏自治区学习、使用和发展

藏语文的若干规定(试行)的实施细则》两个自治区重要语言政策法规,藏语文信息技术与标准化工作取得了四个比较突出的进展:

第一,藏文词典审定和出版工作。这些词典主要包括《格西曲扎藏文辞典》、《藏文大词典》、《藏汉口语词典》、《汉藏对照词汇》、《藏汉词汇》、《藏汉词典》等;五省区藏文报刊及电台、涉藏大专院校创制、规范了一些有价值的藏语新词术语辞典,如《西藏日报》藏文编辑部于1980年前后就已经完成了《藏文农牧业词汇》上下两卷共5000多条词汇的收集、整理和初步的规范工作,并成为报社藏编部的必备工具书。而20世纪80年代以前,藏文新词术语的创制、规范和标准化工作基本上是各藏族省区、各民族院校、各藏文报刊杂志、各藏语广播电台各自为政,没有统一的新词术语审定标准机制。

第二,制定出台了有关藏语文规范化和标准化的法律法规。1987年和1988年颁布的两个有关藏语文政策的法规,对藏语文的规范和标准化等问题作了专门的规定。如《若干规定》第十五条规定:"自治区设立藏语文工作领导机构,加强对藏语文学习、使用、发展的领导和监督检查,统一新产生的名词术语的拼写规则,使之规范化。"《实施细则》第五十五条规定:"加强翻译理论、翻译技巧、新词术语翻译的研究。自治区编译局、自治区广播电视厅、西藏日报社以及其他部门,从今年开始收集整理各类新词术语,由自治区编译局负责召集上述部门交流,并进行归类规范审定,我区藏语委分批颁布,统一使用。"两个法规明确了西藏自治区新词术语规范化和标准化工作的组织程序和工作程序,使西藏自治区藏语文的规范化和标准化工作走上了法制的轨道。至1993年,西藏自治区按照有关标准已经审定、颁布数千条藏文新词术语。

第三,藏语言文字信息处理技术取得重大突破。1984年实施了藏文信息处理技术系统的早期研制,后来又开发出与汉英兼容的藏文操作系统,实现了藏文精密照排。1986年起,西北民族学院开设了"藏文信息处理"课程,把科研成果与教学、培养少数民族计算机人才紧密地结合起来。"计算机藏文信息处理的教学与实践"获得了甘肃省人民政府颁发的教学成果二等奖。1986年到1987年开发的《藏文输入系统》、《藏文操作系统》、《藏文信息处理系统》通过省科委鉴定,并获甘肃省科技进步三等奖。

1987年中国藏学研究中心承担了"国家八五哲学和社会科学重点科研项目"和被国家新闻出版署列入"九五"重点出版规划的藏文大藏经《丹珠尔》对

勘本的重要任务。这项工程预计需用时间 20 年左右,共计 120 余部,是国内外最完整、最权威的《丹珠尔》新版本。在这项工作中一个重要的环节就是开发藏文字体。在反复试用铅字排版而不能取得预期效果后,中国藏学中心先后与航天部 701 所、山东华光集团合作研制《微机藏文软件的研制开发》,1987 年开始立项,1993 年投入使用。华光 V 型藏文电子出版系统是在原华光 V 型汉字电子出版系统全部功能的基础上,增加藏文和梵文的处理功能研制成功的,是目前国内外最先进、最完善、最实用和最具有普及意义的藏文系统,此项成果曾荣获中国国货精品金奖。藏文版华光藏文软件特点类似于北大方正藏文系统,有 For Dos 和 For Windows,带有加密卡,;字体有九种,六种正楷和三种草写体,有独立的编辑器,有两种编辑方式:可视化和 BD 语言方式;也可在 Word 里进行编辑。可编辑藏、梵、汉、英四种文字,可处理公文、报刊、藏经等,全自动排版,字体好看。自成功开发华光藏文软件以来,中国藏学研究中心《中华大藏经·丹珠尔》对勘的编辑和出版都是采用这套藏文出版软件系统,此外,中国藏学出版社、中国藏学杂志社的藏、汉两种文字的编辑、排版和印制也一直采用这套系统至今。

(二)1993 年后藏文编码国际标准的研制及国际标准化组织的审定历程

虽然国内自 20 世纪 80 年代中期起,开始运用计算机处理藏文信息,计算机藏文文字处理技术有了一定的发展,出现了一些从事藏文软件开发的院校和科研院所,与此同时国际上也有许多国家从事计算机藏文信息产品的开发。但是从总体上讲,藏文信息技术还处于起步阶段,发展水平不高。藏文编码标准尚未制定出来这一事实严重制约着藏文信息技术的发展。的确,在当时,我们必须看到这样一个历史事实,这就是在信息技术高速发展的时期,包括藏文在内的民族语文客观上面临着如何在信息技术领域中高效使用的问题,民族语文在计算机等新技术领域的应用,首先要实现自身的标准化,以消除信息交换中的障碍。所以,实现民族语文在各领域中的标准化显得非常必要,而且也非常迫切。然而,民族语文的标准化工作起步晚,工作力度也比较弱,与民族地区发展的需要不相适应,所以需要有关主管部门和研究机构大力合作,共同推进这项工作。

从信息技术处理理论的角度说,一种文字的标准化首先是要完成该语言文字的编码工作,这个环节是电子信息技术与产品开发应用和信息化建设必不可少的技术基础。有了语言文字的编码及其标准,计算机网络和通信系统才能实现人际、区际、洲际乃至国际间的经济、科技和社会信息的实时传输与交流。1993 年,在国家技术监督局的领导下,国家电子工业部在继续完善ISO/IEC10646《通用多八位编码字符集》工作的基础上,会同国家民委等部门,通过全国信息技术标准化委员会组织少数民族语言文字、信息技术和标准化三方面专家,对藏、蒙、彝、维、哈、柯、傣、朝等民族文字的信息交换用编码,相继开展国内、国际的标准化工作,并对此给予专门经费投入。

藏文属于拼音文字,进行横竖两个方向的拼写。对藏文进行编码时,一般采用对藏文竖向拼写结果或对藏文基本构件编码两种方法。对藏文竖向拼写结果编码,少则有 600 多个字符,多则有几千个字符,虽然在技术上较容易实现,但不符合藏文本身的结构特性。对藏文基本构件编码,只需几百个编码字符,符合藏文本身的结构特性,但在技术上较难实现。[①] 由于种种原因,国内对藏文进行编码时,一般采用对藏文竖向拼写结果编码的方法。因此制定统一的、科学的藏文编码标准已成为十分迫切的任务。1993 年底,按照国家技术监督局、国家民委和电子工业部等有关部委的安排部署,由西藏自治区藏语文工作指导委员会牵头组织,西藏大学和其他兄弟省市院校参加,正式启动了藏文编码国际标准的研制工作。为了更好地研究这一问题,下面我们有必要先介绍一下与国际标准组织、国际标准等相关的背景。[②]

国际标准化组织(International Organization for Standardization)简称 ISO,是世界上最大、最有权威性的国际标准化专门机构。1946 年 10 月,中、英、美、法、苏等二十五个国家的六十四名代表集会伦敦,正式表决通过建立国际标准化组织。1947 年 ISO 章程得到 15 个国家标准化机构的认可,国际标准化组织宣告正式成立。参加 1946 年伦敦会议的 25 个国家,为 ISO 的创始人。ISO 是联合国经社理事会的甲级咨询组织和贸发理事会综合级(即最高级)咨询组织。此外,ISO 还与 600 多个国际组织保持着协作关系。国际标准化组织的总部设在瑞士的日内瓦。ISO 于 1951 年发布了第一个标准——工业长度测量用标准参考温度。

---

① 周炜、格桑坚村主编:《西藏的藏语文工作》,第 189 页。
② 西藏自治区副主席拉巴平措《藏文编码国际标准和国家标准研究制定工作情况的总结讲话》,1997 年 10 月 24 日。

国际标准化组织的目的和宗旨是:"在全世界范围内促进标准化工作的发展,以便于国际物资交流和服务,并扩大在知识、科学、技术和经济方面的合作"。其主要活动是制定国际标准,协调世界范围的标准化工作,组织各成员国和技术委员会进行情报交流,以及与其他国际组织进行合作,共同研究有关标准化问题。

20世纪70年代以来,人类进入了信息时代。信息技术已经、并且正在越来越广泛地深入到人类社会的各个领域。利用计算机进行文字处理是对信息技术最广泛的应用。文字编码是计算机处理文字信息的基础,因而编码字符集标准是信息产业最重要的基石。但是,世界上不同的国家和民族的语言文字是各不相同的,如果不同的语言文字系统都分别采用不同的文字编码标准,那么这种计算机文字信息的处理就只能在相同的文字编码系统中来进行交换,就不可能进入信息共享的互联网世界,因此,国际社会需要建立一个国际标准的信息技术通用文字编码标准,一个国际性的文字系统信息化的平台,这个平台既可以实现不同国家和民族文化的电子保存以及数字化图书馆和各种数据库建设,同时,又可以实现多文种相互切换和交流,实现在全球范围内建立起实时、无障碍的信息交换模式。而国际标准"信息技术通用多八位编码字符集"就是这样一个重要平台。其中ISO/IEC 10646"信息技术通用多八位编码字符集"则是全球所有文种统一编码、使计算机系统实现多文种相互切换和交流的国际标准,其基本功能是在全球范围内建立起实时、无障碍的信息交换模式。藏文编码国际标准的研制工作就是要按照ISO/IEC 10646"信息技术通用多八位编码字符集"的标准和系统来设计一个国际性的文字系统信息化的平台,使藏文实现多文种相互的切换和交流。

字符集的基本要素是字汇和代码;字汇应涵盖各个文种,满足已有的和潜在的应用要求;编码应统一简明,保证不同系统可直接进行信息交换。ISO/IEC10646,即"通用编码字符集"UCS(Universal Coded Character Set)规定了全世界现代书面语言文字所使用的全部字符的标准编码,用于世界上各种语言文字、字母符号的数字化表示、存储、传输、交换和处理,真正实现了所有字符在同一字符集内等长编码、同等使用的多文种信息处理。

ISO/IEC10646建立了一个全新的编码体系,它采用4个"八位"(即4个字节)编码方式,将世界上各主要文字统一编码。这四个字节分别表示组、平面、行和字位,以此构成四维编码空间。"通用编码字符集"UCS 有 00-7F 共 128 个组、每个组有 00-FF 共 256 个平面、每个面有 00-FF 共 256 行、每行有 00-FF 共 256 个字(位),每个字位用八位二进制数(一个字节)表示。这样,UCS 中每一个字符用四个字节编码,对应每个字符在编码空间的组号、平面号、行号和字位号,称为四八位正则形式,记作 UCS-4。UCS-4 提供了极大的编码空间,可安排多达 13 亿个字符,充分满足世界上多种民族语言文字信息处理的需要。

在四个字节的"平面"当中,每个平面含 65536 个码位空间,其中 00 组 00 平面称为基本多文种平面(BMP)或第一个平面(00 组中的 00 平面),编码空间总共 2147483648 个码位(128 组×256 平面×256 行×256 字位)。在基本多文种平面中包括 27484 个汉字和我国少数民族文字。但已实现的基本多文种平面(BMP)系统,其码位空间不足以容纳全世界的文字,为此,ISO/IEC10646 又开放了 00 组的 16 个辅助平面,以弥补其不足。比如汉字字符编码就属于第二辅助平面。目前,第二辅助平面有 42711 个汉字、329 个汉字部首、1 个汉字变体指示符、12 个汉字描述符,ISO/IEC10646 的汉字总数超过 70000,覆盖了《康熙字典》《汉语大字典》等。

1993 年西藏自治区在接受研究制定藏文编码标准任务时,第一平面(BMP)所剩空间已不多。① 从技术角度讲,第一平面(BMP)是非常重要的编码空间,藏文编码标准能否采用第一平面(BMP)是当时面临的一个现实问题,应该说藏文编码国际标准的研制工作正是在这样的背景下开始的。由于研究制定藏文编码标准的任务是一项涉及全球统一科学标准的多学科的庞大工程,西藏自治区藏语文工作指导委员会在接受任务后首先向自治区党委和人民政府领导做了详细汇报。1993 年秋,西藏自治区党委和人民政府召开会议就实施这项伟大的工程进行了专门研究,并做出了几项重要决定:

(1)按照国家技术监督局、国家民委和电子工业部等有关部委的部署,西藏自治区藏语文工作指导委员会牵头组织成立由西藏大学、西藏自治区科委和技术监督局等单位参加的藏文编码国际标准研制工作领导小组(以下简称西藏藏文编码领导小组)。

---

① 周炜、格桑坚村主编:《西藏的藏语文工作》,中国藏学出版社 2004 年版,第 188 页。

（2）以我为主,由西藏大学和其他兄弟省市院校参加,具体负责藏文编码国际标准的研究制定工作。

（3）责成工作领导小组对工作计划安排和经费等方面做安排。

（4）通过各种方式和渠道跟踪了解 ISO/IEC 10646 国际标准的最新进展情况和国际上藏文信息技术发展的最新动态。

（5）组织各方面技术人员深入探讨 ISO/IEC 10646 国际标准的体系结构和编码规则。①

1993 年冬,西藏自治区藏语文工作指导委员会主持召开了第一次藏文编码国际标准研制工作领导小组会议。与会者一直认为:藏文编码国际标准方案必须是一个科学的、完备的方案,需要计算机、藏文、标准化方面的专家密切配合,需要西藏自治区和国内有关研究机构和大专院校的通力合作,才能完成好这一任务。会议经过认真讨论,决定:计算机技术方面的工作由西藏大学等大专院校负责承担,西藏自治区语委办负责组织协调。藏文编码方案的起草工作正式启动。

藏文编码国际标准研制提案的研究制定工作主要涉及四个方面的内容:即字汇、字序、字符名称及相关规则的制定。字汇就是要确定收字的范围,字序就是要确定字符的编码及其位置,字符名称就是要给出每个字符标准的、明确的名称,相关规则就是要给出一系列用于技术实现的规则。因此,藏文编码国际标准方案的研制工作涉及四个工作层面,第一步就是要搞好字汇的制订工作。

从 1994 年开始,西藏藏文编码领导小组组织区内藏文专家和计算机专家,就收字的范围等问题举行了多次研讨会。经反复研究确定了如下收字原则:所收字符不仅能够适应一般藏文的信息处理和交换需要,而且还能够运用于处理古今任何藏文文献;不仅要收入文字符号,而且要收入藏族文化所涉及的有关文化符号。② 从这个意义上说,藏文编码国际标准方案的研制工作从一开始就给所有研制人员提出了很高的要求。根据这一基本原则,研制人员广泛查阅了涉及各种学科的藏文文献,从中初步筛选出适合收入的文字符号

---

① 周炜、格桑坚村主编:《西藏的藏语文工作》,中国藏学出版社 2004 年版,第 189 页。

② 周炜、格桑坚村主编:《西藏的藏语文工作》,中国藏学出版社 2004 年版,第 190 页。

及文化符号,先后八次在专家论证会上进行研讨,分别对每一个入选的文字符号及文化符号进行论证,最后对保留下来的符号逐一确定其规范的形状及名称含义。经过几个月的紧张工作,第一个含有 500 多个字符的藏文编码国际标准提案在 1994 年初顺利完成。

1994 年 5 月国际标准化组织 WG2 第二十五届会议在土耳其召开。作为我国代表团成员的西藏自治区两位代表向大会提交了我国第一份藏文编码国际标准提案,供大会审议。① 此外,英国、印度等国家也分别向大会提交了本国研制的藏文编码国际标准提案。会议经过多轮紧张的讨论后,会议认为我国提交的藏文编码国际标准方案确可以作为基础方案,同时要求我国在这个方案的基础上,压缩字符集,使之成为更能体现拼音文字结构特性的提案,并决定在下次国际标准组织 WG2 会议上进一步审议。这次会议后,西藏自治区的主要领导、藏文编码领导小组成员以及部分知名藏文和计算机专家认真听取了两位西藏代表的汇报。根据国际标准化组织 WG2 认可的国际编码标准、审批程序以及我们面对美国、英国和印度等国家的竞争和挑战看,我国提交的方案要得到批准认可,还有很多重要的工作需要去做,此外,我们所面临的形势也极为复杂,必须正确应对。

首先,从字符集的数量看,1994 年西藏提交的第一份藏文编码国际标准提案收有 500 多个字符集,远远超出国际编码标准要求的数量。这是因为 1994 年以后,国际编码标准中最主要的平面第一平面(00 组中的 00 平面)所剩的编码空间已不多,国际标准化组织 ISO 只能将尚未进入第一平面的文字按是否拼音文字、是否是现在使用的文字等标准划定 A—G 七个等级,藏文被列入 A 等,但列入 A 等的文字所能占用编码位置是有限的,这意味着只能对藏文的基本构件进行编码,这与国内通常采取的少则 600 多个,多则几千个藏文竖向拼写结果(又称字元、字丁)编码的方法截然不同,也就是说必须对过多的字符集进行压缩,才能使之符合国际标准化组织 ISO 的规定和要求。②

其次,从审批程序看,依据国际标准化组织 WG2 的工作程序,某一文字国际编码标准方案要想得到通过,必须经过严格的审议和投票。第一步要将方

---

① 周炜、格桑坚村主编:《西藏的藏语文工作》,中国藏学出版社 2004 年版,第 190 页。
② 周炜、格桑坚村主编:《西藏的藏语文工作》,中国藏学出版社 2004 年版,第 191 页。

案列入国际标准化组织 WG2 大会(一般每年一次)的议案;第二步要通过初审评议和第一轮投票;第三步要通过再次审评议和第二轮投票;第四步,也是最关键的一步就是要通过复议和第三轮投票,最后得到大会的批准,因此要想使我国的藏文编码国际标准提案获得通过,除了方案本身需要进行修改外,在审批程序上还要做一系列艰苦工作。

再次,从语言安全、信息安全和国家安全的角度看,从 20 世纪 80 年代开始,西方一些发达国家就开始研制与藏文信息处理技术相关的软件等产品。在 1994 年的国际标准化组织 WG2 第二十五届会议上,除我国提交了藏文国际编码标准方案外,美国、英国和印度等国家也提交了本国研制的藏文编码方案,如果我国在这场激烈的信息技术竞争中不能脱颖而出,反而让国外的方案获得先机得到国际标准化组织 WG2 的认可,那么,我国少数民族语言的安全问题将受到严重的威胁。

我们知道,自 21 世纪 80 年代以来,随着世界信息领域的不对称发展,出现了某些信息技术高度发达的国家。他们利用对信息资源及其相关产业的垄断地位,对信息技术领域发展相对落后的国家实行信息技术控制、信息资源渗透和信息产品倾销,以达到相应的政治、经济、军事等目的,因此,随着信息技术的进步,使维护信息疆土的安全也将成为国家新的职能。比如"视窗 98"在用户通过因特网拨号注册时,系统就能自动搜集用户电脑中的信息,而且它还连接着一个搜集用户信息的庞大数据库,一旦需要,该数据库可将用户的秘密提供给政治、经济、军事组织。英特尔的奔腾Ⅲ处理器可通过内置的序列码,将用户与截取的信息一一对应起来,破译出用户的身份和秘密等。这些事实警示我们,如果对国外的信息产品拿来就用,计算机网络及其信息的安全就很难保证,因此,在信息时代,信息已成为重要的战略资源,信息产业成为国家的支柱产业,信息安全成为最重要的安全要素,信息网络成为国家重要的战略基础设施。谁没有信息的独立和主权,谁就没有真正的国家独立和主权。没有信息安全,就没有国家政治、经济、军事等方面的安全。从这个角度说,要想保证藏文的安全以及藏文信息技术的安全,就必须研制自己的藏文编码国际标准就动摇西方国家在这一领域的主导地位。

最后,从反分裂斗争的形势看,从 20 世纪 90 年代开始,西方一些国家和达赖分裂集团利用藏文网络和藏文软件从事分裂活动的迹象已经越来越明显,在这样的历史和文化背景下,谁研制的藏文编码国际标准方案能够率先得到国际标准化组织的批准,谁就在藏文信息技术的研制和开发上占得了先机,谁就获得了政治斗争的主动权。因此,藏文编码国际标准的研制工作已经不是简单的信息技术问题,而是涉及我们维护祖国统一、反对分裂以及保持西藏社会的持续稳定等重大问题,当人类社会进入工业时代时,西藏人民和祖国人民一样饱尝了殖民地半殖民地的苦难,饱尝了帝国主义的经济侵略和文化侵略,现在,在人类进入信息社会的时代里,这种让西藏人民沦为西方"信息殖民地"的局面不能重演,对此,我们必须有充足的理性认识和战略对策。

正是基于对上述问题的清醒认识,西藏自治区藏文编码领导小组在认真听取了西藏代表团的汇报后,立即开展了藏文国际标准提案的修改工作,并把修改的重点集中在字符集的压缩上。在为期一年的字符集压缩工作中,科研人员从反映藏文的完整性和技术实现的可能性两个方面着手,对第一方案中的 500 多个字符逐字进行认真研究和筛选,然后采取全新的编码体系,将原有的方案压缩修改成了只有 100 多个编码字符的小字符集,由此形成了更加精炼的藏文编码字符集国际标准提案。[①] 作为中国代表团的成员,西藏的藏文编码专家在 1994 年的国际标准化组织 WG2 第二十六届旧金山会议上,按照上一届大会的要求向本次大会提交了修改后的第二套藏文编码国际标准提案,获得大会一致好评,被认为是当时所有藏文编码提案中最好的一个,但是在一些细小的技术上还存在一些需要改进的地方。

在 1994 年的国际标准化组织 WG2 第二十七届瑞士日内瓦会议上,我国西藏代表团再次向大会提交了经过进一步调整和修改后的第三套藏文编码国际标准提案。大会经过认真的讨论后,对我国的提案及其为此所做出的努力表示满意。在这次大会上,除了不丹等国家外,美国的 UNICODE 集团也提交了一份藏文编码国际标准提案。虽然这个提案的基本方案与我国的提案相当接近,但也存在不少的差异,总体上说还赶不上我国的方案设计。最后会议经过多轮研究和讨论,提出了一个新的藏文编码国际标准提案的研制思路:基本采用中国西藏提交的方案,但是为了使中国的方案能够满足同样使用藏文的其他国家和地区的需要,中国西藏需要征求不丹、锡金等国家以及美国 UNI-

---

① 周炜、格桑坚村主编:《西藏的藏语文工作》,中国藏学出版社 2004 年版,第 191 页。

CODE 集团的意见，在充分吸收各国设计方案长处的基础上，修改完成一个各方都认可的最终统一提案。①

从国际标准化组织 WG2 的这个决定看，瑞士日内瓦会议对我国西藏来说是一次重要而又成功的大会。这次大会虽然暂时还没有批准我国西藏提交的设计提案，但是明确表明了以我国的方案为主，以其他国家的方案为辅的基本态度，这就是说我国的方案已经基本得到了国际标准化组织 WG2 的认可，而不丹等国以及美国 UNICODE 集团的方案则已经基本搁浅。正是在这样的情况下，美国代表团在大会上不得不接受这个现实，但是为了能够继续参与藏文编码国际标准的研制，美国代表接受了大会的决定，当场邀请我国参加在美国硅谷举行的 UNICODE 工作会议，希望能够与中国西藏合作共同研究制定统一的藏文编码提案。鉴于 UNICODE 集团在国际信息产业界的巨大影响及他们所做的工作，我国代表团经国家有关部门同意，表示接受邀请。

代表团回到北京后，首先向国家技术监督局、电子工业部、国家民委等国家有关部委汇报了瑞士日内瓦会议的成果。随后，国家有关部委根据当时的形势，当即在北京召开了专门会议研究下一步的工作，并根据国际标准化组织 WG2 在瑞士日内瓦会议上所做的决议和要求，做出了四个决定：(1)同意由西藏自治区派专家赴美国参加 UNICODE 集团工作会议；(2)通过我国外交部与不丹等国取得联系，进一步征求意见；(3)由西藏自治区负责筹备召开国内专家会议，进一步修订完善藏文国际标准方案；(4)责成西藏自治区藏文编码领导小组向自治区领导汇报内瓦会议相关情况，抓紧工作，力争在 1997 年国际标准化组织 WG2 第二十八届芬兰赫尔辛基会议上通过我国提出的方案。②

根据国家有关部委的部署，西藏自治区召开了由西藏大学、区科委、区技术监督局和区外事办公室等相关单位参加的专门会议，就派专家赴美、召开国内专家会议、征求不丹等国意见以及经费的落实等问题做了具体的安排。之后，西藏自治区藏语文工作指导委员会一方面组织召开了多次区内专家研讨会，就藏文编码国际标准提案存在的问题进行讨论，然后逐一修改落实，另一方面责成自治区藏文编码领导小组认真做好召开国内专家研讨会的准备。与

---

① 周炜、格桑坚村主编：《西藏的藏语文工作》，中国藏学出版社 2004 年版，第 192 页。
② 周炜、格桑坚村主编：《西藏的藏语文工作》，中国藏学出版社 2004 年版，第 192 页。

此同时,西藏自治区外办通过外交部与不丹等国取得了联系,并利用不丹外长访问我国途径西藏的机会,由自治区政府江村罗布主席出面与不丹外长交换了有关意见。

1995 年 3 月,西藏自治区、全国信息技术标准化技术委员会和国家民委在拉萨召开了全国藏文编码国际标准提案专家研讨会。国家有关部委以及来自全国和西藏自治区的 22 位专家和领导参加了会议,西藏自治区主要领导出席会议,并做了指示。与会同志们进行了认真深入的研究,经过多次修改,进一步修订和完善了藏文编码国际标准方案,形成了我国藏文编码国际标准的最终提案。会议同时还对美国的提案以及我国在与美方协商过程中对方可能提出的问题进行了全面分析,在思想上和技术上做了充分准备。1995 年 4 月,我国专家一行四人(西藏有三人)赴美参加了在硅谷召开的 UNICODE 集团藏文编码国际标准提案研讨会,在会上我国专家以可靠的材料和充分的论据阐述了中国的意见。经过两天热烈细致的协商讨论,最终双方达成共识,形成了以我国提案为主的双方一致确认的藏文编码国际标准提案,圆满实现了以我为主的原则。与此同时,不丹方面表示本国的通用语言是宗嘎语,表示不参与藏文编码国际标准的制定工作,按照国际标准化组织的要求,我国也就无需再征求不丹方面的意见,这就为我国西藏提案的通过铺平了道路。①

1997 年 6 月,国际标准化组织 WG2 第二十八届会议在芬兰赫尔辛基举行,西藏有三位专家作为我国代表团的成员参加了会议。我国和美国的 UNICODE 集团向大会正式提交了一份严格按照上一届大会意见、并由中美双方联合研制的藏文编码国际标准提案。经过大会的热烈讨论后,正式通过藏文编码国际标准 WG2 一级审查,取得了进入下一届大会 SC2(第二分委员会)一级投票阶段的资格,这是我国在制定藏文编码国际标准过程中取得的突破性进展。

1996 年 4 月,我国代表团(西藏有三位参加)参加了在丹麦哥本哈根举行的国际标准化组织 WG2 第三十届会议。在进行第一轮投票前的讨论过程中,英国、爱尔兰等国专家又提交了一份藏文编码扩充方案,主要内容是不丹提出的一些图形符号。中国专家表示,不反对对现有藏文编码方案进行有意义的

① 周炜、格桑坚村主编:《西藏的藏语文工作》,中国藏学出版社 2004 年版,第 192 页。

扩充,但前提条件是不能因此影响甚至搁置由中国代表团提交并通过了二十八届大会投票资格的藏文编码提案。经过激烈的辩论和我国专家的据理力争,WG2 决定已进入投票阶段的提案不做更改,英国、爱尔兰提出的扩充方案留待以后讨论。这样我国提交的藏文编码就顺利进入第二轮投票阶段。

1997 年 6 月 30 日至 7 月 4 日,国际标准化组织 WG2 第三十三届会议及 SC2(第二分委员会)全会在希腊举行。为确保这次大会我国的提案能够顺利通过,西藏自治区提前数月就按照 SC2(第二分委员会)的要求和 WG2 提出的相关程序,将藏文编码国际标准提案的正式文本和相关文件提交给了 SC2(第二分委员会)。最终在这次大会上,WG2 会议及 SC2 会议在决定中分别宣布:由中国提交的藏文编码国际标准方案通过了最后一级的投票表决,正式形成 ISO/IEC10646《通用多八位编码字符集》藏文编码国际标准,其文本将由 SC2 秘书处提交 ITTF(负责出版发行国际标准的机构)在适当时候进行印刷出版。①

藏文编码字符集国际标准共有 192 个编码点,168 个编码字符。其中文字类字符 43、组合用格式字符 70 个、数码类字符 20 个、标点符号类字符 26 个、文化类字符 9 个。另外,我们给每个藏文编码字符给出了标准的读音和转写名称。至此,藏文编码标准成为我国少数民族文字中第一个国际标准。

在形成国际标准的同时也完成了国家标准的制定,并于 1996 年 10 月在北京通过国家审定。藏文编码国家标准和国际标准的内容是协调一致的。藏文编码国家标准是我国少数民族文字中第一个采用最新编码结构体系的标准。为了在操作系统上逐步实现这一项标准,1996 年国家科委专门设立了专项经费,并委托西藏大学在 DOS 和 WINDOWS 系统上进行更进一步的运用研究。目前,由西藏大学工学院尼玛扎西教授主持和承担的国家级重点课题和项目有《藏文 Windows 平台》、《藏文信息编码(扩充集)国家标准》、《基于 Linux 的跨平台藏文信息处理系统》等,其中国家级重点课题《藏文 Windows 平台》被列入"863 计划"。其他研究工作正在有序的进行。

1997 年 9 月 2 日,国家技术监督局正式发布中华人民共和国国家标准 GB 16959—1997《信息技术信息交换用藏文编码字符集 基本集》(Information

---

① 周炜、格桑坚村主编:《西藏的藏语文工作》,中国藏学出版社 2004 年版,第 195 页。

technology-Tibetan coded character sets for information interchange-Basic set），1998 年 1 月 1 日开始实施。该标准是根据 GB 13000.1 和国际标准化组织正在补充制定的信息交换用藏文编码字符集标准编制的，在技术内容上与国际标准等同，这将有利于保证信息交换。该标准采用双八位编码，也是为了与 GB 13000.1 兼容，无需代码转换，便于信息处理和交换。它规定了藏文基本字符的集合及其编码表示，适用于藏文的书面形式及附加符号的表示、传输、交换、处理、存储、输入及显现。该标准由中华人民共和国电子工业部提出，全国信息技术标准化技术委员会归口管理。① 起草单位包括西藏自治区藏语文工作指导委员会办公室、西藏大学、西藏自治区技术监督局、西北民族学院、青海师范大学等。②

1997 年 9 月 2 日，国家技术监督局还发布了中华人民共和国国家标准 GB/T 16960.1-1997《信息技术藏文编码字符集（基本集）24×48 点阵字型 第 1 部分：白体》（Information technology-Tibetan coded character set（basic set）-24×48dots matrix font-Part1：Bai Ti），并规定该标准从 1998 年 1 月 1 日起开始实施。③ 该标准依据 GB 16959—1997 所提供的藏文字符，以我国藏文规范字形为基础并按照整理藏文字形的原则，具体地设计和规定了藏文信息系统用 24×48 点阵字型。该标准规定了信息处理和信息交换用藏文 24×48 点阵（横行点数×纵列点数）字型——白体，适用于藏文信息系统，也适用于其他有关设备。由中华人民共和国电子工业部提出，电子工业部标准化研究所归口。起草单位包括：西藏自治区藏语文工作指导委员会办公室、西北民族学院、西藏自治区技术监督局、西藏大学、青海师范大学等。④

1998 年 11 月，国家质量技术监督局发布中华人民共和国国家标准 GB/T 17543—1998《信息技术藏文编码字符集（基本集）键盘字母数字区的布局》（Information rechnology-Keyboard layout of the alphanumeric zone for Tibetan co-

---

① 见《信息技术 信息交换用藏文编码字符集 基本集》"前言"。
② 主要起草人有尼玛扎西、毛永刚、于洪志、赵晨星、边巴次仁、次仁曲杰、拉珍、达瓦次仁等计算机专家和藏语专家。
③ 西藏自治区藏语文工作委员会办公室，2005 年藏 ICP 备 05000526 号。
④ 主要起草人：于洪志、熊涛、尼玛扎西、赵晨星、许寿椿、次仁罗布、贾捷华、次仁顿珠。

ded charracter set〈basic set〉）1999 年 6 月开始正式实施。① 该标准是依据 GB 16959 所提供的信息交换用藏文编码字符集制定的。在信息处理用键盘上的字母数字区域内,规定了藏文字符在键上的分布和排列,适用于藏文信息系统和其他有关设备的键盘装置。该标准由中华人民共和国电子工业部提出,由全国信息技术标准化技术委员会归口管理。起草单位包括:西藏自治区藏语文工作指导委员会办公室、青海师范大学、西北民族学院、西藏大学等。②

三、藏文信息软件的开发和利用

语言文字的信息处理技术是人类社会现代化的重要成果。信息处理技术的水平已成为一个国家、一个民族发展进步的重要标志。改革开放以来,在实现汉语言文字信息处理技术的同时,我国少数民族语言文字信息处理技术也取得了巨大成就,先后有多种少数民族语言文字实现了信息处理。少数民族语言文字软件技术的开发和推广应用,对少数民族和民族地区经济发展、社会进步起到了积极的促进作用。

民族文字在计算机信息处理方面的开发应用,不仅标志着我国民族语文社会功能在这一领域扩展,而且为民族语言文字的繁荣和发展,为民族语言文字的现代化开辟了广阔的前景,这有利于促进民族地区的政治、经济、文化的全面发展。由于我国民族语文在信息处理技术的研究起步晚,加之我国少数民族语言在信息处理技术方面还大大落后于汉语文,可以预计,随着民族地区经济文化的发展,民族语文在信息处理技术的应用上也必将得到更大范围的发展。实际上,早在 10 多年前,就在藏语言文字逐步实现规范化、标准化的同时,藏语言文字信息处理技术的研发工作已经初见端倪,并在发展中取得了重大突破。下面我们将重点介绍这方面的情况。从 20 世纪 80 年代开始,藏文信息处理软件的研制工作开始起步,并取得了很大的成效。

第一,20 世纪 80 年代藏文软件的开发和利用

1986 年由青海师范大学研究开发的 TCDOS2.0 版藏文系统通过了鉴定。

---

① 西藏自治区藏语文工作委员会办公室,2005 年藏 ICP 备 05000526 号。

② 该标准的主要起草人:德熙嘉措(赵晨星)、于洪志、尼玛扎西、向维良、欧珠、江嘎、许寿椿、胡坦等。

这是第一个投入使用的藏文系统,该系统经不断改进,现已升级为 TCDOS2RM 和基于 WINDOS 的藏文操作系统 TCDOS FOR WIN,以上系统可挂接在 CCDOS 或 UCDOS 汉文系统上,可实现英汉藏混合处理。同年西北民族学院数学系研发了《兰海藏文系统》。此外,在 1986 年到 1987 年两年的时间里,在西北民族学院于洪志教授的带领下,开发完成了《藏文输入系统》、《藏文操作系统》和《藏文信息处理系统》三个项目。中国藏学研究中心和航天部 701 所于 1988 年 8 月推出了藏文文字处理及激光编辑排版印刷系统。该系统后来与潍坊华光合作开发出了华光书林藏文排版和激光照排系统,中国藏学出版社出版的藏文版《中华大藏经》就是用这个系统排版及进行激光照排的;华光 V 型藏文电子出版系统是在原华光 V 型汉字电子出版系统全部功能的基础上,增加藏文和梵文的处理功能研制成功的,是当时国内外最先进、最完善、最实用和最具有普及意义的藏文系统。藏文版华光藏文软件的特点是:类似于北大方正藏文系统,有 FOR DOS 和 FOR WINDOWS,带有加密卡;字体有九种,六种正楷和三种草写体;有独立的编辑器,有两种编辑方式:可视化和 BD 语言方式;也可在 WORD 里进行编辑。可编辑藏、梵、汉、英四种文字,可处理公文、报刊、藏经等,全自动排版,字体好看。此项成果曾荣获中国国货精品金奖。

第二,20 世纪 90 年代藏文软件的开发和利用

进入 20 世纪 90 年代以后,藏文软件的开发利用进入的一个新的时期。早在 1997 年之前,中国计算机软件与技术服务总公司、民族印刷厂、北京大学计算机研究所、中国民族语文翻译中心联合推出了北大方正藏文书版系统。这套系统的特点是:应用最广的一套藏文软件,带有加密卡或加密狗,版本比较多,字体有两种的、三种的、五种的、七种的等,字体很好看,编辑在 DOS 下,输出可在 WINDOWS 下;可编辑藏、梵、汉、英四种文字,可处理公文、报刊、藏经、各种复杂表格等,全自动排版,各大印刷厂和出版系统都在使用这套软件。1997 年北大方正又推出了基于 WIN31 的藏文维思彩色印刷系统(北大方正的藏文书版系统在藏区占有相当大的市场)。而西南民族学院计算机研究室则开发了基于 DOS 平台的 SPDOS 汉藏文版操作系统和 WIN95 藏文文字平台。

1999 年,为了尽快使科研成果转化为产品,直接服务于民族地区,基于西北民族学院在藏文信息技术研究领域所做的工作,以及国家倡导高等院校走

"产、学、研一体化"的政策,甘肃省经济贸易委员会和西北民族学院联合成立了产、学、研一体化的"甘肃省同元信息系统技术有限责任公司"。公司下设技术中心、西北民族语言文字信息技术研究所、藏文信息技术实验室,致力于中国少数民族信息产业的发展。该以司主要面向少数民族语言文字研究与开发:计算机系统平台,多媒体产品,Web 网站、网页、网络系统集成,办公自动化软件产品,大型数据库、电子图书、电子词典,语言、文字识别系统,少数民族语言文字在电子、信息产品上的应用与开发。1999 年,在国家民委、甘肃省经贸委和西北民院的大力支持下,公司研制成功了藏文信息处理的系列科技成果,同年12 月,由国家民委和甘肃省经贸委资助的《藏文视窗平台》、《藏文字处理软件》、《藏文 Internet》三大课题 15 个项目,通过甘肃省科委、国家民委、甘肃省经贸委的鉴定,有关部门认为该系列科技成果达到国际领先水平,同时验收通过了 5 项新技术、新产品。

2000 年,由清华大学电子工程系丁晓青教授领导的智能图文信息处理研究室,与西北民族大学于洪志教授领导的中国民族语言文字信息技术研究院联合研制的"多字体印刷藏文(混排汉英)文档识别系统"的问世,填补了藏文文本识别研究和系统开发的空白,标志着我国中文信息处理领域又取得重要研究成果,拉开了藏文识别应用于藏文数字化建设的序幕。据专家介绍,"多字体印刷藏文(混排汉英)文档识别系统"首次解决了多字体印刷藏文文本的识别问题,以及首创实现藏、汉、英混排文本的识别系统,其整体性能达到了国际领先水平。经鉴定委员会测试组经测试,藏文白体、黑体、圆体、长体、竹体、通用体 6 种字体单字平均识别率达到 99.83%,实际藏汉英混排文本的平均识别率达到 97.28% 以上,达到了实用要求。清华大学电子工程系智能图文信息处理研究室发挥多年致力于东方文字及其与英文混排文档识别研究方面的技术优势,西北民族大学中国民族信息技术研究院则发挥其藏文基础平台开发,以及藏文字体样本库设计、语言理解和处理方面的优势,经过近三年的合作,完成了该软件系统。该项目的完成,为进一步实现藏文经书识别奠定了基础。"多字体印刷藏文(混排汉英)文档识别系统"是清华大学和西北民族大学在 2000 年签订的"全面合作协议"后的第一个科技研究成果,是清华大学充分发挥科技优势,为加快民族地区信息技术的发展做出的实质性贡献。

第三,21 世纪初藏文软件的开发和利用

2001 年成立的成都易华信息科技开发有限公司一直致力于易华藏文输入法及藏汉、藏英翻译系统的研制和开发工作,并于当年实现了在 Windows 平台下的藏文信息系统,使藏族人民可以对本民族语言文字进行计算机处理,为促进藏族同胞与国内其他各民族以及世界各民族的经济和文化交流提供了最先进的手段。该系统的特点包括九个方面:面向对象的设计;通用性好,可靠性高;良好的 Windows 系统人机界面,美观易用;采用藏文国家标准编码体系,完全兼容中文 Windows 95/98/Me/NT/2000 操作系统;藏文字库均采用 TrueType 字体制作;强大的词库管理功能;预留升级专用接口,系统升级简单方便;能通过控制面板中的输入法配置添加、删除、打开、关闭、切换词库量大,涵盖 2 亿多字及 600 多万的专业词条;允许用户定义自己的词库,并具备对自定义词库的添加、查看、删除、导入、导出等功能;翻译结果可复制和打印。该系统的软件模块包括藏文输入;藏汉、汉藏翻译;藏英、英藏翻译。系统要求方面为:CPU:Pentium200 或以上;内存:32M 或以上;操作系统为 Windows 95/98/Me/NT/2000。

同年,由西北民族学院于洪志教授主持的在计算机视窗平台下开发出的藏文软件《藏、汉、英多功能组合软件》通过相关部门专家的鉴定,首先在国内外完成了藏、汉、英系列工具软件与通用软件的研制工作。该科研成果中的藏、汉、英与拉丁转写全文转换系统和藏汉英 Lotus Domino/Notes 两个软件达到国际领先水平;藏、汉、英视频软件等十个软件在藏文信息技术领域达到国际领先水平。在 20 世纪,藏文软件主要是藏文字处理功能,用户将计算机看作是藏文录入、编辑、排版的工具,主要用于打字、出书、出报,很少使用计算机的其他功能。随着国家政府上网工程的进行,教育部远程教育计划的实施,藏族地区学校纷纷要求采用藏文软件进行计算机教学,《藏、汉、英多功能组合软件》正是在这种背景下诞生的。该组软件是我国藏文信息化技术继成功研制出藏文国际编码标准和《藏汉双语信息处理系统》之后,取得又一重大成果。该组合软件是国内首批少数民族文字的工具软件和通用软件。其研制历时两年,共由《藏、汉、英视频软件》、《藏文与拉丁转写全文转换系统》、《藏、汉、英多媒体教学课件》、《藏、汉、英电子邮件》等 12 个系列工具软件和通用软件组成。这些软件的运行环境要求使用奔腾系列计算机,并安装由该软件研究课题组两年前研制成功的藏文视窗平台系统。懂计算机和上网技术的藏族群众可以通过这些多功能组合软件自行编制藏文应用软件。

2003 年 11 月,国家教育部组织并委托清华大学主持并在清华大学召开了"多字体印刷藏文(混排汉英)文档识别系统"技术鉴定会。该系统由清华大学电子工程系智能图文信息处理研究室和西北民族大学中国民族语言文字信息技术研究院联合研制,经过三年的时间,实现了多字体现代藏文以及藏汉英混排文本的识别。鉴定委员会测试组经过测试,藏文白体、黑体、圆体、长体、竹体、通用体 6 种字体单字平均识别率达到99.83%,实际藏汉英混排文本的平均识别率达到 97.28%以上。"多字体印刷藏文(混排汉英)文档识别系统"首次解决了多字体印刷藏文文本的识别问题,以及首创实现藏、汉、英混排文本的识别系统,其整体性能达到了国际领先水平。该系统之所以能成功研制,是在清华大学电子工程系丁晓青教授领导的智能图文信息处理研究室多年致力于东方文字及其与英文混排文档识别的研究取得的重大成果,和西北民族大学于洪志教授领导的中国民族语言文字信息技术研究院从事藏文文字信息处理研究和系统开发的基础上,双方发挥各自优势,联合攻关的结果。该系统填补了藏文文本识别研究和系统开发的空白,标志着我国中文信息处理领域又取得重要研究成果,拉开了藏文识别应用于藏文数字化建设的序幕。该系统为藏文纸介质文档转化为计算机可查询的电子文档提供了有力的工具,将为藏文文献整理、编辑等数字化工作发挥重要的作用。因此,这项成果不仅在中文信息技术理论研究方面有重要的学术价值,还有广泛的应用领域,更具有其久远的社会效益。

2004 年,针对我国藏文软件严重落后,且不同单位低水平开发、各自为政无法兼容的现状,工业和信息化产业部 8 月 14 日启动藏文软件开发专项方案,组织力量联合攻关,预计将在 2 年左右解决藏文信息化平台等藏文软件方面的急需问题。工业和信息化产业部副部长娄勤俭指出,经过对少数民族语言文字信息化专题调研,工业和信息化产业部将组织力量加大对藏文软件产品开发的力度,并使用电子信息产业发展基金给予支持。他强调,藏文软件开发和推广应用首先要解决标准问题,尽快建立统一标准,才能为软件开发打下基础。据工业和信息化产业部产业部介绍,这一藏文软件开发专项方案已把统一制定藏文编码标准放在首位。其他内容还包括检测系统的研发、跨平台操作系统的研发、跨平台输入法的研发、字处理软件研发、互联网浏览器的改造和研发、藏文网站制作和管理工具的开发、藏文电子出版系统升级等。一份由工业和信息化产业部牵头组织，国内力量共同开发、由西藏自治区主要负责推广应用的部区合作协议也在同日签署。藏族地区由于受自然条件和经济发展水平的制约，信息化水平相当于全国平均水平的20%。语言文字信息化是信息化的基础，目前，藏族地区使用的很多软件还停留在 DOS 水平，少数WINDOWS 版的软件也在功能和性能上与汉语软件存在较大差距。2004 年由国家出资启动的藏文软件开发专项方案对彻底改变这种现象将起到至关重要的作用。为了进一步落实这项计划，工业和信息化产业部副部长娄勤俭于 8月中旬专程前往在西藏自治区首府拉萨，与西藏自治区副主席吴英杰正式签署了藏文软件开发和推广应用合作协议。这标志着我国藏文软件开发应用工作已提上议事日程。双方就藏文软件开发和推广应用工作达成共识，工业和信息化产业部牵头负责软件开发，西藏自治区负责推广应用，建立有效工作机制，明确职责分工，计划用两年左右的时间，开发出藏文信息化方面急需的基础软件，以初步满足藏区信息化的需要。

从 20 世纪 80 年代到 21 世纪初，藏文软件的开发和研制还必须提到西北民族大学主持研制的藏文信息处理技术，也就是我们前往经常提到的同元藏文信息技术。近 20 年来，同元藏文信息技术在研制、升级、创新的过程中，为广大藏族地区信息处理技术的普及和应用，提供了基础平台的软件支持。其藏文字处理、用高级语言编写藏文应用程序、藏汉双语电子政务、藏汉英 3 语教学课件、制作藏文网页、藏文多媒体软件、藏文视频节目等，受到了广大藏族群众的欢迎。目前，已在甘肃、青海、西藏、四川、云南和北京等省市区推广使用了 2000 多套，并建立了 13 个"藏文信息技术示范基地"。同元藏文信息技术系统的《藏文操作系统》、《藏汉双语信息处理系统》、《藏文视窗平台》、《藏文文字处理软件》、《藏汉英多功能组合软件》等 37 项省部级新产品新技术及科技成果，其中 19 项达到国际领先水平、1 项达到国际先进水平、6 项达到国内领先水平、4 项达到国内先进水平、7 项达到设计要求。获省部级科研奖 7项，国家科技进步奖 2 项，并且实现了科技成果产业化。

同元藏文信息技术包括以下四个层面。一是藏文视窗平台。具体为藏族运用本民族语言文字使用计算机进行信息处理提供操作环境，它拉开了计算机藏文视窗时代的序幕，使藏文信息处理达到了一个新层次和水平。目前同元藏文视窗平台已经达到国际领先水平。二是同元藏文字处理软件。它具有文字处理软件的一切功能,能支持众多的文字处理环境,兼容性好,系统稳定。操作界面符合 Windows 用户操作习惯,是藏文视窗平台支持下的藏文办公自动化软件,在藏文信息技术领域达到国际领先水平。"同元藏文字处理软件1.0"即将上市。三是同元藏文网站与多媒体技术。藏文网站用藏、汉、英三种文字介绍藏民族历史、语言、文化、宗教、风土人情等,能够在远程网、局域网进行藏文信息传输,能够准确地传递藏文电子邮件。藏文系统下载接口可提供藏文系统支持软件。在藏文信息传输、显示方面独具特色。同元藏文网站是世界上第一个藏文文字网站,中国第一个少数民族网站。在国际互联网中心和中国互联网中心注册的顶级域名为 www.tongued.net.同元藏文网站与藏文多媒体技术达到了国际领先水平。四是同元藏文输入技术。藏文输入法主要用于设计生产计算机藏文操作系统软件,藏文通用应用软件,与藏族文字相关的电子、信息、视频产品。为藏文的输入提供顺序输入法和拼写输入法,达到国内先进水平。同元藏文 True 作为同元 True Type 字型,其 Type 字库按照藏文编码国际标准,解决了藏文字符显示宽度不同的问题、藏文编码复合序列表示一个藏文显示字符的问题,可按用户要求生成单字节或双字节藏文 True Type 字库。

第四,藏文网站的布局与开发

为使民族文字信息处理技术有一个比较大的发展,尽快赶上先进民族的发展水平,为把我国各少数民族的优秀文化送上互联网,让我国各民族的优秀文化都能同步走向世界,并让世界了解一个完整的中国,为使我国各少数民族在跨入信息社会和知识经济时代的关键一环上,不至于拉得太远,不至于再一次落后,国家从 20 世纪末就已经开始加大技术开发的资金投入,力争把民族语文信息技术的开发和运用提高到一个新的水平。

根据调查,到 2000 年初,世界上第一个藏文网站——同元藏文网站,在兰州西北民族学院建成,这也是中国第一个少数民族网站。由西北民族学院于洪志教授主持开发的这一藏文信息技术,内容涉及系统平台、文字处理、藏文网站、藏文多媒体等。"藏文视窗平台"的建立,使藏族人民可以运用本民族语言文字进行计算机操作,为藏文信息产业化奠定了技术基础。其"藏文文字处理软件"具有文字处理软件的各种功能,能支持众多的文字处理环境,是藏区推广使用计算机最基础的软件;"藏文 INTERNT"在藏文网页设计和藏文多媒体制作方面达到了国际领先水平。同元藏文网站可分别用藏、汉、英三种文字介绍藏族历史、文化、宗教、风土人情等,在藏文信息的传输、显示方面独具特色。该网站的建立、开通与藏文多媒体软件的研制应用,为藏族地区经济、社会、教育、科技、文化的繁荣发展,为藏民族与世界的交流开创了新的途径。国务院新闻办公室发表的《2000 年中国人权事业的进展》白皮书中指出:"世界首家藏文网站——同元藏文网站,已于 1999 年 12 月在中国西北民族学院建成。"该网站第一次用藏、汉、英三种文字系统地宣传介绍了藏族悠久的历史、语言、文字、宗教等。在发展藏族地区经济、文化和社会各项事业中,"同元藏文信息技术"提供了有力的信息技术支持。2000 年,江泽民同志视察甘肃省兰州市高新技术开发区时,详细询问了藏文信息技术的研发情况,对西北民族学院在研制藏文信息技术方面取得的成绩给予了极高的评价。进入21 世纪以后,藏文网站开始逐年增多。目前,国内已经开通的藏文网站还有中国西藏信息中心藏文网站和《中国西藏》藏文网站等。

第五,藏文信息技术的开发在民族语文现代化进程中的作用。

20 世纪 90 年代以来,随着信息、网络技术的发展,文化全球化成为一种不可阻挡的发展趋势,同时必须看到由于"数字鸿沟"使一些发达国家利用信息网络技术进行文化渗透、文化侵略的现实。在这种背景下,西方敌对势力和分裂势力利用藏文软件技术从事分裂活动的事例已经越来越多。因此,为了维护祖国统一、反对分裂,保证西藏的稳定和繁荣富强,抵制国外敌对势力藏文软件在我藏族地区的使用,已经成为藏语文在现代化进程中的一个重要任务。

根据藏学界的普遍反映,几年来,美国、英国、瑞士、德国等国家和地区,采用民间渠道,向我国藏区免费赠送由这些国家研制的多达数千套的藏文软件。经对群众中使用的这些劣质的且带有政治目的软件技术研究和分析来看,一是国外软件通过对英文 WORD 的定制实现藏文的处理,没有也不可能考虑到中文平台中藏文的处理特点,强制该软件在中文 WORD 中使用会带来许多问题,如在字体列表中样本字为藏文构件既非英文也非藏文;藏汉英三种输入切换不便等。二是藏文构件字库占用英文字符码位,使得必须用十多个字库文件容纳藏文构件,常用的英文字符不能在藏文构件库中出现。三是软件没有对操作系统进行控制,仅对英文 WORD 加以控制,因此在非 WORD 的软件中藏文构件不能叠加,也就不能正确的显示藏文,更不能输入藏文,其使用藏文只能在 WORD 下进行。四是有的藏文软件在运行过程中会出现一些与分裂行径相关的内容。对此,国家应加大对藏文应用软件扶持开发、推广应用的力度,抵制国外劣质软件的传播和文化渗透,争取以较小的代价避免未来更大的经济损失和政治损失。

四、21 世纪初藏语文标准化和信息处理工作的新走向

进入 21 世纪之后我国的藏语文标准化和信息处理工作进入了一个新的历史阶段。主要可以体现在以下几个方面。

第一,藏文媒体网络化继续发展。

我国政府一贯重视少数民族语言文字和少数民族文化多样性的保护发展,也非常重视少数民族地区的社会、经济发展的稳定,为了推动西藏和其他藏族地区经济社会和文化教育的全面发展,一直对藏语文的标准化和藏文信息的传播给予高度关注,经过多年的努力,这两方面的研究和工作都取得了新的突破,藏文媒体的网络化和信息化得到了进一步的发展。

2005 年 11 月 24 日,由我国研发的手持电子通信设备藏文信息处理系统正式开通。这意味着具有全藏文界面、完整藏文输入输出功能和藏文短信收发功能的手持电子通讯系统将正式启动,将为使用藏语文的广大"好易通"手机客户提供通讯方便。[①] 2003 年 11 月西藏大学、西藏电信公司和深圳润汇科技有限公司联合启动了藏文无线通信系统和手持电子设备的藏文化研究,经过近两年的时间,攻克多项技术难题,于 2005 年 8 月成功开发出全藏文界面、完整藏文输入输出功能和藏文短信收发功能的好易通手机和车载电话,在国内外首次实现了手持电子通讯设备的藏文信息处理系统。这项系统的开发在国内外多个领域取得了创新和突破,首次设计和生成了符合藏文字体特性的点阵藏文字库,首次独创了藏文短信的编码和解码技术。此外,这项系统具有重码率低、翻页少等优点。

2005 年 12 月 18 日,西藏藏语言文字网站正式开通。[②] 它不仅是藏语言

---

① 截至目前,西藏"好易通"用户达 22 万左右,覆盖西藏 72 个县,一千多个行政村,同时覆盖到区内主要交通干线和旅游景区。

② 《西藏日报》(汉文版),2005 年 12 月 18 日。

文字信息化建设过程中的一件大事,也标志着西藏藏语言文字从此迈上了信息化、网络化的道路,必将对进一步繁荣民族传统文化,促进民族语言文字发展,大力宣传西藏,让世界了解西藏,加强各民族之间相互沟通和交流合作发挥积极作用。西藏藏语言文字网自2001年开始筹备,得到了国家教育部语信司、上海市语委办等有关部门和单位指导帮助。2005年5月上海市语委支援西藏藏语委建设"藏语言文字"网站签约仪式在上海市普通话水平测试中心举行,该项目正式启动,并如期完成。西藏藏语言文字网以 www.xzzyw.cn 为域名发布于互联网上,提供藏语言文字方面的相关知识,它不仅是学习藏语和促进藏语文学术交流的平台,同时也将对西藏自治区的经济发展,文化繁荣,教育进步以及加快信息交流起到积极的促进作用。

2005年12月20日,由中国国际广播电台和西藏人民广播电台联手打造的《中国西藏之声》藏、汉语网站在北京正式开通。《中国西藏之声》藏、汉语网站包括中文首页以及汉语新闻综合频率、藏语新闻综合频率、康巴语频率、都市生活频率等四个频率页,内容涉及西藏新闻、西藏旅游、西藏风情、西藏音乐、高原之宝等。藏语广播网的推出弥补了藏语无线广播在播出时间和覆盖地域等方面受到的局限,不仅为西藏自治区少数民族群众开辟了一个了解世界的新窗口,也为生活在海外的藏族同胞提供了解祖国,特别是了解今日西藏发展变化的最便利渠道。

第二,藏文信息处理系统工作继续向纵深发展。

2005年7月 由中国科学院软件研究所、西藏自治区藏语文工作委员会办公室、西藏大学共同承担完成的中国科学院西部行动高新技术项目《基于Linux的跨平台藏文信息处理系统》在北京通过验收。

该项目是中国科学院软件研究所积极响应国家实施"西部大开发"战略和"全国支援西藏"的号召,根据国家关于加快发展信息技术的有关政策和决定,与西藏合作开发的一项高新技术项目。自2003年3月该项目正式启动以来,紧紧围绕主要研究目标和研究任务,项目组深入分析比较了各种藏文字符集编码方案,针对多语言计算的共通性问题,建立了我国民族语言规范化、标准化的统一文字处理体系,在此基础上,成功研制了 Linux 藏文处理系统和Linux/Windows 跨平台藏文办公套件,并在西藏大学、西藏编译局、西藏社科院民族所等单位试用,反响热烈,得到了用户的好评。该项目的研制成功,使我国有了第一个具有自己知识产权的跨平台藏文处理系统,同时具有良好的应用推广前景。

2005年3月由中国藏学研究中心主持,国家技术监督局中国标准化研究院、信息产业部中国中文信息学会和西藏自治区藏语文工作委员会协助参与的重点项目《藏文信息技术专用术语国家标准和国际标准》正式启动。[1] 在信息化建设的过程当中,信息技术编码字符集的标准化和信息技术专用术语的标准化是两个重要的基础标准,仅有信息技术编码字符集的标准而没有信息技术专用术语的标准,开发出来的信息产品及软件都是不完整的。根据掌握的信息,微软公司已经正式宣布在 Windows 操作系统的下一个版本中计划支持我国的蒙文、藏文和彝文,并且发布了这些文种的 Windows 操作系统的测试版。但微软也明确指出他们将不能完整地在 Windows 操作系统中支持藏文,理由是我国目前没有制定出藏文信息技术专用术语的国家标准和国际标准。国内有关单位和公司也计划在我国的红旗 Linux 中支持包括藏文在内的我国的多个少数民族文字,但同样面临着缺少包括藏文在内的我国多个少数民族文字的信息技术专用术语的国家标准的问题。因此,包括藏文在内的我国少数民族文字的信息技术专用术语的标准化工作显得极为重要和紧迫。更为重要的是,微软公司初步计划在2006年8月发布其支持有我国的蒙文、藏文和彝文的 Windows 操作系统的下一个版本。

对藏文信息技术专用术语标准的制定,国外(主要是美国)早有一些研究机构和院校开始在做这方面的工作,并且已经有了一些阶段性的成果。众所周知,藏文的用户在中国,藏文的故乡在中国。《藏文信息技术专用术语的标准》理应由我国自己来制定。它涉及我国的信息和民族文字安全等多方面的问题,同时还会影响我国的语言文字工作,损害我国的国家利益。因此,在这样的背景下,若我国在2006年5月之前完成《藏文信息技术专用术语国家标准和国际标准》的制定,就可以用我国制定的国家标准名正言顺地要求微软在其新的产品中正确、完整地支持我国的藏文。目前,该项目的前期工作已经顺利完成,相关成果的审定和申报工作也在按计划进行。

---

[1]　中国藏学研究中心2005年度课题立项申请报告《藏文信息技术专用术语国家标准和国际标准》。项目负责人扎西次仁。

第三,藏语术语标准化工作全面推进。

我国的藏语术语标准化工作起步于 20 世纪 90 年代。1995 年在国家相关机构的支持下,正式成立了全国术语标准化技术委员会少数民族语分技术委员会藏语工作委员会(以下称全国藏语术语标准化工作委员会)。并在 10 年的工作中取得了许多重大的成绩。2005 年 11 月全国藏语术语标准化工作委员会换届会议在北京成功召开。这次会议的召开对全面推动我国的藏语术语标准化工作将起到非常积极的作用。①

语言文字是信息的主要载体,藏语文的规范化和术语的标准化不仅是西藏和其他藏区信息流通与开发的基础,同时也是经济社会发展的基础性工作。搞好藏语文的规范化、标准化和信息处理工作,是新时期藏语文工作的主要任务之一,是普及文化教育,发展科学技术的一项基础工程。全国藏语术语标准化工作委员会正是为了适应西藏和其他藏区的社会发展和科学技术发展的要求,加强藏语术语标准化和新词术语的规范化工作,使我国的藏语术语逐步协调统一,而成立的一个全国性的藏语术语工作的技术组织。它负责指导和协调全国藏语术语工作领域内的标准化技术工作和藏语用字用词的规范化工作,业务上受教育部领导,技术上受全国术语标准化技术委员会及所属的少数民族语分技术委员会指导。它的工作任务是在国家有关方针政策的指导下,向国家标准化管理委员会、教育部和全国术语标准化技术委员会少数民族语分技术委员会提出藏语术语标准化工作建议。开展术语学理论与应用、辞书编纂、计算机辅助术语和语言资源等方面的工作。

这次会议经过认真审议,一致通过了《全国术语标准化技术委员会民族语分技术委员会藏语工作委员会章程》、《全国术语标准化技术委员会民族语分技术委员会藏语工作委员会 2005—2009 年工作规划》。会议还审议通过了 2006 年度工作计划,决定组建 7 个标准项目工作组,把制定标准的各项任务具体分配给了西藏等省区和北京的有关单位。

---

① 《语言文字周报》,2005 年 12 月 5 日。

第四章　关于西藏藏语文教育的
调查与研究

第一节　西藏农村基础教育制度变迁(1951—1999)

一、1959—1965 年西藏农村基础教育的起步

假如说旧西藏没有真正意义上的现代教育的话,那么在西藏农村就更谈不上有现代意义上的基础教育了。1959 年,西藏地方政府为了维护封建农奴制度,发动了分裂祖国的武装叛乱。叛乱平息后,西藏进行了民主改革,彻底推翻了封建农奴制。社会制度的深刻变革,为发展西藏的农村基础教育事业,提高广大农牧民的科学文化水平,解决翻身农奴文化上翻身的迫切要求,提供了优越的社会政治条件。但是,1959 年以前,虽然中央对西藏的财政补贴额度不小,可是当时西藏百业待举,交通运输又耗资巨大,西藏财政非常紧张。加之西藏农村的基础教育无任何基础而言,仅凭国家和西藏地方的资金和师资,要想满足广大农村发展基础教育的需求,在短期内兴办很多的公办小学是不可能的。这种情况下,在西藏农村民办小学的大量出现成为西藏历史的必然。

根据这样的形势,1959 年西藏工委专门制定了"民办为主,公办为辅"的办学方针(这一方针也是针对西藏的城镇而言的),从而在西藏广大农村掀起了一个群众性的声势浩大的办学高潮,到 1961 年年底,全区民办小学已达1496 所,在校生 52000 人,这其中的绝大多数学校和学生都在农村。另外,农村的夜校也迅速遍布全区。1962 年,西藏工委针对民办小学发展过猛等问题,及时对有关政策进行了调整,提出了"以整顿提高为主,稳步向前发展为辅"的稳定发展总方针。合并撤销了部分不具备办学条件的民办小学,在办

学方针上强调民办小学的办学形式、课程设置要与农村的生活生产相适应。到 1965 年,西藏农村民办小学达到 1735 所①,农村基础教育具备了一定的基础。

这一时期西藏农村基础教育的主要特点是:

第一,教学目的和宗旨。根据当时西藏农村的实际情况,经过有关部门的多次研究和讨论,西藏工委提出了要培养具有一定政治觉悟和一般文化的劳动者的农村基础教育目标。办学的宗旨则是要本着教育为生产、生活服务的要求,认真贯彻"学用结合"的原则。教学目的则要求学生达到能读懂藏文报纸,会写简单的书信和应用文,能为农牧民记账、算账。②

第二,学校管理。初期,民办小学的管理非常不健全。根据各地的办学经验,西藏农村逐步建立了由基层干部、学生家长和教师代表组成的民办学校公里委员会,负责教学和经费的管理工作。学校经费和教师的工资由群众集资或以勤工俭学等办法解决。

第三,学制、学生年龄及办学形式。西藏农村民办小学的简易性决定了它只能成为简易学校。所以在学制上不能要求它同全日制的公办小学完全一样。因此,西藏当时的教育行政部门规定农村民办小学的学制为 5 年制;1964年后又进一步调整为 4 年。为了满足广大农村群众学习文化的迫切愿望,1959 年前后,民办小学学生的入学年龄放得很宽,一般 6—20 岁都可以入学,1964 年以后,为了不影响农牧业生产,学生的入学年龄限制在 16 岁以内;办学形式灵活多样,有全日制、半日制、隔日制、识字班、文化夜校等。牧区则有马背学校、巡回学校等。

第四,师资、教材和课程。在西藏农村基础教育的初创阶段,采取的是就地取材,能者为师,逐步培训提高的办法来解决师资严重紧缺的问题。当时只要有一点文化知识的僧尼和普通群众都可在学校担任教师。在教材的建设上,西藏工委专门成立了教材编译组,优先翻译和解决农村民办小学的教材,1963年民办小学的学生就得到了配套的藏汉语文和数学课本。在课程的设置上,主要开设藏语文、算术、珠算、政治等,后期一些民办小学开始开设汉语文课。

---

① 多杰才旦:《西藏教育》,中国藏学出版社 1991 年版,第 97 页。
② 多杰才旦:《西藏教育》,中国藏学出版社 1991 年版,第 92 页。

二、1966—1979 年的西藏农村基础教育

"文化大革命"期间,尤其是 1974 年后,西藏的农村基础教育由于"左"的思想和工作中的种种失误,片面提出了"县县有中学,区区有完小,队队有小学","把学校办到贫下中农(牧)的大门口"的错误口号,完全违背了西藏农村的实际情况及基础教育的水平,致使小学每年以 1000 所的速度恶性发展,到1976 年西藏农村的小学超过了 6000 所,完全打破了基本符合西藏农村实际的小学格局,给西藏的基础教育带来了极大的危害。1976 年到 1979 年年底,由于缺乏对西藏农村特殊性以及已有的基础教育格局的再认识,西藏教育管理机构没有及时地对当时农村基础教育的结构进行调整,而是在学校的发展上继续沿袭了原有的做法,不顾农村实际,贪图虚名,盲目地发展学校,使农村基础教育内部的比例失调状况进一步加重。据 1979 年年底的统计,当时农村民办小学占全区小学总数的 90.8%,完全小学仅占 3.8%。农村 70% 以上的师资不合格,有的只能教小学一年级。绝大多数的农村小学校舍紧张,资金匮乏。教学无计划、无要求、无质量,远远不能适应西藏农村"四化"建设对人才的需要。①

三、1980—1992 年西藏农村基础教育的调整、发展、改革

1980 年年初,中央批转了《西藏工作座谈会纪要》,西藏工作出现了根本性转机。在这种形势下,西藏自治区教育管理部门深入农牧区调查研究,广泛征求基层教育部门的意见,最后根据存在的问题,提出了中小学基础教育调整方案。这个方案有一部分涉及了城市的基础教育问题,但最主要的内容仍然是农村基础教育的调整问题。其调整的基本原则是:将 1959 年以来"民办为主"的办学方针转变为"以公办为主,民办为辅,两条腿走路"的办学方针;在学校教育方面贯彻以藏族为主,以中小学为主,以公办学校为主的精神,从西藏实际出发,按教育规律办事,加强藏语文的学习,重视民族语言授课,加强教育管理,提高教育质量。

根据农村基础教育调整的原则,西藏自治区教育部门制定了农村办学的

---

① 《西藏教育》1985 年第 2 期,第 11 页。

5 个条件:基本上能按教学计划开课、有合格的师资、有合格的生源、有校舍和必要的教学设备、有懂行健全的领导班子。按照这 5 个条件,在调整中对部分不符合办学条件的民办小学教学进行了合并或撤销,加强县完小和区公办小学。经过调整,全区民办小学数量减少,公办小学数量逐步增加,规模不断扩大。从 1980 年起,国家每年拨出专款用于改变公办学校的办学条件,各地各级政府也拨出部分经费为学校修缮校舍,购置必备的生活用品。西藏自治区财政部门还先后对公办小学的人民助学金进行了调整,并免除了中小学生的学杂费,解决了农牧民学生入学的困难,适龄儿童入学率逐渐提高。如阿里普兰县原有小学 27 所,调整后为 11 所,在校生却由原来的 600 人增加到 840 人,山南曲松县原入学率在 30%—40%之间,调整后 4 个区的小学虽然减少了,但适龄儿童的入学率却达到了 90%以上。①

在农村基础教育调整中,西藏自治区教育部门针对小学内部比例失调等问题,从 1980 年开始在全区各县集中力量建立了 1 所县完小,有条件的区也逐步将公办小学(1—3 年级)改为完全小学,全区农村基础教育内部比例失调的问题基本得到了解决。为了加强农村小学的藏语文教学,解决藏语文教师量少质差的问题,各地、各级教育部门还采取措施,聘请社会上的旧知识分子和还俗僧人到学校任教,促进了农村藏语文教学质量的提高。

1984 年 4 月,中央召开了第二次西藏工作会议,为建设团结、富裕、文明的新西藏作出了一系列重大决策。会后,中央下发了中发 6 号文件。8 月,国务院副总理田纪云前往西藏视察工作,中共中央和国务院批转了田纪云等同志赴西藏调查研究的报告,下达了中发 22 号文件。在文件中特别就发展西藏农村的基础教育,培养藏族建设人才等问题作出了许多重要指示。中央从西藏经济和文化落后的实际出发,在 6 号文件中提出了对农村区办重点小学和县办重点中学实行“三包”的政策,指出:区办重点小学、县办重点中学全部实行借宿制,“包吃、包穿、包住”。同年,西藏自治区人民政府也发出布告指出,“县、区办的中小学,全部实行借宿制,包吃、包穿、包住,所需经费由国家开支”。西藏农村基础教育将实行“三包”的政策在群众中传达后,得到广大农牧民群众的热烈拥护。1985 年 4 月,西藏自治区人民政府正式出台了《关于

① 《西藏教育》1985 年第 2 期,第 14 页。

全区公办重点中、小学实行"三包"的试行办法》。

"三包"是党中央针对西藏的特殊情况所采取的一项特殊政策和措施,集中人力、物力、财力办好农村的重点学校完全符合西藏基础教育的实际,也是被西藏教育实践证明了的培养合格人才的正确途径。是落实中央关于西藏"到20世纪80年代末,再培养一批具有中专以上程度的藏族科技人员和各类学校教师,使西藏文化科技落后的面貌有大的改变"的重大措施。① 因此,从1985年以后,随着这一政策的实施,西藏农村的基础教育得到了进一步的发展。

表4-1　1988—1991年堆龙德庆县基础教育规模　　（单位:所）

项　目		1988	1991	增长情况
学校数	中　学	1	1	
	公办小学	7	7	
	民办小学	40	48	8
	合　计	48	56	8
学生数	中　学	298	400	34%
	公办小学	1464	2136	46%
	民办小学	2114	2381	12.6%
	合　计	3876	4917	26.8%
	小学生入学率		81%	
教职工总数		287	330	15%
学前班幼儿数			300 人	

资料来源:《西藏教育》1991年第5期。

1987年12月,西藏第三次教育工作会议召开。这次会议的主要任务是:以党的十三大精神为指导,从西藏实际出发,贯彻落实《中共中央关于教育体制改革的决定》和国务院第二次援藏工作会议精神,统一思想,总结经验,进一步明确改革和发展西藏经验的指导思想、方针、政策,重点研究制定办好西藏教育的一些具体政策和措施。在这次会议上,"重点加强基础教育"被立为今后西藏教育工作的主要任务之一。也正是在这个前提下,会议提出了"集

---

① 《西藏教育》1990年第2期,第11页。

中办学"的西藏农村基础教育新构想,指出:"公办小学应适当集中,乡村民办小学的设置要有利于儿童就近上学。""集中人力、财力和师资力量,集中办好借宿制学校。"这是从西藏农村办学的实际出发,吸收了多年办学的经验和教训,是办学思想的一项重大改革,也是在办学方向上的一种大胆尝试。

以林芝地区为例,据 1988 年的统计,全地区有小学 162 所,小学教师 685 人。小学教师中有中专、高中文化程度的 192 人,初中文化的 68 人,小学文化的 425 人,各占 28%、10%、62%。另外,小学教材教法双科合格的有 52 人,占 7.6%,单科合格的 228 人,占 33.3%,还有部分教师只有小学三年级的文化水平。① 不改变这种办学结构,采取"集中办学"的原则,不仅教学质量无法保证,而且"三年级万岁"的情况还可能继续延续,广大农牧民子女哪里有上中学、上大学的机会呢? 因此,1988 年以后,农村基础教育向"集中办学"、"集中办好借宿制学校"的方向改革,是符合当时农村基础教育实际情况的。

在第三次西藏教育工作会上,还根据《西藏自治区学习、使用和发展藏语文的若干规定(试行)》中有关"以藏语文为主,同时学好汉语文,适当学习外语"的精神规定,在基础教育阶段,应逐步做到用藏语文教学,在学好藏语文的同时,注意打好汉语文基础。这种新的语言政策,进一步规范了西藏农村基础教育的教学语言。

由于 1980 年以来西藏对农村基础教育进行了有效的调整,广大农村的重点中小学试行了"三包"政策,加之 1988 年开始实行的"集中办学"、"集中办好借宿制学校"的改革,在"七五"期间,西藏农村的基础教育水平有了较大提高。据调查结果显示,1985 年到 1991 年,拉萨市堆龙德庆县的基础教育取得了显著的成绩。从表 4-1 中我们可以看出 1988—1991 年该县办学规模的扩大,表 4-2 则反映出该县完小规模的扩大和教学质量的提高。

表 4-2　1964—1991 年堆龙德庆县完小升学情况

年　份	学生数	班数	教工数	毕业班升学人数		
				总数	区内中学	区外中学
1964 年建校	90		3			
1985	410			67	45	13

---

① 《西藏教育》1991 年第 1 期,第 14 页。

续表

年　份	学生数	班数	教工数	毕业班升学人数		
1986	444	11		87	53	22
1987	480	12	36	93	49	33
1991	830	18	49	80	35	40

资料来源:《西藏教育》1991 年第 5 期。

四、1993—1999 年西藏农村基础教育的两次改革浪潮

1.第一次农村基础教育改革浪潮(1993—1996)

1993 年 3 月,西藏自治区第四次教育工作会议召开。在这次会议上集中讨论修改了《关于改革和发展西藏教育的基本思路》等一系列文件。同年 6 月正式颁布了《西藏自治区党委、人民政府关于改革和发展西藏教育的决定》,即藏发 16 号文件。这份重要文件提出了到 20 世纪末西藏教育发展的总体目标,其中有多处涉及西藏农村基础教育的改革和发展问题。这些内容包括:第一,基本实现县县有中学,乡乡有完全小学,适龄儿童入学率达到 80% 以上。第二,有计划、分阶段实施义务教育,牧区基本普及 3 年义务教育,农区基本普及 6 年制义务教育。为了实现这些改革目标,文件提出以下措施:

一是挖掘潜力,进一步扩大现有中、小学的办学规模,提高入学率、巩固率和合格率,改善办学条件,提高建校质量和投资效益。二是拆建、改建部分中小学校;到 20 世纪末,全区新增县中学 16 所,初中 20 所,乡完全小学约 500 所,基本实现县县有中学,乡乡有完全小学。三是巩固提高现有村办小学的办学水平,村办小学一般要办到四年级,部分小学要办成完全小学。今后几年要新增村办小学 800 所以上。要继续改善农村中小学的办学条件,1995 年以前,县、乡中小学要实现“一无两有”(无危房、有教室、有课桌凳),在 1997 年前基本上完成配套建设任务。在农村基础教育的管理上,则实行由县级教育部门统筹管理,村办小学由所在乡管理的原则。

16 号文件中还提出了这次农村基础教育改革和发展的基本原则:坚持四项基本原则,坚持党对农村教育工作的领导,把培养有理想、有道德、有文化、有纪律和维护祖国统一、反对分裂的社会主义建设者和接班人作为农村学校

工作的根本任务;坚持教育为经济建设和社会主义市场经济服务;坚持依靠人民办教育。充分调动社会各界和人民群众的积极性,多渠道筹措教育经费,形成全社会关心教育、支持教育的良好风气;坚持集中办学与分散办学相统一,办学的社会效益与经济效益相统一的原则,正确处理好巩固和发展的关系。

1993 年的西藏教育改革是以贯彻邓小平同志南方讲话和党的十四大精神为背景的。30 多年的西藏农村基础教育发展和变化是巨大的,取得的成绩也是举世瞩目的。但是同内地和其他少数民族地区相比,就显得太落后了。以 1990 年为例,西藏公办和民办小学在校生总数为 15.74 万人,而 7—12 岁的学龄儿童为 30.57 万,毛入学率仅为 51.48%。如按 6—11 岁计算,毛入学率只有 49.78%。令人更加不安的是西藏小学的毛入学率多年来一直在低水平上徘徊不前。另外,西藏农村基础教育的落后还表现在教育结构的不合理,办学层次低,"大头沉"和"隐性失学"等方面。以日喀则地区的中、小学生数据为例,1992 年全地区共有中、小学生 60708 人,中学生在校生只占中小学生的 7.28%。主要原因是中学数量少、规模小造成了大批小学毕业生不能升学。照此下去,到"八五"末将有 70%的小学毕业生不能升学。① 这种中、小学比例失调的问题,在整个西藏自治区都是普遍存在的。再以小学数据为例,1992 年全日喀则地区小学在校生总数为 56291 人,其中六年级学生只占 5.32%,而一年级却占 46.44%,明显"大头沉"。农村民办小学的"大头沉"问题更为严重,32963 名民办小学生中,三年级(民办小学的最高年级)学生只占 6.61%,而一年级却占 66.45%。

搞好农村基础教育的综合改革,就是要有针对性地解决这些问题,调整好结构和比例,使中、小学的比例趋于合理,使公办和民办小学的比例趋于合理,同时还要特别着眼于提高民办小学的办学条件和办学层次,力争在"八五"末使 70%以上的民办小学真正达到三年级甚至更高的水平。但面临的困难一是由于历来民办教育在西藏农村的小学阶段占有相当重要的位置,比例很大。像山南、日喀则等农业比重较大的地区,民办小学在校生大大超过公办小学,如山南地区 1990 年民办小学生占全部小学生总数的 56.20%,日喀则地区

---

① 《西藏教育》1993 年第 2 期,第 2 页。

1992 年民办小学生占全部小学生总数的 58.56%。①　二是西藏地广人稀，交通不便，近 90% 的人口分布在农牧区；公办小学少，规模小，国家不可能也没有必要一下子建很多的公办小学；教育经费有限，来源渠道单一；失学儿童的 90% 以上分布在农牧区。在这样的情况下，对包括农村基础教育在内的整个自治区的基础教育进行新的改革是很有必要的，这种改革是大力发展和加强公办和民办基础教育，提高适龄儿童入学率，堵住新文盲产生最切实最有效的途径；是符合十四大提出的"必须把教育摆在优先发展的战略地位，努力提高全民族的思想道德和科学文化水平，这是实现我国现代化的根本大计"的精神的。

1994 年以后，为了贯彻 1993 年西藏自治区第四次教育工作会议以及《西藏自治区党委、人民政府关于改革和发展西藏教育的决定》的精神，西藏自治区人民政府和自治区教委首先制定了全区基础教育年度目标责任制，并在 1995 年前后与各地区行署签订了"教育目标责任书"。接着又印发了《关于我区中小学生享受"三包"和助学金的暂行条例》。

"责任书"分主要目标和主要措施两部分，主要内容与农村基础教育密切相关。由于这些"责任书"反映了当时农村基础教育改革的基本内容和措施，这里特辑录一份以供参考。

那曲地区 1995 年教育目标责任书

一、主要目标

（1）全地区小学入学率达到 43%，巩固率达到 90%。

（2）小学各年级在校生分别达到：一年级 4500 人，二年级 4200 人，三年级 2600 人，四年级 2000 人，五年级 1200 人，六年级 1000 人，总计 15500 人。

（3）中学各年级在校生分别达到：预备班 200 人，初一 450 人，初二 530 人，初三 420 人，高一 23 人，高二 23 人，高三 13 人，初中总计 1600 人，高中总计 126 人。

（4）积极争取师范招生 90 人，其中初师招生 30 人，中师招生 60 人，地区办班培训公办小学教师 30 人，各县轮训小学民办教师 100 人。辞退不合格民

---

① 《西藏教育》1993 年第 2 期，第 2—3 页。

办教师 60 人。

(5)继续办好职业班,招收职业班新生 60 人。

(6)扫除青壮年文盲 4000 人。

(7)新建县中学 2 所、乡完小 17 所、乡村初级小学 40 所,扩建 2 所中学及师范学校。

(8)在正确统计各乡村人口和适龄儿童数的基础上,基本完成全地区学校的布点规划。地区确定 2 所完中、3 所初中和 14 所完小为重点学校。在继续更新添置学校课桌板凳等设备的同时,重点保证地、县两级重点学校达到"一无二有六配套"。

二、主要措施

(1)加强领导。建立地县党政领导干部定点联系学校制度。定期召开党政联席会议研究教育工作,党委、行署每半年一次,县委、县政府每季度一次。

(2)增加教育投入。地区、各县投入分别为当年地方财政收入的 17% 和 15%,地县投入总计 200 万元,各乡群众对办学投工献料折款和集资 150 万元。

(3)深化教育改革。全地区实行地区办地直学校,县办中学及乡中心小学,乡办乡村初级小学的办学管理体制。办学模式,小学采取"三、三"分段,中学采取"四、三"分段。在具备条件的学校实行校长负责制。

(4)强化学校内部改革,努力提高教育教学质量和办学效益。重点加强德育管理、教学管理和学籍管理。进一步修改完善学校管理规章制度。严格控制学生流失率和留级面。

(5)加强教师队伍建设。继续实行地区内教师调整交流办法。完善教师聘任制。分期分批开展地县乡三级学校定编定员工作。合理配备乡村学校教师。

(6)管好用好教育经费。继续实行办学效益与经费分配挂钩办法。坚持专款专用、分期拨款制定。加强地县两级教育经费审计工作。提高教育经费使用效益。

那曲地区行署
1994 年 12 月 24 日

《条例》的主要内容包括：凡西藏自治区各中、小学借宿制的农牧民子女均属享受对象。父母双方为农牧民的按全额享受"三包"费用。父母一方为农牧民的享受标准金额的50%；助学金的范围和对象则是：凡属西藏自治区边境县中学、边境乡小学的走读生，其他中学走读的家庭经济条件特别困难的农牧民子女、城镇中父母双方或一方非干部职工的学生，均属享受对象。

在实施"责任书"和《条例》的同时，为了进一步贯彻1993年以来的教育改革精神，真正达到藏发16号文件提出的21世纪末基础教育的发展目标，西藏自治区人民政府又发布了《西藏自治区实施〈中华人民共和国义务教育法〉办法》和《关于印发西藏自治区实施义务教育规划的通知》两个重要文件。第一个文件共8章48条，除总则6条外，分别从学生、学校、教师、经费与基建、管理与考核、罚则、附则7个方面对西藏的义务教育法进行了论述。其中总则第二条规定："自治区根据各地经济和社会发展状况，因地制宜，分阶段、有步骤地推行九年制义务教育。"第二个文件的中心内容实际上是《西藏自治区实施义务教育规划》（以下简称《义务教育规划》）。它包括分地区实施目标和步骤、推动全区实施九年制义务教育的若干措施等4个部分。

第一部分为西藏自治区基础教育的发展现状，文件指出，西藏和平解放以来，基础教育事业取得了显著成绩。首先是基础教育事业规模得到了迅速发展。到1993年年底，全区已有中小学3175所，在校生239142人，小学适龄儿童入学率达63.2%。其次基础教育师资队伍建设进一步加强。再次教育经费投入较大规模增长，中小学办学条件明显改善。再其次基础教育体制改革正在逐步深化，"地方负责、分级办学、分级管理"的基础教育管理体制正在形成和完善。但是又存在不少问题和特殊困难。主要是：全区绝大多数县、乡还没有依法实施义务教育。相当一部分县、乡依法实施义务教育的办学条件还有很大困难，不仅校舍不足，而且教学设备简陋，目前农村尚有10万小学生没有课桌板凳，相当一部分地方的中小学布点任务还十分艰巨。另外，全区适龄儿童入学率低，农牧区初等教育普及率只有20%左右，全区尚有12万多适龄儿童未能入学，中小学生辍学严重，基础教育内部结构严重失衡。再加之地理环境、交通等因素制约，中小学师资量少质差，学校管理水平偏低，都给西藏农村实施义务教育带来了许多的困难。

根据西藏基础教育的这种现状，《义务教育规划》第二部分在谈到西藏实施义务教育的指导思想和总体目标时指出,西藏实施义务教育的指导思想是:认真贯彻《中华人民共和国义务教育法》和《西藏自治区实施〈中华人民共和国义务教育法〉办法》,从西藏的实际出发,因地制宜,分阶段、有步骤地在全区推行九年义务制教育……总体目标是:全区至 2000 年适龄儿童入学率达到80%,普及六年制义务教育人口覆盖率基本达到 80%。至 2003 年,即从现在起再用 10 年时间,基本普及六年制义务教育,使适龄儿童入学率达到 85%以上,普及六年制义务教育人口覆盖率达到 85%以上。至 2010 年,基本普及九年制义务教育,使初等教育适龄儿童入学率达到 85%以上,普及九年制义务教育的人口覆盖率达到 85%以上。

按照这个总体目标,《义务教育规划》的第三部分提出了分地区实施目标和步骤的做法:现阶段(1994 年)推行三年或六年义务教育,在县(市、区)、乡(镇)范围内,分准备阶段和全面推行阶段组织实施。并根据各县经济、教育发展水平及人口居住状况,将西藏 74 县(市、区)分为三种类型,分步骤实施义务教育。第一类地区:拉萨市城关区,1994 年完成推行六年义务教育准备阶段任务,1996 年普及六年制义务教育,2000 年以前普及九年制义务教育。第二类地区①:共 52 县(市),2000 年以前基本普及六年制义务教育。根据其实施条件的差异,分三批组织实施。第三类地区②:共 21 县,为全区实现义务教育困难较大的地区,2000 年以前基本普及三年制义务教育。根据其实施条件的差异,分两批组织实施。

开始于 1993 年的西藏农村基础教育第一次改革浪潮经过几年的发展已经取得显著的成绩。据 1996—1997 年《西藏自治区教育事业统计资料》有关数据显示,1996 年西藏县镇和农村的小学已经达到 760 所,教学点多达 3484处,在校生达 26 万人左右;县镇和农村共有普通中学 71 所,在校生达22468 人。

---

① 二类地区:第一批为曲水、堆龙德庆、尼木、达孜、日喀则市、江孜、亚东、乃东、贡嘎、扎囊、洛扎、昌都、芒康、察雅、林芝、普兰;第二批为林周、墨竹工卡、白朗、康马、仁布、拉孜、萨迦、曲松、错那、琼结、措美、江达、类乌齐、米林、工布江达、波密、札达;第三批为南木林、谢通门、聂拉木、定结、吉隆、定日、岗巴、隆子、浪卡子、加查、桑日、察隅、朗县、墨脱。

② 三类地区:第一批为当雄、那曲、索县、嘉黎、比如、巴青、噶尔、日土、昂仁、丁青;第二批为安多、班戈、申扎、聂荣、尼玛、双湖特区、改则、措勤、革吉、萨嘎、仲巴。

与 1990 年相比,小学在校生人数增长了 10. 26 万多人,入学率提高了 24 个百分点;初中生增加了 1. 14 万人,入学率提高了 7 个百分点。拉萨市、山南地区、林芝地区实现了"两有八零"①目标。拉萨市曲水县和城关区经验收实现了普及六年制义务教育的目标。"八五"期间,全区基础教育尤其是农村基础教育内部的层次结构得到了初步调整。

正是在西藏农村基础教育改革取得这样好的成绩的形势下,1996 年 6 月出台了《西藏自治区教育事业"九五"计划和 2010 年发展目标》(以下简称《发展目标》)。《发展目标》在回顾"八五"期间教育成绩时指出,这是西藏自治区教育事业特别是基础教育的改革发展取得了显著成绩,是和平解放以来全区教育形势最好的时期之一。在谈到基本指导思想时进一步指出:今后 15 年,西藏自治区教育改革要继续认真实施《中国教育改革和发展纲要》以及自治区关于实施《纲要》的意见,进一步落实教育优先发展的战略地位。深化教育体制改革,推动自治区教育事业健康、稳步、持续发展,更好地为西藏自治区经济发展和社会进步服务。

在谈到主要目标任务时,《发展目标》还对今后基础教育主要是农村基础教育提出了新的发展方向:"九五"期间全区计划新建乡完小 100 余所,新建中学 14 所,改扩建乡完小 300 余所,改扩建中学 30 余所,基本实现"县县有中学,乡乡有小学"的目标。基本完成中小学校布点任务。到 2000 年,小学在校生达到 33 万,小学入学率达到 80% 以上;初中在校生包括内地办学达到 6. 7 万人,初中入学率达到 40%。全区 10% 的人口地区普及九年制义务教育,70% 的人口地区普及六年制义务教育,其余 20% 的人口地区普及三年义务教育。通过普及不同年限的义务教育,全区基本堵住新文盲的产生。

关于主要措施问题,《发展目标》提出:第一,要抓紧、抓好教师队伍的建设,"九五"期间尤其要大幅度提高农村小学教师的学历合格率。另外按教育规划目标,全区专任小学教师要增加 5000 名。第二,要努力增加教育投资,大力改善办学条件。到 2000 年,全区中小学危房率要下降到 2% 以下;近几年要解决好中小学缺乏课桌板凳及住校生无床铺的问题。继续重视教材工作,完

---

　　① "两有八零"即指 1993 年西藏自治区第四次教育工作会议上提出的 21 世纪末全区基本实现"县县有中学,乡乡有小学,适龄儿童入学率达到 80%"以上的目标。

成义务教育教材的翻译和地方教材的编写工作,进一步完善教材的发行办法,确保中小学教材"课前到书,人手一册"。根据自治区办学条件标准,要大力提高中学校园建设、校舍面积、教学设备、图书资料、体育卫生器材的达标率。第三,深化教育改革。要继续实行并进一步完善农村(包括城镇)中小学"三包"助学金制度。推行素质教育,重视藏语文教学,积极推行双语教学。要加强农村综合改革的试点、示范工作,农村教育综合改革要坚持农科教结合,三教统筹的方向,要把实施"燎原计划"、"星火计划"和"丰收计划"结合起来。

2.第二次农村基础教育改革浪潮(1997—1999)

1993 年西藏自治区第四次教育工作会议掀起的农村基础教育改革的第一次浪潮,极大地推动了全区农村基础教育的发展,取得了前所未有的成就。6 年来全区各级政府认真贯彻自治区党委和人民政府的指示,教育部门积极组织实施,广大群众踊跃参与,"八零"的目标提前两年于 1998 年实现,"两有"的目标可提前一年于 1999 年实现。截至 1997 年年底,全区已经有 11 个县实现了"普及六年制义务教育",覆盖人口 53 万,占全区总人口的 22%。除那曲、阿里两个牧业地区外,其余 5 个地区(市)基本实现了"县县有中学,乡乡有小学,适龄儿童入学率达到 80%"的世纪末发展目标。

在义务教育工作的推动下,全区农村基础教育规模迅速扩大。到 1998 年,全区县及县以下农村小学从 1992 年的 520 余所发展到 770 所,农村教学点从 2265 个发展到 3314 个,在校农牧民小学生从 16 万发展到 28 万人。农村适龄儿童入学率从 50% 发展到 78%。农村普通中学从 45 所发展到 65 所,区内农牧民在校初中生从 1.2 万发展到 2.2 万,农村初中入学率从 11% 提高到 21%。①

但是西藏农村基础教育在取得巨大成就的同时,也面临着一些问题和挑战。从整体上看现有的成绩仍然没有根本改变西藏农村教育以基础教育为主的单一结构局面,职业技术教育和成人教育十分薄弱,迅速发展的基础教育与当地经济发展呈现"两张皮"状态。与农牧民脱贫致富的生产实践相脱节。即使是开展得较为广泛的成人扫盲教育,目前也是以单纯的识字阅读和简单计算为主。西藏农村教育这种单一结构的状况与经济社会发展环境和教育规

---

① 西藏自治区教委农村教育改革调研组:《西藏教育》1999 年增刊,第 16 页。

律的不适应,如不加以改革,势必会引发全区教育的发展危机。

从全局看,西藏农村教育与农村经济及社会发展的不平衡性主要表现为下面几点:

第一,农牧区劳动者的素质整体上还不高,全区农牧区人均受教育水平偏低,全区现有的121万青壮年(15—45岁)人口中还有59万文盲、半文盲,约占48.5%。这种状况与建设现代化农牧业的要求还有很大差距。

第二,农牧区具有专业技术的中初级人才缺乏。科技因素在西藏农牧业经济增长中的贡献率只占28%,低于全国平均水平十多个百分点。

第三,农牧区教育结构不合理,特别是农牧区职业技术教育十分薄弱,中学阶段的职业技术教育比例不到10%。

第四,现行农村的教育模式与社会主义市场经济相脱节。西藏是一个以农牧业为主的地区,有86%的人口生活在农牧区,经济社会发展水平在全国处于相对落后的状态。在市场经济和改革开放大潮的强烈冲击下,封闭、保守、落后、人口素质不高、生产手段原始的西藏农村,在这种大潮面前必然处于软弱无力的地位,这是西藏的区情。因此,多少年来西藏农牧业的发展对国家政策的依赖要远远高于对科学技术的依赖。但这种发展是完全被动的,西藏农牧业要真正得到可持续的发展,农牧民要在市场经济的大潮中站住脚,立住跟,其根本出路取决于科学技术,取决于广大农牧民文化素质的整体提高,取决于农牧区本身能够为自身的发展提供和造就大量的适应这种形势要求的专门人才。近几年来,西藏农村的基础教育取得了较大的发展,但在一定程度仍然与农牧区经济发展的实际和农牧民脱贫致富的需要不相适应。

第五,现行农村的教育模式与贯彻党的教育方针相背离。教育必须为社会主义现代化建设服务,必须与生产劳动相结合,培养德、智、体等方面全面发展的建设人才。长期以来,受计划经济和发展滞后等因素的制约,农村基础教育在办学指导思想上受"升学教育"、"应试教育"的影响很深,"上学是为了当干部"的观念渗透到农村基础教育的方方面面,致使党的教育方针得不到全面贯彻落实。办教育的着眼点不是为当地的经济建设服务,而是培养升学有望、能捧"铁饭碗"的少数学生,义务教育的着眼点不是提高劳动者的素质,而是片面追求升学率,重视基础知识的灌输,而忽视能力和劳动技能的培养。结果是大量的中小学毕业生处于"升学无望"、"就业无路"、"致富无术"的境地。据调查,1998 年全区农村包括县镇小学毕业生约为 2.5 万人,升入初中的 1.5 万人,占 60%;毕业生 1.1 万人,升入高一级学校的 0.5 万人,占 45%。① 许多毕业生回乡后,一是没有致富技能,二是能力差,不适应市场经济和改革开放的需要。因此,必须把农村基础教育的着眼点和立足点放到为当地经济建设服务、提高劳动者的素质上来,使农村基础教育的目标模式有一个大的转变。

第六,现行农村的教育模式与普及义务教育的不适应性。西藏自治区义务教育的重点和难点都在农村,目前农牧民子女占小学在校生的 90%,占初中在校生的 70%。1998 年西藏还在"普六"阶段,中小学生的规模还未到位,到了"普九"阶段,经实际测算,小学、初中毕业生将成倍增加,大量的无一技之长的中小学毕业生回乡,县乡政府看不到教育给经济发展带来效益,农牧民群众看不到教育给自己带来经济实惠,必然会挫伤其教育积极性,"普九"也有可能落空。

总之,西藏农牧区教育的现状与建设现代化农牧区的需要远远不相适应。加快农牧区教育改革,逐步建立起与市场经济相适应的新的农牧区教育模式,立足为当地经济建设服务,大力提高农牧区劳动者的素质,培养发展农牧区经济所需要的中、初级专业技术人才,是当前西藏农牧区教育改革的核心,也是实施科教兴藏战略的迫切需要,是振兴西藏自治区农牧业经济的必由之路。1998 年秋,西藏自治区党委常委扩大会议认真分析了西藏农业和农村工作的形势,指出西藏农业和农村工作面临的主要问题:一是基础薄弱,抵御自然灾害的能力差;二是农牧民的思想不够解放,商品观念淡薄;三是市场发育程度低,流通体制滞后;四是科技水平低,产业结构单一;五是农牧民生活质量不高,还有不少贫困人口;六是封建迷信、陈规陋俗还束缚着社会经济发展,精神文明建设任务重。上述问题的存在,究其原因,都直接或间接地与农牧区的教育和人的素质有关。要从根本上解决这些问题,必须大力改革发展农牧区的教育,努力造就数以百万计高素质的劳动者和成千上万的具有农牧业专业技术的骨干。

针对西藏农村基础教育与农村经济及社会发展的六个不平衡性以及西藏

---

① 西藏自治区教委农村教育改革调研组:《西藏教育》1999 年增刊,第 18 页。

农业和农村工作面临的主要问题,1998 年 11 月 25 日—27 日,西藏自治区教委在拉萨召开了农村教育综合改革试点县(市)工作会议。自治区农牧厅、自治区农科院、自治区科委、农牧学院、农牧学校、地(市)教体委、各试点县(市)县委、政府、自治区教委等共 80 余人参加了会议。会议研究分析了西藏农牧区基础教育的现状、存在的问题,安排了全区试点县(市)农村教育综合改革工作,并针对西藏农牧区的实际,对农牧区教育综合改革工作的目标、指导思想、任务进行了部署。

这次农村教育改革的指导思想是:在邓小平理论的指导下,全面贯彻党的教育方针,认真贯彻落实党的十五届三中全会和自治区党委五届四次全委(扩大)会议精神,使西藏的农牧区教育转变到主要为农牧区经济建设、农牧民脱贫致富的轨道上来,努力提高西藏广大农牧民的整体素质,培养大批适应农牧区建设需要的四有人才。

这次农村教育改革的主要任务是:转变观念,端正办学方向,建立农牧区教育和经济相互适应、相互协调的办学机制。要紧紧围绕农牧区经济的方针和农牧区市场经济体制的建设以及农牧民群众脱贫致富奔小康的目标,进一步落实教育优先发展的战略地位,调整和优化农牧区教育结构,坚持"三教统筹"和"农牧科教结合",促进"燎原计划"、"星火计划"、"丰收计划"的有机结合,使农牧区教育与农牧区经济社会协调发展,逐步形成具有西藏特色的农牧区教育体系。农牧区的各级各类学校要通过改革,在农牧区"两个文明"建设中发挥更大的作用,要成为反对分裂主义,传播文化知识、科学技术、致富信息、移风易俗的重要阵地。

为了实现这些改革任务,西藏自治区教委还专门制定了以下几项主要措施:

(1)抓好农村教育综合改革"试点"工作。在农牧区教育综合改革已有的试点经验的基础上,进一步抓好自治区教委确定的堆龙德庆县、贡嘎县、乃东县、日喀则市 4 个农牧区基础教育综合改革试点县市的工作。

(2)继续推进自治区农牧区基础教育健康发展的良好势头。各级政府要切实抓好农牧区的普及义务教育工作。农牧区学校要全面贯彻教育方针,按照教学大纲要求,开足开齐劳动课和劳动技术课,加强劳动技术教育,从 1999 年起,在全区逐步建成 100 所劳动技术教育示范学校。农牧区中小学要从当地实际出发,尽早引进职业技术教育。

(3)大力加强自治区农牧区职业技术教育。要办好各地(市)现有的职教中心及部分县的职业学校;同时,农牧区的县、乡中小学,要积极创造条件努力办成多功能的学校,既传授文化知识,又能进行农牧区适用技术的培训。要重点抓好小学后和初中后分流工作。

(4)努力搞好农牧区的成人教育和扫盲工作,实施农牧民科技骨干培训工程。

(5)继续进行"燎原计划",实施"科教兴乡"工程。在今后三年内建成50个"科教兴乡"示范乡。2000年以后在全区全面推开。

(6)实施"农牧业科技推广工程"。今后一个时期内,要充分利用自治区农牧区学校的有利条件,在全区上百个村、千户农牧民家庭中推广十余项农业科学技术成果。

1999年,西藏自治区党委副书记丹增发表了题为《解放思想,真抓实干,努力开创我区教育改革新局面》的重要文章,指出,"要全面推进素质教育,必须加大力度,采取有力的措施,加快教育的改革和发展,为素质教育的实施创造良好的环境和条件。深化我区教育改革,总的原则是我区教育改革与全国同步,体制与全国接轨,框架与全国一致,步骤从西藏的实际出发。具体讲,我区教育当前要做好六个坚持"。丹增副书记所说的六个坚持中,首先强调的两个坚持都与西藏农村教育的改革有关。

第一,"要坚持教育为经济建设和社会发展服务,为农牧民脱贫致富服务的指导思想,深入推进农村教育的综合改革。"他指出,当前,从全区实际出发搞好农村教育改革,必须抓好三项措施:一是要加强农科教的早期结合,使教育与生产实践相结合,提高劳动者的科学文化素质,培养新一代农民,使教育的潜力最大限度地释放出来,转化为现实生产力,提高教育和科技在农牧业生产中的贡献率,为农民增产增收创造条件。二是要加强教育与社会文明进步的结合。我区处在社会主义初级阶段的低层次,社会发育程度低,人民群众,特别是农牧民长期受封建、落后的生产生活方式影响,许多落后的习惯至今仍严重存在,制约了科学文明的普及。因此,农牧区的教育要加大与社会文明进步相结合的力度,农牧区的各类各级学校都要在传播现代文明和新观念、移风易俗、推动农牧区社会变革中发挥作用,加快农牧区精神文明建设的步伐。三是要加强农牧区各类教育的统筹结合,促进基础教育、职业教育、成人教育的协调发展,提高办学的整体效益。

第二,"要坚持教育和职业教育紧密结合,互相渗透,协调发展。"丹增副书记指出,今后 10 年"普九"、5 年"普六"目标的完成,要立足于为农牧民群众脱贫致富,立足于为农村经济社会发展服务,立足于为农牧业的增产增收服务,要促进教育为经济发展服务。这是自治区全面推进素质教育的重大举措,也是从自治区区情出发,因地制宜普及义务教育的正确选择。关于农村的职业教育问题,他还提出了 5 点建议:一是要在义务教育阶段探索与职业教育早期结合、互相渗透的办学模式。二是要根据当地实际和产业结构特点,面向市场需求开办职业教育的专业,为当地经济发展培养大批留得住、用得上的人才。三是要加大课程设置、教材体系的改革力度,在保证文化课程教学质量的同时,把文化知识的传授与实用生产技术和新科技知识的培训结合起来,把扫盲与农牧民群众的脱贫致富结合起来,把学习现代化科技知识与继承民族优秀传统文化结合起来,推动素质教育在农牧区的实施。四是要尽快建立一支熟悉市场经济,懂得职业教育办学规律,有开拓能力的职业教师队伍。五是要按照"专兼结合、以兼为主"的原则加快教师队伍的建设。

党的十五届三中全会以来,随着西藏农村教育改革浪潮的掀起,农村教育综合改革试点工作已经取得了初步的成效。目前试点县所取得的经验正在全区有步骤地推广,全区新的农村教育正在全面铺开。

第二节　西藏自治区农村基础教育调查

一、调查点的选择及调查方法

(一)调查点的选择

1998 年秋通过的《中共中央关于农业和农村工作若干重大问题的决定》(以下简称《决定》)是面向 21 世纪我国农业和农村工作的纲领性文件。《决定》总结了农村改革 20 年来的基本经验,提出了我国农村工作跨世纪的发展目标和工作方针及其主要措施,具有重大的现实意义。从农村教育的角度看,《决定》充分强调了农村教育工作在农业、农业经济发展中的地位和作用。指出:"农业的根本出路,在科技,在教育。""发展农村教育事业是落实科技兴农方针,提高农村人口素质的关键。""必须从农村长远发展和我国现代化全局的高度,充分认识发展农村教育的重要性和紧迫性,积极推进农业教育综合改革,进一步完善农村教育体系。"

西藏自治区是一个以农牧业为主的民族地区,农牧业人口占86%。1998—1999年度农牧区小学(学校和教学点)占了整个自治区小学总数的95%①,另外,1998年全区35.4万在校生中近90%的中小学生也在农牧区。②这一基本区情决定了农村教育在西藏自治区整个农牧业现代化中具有举足轻重的地位。西藏农村的教育能否适应农牧业和农牧业经济发展的需要,能否适应农牧民脱贫致富奔小康的需要,最终能否适应社会主义市场经济建设的需要,直接关系到西藏农村现代化建设的全局。

基于西藏教育的这种现实,在1998年和1999年的两次调查中,我们除了在拉萨等城镇对西藏的基础教育展开了广泛调查外,还特别关注西藏农村的基础教育情况。为此笔者在西藏自治区的4个点进行了专门调查。考虑到时间和西藏交通不便等具体问题,笔者所选择的这4个调查点都在"一江两河"③地区范围内。这4个调查点是:

(1)拉萨市林周县、春堆乡、春堆村小学;

(2)拉萨市墨竹工卡县、伦布岗村小学;

(3)日喀则地区南木林县、南木林镇中心小学;

(4)日喀则市农村小学。

笔者选择这4个调查点的想法和意图主要在于:

第一,"一江两河"中部地区18个县是西藏社会经济发展战略中具有重

---

① 西藏自治区教育厅:《西藏自治区教育事业统计资料1998—1999》,第70页。

② 《西藏教育》1999年第1期,第5页。

③ "一江两河"包括:雅鲁藏布江、年楚河、拉萨河。雅鲁藏布江发源于西藏南部,喜马拉雅山北麓的杰玛央宗冰川。自河源开始自西向东奔流在喜马拉雅山和冈底斯山之间。在米林县派区附近折向东北,之后又急转南下,经我国的巴卡流出国境。雅鲁藏布江的中游长约1340公里,其间汇集了许多主要支流,年楚河、拉萨河就是其中之一。这些支流不但提供了丰富的水量,而且还营造了广阔的平原,如拉萨平原、日喀则平原等。这些河谷平原海拔都在4000米以下,一般宽2—3公里或6—7公里,长可达数十公里。这里气候条件较好,全年有6—7个月的生长期,年降水量可达500毫升以上,为西藏的农业发展提供了有利条件。"一江两河"地区是西藏人口稠密、经济繁荣、农业发达的地区,也是西藏最重要的粮食基地。

大意义的开发区,已经列入国家八五和十年规划中。这一开发区旨在将西藏中部地区 18 个县的人力、物力和财力集中,进行开发性建设,逐步使"一江两河"地区成为西藏的商品粮基地、轻纺工业生产基地和科技实验推广基地,以带动西藏全区社会经济的振兴和发展。一个地区人口素质的高低、教育发展的快慢,都直接影响着该地区经济的发展。"一江两河"中部流域地区的经济开发,在很大程度上取决于智力的开发,取决于基础教育构建和开发。在这样的背景下,开展对"一江两河"地区基础教育的现状的调查以及对策的研究,其学术价值和社会意义是不言而喻的。

第二,拉萨市所属的林周和墨竹公工两县,地处"一江两河"的中部腹地,是西藏自治区比较典型的以农业为主兼营畜牧业的农业县,中国藏学研究中心社会经济研究所的扶贫课题组已经在那里连续进行了好几年的跟踪调查,与当地的各级政府和有关职能部门已经建立了种种联系,尤其是在两县所属的春堆乡和伦布岗镇,由于多年的调查在群众中已经有了一定的基础。利用这些联系和基础,有利于笔者更好地开展调查工作,收集资料。另外,墨竹工卡和林周县虽然都是拉萨郊县,但它们二者有一个区别,这就是墨竹工卡地处川藏公路线上,它所属的伦布岗村离县城不到 10 公里,也在这条公路干线上。而林周县的交通则有些不便,1998 年笔者第一次去调查时,给笔者的印象是公路的路况很差,没有一段柏油路面,而且因为当年多雨,拉萨河猛涨,有好几段路面被洪水淹没,我们的车就是在河水里紧靠着山脚战战兢兢地往前开的。去春堆乡的路况就更不好了,有些地方根本就没有路。正是由于地理位置和交通的不同,这两个县在拉萨地区是具有代表意义的。

第三,从地理位置上看,日喀则市和南木林县地处"一江两河"西部。其中日喀则市距离拉萨近 200 公里,位于雅鲁藏布江南岸,是西藏的第二大城市。日喀则平原广阔,阡陌相连,土地肥沃,农业发达,是西藏重要的商品粮基地。南木林县距离日喀则不到 100 公里,交通非常不便。虽然地处江河沿岸,水资源充足,兼营农业和畜牧业,但由于种种原因,一直属于国家级贫困县,正好和日喀则市形成鲜明的对比。选择这两个县作为我们的调查点,基本代表了后藏地区农村的情况。另外,不知是什么原因,历史上还没有专家或学者到这里进行过有关农村基础教育现状和藏语文方面的调查,因此对笔者来说,南木林县的吸引力是比较大的。

（二）调查方法

为了使 1998 年和 1999 年的两次调查真正有所收获，笔者主要采取了下面几种做法：

第一，拜访地、县、乡三级有关部门人员，并逐级组织召开有主要负责教育的领导同志参加的小型教育现场座谈会，讨论拉萨和日喀则地区及所属四县和有关乡教育的一些基本问题：人口（男女）、在校生人数（男女）、教师人数（男女）、通过资格考试的教师人数（男女）、学校的入学率（男女）、巩固率、教学参考资料、藏汉双语教学、成人扫盲教育、师资培训、基础建设、学校管理等。

第二，参观一些乡办和村办小学，具体了解学校的办学情况、教材教参的使用、教学设备、教室设施、后勤、学校内外环境等。同时在校长和老师的安排下，在一些班级听了数节藏语文、汉语文和数学课，并抽查了老师的教案和学生的课本、作业本。

第三，简单的摸底测验。在部分村办小学，在和孩子们充分交流并得到他们的信任后，在老师的协助下，搞了一些临时性的小测验，对孩子们的藏语、汉语进行了检查。

第四，在农村一些学生家长中间进行调查或召开有几位家长参加的自由讨论会，了解或讨论的内容包括：送孩子上学有什么困难？为什么送孩子去上学？为什么没有送孩子去上学？上学是否有用？为什么？希望孩子今后怎样？在村里完成学校学习后孩子们做什么？

第五，同农村小学校长和老师一起搞一些与教学相关的活动，讨论了解学校的一些具体情况：教师数量、所授课目、每周的课时、入学率（注册学生和实际到校学生）、每年考试的及格率、留级学生比例、辍学率、学生毕业率等。同时也对教师的培训问题进行讨论：乡村教师有无培训机会？是谁组织培训？培训时间多长？培训内容是什么？教师对培训有什么看法？等等。

第六，从县、乡、村、村办小学四个角度分别了解目前农村小学教育的主要困难，尽可能让他们将农村小学教育最需要的东西都列出来，为农村小学教育的对策研究提供参考。

在介绍 1998 年和 1999 年两次西藏农村基础教育调查的结果之前，我们很有必要首先梳理一下有关西藏农村基础教育制度的形成和变迁的一些重要的背景材料，这对于我们认识和理解今天西藏农村的基础教育现状以及今后的发展方向是有一定帮助的。

二、西藏"一江两河"流域四县基础教育调查

(一)"一江两河"开发区的人口及基础教育状况

"一江两河"开发区位于北纬28°—31°,东经87°—93°之间。东起山南的桑日,西至冈底斯、念青唐古拉山脉,南至藏南高原湖盆地带,地势南北高,中间低,西部高,东部低,谷地海拔最高由4050米降至3500米左右,为西藏的中南部地区。包括拉萨市城关区、墨竹工卡、林周、达孜、堆龙德庆、尼木、曲水,山南贡嘎、扎囊、乃东、琼结、桑日,日喀则市、谢通门、南木林、江孜、白朗、拉孜18个县市。辖214乡、11镇、2373个自然村。根据1990年第四次人口普查资料,计10.7万户、79.86万人。占三地、市总人口的36%,95%以上的人口是藏族。其中农牧业人口中,男女劳动力共29.65万人,约占农牧人口的49%,平均人口递增率为18%。①

到1998年,"一江两河"开发区的人口已经发展到86.95万人,8年间人口增加了10.53万人,占三地、市总人口的65.78%。年增长率为1.32%。

表4-3 1990—1998年"一江两河"开发区人口发展状况

地 区	1990年普查总人口数	1998年总人口数	1990—1998年人口增长比较			人口密度（人/平方公里）	
			人口增长数	增长率%	年平均增长率%	1990	1998
拉萨城关区	139816	139683	负增长	负增长	负增长	267.35	267.08
林 周	47122	54173	7051	8.7	1.1	10.43	12
尼 木	26248	28728	2480	9.1	1.14	8.02	8.77
曲 水	27346	30030	2684	9.1	1.14	16.84	18.5
堆龙德庆	41210	39614	负增长	负增长	负增长	15.37	14.77
达 孜	23517	25196	1679	9.3	1.16	17.17	18.4
墨竹工卡	36684	40669	3985	9.0	1.13	6.66	7.38

---

① 丹增伦珠:《西藏"一江两河"开发区人口研究》,载《西藏社会发展研究》,中国藏学出版社1997年版,第311页。

续表

地 区	1990年普查总人口数	1998年总人口数	1990—1998年人口增长比较			人口密度（人/平方公里）	
			人口增长数	增长率%	年平均增长率%	1990	1998
乃 东	45175	54382	9207	8.3	1.04	20.41	24.58
扎 囊	33293	36575	3282	9.1	1.14	15.4	16.9
贡 嘎	41624	45817	4193	9.1	1.14	18.2	20.02
桑 日	14213	15264	1051	9.3	1.16	5.39	5.79
琼 结	15636	17373	1737	9	1.13	15.18	16.87
日喀则市	79337	89016	9679	8.9	1.11	21.69	24.33
南木林	61104	71424	10320	8.6	1.08	7.51	8.78
江 孜	55865	60847	4982	9.2	1.15	14.81	16.14
拉 孜	39276	46729	7453	8.5	1.06	8.92	10.61
谢通门	34929	40333	5404	8.7	1.1	2.48	2.87
白 朗	36182	41372	5190	8.8	1.1	14.54	16.62

资料来源:西藏自治区1990年人口普查资料、《西藏统计年鉴》1999年。

　　根据教育部门统计,1990年18个县(市)共有小学(包括教学点)1043所,专任教师3691人,在校生73561人;共有中学23所,在校生13340人,专任教师1256人。[1] 学龄儿童入学率和在校生巩固率都比较低。除城镇外,县以下小学入学率大多在70%以下,如尼木、曲水、墨竹工卡、谢通门县等分别为41.6%、40.6%、44.9%、43.5%,而南木林县仅为37.5%。巩固率大多数县只在85%—95%之间,而南木林县只有25.8%。[2]

　　1990年第四次人口普查的资料显示,"一江两河"开发区人口的文化状况如下:在总人口中,各种文化程度的人口为27553人,其中大学本科3579人,大学专科5372人,中专13775人,高中14050人,初中46643人,小学192105人,分别占全区各种文化程度人口的75.41%、68.31%、56.84%、62.84%、

----

　　① 丹增伦珠:《西藏"一江两河"开发区人口研究》,载《西藏社会发展研究》,中国藏学出版社1997年版,第327页。
　　② 吴德刚:《西藏教育科研论文选编》,西藏人民出版社1999年版,第268页。

55.17%、47.04%。从这些数据看,该地区汇集了西藏中等文化程度人口的大部分,是西藏人才较密集的地区。但是在该地区的内部,这些文化人口又大多集中在拉萨城关区、堆龙德庆、乃东和日喀则市等城镇中心地区。其中林周县具有大学本科学历的只有 1 人,谢通门县 3 人,桑日、琼结、白朗各为 4 人,曲水 5 人、尼木 7 人。[①]

从 1993 年到 1999 年,"一江两河"地区的基础教育已经有了较大的发展。1993 年该地区所属的拉萨、山南和日喀则共有小学 1940 所(包括教学点),1999 年已经发展到 2095 所,增长了 9.3%。现在 18 个县(市)的小学数量已经接近 1140 所。普通中学三地市也由 28 所增加到了 46 所,增长了 58%。[②]

(二)拉萨市林周县农村基础教育调查

1.人口、地理及基础教育发展现状

拉萨市林周县地处西藏中部,拉萨河上游及澎波河流域。县驻地距拉萨市 65 公里,面积 4517 平方公里,耕地面积 18 万亩,草场面积 3718 万亩,林地面积 132 万亩。1998 年的人口为 54173 人。辖 1 个区、18 个乡、169 个村民委员会。林周藏语意为"天然形成的地方"。1857 年林周宗建立。民主改革后,1959 年林周、旁多两宗合并成立林周县人民政府。1988 年,原属达孜县管辖的澎波划归林周县管辖,逐步形成了现在的行政区划,隶属于拉萨市。县人民政府驻地初设在宗雪村,1972 年迁至旁多村,1988 年再迁至甘丹曲果。林周县属雅鲁藏布江中游河谷地带。念青唐古拉山支脉卡拉山横贯县境,将林周县分割为南、北两大部分。北部属拉萨河上游及源流区,以山地为主,平均海拔在 4160 米以上,属高寒区;南部属澎波河流域,平均海拔 3850 米,地势平坦,开阔,属半干旱农牧区。全县平均海拔 3900 米,属高原温带半干旱高原季风气候区。

林周县是拉萨地区主要的粮食生产基地之一。农作物主要有青稞、冬小麦、春小麦、油菜、蔬菜等。牧业以饲养牦牛、犏牛、黄牛、绵羊、山羊等。全县有主要公路 3 条,乡村公路 12 条,已经形成了通往拉萨、邻近各县、各乡的交通网。

---

① 丹增伦珠:《西藏"一江两河"开发区人口研究》,载《西藏社会发展研究》,中国藏学出版社 1997 年版,第 327 页。

② 西藏自治区教育厅:《西藏教育事业统计资料 1993—1994;1998—1999》。

表4-4 林周县1997—1998年各乡在校生、教职工统计表

	乡县完小			乡县教学点			完小教职工数				教学点职工数		
	学校数	班数	学生数	学校数	班数	学生数	专任教师	民办教师	代课教师	临时工	专任教师	民办教师	代课教师
县小学	1	12	544	2	6	108	32	4		2	9	2	
强嘎乡	1	11	400	6	23	378	21	2		2	4	8	3
白林乡	2	12	296	7	27	378	5	9	2	2		11	2
克布乡	1	6	128	7	31	389	2	4		1	1	8	5
春堆乡	1	6	116	12	46	723	2	2	1	1		12	9
朱加乡	1	6	138	7	22	374	7	3		1	2	1	5
切马乡	1	6	105	5	18	222		2	3	1	1	6	3
江夏乡	1	7	162	3	12	260	17					9	
卡孜乡	1	6	123	3	12	262		5		1		5	
松盘乡	1	7	209	12	34	494	10	3	2	3	2	11	10
牛马乡	1	6	108	2		134	2	3	3	1	1	2	5
藏雄乡	1	6	174	4	8	156		5	4	1		2	4
达龙乡	1	6	106	2	5	84		4	2	1		3	1
江多乡	1	6	108	3	10	135	2	3	1			1	3
拉岗乡	1	6	119	4	12	125	1	3	2	1		4	
阿朗乡	1	10	65	11	33	451	3	5	2	2		7	5
唐古乡	1	6	182	4	13	170		5	2	1		4	2
乌龙乡	1	6	183	3	10	155		4	2	1		3	2
旁多乡	1	8	228	9	18	161	25	2	1	3		7	3
合 计	20	139	3494	106	347	5159	130	68	27	25	20	116	62

资料来源:1998年实地调查资料及1997—1998年林周县教育局统计资料。

林周县现有乡完小19所,县中心小学1所。19个乡乡乡有完小。教学点(包括1—4、1—5、1—6年级三种)106个。在校生8653人。其中1—6年级分别为:1522人、2118人、1947人、1461人、941人、664人,越到高年级,学生人数越少。因此,"普及六年制义务教育"的任务还比较重。从全县的情况看,部分实现"普六"义务教育的只有白林、克布、春堆、阿朗4个乡。教职工530人,其中完小有专任老师130人,教学点有民办教师198人,包括专任教师20人、民办教师116人、代课老师62人。详见表4-4。中学1所。20所完

小中仅有 5 个教研室,而 106 个教学点中没有 1 个教研室。另外,1998 年全县有适龄儿童 1751 人,入学率为 94%,小学入学巩固率为 94%,小学毕业率为 98%,小学辍学率为 3%。1998 年脱盲人数达到 2728 人。

2.林周县基础教育面临的主要问题及采取的主要措施和改革

林周县农牧区的基础教育事业,经过长期艰苦的努力,已经取得了非常显著的成绩,尤其是农牧区的基础教育得到了切实的加强。1998 年,全县 18 个乡实现了乡乡有完小,个别乡还出现了 2 所完小的可喜局面。到 1999 年年底全县已经有一部分乡实现了"普六"教育。现在全县从完小到教学点,已经形成了一支比较固定的师资队伍,专任教师的数量更是逐年增加。94% 的适龄儿童入学率和巩固率基本与全市的普及水平持平。教学质量也在逐年提高,1998 年基本完成了向区内外初中输送约 200 名小学毕业生的任务,升学率超过了 30%。

根据我们的调查,林周县农牧区基础教育到目前为止之所以取得一定的成绩,其关键是县主管教育的领导、部门和乡、村两级干部对教育给予了充分的重视。他们的做法不是无的放矢,而是根据农牧区基础教育中出现的新问题,随时随地采取相应的措施,转变办学观念,加强师资队伍建设,县、乡、村三位一体垂直管理乡村小学。

(1)转变办学观念,克服应试教育倾向,积极推行素质教育。

片面追求升学倾向是影响林周县农牧区基础教育质量提高的主要因素之一。1998 年以前,县教育部门、学校、老师、学生家长,都把眼睛盯在考试和升学两大焦点上。教师以考试为中心组织教学,以升学为中心教学复习,但是,小学生年年统考的分数并不高,考试合格能升入初中的学生也为数有限。绝大多数小学和初中毕业生都面临着回乡务农的问题。但是这部分人由于所学的知识有限,在农牧业生产中很难发挥其知识的作用,因此,在家长眼里,自己的孩子上了 6 年或者说 10 年学的结果并没有给家庭和个人带来什么好处,这种想法很自然的在农牧区滋生了读书无用的错误思想。

但是,这几年随着义务教育法的广泛宣传和实施,广大农牧民群众对义务教育的意义已经有了比较深的认识,虽然他们也清楚地知道农村的孩子能上初中、中专和大学的只是极少数,大部分要回乡务农,但他们还是愿意把小孩送到学校读书,只是希望他们在学习基础知识的同时,能更多地学习一些适合农牧区的谋生手段,多掌握一些农牧业的实用技术,但是乡、村毕业的小学生都做不到这一点,初中毕业回乡的学生也做不到这一点。这不仅大大挫伤了群众办学的积极性,也严重影响了农牧区群众把子女送到学校学习的积极性。结果是在全县各县、乡、村每年都要花费很大的精力来抓适龄儿童的入学率和在校生的巩固率,平时要防止学生旷课去山上放牧,带弟弟妹妹,农忙时更要防止学生季节性流失,任务越来越重,越来越艰巨。

根据农牧区基础教育的这种实际情况,以及自治区关于农牧区基础教育改革的精神,林周县开始转变传统的办学观念,逐步克服应试教育的种种弊端,并根据林周县农牧区的实际情况,积极推行素质教育。我们在调查中也发现,林周县广大农牧区的乡小学和村教学点的办学条件普遍比较艰苦,因此,县、乡、村不可能在短时间内拿出足够的资金来扶持和推行新的农村教育改革,为此,林周县把素质教育的着眼点放在了根据农牧区实际,因陋就简,因地制宜地开展素质教育上。他们的具体做法包括下面几个方面:一是开展"传统项目"的单项素质训练。二是通过一个完整的春种、夏管、秋收过程,使学生学会劳动,锻炼操作能力。三是通过收获后的土地丈量、实物过秤,到单产计算,提高学生的数学实际应用能力。四是通过田间管理阶段的自然灾害的抵御和病虫害防治,培养学生科学种田的观念。五是通过种土豆等具体的农事活动,使学生认识到科学技术对提高农作物产量的作用,以农牧业科学技术力量,来增强学生的科学技术致富意识。

(2)针对农村师资量少质差的实际情况,优先教学师资建设,全面提高农牧区基础教育质量。

影响林周县农牧区教育质量全面提高的另外一个主要因素就是师资的质量问题。表4-4显示,林周县的民办教学点共有教师198名,其中具有初中以上学历的有113名,学历合格率为57%;乡办完小共有教师106名,其中高中、中专以上学历的有35名,学历合格率仅为34.6%,[①]与全市7个农牧区县的民办小学师资的合格率(58.5%)相差仅24个百分点。农牧区小学的教师合格率除了在7个县中有所偏低外,与市区的情况就更不能比了。更令人担忧的是,在平均合格率仅为45.8%的这部分小学师资中,还有一部分人属于

---

① 《西藏教育》1999年增刊,第86页。

有文凭没有教育水平(6%)。另外农牧区师资队伍的政治素质和教师职业道德方面也存在着让人担忧的地方,但是由于农牧区教师队伍中的大中专师资本来就数量不足,无法择优录用,因而少数不合格的教师得以继续留在教师队伍中,难免给教育质量带来负面的影响。

　　根据农牧区教师的这种特殊情况,林周县教育部门确定了在整个教育发展的次序上,要优先师资建设、在布局安排上要重点突出师资建设,在经费设备供应上要确保师资建设需要的战略思想。该县采取的主要做法是:第一,采取培训—实践—提高—再培训—再实践—再提高—再培训的做法,通过在岗培训、离岗进修、寒暑假以辅导区为单位集中培训等形式,有计划地提高农牧区教师的整体素质。第二,稳定现有的教师队伍。首先是将不合格的教师逐步调离学校,同时想方设法留住合格的教员。农牧区生活和工作条件都很艰苦,因此,稳定教师队伍中的骨干,就成为在农牧区建立一支高质量师资队伍的重要任务之一。为了稳定教师队伍,县教育部门除了依靠传统的思想教育和加强组织纪律外,还通过优惠的政策调解,使在农牧区工作的教师达到心理的平衡,安心工作。①

　　(3)在学校管理上大做文章,以县、乡、村三位一体的垂直管理,推动农牧区教育的新发展。

　　影响林周县农牧区教育质量全面提高的另外一个主要因素就是教学管理问题。加强农牧区教学管理是全面提高教学质量的基本途径,是培养人才的重要手段。从林周县的教育情况看,林周县中学的教学管理经过多年的探索、改进和加强,已经形成了一套较为切合实际的制度,但是问题最大,也最复杂的就是各乡完小和各村教学点的管理。西藏农牧区的基础教育说到底就是"民办小学"教育,它们是各县农村基础教育的基础。县以下农牧区教育的好坏直接影响着西藏全区的基础教育质量,影响着全区教育的发展。从普及六年制义务教育的要求看,已经实现了"普六"的拉萨市城关区、曲水、堆龙德庆和尼木等县区,与未实现"普六"的县之间的差距就在"民办小学"这个环节上。林周县虽然已经有白林、克布、春堆、阿朗4个乡的部分村办小学实现了"普六",但是,整体上说由于在管理上严重滞后,客观上制约了全县的"普六"

---

　　① 《西藏教育》1999年增刊,第86—87页。

工作。

根据我们的调查和县教育部门提供的资料,造成林周县"民办小学"教学管理水平低,教学质量差的主要原因包括下面几点:第一,教学环境封闭。长期以来,林周县所属的小学除了县中心小学和乡完小具备一定的规模外,18个乡的 106 所民办教学点大都规模较小,一校一师或一校两师的情况普遍存在,教师各自为教,与外校交流很少或者根本没有交流。由于没有横向交流和比较,教师之间难以找到教学差距,更谈不上教学的改进。第二,乡、村两级组织对学校的管理松散无力。教员没有压力,不按时间表作息,不按课程表上课,不备课无教案,教学随意。有的教员甚至教不完学期规定的教材。教材、作业本和教学参考资料时常出现短缺甚至没有的情况。第三,学生季节性旷课现象严重,致使学校无法进行正常的教学活动。在农牧业生产繁忙的季节,家长往往让学生频繁请假,帮助家长干活。平时因为放牧和带弟弟妹妹也时常占用学生许多正常上学的时间。①

出现上面这种情况,并不是说县、乡、村对民办小学没有进行管理,相反从学校管理的角度看林周县教育部门早就明确了乡村小学由所在乡和村两级组织主办、主管的政策,有的小学还明确规定乡长和书记共同为本乡教育的第一责任人的制度。不可否认,这种管理制度的合理性是存在的,但是它同时也存在着一些违反农牧区民办小学教学规律的地方,比如:一是县教育局、乡、村和学校之间缺乏有机联系,学校内出现的问题不能很快反映到有关部门并得到及时的解决,影响了学校正常的教学工作。二是乡、村两级组织具体管理学校时专业知识不足,对学校的教学和管理一无所知。这两种情况一直是困扰林周县乡、村教育管理的老大难问题。

针对这些问题,林周县政府和教育局主要采取了下面一些做法:

第一,制定《乡教育专职干部职责》。主要内容包括:(a)把本乡 0—15 岁的人口登记造册。(b)建立本乡适龄儿童花名册。(c)每月带本乡所有教员考察表到县教育局核实,领取教员工资;每学期领取本乡学生课本、作用本和教师办公用品。(d)监督指导本乡所有学校的教育工作,贯彻执行党的教育方针和《义务教育法》、《教师法》,贯彻执行县委、县政府和教育局关于学校工

---

① 《西藏教育》1999 年增刊,第 86—87 页。

作的决议、指示。(e)指导本乡学校建立健全学校的规章制度,包括《学校领导职责》、《教员工作纪律》、《学生一日行为规范》,作息时间表、课程表等。(f)组织执行关于学校期末统考的工作。组织安排本乡学校统一进行的文体活动。(g)建立本乡辍学学生花名册和报告制定。(h)建立本乡文盲花名册。(i)乡教育专职干部除节假日外,都必须下基层检查学校工作。对于检查中发现的问题,属于乡、村职权范围内的,要立即找乡、村有关领导协商解决;属于教育局职权范围内的,要立即找县教育局解决,不得拖延。(j)乡教育专职干部享受中心小学校长待遇。乡党委和政府不得随便安排教育专职干部做其他工作。

　　1998 年和 1999 年,我们在春堆乡实地调查时,曾经两次在乡政府召开了有乡长、乡书记和乡教育干事参加的乡村小学教学及管理方面的座谈会。通过座谈我们了解到,春堆乡政府非常重视教育,加之县教育局专门制定了《乡教育专职干部职责》,并给乡里派了一名教育专职干事,因此全乡的教育工作管理得井井有条。过去村教学点的教学大都处于一种无政府的自由状态,教材、教参无专职人员发放,教员的教案无人定期检查,教学内容无人监督,上课下课时间无人过问,这些问题都严重地影响了农村教学点教学质量的提高。现在由于乡政府有了专职教育干事,乡、村教育管理工作有章可循,这就自然形成了县、乡、村三级教育管理的机制,彻底改变了过去两头轻、中间缺的农村教育管理模式。

　　第二,在各村大力进行《义务教育法》的宣传,使群众深刻认识扶贫先治愚的道理。春堆乡从 1994 年就开始开采铅锌矿,当年上山参加采矿的 50 多名群众,每天的劳务收入平均纯收入在 20—30 元之间。这给群众治穷致富带来了良好的机遇。但是"上山挖矿会得罪山神,会造子孙三代的孽"的封建迷信思想严重地影响了群众的采矿积极性,矿山附近 6 个村的群众没有一个群众敢上山采矿。针对这种情况,县、乡、村三级主要领导和扶贫蹲点工作组的同志,走村串户向群众宣传《义务教育法》,宣传脱贫与治愚的道理。

　　他们一是采取"看、比、算"的办法启发群众,为什么同一个乡,同一个群众,同一个贫困户上山采矿收入多,富得快?看别人,比自己。从而进一步破除了迷信,解放了思想。如今广大群众积极地参加采矿,采矿业给贫困户带来了极大的实惠。二是通过在群众广泛宣传,使群众进一步认识到劳动力素质的高低,与本村精神和物质文明的关系。1994 年以前,全乡民办小学多数破旧不堪,儿童入学率、巩固率、升学率都不高。教师少,素质低,严重影响了全乡教育的发展。为了从根本上提高劳动者的素质,扶贫先治愚,县、乡、村三级政府和扶贫小组、县教育部门密切配合,互相支持,从 1995 年开始,年年动员各村群众维修和扩建村教学点。到 1996 年年底,已经维修扩建了 5 所民办小学,新修了 1 所民办学校,教员由 12 名增加到了 19 名。1999 年,春堆乡的教育进一步发展,不光各村的民校得到了不同程度的维修和扩建,还在乡政府所在地新建了乡完小。这所完小教学和后勤设施配套,除了 1—6 年级的 6 个教室外,还有专门的学生宿舍。共有专职和民办教师各 2 名,1 名代课教师。除汉语文课外,全部使用藏语文教材。由于校长兼教师会汉语文,因此,该校可以使用双语进行教学。到 1999 年年底,春堆乡一共有完小 1 所,教学点 12 个,学生 839 人,教师 26 人。适龄儿童入学率 92%,巩固率 94%,小学生毕业率 98%、辍学率 3%。

第三,制定教育责任目标和奖惩制度,加强教学管理。首先,从 1998 年开始,林周县教育局同各乡签订了《教育责任目标建议书》。主要包括两个方面:第一个方面涉及教育质量管理(适龄儿童入学率、巩固率、毕业率、辍学率)、教育管理(教材征发情况、教育统计情况、0—15 岁人口统计表、入学通知制度、适龄儿童名册、辍学名册与报告制度)、成人教育(脱盲人数、扫盲工作制度、15—49 岁人口统计表、脱盲人员名册);第二个方面涉及 1—6 年级学生入学的建议数以及升学建议数。据乡教育干事和乡政府有关领导反映,《教育责任目标建议书》的签订,使乡教育的发展年年有新的目标和要求,这就从制度上保证了各乡民校的教学管理。其次,在各乡签订《教育责任目标建议》的基础上,由乡政府进一步与各村共同制定一套行之有效的奖惩办法,共同维持村小学的教学次序。比如春堆村村委会规定,家长如果不让子女去学校上学,强迫他们上山放牧或在家干家务,每次罚款 5 角,并且取消该家庭参加一年一度村文明家庭的评选。为了解决群众放牧的困难,让每家每户的牛羊既有人放牧,又不影响小孩上学,春堆村将各家各户的牛羊集中起来,分为几拨,由专人负责上山放牧,有效地打消了群众放牧的担心。我们在春堆村的房东家,有一个女儿正在上小学,她一般只是周六、周日才上山放牧,平时都按时上学,放学后才带姐姐的小孩。

表4-5　1998年林周县春堆乡所属村小学基本情况

（面积单位:平方米）

小学名称	年 级 人 数						合计	村总人数	适龄儿童	学校面积	建校时间
	一	二	三	四	五	六					
除杰	14	10	47	9			80	581	75	1630	1994
卡东	7	27	24	12	36	18	124	408	56	2338	1992
南木	18	17	28	10			73	554	38	1262	1993
巴杂		11	12	11			60	480	57	2764	1993
赤		27	10	19	19		34	207	26	1901	1993
吉热	27	10	19	19			75	597	58	1276	1993
比如	19	24	15	12	21	3	92	534	88	8185	1993
架	13	11	12	6			42	427	40	1245	1993
春堆	19	14	28	15			76	626	63	1602	1990
它加		7	9	9			25	221	31	1024	1993
古当		19					19	114	16	2233	1996
当巴		4	6	3			13	134	18	84	1994
拉唐	17	14	7	5	37	33	113	413	24		
合计	150	189	213	158	94	54	836	5349	597		

资料来源:1998年林周县春堆乡各村小学总花名册。

在林周县和春堆乡实地考察时,我们还有几个很深的印象:

一是林周县各村虽然都有了民办小学,但是在年级的设置上却有一些不平衡。以春堆乡为例,13所初小中,只有3所小学是完小(1—6),有4所初小没有一年级,1所初小没有3—4年级。见表4-5。这一方面说明春堆乡的"普六"教育已经有了进步,另一方面又说明春堆乡的1—4年级的教育还存在不健全的地方,必须及时将一些小学缺少的年级补齐,为逐渐推行"普六"教育打下更好的基础。

二是各村小学学生人数存在严重的差距,表4-5的数据显示,全乡13所村办小学中,有5所学生不足50人,其中两所甚至不足20人。这说明林周县村办小学之间,在校生人数是参差不齐的,这种状况如不及时得到解决,不光会影响县、乡、村的升学率,还会进一步影响"普六"教育的实现。

三是村办小学的教学质量还存在一定的问题。在春堆村调查时,我们曾经召集了 30 多名小学生,进行了几次简单的摸底测试,内容主要是数学、藏文和汉文。总的感觉是数学基本还可以。1—2 年级藏文一般,一些课本上的基本词汇还掌握不牢。3—4 年级的藏文较好。汉文只是 3—4 年级学习,简单口语普遍不能说,一些汉语单词可以说,但书写比较困难。因此,我们认为西藏农牧区的汉语文教学必须进一步加强,汉语文老师必须及时地得到轮训和培训。

四是教学次序比较松散。在村里调查的时候,即使不是周日或周六,我们的身后也跟着一些孩子,通过与老师交谈才知道,由于老师太少,遇到急事或者是生病,没有老师可以顶替,只能安排学生自习;另外一点就是部分家庭的劳动力去拉萨等地打工,家里缺少人手,比如放牧、照看小孩等杂活只好落在小学生的头上。因此,从教学管理上看,虽然村委会制定有一套学校管理制度,但是在执行过程中还是有出入,并不是十分的严格。

（三）拉萨市墨竹工卡县农村基础教育调查

1.人口、地理及基础教育发展现状

墨竹工卡县地处西藏中部、拉萨河中上游、米拉山西侧。面积 5512 平方公里。耕地面积 8.63 万亩,林地面积 42 万亩。1998 年总人口 40669,辖 1 镇、15 个乡、149 个村委会。

墨竹工卡藏语意为“墨竹色青龙王居住的中间白地”。墨竹工卡宗于 1857 年建制。1959 年墨竹工卡宗和直孔宗合并,正式成立墨竹工卡县。自此隶属于拉萨市管辖至今,县驻地工卡。

该县地处藏南雅鲁藏布江中游河谷地带,属拉萨河谷平原的一部分。境内山川相间,河谷环绕,草地广阔,平均海拔 4000 米以上。属高原温带半干旱季风气候区。由于地理的原因,境内自然灾害频繁。春秋季节多早晚霜害,夏季通常遭雷雨和冰雹袭击,干旱与洪涝极容易成灾。漫长的冬季干燥与风沙相伴,冬春之交,动辄受雪灾的威胁。

半农半牧、农牧结合为墨竹工卡县经济结构,主要粮食作物为青稞、冬小麦、春小麦、豌豆、土豆等。经济作物有油菜。牦牛、羊在全县农业经济中占有重要的地位。由联合国粮农组织援助兴建的农、林、牧综合开发项目 3357 工程竣工后,极大地改变了墨竹工卡县的农牧业生产条件和生态环境。交通已经形成以川藏公路为主干,向东、西、北各村辐射的公路交通网络。另有乡村公路 70 余条,连接各个村落。

在墨竹工卡县政府,我们召开了一次有关农牧区教育方面的座谈会,县长、文教局局长、县中学校长、组织部长等有关方面的领导同志参加了座谈会。根据座谈会提供的资料以及我们的调查,1998 年墨竹工卡县共有 87 所中小学(含村教学点),其中中学一所,学生 317 人;中心小学 7 所;乡完小 7 所,包括南京希望小学、北京希望小学、广州希望小学 3 所;1 所民办完小:中瑞友好嘎则小学;72 个教学点,共有学生 6103 人。学校网点布局基本完成,布点基本合理,办学条件得到进一步改善,办学层次逐步提高。1998 年全县共有适龄儿童 5565 人,适龄儿童在校生为 5025 人,入学率达到 90.3%,巩固率达到 92.5%,升学率达到 50%,辍学率一般控制在 3%以下。

2.墨竹工卡县基础教育面临的主要问题及采取的主要措施

20 世纪 90 年代的前 5 年,墨竹工卡县的农村基础教育已经取得了较大成绩,但是从 1996 年开始,与其他区县的发展相比较,则显出缓慢的态势。1996 年墨竹工卡县第八届十二次会议虽然通过了"墨竹工卡普及六年义务教育实施办法",提出到 2000 年要在全县实行"普六"教育的农村基础教育规划,可是全县基础教育所面临的困难和问题也是比较明显的,如果不能逐步地克服这些困难,"普六"教育就有可能流产。根据我们的调查及县、乡、村三级教育管理负责人提供的情况和资料,1997 年前后墨竹工卡县基础教育存在的主要问题体现在 3 个大的方面:

(1)义务教育法的宣传力度不够,个别乡、村对"分级办学、分级管理"的农村办学体制还没有落到实处,人民教育人民办的意识不强,教育部门独家办教育的状况仍未改变。部分领导和群众的心中依然认为:修学校应该找县文教局,适龄儿童不入学也该找文教局,市政府与县签订的教育责任目标合同书也是县教育局的事情,与乡、村没有直接的关系。由于宣传不到位,大多数农村群众不知道办教育是为什么,大都认为让子女上学是为了找铁饭碗,并不清楚义务教育是为了提高整个民族的素质。加之 1995 年以后各类学校的教学质量没有明显的改善,每年小学毕业生考上内地西藏班和初三考上中专以上学校的学生不多,因此,有许多农牧民不愿意把小孩送到学校,极大地影响了适龄儿童的入学率和中学招生任务。

(2)虽然在县、乡教育主管部门的检查和督促下,县、乡、村三级学校都建立健全了各项规章制度,但是许多乡村小学的管理仍然停留在制度上,没有一项一项地落实和贯彻,有些奖惩制度虽然是在执行,但是讲人情的时候更多。这对学校的管理,教学质量的提高都造成了一定的损失。另外,各乡的村委会虽然都有这样那样的地方性法规,比如对适龄儿童不上学的惩治办法,对学生半途退学的惩治办法,对无故旷课的惩治办法等,但是,每年都要出现严重的季节性失学、辍学以及平时无故旷课的现象,打乱了乡村小学正常的教学和管理秩序,直接影响了乡村小学的入学率、巩固率和升学率。

(3)教育经费严重不足。由于墨竹工卡县是西藏自治区有名的贫困县之一,办教育主要是靠国家拨款和县财政的有限投入,发展农村基础教育困难重重。尽管 1997 年前后已经有 87 所中小学,但是,除了几所乡中心小学具备一定的规模外,大部分乡完小都是"戴帽子"的,连国家要求的办学条件的最低标准也达不到。像县完小,建于 1970 年代,校舍全部是土木结构,当时已经是危房。虽然县里每年都要从教育经费中拿出部分资金用于维修,但只能是修修补补,解决不了学校的大问题。乡村小学的情况就更糟糕了,多数村小学的校舍都亟待维修,缺少或者没有课桌板凳的情况更为严重。由于经费的限制,加之有关《教育法》和《教师法》方面的政策和法规宣传不深入,执行不得力,县、乡、村普遍存在教师队伍不稳定的现象,教师调动和改行频繁,严重影响了各级学校的教学。

针对上面存在的这些问题,墨竹工卡县在教育上采取了下面一些积极的措施:

(1)通过各种渠道争取资金,积极改善办学条件。

为了达到义务教育学校应该具备的"一无三有六配套",在拉萨市"一江两河"办公室和市教体委的关心和帮助下,由江河办出资 55 万元援助了口多乡完小、嘎岗完小、章达完小、恰尔多完小等小学的改扩建工程,配备了课桌板凳和教学用具,耗资近 100 万元。此外还引资兴建了南京希望小学。教育局还从教育经费中拿出 13.8 万元改善办学条件,定做了 1800 套课桌和板凳,400 张学生上下铺床,40 张教师用床。给大部分学校配备了教师办公桌和教学设备,维修了大部分危房破房。到 1999 年,全县各级村小学绝大多数已经实现了"一无三有六配套",为全县的义务教育打下了良好的基础。

(2)加强对基础教育的宏观管理和指导工作,并积极着手对基础教育的检查和评估。

从 1997 年开始,墨竹工卡县在乡、村小学中实行了"指标分解,层层把关,段段验收"的教育管理模式。

并逐年对乡、村小学的校长和副校长进行了新的调整和任命,使一批政治素质好、责任心强、教学和管理能力较强的年轻优秀教师走上了各级学校的管理岗位。为了充分了解全县各级学校年度责任目标的完成情况,墨竹工卡县年年都要对农村的基础教育情况进行检查和评估,及时解决基础教育中出现的新问题。

(3)加强师资队伍的管理和建设,提高农村教师队伍的素质。

1998 年,墨竹工卡县共有专任教师 160 人,民办教师 136 人,中学、完小、教学点教师学历合格率分别是 62.5%、95%、100%。中学教师学历低,民办教师比例大的情况影响了全县基础教育的结构。尤其是数学和藏文教师的严重缺乏,对教学的负面影响更大。虽然师资队伍的数量基本可以满足近一段时间的需求,但质量上仍然不适应提高教学质量、扩大教育规模的要求。因此,1998 年秋,墨竹工卡县根据自治区和本县的实际情况,实施了中小学校长持证上岗制度,并有计划地选送他们在拉萨市和县进行管理和教学业务培训。从 1998 年开始到 2000 年前后,在积极培训和轮训农村教学点教师的同时,有计划地辞退了不合格的教师,并通过资格考试选拔补充了一些民办教师。

为了进一步充实乡、村学校教师队伍,墨竹工卡县一是注意把每年分配来的各类教师分配到县镇完小,二是从抓教师知识和学历结构优化入手,鼓励教师在岗培训与自学相结合,鼓励教师报考教师中专班。经过这几年的努力,全县农村小学教师的学历和上岗任职合格率已经有了明显的提高。

3.墨竹工卡县伦布岗村小学调查

伦布岗村距县城 10 公里左右,正好在川藏公路的边上。以农业为主,兼营牧业。1999 年 9 月在伦布岗村调查时,我们正好住在村小学校长家里。我们在伦布岗村小学调查时,加上校长本人只有 3 名教师,其中一位在拉萨培训。小学共 4 个年级,有学生 53 人。

伦布岗村共有两个自然村落,正好被川藏公路切割为两块,一个在路北,一个在路南。伦布岗村小学在路南村落的西北侧,校舍为村民集资,县、乡支持兴建。学校的布局为四方庭院,一个小院子,没有操场,仅有 5 个房间,其中一间是老师的办公室兼仓库和宿舍。二、三、四年级占了三间教室,一年级没有教室,只能在学生的伙房学习。

1998年我们第一次来这里调查的时候,曾经目睹到这样一个场面:在靠近二年级教室的旁边有一间小屋,屋内乌烟瘴气,光线极暗,一股浓烟源源不断地从向西的一扇小窗口和一个窄小的门口冒出。我们想这一定是学校的伙房。走近一看,的确有人在炉灶边烧火,可是他的个子仅仅比灶台高一点儿。走进屋里,浓烟熏得我们紧闭双眼,呼吸也非常困难。过了好一会儿,我们才勉强睁开眼睛,我和同行的调查人员都愣住了:模模糊糊地可以看见10多个7岁左右的孩子正席地而坐,听老师讲藏语文课。

我们的出现似乎让孩子们吃了一惊,他们都仰着头,转过身,瞪大眼睛默默地望着我们。他们的面前没有课桌,当然也没有凳子,仅有的就是每人腿上那块用来学习和练字的木板。老师站在黑板架旁,一束昏暗的烟光透过长宽不足一尺的窗户,射在黑板上,勉强使人可以分辨出上面的藏文字来。

这时校长也跟了过来,他说这是一年级的教室,那个烧茶的孩子也是这个班的学生。我们没有说什么,我默默地给这些孩子拍了几张照片。我觉得自己的胸口憋得发慌,我当时真想冲着校长大喊一声:怎么能让孩子们在这里学习呢!

走进其他三个班,则是另一番景象:三个班都没有教师,两个班的黑板上干干净净,只有一个班的黑板上写着一些算数题。学生们还算努力,都在座位上学习。我问校长是怎么回事,回答是老师不够,经常是一个老师要同时管两个班,如果校长本人有事不能来,学校就更困难了。在教室里我检查了一下学生的作业本,更是五花八门,有的是用旧报纸做成的,有的是用旧发票做成的,有的是用乱七八糟的纸装订在一起的,看上去都是废纸。不仅如此,一个作业本上同时用来做藏文、汉文和算数的情况也非常普遍。

在和校长交谈时我们才知道,他每月的工资还不到100元,而他一年才涨一次工资,每次是1元。所以他还必须从事农业和家庭的繁重劳动,不可能把所有精力放在学校上。

在伦布岗村调查时我们还发现,这里几乎没有藏文报纸,儿童读物更是少得可怜。校长的小儿子很爱读书,可是他只有一本破烂不堪的藏文连环画《阿古登巴的故事》。我们问他村里的孩子还有别的小人书吗,他很肯定地摇了摇头。

　　针对伦布岗村小学的情况,我和校长曾多次进行过交谈。他认为伦布岗村小学的情况带有一定的普遍性,群众办学热情不高,教育投入不多,经费不足,学校基础设施满足不了学生的增长,有一定学历和经验的教师不足等,是当前西藏农村教育所面临的重要问题,如果不能在短时间内调整好农村基础教育的软件和硬件问题,要在2000年前后实现普六的计划是难以完成的。像伦布岗村小学,1998年调查时的情况同1999年时基本相同,没有什么变化,看得见的变化是一年级的学生只要天晴,一般都在学校院内墙下的树荫下上课。虽然炊烟熏不着了,可又少不了日晒雨淋。如果还不扩建校舍,保证1—6年级都有固定的教室,那"普六"教育怎么进行呢?

　　4.墨竹工卡县中学藏语文教学现状调查

　　在墨竹工卡县笔者还专门去了县中学进行调查,观摩了该校的两节藏文课。并且在校长的主持下,召开了有藏语文老师等参加的小型座谈会,就如何搞好藏语课教学等问题进行了讨论。老师们指出:西藏实行藏语教学体制,并非权宜之计,而是党和国家民族语言文字政策的具体体现,任何以藏语教学在发展道路上存在的问题为理由,否定藏语教学体制的做法都是错误的。实施藏语教学体制,是自治区尤其是广大农牧区发展教育的出路所在。藏语教学不是要不要的问题,而是怎样搞的问题。

　　老师们认为,在农村县镇中学继续建立藏语教学体系的依据是:

　　第一,藏语教学已经形成了一定的规模,积累了一定的经验,现阶段应该解决深层次的矛盾,加大改革的力度。第二,初中升学考试徘徊不前的局面,随着藏语教学水平的提高必将得到改善,这是不容置疑的。老师们认为,虽然目前有些科普和知识性课程还不能用藏语来教学,但是,可以通过增加汉语课程和编译教材的途径来解决,以弥补这方面的知识。第三,已经形成了一定规模的汉语教学师资队伍,这是搞好藏语教学的重要力量。大家认为,双语师资队伍经过这么多年的培养,已经充实到进行双语教学的学校中。当前最重要的任务应该是兑现双语教学师资职称评定优先的有关规定,同时必须高标准、严要求地制定出台有关双语教师的培养计划和达标标准。第四,藏族学生易于接受藏语教学,这是客观因素决定的。藏语授课方法是给藏族学生进行科学、文化知识教育的最佳途径。学生要学习藏语,同时还要学习汉语和英语,但是,从教育体系上讲,应该以藏语授课为主。

座谈会上老师们还指出,教材的编译是促进藏语教学体系健康发展的保证,是进行藏语教学的重要前提,中小学和大学教材的编译做不到系统化、标准化、规范化,系统的藏语文教学制度就无法保障。进行藏语教学,归根结底是为了西藏的社会发展服务,因此,编译的内容必须扩大体系,以拓展藏语文的功能,适应今天的需要,否则藏语文的教学将无法适应社会的发展。

老师们进一步指出,随着科学技术的不断发展,随着农业、工业、商业、交通、能源、运输等的发展,社会要求有新的词汇来充实藏语文,以扩大藏语文的功能,所以现阶段的几个重要任务是:应该调查和研究藏语文在现代化过程中的语言实态;调查和研究藏语文新词术语的发生、发展和演变情况;调查和研究藏语文新词术语的翻译、规范和运用情况;抓紧机遇编撰涉及各门学科的辞典,以适应西藏现代化发展的需要、藏语文发展的需要以及藏语文教学发展的需要。

座谈会上,老师们还对双语师资队伍的建设提出了一些建设性的意见:第一,双语教师的考试和认定制度应该继续坚持,要保持这项制度的连续性。第二,要建立培养双语教师的良性机制和信息反馈机制,制定出符合西藏实际的双语师资考核标准。第三,政府和有关部门制定的双语教师待遇和职称评定破格的方法应该兑现,不能在实际工作中伤了老师们的心。第四,自治区制定的有关培养双语教师的意见和措施应该逐条落实,不应该成为一纸空文。

(四)日喀则地区南木林县农村基础教育调查

1.人口、地理及基础教育发展现状

南木林县地处西藏中南部、日喀则地区东北部、雅鲁藏布江中上游的北岸。距日喀则市76公里。面积8848平方公里。耕地面积10.6万亩。1998年总人口71424人(达瓦顿珠,1999:39)。辖1个区、1个镇、19个乡、150个村民委员会。南木林镇藏语为"胜利"。作为地名有"圣地"的含义。吐蕃时期称扎西孜,后改称湘巴(即后藏6个万户之一)。清代初设南木林宗。民主改革前,由噶厦政府和班禅堪布会议厅联合管辖。1960年在合并南木林宗、乌郁宗、拉布宗、甲措宗以及7个豁卡的基础上,成立了南木林县人民政府,隶属于日喀则地区,管辖至今,县府驻南木林雪。

南木林县属于高原性山地地形。境内河流众多,沟壑纵横,海拔在

3790—4950 米之间。南部较低,有宽窄不一的河谷平原;北部较高。境内山川相隔分布,依山脉、河流走向和海拔高度,将全县划分为湘河主河谷区、各支流河谷区、高原亚高山草甸区。属于高原温带半干旱季风气候区。南木林县是半农半牧经济县。主要农作物有青稞、冬小麦、春小麦、豌豆、油菜和蔬菜等。以饲养牦牛、犏牛、黄牛、绵羊、山羊、马等为主。1989 年被列为"一江两河"中部流域经济开发县之一。

南木林县 95%以上的农牧民居住十分分散,由于交通闭塞,土地贫瘠,使全县的政治、经济未能达到相应的发展,一直处于贫穷落后状态,1997 年人均收入只有 503.43 元。因此国家级贫困县的帽子一直没有摘去。全县主要交通公路有 3 条,可通往拉萨、日喀则和狮泉河等地。南木林镇居民近 5000 人,一条主要街道横贯南北,镇内中学、小学、医院、银行、电视转播台、商店、自由市场等服务设施齐全。

根据我们在县教育局的调查,南木林县现在有各级各类学校 98 所,其中,中学 1 所,项目完小 3 所,希望小学 2 所,乡镇完小 17 所,村教学点 81 所。另据 1998 年的统计,全县教职工有 426 人,其中大专以上学历的 23 人,中专学历的教师 115 人,初中以下学历的教师 267 人,临时工 28 人,民办专任教师 101 人,公办专任教师 165 人,代课教师 93 人,教师学历合格率达 32%。师资力量较前几年有了很大的提高。据调查显示,1998 年全县适龄儿童的总数为 10169 人,在校生人数达 8345 人,其中县中学在校生 380 人,小学在校生 7965 人,校内学龄儿童有 6960 人。由于国家的大力扶持和希望工程、联合国儿童基金会等的无偿支援,南木林县的教育形势日新月异,儿童入学率稳步提高,到 1998 年入学率已经达到 68.44%,比 1995 年提高了 10 个百分点。

2.南木林县基础教育面临的主要问题及采取的主要措施

根据我们的调查,南木林县农村基础教育长期以来面临的主要问题可以分为 5 个方面:第一,教育经费不足,严重阻碍了基础教育的顺利进行。到 1997 年,由于经费的原因,全县中小学中仍在使用的危房急需维修,教学设备和教学仪器急需充实。更为严峻的是,由于南木林县属于西藏的人口大县,到 1997 年适龄儿童已经突破万人大关,急需在统一规划下新建一批乡中心小学和村小学,以适应新的形势。第二,教师紧缺,师资队伍素质偏低。1996 年和 1997 年教师的学历合格率仅为 31%,1996 年从县中学抽调了 54 名初中毕业生补充到村小学任教,明知不合格,但又不得不为之。加之教师紧缺,导致很多课程不能按教育大纲开齐。第三,农村小学代课教师待遇普遍偏低。1997年以前,全县的民办代课教师同公办教师一样担任着同等工作量的课,但每月的工资只有150元,导致了教师队伍的不稳定。第四,校长的素质和管理水平普遍有待提高。第五,学生辍学现象较为严重,高低年级学生人数差距过大。原因主要在于:农牧民群众的思想意识跟不上形势,认识不到学习与脱贫致富之间的关系;大部分家长认为只要上完三年级就算完成了任务,孩子就可以退学了,致使学生大量流失;农牧民群众缺少劳动力,家庭贫困也是造成学生辍学的主要原因。

针对这些问题,南木林县政府在1997年7月重新制定了全县教育规划,明确提出了普及"三六九"的时间和具体目标:第一,1997年普及三年义务教育。当年完成和解决1800名适龄儿童的入学问题。从1997—2000年,使入学率达到80%,完成率达到85%。第二,到2003年实现"普六"目标,并重点解决长期困扰全县教育发展的学生辍学问题。从2000—2003年,使入学率达到90%,完成率达到90%。争取小学教师学历达标率达到90%以上。重点解决两个偏远牧区乡的学生入学问题。第三,到规定年限实现普九教育,争取2003年使中学教师达标率达到90%以上。

南木林县属国家级贫困县,仅靠县财政根本改善不了全县的办学条件。为了按期实现"普六"和普及义务教育的目标,他们一是依靠国家投资,二是依靠地方财政补贴,三是依靠联合国、社会各界和个人的捐资。据我们了解,仅1997年,该县就争取到国家贫困地区义务教育工程项目试点学校的4所,兴建了多角完小、县完小、热当完小、普当希望小学。4所小学的建成,有力地解决了该县人口集中的县驻地、南木林镇、多角、热当、普当等4个乡镇和县儿童的入学问题。一项又一项工程的完成,有力地扩大了县基础教育的规模,提高了招生率,同时,也有效地控制了适龄儿童的失学问题,为更进一步完成实施"普六"工程及"教育的脱贫"目标铺平了道路。据教育局的领导介绍,乡村教学点学生的课桌和凳子问题是长期遗留下来的问题,为了彻底改变这种局面,1997年教育局又下决心压缩别的经费,定购了课桌和凳子,为8000多名学生解决了"屁股离地"问题,同时为部分小学一年级学生配备了藏文练字木板。

个人捐资主要依靠西藏大学的扎西次仁教授。县教育局长告诉我们,到目前为止,南木林县境内由扎西次仁个人筹资兴建的学校总数达 36 所,这些学校遍布除 2 个纯牧乡以外的 17 个乡镇,有力地推动了农村教育的发展。1997 年一年,他除了新建 6 所学校外,还一次性配齐了 36 所学校所需的生活用品和文具。有效地帮助和解决了教职工的后顾之忧和学生的困难,积极有力地调动了教师的工作积极性和学生的学习兴趣,对南木林县的教育发展起到了积极的推动作用。自 1995 年南木林县被自治区电教馆确定为电教试点县以来,到 1997 年上半年初步完成了县电教中心的安排和部署,当年底自制完成了电教室所需的配套投影屏幕和专用桌子。1998 年县中学首先进行了电教教学。

1995 年南木林县经过努力,得到了联合国儿童基金会大力援助。几年来,基金会根据县交通闭塞、教育工作效率极低的情况,给南木林县教育局配备了一辆农村教育专用工作小车,一套电脑、复印设备。县教育局还利用基金会援助的 54000 元资金,在全县举办了三期骨干教师培训活动,在开设数学、汉语文、藏语文三门主课的基础上,还增设了农村小学管理培训班。1998 年,县教育局又利用当年援助的 1.8 万元,购置了 25 台缝纫机,在南木林镇完小开办了 6+1 职业技术班,为县职业技术学校的创办打下了基础。

为了有效地促进全县教育的发展,南木林县在教学管理上主要抓 3 件大事:

第一,加强教学管理,严格控制在校生的流失现象。从 1997 年开始,县教育局陆续下发了一系列文件,一方面对全县各所小学的教师、校长进行大幅度调整,另一方面对教师的考勤、校长及教职工的请销假作了严格的规定,有效地杜绝了教职工中存在的乱请假、缺课的现象,保障了教学工作的正常进行。为了严格控制在校生的流失现象,根据县人民政府的指示,对在校生的请假、退学、结业等中途流失方面的规定作了修改,取消了原来由乡政府和乡中心小学可以批准学生退学或结业的做法,规定必须由乡或中心小学上报县教育局,经县分管教育的领导同意并在学年结束后方可办理。

第二,积极加强农村教师的培训工作。一方面积极鼓励教师促进自学考试,另一方面则有计划地选送骨干教师到内地或区内各师范学校进修提高,只要拿到文凭,立刻相应地增加工资,达不到学历要求则坚决辞退。对于已经具有初中学历的小学教师,则规定他们每年必须到县里进行短期培训或接受联合国儿童基金会的项目培训。另外,县教育局还每年给各完小的小教一级或高级教师布置任务,要求他们做好传帮带工作。

第三,切实加强对农村教学的指导工作。在调查中我们发现,南木林县教育局对农村各小学的教学指导是通过局属教研室来进行的。据了解,这个教研室分为藏语、数学、汉语三个教研组,由 3 名专职干部(教师)负责,办公室设在县中学,工作重心主要是面向农村小学。教研室的工作主要包括:1)负责下乡检查和评比老师的备课、上课、批改作业情况。2)负责检查和评比各乡中心小学三年级以上班级的统考和教学情况。3)负责编写各种教学资料并及时发放到农村教学第一线。在调查中我们了解到,无论是县还是村教学点,有关数学、藏文、汉文的教学参考资料和练习都是非常少的,这给全县的教育发展带来了极大的困难。为了解决此问题,教研室负责编写了《小学藏文教材疑难解答》(1—9 册)、《小学新编数学教材疑难解答》(8—9 册)。为了帮助学生提高理解能力,它们还经常翻译编印各门课程的练习和辅导试卷。教研室老师告诉我们,他们没复印机,所有材料都是自己刻印,光辅导试卷一次就有几麻袋之多。因此我们认为,西藏基础教育所需的各种教学资料和辅导试卷的翻译和编印,也是西藏基础教育中存在的一个重要问题,必须尽快解决。

(五)日喀则市农村基础教育调查

1.人口、地理及基础教育发展现状

日喀则市地处西藏南部,日喀则地区东部,喜马拉雅山北麓,雅鲁藏布江及其支流年楚河的汇流处。面积 3658 平方公里,耕地面积 18 万亩,草场面积60 多万亩。总人口 89016 人。辖 10 个乡、2 个办事处、10 个居民委员会、165个村委会。

日喀则藏语意为"最好的庄园"。14 世纪初,大司徒绛曲坚赞战胜萨迦政权,建立了帕竹政权,日喀则为其属地。以后仁布王管辖时,在此建立了"谿卡桑珠孜"。西藏和平解放前,为日喀则宗。1959 年建立日喀则县,1986 年改为日喀则市,隶属日喀则地区管辖至今。是后藏地区政治、经济、文化、交通、信息中心。

日喀则市地处青藏高原西南部,地形以平原为主。全市海拔最低点 3800

米,最高点 6646 米。属于高原温带半干旱季风气候区。日喀则市是西藏"一江两河"中部流域综合开发工程的重点地区,也是西藏自治区商品粮生产基地之一。经济以农牧业为主。农作物有青稞、冬小麦、春小麦、荞麦、蚕豆、豌豆和油菜。畜牧业主要有牦牛、犏牛、山羊、绵羊、马、骡、猪等。

中(国)尼(伯尔)、日(喀则)亚(东)两条干线公路可直通拉萨、狮泉河及尼泊尔王国,并与日喀则地区 17 个县相通,形成了比较完整的公路交通网。

到 1998 年,全市有学校 147 所,其中中学 3 所,乡中心小学 10 所,乡完小 2 所,希望小学 2 所,村教学点 127 个。全市共有学生 1.6 万人,教职工 1000 余人。1998 年全市 7—12 岁适龄儿童 12349 人,入学 12155 人,入学率达 98.4%,小学生辍学率仅在 0.3%左右,小学生毕业率为 100%,初等教育完成率在 97.7%左右。1998 年度,全市有小学专任教师 646 人,达到任职要求的占 100%。

从学历上看,小学和初中教师的学历合格率都在 95%以上。从管理上看,全市小学校长的达标率为 94%。从办学条件看,全市完小学生平均占有校舍面积为 5.5 平方米,127 个农村教学点全部新建或改扩建,完全消除了危房,基本满足了办学要求。从教学设备器材看,乡中心小学、完小和希望小学共 11 所学校都配齐了所需的教学仪器和器材,其中 6 所学校还配备了地面卫星接收站等。全市小学共装备了图书 3.5 万册,基本满足了教学需求。特别是 3 个乡小学作为国家贫困地区义务教育工程,国家和地方投入了大量资金,已经基本建成了自治区教委要求的合格学校。1995 年和 1996 年曾经连续两年被评为西藏自治区基础教育先进县。1997 年全县顺利通过了"普六"各项指标要求。

2.日喀则市在"普六"工作中的具体做法

第一,加强领导,加大教育法规的宣传力度。根据我们的调查和学校的反映,日喀则市政府一贯重视基础教育,长期以来,每一届领导班子都把教育放在优先发展的战略地位,做到领导(市长)到位、政策到位、措施到位、落实到位。1990 年前后,市、乡、村相继成立了教育督导委员会及"普六"领导小组,形成了"齐抓同管、八方抬教"的良好局面。1997 年,日喀则市下达了第 5 号市长令,提出了贯彻执行《义务教育法》的具体实施意见和要求。各乡、村也出台了《适龄儿童入学通知制度》、《村办教师管理制度》、《乡规民约》,保证了国家有关教育法规的落实。为了切实加强"教育三大法"①的宣传和落实力度,日喀则市还给下乡进行基层组织建设和寺庙整顿的 14 个工作组布置了进行"普六"宣传和清退寺内适龄儿童的任务,及时将各种宣传手册发放到各校各村干部手中,使义务教育的宣传面达到了 90% 以上;各村"普六"领导小组在寺庙工作组的协助下,全部清退了 15 岁以下的入寺少年儿童,完成了 0—15 岁儿童的登记工作,并帮助所有适龄儿童(除残疾儿童外)重返学校。

第二,优先发展教育,市、乡、村立体投入,引进外资(内地的援助),增强教育实力。日喀则市委和市政府不但在指导思想、组织领导和发展思路上重视教育,而且把教育放在真正优先发展的重要位置上。1995 年首先作出了《加大对教育投入的决定》,并成立了日喀则市教育基金会,陆续为农村小学配置了 4000 多套桌椅板凳。1995 年以来,市政府还投入 620 万元改扩建 127 所村办小学,用 10 万元奖励了一线优秀教师。日喀则市财政虽然年年增加,但经常性财政赤字非常严重,尽管如此,市委和市政府始终把对教育的投入列为绝对保证对象,仅到 1997 年,就投入了近 300 万元,差不多达到了历年财政收入的 20%。成为日喀则地区教育投入最及时、最到位的县市之一。

在市委和市政府的倡导和带动下,各乡、村自觉掀起了"再苦不让孩子苦,再穷不让教育穷"、"自己的学校自己办,办好学校为自己"的群众办学热潮。到 1997 年就完成了全市 127 所教学点的改扩建任务。除上级部门拨给的象征性建校补助款外,全部是群众集资、捐物、投入劳务建起来的。据不完全统计,群众的投入就超过了 400 万元。在日喀则市农村小学调查时,我们经常发现,在每一个五星红旗飘扬的地方,房屋最大,环境最漂亮的地方就是乡村小学。

为了弥补日喀则市教育投入的不足,青岛市给予日喀则市巨大的经济、物力和人力方面的援助,仅截至 1997 年就投入了现金 80 万元,此外,还捐助了大量的教学用品、衣物、书籍,并帮助兴建了东嘎乡出贡青岛希望小学、市三中电教室、市二中语音室等。青岛市还长期向市属学校轮派优秀援藏教师,为全市基础教育的发展起了巨大的作用。

第三,争取义务教育工程项目,推动教育的发展。1997 年日喀则市经过

---

① "教育三大法"是指《教育法》、《中华人民共和国义务教育法》和《教师法》。

努力,争取到了国家贫困地区义务教育工程试点学校建设项目,市府全力动员,年木乡、江当乡、尼日雄乡群众历时 4 个月,兴建了 3 所乡学校,群众总义务投入和市府投入达 200 多万元。这些学校的竣工,既增强了全县基础教育设施的整体水平,也使在校生的人数和教师数有了非常明显的增长。

第四,利用超编教师,轮流下乡任教,培训乡、村教师。日喀则市直属学校长期以来教师超编现象极为严重,造成了教师资源的大量浪费,而乡、村小学则处于大量缺编的状态。为了利用市直教师的优势,从 1996 年开始,教育局制定了市直教师轮流下乡任教,定期两年轮换的决定,因地制宜解决了乡、村教师严重缺乏的问题,又平衡了城市和农村教育不协调的状态。到 1999 年已经有近百名优秀教师轮流在各乡任教,同时负责乡属村办小学教师的培训任务,普遍提高了乡、村小学教师的整体水平和教学质量。日喀则市提高村办小学教师教学水平的另一个重要手段就是充分利用教育局所属教研室的人才力量,年年举办各种形式的村教师培训班,既提高了村教师的业务水平,又提高了村教学点的办学层次。仅 1996 — 1997 年度就培训了 84% 的村教师。1997—1998 年度,全县就已经实现了"四、二"制基础教育办学模式(1 — 4 年级在教学点办,5 — 6 年级在乡中心小学办)。

第五,制定教育目标,巩固"普六"成果。1998 年以后,日喀则市进入了巩固"普六"成果的关键时期。为了达到预期的目的,市教育局专门制定了《日喀则市 1998 — 1999 年各乡、校教育指标分解表》,将两年的教育任务分解到各乡、办事处和学校,使各乡、村小学和市属各中小学有了新的奋斗目标。到 1999 年这项工作基本达到了预期的目的,儿童入学率、在校生巩固率、扫盲指标等都实现了预定目标。

三、结束语

西藏农村基础教育制度的形成和变迁大致经历了四个大的发展阶段:

(1)1959—1965 年是西藏农村基础教育的起步阶段。

(2)1966—1979 年是西藏农村基础教育的盲目发展阶段。

(3)1980—1992 年是西藏农村基础教育的调整阶段。经过调整,全区民办小学减少,公办小学逐步增加。

(4)1993—1999 年是西藏农村基础教育的改革阶段。

1993—1996 年西藏经历了第一次农村基础教育改革浪潮。基本实现县县有中学,乡乡有完全小学,适龄儿童入学率达到 80% 以上。

1997—1999 年西藏经历了第二次农村基础教育改革浪潮。

到 1998—1999 年度,农牧区小学占了全区小学总数的 95%,1998 年全区 35.4 万在校生中有 90% 的中小学生也在农牧区。这一基本区情决定了农村教育在西藏农牧业现代化中具有举足轻重的地位。

第三节　西藏自治区小学藏语文教育调查报告

——以拉萨市六所小学为例

根据笔者负责的"西藏构建和谐社会若干前沿问题研究"之"西藏的语言和谐及其构建"分项目的调查计划,笔者将自己的一部分精力集中到西藏自治区的小学藏语文教育问题上,并在 2006 年到 2008 年两年的时间里,对西藏拉萨市属六所小学的藏语文教育情况进行了跟踪调查,获得了许多宝贵的资料。下面笔者将集中介绍这次调查的有关情况,及西藏小学藏语文教育的其他相关问题。

一、调查方法、对象及西藏自治区藏语文教育的基本情况

关于拉萨市六所小学藏语文教育的调查,我们主要放在拉萨市及所属的区县。调查方法有五种:一是直接深入到一些学校的班级里听课;二是到学校听取学校负责人的汇报;三是直接召开藏语文教师座谈会,认真听取关于藏语文教学的经验和建议;四是与藏族学生面对面地交流;五是利用不同的方式请拉萨市教育管理部门负责人介绍藏语文教学的管理经验。

调查的主要对象主要包括下面几个侧面:一是拉萨市城关区及附近区县的小学,包括拉萨实验小学、拉萨雪小学、拉萨龙样达小学、拉萨城关区海萨小学、城关区海城小学、达孜县完小;西藏自治区教育研究所、西藏自治区教材编译中心、拉萨市教育局。

到 2008 年年底,西藏全区现有各类小学 890 所,教学点 1568 个。全区现有小学班级 11033 个,其中,教育部门所办班级 10887 个,民办班级 112 个,其

他部门 24 个。西藏现有双语教师 15523 人,各级各类学校有藏语专任教师 10927 人。藏语文在西藏所有学校得到空前的普及。全区小学在校生共计 327497 名,少数民族学生 313093 名,占在校生总数的 95.6%。在小学开设的主干课程有藏语文、汉语文、数学等。例如:山南地区各小学每周开设 6 节藏语文课,一学期共计 108 学时。

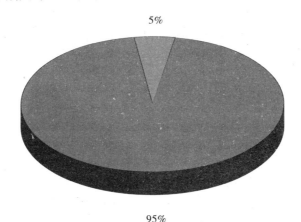

图 4-1　西藏双语与非双语小学数量的比较

在教材建设方面,自治区教材编译中心组织了一批教学经验丰富、科研成果突出的骨干教师,编写出版了符合西藏地区实际的藏语文教材,并配有相应的教学参考书。西藏自治区已编译完成从小学到高中共 16 门学科的 181 种课本、122 种教学参考书和 16 种教学大纲。小学藏语文师资均受过中等专业学校以上的现代教育,尤其是区教育厅高度重视偏远地区藏语文师资队伍建设,采取特殊政策巩固和加强藏语文师资力量。

二、拉萨实验小学等六所小学藏语文教育的基本情况

1.藏文班和汉文班的比例情况

六所小学共有 127 个班,其中藏文班 99 个,占 78%;汉文班 28 个,占 22%;共有学生 4733 人,其中,藏族学生 3690 人,占 65%,汉族学生 1303 人,占 35%。拉萨实验小学和城关区海城小学藏文班各占 60% 和 75%,是以藏族学生为主的小学;雪小学、龙样达小学、达孜县完小和城关区海萨小学全是藏

文班,仅有极少数的汉族学生,且大部分是内地农民工的子女。

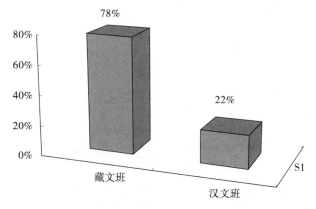

图 4-2　拉萨六所小学藏文班和汉文班的比例情况

　　汉文班和藏文班的分班完全根据家长和学生的自愿。藏文班的学生主要是藏族,其次是回族等。汉文班的学生主要是汉族,包括机关干部、农民工子女等,也有藏族学生和其他民族的学生。分班的情况有下面几种:一是95%的藏族孩子选择藏文班;二是从内地回来的藏族孩子会选择汉文班;三是父母不会藏语的孩子会选择汉文班,但藏族学生的家长首选还是藏文班;藏汉族结婚后所生孩子会选择汉文班。

　　2.藏文班的课程设置及教学用语

　　小学主课包括藏文、汉文、数学和英语四门课。六所小学都是三年级时开设英语课,均为每周两节。但其他三门课由于有的学校在城市,有的在县里,有的生源甚至全部是藏族,课时数有所不同。第一类,藏文班占绝对优势的小学课时设置情况基本相同:1—6年级,每周数学课5节,藏语课6节。第二类全部是藏族学生或者说全部是藏文班的小学,课时的设置有几种:一是龙样达小学:1—3年级藏语课8节。4—6年级每周藏语和数学都是9节(汉语9节)。二是海萨小学:1—6年级,数学和藏语各7节(汉语7节)。三是雪小学:1—6年级藏文班每周数学课5节,藏语课6节。汉文班汉文课7节,数学课7节,英语课4节。汉文班1—6年级,汉语文和数学用汉语教学,须配合肢体语言教学。

　　六所小学藏文班的教学用语模式是采取以藏语授课为主的小学模式,即把藏语文、汉语文作为一门单独的课程开设。其余课程全部使用藏文版教材,

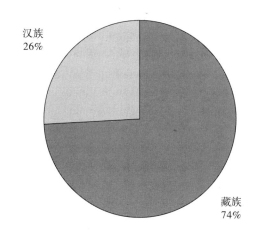

图 4-3　拉萨六所小学藏族学生和汉族及其他民族学生的比例

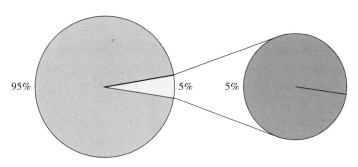

☐ Tibetan ☐ Other Ethnic

图 4-4　六所小学藏族学生选择藏文班和汉文班的情况

用藏语授课。

3.六所小学藏文班使用的教材

一是由西藏自治区编写的藏文和汉文教材。从 1999 年开始,西藏教育部门成立了藏、汉文教学改革专家组,着手重新编写这套教材的工作。该教材是在充分了解教师和学生的需要,并广泛吸纳藏、汉语文教师的改革建议以及他们推荐的文章的基础上完成的,从 2001 年开始在西藏部分小学进行试点。经过 4 年的试点和修改,从 2005 年 9 月秋季新学期开始,全区小学与全国同步启用这套新版的藏、汉语文新课程教材及辅助用书。二是人教版汉语和数学教材,拉萨六所小学中,有一些小学选用这套汉语和数学教材,拉萨实验小学、雪小学、达孜小学等就是如此。三是五省藏区统编藏文教材。如拉萨实验小学、龙样达小学、达孜小学都选用这套教材。

三、拉萨市六所小学藏语文教学的个案调查

1.拉萨实验小学

藏文班主要采用双语教学。学生的汉语基础很好,入校后就能用双语交流,教材是人民教育出版社出版的教材。一般来说,藏族小学生在二年级只能写几句汉文,藏文班学生的汉语水平和汉文班的水平相当,到3—6年级或5—6年级时藏族学生写得汉文文章达到400—500字。

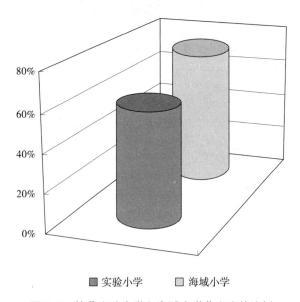

■ 实验小学   □ 海城小学

图4-5 拉萨实验小学和海城小学藏文班的比例

全校共有78名教师,汉族教师占30%,藏族教师占70%。汉语教研组共有48名教师,学校对他们的藏语要求也很高。其中汉族教师占60%,藏族教师占40%。藏语教研组共有教师30人。

该校生源比较好,95%的学生都上过学前班或幼儿园,有一定汉语基础。

现在藏文班使用的汉语和数学教材是人教版的汉语教材。过去曾使用过五省区教材,对藏文班的汉语教学也有很多的帮助。该校教师认为,1—8册的藏文班的汉语教材,语法不能少;藏文教材是西藏自治区教材编译中心编辑出版的区编教材。汉文班不上藏语文课。藏文班主课是藏语文、汉语文、数学

和英文。一周6节藏文,6节汉文,5节数学等,汉语课和数学课用藏汉两种语言授课,有时采用以汉语讲授,以藏语解释的教学法。

2.龙样达小学

该小学是农区小学,都是藏族学生,只有3个汉族学生。全校共有312名学生,9个班。共有20多个藏族老师,2个汉族老师。数学由藏族老师来教。数学应用题难度比较大。汉族教师主要教汉语,毕业于拉萨师范学校,他们懂一些藏文。

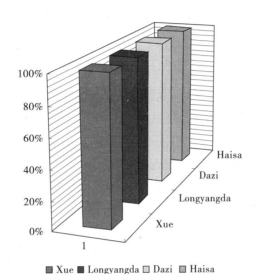

图4-6 雪、龙样达、达孜县完小和海萨等四所小学藏文班的比例

1—3年级都是8节藏语文课。4—6年级每周藏语文和数学都是9节课,汉语9节。三年级开始学英语,每周两节。

教材用得是五省区藏文教材。该校教师认为,这些教材有一定的问题,一是多使用安多藏语,二是教材的内容大部分是汉文教材的翻译,不切合西藏的情况。

3.拉萨城关区海萨小学

成立于1959年,前身是拉萨达孜县蔡公唐小学。现有382名学生,都是藏族学生,农牧民子弟。共有9个班。有32名教师,其中31名为藏族教师,一名汉族教师(他主要负责汉语课教学)。

1—6年级,数学7节,汉语和藏语各6节;3年级开始学英语,每周两节

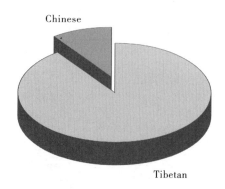

Chinese

Tibetan

图 4-7　六所学校藏汉族教师所占比例

课。根据调查,从 2004 年开始,所有的农牧区小学的数学课开始用汉语授课。但是因为学生只能讲藏语,所以学生和教师都很累。现在数学课也必须用汉语授课,数学的一些名词可以用藏语来解释。

该校教师认为,藏文教材要贴近藏族文化。但目前的教材有很多内容是欧美的,或是汉语教材的内容。

4.拉萨城关区雪小学

雪小学成立于 1959 年。现有 1200 名学生。共 27 个班,80 名教师。其中汉族教师 11 名。学生绝大部分来自拉萨市城关区雪居委会。有一个汉族班,学生大都是内地来西藏工作的农民工子弟,学生流动性大。

由于藏文班多数学生的学前教育基础薄弱,所以一年级的新生藏文和汉文基础都比较差。另外,由于该学校绝大多数学生的家长都是雪居委会的居民,一般不说汉语,看电视也只看藏语台,此外家长中有一部分人是文盲。所以,学生的汉语基础也比较差。1—6 年级,藏文班每周数学课 5 节,藏语课 6 节,高年级班 3—6 节,英语课两节;汉文班汉文课 7 节,数学课 7 节,英语课 4 节。汉文班 1—6 年级,汉语和数学用汉语教学,须配合肢体语言教学。该小学的藏文教师完全依赖自己的知识来教学,对教师的业务培训很少。藏文老师普遍反映教材要有藏族传统文化方面的东西,不能完全翻译汉语课的内容。

5.拉萨城关区海城小学

该校成立于 1959 年。现有 80 多名教师,1200 名学生。24 个班,其中 6 个汉文班(每个年级有一个汉文班)。藏族学生 900 多人,汉族学生 300 多

The number of Tibetan teachers in six primary schools

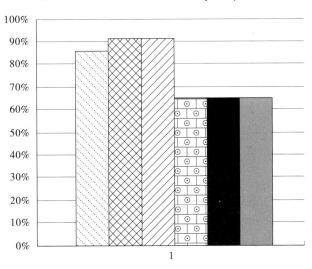

■ Longyangda ■ Haisa ▨ Xue ▨ Experimental □ Dazi ▨ Haicheng

图 4-8　六所小学藏族教师所占比例

人。大多数来自辖区的居民子弟和打工者子弟,用汉语教学。汉族班学生流
动性大,具有本地户口的学生很少。

　　课程按照教育厅的要求设置。1—3 年级安排 4 节综合实践课比较难,安
排成汉语口语的训练。

　　6.达孜县完小

　　1959 年成立,主要是农牧民子弟,学生 419 人,教师 20 名,10 个班级,都
是藏族学生,三年级开设英语。汉语用五省区教材,1—2 年级用新课改的教
材,必须用汉语授课,是人教的教材。农牧民的孩子不使用新教材,没有辅导,
藏文班主要采用双语教学。学生的汉语基础很好,入校后就能用双语交流,教
材是人民教育出版社出版的教材。一般来说藏族学生在二年级是只能写几句
话汉语句子,藏文班的汉语水平和汉文班的水平基本相同,到 3—6 年级或
5—6 年级时藏族学生写的汉语文章达到 400—500 字。

　　1—6 年级,藏文班每周数学课 5 节,藏语课 6 节,高年级班英语课两节;
汉文班汉文课 7 节,数学课 7 节,英语课 4 节。汉文班 1—6 年级,汉语和数学
用汉语教学,须配合肢体语言教学。

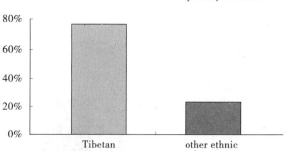

图 4-9 六所小学藏族班和汉族班的比例

该校生源比较好,95%的学生都上过学前班或幼儿园,有一定汉语基础。

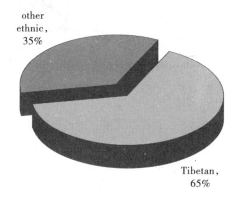

图 4-10 六所小学藏族学生和汉族学生的比例

总之,拉萨市六所小学具有下面几个基本特点:

一是这六所小学把藏语作为母语,实行藏汉文同步教学,其他课程用藏语授课。二是六所小学中,藏文班占总班数的78%,处于绝对的优势地位。三是在六所小学中,藏族学生的人数占学生总人数的65%,同样处于绝对优势。四是在六所小学中,藏族老师的人数同样占绝对优势。

四、西藏自治区小学藏语教材建设的历史变迁及师资的培养和培训模式

西藏自治区历来非常重视藏语文教育,尤其是小学藏语文教育。从上个世纪50年代开始,西藏根据《十七条协议》第九条关于"依据西藏的实际情况,逐步发展西藏民族的语言、文字和学校教育"的精神,在创办现代小学教育的同时,就基本确立了以学习藏文为主,同时学习汉语文的教育方针,并充分体现在课程的设置上,教学语言则全部使用藏语。①

60年代和70年代,西藏小学的藏语文教育已经有了很大的发展。首先在教材的使用上,民主改革后,西藏建立了基本适应现代学校教育需要的中小学藏文教材体系。其次,在教学用语上,民办小学全部使用藏语,公办小学大部分课程使用藏语。再次,在师资培养上,1961年西藏成立拉萨师范学校;1965年成立西藏自治区师范学校;1957年西藏团校成立,1960年并入1958年成立的西藏公学,1965年该校改建为西藏民族学院。这些中高等学校为西藏培养、培训了大量师资力量。

进入80年代后,西藏自治区的小学藏语文教育进入了新的历史发展阶段。全区的小学除汉文班外,都使用藏文版教材。藏族专任教师已占教师总数的83.6%。在农村和牧区,小学教育形成了完整的藏语文教学体系,教学语言全部使用藏语。城镇小学的藏文班也都把藏语文作为主课,教学用语以藏语为主。

1987年《西藏自治区学习、使用和发展藏语文的若干规定(试行)》正式发布后,在西藏全区范围内引起了极大的振奋。两个月后,当时主管教育的西藏自治区教科委为了认真贯彻《若干规定》中与藏语文教育有关的规定,下发了《西藏自治区教科委关于贯彻藏政发〔1987〕49号文件精神有关事宜的通知》。② 充分体现了西藏教育主管部门贯彻这一新的语言政策和教育政策的基本思路。内容上主要包括三个方面:一是教学用语向藏语的转变。目的是要保证对藏族小学生从一年级起就要全部使用藏语教学,以真正改变城镇教育体系中主要以汉语作为单一授课语言的情况。二是汉、藏族小学生分班。这种做法既符合西藏城镇藏、汉族人口的实际状况,同时也完全符合新的藏语文政策,初步解决了1987年以前一直存在的藏族学生数量与藏文班数量完全失衡的问题,使藏语文的学习从小学教育开始就有了比较扎实的基础。三是在不影响藏语文教学的前提下,从四年级开始增设汉语文课,目的是要适应已

---

① 周炜:《西藏语言政策的变迁》,《西北民族研究》2001年第1期。
② 周炜、格桑坚村主编:《西藏的藏语文工作》,中国藏学出版社2004年版,第54页。

有的以汉语授课为主的升学体系,以充分保证藏族小学生在学好藏语的时候,又能够在小学阶段打好汉语基础,这是西藏双语教育与双语社会发展的要求。

应该说,20 多年来,西藏的小学藏语文教育事业发展迅速,取得了举世瞩目的历史成就。但是我们同样也应该客观地看到小学藏语文教育中存在的问题和不足。这些问题表现在藏语文教学理念、藏语文教材建设、藏语文教学方法以及藏语师资队伍建设、藏语文教学研究和评价机制等方面。下面我们将重点讨论其中的两个重要问题:一是西藏小学藏语文教材的建设,二是西藏小学藏语师资队伍的建设。

1.西藏自治区小学藏语文教材建设的历史途径

西藏自治区小学藏语文教材的建设经历了一个漫长的历史时期,细分可以从四个阶段来介绍,总体来讲,各个时期各有特点,各有新的内容。

第一阶段(1951—1982)。从历史上看,1951 年西藏和平解放以前,当时的国立拉萨小学藏文和社会学等课程的教材,都由任课教员自行编写和编译。[1] 1951 年后,昌都、盐井、丁青、波密、察隅等地先后创办了一批小学。到1952 年,国家又在拉萨创办拉萨小学,之后,西藏又在日喀则、江孜、亚东、塔工、林芝和那曲建立了一批小学,到 1958 年已经发展到 13 所,学生 2600 人。在课程的设置上都是以藏文为主,教学语言都是藏语。这些小学使用的教材都是自编的,内地的课本只作参考,包括藏文、数学、自然常识和政治课等。[2]

1960 年 7 月,西藏自治区筹备委员会成立小学教材编译组,初期只有 5人。1962 年 11 月,正式划归西藏自治区筹备委员会文教处管理。到 1963年,编译公办、民办小学藏语文、汉语文和藏文版数学课本各一套。1964 年又编写了全区耕读小学藏语文教材及公办小学藏文自然常识和地理课本。到1964 年年底共编译教材 57 册。[3]

1964 年,西藏自治区小学教材编译组改为编译室,下设的小学藏语文编译组、数学编译组和汉语文编写组负责所有小学教材的编译和编写工作。1972 年 11 月,西藏自治区中小学教材编译组成立。从此,小学教材开始以北京五年制小学课本为蓝本,并结合西藏实际和当时政治形势开展编译或编写

① 《西藏自治区志·教育志》,中国藏学出版社 2005 年版,第 231 页。
② 周炜:《西藏的语言与社会》,中国藏学出版社 2003 年版,第 84 页。
③ 《西藏自治区志·教育志》,中国藏学出版社 2005 年版,第 232 页。

工作,并于当年编译了小学一至三年级藏、汉、算术课课本。到 1973 年年底,编写完成了藏、汉文版小学语文、数学和藏、汉文版珠算等教材。1976 年,西藏自治区教材编译组开始从西藏民族学院等部门借调部分藏文翻译人员充实到一线,以加强教材的编译工作。到 1977 年,自编完成了小学藏、汉语文、藏文版数学及藏汉文常识课本,共编译出版教材 44 种。

1978 年编译组改名为西藏自治区教育厅教材编译处,并确定了教材翻译的基本原则:小学政治、常识、数学教材使用现代书面语进行翻译,以拉萨话为基础;译文以表达原文的实际意思为主,采取意译的办法;小学藏语文教材编写的基本要求是培养学生的识字、看书、作文能力,要求至少学会 2000 个单词;选编本民族作品与译文的比例是 5∶5;数学和自然常识教材全部以全国统编教材为蓝本进行翻译。到 1980 年,西藏自治区教材编译处以十年制统编教材为蓝本,编译了小学藏语文、数学藏文版 1—10 册,小学藏语文参考书 1—6 册,小学藏语文教学大纲,小学数学藏文版及自然常识藏文版教学参考书、大纲各一套,小学"三对照"汉语文及政治课本一套。①

第二阶段(1982—1992)。为了改变藏文教材编译力量分散、质量参差不齐、各科教材难以及时配套的不利局面,1982 年 3 月,国家民委、国家教委组织藏、青、川、甘、滇五省区有关方面代表,在青海西宁召开了藏文教材协作会议,正式成立了藏文教材协作机构——五省区藏文教材协作领导小组。五省区藏文教材协作领导小组的成立,架起了藏语文教育相互沟通和交流的桥梁,开创了藏文教材建设由单一分散走向共同协作发展的新局面。与此同时,西藏自治区教材编译处根据西藏全区小学学制由 5 年制改为 6 年制的实际,以 6 年制统编教材为蓝本,开始编译 6 年制各科教材。到 1987 年就编译完成了小学藏语文及教学大纲,小学数学、地理、历史藏文版及教学参考书各一套。

第三阶段(1992—1998)。1992 年开始进行义务教育,藏语文教材的主要编译工作由西藏转交给了青海省编译局,所编教材供五省区使用。但是,西藏自治区教育厅鉴于青海与西藏之间的地区和文化差异等客观事实,允许自治区编译局编写相同的适用于自治区本土的乡土教材。1992 年,西藏自治区教材编译局结合西藏的实际自编了九年义务制教育小学藏、汉语文教材和其他

① 《西藏自治区志·教育志》,中国藏学出版社 2005 年版,第 232 页。

乡土教材,包括音乐、历史、地理、美术、劳动技术等。到 1993 年年底,先后编写了 6 套藏语文教材。

1994 年“五省区藏文教材协调领导小组”改名为“五省区藏族教育写作领导小组”,1996 年,西藏自治区教材编译局更名为西藏自治区教材编译中心,下设总编室、中小学文科教材编译室、中小学理科教材编译室、中小学语文教材编译室、中小学音体美教材编译室、中小学教材审查办公室等。

1998 年年初,根据九年义务制教育的要求,西藏编写了农村小学劳动技术课等教学大纲,同时完成了《毛泽东的故事》《周恩来的故事》《邓小平的故事》《二万五千里长征》《三大战役》《西藏革命回忆录》《国旗、国徽、国歌》等20 种 54 册教材的编译工作。当年,西藏自治区教委还就全区小学藏语文教材的改革提出了明确的要求:藏语文教材的改革要全面贯彻党的教育方针,突出藏语文是第一语文及工具课的特点,突出教材的思想性、科学性、实用性,突出基础知识和基本技能。要全面提高藏语教学质量、全面促进藏语文的现代化,使藏语教材与现代藏语文课程体系相适应,与现代社会发展相适应,与其他科学相适应,与培养藏汉双语兼通人才的要求相适应。①

第四阶段(1999—2009)。1999 年年初,西藏自治区教工委召开专题会议研究双语教材的改革问题,重申了藏语文教材改革的指导思想、重要意义和基础改革的重点。1999 年 5 月,全国五省区藏文教材协作会议在云南召开,会议决定,藏语文教材由西藏自治区教材编译中心和青海省民族教材编译处合作编写,共同确定教材的编译内容、目录、统稿等工作,所编教材统一在五省区使用。2000 年,人民教育出版社、西藏自治区教材编译中心和青海省教材编译处三方合作,着手对汉语教材进行编写。当年秋天,藏、汉语文两套教材开始在一年级使用。②

2004 年至今,包括西藏自治区在内的五省藏区根据教育新形势的要求,开始了新教材的改革工作。到 2005 年秋季,与全国同步启用新课程教材,共新编藏文教材 11 种,新译教材 25 种,总字数达 350 万字,36 种教材按时进入课堂。一些学校也积极主动地组织力量编写藏语文教材,发挥了一定的积极

---

① 《西藏自治区志·教育志》,中国藏学出版社 2005 年版,第 234 页。
② 《西藏自治区志·教育志》,中国藏学出版社 2005 年版,第 237 页。宋和平:2007 年度全区教育工作会议报告,2007 年 1 月 5 日。

作用。到 2007 年,已经顺利完成了 522 万册中小学校教材的征订发放工作,保证了中小学校教学工作的顺利进行。在此期间,根据教育部新课程标准,还组织编写了供少数民族学生使用的汉语文教材和藏语文新课程教材及辅助用书。同时,教材的翻译工作也成效显著,翻译藏文教材和教辅资料 34 种 350 万字。进一步加强了教材管理和审查监督工作,审查教材 32 种。

从整体看,新编教材体现了下面一些特点:一是严把政治关,坚决剔除涉及宗教和不利于祖国统一、民族团结的内容。二是注意教材的思想性、实用性、地方性、科学性、趣味性、民族性的统一,同时,努力把藏族优秀文化吸收进来,让教材内容丰富,教师更愿意教,学生更爱学。三是藏语文大部分教材用藏文直接编译,占 70%左右,30%左右吸纳国内外优秀作品。其他课程采用人大版的教材直接翻译成藏文,这些学科由青海、西藏两家编译局分工完成。四是新课改教材中数学是编译结合,应用题的叙述有些变化。五是五省区教材编译的原则以书面语为主。藏语文课标由五省区确定,特点是大框架参照汉语文课标框架,保持共性部分,加入藏语文本身的特点。其他科目的课标编译来自于国家统编教材,然后由西藏人民出版社统一出版。青海、西藏两家编译局统编,教育厅行政部门审查通过,最后由教育部通过验收,五省区编译局共同颁布,纳入国家标准体系。根据调查,从 2005 年开始的藏文教材以及翻译教材等的改革,在教材结构和内容设置等方面变化都非常大,老师和学生是基本满意的,但在具体的教学中也存在两个方面的问题:一是改革后的教材翻译内容占 30%多,可适当增加根据西藏实际情况编写的内容。二是由于地区差异,藏语文在日喀则、山南地区基础较好,那曲和阿里地区较弱,因此,今后的教材编译工作必须考虑到七个地区之间藏语文水平的均衡问题。

根据我们在拉萨多所小学的调查,从学生的角度看新课改的教材存在下面几个方面的问题:一是数学课应用题难度比较大,任课藏族老师在理解上有一定难度,所以教起来费劲,学生也很难理解。二是由于使用的是五省区统编的藏文教材,文字受安多方言的影响很大。西藏属卫藏方言,青海和甘肃属安多方言(安多语),不同藏语方言之间的差别客观影响了教师和学生的阅读和理解。三是教材的内容大部分是从汉文课本直接翻译成藏文的,有些知识内容脱离西藏的实际,学生理解上有困难。四是一些外国文学方面的内容,重复出现在藏文教材中,编译时不够严谨。五是一年级藏族班使用的人大版新课程教材,容量和词汇量都比较大,学生的压力特别大,老师教起来也很累,学生和任课老师普遍感觉这个教材不太适合藏族班。六是藏文和汉文教材的内容相同,藏族学生中有些人因为汉文已经学过了相同的课程,所以学起来没有新鲜感,不愿意上藏文课。七是藏文教材中传统的正字法和语法没有了,学生作业不光错别字很多,语法上也经常出错。

总之,无论是数量还是质量,藏语文教材建设工作还不能适应西藏自治区经济社会发展对教育的需求,不能适应西藏全区快速发展的教育形势,不能适应新课程和素质教育对藏语文教材的要求,不能适应西藏小学教育对藏语文教材的需要。由于藏语文教材建设工作的相对滞后,藏语文辅导材料缺乏,学生的阅读量受到了制约,阅读范围受到了影响,知识、视野受到了局限,藏语文实践和动手能力同样受到了的制约。

藏文教材需要不断更新和完善。要遵循学生的认知规律,在易学、易懂、易用上下工夫。藏语文教材建设工作从广义上讲,不仅是教材编译部门一家的事情,应该是全体藏语文教育工作者共同关心和参与的大事。能不能给藏语文教材注入更加新鲜的血液,能不能让藏语文教材形式更加灵活一些,内容更加丰富一些,都应该引起西藏自治区教育主管部门的高度重视和思考。

我们在西藏自治区教育厅和西藏自治区教材编译中心调研时,专门就这些问题请教了有关领导和专家,根据他们的介绍,目前我们在拉萨多所小学调研听到的问题,有关部门已经有了相应的对策,教材中存在的各种问题也在逐步解决中。

2.拉萨六所小学的师资来源及小学师资的培养和培训模式

包括雪小学在内的拉萨六所小学共有教师230人左右,汉族老师所占的比例在20%—30%之间。截至2007年,全拉萨13所小学有小教高级职称的老师只有40人。在我们调查的六所小学中,除拉萨的实验小学所占的小学高职相对要多些外,像雪、海萨、龙样达和达孜县等小学,有小教高职的人就很少。总的情况是城市的重点小学如实验小学等,高职相对多一些,而地处农村的小学就很少。这几年西藏和拉萨市的组织和教育管理部门为了整体提高小学教师的职称,开始增加农村小学一线教师的高职名额,农村小学高职少的情况得到了一定的改善,教师的福利也逐年得到提高,对稳定农村小学教师队伍起了一定的作用。

根据调查,拉萨六所小学的师资主要来自西藏自治区高等师范专科学校,也有一部分来自内地的中专或大专。拉萨师范高等专科学校始建于1961年,前身是拉萨中学举办的"师资培训班"。1975年在培训班的基础上正式成立拉萨市师范学校,2006年,经国家高校设置委员会批准,学校升格为拉萨师范高等专科学校。

截止到2007年,拉萨师范高等专科学校有教职工189人,其中专任教师141人。有普通专科在校生1458人,成人学员2187人。学校的主要任务是立足拉萨,为西藏全区培养基础教育发展需要的专科层次的小学、幼儿师资,同时承担西藏全区骨干教师和学科带头人、中小学校长及其他教育管理干部的在职培训和提高。30多年来,学校共培养全日制和函授毕业生13500多人,培训各类学员2000多人,是自治区小学和中学教师教育的重要基地,为全区的基础教育事业做出了积极而有益的贡献。

1996年,该校开始实行"师资培训工程",进修老师达到全区小学老师的60%以上。从1998年开始,该校开始分期分批对在岗老师进行三达标和四过关①的培训。该校教育分大专和中师两个层次。成人教育有短期培训、中师函授教育、大专函授教育等,少数民族学生占85%,先后为拉萨市培养了大量的小学教师,并且为拉萨市的小学藏语文教育做出了很大的贡献。

毋庸置疑,小学师资队伍素质的高低直接影响着西藏自治区小学教学的质量。多年来,西藏自治区教育主管部门为了提高小学教师的整体素质做了大量的工作,也取得了很多成绩,并在一定程度上改变了小学教师素质整体偏低的状况。但是,从目前的综合情况看,西藏自治区藏语文师资队伍现状还不能完全适应教育快速发展形势的需要,特别是不能适应新课程改革教学的需要。一是教师数量不足,特别是适应双语教学的教师不足。小学尤其是基层小学和教学点,从事藏语文教学的教师,有相当一部分由非藏文专业的教师兼任。更严重的还有非教学人员兼任藏语文课的现象存在。二是质量不高。从藏语文教师队伍现状看,教师的教育思想、教育观念比较陈旧,教师业务水平普遍偏低,教学方式方法落后。师资培训和培养的任务依然艰巨。许多藏文

---

① 三达标:政治思想达标、教学工作达标、教研工作达标。四过关:教学过关、教研过关、外语过关、计算机应用过关。《西藏自治区志·教育志》,中国藏学出版社2005年版,第100页。

教师尚未掌握现代教育技术手段,现代教育设施在藏文教学中作用不能得到很好的发挥。加强小学教师队伍的建设,一直是西藏自治区提高小学教学整体水平过程中一项十分迫切的重要任务。

根据我们的调查,为了更好地解决上述问题,西藏自治区教育主管部门主要采取了下面几个方面的措施:一是严格按照《西藏自治区中等师范学校四年制藏语文教学大纲》,要求各中等师范学校在教学中,使学生掌握藏语文基本知识、藏语文写作技巧和小学藏语文教材教法。二是严格按照国家教委根据五省藏区藏族中等师范教育发展的需要而颁发的五省藏区中等师范各科教学大纲来进行教学。三是根据西藏自治区的实际和国家教委部署,对师范学校的布局结构进行全面调整,重点办好部分师范学校,并在 2000 年实施了由三级示范向二级师范的过渡,除保留当时的拉萨师范学校外,其他地区的师范学校调整为地区中等职业技术学校。① 四是调整学制。从 2000 年开始,拉萨师范学校开始实施"3+2"学制,即招收初中毕业生,经过 5 年学习,为小学培养具有大专学历的教师。五是加大双语师资培训。据调查,从 2007 年开始,西藏自治区进一步加强小学双语骨干师资的培训,并正式启动骨干双语师资培训工程,以加强师资队伍能力建设,特别是加强农牧区学校和城镇薄弱学校骨干双语教师培训工作,提高教师队伍整体素质和业务技能。具体的做法是利用寒暑假时间,按年计划将农牧区小学教师集中到各地(市),利用地市直属中小学宿舍、教学设施,聘请区内专家授课、指导,分学科对小学骨干教师进行双语培训,时间一般为 30 天,成效较大。六是加强常规性教学培训。具体的做法也是利用寒暑假或专门集中时间,对任课教师进行教学培训,培训的内容包括教学方法、教学理念、写作方法等。

五、西藏自治区小学藏语文远程教育

从 2002 年开始,西藏自治区实施了教育部李嘉诚基金会西部中小学现代远程教育项目、教育部、国家发展和改革委员会、财政部农村中小学现代远程教育工程,有效地推进了西藏自治区小学基础教育的信息化建设。

2003 年三部委试点工程,国家核拨资金 798.3 万元;三部委 2004—2005

---

① 《西藏自治区志·教育志》,中国藏学出版社 2005 年版,第 102 页。

工程,国家核拨资金 1902 万元;其他项目为国家统一招投标,统一配发设备到西藏自治区。西藏自治区在教育部、国家发展和改革委员会、财政部的组织和支持下实施的农村中小学现代远程教育项目,顺利实现了"电视班班通",西藏 1400 多所中小学,只要有电的地方,哪怕是再偏远的地区,都能够收看电视。与此同时,在具有基本供电条件的农牧区小学教学点,配发 DVD 机和电视机以及相应的教学光盘;在具有基本供电和通讯条件的地方,除了配发 DVD 和电视机以及相应的教学光盘外,还添置电视信号卫星接收设备,以便学生收看各种教育节目。

到 2006 年年底,共建设了 1763 套光盘教学播放点(模式一);建设了 983 个卫星教学收视点(模式二);建设了 76 间计算机教室(模式三)。集中采购了 39 类中小学各学科的教学光盘 667040 张、3 种 440 套教学资料配发到中小学。在教育部的关怀和重视下,小学低年级藏语文、数学、科学等科目的藏汉双语教学资源也已经完成并按计划于 2007 年春配发到基层学校。

不仅如此,为整体提升农牧区小学电视教育的水平,从 2003 年起,西藏自治区每年投入 500 万元先后在 411 所乡镇小学建设了教育电视资源班班通;建设了 35 间计算机网络教室;自治区教育厅与各地市教育局共同出资购买了远程教育服务车;自治区教育厅每年拿出 25 万元维护保障经费,为工程的持续广泛应用提供了基本保障。自现代远程教育工程实施以来,西藏自治区教育部门通过各种形式培训了大量藏语、汉语等专任教师及教育技术人员。

小学现代化教育手段的广泛使用,是西藏自治区整体提高藏、汉语文及其他课程教育水平的一种有效的新尝试。仅 2005 年到 2006 年两年,就在全区中小学配置了光盘播放点 1763 个,卫星收视点 983 个,计算机教室 111 个。此外,西藏自治区还规定:从小学四年级至六年级必须开设信息技术课;平均每周远程教育各类设备的使用不少于 20 课时,教师应用面不低于 80%;所有配备了计算机教室的小学,教师必须使用计算机进行备课。

我们在调查中了解到,远程教育开通同时也面临着一个现实问题,那就是农牧区学校,一至三年级学生一直都坚持藏语教学,只在四年级以后才开始学习汉语。虽然配套的教学资源很好,但在这里并不适用。为了解决这个难题,西藏自治区教育主管部门经过反复调研,西藏自治区小学藏语教育教学资源开发项目正式立项,并获得教育部486万元的资金支持。经过三年多的工作,最终完成了一套适应小学一至三年级学生的光盘,并制成12本教材的DVD教学光盘,并免费发放到了教师手上。这些光盘,可称为藏语"动画片"。在编写和制作过程中,"动画片"的设计者充分考虑到低龄儿童好奇心强、注意力容易分散等特点,精心设计了贴近生活的情景故事,然后在北京请文化公司制作出色彩丰富、富有童话色彩的卡通漫画,最后在拉萨由专业的藏语播音人员配上标准的卫藏语音制作而成。因为它们贴近藏区儿童的生活,又是用标准的藏语发音、标准藏文书写,所以很受农牧区低年级孩子的喜欢。我们在达孜县等农村小学调查时老师向我们反映说,自从有了这些藏语"动画片"后,以前坐不住的低年级孩子,变得听话了;以前要反复教才能掌握的藏文拼写,现在只要短短的一堂课,绝大多数孩子就能牢固掌握了。应该说,这是现代远程教育项目为农牧区的藏语文教学带来的切实好处。

在拉萨调查期间,我们访问了直接参与制作这套远程动画课程的西藏教育厅电教馆信息库录音室。据了解,参与藏语DVD课件教材配音的都是西藏电视台的专业藏语播音员。按照项目规划,这套小学藏语多媒体动画教学一至三年级的课件已于2006年完成,而小学四至六年级的多媒体课件也于2009年全部完成。

第四节 关于中学藏语文教学历史 与现状的调查报告

2006年和2008年两年间,按照"西藏构建和谐社会若干前沿问题研究"之"西藏的语言和谐及其构建"分项目的调查计划,笔者在完成西藏自治区小学藏语文教育现状调查的基础上,对西藏拉萨市多所中学的藏语文教育情况也进行了细致的调查和研究,并获得了许多宝贵资料。下面笔者将集中介绍这次调查的有关情况,同时也将涉及西藏中学藏语文教育的历史背景及其他相关问题。

一、1957年至1987年的中学藏语文教学

根据《西藏统计年鉴(2008)》公布的数据,到2007年,西藏自治区共有普

通中学 117 所,专职任课教师 10033 人,学生 180210 人。与 1956 年相比,51 年间普通中学数增加了 116 所,是当时的 116 倍。[①] 理性和科学地回顾西藏普通中学藏语文教学的历史,我们主要想从藏语文课程的设置以及课时的设置两个方面的来加以研究。

1957 年 7 月,西藏自治区筹备委员会在《关于创办拉萨中学的决议》中明确规定,拉萨中学一年级到三年级,均开设藏文和汉文课程,其中规定藏文课每周 6 课时,汉文课每周 12 课时;初中预备班藏文课 6 课时,汉文课 6 课时,藏文习字课 6 课时;短期师范班藏文 12 课时。从课程设置看当时的拉萨中学,初中预备班和短期示范班在藏文课时的设置上都要高于汉文课程的设置,并多达一倍,这说明西藏自治区在开办初中教育的初创阶段,就把藏语文的教育放在头等重要的位置。1956 年 9 月,拉萨中学按照教育部颁发的教学计划,并结合西藏的实际最终确定了课时计划,同时在课程上明确规定按照教育部颁发的三三制中学(1956—1957)课程标准进行设置,同时,在一年级和二年级都把藏文课作为第一主课。1957 年 7 月,西藏昌都小学的初中部在课程的设置和课时的设置上都与拉萨中学基本相同。

1964 年,西藏普通中学发展到 4 所。西藏自治区筹备委员会根据教育部 1963 年颁发的《全日制中学暂行工作条例(草案)》,对西藏全区的中学学制和课程教学计划提出了新的要求,初中和高中课程都将藏语文设置为主课。同年 6 月,西藏自治区筹委会文教处又提出全日制中学要切实加强藏语文、汉语文和数学的教学,其他学科可按照教育部的规定予以适当的缩减。[②] 根据资料记载,1964 年,拉萨市中学藏语授课班的课程共包括 12 门课,包括政治、藏语文、汉语文、数学、物理、化学、地理、历史、生物、体育、音乐、美术,全部使用藏语授课,其中初中一到四年级藏语文一周 5 个课时,高中一到三年级一周 5 个课时。见表 4-6。

---

① 1956 年拉萨中学成立,这是西藏当时的第一所中学。
② 《西藏自治区志·教育志》,中国藏学出版社 2005 年版,第 48 页。

表4-6　1964年拉萨中学藏语授课班教学计划表　　（单位:课时）

科目＼年级	初中				高中		
	一	二	三	四	一	二	三
政　治	1	2	2	2	2	2	2
藏语文	5	5	5	5	5	5	5
汉语文	13	9	6	6	5	5	5
数　学	7	6	6	6	5	5	5
物　理			3	3	4	3	3
化　学				3	3	3	3
地　理		2	2			2	
历　史			2	2	2		
生　物		2	2	2			
体　育	2	2	2	2	2	2	2
音　乐	1	1	1				
美　术	1	1					
每周课时	30	30	31	31	28	27	27
选修课						4	4
劳动课	2周				2周		

从表4-6看,初中阶段一到四年级平均每周是5个课时的藏语文课,而汉语文的课时平均却达到8个课时以上,看起来初中阶段汉语文的课时要远远高于藏语文的课时。为什么会出现这种情况呢? 实际上在拉萨中学的藏语授课班,包括汉语课在内都是使用藏语授课,不同点只是授课的内容不相同,因此,适当增加汉语文课时,有利于提高学生的汉语文水平,同时,并不影响藏语文的教学。

根据西藏教育部门提供的材料看,从1971年到1976年,西藏自治区的中学教育受到当时政治形势的严重影响,一方面是各地市中学纷纷缩短学制,大多数初中和高中学制压缩到了两年,二是大多数学校的课程设置比较混乱,有的学校自定课程,甚至自编教材。尽管如此,藏语文课程还是得到了保留。

进入20世纪80年代后,这种情况开始有了明显改变。1981年4月,拉萨市文教局向西藏自治区教育厅呈报了《关于调整中小学学制的请示报告》,提出各中学初中汉语授课班学制为 3 年,藏语授课班学制 4 年,有意识地增长藏语授课班学制,以期达到提高藏语文教学质量的目的。同年 5 月,根据教育部有关文件的精神,西藏自治区教育厅决定改革中学学制,藏语授课班由 5 年制改为 7 年制,初中 4 年,高中 3 年;汉语授课班由 5 年制改为 6 年制,初中 3 年,高中 3 年。从 1982 年招收的新生开始实行新学制。①

1982 年 3 月,西藏自治区根据教育部颁发的中小学教学计划草案的要求,颁行了《西藏全日制中小学教学计划试行草案》,在这个草案中考虑到西藏教育基础薄弱,同时是多种语言教学等实际特点,再次规定藏语授课班的学制为 13 年,其中小学 6 年,初中 4 年,高中 3 年;汉语授课班学制为 12 年,小学 6 年,初中 3 年,高中 3 年。

这里有必要来讨论一下我们经常提到的藏语授课班和汉语授课班的两个问题。我们知道,西藏自治区的学生来源主要有两个部分:一部分是藏族和长期在西藏世代居住的珞巴族、门巴族、僜人等,另外一部分主要是汉族等其他民族的学生。西藏学生的家长在为孩子择班的时候会根据不同的情况来选择。这里先以西藏的小学为例,2006 年,我们在西藏拉萨实验小学、海城小学、雪小学、龙样达小学、达孜县完小和海萨小学等六所小学调查的结果看,选择汉语授课班和藏文授课班完全是家长和学生自愿。

我们认为这与 1982 年前后西藏中学学生择班的情况是基本相同的。以笔者为例,1975 年笔者从昌都中学转学到拉萨中学,笔者选择了藏文授课班。笔者班上只有 5 个汉族同学,其他都是藏族同学。回顾从 1982 年到 1987 年《西藏自治区学习、使用和发展藏语文的若干规定(试行)的实施细则》颁布近 6 年的时间里,西藏自治区的中学基础教育在教学体系上基本上是在两条轨道上运行。首先是经过多年的努力,西藏自治区在小学基本实现用藏语授课的基础上,中专和高校也有了一些用藏语授课的专业或学校,如拉萨师范学院藏语系、西藏民族学院语文系藏文专业和部分地区师专的藏文专业,同时,初中也在进行藏语授课的试点。但与汉语授课体系相比,则有很大的差别。据 1987 年的一项研究表明,当时,西藏全区共有 40 所初中采用汉语授课,仅有一个初中班采用藏语授课。而在小学阶段有 370 个小学班采取汉语授课,

_____

① 《西藏自治区志·教育志》,中国藏学出版社 2005 年版,第 50 页。

2250 所小学采用藏语授课。① 如此看来,当时西藏自治区的基础教育在汉语授课和藏语授课两个体系上是极为不平衡的。首先是小学阶段,两个体系中藏语授课体系发展快,规模大,学校多;而汉语授课体系则发展缓慢,规模小。而到了初中阶段则完全颠倒过来,汉语授课体系的学校达到 40 所,藏语授课的不到一所学校,仅有一个班。② 在这样的情况下,西藏两个授课体系的建立成为未来教育改革和发展的新走向。

二、1987、1988 年西藏藏语文立法中关于藏语文教育和中学藏语文授课相关条款内容的分析

从西藏自治区现代藏语教育发展史的角度看,1987 年应该是最为重要的一年,因为这一年西藏自治区的藏语文教育被写入了西藏的地方法律,受到了政府的保护。从这一年开始,西藏的藏语文教育从小学到大学开始朝着健康的方向发展。我们前面说过,西藏的小学教育中,藏语授课和汉语体系虽在 1987 年之前还存在不少的问题,但基本上已经形成,在新的语言政策下调整起来比较容易。但是由于中学的藏语文教学问题一直存在着很多的问题,所以,对西藏自治区的教育管理部门来说,虽然有了法律依据,但还不够,必须分步骤地进行,才可能在几年或十多年的时间里,在中学真正建立起科学的与汉语授课体系并行的藏语授课体系。

1987 年 7 月 9 日,西藏自治区第四届人大第五次会议通过了《西藏自治区学习使用和发展藏语文的若干规定(试行)》(简称《若干规定》),这是西藏自治区第一个关于学习、使用和发展藏语文的地方法律,其中的第三条对基础教育中的藏语文教育以及藏文授课体系的建立都起到了重要的作用,条款规定:自治区各级各类学校的藏族学生,必须把藏语文列为主课,其他课程原则上以使用藏语文教学为主;积极创造条件,在招生考试时,做到以藏语文授课的课程用藏语文答卷。中学、中专和大专院校的藏族学生的语文课,以藏语文为主,同时学习汉语文,学习全国通用的汉语普通话;其他课程要积极创造条

---

① 西藏民族教育科学研究所:《关于西藏建立以藏语授课为主教学体系初探》,《西藏教育》1987 第 2 期。

② 西藏民族教育科学研究所:《关于西藏建立以藏语授课为主教学体系初探》,《西藏教育》1987 第 2 期。

件,尽快实行用藏语文教学;有条件的中学还应增设外语课。①

　　该条款主要是对西藏的藏语文教育进行相关条款的规定。它包括四个最基本的原则:一是西藏所有的学校,对藏族学生而言藏文课都是主课;二是藏文以外的其他课程原则上以使用藏语文教学为主;三是中学以上学校藏族学生的语文课,以藏文为主,同时学习汉语普通话;四是其他课程创造条件尽快实行用藏语文教学。四个原则中包含了两个核心目标:第一个目标是西藏的所有学校对藏族学生而言藏文课是主课;第二个目标是要求藏文课以外的其他课程使用藏语文教学,其核心目的是要在西藏建立一个新的藏语文授课体系,使之与已经形成的中学以上学校的汉语授课体系相并列,从而构成西藏和谐的藏汉双语授课体系。

　　1988 年 10 月 29 日,西藏颁布了《西藏自治区学习、使用和发展藏语文的若干规定(试行)的实施细则》(简称《实施细则》),其中的十五条对中学如何实现这两个目标做了进一步的说明,具体可以分解为一个总目标、两个办法、三个分阶段目标和一个科学实验。一个总目标是要逐步建立以藏语文授课为主的教学体系;两个办法是新生新办法,老生老办法,分阶段逐步过渡;三个分阶段目标是:第一阶段在进一步完善小学藏语文教学体系的基础上,从 1993年的初中新生开始,初中阶段藏族班除汉语文和外语课外,大部分或主要课程用藏语文授课②;第二阶段从 1997 年高中、中专新生开始,高中阶段大部分的课程要用藏语文授课;中专学校的多数课程(指部分专业课和多数公共课),原则上用藏语文授课;第三阶段 2000 年后,除师范专业另有要求外,高等院校按照先文科后理科、先公共课后专业课的顺序逐步实现以藏语文授课为主。一个科学实验是在上述分阶段目标内,在拉萨和日喀则等部分基础教育较好的地方先行一步,总结经验,指导全区。

　　客观地说,这个条款的总目标和分阶段目标是要在 13 年中一步一步地实现,这是一个漫长的过程,但怎么去实现这个目标却是其最关键的地方,这就是实现这些目标的手段。该条款在这里并没有明确地指出,只是原则上指出了一个基本的方向,即在推行逐步建立以藏语文授课为主的教学体系之前,必

①　周炜、格桑坚村:《西藏的藏语文工作》,中国藏学出版社 2004 年版,第 43 页。
②　周炜、格桑坚村:《西藏的藏语文工作》,中国藏学出版社 2004 年版,第 56 页。

须做好前期的重要准备工作:在基础教育条件好的地方先实行藏语授课(藏文课以外的其他课程),然后将这些经验推广到全区。为此,自《实施细则》颁布以后,西藏自治区教育科技委员会于 1989 年 12 月下发了教育系统《贯彻落实〈西藏自治区学习、使用和发展藏语文的若干规定的实施细则〉的意见》(简称《意见》)。

《意见》围绕藏语文授课体系的构建,一是首先抓组织落实,正式成立了西藏自治区教科委学习、使用和发展藏语文领导小组,由主要领导挂帅,下设办公室。其工作职责包括宏观指导,负责制订有关文件,审批试点单位等。二是抓师资培养,正式确定西藏大学为初中以上藏语文授课师资培养培训基地,在经费、编制、教材、招生等方面加强基地建设。具体做法是:(1)培养本科师资,从 1993 起每年要培养 250 名用藏语文授课的合格中学教师。(2)选派藏语文和专业基础较好的教师到西藏大学学习两年藏语文,并研讨相应学科的初中藏文教材和藏语文授课法。(3)开办藏语以外课程的藏语文授课培训班。三是建立中学藏语文授课教师资格考核制度,1993 年前考核初中教师,1993 年起考核高中教师。四是创办藏语文授课试点班。自 1989 年从拉萨中学、拉萨市一中、山南二中和日喀则地区中学各选一个 1989 年秋季入学的初中藏族班开展藏文授课试点工作。①

自此,西藏逐步建立以藏语文授课为主的教学体系工作从立法程序走向正式的工作程序。

三、1987 年开始的中学藏语文授课试点班工作及成效

尽管 1989 年西藏自治区教育科技委员会才下发了《意见》,但从 1987 年开始,拉萨、日喀则和山南的部分中学已开始按照《实施细则》第十五条关于在"拉萨和日喀则等部分基础教育较好的地方先行一步,总结经验指导全区"②的精神,进行初中藏语文授课试点班的工作。从历史上看,上个世纪 80 年代初,西藏自治区教育部门就开始探索中学阶段新的汉语文和藏语文授课模式,并在拉萨中学、江孜县中学等试办了藏语文授课的双语教学班,但当时

---

① 周炜、格桑坚村:《西藏的藏语文工作》,中国藏学出版社 2004 年版,第 73 页。
② 周炜、格桑坚村:《西藏的藏语文工作》,中国藏学出版社 2004 年版,第 61 页。

因教材、师资、管理以及其他方面的配套政策措施没有跟上,有的没有取得好的效果,有的被迫停办。到 1987 年,西藏部分中学顺应当时的形势和《实施细则》的要求,开办了 4 个初中藏语文授课试点班。这些中学包括日喀则地区中学、山南二中、拉萨中学和拉萨市一中。试点班的学生是小学毕业后直接升入初中的,一开始就按照国家教委颁布的教学大纲要求开设了 7 门主课。由于是用母语教学,学生听得懂、记得牢、理解快,提高了教学质量,调动了学生的学习积极性。开办试点班一年后,进行了第一次学年统考,这一年是 1988年。统考成绩如表 4-7 和表 4-8

表 4-7　汉语文、历史和生物成绩表

课程 学校	汉语文		历史		生物	
	平均分	及格率	平均分	及格率	平均分	及格率
日喀则中学	64.6	62.5%	52.4	22.5%	50.2	15%
山南二中	61	61%	36.4	0	22.5	0
拉萨中学	60.8	45%	42.8	10%	18.8	0
拉萨市一中	58.1	62.2%	28.2	0	19.9	0

资料来源:1998 年西藏实地考察获得的资料。

表 4-8　藏语文、数学、政治、地理成绩表

课程 学校	藏语文		数学		政治		地理	
	平均分	及格率	平均分	及格率	平均分	及格率	平均分	及格率
日喀则中学	68.8	90%	38.3	10%	61.8	75.5%	43.2	7.5%
山南二中	80	97.6%	55.6	41%	78.1	87.8%	42.4	2.4%
拉萨中学	57.7	42.5%	26.3	2.5%	45.6	12.5%	45.8	20%
拉萨市一中	51	37.5%	25.4	0	39.7	2.5%	22.6	0

资料来源:1998 年西藏实地考察获得的资料。

　　从这两个表中我们还看不出与汉文班和藏文班成绩的比较情况。但我们1998 年在调查这几所学校并询问藏语文授课试点班各科成绩时,这些学校的领导对当时的评估总的看法是,表中的成绩客观反映出初中阶段用母语进行教学是提高教学质量的一条重要途径。它能够提高藏族学生各门课程的及格率,缩小各科之间的差距,逐步形成两头小、中间大的正常教学局面,开发智力。

1988 年,当这四个初中藏语文授课试点班的学生进入初中二年级的时候,日喀则地区为了了解同年级的藏语文授课班、汉文班、藏文班对初一基础知识的掌握与运用,对三种不同类型的班进行了一次摸底考试。汉文班大多数是汉族学生,有的混合班(藏汉族学生在一起)全部课程用汉语文授课。藏文班全部是藏族及其他区内少数民族。汉文班和混合班除藏语文外,其他课程全部用汉语文授课,藏文试点班除了汉语文外,全部课程用藏语文授课。表13-4 是这次摸底统考的成绩比较。

表 4-9

课　　程	汉文班		藏文班		藏文试点班	
	平均分数	及格率	平均分数	及格率	平均分数	及格率
政　治	38.8	14.2	20.5	0.6	62.1	68.3
藏　文			45.6	32.5	64.7	69.5
汉　文	47.7	26.8	40.4	16.7	54.1	34.1
数　学	38.2	29.2	12.6	1.1	26.1	3.7
历　史	42.5	25.6	19.9	1.1	56	45.1
地　理	30.4	8	15.6	0.6	50.9	34.1
生　物	37.1	21.9	11.5	0.6	52.7	42.7
物　理	31.2	11.8	11.2	0.3	47.5	37.8

从表 4-9,可以得出以下基本认识:

第一是藏文试点班除了数学成绩以外,其他各科平均成绩都好于同年级汉文班和藏文班的学生。首先是政治平均分高出汉文班 24.7 分,高出藏文班 41.6 分;汉文平均分高出汉文班 6.4 分,高出藏文班 7.5 分;历史平均分高出汉文班 13.5 分,高出藏文班 36.1 分;地理平均分高出汉文班 16.9 分,高出藏文班 35.3 分;生物高出汉文班 15.6 分;物理平均分高出汉文班 16.3 分。

第二是使用藏语文教学对增强学生的理解能力有明显的帮助。仅从成绩看学生思维能力和反应能力的敏捷性都强于藏文班和汉文班的学生。其原因

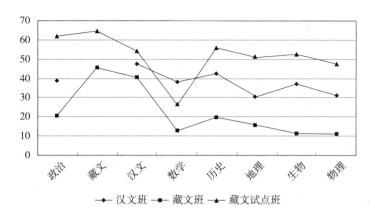

图 4-11　藏文试点班、藏文班和汉文班各科平均分数比较表

是藏文班的学生在小学阶段几乎全部使用藏语教学,到了初中二年级时他们的汉语水平多数在初小左右的程度,很不适应各科使用汉语文讲课的要求,大部分学生都处于似懂非懂的状态,这就是汉语授课班(汉文班和藏文班)藏族学生学习质量差的一个重要原因。

　　为什么会出现这种情况呢? 根据国家教委颁布的《九年义务教育全日制小学教学大纲》的要求,小学毕业生要掌握 2500 个左右的常用汉字。但在西藏,据有关统计资料显示,就连汉语文教学搞得较好的拉萨地区,藏族小学毕业生的最多识字量也才 1700 个字左右,最少识字量只有 450 个字左右,平均识字量只达到 800 个字左右。为了缩小这个差距,有的学校采取在初中增加一年的预备班学习,以专门补习汉语文,结果是最多的识字量才达到 1800 个左右,平均识字量只有 1100 个。仅从西藏小学毕业生的识字量看,这些学生在进入初中后除藏语文课外,各科要完全适应汉语文的授课是很难的。如果再从听、说、读、写上考察,小学毕业生对汉语文的掌握就更不适应汉语文授课的教学要求了。因此,藏文试点班、藏文班和汉文班各科平均分数的差距才会这么大。这也说明,在当时的情况下,西藏的小学毕业生在进入初中时,汉语文的水平还没有达到各科都能用汉语文进行教学的程度。相反,这些小学毕业生在进入初中后,各科继续使用藏语文进行教学的结果则要好于前者。

　　1987 年以后,在西藏各地开办的藏文授课试点班,经过两年的努力,在一定程度取得了较好的成绩。1989 年 12 月,西藏自治区教育科技委员会《意

见》中,决定推广试点班的经验,并专门就藏语文授课试点班的问题提出了明确意见,共包括四个方面:

第一是藏文授课试点班的管理问题。涉及三个层面:一是组织领导,"试点班由教育主管部门统一领导,分级管理,各地市教体委、各试点中学对试点班的工作要指定专人负责";二是监督总结,"各试点班的教学计划和教学总结要及时上报教体委和自治区教科委";三是统一考试,"试点班的学年考试由教科委统一命题、统一评卷"①,这条意见的宗旨是对试点班的行政、教学和考试三个层面的管理做出统一规定,强调了西藏自治区教科委对试点班的高度重视。

第二是藏文授课试点班的后勤和经费保证问题,明确规定试点班的教学设备和经费要优先保证,除此之外,西藏自治区教科委还要负责试点班的额外补贴等,并适度提高了专职双语教师待遇和超课时补贴。这些规定对提高开办试点班的各地学校和双语教师的积极性都起到了积极的作用。②

第三是藏文授课试点班的汉语文教学问题。基本的原则是不但不能削弱,还要进一步加强,要保证教学时数,保证教学质量,初中毕业时,学生的汉语文水平要达到《全国少数民族汉语文教学大纲》初中部分的要求。这一点非常重要,因为《试行规定》第三条规定:"中学、中专和大专院校的藏族学生的语文课,以藏语文为主,同时学习汉语文,学习全国通用的汉语普通话。"③强调藏语文授课并不是说不学习汉语文和汉语普通话,这是西藏教育必须和谐处理的重要问题。

第四是试点班的升学问题。具体的做法是拟在 1992 年开办高中藏语文授课试点班,1997 年在全区高中班实现大部分或主要课程用藏语文授课,以便与初中试点班的升学连接,从而解决这部分毕业生的升学问题和高中阶段的藏语文授课教学问题。这一点也从另外一个方面反映了西藏自治区教科委对搞好初中藏语文授课班,进而谋划第二步搞好高中藏语文授课班的决心。

总之,从 1989 年开始,由于西藏自治区教科委就初中的藏语文授课试点班的开办提出了一揽子计划,从秋季开始又安排部署在自治区拉萨中学、拉萨

---

① 周炜、格桑坚村:《西藏的藏语文工作》,中国藏学出版社 2004 年版,第 78 页。
② 周炜、格桑坚村:《西藏的藏语文工作》,中国藏学出版社 2004 年版,第 78 页。
③ 周炜、格桑坚村:《西藏的藏语文工作》,中国藏学出版社 2004 年版,第 51 页。

市一中、日喀则地区中学和山南地区二中开办了四个藏语文授课型双语教育试点班。西藏的初中教育进入一个新的时期。

1989 年秋季入学的藏语文授课班在招生条件上与普通的汉语文授课型双语教学班(普通班)没有多大的差别。根据当时的资料,4 个试点班共招生 181 名学生,其中男生 93 人,女生 68 人。农牧民子女 63 人,干部职工子女 53 人,城镇居民子女 45 人,具有一定的代表性。另外,4 个试点班都没有设立初中预备班,中学阶段的学制是 6 年,3 年初中,3 年高中。

4 所学校开设藏语文授课试点班与普通班一样,按照全国统一的初中教学大纲的要求,同时开设汉语文、历史、生物、藏语文、数学、政治、地理 7 门课。第二年增加物理课。我们先来看看 1990 年这 4 所学校藏语文授课试点班的人均单科成绩。

表 4-10　西藏藏语文授课试点班 1990 年人均单科成绩表

科目 学校	汉语文	历史	生物	藏语文	数学	政治	地理
日喀则地区中学	64.6	52.4	50.2	68.8	38.3	61.8	43.2
山南二中	61.2	36.4	22.5	80	55.5	78.1	42.4
拉萨中学	60.8	42.8	18.8	57.7	26.2	45.6	45.8
拉萨一中	58.1	28.2	19.9	51.4	25.4	39.7	22.6
优胜的学校	日喀则	日喀则	日喀则	山南	山南	山南	拉中

从 4 所学校的考试情况看,日喀则地区中学人均总分为 379.4 分,居首位,第二位是山南二中,人均 375.9 分,第三名是拉萨中学,人均分数 297.5 分,第四位是拉萨市一中,人均分数 245 分。此外,从人均单科成绩看,汉语文、历史和生物也是日喀则地区中学排首位,藏语文、数学和政治是山南二中排第一,拉萨中学仅地理排第一。这个排名首先说明,在 1990 年以前,日喀则和山南地区藏语文水平整体上要约高于其他几个地区,具有较好的基础,尤其是在小学教育阶段,走在了全区的前列。所以,日喀则地区中学和山南二中对初中藏语文授课班的教学有一定的优势。其次,从这个排名中我们可以发现,

日喀则地区中学和山南二中的藏语文授课水平和经验相对要高一些。

1990年年底,西藏自治区教科委召开了全区初中藏语文授课试点班学年统考和经验交流表彰大会,首次对上述4所初中的教学情况进行了总结,并对日喀则和山南地区进行了奖励。考虑到各地初中藏语文授课试点班的办班条件,西藏自治区教科委调整了试点班的经费预算,其中80%用于改善试点班的办班条件,20%用于奖励办班成绩显著的教师和有关人员。这次总结大会后,日喀则地区中学、拉萨中学、山南二中和拉萨市一中更加重视藏语文试点班的工作,第二学期试点班学生的各科成绩都有了迅速的提高,初步达到了通过试点班来总结推广的目的。下面是1991年这4所学校藏语文授课试点班的人均单科成绩。

表4-11　西藏藏语文授课试点班1991年人均单科成绩表

科目 学校	汉语文	历史	生物	藏语文	数学	政治	地理	物理
山南二中	49.06	64.91	62.30	73.78	46.01	72.9	50.93	54.19
日喀则地区中学	63.66	59.79	48.98	62.51	27.15	65.99	50.58	56.28
拉萨中学	64.33	40.71	44.61	60.49	23.14	47.26	55.72	51.75
拉萨市一中	55.71	54	49.97	57.18	27.03	48.93	57.13	40.16
优胜的学校	拉中	山南	山南	山南	山南	山南	拉萨市	日喀则

与1990年相比,大致可以发现这样一些问题:第一是汉语文分数除山南二中的人均总分数有所下降外,其他三所中学的试点班都基本保持1990年的分数水平,但1990年的245分与1991年的232分相比,总分略有下降。

第二是历史分数,1990年4个试点班的总分数是159.8分,而1991年是219.41分,约高出60分,分数提升幅度很大。第三是生物分数,1990年4个试点班的总成绩是110分,而1991年的总分数是206分,增长了96分,增长幅度同样非常大。第四是藏语文分数,1990年总分数是256分,1991年的总分是254分,基本保持相同的水平。第五是数学分数,1990年是144分,而1991的总分数是123分,总分数下降21分。第六是政治分数,1990年是224分,1991年是234分,略有增长。第七是地理分数,1990年是154分,而1991

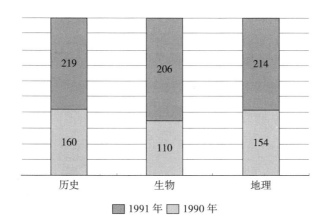

图4-12 四个试点班历史、生物、地理1990年和1991年度总分增长情况

年是214分,增长了60分,增长幅度很大。因为1990年没有开设物理课,总分不可比。

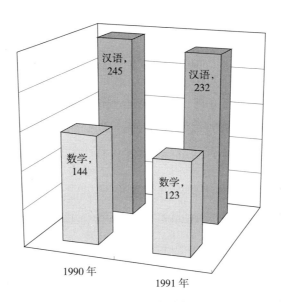

图4-13 1990年度和1991年度,四个试点班数学和汉语总分比较

总之,将1990年和1991年两个年度各科总成绩进行比较,1990年的各科总分为1293分,1991年为1483分,总增长190分,增长幅度为8.7%。大体可以划分为增长、基本持平和略有下降三个层次。增长的是历史、生物、地理三门课,增长幅度在60分—100分之间。基本持平的课程是藏语和政治,略有下降的课程是数学和汉语文。

由于1990年和1991年各科成绩总分的比较和单科成绩的比较结果初步证明了藏语文授课试点班的成绩是令人满意的,因此,到了1992年,这4个藏文试点班的学生正常转入高中阶段的试点班学习。

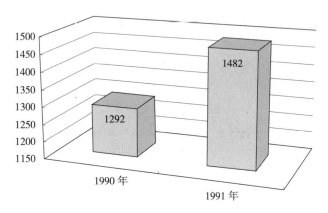

图4-14 1990年度和1991年度,四个试点班各科总分比较

鉴于西藏藏语文授课试点班两年实验所取得的成绩,自1993年开始,在西藏全区,使用藏语文授课的藏文班逐年增多。

1998年6月和7月,为了了解西藏的双语教育和双语师资情况,西藏自治区教委牵头组织了由自治区教委师资处、高教处、基础教育处、民族教育研究所和教材编译中心等部门组成的西藏中学双语专题调研组,分别对拉萨、山南、日喀则3地市17所中学的双语教学、双语师资情况进行了专题调研,肯定了西藏全区中学藏汉双语的教学和双语师资工作取得的成绩。

根据这次调查提供的资料分析,到1998年,西藏已经普遍实现了双语教学,并形成了三种基本模式:

一是以藏语授课为主的双语教学模式,即把藏语文、汉语文作为一门单独的课程开设,其余课程全部使用藏文版教材,使用藏语授课。全区多数小学采取这种模式,约占全区小学的95%以上。另外,从中学的情况看,当时全区中学共有汉文藏文授课班102个,其中,初中藏语授课班在校生近4000人,占少数民族初中在校生总人数的13%左右,高中藏语授课班在校生381人,占少数民族高中在校生总数的5.7%。具体的发布情况是:拉萨市35个初中班;山南地区35个初中班,9个高中班;日喀则地区15个班;昌都地区5个班;那曲3

个初中班。

二是以汉语授课为主,同时使用藏语辅助的双语教学模式。就是把藏语文、汉语文作为一门单独的课程开设,其余课程都使用汉文版教材。授课用语以汉语为主,藏语作为辅助教学用语。西藏有人把这种模式称为藏、汉交叉型双语教学模式。多数农牧区中学采用这种模式,约占当时全西藏农牧区中学班总数的85%以上。

三是以汉语授课为主的双语教学模式。这是把藏语作为一门单独的课程,其余课程均使用汉文版教材,用汉语授课。多数城镇中学和部分小学采用这种模式。

根据这次调查,除了上面的三种主要模式外,西藏的一些中学还采用一部分课用藏语授课,另外一部分课用汉语授课的双语教学模式。形式比较灵活。

此外,伴随着这三种模式的形成,西藏也形成了一支高质量的双语师资队伍。根据这次调查,西藏在1989年前,双语师资是远远不能满足西藏双语教学的需要的,按照西藏自治区自1988年以来的各种语言立法的规定,教育部门为实施这些法规所做的若干规定,从1989年起,西藏大学开始扩招师范专业生,重点培养初中双语师资,到1998年年初已经培养了数、理、化等7个专业的毕业生近900人,整个西藏初中双语教师资格过关考试合格人员近百人,其多数分布在拉萨、山南、日喀则三个地市。此外,各地的师范专科学校和教育部门也通过各种渠道培养培训了一批工作在教育一线的双语师资力量。当时双语教师的总人数已经超过1500人。①

怎么认识西藏已经形成的三种双语教学模式? 1989年,西藏自治区教委调查组对此也有专门的论述,我们认为有些认识非常深刻,并对后来西藏的双语教学工作起到了积极的作用。

首先是对藏语文授课型双语教学的认识。该模式主要在农牧区和藏语文授课班中实施,这个模式的好处是能够较好地解决小学和中学教学语言的衔接,消除语言障碍,从而有利于学生听懂教学内容,理解得快,记得牢,减少了死记硬背。但另一个问题是,从小学到初中,甚至到高中使用藏语授课后,学生接触和使用汉语的机会减少,学生进一步提高汉语文水平的机会也同时减

---

① 西藏自治区教委:《全区中学双语教学及双语师资情况调研报告》,1998年。

少了。这样的结果是,学生初中或高中毕业,进入高一级学校后,在较长的时间内都很难适应汉语授课的教学要求。从实践上说,西藏自治区自1987年以来在各地中学开办的初中到高中的藏语授课试点班,从其教学效果和各科考试的综合成绩看,在西藏基础教育的历史上都写下了不朽的篇章。但是这种授课模式所带来的另外一个负面影响我们也同样不可小视。根据西藏相关教育部门的跟踪调查和相关资料显示,从藏语授课班毕业的学生进入高一级学校高中和大学后,由于汉语水平达不到相应的语言要求,学生要求转学或转专业的现象时有发生。分析其原因主要有两个:一是因为藏语授课试点班采用的教学语言基本上单一的藏语,即没有采用一种语言作为主要的教学语言,另外一种语言汉语进行辅助的双语教学,教学语言的单一性,客观上造成了学生与未来双语教学要求的不和谐。二是藏语授课班的学生由于汉语文教学从小学开始就没有得到加强,汉语文水平普遍偏低,进入高一级学校后,语言的不适应越来越严重。正是基于这种担忧,一些家长不愿意把子女送到藏语授课班学习。

第二是对汉语文授课型双语教学模式的认识。这种类型最大的特点是在开设藏汉两种语文课的前提下,对民族学生数学等课程均采用以汉语文授课为主的双语教学模式。根据西藏自治区教育厅"全区中学双语教学及双语师资情况调查组"的解释,这种教学模式可以分为两种:一种是汉语文为主的双语教学模式。这种模式主要用于西藏的多数城镇和部分小学。原因是城镇学校的生源主要是干部职工子女和城镇居民子女,具有较好的学习和使用汉语的环境,这些学生基本上能够接受各门课程用汉语授课,对这些学生来说,这种模式理性的符合实际的双语教学模式。

另外一种也就是我们通常说的第三种模式,即以汉语为主,用藏语进行辅助教学的模式。西藏大多数农牧区中学普遍采用这种模式。这种模式的教学目的主要是要逐步把小学阶段各门课程用藏语授课的学生引入到汉语单一授课的模式上来,严格地说,这还是一种从藏语授课到汉语教学的过渡阶段。这种模式的好处是避免了从一种单一的语言授课模式直接过渡到另外一种语言授课模式所带来的不适应,同时也解决了下一级学校到上一级学校时教学用语的相互衔接问题。这种模式的最大问题是,由于藏语以外的课程全部用汉语授课,所以学生的汉语听力、文字能力都还不能很快地达到教学的要求,所以普遍的情况是教学质量不够理想,尤其是不能正常地保证初中数理化等理科成绩,但是如果学生克服了这个阶段的语言障碍,进入高中以后语言的问题就基本得到了解决。

四、2008 年有关藏语文教学的调查

2008 年,为了进一步了解西藏自 2000 年以后藏语文教学的发展情况,我们在拉萨等地召开了多次相关的座谈会,并且拜访了一些的资深的专家。

(一)2008 年以来西藏藏语文教学的基本情况

一是西藏中学藏语文教学的基本情况。根据 2009 年的统计,西藏共有各类中学 118 所,其中包括市教育部门所办 21 所,民办 7 所,其他部门 1 所;县、镇教育部门所办 84 所,民办 4 所;农牧区教育部门所办 1 所。初中在校生现有 120706 名,高中在校生现有 33342 名,其中少数民族在校生共计 142683 名,占在校生总数的 93%。有教师 11498 人。

2010 年以后,西藏的各级各类学校都开设了藏语文课程,中学的部分课程也用藏语授课。据统计,现在全自治区中学共有藏语授课班 203 个,西藏已有超过 22000 名少数民族教师投入到包括藏语文在内的教学当中。内地办的西藏中学也坚持开设藏语文课,另外,藏族民歌、藏族传统乐器等很多内地学校没有的课程也被搬进教室,让藏族学生更加深入地接触本民族的传统文化。招生考试时,以藏语文授课的课程用藏语文答卷;普通中专(高中)和普通高校招生考试,藏语文均作为考试科目,成绩计入总分。中学和中专藏族学生的语文课以藏语文为主。汉族学生到适当年级还必须增设藏语文必修课。

随着现代教育理念在教学中的广泛深入,西藏中学藏语文教师正在进行一场教学方法的改革。教育部门正在采取多种措施,鼓励教师将现代教育理念、新课程精神融入到藏语文教学中去,将藏语文教学的工具性与人文性更好地统一、融合。同时,西藏还大力培养藏语文授课教师。目前,西藏的藏文专任教师已超过 13000 人。

二是西藏自治区各中学开设的主要课程和藏语文教材情况。主要课程包括有藏语文、汉语文、数学、英语、政治等 8 门。详见表 13-7"西藏初中课程表"。

表 4-12　西藏初中课程表

课程＼年级和课时		初一	初二	初三	高一	高二	高三	初中总课时数	高中总课时数
学科	思想品德								
	思想政治	2	1	1	1	1	1	132	
	藏语文	5	5	5	4	4	4	500	500
	汉语文	5	5	5	5	5	5	500	500
	数　学	5	5	5	5	5	5	500	500
	英　语	5	5	5	5	5	5	500	500
	社会历史	1	1	1	2	2		100	
	地　理	1	1		2			68	
	自然物理		2	2	3	3		132	
	化　学			2	3	3		60	
	生　物	1	1			2		64	
	体　育	2	2	2	2	2	2	200	
	音　乐				1	1		100	
	美　术	1	1	1				100	
	劳动技能	1	1	1				100	
	社会实践								
	周必修课课时	30	31	31				3056	

资料来源:《西藏教育》2003 年第 5 期。

　　从 2003 年的情况看,初中和高中阶段,藏语文、汉语文、数学和英语 4 门课的课时最长,分别是 500 个课时。即初一到初三,藏语文、汉语文、数学和英语都是 5 节。

　　下面我们再来看看 2009 年西藏定结县初中秋季课程表所提供的资料。为了便于比较,我们还是主要看藏语文、汉语文、数学和英语 4 门课的情况。定结县中学初中一年级一共有 6 个班,开设有藏语文课 7 节,汉语文课 7 节,数学 6 节,英语 6 节;二年级也同样是 6 个班,藏语文 6 节,汉语文 6 节,数学 6 节,英语 5 节;三年级 5 个班藏语文 6 节或 8 节,汉语文 6 节,数学 6 节,英语 5 节或 6 节。高中该资料只提供了高二年级的课程情况。一个班,其中藏语文 6 节,汉语文 6 节,数学 6 节,英语 5 节。详见下表。

　　总之,将 2009 年初中和高中藏语文、汉语文、数学和英语 4 门课程的课时数与 2003 年相比,2009 年 4 门课程的课时数面相增加,其中初中一年级藏语文和汉语文各增加 2 节,二年级藏语文和汉语文各增加 1 节,初三藏语文课增加了 1—3 节,汉语文课增加了 1 节。高中二年级藏语文课增加了 1 节。这说明,西藏的基础教育到了 2009 年,藏汉双语教育已经走向成熟。

表 4-13　西藏定结中学初中及高中课程表(2009)

课程	年级和课时	初　一	初　二	初　三	高　二
学科	藏语文	7	6	6/8	6
	汉语文	7	6	6	6
	数学	6	6	6	6
	英语	6	5/6	5/6	5

　　在教材建设方面,从初中到高中,西藏自治区主要使用两个方面的教材:第一是西藏自治区自己编写的藏文教材,近几年,西藏自治区教材编译中心组织一批教学经验丰富的初高中藏语文教师编写出版了每年级两册、共计 12 册的藏语文教材,同时还编写出版了教学参考用书、复习提纲等。

　　第二种教材是五省藏区统编教材。1982 年教育部门为改变以往藏文教材编译力量分散、教材质量参差不齐等局面,专门成立了五省区藏文教材协作领导小组。这一机构成立后开创了我国藏语教材建设由单一分散走向共同协作发展的新局面。此后为统一和规范藏文各学科教材中涉及的名词术语,把好教材质量关,经教育部批准专门成立了藏文教材审查委员会。

　　1982 年以来,我国累计编译藏文教材 2224 余册、约 2.68 亿字。其中,2004 年实施新课程改革以来,完成了九年义务教育课标新教材 22 门学科 266(种)册约 2800 万字的编译。1991 年,教育部门明确提出藏文教材要"配套建设、同步供书、课前到书、人手一册"。目前,这一要求已经实现,为藏族地区普及九年义务教育打下了基础。从这几年的情况看,我国藏文教材已经形成包括大纲、课本、各种教辅和各类工具书在内的完备体系,完全能够满足我国藏文教育的需要。

（二）2008 年对拉萨一中、拉萨六中、堆龙德庆县中学三所中学的个案调查

2008 年 8 月 8 日，在拉萨市教委的安排下，我们在拉萨市教委会议室召集来自拉萨一中、达孜县中学、堆龙德庆县中学和拉萨六中 4 所中学的相关负责人参加了座谈会，市教委的相关负责人和负责教学研究方面的专家也与会交流了西藏中学藏语文教学的心得和体会。下面就是这次座谈会的原始记录。

拉萨市第一中学藏语文教学情况调查。

出席座谈会的拉萨一中领导在介绍情况时说：国家和政府、西藏自治区和拉萨市教育主管部门非常关心西藏中学的藏语文教学工作，相关机构对此也非常关注。2008 年 3 月，五省区藏文协作办公室就派人到拉萨市各中学进行调研，了解藏语文的教学进展情况。2008 年 3 月和 6 月，国家民委也组织专家两次来拉萨市进行调研，同时还在部分学校召开了藏语文教学研讨现场会，这些做法都很好地促进了西藏中学藏语文教学工作。

从目前拉萨市第一中学藏语文教学的整体情况看，一到三年级藏文成绩都在不断地攀升，而且从中考的情况看，藏语文的分数都能起到提分的作用。另外与其他中学中考的分数比较看，拉萨市第一中学 2007 年藏文平均分是 80 分，2008 年是 66 分，而其他学校的平均分都在 60 分左右。

拉萨市第一中学当时一共有 12 名藏文教师，其中一名是高级老师；汉语文教师 14 名，其中 3 名高级教师，民族教师的比例为 50%。共有 1200 名学生，藏族学生占 85%。藏族班班级相对要少，但学生多，汉族班数量多，但学生相对要少，汉族学生大多数是流动人口弟子，藏族学生比较稳定。

拉萨市第一中学初一有两个班，初二有两个班，初三有 7 个班。藏语文授课时间平均是 7 个课时，汉语文和藏语文的课时是一样的。教材方面，一年级和二年级使用统编教材，三年级使用五省区教材。汉语文是统编教材，三年级参考使用五省区教材。整体上除藏语文课外，全部使用汉语教材。教学语言上，初一到初三藏文班的藏语文课使用藏语教学，2008 年以前，初一和初二的其他课程用汉语授课，不使用藏语进行辅助解释，但 2008 年以后又开始使用藏语进行解释。初三时，这些课程不再使用藏语进行解释。

从学生择班的情况看，大多数藏族学生选择藏族班，仅有 10% 的学生选择汉族班。原因是藏文班要学习藏语文,同时汉语文课还使用藏文进行辅助解释,学生容易学习。但是对汉族班来说,由于内地的西藏班把基础好的学生都招走了,一年级的新生基础普遍不是很好,学生各科的程度也不很一样,所以初一藏文班和汉文班的教学难度是很大的。另外,对藏族班的学生来说,也缺乏良好的语言环境。不管是来自城镇的学生还是来自农村的学生,在学校里虽然是汉语授课,但放了学,家庭交流主要仍是藏语,有局限性,因此,对于学校来说,对初一新生的要求并不是很严,在教学中对学生很自然地就降低了一些要求,只要求学生听明白、理解了就可以了。

拉萨市一中的负责同志在座谈会上最后强调说,现在西藏的家长都知道这么一个情况,选藏文班,学好藏语,但高考和中专选择的学校非常有限。即使选择藏语文专业,毕业以后就业的机会也非常小,因此,部分家长还是为孩子选择上藏文班,原因只是为了在高考和中专考试中可以利用藏文得高分。这些家长普遍认为可以学习藏语文,但藏语文并不是很重要。由于家长就是这种思想,社会对藏文人才的需求又相对狭隘,所以学生受其影响自然对藏文课不是很重视。

拉萨市第六中学藏语文教学情况调查。

拉萨六中的藏语文教学是完全按照新课改的要求进行的。学校的学生全部是藏族,都是农牧民子弟。但是由于这些学生小学时全部课程都是藏语文授课,所以进校以后首先遇到的一个重要问题就是语言的衔接问题,即如何从过去单一的语言——藏语文向现在的藏汉双语过渡。为了解决这个问题,学校采取的措施是初一就开始使用双语教学,尽快让学生适应教学语言的变化。到初二时开始使用汉语授课。从教学的效果看,藏语文的成绩在全市排第一,但汉语文成绩不是很好。原因是这些学生小学升初中的成绩平均是 2.8 分,几乎没有什么基础。

此外,其他课程的情况是初一的数学是双语教学,初二后,除藏文外,全是汉语授课。

拉萨六中一共有 15 个班,796 名学生。一共有 53 名教师,其中汉族教师20 人,都是年轻老师。从整个课程的设置看,藏文和汉文的课时设置是 6∶4,每周藏语文 6 个课时,汉语文 4 个课时。教材方面,数理化是统编教材,其他课程是区编教材。2008 年,中考数学平均分 80 多分,在拉萨市名列前茅。但是汉语和英语成绩都比较差。

我们调查时,学校的负责人告诉我们,当时遇到的最大难点是两个:一是藏文教材的语言不统一问题,因为五省区的教材不适合西藏的语言特点,五省区主要使用安多藏语文,方言不同,对教学影响非常大,实际上,是拉萨方言的学生在学习安多方言的知识,学生学习的难度大,积极性不高。二是少部分学生包括家长认为,学好汉语更容易就业,所以学习藏语的积极性受到一定影响。

拉萨市堆龙德庆县中学藏语文教学情况调查。

2008 年该校有学生 1900 人,32 个班,138 名教师,藏族教师超过 50%,全部是藏族班,都是当地农牧民子女。藏语文教学也是完全按照新课改的要求来进行的。从藏语文教学的情况和学习成绩看,有下降的趋势,分数要明显低于数理化。究其原因,同样还是因为藏语文在社会上使用和就业原因造成的,多数家长都明白学习藏语文的重要性,认为自己的孩子一定要学藏文,因为藏语是母语。但是,学习藏语和未来的就业又存在不对称的现象,对此应该引起重视。

从汉语就学的情况看,堆龙德庆县中学的学生 99% 来自农村,从小学考入初中时的总分不到 100 分,另外,住校生的汉语基础好一些,走读生的汉语水平很差。

在教学上,该校采取了一些特殊的措施来加强汉语文和藏语文的教学工作。首先是相对拉长教学时间,两周才放一次假,即两个星期,一周上 7 天课,另外一周上 6 天课,放假一天。不放假的那一周,藏、汉语文课是 8 个课时,放假的那个星期是 6 个课时,以尽快提升学生的汉语和藏语基础,帮助他们逐步适应初中的教学进度。另外,在师资的安排上全部使用双语教师授课。

调查中,家长、与会教师还谈到了一个新的情况,希望引起我们的重视。由于受到学习藏语文作用不大的错误思想的影响,现在农牧区的家长让孩子上学的意识不强。虽然一些家长都把自己的子女送到学校,但目的还是为了享受政府提供的"三包"待遇。

(三)西藏一线教师对未来藏语文教学的看法和建议

在这次座谈会上,与会教师和相关负责人还对西藏的藏语文教学提出了自己的看法,对未来的教学有借鉴和参考价值。

　　首先是教材问题。与会教师提出了两个层面的问题:第一个层面的问题是小学教材问题,因为小学藏语文教学的好坏直接影响着中学藏语文的教学。这些教师指出,目前比较值得重视的一个问题是藏文课本内容的老化问题,许多课文内容与时代的发展脱节。另外就是藏文教材大都是汉语教材的译本,存在内容重复的情况。这样的问题客观上影响了藏文任课教师对课文的发挥,教学质量自然受到一定的影响。因此,这些教师建议,在未来小学藏文课本的设置上,需要认真考虑这些问题。第二个层面的问题是中学的教辅问题。与会教师普遍反映现在学生的辅助学习材料比较少,没有练习册,而且一部分学生也买不起。所以作为教育管理部门,在这些问题上也需要有相应的对策。

　　其次是语言的衔接问题。对藏族学生而言,在小学阶段全部是藏文授课,而到了中学后,除了藏语课外,全部是汉语授课。对学校而言,从初中开始一直到高中甚至大学,不断提高藏族学生的汉语文水平是西藏教育面临的一个复杂问题。在西藏自治区,一方面要强调藏语文的学习、使用和发展。但是,对学生而言,要学好藏语文需要三个因素:一是学校教学,二是家长支持,三是社会的需求度。三个因素缺一不可。可是现在这三个因素之间有些问题需要重新认识。首先是社会因素的影响。前面已经谈到,由于就业因素的影响,社会上一种错误的观点认为学好藏语文对未来的就业不会加分,相反,学好汉语文和英语则更有优势。对家长而言,这种社会的思潮必然要影响到家长的判断,从子女未来的前途考虑,一部分家长更鼓励自己的孩子学好汉语文和英语。最后对学校来说,过去很长一段时间里,学校一直强调藏语文的学习,强调藏语文授课体系的建立问题,而且收效很大,但是2000年到了初中以后,随着双语教育的快速发展和推进,学校在教学语言的选择上有了一些新的变化,正如在前面已经谈到的,学校在首先和充分保证藏语文课时的同时,对其他课程的教学用语基本上采取了两种主要的模式:一是全部课程都使用汉语文教学,二是根据学生汉语文程度的不同,一些课程使用双语进行教学,即使用藏语文进行辅助教学。

　　尽管如此,从小学进入初中,初中进入高中,甚至高中进入大学,都涉及语言的衔接问题。首先,

　　从农村小学考入初中的学生,小学阶段所有课程都是用藏语文教学,但到初中、高中甚至大学后,教学语言有了根本性的改变,这就是除藏语课外,其他

的课程都用汉语文进行教学,部分课用藏语文进行教学。因此,从小学六年级到初中一年级,中间有一个教学语言的转换,即藏语文向汉语文的转换,换句话说,就是在这个重要的阶段,

要遇到从藏语到汉语授课的过渡和衔接。怎么样处理好这个问题,也就是说怎么让小学生在进入初中学习之前就能够打下良好的汉语文基础,这是一个关键的问题,考虑问题的角度是站在学生方面来考虑的。第二个问题则是让学生进入初中后,怎样逐步地使用新的教学语言的问题,这是站在学校的角度来提出这个问题的。如何处理好这两个问题,是藏族学生自初中开始一直到大学或更高学习阶段所必须解决的事情。

一些与会教师认为,现阶段西藏多数的农村小学是从三年级或四年级开始上汉语文课,课时与藏语文课大致相同,也将是说学生只有三年的汉语文学习时间,然后进入初中或内地西藏班以后,就需要用母语之外的另外一种语言——汉语来学习,这对学生和学校都是一种新的挑战和压力,处理不当都会给学生和学校带来严重的影响。鉴于这种情况,与会教师根据多年的教学经验提出了新的思路,值得分析和研究。首先要从小学课程上进行大胆创新,根据拉萨等城市小学教学经验,从一年级就开始(城市的幼儿园就开始)学习汉语文,学生在进入初中后语言的衔接相对要容易得多,因此,是不是在西藏的农村也从小学一年级就开始学习汉语文,的确值得试点和推广。第二,西藏农村小学的学生升入初中以后,学制是 3 年,能不能根据西藏农村小学教育的实际情况,有所创新,改为 4 年呢。即第一年用于语言学习,强化汉语文,以达到二年级适应新的教学语言的水平。如果初中改为 4 年困难太大,可以在初一专门拿出半年来强化汉语文,耽误的课程和课时在后面两年半里补上。

我们比较赞成这些教师的想法,2008 年和 2011 年我们在拉萨的一些县镇中学实地考察时,比如墨竹工卡县中学就曾经给我们介绍过他们解决小学到初中语言衔接问题的做法,其思路就是第一学年,对新入学的学生强化教学语言,途径有几种:一是在初一,用一年的时间来强化学生的汉语文,以充分保证未来三年学生的学习质量,这种做法存在的问题是初中阶段的时间拉长到了 4 年,对学生的升学和学制影响较大。但是从内地西藏班的情况看,初中阶段有些学校是增设了一年的预科,目的是提高汉语文的水平,效果非常好。因此,在西藏自治区,能否考虑在初中阶段增设预科,用一年的时间来强化语言,

第二年再正式进入初中一年级学习,是值得探讨的一个重要问题。从参加座谈会的教师的意见看,他们都比较赞成这种方法,认为适合农牧区和县乡镇一级的中学;二是在初一的第一学期,用半年的时间来强化汉语文,未来的两年半来完成初中阶段三年的全部学习计划,对初中三年的学制没有影响,第一学期耽误的课程在未来的两年半来补上,困难不是很多。三是在初一和初二阶段,利用周六和寒暑假进行补课,这种办法的好处是完全不影响初中三年教学计划的正常进行,问题是学生和教师的压力相对比较大,学习相对紧张。但不管是哪种方法,效果都是明显的,我们认为西藏自治区的一些学校完全可以根据自己的师资情况和初中一年级学生的汉语文程度,采取不同的办法来解决藏族学生从小学过渡到初中以后首先遇到的语言衔接问题,以尽快适应初中后教学语言的变化。

再次是师资的问题。在西藏各地的学校和相关的座谈会上,很多的学校领导和教师都经常会谈到一些与中小学师资相关的问题。我们在拉萨召开的座谈会上,与会教师谈到三个问题,值得我们重视。

一是中小学教师的进修问题。与会教师多数认为,西藏的基础教育发展得非常快,同时,教材和教育观念的不断更新都对中小学教师提出很高很新的要求。但是多年来,中小学教师的进修问题却由于种种原因而有些跟不上教育形势的发展。以达孜县中学为例,从 1998 年到 2008 年的 10 年间,该校没有派过一个教师到内地去进修或培训。拉萨市第六中学情况也大致相同。因此,一些与会教师提出了个值得重视的建议:这就是在西藏自治区和内地分别建立两个培训基地,一方面继续在西藏境内的西藏大学和各个地区师专大力开展中小学师资的进修和培训工作,另外一条途径就是在内地的西藏民族学院建立新的师资进修和培训基地,共同开展西藏中小学教师的进修和培训工作。

二是中学教师的职称问题。与会教师在座谈会上多次提到这个问题。以拉萨达孜县中学和林周中学为例,2008 年只有一个高教职称的名额,拉萨堆龙德庆县中学也仅有两名。西藏自治区各县乡镇中学高职的名额一般由所在县一级政府统一调配,条件非常严格,一是要按晋职年限;二是要考试,一些在一线乡镇工作的中学甚至是县属中学的教师,由于名额少、考试严等原因,从中级到高级职称的评定都一再耽误,致使工作年限到期了但高职的评定却一再耽误。对教师的积极性影响极大。因此与会教师提出西藏自治区和教育主管部门对县以下中学高职的评定应该有所倾斜,首先是增加名额,其次是适度地放宽条件。

三是建立乡村教师疗养制度和激励机制的问题。与会教师首先告诉我们,县乡镇和村所属的中小学教师,工作收入和待遇普遍偏低,担任班主任的,每月可增加收入 100 多元,不担任者没有。另外,学生的"三包"经费中都是专款专用,学校用到教师头上的经费几乎没有。但最让一线教师担心的是医疗保险问题,在 2008 年,一学期每个教师的医疗保险费是 17 元,只够看一次病。与会教师普遍要求提高到每学期每个人 50 元—100 元。第二是一线教师的激励机制问题,与会教师提出,仅以山东为例,平均每年用于激励中小学教师的经费是 1 万元,而西藏自治区仅为 1000 元,相差 10 倍之多。因此在目前西藏经济社会全面发展的背景下,适度增加教师激励经费对提高一线教师的积极性有很大的推动作用。

第五节　关于大学藏语文教学历史与现状的调查报告

本节我们将重点研究西藏高等教育中的藏语文教学以及相关情况,以帮助读者能够全面认识西藏从小学到大学藏语文教学的整体情况,进而形成完整的西藏藏语文教学知识。据我们多年的实地考察和相关的研究看,西藏的大学藏语文教学经过近一个半世纪的发展期,到目前为止,已经基本形成了两个大学藏语文教学系统:一个是从本科生到硕士生的藏语文专业教学系统,另外一个是从本科生到博士生的藏语文公共课的教学系统;形成了一支适应藏语文教学和科研的教师队伍和科研队伍,大学藏语文教学进入了正常的良性循环时期。

一、西藏高等教育发展的基本轨迹

1951 年前,西藏没有科学意义上的基础教育,更谈不上高等教育。1958 年,西藏在陕西咸阳创办西藏公学,1965 年,经国务院批准,更名为西藏民族学院。自此,西藏才有了科学意义上的高等教育。据相关资料记载,当时西藏民族学院只有教职工 700 多人,学生 2251 人①,当时学校是根据西藏政治和经济发展形势来设置相关课程和教育培训目标的,所以还没有十分严格的学制和统一的课程设置。1970 年,撤销西藏民族学院,学院师生都下放离校。1971 年学院得到恢复,同时开始在西藏林芝筹建新校区。1974 年,西藏决定将林芝筹建处改为西藏民族学院林芝分院,也就是后来的西藏林芝农牧学院。一年以后,西藏大学的前身西藏师范学院于 1975 年成立。1976 年,教育部批准在位于林芝的西藏自治区卫生学校的基础上成立西藏医学院。1978 年,西藏医学院正式成立。1981 年,经西藏自治区研究,同意撤销西藏医学院。1978 年,经国务院批准,林芝分院与西藏民族学院分立,正式成立西藏农牧学院。1983 年,为了适应西藏经济和社会发展对人才的需要,国家提出建立西藏大学的建议。同年 3 月,教育部授予西藏师范学院学士学位授予权。1985 年,西藏大学正式成立。1989 年,西藏大学藏医系和西藏藏医学校(中专)合并成立西藏大学藏医学院,1993 年,国家教委批准西藏藏医学院与西藏大学分立单独设置,命名为药王山藏医学院,对外称西藏藏医学院,藏医藏药高等教育正式列入全国普通高等教育序列。

从 1958 年西藏创办西藏公学到 1993 年西藏藏医学院成立,西藏的高等教育经过 35 年的努力,以西藏大学、西藏民族学院、西藏农牧学院和西藏藏医学院四所高等院校为标志,已经走向健康发展的轨道。进入 2000 年以后,西藏的高等教育进入了一个全面发展的新时期。首先从学制上看,西藏高校的发展经历了建校初期规模小、办学规格低、层次多、多学制并存到逐步规范的过程。1978 年以后,西藏基本执行教育部统一规定的本科和专科学制。1994 年,西藏藏医学院设立 3 年制成人专科。到了 2000 年以后,西藏高校普通专业均实行了专科 3 年、本科 4 年的学制。从专业设置的原则看,基本上是以西藏人才的需求为依据,以适应西藏的经济建设和社会发展。以西藏民族学院为例,1965 年,只设有会计科、师范科、卫生科、畜牧兽医科、农科和藏语文系。这是与当时西藏的政治形势和社会形势分不开的。2005 年,西藏民族学院进一步提出"深化教学改革,优化人才培养过程,创建具有民族特色的教学型本

---

① 《西藏统计年鉴 2010》,中国统计出版社 2010 年版,第 239 页。

科教学体系"的发展方向。① 目前开设有汉语言文学、国际经济与贸易、财政学、金融学、统计学、会计学、工商管理、人力资源管理、行政管理、公共事业管理、劳动与社会保障、民族学、档案学、历史学、哲学、法学、社会工作、思想政治教育、教育学、教育技术学、应用心理学、播音与主持艺术、广播电视新闻、新闻学、日语、英语、体育教育、信息管理与信息系统、财务管理、学前教育等 39 个本科专业和一批高职专业。西藏大学的前身西藏师范学院在建院初期的1975 年,根据其学院的特点主要设置了政史、汉语文、藏语文、文艺、数学、物理和化学 8 个专业。1999 年之后,西藏自治区艺术学校、西藏医学专科学校和西藏民族学院医疗系、西藏自治区财经学校先后并入西藏大学。2008 年进入国家"211 工程"重点建设大学行列。目前有文学院、理学院、工学院、医学院、艺术学院、旅游与外语学院、政法学院、师范学院、经济与管理学院、财经学院、中央电大西藏学院与继续教育学院、思想政治理论教学部和留学生部等13 个学院(部)。有 46 个本科专业,涵盖经济学、法学、教育学、文学、历史学、理学、工学、医学、管理学 9 个学科门类。上面这些专业的设置,为西藏自治区经济社会的发展都将发挥重要的作用。其次从教学上看,在教学计划上,不同的时期有着不同的特点。西藏民族学院在 1965 年前后,在农科各专业试行半农半读制度,在教学计划上把家畜防疫学、家畜普通病学、草原放牧列为重点。到 1975 年,西藏民族学院林芝分院在教学计划中制定的原则是"教育同生产劳动相结合"、"劳动建校",实现开门办学。1985 年该校制定教学改革方案,开始试题库的建设试点,同时,课程设置向文理互相渗透的方向发展。1990年,该校修订了 17 个专业的 19 个教学计划。② 2000 年,该校修订完善了本、专科公共课教学计划。2005 年,西藏民族学院进一步提出一些改革教学计划的做法:一是"继续推进课程体系、教学内容、教学方法和手段的改革";二是"构建新的课程结构,加大选修课程的开设比例,积极推进弹性学习制度建设";三是"通过重点课程建设立项工作,推进专业结构的调整和专业特色课程的改革,建设若干自治区名牌课程和院级重点课程"等。西藏大学走的是另外一条路径。1975 年,西藏大学的前身西藏师范学院在制订教学计划时,

---

① 《西藏民族学院关于进一步加强本科教学工作的意见》,2005 年。
② 《西藏自治区志·教育志》,中国藏学出版社 2005 年版,第 142 页。

强调要做到学用结合,培养德智体全面发展的适应西藏地区需要的中、小学教师。1996 年,西藏大学在新的教学计划中规定本科生要成为具有较高专业知识、技能和科研能力的双语人才。① 坚持"加强基础、拓宽口径、重视实践、培养能力"的原则,课程设置突出"少而精",适当压缩学时,注意课程结构优化,加大选修课程比例,拓宽学生知识面。2010 年,西藏大学本着"立足西藏,服务西藏"的办学宗旨,提出了不断突出办学特色,提高教学水平,努力提升科学研究和服务社会的能力,努力培养西藏现代化建设"靠得住、用得上、留得下"的应用型人才的新构想,在这个教学计划上进行了新的大胆尝试:一是坚持以教学为中心,以育人为根本;二是坚持教育创新,不断深化教育改革,全面推进素质教育。

从教材的使用到编写看,20 世纪 60 年代,西藏高校建校初期使用的教材少部分是教育部规定的统编教材和对口援助单位出版的教材,大部分是自编教材。整体的情况是教材的选择性面小质差,另外,就是自编教材的质量水平参差不齐。② 20 世纪 80 年代,西藏民族学院和西藏农牧学院以内地教材为基础,按照少而精的原则精简与西藏现实联系不密切的部分,同时补充或自编西藏乡土教材。教材编写突出了专业基础课内容,注重拓宽专业口径和学生动手能力的培养。到了 90 年代,西藏高校文科大部分使用全国统编教材,理工专业为培养适应西藏经济发展的人才,编写了有西藏地方特色的教材。2000 年以后,藏语文教材建设方面取得了很大的成绩。一是在藏语文专业相关课程的编写上,以西藏大学和西藏藏医学院等大专院校为主体,完成了上百种专业教材的编写。二是高校公共藏语文课程教材的编写,以西藏民族学院和西藏大学等高校为主体,先后编写完成了多种非藏文专业使用的教材,有力地推进了各大学藏文公共课的教学工作。三是藏文专业汉族学生相关教材的编写,不仅积累了丰富的教材编写经验,同时,基本适应了各教学阶段不同教学对象、教学目标的需要,很好地保证了汉族藏语文专业学生藏语文教学的顺利进行。

---

① 《西藏自治区志·教育志》,中国藏学出版社 2005 年版,第 142 页。
② 《西藏自治区志·教育志》,中国藏学出版社 2005 年版,第 145 页。

二、西藏高校藏语文教学发展的历程

西藏高校的藏语文教育大致经历了半个多世纪四个不同的发展期,每个时期各有特点,阶段性成绩明显。

第一个时期(1951—1975)。

西藏高校藏语文学科的出现最早可以追溯到西藏师范学院在创办之初于1951年开办的藏文干部培训班,至今已有56年的历史。当时的藏语文教学还非常传统,课程的设置也缺乏系统,基本沿袭了传统的藏语文教学方法和学习方法。据一些藏族老同志回忆,当时藏文干部培训班的学员主要是刚参加工作的藏族年轻干部和部分解放军以及地方干部,所以藏文课程的设置基本上是藏文扫盲初级藏文。1957年3月,中央针对当时西藏的形势,决定西藏在内地办学。同年9月,西藏公学在陕西省咸阳市成立。为了适应西藏革命和建设事业发展的新形势,为了培养干部和西藏急需的专业技术人才,西藏公学首先开设了藏语文专修课。1963年10月,西藏公学成立专业系科,办学方向逐步向专业教育发展。1965年,经国务院批准,西藏公学更名为西藏民族学院,同时开始设立藏语文系,西藏的高等藏语文教学正式进入了大学教育阶段。这一时期西藏的高等藏语文教学主要是由西藏民族学院的藏语文系(藏文专业)来推动的,这种情况一直延续到1974年。这一时期从藏文专业学生的民族成分看,除了藏族学生以外,还有一定比例的汉族学生,这些学生毕业以后大都分配到西藏的基层和自治区的文化教育口工作,发挥了非常积极的作用。学制上最初是5年,1965年之后压缩到3年,使用的教材主要是自编教材和部分中央民族学院藏语文专业学生使用的教材。另外,从西藏公学发展到西藏民族学院,除了藏文专业以外,藏语文公共课的教育也对推动西藏高等藏语文的教育起到了积极的作用。

第二个时期(1975—1985)。

从1975年到1985的10年间,西藏自治区的高等藏语文教学进入了新的历史时期。这一时期,西藏民族学院在藏语文专业和藏语文公共课教学上有发展但也出现了新的问题。首先是1977年,西藏民族学院语文系藏语文专业在办好藏语文专业工农兵学院的基础上,开始从西藏本土招收汉族学生学习藏语文,学制为4年,培养的目标主要是藏汉语翻译人才和藏语文人才。而过去招收的汉族学生主要来自内地省区比如河南等地,培养目标除了藏汉语翻译人才外,还兼顾为西藏的基层培养藏汉双语干部。1982 年,这批藏语文专业的汉族大学生毕业之后,受到了西藏自治区文化教育宣传部门的大力欢迎,有些学生还成为目前我国藏学界的杰出藏语文专家。当然,即便是分配到基层工作的大学生也发挥了他们藏语专业的优势,大受地方政府的欢迎。但非常可惜的是,从 1982 年之后,西藏民族学院语文系在很多年内都没有再招收过汉族学生学习藏语文。

从西藏民族学院语文系藏文专业当时的课程设置情况看,1982 年以前,由于藏语文专业培养的目标是藏汉翻译人才、藏语文人才和基层干部,所以主要课程包括两个方面:一是藏语文课程,二是大学中文系课程,同时兼学其他哲学类和政治类课程。从藏语文课程的设置看,藏族学生的课程与当时中央民族学院藏语系学生的课程设置基本相同,而汉族学生的课程有所变化,包括拉萨口语、藏语传统语法、藏文古典文学阅读、藏文写作、藏汉翻译、藏文名著、藏文精读等课程。从藏文师资情况看,藏语文专业的教师包括汉族教师和藏族教师。藏族教师主要来自西藏自治区,以拉萨、山南和日喀则的教师为主。这些教师有的毕业于西藏民族学院,有的毕业于中央民族学院和其他民族院校的藏语文专业。汉族教师的情况也差不多,大都是中央民族学院藏语文专业的研究生。这些教师教授的课程包括藏汉翻译、藏文名著、藏语传统语法等。

1965 年,在西藏本土成立了西藏师范学院,并开始在语文系设立了藏语文专业,当年首次招生。1978 年全国恢复高考以后,西藏师范学院经过调整,在政治语文系中继续设置藏语文专业,同时,也在学院所属的各个专业中开设藏语文公共课。1980 年开始招收本科生,主要专业方向有:藏语言文学、藏语言文学(师范类)、藏语新闻、藏汉翻译、文秘与藏文信息处理等。这一时期,西藏师范学院的藏语文教师主要是来自本土的教员,还有一部分是中央民族学院毕业的教师。

1983 年 10 月,西藏自治区在拉萨召开高等教育座谈会,会议提出按教育部批准的方案对西藏全区高校的专业进行调整,其中,西藏师范学院所办专业分为两部分:一部分是师范专业,包括藏语文等 10 个专业;另外一部分是计划增收继承藏族传统文化的专业,即藏语文、藏医、天文历算、历史(以藏史为主)、佛学(或宗教学)等专业,这些专业都与藏语文教学有密切的关系,多数教材、教学用语都要使用藏语文,同时,学生以藏族为主。同时,西藏自治区对西藏民族学院的系科调整则提出了新的要求,撤销西藏民族学院的藏语文专业,并入西藏师范学院的藏语文专业。但是考虑到西藏民族学院是专门为西藏培养人才的高等院校,学生毕业后都要分配到西藏去工作,学习和掌握一定的藏语文是对在西藏工作的其他民族干部,特别是汉族干部的基本要求,所以,从 1982 年开始开设公共藏语文课程。西藏民族学院藏语文专业并入西藏师范学院后,该校的师资力量得到了很大的加强,为后来西藏大学藏语文系的建立打下了坚实的基础。

第三个时期(1985—2005)。

1.高等院校藏语专业的发展

(1)藏语专业学科的发展情况。1985 年,西藏大学藏文系正式成立。但是,藏文系成立初期,藏语言文学专业在课程设置方面不甚合理,缺乏科学性。经过不断地摸索和实践,先后开设了现代藏语、藏文写作基础、藏族传统诗学理论、藏族文学概论、藏族文学史、藏族古代文学、藏族现代文学、藏族民间文学、藏传佛教概论、藏传因明学、藏汉翻译等专业基础课程,为学生提供了充足的选课空间。1998 年,藏语言文学专业被国务院学位办公室批准为西藏首批硕士学位授予点。同年又被学校评为首批校级重点学科。同年,西藏大学藏文系开始招收首届硕士研究生,研究生研究方向主要有:藏族传统诗学、藏语言学、藏族文学史、藏族文学理论、藏汉翻译、藏传因明学、藏族民间文学、格萨尔学、古藏文等。

2001 年 8 月,西藏大学的藏语言文学系和政治历史系的藏史教研室、历史教研室合并成立藏学系。2004 年,藏学系与语言文学系的汉语言文学教研室合并成立文学院。学院下设 4 个系、1 个独立教研室、1 个研究中心和 10 个研究所。4 个系为藏学系、汉语言文学系、历史系和大众传播系。其中藏学系下设藏族语言、藏族文学、文论与写作、因明与逻辑 4 个教研室。1 个独立教研室为公共藏文教研室。1 个研究中心为女性/性别研究中心。10 个研究所为藏族语言研究所、藏族文学研究所、藏族诗学研究所、因明与逻辑研究所、汉藏翻译研究所、汉藏语比较研究所、蒙藏文化比较研究所、藏族历史与文化研究所、藏族民俗研究所、西藏传媒研究所。该院还是西藏自治区成人高等自学考试藏语言文学专业的主考学院。西藏大学文学院先后开设了藏语言文学、汉语言文学、历史学和新闻学4个本、专科专业,同时开设中国少数民族语言文学(藏语言文学)和中国少数民族史(藏族历史)两个硕士研究生专业。学院已形成以本科生教育为主体,以研究生教育为发展方向,以专科生、留学生和成人教育等为补充和扩展的多层次、多形式的办学体系。

自2000年开始到2006年,西藏大学文学院招收了藏语言文学专业汉族生源6届,毕业4届,共642名学生,其中已毕业的有269名,现有在校生373名。这些学生毕业后均被分配到西藏地区的基层开展工作,由于能够使用藏语为基层的藏族农牧民群众服务,西藏大学培养的这类学生深受基层群众的欢迎。

西藏大学藏语文专业在学科本身发展的基础上,其教学内容和教学对象也在发生变化。1985年西藏大学成立之初,藏语文专业的目标主要是培养藏语文高等人才和师资,但是1985年西藏大学成立之后的第二年,也就是1987年,西藏自治区颁布了《西藏自治区学习、使用和发展藏语文若干规定(试行)》,1988年又颁布了《西藏自治区学习、使用和发展藏语文若干规定(试行)实施细则》(以下简称《实施细则》),接着西藏自治区教育系统也发布了关于《教育系统贯彻落实〈西藏自治区学习、使用和发展藏语文若干规定(试行)实施细则〉的意见》(以下简称《教育系统意见》)。这三个文件对西藏大学的藏语专业都提出了新的要求。

其中《实施细则》第十九条第一款规定:"西藏大学从1988年起,调整师范专业教学计划,加强用藏、汉语文结合教学,培养使用藏语文教学的师资,并增加适合初中以上的教学内容,办出自己的特点。"第二款规定:"从1989年起,扩大区内师范专业招生人数比例。每年高等学校师范专业招生人数不少于300名。招生采用参加统考、提前录取的办法,招收有一定藏语文基础的少数民族学生。入学后,根据学校的条件和学生的藏文程度,采取边学习专业、边学习藏语文或先着重学习藏语文后再着重学习专业等办法,从1993年起,每年培养出能用藏语文教学的初中以上各科教师250名。"第三款规定:"1989年前入校的西藏大学师范专业的少数民族大专毕业生(藏文专业除外),毕业分配工作后,一律回校学习两年藏语文,并研讨相应专业的初中教材。学习期间,所在单位发给本人50%的工资,待学习期满后,经教科委考试成绩合格者,补发其50%的工资,并发给本科文凭回原单位任教,用藏语授课。成绩不合格者同样发给大专文凭,但不补发50%的工资。"

归纳《实施细则》第十九条第一、第二和第三款的内容,有若干项重要的内容涉及当时的西藏大学藏语系。首先是教学目标上,要通过调整师范专业的教学计划,加强藏、汉双语教学,培养能够使用藏语文教学的师资,同时要增加适合初中教学的内容。第二是在招生问题上是扩大招生比例,首先考虑有藏语文基础的少数民族生,在培养方式上是首先着重学习藏语文,然后再学习专业。第三是召回已经毕业的少数民族大专生,再继续学习两年的藏语文。《实施细则》中的这些规定,对当时西藏大学藏语系的招生要求、学生的培养目标、课程的设置以及教学方法的改变都起到了重要的作用。

正是根据《实施细则》的这些重要规定,在随后不就发布的《教育系统意见》中指出:"确定西藏大学为我区初中以上用藏语文授课师资的培养培训基地,切实在经费、编制、教材、招生、实习场地等方面加强基地建设。"并专门就落实这个意见提出了5个方面的保障性意见:1)变通执行国家有关政策,从1989年秋季招收的新生开始,对西藏大学师范生在招生、分配、待遇等方面给予一定的优惠,保证西藏大学师范生的数量和质量。2)从1989年秋季招生开始,西藏大学主要招收师范专业本科生,学制4年,前三年按大专三年制相应专业用汉语文授课,每周学习藏语文时数不得少于6节,第四年集中学习藏语文,并用藏语文研究初中相应学科教材,改进教法,加强藏语文授课的实习和实践。3)从1989年前入校的本校师范专业毕业生,并在教育系统工作的老师中,挑选具有小学四年级以上藏语文水平者,回校学习两年藏语文。另外,各地市可选派藏语文和专业基础较好的教师到西藏大学跟班学习藏语文。学习期满,经考核确认能用藏语文讲授初中一门课程者,回原单位用藏语文授课,并享受相关特殊待遇。4)西藏大学培训部承担全区中学用藏语文授课师资培训任务。拟在1989年秋季开办"数学藏语文授课"和"自然常识藏语文授课"两个培训班。5)西藏大学要着手建立藏语文教学体系的筹建工作,加强用藏语文授课师资队伍建设。

上述5条意见所要达到的目标是要把西藏大学建设成西藏自治区初中以上藏语文授课师资的培养培训基地。尽管这个总体目标是针对西藏大学整体的发展而言的,但是,完成这一目标的关键则是西藏大学的藏语系。毋庸讳言,这些目标对西藏大学藏语系本身的发展都提出了新的要求,并在很长一段时间里面,影响和左右着西藏高等教育藏语文教学发展的目标和方向。

(2)藏语专业师资和教材课程发展情况。1985 年西藏大学成立初期,藏语言文学专业仅有 1 名副教授,且多数教师未受过现代高等教育。但是到了 2006 年,仅硕士导师就发展到了 11 人。其中教授 7 人,包括恰白·次旦平措、多布杰、桑达多吉、赤列曲扎、索朗平措、王致敬、降白嘉措等老中青三代藏语文专家;副教授 4 名。在藏文师资的使用上,采取了多种途径。一是自己培养,每年从自己培养的本科和硕士研究生中选拔一定数量的优秀毕业生补充到教师队伍里,形成藏文师资队伍的基础力量。二是在社会上招聘部分在藏学界有相当名望在藏语文专家,形成藏文师资队伍的领军团队,比如恰白·次旦平措、赤列曲扎、降白嘉措等教授就是藏语文方面的顶级专家。三是在国内其他院校尤其是民族院校的藏语文专业硕士或博士毕业生中招聘部分优秀毕业生,形成藏文教师队伍三代中坚力量。

到 2008 年,经过 23 年的艰苦创业,藏语言文学专业现有藏文教师 76 名,其中教授 10 人、副教授 32 人、讲师 34 人,获得硕士学位以上 32 人。藏语言文学专业已形成了一支老中青结合,知识、职称、学历、学科结构合理的教学团队。该教学团队中现有国家级教学名师 1 名,享受政府特殊津贴专家 2 名,自治区级教学名师 2 名,自治区级跨世纪学科带头人 4 名,宝钢优秀教师 7 名,自治区级优秀教师 8 名,自治区级教学能手 1 名。

在西藏自治区,我们在提到西藏高等教育中的藏语文教学的时候,还必须提到西藏拉萨师范高等专科学校。该校作为西藏最大的高等师范学校,肩负着为拉萨乃至西藏全区培养和输送基础教育人才,尤其是藏汉双语教育人才的重任。多年来,该校围绕把学校办成一流民族师范学校的目标,高度重视学习、使用和发展藏语文,并在多年的教学实践中积极探索,不断改革创新,逐步形成了藏语文教学的新思路,推动了西藏自治区高等藏语教育的发展。

西藏拉萨高等师范专科学校的前身是西藏拉萨师范学校,成立于 1975 年。该校的历届校领导都十分重视藏语文的教学工作,并从两个方面来达到这一目的。首先,是鼓励教师自觉学习藏语文,对兼通藏汉双语的教师,在提职晋升等方面优先考虑。第二是重视藏文学科建设。从建校开始,尤其是 1988 年西藏颁布《实施细则》以后的十多年间,学校始终把藏文学科建设、把提高藏文教学水平作为学校办学的主要内容,其中,最重要的是加强藏文师资队伍的建设。对分配或调入的藏文老师严把业务能力素质关,因而整个师资队伍的藏文水平和素质都整齐过硬。在职称评审上对藏文教师予以倾斜。到2000年,学校已有藏文老师15名,高级讲师1人,讲师11人,助理讲师3人,在全校各个教研室中藏文教师的职称是最高的。同时,学校还十分重视藏文教师的业务培训,2000年前后,差不多80%以上的藏文老师都参加过内地或西藏区内不同形式的藏语文培训。业务水平完全符合教学要求。第三是加强藏文教学。从1988年以后,该校始终把藏语文列入主课之首,在藏文教学中,严格按照要求不降低标准。1990年,该校已经达到32个班,不分藏汉族班,每个班都开设藏语文课,并作为主课开设,在课时的安排上充分保证。为了使藏语文的教学达到预期效果,考虑到学生来自西藏全区不同地区,基础教育阶段接受的藏语文和汉语文教育不尽相同,学习成绩和入学考试成绩参差不齐,将全校学生分成藏文高、中、低三种类型的班级进行藏语文授课,分类指导。具体的目标是汉族学生从字母开始学习,毕业时达到小学三、四年级藏文班水平。对藏族学生中相当一部分在小学、中学阶段没有学过或只有初级基础的学生编为中班,要求毕业时学完小学藏文的全部内容,达到小学毕业水平。在中、小学学过藏文课程的学生,要求加入高班,学习中师藏文一至六册,毕业时全部达标。到1999年,该校已经向西藏农牧区输送了5000多名小学师资队伍。仅拉萨市七县一区的各小学里,该校毕业生就占小学教师的80%以上。

西藏自治区的藏语文高等教育非常重视藏语文教材的建设和相关课程的跟进工作。以西藏大学为例,从1985年开始,相继编写出版了《藏族文学概论》《藏族文学史》《藏族比较文学》《藏族民间文学》《藏族现代文学》《藏族近代文学》《藏族古代文学》《藏语基础写作》《藏族传统诗学理论》《中学藏语文教材教法》《西藏民俗文化史》《西藏宗教学概论》《因明七要诠释》《藏语语法》《藏汉语言学》《藏文基础》《梵文入门》《藏口语》《藏汉翻译》《藏语词汇学》《藏族文学名著赏析》《大学藏文》《藏族古代文学作品选》《藏族翻译史》《藏族翻译概论》《藏汉翻译赏析》《藏汉翻译实践》《因明学基础教程》等符合现代编写体例的专业教材。同时还编写了西藏大学《公共藏文》共4册和留学生教材两部。其中《比较文学》《梵文入门》两部专业教材获西藏自治区优秀教学成果一等奖。

　　1985 年,西藏大学藏语言文学专业在藏文系成立之初,在课程设置上,还不是很科学,但是经过不断探索,在根据教学的需要不断编写相关教材的同时,先后开设了现代藏语、藏文写作基础、藏族传统诗学理论、藏族文学概论、藏族文学史、藏族古代文学、藏族现代文学、藏族民间文学、藏传佛教概论、藏传因明学、藏汉翻译等 53 门专业基础课程,为学生提供了充足的选课空间。2006 年,《藏族传统诗学理论》《藏族文学概论》两门课程被评为自治区级精品课程。与国内其他民族院校相比,西藏大学的藏语言文学专业教学现已形成了较完备的课程体系,参加第五届全国高校藏文教学研讨会的专家一致认为:西藏大学藏语言文学专业的课程体系建设领先于其他民族院校同类专业,对今后该专业的建设和发展具有重要的借鉴意义。在现有的两门自治区级精品课程的基础上,学校正在积极申报《藏族传统诗学理论》的国家级精品课程。

　　(3)藏语文专业在信息化方面的拓展情况。西藏自治区的高等藏语文教学在 2000 年以后,发生了一个很重要的变化,那就是通过加快藏语文信息化建设步伐,来推动高校藏语文教学与科研工作的现代化。2003 年,自治区人民政府成立了自治区藏文软件开发领导小组,组织协调藏文软件开发工作。2004 年 8 月,信息产业部为支持西藏信息化的发展,同西藏自治区人民政府签署了《关于藏文软件开发和推广应用的合作协议》,为藏文软件的开发创造了有利条件。同时,教育部也批准成立藏文信息技术教育部工程研究中心。西藏大学的藏文信息化工作主要是依托计算机专业、藏文专业和计算机网络技术,集中 30 多名专业教师,发挥专业优势和人才优势。

　　到目前为止,以西藏大学为主承担的《信息技术、信息交换用藏文编码字符集》通过国际标准,成为少数民族文字中第一个有信息技术国际标准的文字;《信息技术藏文编码字符集扩充集 A》《信息技术藏文编码字符集扩充集 B》《信息技术藏文编码字符集键盘字母数字区布局》《藏文编码字符集(基本集、扩充集 A、B)24×48 点阵字形吾坚琼体》四项已成为国家标准;项目研发人员获得国家科技进步二等奖;已申报的软件著作权有 6 项。这些科研工作有力地促进了学科的建设以及现代科技与传统学科的融合。据现有统计数据显示,这些研究项目直接涉及现代藏语文教学的就有若干项。同时加快了人才的培养,在全校普遍开设了藏文信息技术课,2005 年正式招收了藏文信息技术硕士研究生,并配备了一流的师资力量。这是西藏高等藏语文教育发展与现代科学接轨的一个最好的范式。同时也标志着西藏的高等藏语文教育传统的藏语文语言文学教学模式向藏语文的现代化和科学化教育模式的新发展。

2006 年,经批准,正式成立了西藏大学藏文信息技术研究开发中心。主任由硕士生导师、享受国务院特殊津贴者、西藏科协副主席、西藏区藏文软件开发领导小组成员大罗桑朗杰教授担任,副主任由计算机专业硕士、硕士生导师、"全国模范教师"欧珠教授和硕士生导师、"国家科技进步二等奖"获得者尼玛扎西教授以及藏文专业硕士生导师、西藏翻译工作者协会副会长次旦扎西教授担任。此外,还配备 30 多位专家担任相关课程的教学工作。多年来,该中心在藏语文信息技术的开发方面硕果累累,同时,在藏语文信息技术的教学中也培养了大批的专门人才。

第四个时期(2006 年至今)。

2006 年之后,西藏的高等藏语文教学进入一个新的历史时期。首先是 2006 年,文学院的藏语言文学被国务院学位办公室批准为硕士学位授予点,同年被学校评为首批校级重点学科,又被评为自治区级重点学科。2008 年,教育部和财政部公布了首批 100 个国家级教学团队名单,西藏大学文学院藏语言文学专业教学团队入选。到目前为止,藏语言文学专业下设藏族语言、藏族文学、文论与写作、因明与逻辑四个教研室。一个独立教研室为公共藏文教研室。与藏语文专业教学和研究相关的研究所包括藏族语言研究所、藏族文学研究所、藏族诗学研究所、因明与逻辑研究所、汉藏翻译研究所、汉藏语比较研究所、蒙藏文化比较研究所、藏族历史与文化研究所、藏族民俗研究所等。

目前,西藏大学文学院正在申报中国少数民族语言文学(藏语言文学)的博士点。而硕士研究生的专业涉及藏族传统诗学、藏语言学、藏族文学史、藏族文学理论、藏汉翻译、藏传因明学、藏族民间文学、格萨尔学、古藏文等方面。

目前,西藏大学文学院藏语文专业有五个本科专业。

第一,中国少数民族语言文学(藏语言文学、师范类)。本专业培养具有藏语言文学基本理论、基础知识和基本技能及创新精神和具有较强的实践能力,能够在中学进行藏语文教学和教学研究的教师、教学研究人员及其他教育工作者,适应时代需求及西藏自治区现代化建设需要的人才。主要课程:古代文学、近代文学、现代文学、写作知识、文法、藏族文学史、文学概论、语言学概论、诗学、因明学、宗教源流、梵文、教育学、心理学、中学教材教法、学校管理学等。就业方向:能在各级各类学校从事藏语文教学及研究工作。学制四年。授予文学学士学位。

第二,藏语言文学(文秘与藏文信息化)。本专业培养德智体美全面发展,具备管理办公自动化操作、藏汉语方面的知识能力,能在西藏自治区党政机关、乡(镇)、村居委会以及企事业等单位从事文秘方面工作的应用型专门人才。就业方向:能在各级党政机关、社会团体、企事业单位从事文秘与藏文信息化处理等工作。主要课程:现代藏语、现代汉语、藏文写作基础、藏族诗学基础、藏族近现代文学、藏族古代文学、藏族文学概论、因明学基础、宗教学概论、藏族历史、藏文信息技术处理、多媒体应用技术、秘书学概论。学制四年,授予文学学士学位。

第三,藏语言文学(藏汉翻译方向)。本专业培养具有藏、汉语言文学基本理论、基础知识和基本技能及具有创新精神和较强的实践能力,能够在各级行政部门,特别是广播、电视等新闻媒体和县、乡等基层部门从事藏、汉翻译工作的专门人才,并能适应时代需求及西藏自治区现代化建设需要,德智体美全面发展的应用型人才。主要课程:翻译理论、翻译实践、翻译简史、藏族文学、现代汉语、实用写作、文法、诗学等。就业方向:能在各级党政机关、社会团体、企事业单位,特别是广播、电视等新闻媒体和县、乡等基层单位从事藏汉翻译工作。学制四年。授予文学学士学位。

第四,中国少数民族语言文学(藏语言文学,非藏族生源)。本专业为西藏自治区基层培养具有较高的马克思主义理论素养,能适应西藏经济建设、科技进步和社会发展的需要,能较熟练地掌握和运用藏语文,德智体美全面发展的应用型人才。主要课程:藏文基础、藏语口语、视听、阅读、藏语演讲、行政管理学、管理心理学等。就业方向:能在基层党政机关、社会团体和企事业单位从事行政管理、翻译、文秘等工作。学制四年。授予文学学士学位。

第五,新闻学(藏语新闻方向、藏语播音主持艺术方向)。本专业立足西藏、面向西藏,培养德智体美全面发展,具有扎实的藏汉书面及口头表达能力,具备系统的新闻传播学理论知识与技能、广博的文化与科学知识、熟悉我国新闻宣传政策法规,能在广播电视、报刊等新闻媒体、宣传部门以及广告部门从事编辑、记者、播音、主持、影视配音等工作的应用型人才。主要课程:实用写作、中国简史、藏族历史、诗学、英语、新闻史、新闻理论、新闻采访、新闻写作、新闻评论、报纸编辑、新闻摄影等。就业方向:能在各级新闻媒体从事新闻工作。学制四年。授予文学学士学位。

根据 2011 年的统计,西藏大学文学院藏语文专业的教师力量已经有了很大的改观。自 2007 年藏语言文学教学团队被教育部批准为国家级教学团队,已跻身于全国 100 支国家级教学团队的行列之后,藏文教师的总数在短短的几年里,不断增加,数量达到了 76 名,其中教授 10 人、副教授 32 人、讲师 34 人,获得硕士学位以上的 32 人。藏语言文学专业已形成一支结构合理的教学团队。

三、西藏高等院校藏语公共课的发展

1965 年,经国务院批准,西藏民族学院正式成立以后,为了给西藏自治区培养适合藏族地区工作的各类人才,西藏高校在课程设置上将藏语文列为重要的公共课程。1987 年西藏颁布《西藏自治区关于学习、使用和发展藏语文的若干规定(试行)》,1988 年颁布《西藏自治区关于学习、使用和发展藏语文的若干规定(试行)的实施细则》之后,西藏自治区所属的所有高等院校都把藏语文列为重要的公共课,藏语文专业以外的所有学生都必须学习。

从西藏自治区高等院校藏语文公共课的发展看,大致经历了 1984 年之前和之后两个不同的时期。1984 年之前,西藏民族学院和当时的西藏师范学院同时设有藏语文专业,两所学校不仅拥有一定的藏文师资力量,同时,在藏语文公共课的设置和课程的教学上都可以依赖藏语文专业而顺利发展。1984 年,这一格局发生了彻底的改变。这一年,西藏民族学院的藏语文专业调整到西藏大学,藏语文教学便成了全院的公共课,同时,过去可以依托的藏语文教师绝大多数离开了高校,而留下的教师主要是汉族老师。相反,西藏师范学院的藏文师资力量却得到很大的加强,这对该校藏语文公共课的教学也起到了极大的促进作用。尤其是西藏大学成立后,除藏语文专业学生外,该校为文学院、经济与管理学院、艺术学院、旅游与外语学院、工学院、理学院、医学院、农牧学院和公共教学部共 8 院(部)的学生开设了公共藏语文课,同时,学校还明文规定没有通过藏语文等级考试的,不能取得毕业证和学位证。公共藏语文课根据学生的藏语文实际水平进行分级教学,同时为四个不同级别的学生编写了相应的教材,为加强全校公共藏语文课的教学和管理,学院还专门成立了公共藏语文教研室。由于西藏大学有藏语文专业的本科和硕士教学作为支撑,公共藏语文课程的开设和教学都有很大的优势,因此,我们在这里将主要介绍完全没有藏文专业作为支撑的其他大学的藏语文公共课教学情况,这更具有代表意义,具体我们将以西藏民族学院的公共课为例,整个西藏高校的公共课教学情况可见一斑。

西藏民族学院是一所文理并重,文、理、经、管、法、医、教育相结合的多学科教学型现代高等民族学校,设有人文学院、政法学院、财经学院、教育学院、管理学院、新闻传播学院、信息工程学院等 7 个二级学院,还有体育系、外语系、医学系 3 个系。设有中国哲学、中国少数民族经济、民族学、中国古代文学、文艺学、专门史等 6 个硕士研究生专业,汉语言文学、新闻学、哲学、法学、思想政治教育、行政管理、公共事业管理、历史学、民族学、档案学、英语、会计学、统计学、财政学、临床医学、体育教育、信息管理与信息系统、广告学、工商管理、国际经济与贸易、金融学、人力资源管理等 31 个本科专业和一批高等职业技术专科专业。公共藏语文课程面广,涉及不同的专业和不同民族的学生。

历史上,西藏自 1965 年正式成立后,除藏语文专业之外,藏语文基本上是作为选修课来开设的。1977 年恢复高考后,学校仍然坚持各届学生要学习藏语文,仍然作为选修课。这种做法为后来公共藏语文课程的正式开设打下了一定基础。直到 1982 年,西藏民族学院开始正式开设公共藏语文课程。这时,该校语文系原有的藏语文本科专业还没有合并到西藏师范学院,这对公共藏语文课的开设提供了良好的条件。1984 年之后,该校藏语文专业合并到西藏师范学院,师资力量有很大削弱,任课教师主要由原藏语文专业的汉族老师担任。经过近 20 年的发展,该校的公共藏语文课程已经完全成为西藏高等藏语文教育的品牌课程和精品课程。从课程性质、教学规模看,公共藏语文课程大致经历了两个大的时期:1965 年到 1981 年是选修课时期,1982 年到现在是公共课时期。从公共课时期本身的发展看,其中又可分为三个时期。下面我们重点介绍后一个时期即公共课时期的情况。

1.西藏民族学院公共藏语文课程发展的四个时期

第一阶段(1982—1985),从课程设置的性质看,是藏语文选修课向公共藏语文课程过渡阶段,有的学者把这一时期称为公共藏语文课的试行教学期。① 这一阶段的藏语文课主要是根据学生的专业设置的,只是历史、语文、政治几个文科专业作为公共必修课开设,而其他专业则作为公共选修课。

第二阶段(1986—1993),是公共藏语文教学的改革和发展期。该课程从过去的历史、语文、政治三个专业的公共必修课发展到全院范围内各专业的公共必修课。首先是教学上的改革。西藏民族学院的学生在民族成分上主要分为藏族学生和以汉族为主的其他民族的学生。汉族学生一般在入校前都没有学习过藏语文,而藏族学生的情况则很复杂。有的是从小学开始一直到高中阶段都在学习藏语文,有的是一直在藏族班,尤其是初中和高中阶段各门课都是以藏语文为主的双语教育,有的是在内地西藏班,除了藏语文课外,其他课程都是汉语教学,所以,就是藏族学生,藏语文的水平也参差不齐。因此,在公共藏语文的设置上,首先是藏汉族学生分类学习藏语文,其次是根据藏族学生的藏语文水平再做适当分层教学。然后分别制订教学计划,并编写两个系列的两套教材:《藏文》和《基础藏语》。这种情况与西藏大学藏语文公共课的设置有些相似。为了达到教学整体和个性的统一,在两个系列公共藏语文课的教学上,该校采取了打破院系区别,实行跨院跨系跨科的做法来进行编班,公共藏语文教学做到了科学化和合理化。与此同时,在公共藏语文课课时的设置上,则要求授课总时数要在260多个学时。上述几项措施形成了全院公共语言课以藏语文为主的教学局面。

第三阶段(1994—2002),是公共藏语文教学的平稳发展期。1994年,西藏民族学院的公共语言课出现了新的变化。这一年,学校面对日益严重的学生就业压力的实际,对公共语言课的课时进行了调整,具体的做法就是增加英语公共课的课时,同时压缩藏语文公共课的课时。针对这种情况,西藏民族学院的藏语文公共课教学不得不进行新的改革和调整,学校也因此较大幅度地调整了教学内容和教学对象,重新编写了藏语文公共课教材。客观上说,这种调整对藏语文公共课的教学产生了一定的负面影响。为了避免这种负面影响的进一步扩大,该校采取了两项新的积极措施,一是加大了对藏语文教学的管

---

① 曹晓燕:《关于西藏民族学院藏语文教学现状的思考》,第三届民族院校藏学暨藏语文教学研讨会论文,2003年4月。

理,力图做到更加规范;二是教学内容与西藏的实际紧密结合。通过这些措施争取达到继续保持藏语文公共课教学平稳过渡的目的。

第四个阶段从 2003 年开始至今。从 1994 年到 2002 年近 8 年的时间里,客观上说,西藏民族学院的藏语文公共课教学进入了一个漫长的低谷时期,虽然学校采取了各种措施试图保持多年来的语言公共课传统,但成效并不是十分明显。语言的学习有它自身的规律,没有充足的课时做保证,教师要想完成起码的教学内容非常困难,学生要掌握母语和英语之外的第三门民族语的可能性是很小的,教师没有教学的积极性,学生更没有学习的主动性,学校也失去了开设好这门语言公共课的决心和动力。直到 2003 年,这种情况才开始有所改变。其主要原因是从这一年开始,西藏民族学院又开始全面实行新的教学计划,公共藏语文的教学亦随之得到了调整。这次调整主要包括三个方面的内容:一是重新编写了教学大纲,二是制定了新的教学目标和教学内容,三是根据这两个调整重新修订了《实用藏语》教材。一些学者认为这是 20 年后西藏民族学院公共藏语文教学的又一次新起点。[①]

应该说,从 2003 年起,西藏民族学院公共藏语文课程又重新回到了正常的教学轨道,经过了近 10 年的发展后,在教学模式、教材的编写和应用、藏文师资的培养以及公共藏语文课程的受欢迎度上都有了新的突破。

首先从教学模式上看,一是采取分藏、汉族学生两个系列教学的管理模式,针对不同民族身份的学生,采取完全不同的公共藏语文课教学,既充分保障了藏族学生能够学到更深的藏语文课程,又照顾了藏族以外的汉族和其他民族学生能够按照教学大纲的要求,由浅入深基本掌握藏语文。二是不搞一刀切,藏族学生参加藏文提前达标考试,使他们有更多的时间学习自己比较薄弱的汉语文、英语或其他专业课程,这种做法受到广大藏族学生的热烈欢迎,实事求是,值得在西藏所有高校的公共语言课尤其是公共藏语文课教学管理中推广。

第二是教材的编写和应用上,不同时期藏语文教材体现了不同的风格。据有关专业统计,自西藏民族学院开设公共藏语文课程以来,先后编写过四五

---

① 曹晓燕:《关于西藏民族学院藏语文教学现状的思考》,第三届民族院校藏学暨藏语文教学研讨会论文,2003 年 4 月。

种不同类型的教材,以适应不同时期不同教学阶段不同教学对象和教学目标的需要,①而其中最具代表性的教材就是《基础藏语》教材(共4册)。该教材曾经获该校的优秀教学成果奖。

第三是藏文师资队伍的形成。1984年,西藏高校进行藏语文专业调整,西藏民族学院的藏语文专业合并到西藏大学后,公共藏语文课师资出现严重不足的情况。为此,该校开始从西藏大学藏文系毕业生中分批选派优秀毕业生到西藏民族学院担任藏语文教学工作,并实行新的五年轮换制度,到2001年,近50位优秀藏文老师担任了这项工作,完全保证了全校各系科、各专业全面开设公共藏语文课对藏文师资的需要。同时,这种轮换制度还带来另外一个重大收获,这就是这些藏族青年教师在内地的西藏民族学院任教期间,经过5年的教学实践,不仅获得了非常可贵的藏语文教学经验,同时在对汉族学生的教学中,汉语文水平迅速提高,他们期满回藏工作后,都迅速成为各学校双语教学的骨干教师。这是一个非常值得在西藏各高校积极推广的成功经验,是培养西藏中学到高中双语师资的另外一条成功的重要途径。多年来西藏自治区教育部门一直在寻找一个培养藏汉语双语教学师资的途径,其主要的途径就是高校传统的师范教育。如果在西藏全区4所高校中,都能够变通地采取这种高校公共藏语文课师资轮换制的话,就会在促进高校公共藏语文课程教学发展的基础上,又能兼顾为西藏中学和高中培养藏汉双语师资的事半功倍的好效果。

第四是公共藏语文课程的受欢迎度得到了提升,据有关专家介绍,1999年,该校曾经对正在开设公共藏语文课程的汉族系列授课班级的学生做过一次问卷调查。调查的结果:认为西藏民族学院应该开设藏语文课程和在西藏工作有必要学习藏语文的人数分别占64.65%和69.77%,认为现行的藏语文教学方法可以接受、教学效果好的占66.28%。②

当然,纵观包括西藏大学和西藏民族学院等在内的高校公共藏语文教学的发展情况,这种起伏不定的状况是一直存在的,尤其是在现阶段,随着西藏

① 曹晓燕:《关于西藏民族学院藏语文教学现状的思考》,第三届民族院校藏学暨藏语文教学研讨会论文,2003年4月。

② 曹晓燕:《关于西藏民族学院藏语文教学现状的思考》,第三届民族院校藏学暨藏语文教学研讨会论文,2003年4月。

各大学办学的进一步开放化和生源分配的社会化,公共藏语文教学又开始面临更加复杂的情况。主要表现在几个方面:

第一是关于公共藏语文课程的重新定位问题。多年来西藏高校设置这门课程的用意完全是从西藏的特点来考虑的,一是要贯彻西藏的语言政策,学习和使用和发展藏语文;二是过去西藏高校的生源主要来自西藏各地,毕业生也主要在西藏境内就业,掌握藏语文有利于他们在西藏的学习、工作和生活。但现在的情况发生了很大变化,因为从2003年开始,西藏高校已经不包分配,学生可以跨省区自主择业,绝大多数汉族和藏族以外的其他民族的学生在内地选择就业的人数一年比一年多,学生学习藏语文的必要性减弱,公共藏语文课程是否还能继续作为西藏高校公共语言必修课,而是仅仅作为公共语言选修课的问题非常值得认真讨论。如果是继续作为必修课,在教学模式上、课程的设置上以及教学时间的安排上能否做出新的调整,如何进行调整,都要有新的整体的考虑。

第二是怎样处理好藏语文教学与学生所学专业的关系问题。西藏高校的学生在民族成分上或者说按照母语来进行区分的话,可以分为两个类别:一是藏族和西藏原有的其他民族如门巴族、珞巴族等,第二就是这些民族之外的汉族和其他民族的学生。在公共藏语文课的管理上,虽然对第一类学生采取了比较灵活的管理模式,并按照这些学生入学前的藏语文水平进行分类分班的教学,但是对第二类别的学生,则完全采取一刀切的办法,无论学生学得是什么专业、学制的长短等。我们知道,在西藏大学和西藏民族学院,开设的专业多达几十个,涉及专科、本科、硕士等,所学专业的特点和学制的长短也各不相同,在这种情况下还是一成不变地按照过去的老框框去开设公共藏语文必修课,学生学习藏语文的积极性将大打折扣,非常被动。因此在新的历史情况下,如何根据高校各专业的发展和相互之间的不平衡性来重新调整公共藏语文课的设置、课时和教材等都急需探讨。

第三是公共藏语文课程和公共英语课程的冲突问题。这个问题在国内的高校不存在,可是在西藏高校却一直是困扰公共语言课教学的一个大问题。在西藏自治区,所有高校学生都必须选择公共藏语文和公共英语两门必修课,多出国内其他高校一门民族语课程。这一方面增加了学生的负担,客观上影响了学生对公共民族语课程的选择,但最重要的一点是随着就业形势的日趋严峻以及留学形势的好转,在西藏高校中公共英语课程的地位逐步高于公共民族语的地位,原因就在于英语的实用价值和社会价值要大于民族语,英语学好了对就业和出国留学都有实际的帮助,而藏语文在这些方面就显得稍弱。再者,从教学的角度说,语言在教学上有全国高校规定的统一标准、统一级别考试,便于操作。而藏语在这方面都明显存在问题。仅靠学校要想改变公共藏语文课程的地位,让教师愿意教,学生愿意选愿意学是有一定困难的。

第四也是最重要的,就是学校公共藏语文课程是必修课,是学校的硬性规定,不得不学,但是学得好不好,却和英语有很大的差别。很明显,学好英语至少有几个实际的好处:一是对就业有直接的帮助;二是考研最重要的敲门砖;三是未来的职称英语考试;四是出国留学等,英语成绩的好坏都会有直接的影响。一句话,两门语言公共必修课,一门对学生而言是被动性的,另外一门对学生而言则是充满动力,吸引力强。

总之,面对这些不利因素,我们在西藏高校公共藏语文的教学上需要与时俱进,实事求是地做一些必要的调整或者是改革,以保证这门课程的健康发展。第一是需要更明确的政策支持,并尽快制定与汉语和外语类似的国家藏语水平考试制度或者是西藏自治区人事组织部门和高校统一认可的公共藏语文水平考试制度,凡是通过这两项水平考试其中的一项,在2011年起新实施的毕业分配政策时,学校和自治区人事组织部门可以择优优先安排工作,同时在工资待遇上给予适当的鼓励。第二是公共藏语文课程的设置可以更加灵活一些,并根据不同专业分为公共必修课和公共选修课两种。如西藏大学的工学院、理学院、财经学院和艺术学院等,西藏民族学院的会计、统计、财政、体育教育、信息管理与信息系统等本科专业以及会计电算化、财会管理、财务会计、文秘与办公自动化、广告策划与制作、旅游酒店管理、涉外文秘与公共关系、高等护理等高职都可以考虑把公共藏语文作为选修课。因为这些专业的毕业生即使是在西藏参加工作,使用藏语文的机会也不是很多,藏语文的要求可以低一些。相反,西藏大学的文学院、旅游与外语学院、政法学院、师范学院,西藏民族学院的民族学、少数民族经济、中国哲学(西藏宗教方向)等硕士点以及新闻、文秘、思想政治教育、行政管理、旅游、民族学、档案学、公共事业管理等本科专业则应该把公共藏语文课程作为必修课,因为这些专业的毕业生与藏族群众和藏语文接触的机会要大于其他专业。第三是对藏族和其他以藏语为第一语言的学生进行分类设置，可以采取三个梯次，凡是从小学到初中或者是高中阶段，学校都是用藏语或藏汉双语进行教学的学生，可以免修公共藏语文；凡是小学到初中或者是高中阶段，一直以藏语文为主课的学生，可以免修或选修公共藏语文高级课程；凡是从小学到高中阶段没有学习过藏语文的学生，必须学习公共藏语文课程。第四是对母语是藏语之外的其他民族的生源，公共藏语文的设置可以灵活处理，对那些从内地招来并准备在内地就业的学生，但对藏学或藏语文感兴趣的可开设选修课，不对学生做硬性规定，学生可以根据自己的兴趣来决定。第五是公共藏语文课程内容的设置问题，一方面可以根据需要制定西藏高校自己统一的不同层次的公共藏语文教学大纲，同时，也可以参照国内其他涉藏高校公共藏语文的成功经验，直接使用这些教材；另外，西藏高校也可以根据不同的藏语文水平的藏族学生自己编写不同的公共藏语文必修课、选修课以及高级教材；而对汉族学生和内地生源的学生，公共藏语文必修课和选修课要把侧重点放在口语和基础知识的学习上，使学生毕业后在西藏能够用得上，用得好。

四、西藏高校对汉藏语文专业的教育与发展

在西藏自治区，如果要提及专门针对汉族的藏语文教育问题，那可以追溯到上个世纪50年代初。1951年5月23日，中央人民政府和西藏地方政府在北京签订关于和平解放西藏办法的协议，即《十七条协议》，西藏实现和平解放。西藏和平解放之初，大量的解放军战士、干部和地方工作人员为了工作的需要，开始在不同的学习班中学习藏语文，西藏大学的前身就是1951年建立的"藏文干部培训班"，后来发展成为西藏师范学院，并在此基础上成立了今天的西藏大学。从西藏汉族藏语文教学的角度来讲，最早期的教学就是从藏文干部培训班开始的。根据我们的调查和一些十八军老干部的回忆，当时的"藏文干部培训班"具有几个鲜明的特点：一是培训班具有军队性质，后来甚至发展成为西藏军区干部学校；二是培训班的学生主要是十八军的进藏解放军战士和干部，以及一些来自西藏地方刚参加工作的年轻人；三是教学上基本上还是传统的藏语教法，口语和基础藏文知识并重。当然除了西藏军区兴办的"藏文干部培训班"，在西藏各地的政府机构以及部队，都有不同类型的藏

语文培训学校来培训藏族干部、汉族干部、解放军战士以及军人干部,而且收到了很好的效果。据笔者父亲回忆,他就是在进军途中以及西藏和平解放以后在当时的塔工分工委学习藏语文的,后来他在昌都县工作的20多年里都深受其益。比较遗憾的是,由西藏军区创办的西藏干部培训班,虽然后来发展成为拉萨师范学校、西藏师范学院,但是,专门招收汉族学生学习藏语文专业的工作则一直没有再开展过。

　　1958年,西藏历史上第一所高等学府西藏公学在陕西咸阳创办。1965年,国务院批准西藏公学更名为西藏民族学院,并正式创办藏语文专业,并根据西藏社会经济和政治发展的需要,开始在内地招收汉族学生学习藏语文,为西藏培养藏文教师、藏汉文编译人才以及精通藏语文的干部。这项工作一直到"文革"结束的1977年以前,先后为西藏培养了大量精通藏语文的汉族干部和学者,他们在地方党政部门和文化教育战线上发挥了重要的作用。1977年,西藏民族学院语文系第一次从西藏招收了一批汉族学生学习藏语文,学制4年,本科,而笔者本人就是其中的一名。学校为了把这批学生培养成藏汉双语人才,花费了大量的心思。首先在课程的设置上努力达到藏汉并举,以藏语文为主的目标,学生除了要学完藏语文专业的全部课程外,还要学习中文系本科的绝大多数主要课程。教材上,藏语文教材灵活多样,除了使用大量的藏语文本科专业藏族学生的教材外,学校还根据过去多年培养汉族学生积累的经验,编写了一些基本适合汉族学生的藏语文教材,收到了一定的教学效果。二是在教师的配备上,完全是根据汉族学生的特点和教学内容的不同来进行安排调配。比如与藏汉翻译实践和理论相关的课程以及现代藏语语法方面的课程,主要由汉族教师担任,而藏语语音、古藏文精读、古藏文课程、藏文文法、历史名著选读、拉萨口语等主要由藏族老师担任。1982年,这批藏语文专业毕业的学生共40多人毕业,除两人留校外,全部分配到西藏工作,其中半数分配到西藏基层工作,半数分配在西藏自治区各厅局,直接从事藏语文专业方面工作的超过50%,并有两人后来获得了博士学位。

　　1984年西藏高校院系调整后,西藏民族学院语文系藏语文专业并入西藏大学藏语系,自此直到2000年,西藏大学文学院才重启招收藏语言文学专业汉族学生的工作。到2009年共招收6届,毕业4届,共642名学生,其中已毕业的有269名,据2009年统计,有在校生373名。由于这些学生毕业后均到西藏地区的基层开展工作,并且能够使用藏语为基层藏族农牧民群众服务,因此西藏大学培养的这类学生深受基层群众的欢迎。

藏语言文学专业汉族班的学生主要来自西藏本地和内地部分省市。仅以2000年和2001年两年为例,一共招收学生174人。西藏本地生源165人,占95%,其中160人填报藏语言文学专业第一志愿,占总数的92%。调剂生4人。2001级藏语言文学专业汉族班最高录取分454分,最低录取分238分。所有学生高考藏语文成绩为零。这里有几个现象需要注意:一是第一届和第二届藏语言文学专业汉族班的学生主要来自西藏本地。而后来招收的学生中,来自内地的考生逐年增多。二是绝大多数考生报考的藏语言文学专业都是第一自愿。三是都不会藏语,没有高考藏语成绩。这种生源为后来的教学带来了很多的问题。

考虑到学生入校时的具体情况,西藏大学文学院不得不根据学生的实际水平来制订切实可行的教学计划。首先从藏语文课程的设置上,与1982年以前的西藏民族学院语文系藏语文专业汉族班的课程差不多。主要包括藏文基础、实用藏文、藏文阅读、藏族文学、藏文词汇、藏汉翻译、藏文书法等三十余门必修基础课程,其中的藏文视听和藏语口语实践等课程是新开设的,当时的西藏民族学院不具备这样的条件。在公共必修课程和选修课程上,西藏大学藏语言文学专业设置了毛泽东思想概论等十余门公共课程,而当时的西藏民族学院语文系藏语文专业汉族班,却要主修很多中文系的主要课程,甚至包括一些主要的政治和历史必修课程。现在看来,两个学校在不同时期针对藏文专业汉族班的课程设置,都各有侧重各有特点。西藏大学侧重藏语文的学习,而西藏民族学院侧重藏汉双语基础知识的平衡掌握。出发点是培养的目标不同。西藏民族学院对藏语文专业汉族班学生的培养目标主要是藏汉翻译人才或者说能够在西藏同时使用藏汉双语的人才,而西藏大学则不同。根据2009年我们在西藏自治区人事厅和组织部了解的情况看,西藏大学藏语文专业汉族班的培养目标主要是为西藏地方培养基层干部,毕业分配的去向主要是任乡镇一级政府机关的行政干部,因此,藏语文课程对他们来说更加重要。

西藏大学文学院藏文专业汉族班各种课程的设置大致如下表。

表 4-14　西藏大学文学院藏文专业汉族班课程设置表

课程体系	学　分	学　时	学时比例	其　他
专业基础课	52 学分	935 学时	学时占 35%	实践 54
公共必修课	50 学分	866 学时	学时占 32%	课外 45
专业方向特色课	28 学分	504 学时	学时占 18%	
文化素质及交叉课	20 学分	360 学时	学时占 15%	任选课 108
实践性教学环节	14 学分	14 周		
总计	164 学分	2665 学时		

数据来源:陈进《西藏大学藏语言文学专业汉族班跟踪调查报告》,《西藏研究》2005 年第 4 期。

　　从学分的构成看,公共必修课为 50 学分,866 个学时,仅占学时总量的 32%;文化素质及交叉课,20 学分,360 个学时,仅占学时总量的 15%。而专业基础课和专业方向特色课的学分一共是 80 学分,占 4 年学分的 49%,1439 课时,占 4 年总课时的 54%。学分和学时总数均接近和超过了 4 年课程设置要求的半数。藏语文课程所占的比例合理,完全符合西藏大学藏语言文学专业汉族班突出藏语文课程,符合为藏族地区基层培养基层干部的目标。

　　当然,如果从另外一个角度来看则存在一个容易被人忽略的问题,即专业基础课和专业方向特色课的课时量相加是 1439 课时,课时总量占 54%,而公共必修课和文化素质及交叉课的课时量相加是 1226 课时,课时总量占 47%,前者仅比后者多出 213 个课时,课时总量仅仅高出 7 个百分点。从这个角度说,两者的学分和学时设置没有明显的差别,课程设置上并没有突出藏语文,如果按照这种课程设置来教学的话,要想完全达到为西藏地方培养精通藏语文的基层干部的目标将会有一定的难度,因此,我们还是觉得应该适度地调整专业课和公共、文化课之间的比例,适度增加专业课的课时和适度提高学分是很有必要的。否则的话,培养的学生缺乏明显的专业优势,在基层与藏族干部和藏族群众的交流,尤其是工作上,都会出现不可小视的问题,不能尽快过语言这个难关,对今后的工作都会有不小的影响。

　　下面我们再来看看西藏大学文学院藏语言文学专业汉族班学生的综合成绩情况。我们仅以 2000 级和 2001 级两个年级各一个班级 4 年的专业、选修、思想品行等成绩的情况来做一些分析,看看其中存在的问题。先看下表。

表 4-15

班　级		4 年综合成绩平均分		班级平均成绩
名　称	人　数	最　好	最　差	
2000 级 2 班	33	99.96	67.68	82.3
2001 级 1 班	30	94	67.8	77.43
合计	63	97	67.74	79.86

资料来源:陈进《西藏大学藏语言文学专业汉族班跟踪调查报告》,《西藏研究》2005 年第 4 期。

　　单从两个班级的学习成绩看,最好的成绩都在 90 分以上,均属优秀。此外两个班级的平均成绩 2000 级是 82.3 分,2001 级是 77.43 分,平均成绩不是十分理想。再看两个班级最差的成绩,2000 级是 67.68 分,2001 级是 67.8 分,都在及格线上,成绩非常不理想。根据相关学者提供的数据,两个班级因学习跟不上等原因,留级 14 人,退学 4 人。留级和退学的比例占两个班级的 24%,比例相当大。这种情况与西藏民族学院语文系藏语专业汉族班的情况相比要严重得多,该藏语专业汉族班在入校之初的一个月内和第二年,各有一人退学。一个是不喜欢藏语文专业,一个是学习成绩的原因。由此我们想到,在西藏高校未来的藏语言文学专业汉族班的教学问题上,如课程的设置、教学方法以及如何提高学生的学习积极性上都还有许多课题值得探讨。

　　我们认为,正是因为汉族学生在学习藏语文上存在一些潜在的困难和问题,在教学的层面上,西藏大学文学院对藏语言文学专业汉族班采取了一些特殊的办法和措施来促进其学习的进步。一是专门编写专门的教材和制订教学计划,开设了《词汇学》《口语实践》等课程,并安排教学经验丰富的教师为汉族学生上课。二是让汉藏学生混合住宿以增进日常口语交流,组织学生用藏语进行演讲,有时候还自编相声、故事、小品,组织学生演出,以此增强他们的学习兴趣。不仅如此,在汉族学生学习藏语文最困难的阶段,学校还安排党员教师每人带 3 名至 4 名学生义务教他们学藏语文。三是开通覆盖全校拥有藏、汉、英 3 种语言教学内容的调频语音教学站,在语音教学站内增加了以前没有的藏语教学内容。

　　应该说这些措施都收到了相应的积极效果,基本保证了毕业生整体的素质和水平,这在历届毕业生的分配上也得到了很好的体现。据统计,2000 年共有 63 名汉族学生毕业,除 1 人分配到西藏自治区区直系统的公安厅外,其他 62 人全部分配到西藏的 7 地市。到了 2001 年,共有 83 人毕业,其中 60 人分配到西藏的 7 地市,另外有 22 人在则分配在西藏自治区区直系统,如公安厅、安全厅、武警部队等政府机构和部队,另外有一人被推荐上了硕士研究生。这种情况说明,一是藏语文专业汉族班毕业生质量和水平不断提升,二是西藏地方、区直机关和武警军队系统对这类特殊人才的需求量不断增加,该专业的发展大有前途。

五、西藏高等院校藏语文专业的教材建设

西藏高等院校藏语文专业的教材建设经过 50 多年的发展,已经基本达到了与教学实践和人才培养相适应的目标,并在马克思主义哲学原理、马克思主义宗教学原理等的指导下,基本形成了藏语文专业藏语课程体系的总体框架:一是以现代学术思想和教育理论为方法,包括语言学、文献学、文化学、民族学、哲学、宗教学、历史学等;二是以藏语习得、训练和传统文法为基础;三是以藏文水平的整体提高为目标;四是以藏族古代文学和文献资料为主体;五是以西藏宗教、文化、藏学研究为延伸。

通过这样的课程设置体系,把藏语文本科专业的学生培养成掌握马克思主义基本原理,了解党和国家的方针、政策和法规;掌握藏语文专业必需的专门知识,具备大学藏语听、说、读、写能力和藏汉翻译能力;掌握藏语文专业相关的人文社会科学知识;了解藏学和藏语文研究相关的基本知识和信息的专门人才。

第一,在方法上,力图通过一些课程的设置来体现现代学术思想和教育理论,使学生在习得藏语的同时,能够掌握一些必需的人文思想、学术思想。这些思想主要融入到相关的一些课程当中。

第二,以藏语习得、训练和传统文法为基础教学,则体现了藏语文专业对以汉族为主的其他民族的学生的教育观念,主要课程包括《常用藏语词汇》《公共藏文教材初级(1、2)》《公共藏文教材中级(1、2)》《公共藏文高级(1、2)》《藏语语法基础格式》《藏文文法》《现代藏语》《藏语基础写作》《实用藏语》。通过这些藏语基础性课程,为藏语文专业汉族班学生藏语文的习得打好基础,也可促进藏语文专业藏族学生进一步提升藏语文水平。

第三,全面提升藏语文水平的核心课程。包括《藏文阅读教材》《藏语基础写作》《藏族翻译史》《藏族翻译概论》《藏汉翻译赏析》《藏汉翻译实践》《汉藏翻译实践》《藏语词汇学》《藏族古代文学作品选》《藏文阅读教材》《常用藏语词汇》等,这些课程旨在全面提高学生的藏语文水平,既是基础性课程,也是核心课程。对学生十分重要。

第四,提升藏语文专业基础知识水平的课程。包括《藏族文学概论》《藏族文学史》《藏族比较文学》《藏族民间文学》《藏族现代文学》《藏族近代文学》《藏族古代文学》《藏族传统诗学理论》《中学藏语文教材教法》《因明学基础教程》《藏文教材教法》《藻饰词汇》《语灯详释》《简明藏文诗文写作》《语灯注释》《藏文信息处理基础》《藏英对照拉萨口语教材》《诗学教程》《藏文文法》《诗学闻思智囊》《藏语词汇学》等,这些课程对全面提高藏族学生的藏语文专业水平是非常重要的。

第五,通过一些基础性、知识性的课程提升学生的历史观和唯物史观。比如《四宗概述浅释》《论西藏政教合一制度》《西藏传统文化史》《梵文识读》《西藏地方古代史》《外国人研究因明学》《西藏地理》《西藏民俗文化史》《西藏宗教学概论》《因明七要诠释》《藏族文学名著赏析》等。这些课程有效地将一些更宽泛的藏学知识传授给学生,对学生扩大知识面,甚至将来进行藏学研究和其他涉藏方面的研究都很有益处。

总之,西藏高校藏语文专业的课程设置具备下面几个的特点:

一是具有清晰的教学改革方向。西藏高校藏语言文学专业是以藏民族语言文化为基础设立的特色专业,如何主动适应西藏经济社会发展要求,更好地继承和弘扬藏民族优秀文化,是教材改革的主要方向。多年来西藏大学、西藏民族学院在藏语文公共课程、汉族班藏语文教学、藏语文本科班的课程设置上,都努力与西藏高校的发展、生源的改变、就业的需要、西藏社会的需要相结合,逐步摆脱了那种为教藏语文而教藏语文的传统课程设置理念。

二是具有合理的课程设置。从上面列举到的五个方面的课程设置看,藏语文课程的设置既考虑到藏族学生的需要,也考虑到汉族班学生的需要;既考虑到藏语文专业核心课程的设置,也把基础课程设置放在重要的位子;既考虑到专业课课程的深度难度,也考虑到公共课程的对象,对课程的设置不做一刀切。

三是将藏语文专业性和知识性融为一体。西藏高校藏语文专业的课程设置非常注意这一点,在重点安排好专业课程的同时,再根据专业的特点和未来工作的需要以及西藏的特点来设置课程,比如像《四宗概述浅释》《论西藏政教合一制度》《西藏传统文化史》《西藏地方古代史》《西藏地理》《西藏民俗文化史》《西藏宗教学概论》等课程的开设,对拓宽学生的知识面都有好处。

四是课程的设置形成科学完整的体系。目前,藏语言文学专业安排各类课程共计60门。从学术思想教育到以基础教学为目的的藏语习得、训练和传统文法,从藏语文专业藏语文核心课程提升到藏语文专业基础知识课程,文科基础性课程到相关知识性课程的设置,基本形成了体系。

将西藏高校藏语文专业的藏语文课程设置与中央民族大学藏学本科专业相关课程相比较,后者的课程设置则主要体现出下面一些特点:从总的设计看,以藏族文学、藏族语言、藏族宗教、藏族文化四大课群为主干。藏族文学课群包括文学理论、藏族文学史、藏族文学作品欣赏三门课;藏族语言课群包括语言学概论、古代藏文、现代藏文、藏文文法、藏文诗论、藏文写作、藏汉翻译理论与实践、藏语方言、辞藻学、声明学等;藏族宗教课群包括马克思主义宗教学原理、藏族传统宗教——苯教史、藏传佛教史、形式逻辑与藏传因明学、佛学原理等;藏族文化课群包括文化学理论、藏族物质文化、藏族精神文化、藏族制度文化等。这四大课群既是传统藏学主体内容的延伸和扩充,又是现代藏学必备的基本要素和必要条件。因此它也应该是藏学本科专业的主干课程。

这四大课群是藏学本科专业的主干课程,也是传统藏学的主体内容,对此该校用文化学、民族学、哲学、宗教学、历史学、考古学、语言学等现代学术的理念、话语、范畴来梳理、分析、总结、整合藏学各学科的基本概念、主要内容、理论框架,以此提升、优化藏学,增加传统藏学的现代学术含量,达到传统藏学向现代藏学的创造性转换。为了实现这样的转换,该校实行了理论先行的原则。这五大课群中的每一个课群,都用本学科领域中的基本理论来统领此课群中的每一门课程。例如在藏语言课群中,首先要系统学习现代语言学理论,在此理论指导下,再进一步学习藏族语言的各门课程,这就是普遍理论和具体学科的结合。另外,在这四大课群中该校还主张将传统藏学学科和现代学科有机结合。例如在因明学的讲授中,将形式逻辑的内容糅合到其中,通过形式逻辑和因明学的比较来讲授。这样不但使学生掌握了因明学的基本内容,而且还了解了现代逻辑学的主要内容,通过两者的比较,懂得了它们之间的联系和区别,这对提高学生的思维能力,拓宽学生的眼界,更新学生的思维方式,有极大的裨益。

第五章 关于西藏居民语言使用的调查与研究

第一节 拉萨市区基础教育、双语教育、民族交往的发展

在我们介绍西藏自治区城镇居民语言使用的调查结果之前,首先讨论一下拉萨市区(城关区)基础教育、双语教育、民族交往以及人口素质发展的基本特点,这样会有助于加强我们对宏观背景情况的了解。

一、拉萨市区(城关区)基础教育的发展

从 1951 年到 1999 年,拉萨市(城关区)的基础教育大致经历了四个大的发展阶段。

第一阶段(1951 年—1958 年)。1952 年 8 月,西藏工委和原西藏地方政府协商,并经中央政府同意,在拉萨市建立了第一所小学。拉萨小学的建立,对西藏的现代教育产生了巨大的影响。同年 12 月,拉萨又成立了西藏军区干部学校,1956 年改为西藏地方干部学校。从 1952 年到 1956 年的 5 年间,拉萨还举办了各种形式的培训班。① 1956 年 9 月,筹委会遵照陈毅副总理指示,经与噶厦政府协商,在拉萨创办了历史上的第一所中学。1956 年 10 月西藏自治区筹委会通过了《大力培养藏族干部的决议》,拉萨的成人教育得到进一步发展。到 1958 年拉萨市区有小学 2 所,在校生 1120 人;中学 1 所,在校生 200余人;干部学校 1 所,培训学员 3000 余人。学生全部是藏族。

第二阶段(1959 年—1976 年)。1959 年民族改革后,西藏自治区筹委会

---

① 多杰才旦:《西藏教育》,中国藏学出版社 1991 年版,第 86 页。

制定了"民办为主,公办为辅"的办学方针,拉萨市内出现了办学的高潮。1961 年公办和民办小学的学生累计 3299 人。到 1962 年小学已经到达 23 所,其中公办 2 所,民办 21 所。1965 年西藏自治区成立,拉萨市设立文教局,城关区政府设立文教科。

第三阶段(1977 年—1991 年)。根据 1991 年的统计,全市有中学 18 所,在校生 8347 人,其中市区内有中学 10 所,学生 6839 人[①]。职业高中生 228 人。教育部门办的公办小学 54 所,企事业子弟小学 20 所,民办小学 443 所,共有学生 40416 人。全市 7—12 岁适龄儿童 45628 人,城关区范围 12899 人。城市适龄儿童入学率 99.5%,巩固率 99.5%,毕业率 90%。初等教育普及率 99%。

第四阶段(1992 年—1999 年)。根据西藏自治区教委的最新统计,1998—1999 年度,拉萨市共有小学 442 所,招生人数为 9014 人,在校生人数 55449 人。其中市区内(城关区)有 4 所小学,当年招生数为 2422 人,在校生人数 15248 人;共有中学 19 所(其中初级中学 15 所、高级中学 3 所、完全中学 1 所),当年招生数为 4274 人,在校生人数 12393 人。其中市区内(城关区)有 12 所中学(其中初级中学 8 所、高级中学 3 所、完全中学 1 所),当年招生数为 3438 人,在校生人数 8451 人[②]。

从四个阶段基础教育总的情况看,拉萨市城关区范围内的现代小学教育起步于 1951 年,经过近 50 年的发展,已经由 1952 年的 1 所小学发展到 1999 年的 4 所小学,另有 21 个教学点,共 336 个班。在校生人数由当时的 400 人发展到今天的 15248 人,增加了 38 倍多;中学由 1956 年的 1 所发展到 12 所,在校生人数由当时的 650 人发展到今天的 8451 人,增加了 13 倍多。

二、拉萨市区(城关区)双语教育的发展

据 1990 年人口普查资料表明,拉萨市是以藏族为主的少数民族聚居区,同时,也是汉族人口比较集中的地区。1990 年,拉萨市城关区的藏族人口总数是 116825 人,占城关区人口总数的 71.1%。全西藏自治区的汉族人口总数

---

① 格勒、金喜生主编:《中国国情丛书——百县市经济社会调查拉萨卷》,中国大百科全书出版社 1995 年版,第 538 页。

② 西藏自治区教委汇编:《西藏自治区教育事业统计资料 1998—1999》,第 113—139 页。

为 81217 人,其中近一半居住在拉萨市城关区,即 40424 人,占城关区人口总数的 28.9%。另据西藏自治区 1998 年的统计,拉萨市城关区的人口是 138106 万人①,比 1990 年增加 2 万多人。应该说 1990 年以后,随着拉萨市改革开放的深入和市场经济的发展,内地的汉族和兄弟省区的回族到拉萨经商者逐年增多,拉萨市城关区的汉族、回族人口的比例略有上升②。就目前而言,拉萨市城关区已经成为西藏各民族人口居住比较集中的地区,各民族交往频繁,文化交流密切。经过西藏和平解放 50 年来的发展和变化,表现在语言上一方面是拉萨居民除了大多讲卫藏方言外,会讲汉语的人也越来越多,形成了"汉语"区③;另一方面则是双语教育有了明显的发展和进步。

拉萨市城关区的双语教育从 1951 年就开始出现。当时的西藏工委和西藏军区就要求汉族干部和驻藏部队认真学习藏语文,藏族干部学习汉语文,通过语言的沟通来促进民族关系的发展。1952 年创办的拉萨小学首次在藏语文授课的教学中加授汉语文课程。1956 年创办的拉萨中学,正式将双语教育纳入正常的教学工作中。当时拉萨市区小学教育和中学教育基本实行各科教学用语的藏语化、同时加授汉语文的双语教学形式。"文化大革命"期间,这种符合西藏实际的双语基础教育形式遭到严重破坏。取而代之的是汉语授课体制的建立和扩散,并最终形成了汉语授课体制与藏语授课学校(专业)混合交叉的畸形状态。从宏观上看,这种基础教育在教学用语上还存在藏语授课的形式,但侧重点已经发生了根本的改变,即已经由藏语文为主、汉语文为辅的教学用语体系转变成为以汉语文为主、藏语文为辅的教学用语体系,这种教学用语体系完全违背了西藏的文化传统、语言习惯和规律、人口的民族成分等,它的直接后果是藏族学生中学毕业后,汉语文达不到像汉族学生同样的要求,藏语文也没有过关。

针对这种情况,1987 年和 1988 年西藏自治区分别颁布了《关于西藏自治区学习、使用和发展藏语文的若干规定(试行)》和《关于西藏自治区学习、使

---

① 达瓦顿珠主编:《西藏统计年鉴 1999》,中国统计出版社 1999 年版,第 38 页。

② 格勒、金喜生主编:《中国国情丛书——百县市经济社会调查拉萨卷》,中国大百科全书出版社 1995 年版,第 78 页。

③ 格勒、金喜生主编:《中国国情丛书——百县市经济社会调查拉萨卷》,中国大百科全书出版社 1995 年版,第 79—80 页。

用和发展藏语文的若干规定(试行)实施细则》。自治区人民政府重新提出了
"实行以藏文为主、藏汉两种语文并用"的指导思想,从而为 20 世纪 90 年代
拉萨乃至全西藏建立新的以藏语文为主、藏汉两种语文并用的双语教学体系
拉开了序幕。根据这些地方法令的精神,1987 年秋,在拉萨实验小学和拉萨
第一小学的新生班进行了双语教学试点工作。1989 年秋,在拉萨中学、拉萨
市一中又招收了首批初中藏语文授课试点班学生。当时拉萨市教育管理部门
小学双语教学提出的基本要求是:小学汉族班从三年级开始学习藏语文,在教
学的具体要求上比藏族班低一些。小学藏族班从三年级开始讲授汉语文课
(也有从二年级开始设的),教学目的和要求也比汉族班低一些;对中学双语
教育的基本要求是:学生不仅能掌握民族语言藏语文,也能掌握汉语文,甚至
掌握一门外语。因此,中学不再按民族分班,藏族学生都必须学习汉语文,汉
族学生都必须学习藏语文。从中小学试点班的考试成绩看,较普通班有一定
的提高。见表 5-1。

表 5-1　1990—1993 年拉萨市区初中双语试点班与非试点班成绩对照

学校名	班别	人数	政治 平均分	藏文 平均分	汉文 平均分	数学 平均分	物理 平均分	化学 平均分	平均 总分
拉萨市 一中	试点班	39	36.9	57.3	38.6	23.9	36.1	21	213.3
	普通班	42	39.4	51.6	23.4	9.3	24.6	16.6	151.6
拉萨 中学	试点班	35	44.3	66.1	42.9	17.4	47.2	36.3	254.7
	普通班	35	38.2	57.3	34.3	11.3	28.4	19.4	188.9

资料来源:西藏自治区教委。

从 1987 年—1992 年经过 5 年的试点,拉萨市(城关区)小学和中学的双
语教学取得了较好的成绩。1990 年拉萨第一小学和拉萨实验小学共有 8 个
双语教学试点班,其中,一年级 4 个班,二年级 2 个班,三年级 2 个班,共有学
生 406 人。试点班除了多开一门汉语文课外,其他课程的开设与非试点班一
致。中学试点班开设了藏文、汉文、数学、物理、化学、生物、历史、地理等课程。
双语教学的总思路是:第一,在中学阶段通过藏语文授课,解决过去在中小学
之间教学语言衔接不上、师生教学语言脱节、学生的学习难点过于集中、多数
藏族学生不能完全理解或不能完全听懂教学内容、教师教课费劲、学生听课吃

力等矛盾,促使基础教育质量全面提高。第二,随着学生各科知识水平和母语程度的提高,大力加强汉语文和外语教学,使学生高中毕业时,达到藏、汉、英三语"一通一懂一了解"或"两通一懂"的要求①。

到 1993 年为止,经过 7 年多的中小学藏语文授课试点工作后,拉萨市(城关区)已经建立了从小学到中学的藏语文授课体系,解决了中学阶段缺乏藏语文授课机制所造成的双语教学体系严重失衡的现象,以藏语文为主的藏、汉双语授课体系也开始逐步实现。根据 1999 年的调查,目前拉萨市区(城关区范围)双语基础教育是藏、汉两种教学用语体系并存。双语教学类型主要有两种:第一种是藏语文授课加汉语文双语教学型,即各门课程用藏语文授课,同时加授汉语文课;第二种是汉语文授课加授藏语文型,即各门课程用汉语文授课,同时加授藏语文课。

三、影响民族交往的几个因素

马戎教授在研究民族关系时曾经指出,当两个民族具有完全不同的语言、宗教、文化传统时,决定他们之间相互关系的一个重要的客观条件,就是他们的成员之间是否有相互接触、交往的机会。如果母语接触或交往很少,民族集团之间的语言、宗教、文化、习俗等方面的差异会使这种隔绝状态延续下去,并在某些情况下产生互相之间的冲突。不同民族集团成员之间广泛的社会交往有助于增强互相之间的理解,消除误会(误会常常是造成民族隔阂的重要原因),在交流和互助的过程中逐步建立融洽的关系。在谈到两个民族交往所必须具备的条件时,他又说,为了试行广泛的社会交往,有一些客观条件是必须具备的,首先,这两个民族集团中相当数量的成员要能够有比较经常地互相接触的机会。假如两个民族集团的成员基本上混杂居住,或者在工作、学习、娱乐等结构组织中混杂分布,他们在日常生活与经济活动中就有了与其他民族成员广泛接触、互相了解、进行合作的机会。马戎教授进一步将这些交往和接触分为六个方面②:

(1)居住情况。即两个民族在居住格局中互为邻里的状况。可从分析居

---

① 格勒、金喜生主编:《中国国情丛书——百县市经济社会调查拉萨卷》,中国大百科全书出版社 1995 年版,第 557—559 页。

② 马戎:《西藏的人口与社会》,同心出版社 1996 年版,第 198—399 页。

住区的民族构成来考察当地不同民族的居民是普遍的混杂居住,还是互相隔绝消除各自的居住区。居住格局可以反映一个民族所有成员在居住地点与另外一个民族互相接触的机会。

（2）各民族的学生在学校里的交往。即两个民族的在校学生互为同学的状况。

（3）工作中的交往。即两个民族的成员在工作时是否互为同事,是否混杂在同一个工作部门和同一个具体单位。分析各个工作单位职工的民族构成,可以考察部分就业人口在工作场合与其他民族成员的接触和交往。

（4）娱乐场所各种娱乐活动中的交往。由于这种在娱乐场所进行的交往带有非正式行和自发性,不同民族的成员在这种场合进行的交往的程度是衡量民族关系的重要标志。

（5）宗教活动中的交往。

（6）个人自发的生活交往。居民个人和每个家庭往往还维系着一个生活网络,这个网络中既有家庭亲属,也有生活上的朋友。这种非正式、自发的社交网络是居民们是否看重的东西,也代表了居民日常生活交往中的最重要的部分。分析交友网络的民族构成,可以从一个较深的层次来考察民族间的交往情况。

社会学家普遍认为,以上六个方面,前三个是考察民族交往最重要的方面,代表了人们日常生活中花费时间最多的三个场所:居住场所、学习场所、工作场所。由于这三个地点和所属组织比较稳定,所以也相应容易进行调查和统计。毫无疑问,西藏双语的学习、使用和发展与汉藏两个民族的交往程度有一定的关系,而城市格局(人们的居住环境)、汉藏学生的交往、干部职工在工作中的交往又是影响和制约不同民族交往的四个重要因素。因此,在研究汉藏民族关系时,考察两个民族集体成员之间社会交往的状况是非常重要的。

第一,拉萨市区(城关区)的城市格局(人们的居住环境)的发展。

我们要分析拉萨市区(城关区)汉藏民族之间关系的现状、交往的密切程度,就必须首先分析拉萨市的城市格局(人们的居住环境)。拉萨城的兴建可以追溯到公元7世纪初大昭寺的建造和八角街的形成。17世纪五世达赖受清朝皇帝册封,拉萨作为西藏地方政权的中心,城市有了一定的发展。到1951年,拉萨基本上形成了以八角街为中心的城市格局。1951年后,拉萨市的城市建设获得了巨大的发展。50 年来,一边改造旧城,一边扩建新城区,在保护古建筑的同时,修建了一批现代化建筑。1960 年被国家批准为地级市,1982 年被公布为历史名城,1983 年国务院批准了拉萨市的城市总体规划后,拉萨的城市发展更加迅速。拉萨市区总体规划既体现了现代化的新型城市这一时代的精神,又体现了民族的风格和地方的特点。规划明确规定:在城市布局上要以布达拉宫为中心,保留以大昭寺和八角街为主的旧城并进行合理的改造。

这个规划在总体布局上将拉萨市区分为市中心区、北区和西区三片,此外近郊区有堆龙德庆油库和地质队基地,乃穷制革工业、柳吾铁路编组站、乃吾仓库区和东郊铁路站等数个居民点。第一,市中心区。包括林廓路至罗布林卡以及城关区一带,占地 11 平方公里,规划人口 8 万人。这里既是全市政治、经济、文化和主要的名胜古迹集中的地区,也有传统的旧市区和现代的新市区。第二,北区。从 1993 年后已经形成“北郊”和解放北路两大片,现在已成为以汽车修配为主包括轻工、手工业、公交企业等在内的工业区和建筑施工基地。规划人口 4 万人。第三,西区。罗布林卡以西地区,人口发展规模 5 万。主要是运输、驻军、科研、农场等单位。第四,乃穷制革仓库区、皮革厂一带为制革、农机等公交企业区。堆龙德庆县附近为油库区和地质队基地,规划 1 万人。拉萨河以南的柳吾铁路编组站、乃吾仓库区,规划 1 万人①。从 1983 年到 1993 年是拉萨市城市总体发展的第一个阶段,1994 年至今是其发展的第二阶段。现在拉萨市中心已经从一环路扩展到了二环路。

1990 年北京大学社会学人类学研究所与中国藏学研究中心曾合作对拉萨市的基本居住格局进行过调查,当时的调查主要是围绕城关区的 6 个街道办事处和 4 个乡来描述的。马戎教授后来在谈到这次调查的结果时说,拉萨市城关区的居民大致可以分为两类。第一类是位于市中心围绕大昭寺的八廓(八角街)、吉日、冲赛康、吉崩岗等 4 个派出所管理的 6 个街道办事处,下属各有若干个居委会和几十个“单位集体户”,所属常住居民的户籍登记都是城镇户口。第二类是其余的 4 个乡,分属娘热、夺底、纳金、北京中路、金珠路 5 个派出所。所辖地区一部分在市区,这部分市区的居民是城镇户口,但是都属

---

① 格勒、金喜生主编:《中国国情丛书——百县市经济社会调查拉萨卷》,中国大百科全书出版社 1995 年版,第 88—89 页。

于各单位集体户。另外一部分在郊区,居民为农村户口。因此,从居民成分看,包括居委会、单位集体户所属的城镇居民以及村所属的农村居民三种;从城区分布特点看,市中心的大昭寺周围是居委会,居委会外围和主要街道两侧是单位集体户,单位集体户外围邻近郊区的是各村农民户。

根据马戎教授的调查,市中心居委会所属的居民户中绝大多数是在拉萨居住时间较久的藏族,另有少数回族及其他民族的人口,极少数的回族人口,仅占城关区总人口的4.3%,而藏族占91.6%。单位集体户的居民则是自治区、拉萨市、城关区等各级党政机关和所属企事业单位的职工及家属,汉族人口的比例比较高。因此马戎教授认为:由于城关区常住人口(40418)的95.5%住在单位集体户,所以拉萨市区汉族居民于藏族居民较多的接触和交往实际上主要发生在单位集体户内部。而在居委会所属的居民内部这种接触和交往就相对要少得多,因为汉族职工除了偶尔去八角街的集市外,很少有机会与老城区农民接触①。请参见表5-2。

表5-2 拉萨市城关区居民构成及其基层组织

	基层组织	户口种类	居民藏族构成	迁移特点
街道办事处	居委会	城镇居民	藏族	本地出生
	单位集体户	城镇居民	藏族、汉族	藏族大多数
城关区乡	单位集体户	城镇居民	藏族、汉族	汉族都是移民
	村	农村居民	藏族	本地出生

资料来源:马戎:《西藏的人口与生活》,同心出版社1996年版,第407页。

马戎教授的调查可以使我们得到这样的认识:居委会的居民主要是藏族,从居住场所看与汉族的接触和交往很少;单位集体户有藏族和汉族,从居住场所和工作场所看汉藏居民互相接触、互相往来的机会最多。这里需要我们作进一步解释的是:

(1)根据1990年的统计,拉萨市城关区的藏族总人口是96341人,单位集体户中藏族总人口数为49855人,城关区25个居委会16个村的藏族总人口

---

① 马戎:《西藏的人口与社会》,同心出版社1996年版,第404—410页。

数为 46486 人①,由此可见,在拉萨市城关区共有藏族总人口一半以上的人在居住场所和工作场所与汉族频繁地接触和交往,他们居住在一个共同的单位集体区域,这对于他们的双语学习、使用和发展是非常有利的。

(2)1990 年的人口统计显示,拉萨市城关区共有人口 139810 人,如果将单位集体户中藏族总人口数与汉族总人口数 40418 相加,就有 90273 人在单位集体区域参与藏语和汉语的双语互动,约占城关区总人口的 65%。1997 年和 1998 年,拉萨市城关区的总人口数分别是 138106 人、139683 人②,从这个数字看,拉萨单位集体户中参与藏汉双语互动的总人口数不会少于 65%,只会有增无减。

(3)尽管我们说居委会所属的居民户中绝大多数是藏族,在其居住区内部与汉族居民接触和交往的机会不多,但是,并不能否认居委会中还有一部分居民属于机关干部,他们虽然在居住地与汉族的接触较少,可是在工作场所他们与汉族的接触和往来却是频繁的,因此,城关区的双语互动人口除了单位集体户外,还应该考虑到这一部分藏族人口的特殊身份。

(4)马戎教授的调查是在 1990 年进行的。当时拉萨市城关区的居住格局的确是绝大多数的藏族居住在围绕大昭寺的八廓(八角街)、吉日、冲赛康、吉崩岗等 4 个派出所管理的 6 个街道办事处里。根据马戎教授的看法③,这 6 个街道办事处实际上只属于拉萨市内围绕大昭寺一带的八廓(八角街)及附近地区。而其他的地区全是他所说的单位集体户区。但是,到 1999 年,这种格局已经逐步被打破。根据我们的调查,从 1980 年代中期到 1990 年代的末期,拉萨市城关区先后按照规划建设了许多的藏族统建小区:团结新村、扎吉新村、厦吉焦、达孜仓、雄岗林卡、噶玛滚桑、雪村新居等 10 多个统建住宅小区。此外,从 1987 起,根据西藏自治区《关于在拉萨市和各行署所在地安置离退休人员的暂行规定》的有关精神,在拉萨市区的北郊、东郊、西郊又自建了 13 个居民住宅小区。现在,这种自建和统建的住宅小区的规模还在扩大,人口也在不断增加。我们认为,随着这些新型的住宅小区的兴建,城关区传统的单一藏族聚居区已经开始改变,逐步向多点发展,拉萨市区汉族和本地藏族在

---

① 《拉萨市城关区计委统计资料汇编(1990 年)》,第 232—282 页。

② 达瓦顿珠主编:《西藏统计年鉴 1999》,中国统计出版社 1999 年版,第 38 页。

③ 马戎:《西藏的人口与生活》,同心出版社 1996 年版,第 405 页。

居住方面更加开放和密切,参与汉藏两个民族的接触和交往人口更加扩大。这对拉萨市区双语的互动和发展是极为有利的。

第二,拉萨市区中小学的民族成分及汉藏学生的交往条件。

根据社会学的观点,在研究民族关系时,与"居住隔离"(Residential Segregation)紧密相关的是"学校隔离"(School Segregation),后者反映了不同民族的青少年在学习场所(学校)的交往机会,而"分离指数"的多少(Index of Dissimilarity)则是分析"隔离"程度的常用度量指标。依据1990年的调查,马戎教授对拉萨市中小学的"分离指数"进行了计算,结果如表5-3。从这个表中我们可以看出些什么呢?首先,第一部分是郊区县和乡,这里只有极少数的汉族居民,因此,7县的中学只有14名汉族学生,汉藏比例十分悬殊。第二部分市区的11所中学中汉藏学生的比例是1:1.48,藏族学生比汉族学生多1690人,占68%。第三部分汉藏学生的比例比较接近。第四部分藏族学生的数目明显多于汉族学生,比例为1:9.03,藏族学生占90%;其次,从"分离指数"的结果看,马戎教授认为,郊区各县学校的汉藏学生比例最为悬殊,"分离指数"接近60,说明郊区县汉族学生的相对集中。第三部分小学汉藏学生总数差别并不大,但是,"分离指数"高达52,这表明这些集体户开办的小学里,民族隔离的程度要高于市和城关区开办的学校。相比之下,市区11所中学里的情况要好一些,"分离指数"为31.1,这是因为各单位没有能力自己办中学,小学毕业后各单位职工的子女只能到市、城关区开办的中学就学①。根据马戎教授的分析,我们可以有得到这样的认识:

表5-3　拉萨市中小学汉藏学生的交往条件

	汉族学生数	藏族学生数	汉藏比例(汉族1)	分离指数
郊区7所县中学学生	14	1179	1:84.4	58.7
市区11所中学学生	3554	5244	1:1.48	31.1
市区22所企事业、部队小学学生	1927	1704	1:0.88	52.1
市城关区18所公办、民办小学学生	615	5553	1:9.03	—*

资料来源:马戎:《西藏的人口与生活》,同心出版社1996年版,第419页。

————————

① 马戎:《西藏的人口与生活》,同心出版社1996年版,第421页。

（1）在拉萨市区的 11 所中学里，汉藏学生的交往密度最高，交往的条件最好。除了表 5-3 的"分离指数"显示了这一点外，从中学的分班情况看也能说明这一问题。1987 年以后，西藏城镇小学开始实行汉藏分班的办法，这对汉藏学生的交往必然有影响，而城镇的中学却没有采取这种做法，仍然是汉藏学生同班学习，因此，在中学和高中阶段，汉藏学生的交往条件是比较好的。当然，1987 年以后，随着藏语文试点班的成功及逐步推广，全区的藏语文授课班的数量增加很快，但是，与汉文班的数量相比还是不多。据有关部门统计，1997—1998 年度，西藏全区中学有初中班 523 个，高中班 72 个[①]。其中初中藏语文授课班仅有 93 个，在校生近 4000 人，仅占少数民族初中在校生总数的 13%左右，高中藏语授课班 9 个，在校生 381 人，仅占少数民族高中在校生总数的 5.7%[②]。因此，我们认为全区藏语文授课班数量的增加，对汉藏中学生的交往有一些影响，但是影响并不是很大。

（2）第三部分即市区 22 所企事业和部队所办的小学中，汉藏学生的交往条件比市区的 11 所中学差一些，但是又明显好于城关区的 18 所小学。

（3）城关区的 18 所小学由于藏族学生大大超过汉族学生，汉藏学生的交往的机会并不是很多。以城关区所属的小学实验小学和市第二小学 2 所汉藏同校的小学为例，根据马戎教授的调查，这两所小学里汉藏学生的分班情况和各班的民族构成如表 5-4。1987 年以后，由于强调藏语文的学习以及藏语文授课体系的建立，汉藏学生开始分班学习，因此两所小学藏文班的数量有明显增加，这是落实西藏新的语言和教育政策的结果，是非常有积极意义的。另外，汉藏同班的班数也明显减少，在两所小学的一、二年级中，只有市第二小学一年级的汉族班有 11 名藏族学生，这对于汉藏学生的交往有一定的负面影响，所以需要多组织有汉藏学生共同参加的活动，来弥补这一不足。相反，在三至五年级的汉文班中，实验小学有 225 名汉族学生与 207 名藏族学生在一起学习，市第二小学有 121 名汉族学生与 109 名藏族学生在一起学习，这对于汉藏学生的交往是有很大帮助的。

---

① 西藏自治区教委：《西藏自治区教育事业统计资料 1997—1998》，第 73 页。
② 西藏自治区教委双语教学调研组：《西藏教育》1999 年增刊，第 34 页。

表5-4　拉萨城关区两所汉藏同校小学的分班情况（1988）

年级	实验小学						市第二小学					
	藏文班			汉文班			藏文班			汉文班		
	班数	藏族	汉族	班数	藏族	汉族	班数	藏族	汉族	班数	藏族	汉族
一年级	2	81	0	1	0	64	3	155	0	1	11	42
二年级	1	51	0	2	0	84	2	122	0	0	0	0
三年级	0	0	0	3	68	83	1	65	0	2	38	46
四年级	0	0	0	2	43	52	2	85	0	2	35	39
五年级	0	0	0	4	96	90	2	72	0	2	36	36
教　师	—	16	—	—		37	—	24		—		25

资料来源：马戎：《西藏的人口与生活》，同心出版社1996年版，第422页。

第三，拉萨市企事业单位的民族成分及汉藏职工的交往条件。

在拉萨市区的企事业单位中，藏族职工比较多的主要是基层行政和服务机构，如派出所、医院、商业网点等①。另外，大多数的企业也是以藏族为主。在全民所有制的企业职工中，藏族所占的比例，1980年为60.11%，1992年为70.53%②，比如市地毯厂藏族占76.2%、市铅印厂藏族占78.3%、市水泥厂藏族占79.5%、市建筑公司藏族占81.2%、区电机厂藏族占82.5%③，反映出了藏族职工队伍的壮大。在技术性较强的机构，有的汉族的比例稍微大一些，但是，藏族的比例也增长很快，有的汉族比例要少于藏族。根据拉萨市委组织部的统计，1986年拉萨市的专业技术人员是2987人，到1992年增长到3630人，其中藏族2664人，占73.39%，已经超过了汉族。在拉萨市和城关区党政部门，到1992年共有干部7624人，其中藏族5694人，占74.69%④，远远超过了汉族干部。比如像市法院藏族干部占71%、城关区政府藏族干部占80%。在事业单位中，像西藏大学（藏族占70%）、藏医院（藏族占97%）、西藏日报等部门的藏族干部要多一些。总的来说，就拉萨市企事业单位职工的民族成分看，

---

①　马戎：《西藏的人口与生活》，同心出版社1996年版，第413页。

②　格勒、金喜生主编：《中国国情丛书——百县市经济社会调查拉萨卷》，中国大百科全书出版社1995年版，第392页。

③　马戎：《西藏的人口与生活》，同心出版社1996年版，第414页。

④　格勒、金喜生主编：《中国国情丛书——百县市经济社会调查拉萨卷》，中国大百科全书出版社1995年版，第400页。

虽然党政系统和部门单位的藏族职工比例比较高,但是,在教育、科技、邮电、卫生、运输、金融保险、综合技术服务等专业性质的行业,汉藏职工的比例是比较平衡的,不存在整体向一个民族倾斜的情况①。这为汉藏职工在工作场所的交往提供了良好的条件,这种环境对于汉藏双语的互动是极为有利的。

四、拉萨市城关区的人口素质及其对双语的影响

从双语互动的角度看,在一个大的社区内,人口的文化素质对双语的影响是很大的。如果社区内人口的素质普遍偏低,第二语言的掌握比较困难,那么在这个社区里两个民族的交往将受到很大的影响,双语的发展也会趋于缓慢。

拉萨市和全国其他大城市相比,经济、文化水平有较大的差距。但是就西藏自治区境内比较而言,人口的文化素质要比其他县市高。1982 年的人口普查资料说明,拉萨市区大学毕业生占西藏全区的 40.3%,大学肄业或在校的占全区的 59.9%,高中和初中文化程度的各占 33.6% 和 30.1%。如果按每千人中拥有的大学生计算,拉萨市区为 33 人,仅次于北京的 36 人,而高于上海(21)、天津(16)等。另外,根据 1990 年的统计,拉萨市区每千人中拥有的大学生人数已经达到 49 人,超过了 1982 年的 33 人,更大大超过西藏自治区每千人 5.74 个大学生的平均数;每千人中拥有高中、初中、小学文化程度的人口,1982 年分别是 73 个、192 个和 353 个,而 1990 是分别是 131 个、203 个和 295 个,高中和初中都高于 1982 年。见表 5-5。这些数字说明拉萨市区较高文化程度的人口的增长速度也快于其他地区。因此我们认为,从双语互动的角度看,拉萨市城关区的人口素质在整个西藏自治区是最有利于双语的互动和发展的。

表 5-5 1990 年和 1982 年每千人拥有的小学以上文化程度人口比较

地区	大 学		高 中		初 中		小 学	
	1990	1982	1990	1982	1990	1982	1990	1982
西藏全区总计	5.74	4.24	21.22	12/12	38.50	36.08	185.97	163.30
拉萨市	19.70	12.5	56.99	30/30	92.22	79.93	262.46	229.14
拉萨市城关区	49.19	32.7	130.69	73.00	202.72	192.38	295.36	353.32

---

① 马戎:《西藏的人口与生活》,同心出版社 1996 年版,第 414 页。

地区	大　学		高　中		初　中		小　学	
	1990	1982	1990	1982	1990	1982	1990	1982
昌都地区	1.76	1.6	12.17	7.17	30.18	26.50	121.26	112.64
山南地区	3.43	2.6	15.15	7.79	28.59	32.10	277.13	260.90
日喀则地区	2.04	1.8	10.50	6.92	18.60	18.70	167.14	124.95
那曲地区	2.05	2.6	11.15	8.38	16.30	21.68	131.64	112.62
阿里地区	6.16	3.8	23.35	12.69	29.32	29.61	168.17	126.61
林芝地区	9.35	7.8	32.28	19.17	73.87	63.54	226.17	242.33

资料来源:《西藏自治区第四次人口普查手工汇总资料》。

　　通过上面四个问题的分析和讨论,我们认为在拉萨市城关区,无论是基础教育、双语的教育、人口的素质,还是汉藏两个民族的交往条件,在整个西藏自治区都是最好的,可以说经过50多年的发展,已经形成了良好的双语环境,见表5-6,这对于人们的语言使用是非常重要的。正是在这样的环境中,不同民族集团成员之间广泛的社会交往,增强了互相之间的理解,消除了误会,在交流和互助的过程中逐步建立起了融洽的关系。人们的语言使用模式从一元发展成为二元模式。人们除了保持传统的语言使用习惯外,在不同的居住场所、学习场所和工作场所还广泛地使用双语,以适应交际和往来的需要。但是,在这些场景中,不同身份、不同职业的人们究竟是怎样使用语言的呢? 他们之间双语使用的差别是什么呢? 这将是我们下面要讨论的问题。

第二节　拉萨市藏族小学生日常语言使用的专项调查

　　语言的发展变化是非常缓慢的,口语、书面语以及语言使用本身的发展都是完全不同步的。语言本身是渐变的,口语的变化不知不觉,几十年不太明显,几百年后就有较大的变化,无论语音、语汇或语法都会出现显著的差异,而书面语由于其全民性、规范化等特点往往不能因时因地而异,跟口语比较起来显得更加保守。在它们三者之间,唯有语言使用本身的变化比较快。这是因为语言使用的选择容易受到个人或群体的影响。为什么这么说

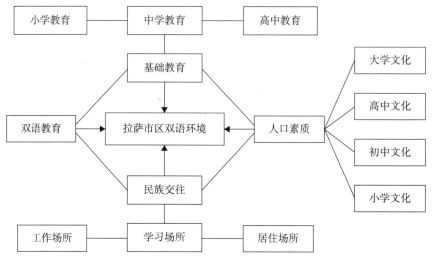

表5-6　影响拉萨市区双语环境的因素

呢？语言的使用除了受到传统的语言习惯，即母语的影响外，还要受到交际需要的支配和影响。在一个完全封闭的社会，或者说一个只讲单一语言即母语的语区内，语言的使用是排它性的，人们只需要依靠母语就可以达到交际的目的。

可是，在一个内外交流频繁的开放社会，在一个多民族聚居的地区，在一个双语现象已经比较普及的社区，在一个民族语言与国家共同语交织在一起的民族地区，语言的使用以及语言使用的选择就由一元变成了二元，甚至多元，并随着社区的开放度、人与人之间的交际度、双语的发展度以及社区内人口的文化素质、受教育程度、年龄的不同而变得更加复杂。1951年以来，以拉萨市等主要城镇为代表的地区经过50年的发展，已逐步发展成为一个藏族为主、藏汉杂居、藏汉双语比较普及的开放地区，城镇居民的语言使用已经有了新的变化。但是像拉萨市这样的典型城镇社区，人们的语言使用究竟处于一种什么样的状态呢？长期以来这个问题一直是语言社会学家非常关注的课题，本章的调查研究和分析就准备回答这个问题。

一、1999年西藏语言使用专项调查的设计及方法

1999年是20世纪最后1年，国家语委决定在全国进行了一次有计划有目的语言抽样问卷调查，当然其中也包括各个少数民族的语言。目的在于掌据跨世纪之际我国的语言使用实态。根据语言调查的这种大趋势以及课题的实际需要,在马戎教授和胡坦教授的建议下,我决定 1999 年的夏天在拉萨市进行一次语言使用的抽样问卷调查,内容只涉及西藏城乡居民在现代化进程中的语言使用及双语现象等问题。从 1999 年 5 月开始,我在两位先生的指导下,根据课题及西藏的具体实际情况,并参考全国语言抽样调查的部分问卷内容,设计了"1999 年西藏现代化进程中的藏语文问题专业抽样问卷",包括"小学生、中学生、高中生专业抽样问卷"、"工商人员专业抽样问卷"、"大学生、医务人员、教师、知识分子、公务员专业抽样问卷"等三个专项问卷和一个"入户调查问卷"(藏汉文各一套,关于入户调查问卷的情况,将在其他章节介绍)。三个专项问卷的基本内容都相同,主要包括西藏城乡居民日常生活中的语言文字使用情况,共 80 个问题;另外又根据具体调查对象的不同,在基本内容的后面又分别增加了教师、干部、知识分子等必须回答的问题若干条。1999 年 10 月经过 3 个月的调查全部都按计划完成。

　　在思考如何在拉萨市区进行这次专项抽样调查时,我在马戎教授和胡坦教授的帮助下,很费了一番苦心。为什么我要选择拉萨市区作为调查点呢?因为拉萨市在西藏的地位既重要又特殊。第一,拉萨是西藏自治区的政治、经济、文化、宗教、人口、交通的中心。第二,1951 年以后,由于拉萨各级机构的创建,人口的迁移特别是汉族人口的迁移除了对拉萨市区居住格局的改变和城市建设具有很大的影响外①,对于这一地区的民族构成的改变,并最终形成以藏族为主、藏汉杂居的局面也有重要的影响。第三,拉萨市作为西藏与祖国内地联系的一个最重要的窗口,各民族尤其是藏汉两个民族的交往非常频繁密切,藏汉两种文化的交流与融合构成了这一地区的文化新特征。表现在语言的使用上则是双语现象已经比较普及,民族语藏语和国家共同语汉语交织在一起,人们的语言使用已经处于一元和二元共存的新阶段。第四,在拉萨市区,人口的文化素质、受教育程度、学校教育、文化氛围都居全区之首,营造出了一种良好的双语学习和使用人文环境。这些就是拉萨市区的特殊性,这也是我选择拉萨市区作为 1999 年城镇居民语言使用专项调查即双语使用调查

---

① 　马戎:《西藏的人口与生活》,同心出版社 1996 年版,第 231 页。

点的主要原因。

就一个社区或者说语区而言,语言的使用涉及社区或语区内的每一个成员,涉及从事各行各业的行业人口和各种非行业人口。1999 年进行的全国语言抽样问卷的专项划分很细,分别包括小学生、中学生、高中生、大学生、医务人员、教师、知识分子、公务员、工商人员等专项调查问卷,需要大量人力和财力,对于个人行为的调查是难以做到的。根据实际的情况和马戎教授的意见,我在西藏的考查实际上只进行了三个方面的专项调查。我这样做的理由是基于以下思路来考虑的:

我的三个专项调查可以分为在业人口和非在业人口两个大的层面。在非在业人口的内部,我也选择小学生、中学生和高中生三个专项进行了问卷调查,这与学生人口在拉萨市区(城关区)非农业人口中所占的比重是有关系的。为什么这样说呢? 1993 年 8 月,由中国藏学研究中心社会经济所所长格勒博士领导的拉萨市情调查组,为期 3 个月,对拉萨市城关区的 301 户藏族居民家庭的 1175 人进行了问卷调查,根据他们的调查显示,不在业的人口状况是,在校生的人数为 300 人,占调查户总人数的 25.6%,超过了 1/4,而在业人口的总数为 293 人,占调查户总人数的 25%[1],不在业人口中在校生的人口数与在业人口的总数基本相等,还略高一些。可见,在拉萨市的城关区,在校生的人数在整个非农业人口中的比例是比较大的,因此,我们在调查拉萨市区藏族居民的语言使用时,将小学生、中学生、高中生作为一个专项类别来进行调查是符合实际情况的。另外一点,在占总人数 25% 的在业人口中,人口比例比较大的职业主要分布在工业、商业、国家机关干部和教育、文化、艺术四个大的方面,分别占在业人口总数的 13.9%、24.4%、16.5%、5.6%[2],基本代表了拉萨市城关区在业人口职业分布的主要特点,所以,根据这种情况,我特地将工业和商业两个行业的人员调查合并为一个专项调查,最后将大学生、教师、知识分子、公务员(机关干部)合并为一个专项调查,而不一一作为一个单独的专项调查内容。

---

① 格勒、金喜生主编:《中国国情丛书——百县市经济社会调查拉萨卷》,中国大百科全书出版社 1995 年版,第 661—662 页。

② 格勒、金喜生主编:《中国国情丛书——百县市经济社会调查拉萨卷》,中国大百科全书出版社 1995 年版,第 661—662 页。

这次调查采用的是分层多级概率比例抽样方法。在确定了三个专项调查内容后,我从拉萨市区的 4 所小学里选出了比较有代表性的拉萨一小、在 8 所中学中选出了比较有代表性的拉萨三中、在 5 所高级中学里选出了自治区拉萨一中 3 所样本学校作为"小学生、中学生、高中生专业抽样问卷"调查的调查点,通过这个调查主要想了解拉萨市区不同年龄段藏族学生的语言使用情况;然后又从拉萨市区自治区和市属事业单位中选出西藏大学、西藏日报、西藏藏医学院、人民医院、西藏社科院、自治区广播电台、拉萨市编译局、自治区编译局、西藏公安学校,自治区外办、尼威国际旅行社、自治区政协、自治区团委、自治区环保局等 14 个样本单位,进行"大学生、医务人员、教师、知识分子、公务员专业抽样问卷"调查,以了解他们的语言使用情况;最后从西藏自治区经贸委、拉萨市、自治区事业机关所属单独几十家企业和商业网点中选出拉萨啤酒厂、拉萨皮革厂、城关区食品公司、《西藏日报》印刷厂、市区部分商店为样本企业和商店,以了解拉萨市区工商人员的语言使用情况。上面三个方面的调查,在时间、人力、经费等条件的限制下,应当说从方法上是尽可能地增大样本的代表性。

下文将首先介绍拉萨市藏族小学生的日常语言使用的专项调查分析结果。

二、拉萨市城关区藏族小学生的语言能力

语言能力是转换生成语法的基本的概念。与"语言运用"相对。主要指已经掌握语言的人对其本民族的内在知识,包括能理解别人说出的每一句话,不管以前是否听过;能判断句子是否合格,是否有歧义;能根据交际的需要自然地说出各种句子等。语言能力是语言运用的抽象。语言运用是指人们在具体语境中对语言的实际运用,即使用语言的具体行为或实际说出的话。现在已经成为转换生成语法的基本概念,与"语言能力"相对。为了说明语言能力,必须以语言运用中得到的语言事实为基础,但是又必须在排除了各种非语言因素影响的理想条件下,它才是语言能力的直接反映①。我们这里所说的语言运用能力,包含了"语言运用"和"语言能力"两个方面的意思。它既指

---

① 《语言学百科词典》,上海辞书出版社 1993 年版,第 456—459 页。

"人们在具体语境中对语言的实际运用"能力,也指人们"根据交际的需要自然地说出各种句子(话语)"的能力。通过语言运用能力的研究,可以帮助我们认识人们掌握语言和运用语言的能力。根据这种定义,我们这次的调查问卷中设计了五个方面的内容,第一部分是调查小学生的语言能力,第二部分包括学校用语、家庭用语、社会用语、媒体及娱乐场所用语,主要是调查学生的日常语言运用能力,最后一部分是调查学生的语言观念。

为了深入、全面、准确地了解拉萨市城关区小学生的日常语言使用情况,1999 年的 8 至 10 月,我将拉萨市城关区第一小学作为样本小学,并根据随机抽样,对 3 年级 2 班进行了问卷调查。该班为西藏自治区命名的"雷锋班",共有学生 62 名,全部是藏族学生,拉萨出生的 58 人,外地出生的 4 人。其中男生 29 人,女生 32 人。平均年龄 11.5 岁。关于拉萨市城关区小学生的语言能力,我的调查问卷设计了 7 个问题,主要包括四个方面的内容:

(1)掌握的语言

包括两个问题,第一,现在能熟练地讲什么话?第二,小时候最先会说什么话?我们将回收的 62 份问卷经过计算机处理后,统计的结果如表 5-7。

从指标 1 看,有 59 人能熟练地讲拉萨话,占全班总数的 95%;有 1 人能熟练地讲藏语方言,占总数的 2%;有 34 人能熟练地讲汉语普通话,占总数的 55%;有 2 人能熟练地讲汉语方言,占总数的 3%;有 34 人能熟练地讲藏汉双语,占总数的 55%。掌握语言的情况依次是拉萨话、汉语普通话、藏汉双语,都超过了 50%,最少的是汉语方言和藏语方言,没有超过 3%。根据这些数据可以看出,今天拉萨市城关区的藏族小学生有 95% 的学生能够能熟练地掌握拉萨话,这说明西藏城市的藏族小学生依然保持着传统的语言习惯,同时在第二语言的掌握上已经超过了一半以上的人数,接近 55%。由此可见,拉萨市区的双语现象在小学三年级左右,就已经达到了相当高的程度。

表 5-7 拉萨市城关区藏族小学生熟练掌握的语言、最先会说的语言

指标	调查指标	拉萨话（编号 1）	藏语方言（编号 2）	汉语普通话（编号 3）	汉语方言（编号 4）	藏汉双语（编号 5）
1	现在能熟练地讲什么话	95%	2%	54%	3%	55%
2	小时候最先会说什么话	95%	3%	2%	—	19%

　　从指标 2 看,最先会说拉萨话的占 95%,该数据与指标 1 — 1 的数据相同,这说明入学儿童最熟练的语言与最先会说的语言之间有着密切的关系,往往最熟练的语言就是最先掌握的母语。从小会说两种语言即藏汉双语的比例差不多接近 20%,少于会拉萨话的人数,但又高于会藏语方言、汉语普通话的人数,这说明在平均年龄 11 岁,即 1989 年左右出生的藏族小学生中,从小会说藏汉双语的人数已经达到了一定的数量,这对于西藏双语的发展和双语水平的提高是有直接帮助的。

　　另外,在拉萨市城关区的藏族小学生中,之所以能熟练地讲藏汉双语的人数比例超过了 55%,这除了与这些学生中有接近 20% 的人从小就会说藏汉双语有关系外,还与小学的双语教学有一定关系。1988 年左右,拉萨市教育管理部门对小学双语教学提出的基本要求是小学藏族班从三年级(或二年级)开始讲授汉语文课。但是,据我们的调查,1987 年依照自治区政协部分委员的提议,拉萨市就开始在城关区第一小学一年级教学双语教学试点工作。进入 1990 年代后,拉萨市的小学藏族班基本上从一年级就开始开设汉语课,从我们 1998 年和 1999 年在拉萨市的调查以及收集到的小学教材看,也属于这种情况。因此,拉萨市城关区的小学双语教育已经达到了一定的水准。从问卷的数据分析也反映出了这种情况。

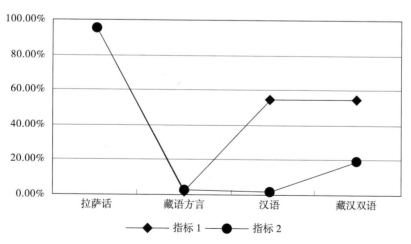

表 5-8　熟练掌握的语言及最先会说的语言比较

(2)拉萨话和汉语普通话熟练程度

包括两个问题:第一,拉萨话的熟练程度? 第二,汉语普通话熟练程度? 统计的数据如表5-9。

表5-9　拉萨市城关区藏族小学生的双语熟练程度

指标	调查指标	流利、准确	能熟练使用、个别音不准	能听懂不太会说	能熟练使用、口音较重	基本能交谈、但不太熟练
1	拉萨话程度	82%	13%	3%	—	2%
2	汉语普通话程度	40%	25%	5%	7%	24%

从指标1第2项看,能流利、准确使用拉萨话的有51人,占82%,能熟练使用但个别音不准的有8人,占13%。根据这些数据看,在这个小学藏族班中,能流利、准确使用拉萨话的占绝对优势。从指标2第2项看,能熟练、准确使用拉汉语普通话的有25人,占40%,没有达到一半,另外,能熟练使用但个别音不准的以及基本能交谈但不太熟练的都是15人,都是占24%。

将两个指标进行比较,我们可以看出,拉萨市城关区的小学生在双语的熟练程度上,拉萨话明显好于汉语普通话,两者之间的差距在42个百分点左右,相反,汉语语音不准、口语不太熟练的人数又远远高于前者,可见,造成这种结果的主要原因是受到了汉语语音和口语的影响。因此,在今后的汉语教学中,应该有意识地增加汉语语音的训练以及藏汉小学生之间的交流,以提高藏族学生汉语的流利和准确程度。关于两个问卷结果的详细比较,请参见表5-10(图表中的1、2、3、4、5为调查指标中5个具体问题的编号)。

(3)学习汉语的途径、遇到的困难及学习的目的

第一,有43人是在学校学习的汉语,占69%;在内地学习和生活过的有15人,占24%;受家庭的影响学习汉语的有4人,仅占7%。从这三个数据看,拉萨市城关区的藏族儿童学习汉语的途径主要是学校,但也有相当一部分人曾经在内地就开始学习和使用汉语,而来自家庭环境的影响则很小。

第二,从问卷的结果看语言环境对藏族学生学习汉语的影响非常大,全班62个同学中,有50人感到影响讲汉语的主要原因是大家都讲藏语,平时讲汉语的机会少,占80%。这一方面说明特殊的藏语环境对学生的藏语使用有着全面的影响,这对于学生更好地掌握母语是非常重要的,保持这种语言环境对

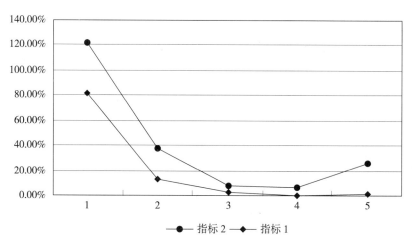

表 5-10 双语熟练程度比较

藏语的继承和发展是很有必要的。但是,问题的另一方面则是从藏汉双语的发展看,要使学生在汉语的学习和使用过程中尽量减少语言环境的影响,教育部门和学校应该在教学中逐步加大口语的训练,在藏族和汉族学生中有意识地营造一种适合小学生特点的练习口语的环境。

还有一点,在这个调查指标中,我们还发现语音对藏族学生的汉语学习也有一定影响,有 9 人感到学习汉语的主要困难是受母语的影响不好改口音,约占 15%。因此,我们认为西藏藏族学生的小学汉语教育必须重视对学生的语音训练,帮助他们克服语音学习过程中的语音难点。另有 3 人认为没有好的教材也是影响学习汉语的因素,仅占 5%,这也应该引起西藏教材编译部门的注意。

第三,学习汉语普通话和汉语的目的。这个调查指标我也设计了 4 个问题,从问卷结果看出于交际目的的有 25 人,占 40%;为了找好工作的有 16 人,占 27%;为了获得信息的有 15 人,占 24%;因为学校要求而学习的仅有 6 人,占 10%。这几项调查数据显示,西藏城镇小学的藏族学生,学习汉语普通话和汉语的目的主要是出于交际、获得信息和就业的需要。

三、拉萨市城关区藏族小学生的日常语言运用能力

(一)拉萨市城关区藏族小学生的学校用语
拉萨市城关区藏族小学生的学校用语是我这次调查中很感兴趣的一个问

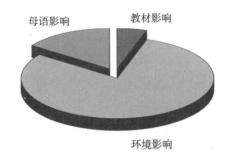

表 5-11　影响藏族小学生学习汉语的主要因素

题。从前面关于藏族小学生语言能力的调查数据中,我们已经可以看到,拉萨市城关区藏族小学生中,熟练掌握拉萨话、汉语普通话、藏汉双语的人数都超过了 50%,具有这么高的双语程度的小学生,他们在学校里的语言使用状况自然成为我们非常关注的热点。根据小学的特点,我在问卷中设计了 13 个问题,具体包括:课堂用语、同学之间的用语、对老师课堂用语的希望。

1.藏族小学生的课堂用语

在西藏自治区小学课程的设置上,藏语、汉语和数学是三门主课。根据1987 年以来的有关文件规定,拉萨市城关区的小学都进行了藏、汉分班,在藏族班中教学用语必须使用藏语。但是,在这些藏族班中学习的孩子们在上这三门课时,究竟选择哪种语言发言和回答问题呢? 三门课学生的课堂用语有什么差别呢? 另外,下课后他们同老师交谈时又使用什么语言呢? 下面就是这些问题的相关数据分析。

(1)从回收的问卷看,上藏语课时,经常使用藏语发言和回答问题的人占第一位,有 53 个,占全班总人数的 85%,用双语的占第二位,共 6 人占 10%,用汉语的最少,只有 3 人,占 5%;上汉语课时,经常使用汉语发言和回答问题的占第一位,有 45 个,占全班总人数的 73%,用双语的占第二位,共 15 人占25%,用藏语的最少,只有 1 人,仅占 2%;上数学课时,经常使用汉语发言和回答问题的占第一位,有 55 个,占全班总人数的 89%,使用双语和藏语的分别有5 人和 2 人,各占 8% 和 3%。

将这些数据进行比较显示,只有上藏语课时学生才经常使用藏语(85%),而上汉语课和数学课时,学生则经常使用汉语(分别是 73% 和

89％）。虽然三门课都有人使用双语,但汉语课上的使用人数最高(25％)。这种状况说明:上汉语课和数学课时藏族学生更善于使用汉语来发言和回答问题。

（2）从问卷看,下课后与老师交谈时学生经常使用的是拉萨话,有57人,占92％,占第一位,使用汉语普通话的仅有5人,占8％。经常使用双语的有14人,23％,不使用双语的有16人,26％,偶尔使用双语的有32人,52％。这些数据显示,拉萨市城关区藏族小学生在学校的课后用语主要是拉萨话,而经常性使用的双语的人数则相对要少。因此,为了提高城镇小学学生的双语程度,老师在课后与学生交谈时应该注意语言的使用,多使用一些汉语。以上数据的比较请参见表5-12。

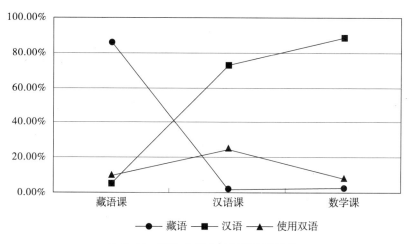

表5-12　藏族小学生的课堂用语比较

2.藏族小学生之间的用语

从问卷的结果看,指标1经常使用拉萨话的占90％,列第一位。经常使用汉语普通话的占10％;有15人经常使用双语,占24％,4人不使用,占7％,43人偶然使用,占69％。另外,指标2有46人经常使用拉萨话,占74％,有16人经常使用汉语,占26％;13人经常使用双语,占20.97％,有9人不使用,占15％,40人偶然使用,占65％,这些数据显示,拉萨市城关区的藏族小学生之间使用最多的语言仍然是拉萨话,使用双语和只使用汉语普通话的也有一定人数,但都没有超过26％。详细见表5-13。

表 5-13　藏族学生之间的语言使用

指标	调查指标	(问题1)最常使用的语言		(问题2)使不使用双语		
		拉萨话	汉语(普通)	使用	不使用	偶尔用
1	同学间的语言	90%	10%	24%	7%	69%
2	班组会的语言	74%	26%	21%	15%	65%

(二)拉萨市城关区藏族小学生的家庭用语

家庭用语是学生用语的一个重要侧面,具体了解学生在家庭环境中的用语对于我们全面把握拉萨市城关区藏族小学生的语言使用是有一定帮助的。在问卷当中,大的问题仍然是单语的使用和双语的使用,其中又各分若干个具体问题。下面分别介绍调查获得的数据和一些相关问题的分析。

表 5-14　拉萨市城关区小学生的家庭用语

指标	调查指标	(问题1)最常使用的语言		(问题2)使不使用双语		
		拉萨话	汉语(普通)	使用	不使用	偶尔用
1	与父亲间的语言	84%	16%	32%	7%	61%
2	与母子间的语言	83%	17%	29%	11%	60%
3	与祖辈的语言	90%	10%	10%	43%	47%
4	兄妹间的语言	71%	29%	39%	6%	55%

(1)从表5-14可以看出下面一些特点:拉萨市城关区的藏族小学生的家庭用语主要是藏语,从四个调查指标的综合平均值看,经常使用拉萨话的占82%,经常使用汉语普通话的仅占18%;经常使用双语的占28%,列第二,不使用双语的占17%,偶尔用双语的占55%。

(2)从4个单项指标看,指标4使用汉语普通话的人较多,占29%,指标1却仅占16%,减少13个百分点,到指标3(与年龄更大的爷爷奶奶交流时),则仅占10%,进一步减少到19个百分点。这种情况说明,在家庭用语中,小学生在与同辈交流时使用汉语普通话的人最多,与父辈交流时次之,与祖辈交流时最少。这一点从拉萨话和双语的使用上也反映得清清楚楚。由此我们认为,藏族城镇小学生的汉语或者说双语的使用与家庭成员的辈分有一定的关系,说话对象的辈分越高,他们使用汉语和或者双语的时候越少,说话对象越接近他们的年龄,和他们的辈分越近,他们使用的越多。请参见表5-15。

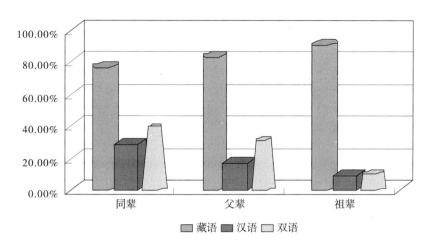

表5-15　拉萨市城关区藏族小学生的家庭用语与说话对象的关系

(三)拉萨市城关区藏族小学生的社会用语

关于藏族小学生的社会用语,我在问卷中设计下面几个方面的问题:第一,公共场合的语言使用,第二,同学朋友一起时的语言使用,第三,电话语言,第四,看病购物语言。调查结果如表5-16。

表5-16　拉萨市城关区藏族小学生的社会用语

指标	调查指标	(1)最常使用的语言			(2)使不使用双语		
		拉萨话	藏语方言	汉话	使用	不用	偶尔用
1	公共场合	55%	—	45%	48%	52%	—
2	同学朋友间	79%	—	21%	48%	52%	—
3	给家打电话	89%	—	11%	65%	35%	—
4	同学打电话	89%	—	11%	65%	35%	—
5	购　物	37%	—	63%	42%	21%	37%
6	看　病	60%	—	40%	29. %	24%	45%

(1)从6个指标的综合平均指数看,(a)藏族小中生在社会用语中最常使用的语言是拉萨话,使用者平均占68%,列第一位,其次是使用汉语普通话者

平均占32％。(b)双语的使用者也最多,平均占50％,不使用者居第二位,平均占37％,偶尔使用者平均占13％,列最后。

(2)从6个指标的单项指数看,(a)指标5、1、6最常使用汉语普通话的人数最多,其中,指标5使用者占63％,位居第一,指标1和6,使用者占分别占45％和40％。其次是指标2,占21％。指标3和4最少,均为11％。(b)指标3和4双语的使用者最多,均为65％,指标1和2并列第二,均为48％。以下依次是指标5、6,分别占42％、29％。(c)指标3和4使用拉萨话者最多,均为89％,以下依次是指标2、6、1、5,分别占79％、60％、55％、37％。

在这些数据中有一个问题需要注意,这就是藏族小学生在公共场合使用汉语的人为45％,明显高于课堂(18％)和家庭(18％)使用汉语的人数。这一方面说明西藏城镇的藏族小学生在公共场合使用汉语的人数已经逐步接近使用藏语的人数;另一方面也说明拉萨市城关区的公共场合,双语现象已经比较普及,直接影响到了人们的语言使用和语言的选择。

(四)拉萨市城关区藏族小学生的媒体、图书及歌曲语言

随着西藏自治区双语广播电视、双语新闻出版事业的发展,人们与媒体之间的语言互动关系变得越来越密切,一方面是人们对自治区的媒体及图书等的语言双语化的程度要求越来越高;另一方面媒体及图书等语言的双语化又不断地影响着人们的语言观念和语言的使用。拉萨市城关区的藏族小学生作为西藏城镇一个特殊的群体,他们的媒体语言有什么特点? 他们在西藏媒体及图书等语言双语化的过程中,究竟在多大程度上接受这种改变,他们对藏、汉语言的选择究竟表现出什么样的倾向? 这些都是我们非常关注的问题。针对这些问题,我的问卷一共设计了7个调查指标,调查的数据如表5-17。

表5-17 拉萨市城关区藏族小学生对媒体、图书及歌曲语言的选择

指标	调查指标	最常使用的语言		选不选择双语	
		藏 语	汉 语	选 择	不选择
1	电 视	15%	85%	52%	48%
2	广 播	23%	77%	39%	61%
3	电 影	17%	83%	37%	63%
4	图 书	25%	75%	35%	65%

续表

指标	调查指标	最常使用的语言		选不选择双语	
		藏　语	汉　语	选　择	不选择
5	报　纸	15%	85%	32%	68%
6	歌　曲	58%	42%	32%	68%
7	杂　志	—	—	—	—

　　除指标 7 外,上面的数据显示的结果非常明显,(a)从其他 6 个指标的平均数看,最常选择藏语的仅占 26%,而最常选择汉语的多达 74%,这都说明西藏城镇的小学生在媒体和图书语言的选择上有倾向性。(b)选择双语的占 6 个指标综合平均指数的 38%,不选择的占 62%,低于后者近 24 个百分点。(c)除了歌曲以外,其他 5 个指标选择汉语的人占绝大多数,均超过了 70% 以上。尤其是电视、电影和报纸均达到了 83% 以上。(d)从选择藏语的人数看,6 个单项指标中,排首位的是歌曲,其次分别是广播、图书、电影、电视、报纸,电视和报纸语言藏语排在最后。请参见表 5-18。

四、拉萨市城关区藏族小学生的语言观念

　　作为社会群体的一部分,语言本身以及藏、汉语言的使用都对他们产生着一定的影响,虽然三年级的小学生其世界观的形成还没有最后定型,但是,从一些与他们的生活和学习密切相关的简单问题中,我们还是可以发现他们的某些语言观念。而这些观念对于我们分析西藏城镇藏族小学生的语言使用是有帮助的。我们的问卷主要涉及三个问题:一个与教学用语有关,另一个与藏语课和汉语课的兴趣有关,最后一个是学习汉语的目的。

　　(1)对教学用语的期望

　　第一,在 1987 年和 1988 年的语言政策中,西藏自治区规定小学藏族班的课堂用语均为藏语,但是,作为受教育的对象,这些藏族班的小学生究竟希望老师在数学课上使用什么样的语言呢? 从问卷的结果看,希望老师在数学课上使用汉语的占 85%,占第一位。希望老师使用藏语的占 15%;希望老师使用双语的占 60%,不希望的占 18%,另有 22% 人没有回答这个问题。从上面的数据看,绝大多数的藏族小学生都希望数学课上使用汉语,此外希望老师使

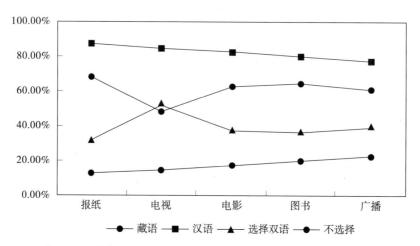

表 5-18　拉萨市城关区藏族小学生对媒体、图书、歌曲语言的选择

用双语的人数也超过了一半。根据这种情况,我们认为西藏城镇的小学应该改进数学课的语言使用,一方面要注意提高藏语教学的质量;另一方面则要注意使用双语进行数学教学,以提高教学质量。

　　第二,从西藏目前的情况看,从小学到高中都实行的是双语教学,区别只是小学要分藏族班和汉族班,对藏语和汉语的要求不同的班采取不同的标准。而到了中学以后,则不再分班,实行混合编班,对藏语和汉语的要求藏族和汉族相同。而藏语实验班或藏语班则依然全部是藏族或者说少数民族学生,教学用语为藏语。但是西藏城镇的藏族小学生自己的看法与西藏的现行双语政策是否不一致呢? 从问卷结果看,认为小学、中学、高中最好用拉萨话、汉语普通话教学的各占 45% 和 55%;认为小学、中学、高中应该用双语教学的占68%,认为不应该的占 19%,另有 10% 的人回答不清楚,赞成使用双语教学的占绝大多数。

　　(2)对藏语课和汉语课的兴趣

　　只喜欢上藏语课和汉语课的均占 3%,两门课都喜欢的占 94%,超过了 91个百分点。这说明今天西藏城镇的藏族小学生在学习上并不偏向于哪门课,而是对藏语课和汉语课都有浓厚的兴趣,因此,过去那种认为藏族小学生会不会只喜欢汉语课,不喜欢藏语课或只喜欢藏语课,不喜欢汉语课的担心都是多余的。

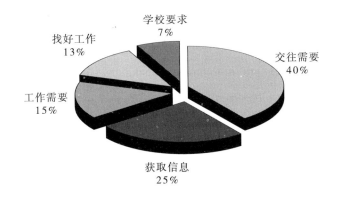

表 5-19　拉萨市城关区藏族小学生学习汉语的目的

（3）学习汉语的目的

有 40% 人回答是为了同更多的汉族人进行交往，有 24% 的人回答是为了获得更多的信息。回答为了工作需要、为了找好工作、因为学校要求而学习的各占 15%、13%、7%。这些数据说明在西藏城镇的藏族小学生中已经明确形成了汉藏文化交融的意识，学习汉语的目的不仅仅是找工作或者是工作的需要，而是为了更好地同汉族进行交往，更好地获得更多的信息。请参见表 5-19。

第三节　拉萨市城关区藏族初中生的日常语言使用

1987 年以后，西藏的教育政策中有两个重要的变化，一是小学分汉族班和藏族班，均使用母语教学，同时学习第二语言；二是到了初中以后，一方面不再实行藏汉分班的做法，但同时为了建立基础教育中的双语教学体系，各地市先后出现了一些双语班。到 1999 年，西藏共有这样的初中双语班 93 个，拉萨市有 35 个。这种双语班的主要特点是教学用语为藏语，全部是藏族（或者说少数民族）。为了更好地了解拉萨市城关区藏族初中生的日常语言使用情况，1999 年 9 月，我将拉萨市城关区拉萨三中作为样本初中，并根据随机抽样，对 3 年级 1 班进行了问卷调查。该班为双语班，共有学生 47 名，全部为藏族学生，其中男生 19 人，女生 28 人。出生在拉萨市城关区的有 44 个，占

95.66%,林芝和日喀则各1人。平均年龄14.37岁。

一、拉萨市城关区藏族初中生的语言能力

（1）掌握的语言

包括两个指标：指标1能熟练地讲拉萨话的占89%，不熟练的占11%。熟练地讲汉语普通话的21%，不熟练的占79%；指标2最先会说拉萨话的占92%，最先会说藏语方言和汉语普通话的均占4%。将以上数据与小学生相比，能熟练地讲汉语普通话的人数减少了近30个百分点，由此可见藏族初中生的汉语普通话能力明显不如藏族小学生。这种语言状况必须引起我们的重视，必须制定相应的措施来加强西藏城镇初中藏族学生汉语普通话的训练。

（2）拉萨话和汉语普通话的熟练程度

从统计数据看，能流利、准确使用拉萨话占94%。但是，能熟练、准确使用汉语普通话的人却相当得少，仅占6%，58%的同学是基本能交谈但不太熟练，另有26%的同学听得懂但不太会说，11%的同学能熟练使用但个别音不准。从这些数据中可以发现，造成藏族初中生汉语普通话能力较弱的原因主要在于熟练程度普遍偏低。这里仅以两个数据相比：小学生能熟练、准确使用汉语普通话的人占40%，高出初中生34个百分点，小学生基本能交谈但不太熟练的人占24%，低于初中生34个百分点。这样的熟练程度怎么能不影响他们的汉语普通话能力呢？请参见表5-20。由此，我们认为西藏的双语班在学生语言能力的训练上，必须加强汉语普通话的训练，不要让他们的学习圈子仅仅局限在双语班的内部，而应该扩大他们与其他普通班学生的交流，以增进他们的汉语交际能力。

（3）学习汉语的途径、遇到的困难及学习的目的

第一，学习汉语的主要途径。77%的人在学校学习汉语，13%的人是受家庭的影响学习汉语的，11%的人是在内地学习和生活过；从这三个数据看，拉萨市城关区的藏族初中生学习汉语的途径主要是学校。

第二，学习和使用汉语的过程中遇到的主要问题。有32%的人感到平时讲汉语的机会少，有40%的人认为影响讲汉语的主要原因是大家都讲藏语，有21%的人感到学习汉语的主要困难是受母语的影响不好改口音，只有1人认为是教材影响了汉语的学习。像小学生一样，虽然语言环境是初中生学习

和使用汉语过程中遇到的主要问题,可是前两项数据的综合指标却要比小学生低 8 个百分点,这说明藏族学生到了初中阶段,语言环境对他们的影响已经开始逐渐减弱,这对于学生学习和使用汉语是有帮助的。

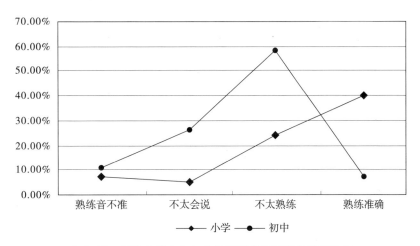

表 5-20 藏族小学生与初中生汉语普通话熟练程度比较

第三,学习汉语文的目的。出于交际和获得信息目的的学生均占 32%,并列首位。为了找好工作的占 30%,因学校要求而学习的仅占 6%。这几项数据显示,西藏城镇的藏族中学生学习汉语普通话和汉语的目的主要是出于交际、获取信息和就业,而小学生则主要出于交际和就业,可见到了初中阶段,藏族学生对学习汉语文与获得信息之间的关系已经有了清楚的认识。

二、拉萨市城关区藏族初中生的日常语言运用能力

(一)拉萨市城关区藏族初中生的学校用语

第一,从课堂用语看,上藏语课时经常使用藏语发言或回答问题的占 87%,用汉语的只有 13%,前者高出后者近 75 个百分点;上汉语、数学、化学、物理课时经常使用汉语普通话发言或回答问题的均占 94%,用藏语的均占 6%,前者均高出近 88 个百分点。

上面的数据说明,藏语课小学生(86%)和中学生(78%)经常使用的语言主要是藏语,使用汉语者均不到 15%;汉语课、数学课等(初中生还包括化学、物理课)两者经常使用的语言主要是汉语,但是,汉语课初中生要高出小学生

(73%)21个百分点,数学课初中生(包括化学课)要高出小学生(89%)5个百分点。这说明初中生的汉语运用能力要高于小学生。

表5-21 藏族初中生之间的语言使用

指标	调查指标	(问题1)最常使用的语言		(问题2)使不使用双语		
		拉萨话	汉语(普通)	使用	不使用	偶尔用
1	同学间的语言	94%	4%	85%	2%	13%
2	班组会的语言	92%	6%	94%	6%	—

第二,课后初中生与老师交谈时经常使用的语言主要是拉萨话,占68%,使用汉语普通话的有28%,另有4%的人使用藏语方言;在回答课后与老师交谈使不使用双语的问题时,23%的人回答使用,21%的人回答不使用,50%的人回答偶尔使用。与小学生相比两者课后与老师交谈主要使用拉萨话,但小学生要高出24个百分点;两者经常使用双语的人数基本相同,均在23%左右。

第三,初中生之间的交谈用语主要拉萨话,使用者占94%,使用汉语普通话的只有4%,使用藏语方言者仅有2%;学生之间有85%的人经常使用双语,偶然使用者占13%,不使用者占2%;班组会上经常使用的语言主要是拉萨话,使用者占92%,使用汉语普通话仅占6%,使用藏语方言者占2%。班组会上使用双语的占94%,不使用者仅占6%。与小学生相同,拉萨话均是学生之间的主要用语,使用者都在90%以上。双语的使用者也都超过了85%。

(二)拉萨市城关区藏族初中生的家庭用语

拉萨市城关区藏族初中生的家庭用语如表5-22。

表5-22 拉萨市城关区藏族初中生的家庭用语

指标	调查指标	(问题1)最常使用的语言		(问题2)使不使用双语		
		拉萨话	汉语(普通)	使用	不使用	偶尔用
1	与父亲间的语言	89%	11%	17%	21%	62%
2	与母子间的语言	96%	4%	29%	30%	41%
3	与祖辈的语言	98%	2%	9%	46%	45%
4	兄妹间的语言	75%	25%	23%	26%	51%

从 4 个指标的综合平均值看,(a)藏族初中生的家庭用语主要是拉萨话,使用者占 90%,使用汉语普通话者仅占 10%;(b)使用双语者也最少占 20%,不使用者占 31%,偶尔使用者占 49%,列第一位。

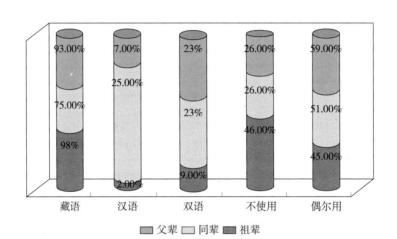

表 5-23　拉萨市城关区藏族初中生家庭用语比较

从 4 个单项指标看,(a)指标 4 说拉萨话的人最少,占 75%,原因是说汉语普通话的人最多,占 25%。相反指标 1 说拉萨话的人最多,占 98%,说汉语普通话的人仅占 2%。(b)在与爷爷奶奶交谈时不使用双语的人最多,仅有 9%,比其他三个指标的平均数低 13 个百分点。

与小学生比较两者的家庭用语均主要是拉萨话。汉语普通话的使用者小学生要平均高出初中生 8 个百分点;使用双语者也要平均高出初中生 8 个百分点;从指标 4 看,同辈之间汉语普通话、双语的使用者小学生也要分别高出初中生 6、16 个百分点。参见表 5-24。从指标 1—2 看,与父辈之间汉语普通话、双语的使用者小学生要分别高出初中生十七八个百分点。

(三)拉萨市城关区藏族初中生的社会用语

关于藏族初中学生的社会用语,我在问卷中的设计也与小学相同。问卷结果如表 5-25。

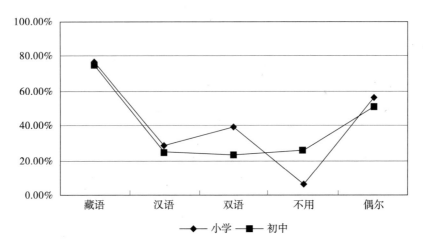

表5-24 拉萨市城关区小学、初中生同辈用语比较

表5-25 拉萨市城关区藏族初中生的社会用语

指标	调查指标	（1）最常使用的语言			（2）使不使用双语		
		拉萨话	藏语方言	汉话	使用	不用	偶尔用
1	公共场合	65.96%	—	34%	61.7%	36.17%	—
2	同学朋友间	82.98%	—	17%	61.7%	36.17%	—
3	给家打电话	95.74%	—	4.25%	68%	32%	—
4	同学打电话	93.6%	—	6.38%	82.98%	14.9%	—
5	购 物	8.5%	—	91.49%	93.6%	2%	4.3%
6	看 病	38.3%	—	71.7%	51.1%	34%	12.8%

（1）从6个指标的综合平均指数看，(a)藏族初中生在社会用语中最常使用的语言是拉萨话，使用者占63%，使用汉语普通话者平均占37%，相差25个百分点。(b)双语的使用者也最多，占70%，不使用者占26%，偶尔使用者占4%，列最后。

（2）从6个指标的单项指数看，(a)指标5、6、1、使用汉语普通话的人数最多，其中，指标5占91%，位居第一，指标6、1分别占71%和34%，列第四位者是指标2，占17%，指标3、4最少，均不足7%。(b)指标5双语的使用者最多，占94%，以下依次是指标4、3、2、1、6，分别占83%、68%、62%、62%、51%。(c)

指标 3 使用拉萨话者最多,占 94%,以下依次是指标 4、2、1、6、5,分别占 94%、83%、66%、38%、9%。

（3）从 6 个指标综合平均指数看,与小学生相比中学生经常使用汉语普通话的人数增长了 5 个百分点,双语的使用人数增长了 20 多个百分点;从指标 1 看,公共场合双语的使用人数初中生增长了 13 个百分点。这些数据说明,从小学到中学,虽然他们的社会语言主要是藏语,但是随着年龄的增长,使用汉语普通话和双语的人数都在逐年增多。

（四）拉萨市城关区藏族初中生的媒体、图书及歌曲语言

藏族初中生对媒体、图书和歌曲语言的选择情况如表 5-26。

表 5-26　拉萨市城关区藏族初中生对媒体、图书及歌曲语言的选择

指标	调查指标	最常使用的语言		选不选择双语	
		藏　语	汉　语	选　择	不选择
1	电　视	32%	68%	79%	21%
2	广　播	64%	36%	75%	25%
3	电　影	32%	68%	57%	43%
4	图　书	47%	53%	28%	72%
5	报　纸	55%	45%	28%	72%
6	歌　曲	41%	59%	49%	51%
7	杂　志	39%	61%	17%	83%

（1）从 7 个指标的综合平均指数看,藏族初中生的媒体、图书及歌曲语言主要是汉语普通话,占 56%,比选择藏语的人（44%）高出 12 个百分点;选择双语的人占 48%,低于不选择者 4 个百分点。

（2）从 7 个单项指标看,指标 2、5 选择藏语的人数最多,分别占 64%、55%;指标 1、3 选择汉语的人数最多,均占 68%。指标 1、2 选择双语的人数最多,分别占 79% 和 75%。指标 7 选择双语的人数最少,仅占 17%。

与小学生比较,7 个指标小学生和初中生最常选择的语言都是汉语,但是小学生要高出 20 个百分点,双语的选择者初中生（48%）要高出小学生（38%）10 个百分点。

三、拉萨市城关区藏族初中生的语言观念

由于我们调查的初中班属于藏语班,按照西藏的政策在教学用语上其特点是用藏语授课,这一点与普通的初中班(汉藏学生混合的班)是有本质的区别的。对于藏族班的这一部分学生来说,他们的语言观念有什么特点呢? 下面我们将根据调查的数据,从三个方面来分析这一问题。

(1)对教学用语的期望

指标 1 希望老师在数学、物理和化学课上使用汉语的占 68%。希望使用藏语的占 32%;希望使用双语的占 47%,不希望的占 32%,另有 21% 的人回答无所谓。从上面的数据看,绝大多数的藏族初中生都希望数、理、化课使用汉语,此外希望老师使用双语的人也占多数。

认为小学、中学、高中最好用拉萨话教学占 34%,主张用汉语普通话教学的占 66%,超过前者 32 个百分点;认为小学、中学、高中应该用双语教学的占 85%,认为不应该的占 15%,前者占绝大多数。这些反映出藏族初中生对实行双语教学的期望。以上数据见表 5-27。

表 5-27　拉萨市城关区藏族初中生对教学用语的期望

指标	调查指标	(1)对单语的希望值		(2)对双语的希望值		
		藏　语	汉　语	希　望	不希望	无所谓
1	数、理、化	32%	68%	47%	32%	21%
2	中小学、高中	34%	66%	85%	15%	—

(2)对藏语课和汉语课的兴趣

只喜欢藏语课和汉语课的共占 13%,两门课都喜欢的占 87%,超过前者74 个百分点。这说明今天西藏城镇的藏族初中生在学习上像小学生一样并不偏向于哪门课,而是对藏语课和汉语课都有浓厚的兴趣。

(3)学习汉语的目的

回答为了同更多的汉族人交往、为了获得更多的信息的均占 32%,并列首位。回答为了找好工作的占 20%,回答为了工作需要的占 10%,回答因为学校的要求而学习的 6%。

与小学生比较,(a)小学生(85.48%)和初中生(68.1%)都希望数、理、化(小学无物理和化学课)使用汉语教学,主张使用藏语的占少数。希望使用双语的两者都也占绝大多数(小学生60%,初中生47%);(b)希望小学、中学、高中都使用汉语教学的也占大多数(小学生55%,初中生66%),都超过50%。希望使用双语的人更多(小学生68%,初中生85%)。

第四节 拉萨市藏族高中生的日常语言使用

根据我们的调查,1999年拉萨市城关区有9个高中藏语文授课班(也称双语班)。1999年10月,我以拉萨中学作为样本高中,并根据随机抽样对3年级的2班和5班行了问卷调查。这两个班共有学生97名,全部是藏族学生,其中男生40人,女生57人,平均年龄17.9岁。出生在拉萨市城关区的有81个,占83.5%,其他地区的16个,占16.5%。

一、拉萨市城关区藏族高中生的语言能力

(一)高中生的语言能力

(1)掌握的语言

调查指标与小学生和初高中生基本相同。指标1能熟练地讲拉萨话的人数占92%,能熟练地讲汉语普通话的占69%。能熟练地掌握藏汉双语的占69%。熟练地掌握藏语方言的占18%。指标2最先会说拉萨话的占70%,最先会说藏语方言的占18%,最先会说汉语普通话的占10%,最先会说汉语方言占2%。

(2)拉萨话和汉语普通话的熟练程度

第一,能流利、准确使用拉萨话的占74%,能熟练使用但个别音不准的占16%,能听懂不太会说以及能熟练使用但口音太重的均占2%,基本能交谈但不太熟练的占5%。第二,能熟练、准确使用汉语普通话的占34%,能熟练使用但个别音不准的占20%,能听懂但不太会说的占14%,基本能交谈但不太熟练的占30%。

(3)学习汉语的途径、遇到的困难及学习的目的

第一,在学校学习汉语的占79%,受家庭影响学习汉语的占11%,在内地

学习和生活过的占 9.3%；第二,70%的人认为遇到的主要问题是大家都说藏话,平时讲汉语的机会少,13%的人感到学习汉语的主要困难是受母语的影响不好改口音。14%的人认为是教材影响了汉语的学习；第三,30%的人认为自己学习汉语普通话和汉语的目的是出于交际,45%的人回答是为了获得更多的信息,25%的人回答是为了找好工作。

(二)小学生、初中生、高中生语言能力的综合比较

(1)语言门类的比较

第一,从综合平均指数看,拉萨城关区 206 名中小学和高中生中,熟练掌握的语言首先是拉萨话,占调查总人数的92%,其次是汉语普通话,占调查总人数的48%。尽管拉萨话熟练掌握者高出汉语普通话熟练掌握者 44 个百分点,但是后者已经接近一半,因此熟练掌握汉语普通话或者说会双语的人数将近达到了50%。详见表5-28。

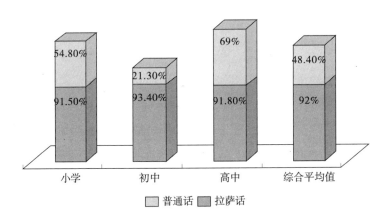

表5-28　小学、初中、高中生熟练掌握藏、汉语的平均人数比较

第二,从单项指数看,熟练掌握汉语普通话的人数高中生最高(占 69%),其次是小学生(占 58%),最少是初中生,仅占 21%。因此,从熟练掌握双语的角度来看,也是高中生第一(占 69%),小学生(占 58%)和初中生(21%)分列第二位、第三位。

(2)语言熟练程度的比较

第一,从综合平均指数看,能准确、流利使用拉萨话的占 83%,使用汉语普通话的占 27%,前者高出后者 56 个百分点。这说明从语言的熟练程度看,拉萨话要远远高于汉语普通话。因此,中小学和高中必须进一步加强汉语普通话的教学,以尽快提高藏族学生的汉语普通话水平是很有必要的。

第二,从单项指数看,准确、流利使用汉语普通话的人数小学生最多(占40%),其次是高中生(占34%),最少是初中生,仅占6%。因此,从准确、流利使用双语的角度来看,是小学生第一,高中生和初中生分列第二位、第三位。从这3个数据看,致使中小学和高中准确、流利使用汉语普通话综合指数过低的主要原因在于初中阶段汉语普通话程度太低。因此,要全面提高藏族学生汉语普通话的程度,首先应该抓好初中阶段的汉语文教学,抓好汉语普通话的训练。

二、拉萨市城关区藏族高中生的日常语言运用能力

(一)拉萨市城关区藏族高中生的学校用语

指标1 从课堂用语看,上藏语课时经常使用藏语发言或回答问题的占91%,用汉语的占9%,前者高出后者近82个百分点;上汉语、数学、化学、物理课时经常使用普通话发言或回答问题的均占95%,用藏语的均占5%,均高出后者90个百分点。

指标2 从课后师生交谈用语看,经常使用拉萨话的占64%,汉语普通话的占32%。4%的人经常使用藏语方言。课后与老师交谈使用双语的占33%,不使用者占27%,42%的人偶尔使用。

指标3 从高中生之间的用语看,经常使用拉萨话的占84%,使用汉语普通话的占12%,4%的人使用藏语方言;同学一起使用双语的占45%,偶然使用的占49%,不使用者占6%;班组会上经常使用拉萨话的占22%,使用汉语普通话的占74%,列首位。4%的人使用藏语方言。使用双语和不使用双语的均占33%,偶然使用的占34%。

小学、初中、高中生学校用语比较:

(1)从综合平均指数看,(a)指标1(藏语课)、指标2、指标3,小学生、初中生、高中生三者均以使用拉萨话为主,其中指标1(藏语课)使用者平均占88%,指标2平均占75%,指标3平均占89%。(b)指标1汉、数、物、化课三者则经常使用汉语普通话,其中汉语课使用者平均占87%,数、物、化使用者平均占93%。详见表5-29。（c）指标2双语的使用三者平均占27%,指标3三者平均占52%。

（2）从单项指标看,（a）指标1汉、数、物、化初中生和高中生使用汉语普通话的人数都在94%左右,明显高于小学生,其中汉语课平均高出22个百分点,数、理、化平均高出6个百分点。（b）指标2使用拉萨话者小学生（92%）要明显高出初中（68%）和高中生（64%）平均数的26个百分点;双语的使用者高中生要高出小学和中学生平均数的10个百分点。

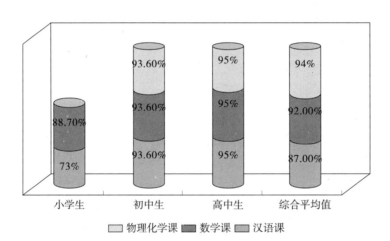

表5-29　小学、初中、高中生课堂汉语使用平均人数比较

（二）拉萨市城关区藏族高中生的家庭用语

表5-30显示出藏族高中生的家庭用语具有下面几个特征:

（1）从四项指标的综合平均指数看,藏族高中生的家庭用语以拉萨话为主,使用者高达78%,其次是藏语方言,使用者占16%,使用汉语者仅有6%,列最后一位。使用双语者为22%,列最后一位,不使用者为42%,偶尔使用者为36%。

（2）从单项指标看,指标4使用汉语和双语者的人数分别为12%和29%,在四个指标中列首位。指标3使用汉语和双语者的人数分别为2%和13%,在四个指标中列最后。这说明藏族高中生在家庭中与辈分越高的人讲话,使用汉语和双语的人越少,与辈分相同的人讲话使用汉语和双语的人越多。

表 5-30　拉萨市城关区藏族高中生的家庭用语

指标	调查指标	（1）最常使用的语言			（2）使不使用双语		
		拉萨话	藏方言	汉话	使用	不用	偶尔用
1	与父亲之间	80%	15%	5%	21%	36%	43%
2	与母子之间	79%	18%	3%	22%	36%	42%
3	与爷爷奶奶	80%	18%	2%	13%	64%	17%
4	兄弟姊妹间	76%	12%	12%	29%	28%	43%

小学、初中、高中生家庭用语比较：

①从四个指标的综合平均指数看，(a)小学生、初中生、高中生均以使用拉萨话为主，使用者平均为 84%，使用汉语者为 16%。(b)双语的使用人数平均为 22%，列最后一位，不使用者为 31%，偶尔使用者为 47%，列首位。(c)三者中高中生使用藏语方言的人最多，高达 16%，这与样本班中来自外地的人较多有一定关系。小学和初中几乎没有人使用方言。(d)三者中小学生使用汉语普通话者有 18%，列首位，初中生有 10% 次之，高中生最少，仅有 6%。见表 5-31；双语使用者也是小学生最多，有 24%。其次分别是高中（22%）、初中（20%）。

②从四个指标的单项指数看，指标 4 中使用汉语和双语者都是小学生最多，分别为 29% 和 39%。

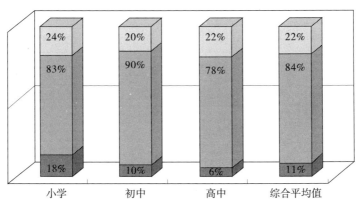

表 5-31　小学、初中、高中生家庭用语平均人数比较

(三)拉萨市城关区藏族高中生的社会用语

关于藏族高中学生的社会用语,问卷设计与小学和初中相同。问卷的调查结果如表5-32。

(1)从6个指标的综合平均指数看,(a)藏族高中生在社会用语中最常使用的语言是拉萨话,使用者占60%,列第一位,其次是使用汉语普通话者占35%,最后是使用藏语方言者,仅占5%。(b)双语的使用者也最多,占53%,不使用者居第二位,占39%,偶尔使用者占8%,列最后。

(2)从6个指标的单项指数看,(a)指标1、5、6最常使用汉语普通话的人数最多,其中,指标5使用者占66%,位居第一,其次是指标1和6,使用者分别占63%和51%。指标3最少,仅有4%,其次是指标2和4,都不足15%。(b)指标1双语的使用者最多,占63%,以下依次是指标4、2、5、3、6,分别占60%、59%、53%、45%、38%。(c)指标2使用拉萨话者最多,占86%,以下依次是指标3、4、6、1、5,分别占80%、79%、45%、37%、30%。

表5-32 拉萨市城关区藏族高中生的社会用语

指标	调查指标	(1)最常使用的语言			(2)使不使用双语		
		拉萨话	藏语方言	汉话	使用	不用	偶尔用
1	公共场合	37%	—	63%	63%	37%	—
2	同学朋友间	86%	—	14%	59%	41%	—
3	给家打电话	80%	16%	4%	45%	55%	—
4	同学打电话	79%	8%	13%	60%	40%	—
5	购 物	30%	4%	66%	53%	27%	20%
6	看 病	45%	4%	51%	38%	31%	31%

(3)小学、初中、高中生社会用语比较:

从6个指标的综合平均指数看,(a)小学生、初中生、高中生均以使用拉萨话为主,使用者平均为64%,使用汉语者为35%。只有极少数的人使用藏语方言。(b)双语的使用人数平均为58%,列第一位,不使用者为34%,偶尔使用者为8%,列最后一位。(c)三者中高中生使用藏语方言的人最多,平均高达5%,这与样本班中来自外地的人较多有一定关系。小学和初中几乎没有人使用方言。(d)三者中初中生使用汉语普通话者有37%,列首位,其次分别是高中生和小学生,各占35%和32%;双语使用者也是初中生排第一,高中生和小学生分列第二、第三,分别是70%、53%、50%。

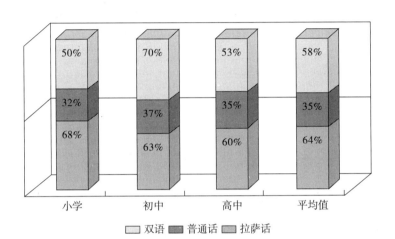

表5-33 小学、初中、高中生社会用语平均人数比较

从6个单项指标看,(a)指标2、3、4,小学、初中、高中生最常使用的语言都是拉萨话,均在79%以上。(b)在指标1、5、6的场合,三者使用汉语普通话的人数最多,其中初中生平均为66%,高中生为60%,小学生为49%,列最后。(c)指标1高中生中最常使用汉语普通话的人数最多,占63%,其次是小学,占45%,初中列最后,占34%;双语的使用者高中生和初中生很接近,分别占63%和62%,小学列最后,占48%。见表5-34。(d)在6项指标中,使用普通话最多的三者都是指标5,其中初中生达92%,列首位。

(四)拉萨市城关区藏族高中生的媒体、图书及歌曲语言

表5-35显示出藏族高中生的媒体、图书及歌曲用语具有下面几个特征:

(1)从7个指标的综合平均指数看,藏族高中生最常使用的语言是汉语,使用者占75%,藏语的使用者占25,相差50个百分点。选择双语者占41%,不选择者占59%,相差18个百分点。

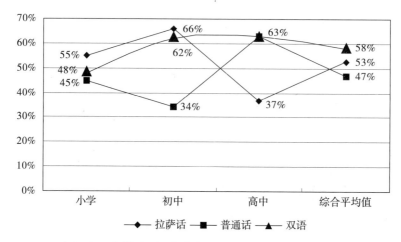

表5-34　小学、初中、高中生公共场所用语平均人数比较

表5-35　藏族高中生的媒体、图书及歌曲用语

指标	调查指标	最常使用的语言		选不选择双语	
		藏　语	汉　语	选　择	不选择
1	电　视	28%	72%	54%	46%
2	广　播	25%	75%	44%	56%
3	电　影	20%	80%	42%	58%
4	图　书	35%	65%	38%	62%
5	报　纸	20%	80%	36%	64%
6	歌　曲	24%	76%	35%	65%
7	杂　志	22%	78%	38%	62%

（2）从7个单项指标看，（a）除指标4最常使用藏语的人数达到了35%以外，其余的6项指标都没有达到30%；汉语的使用者除指标4以外，均在72%以上。其中指标5、3、7依次分列前三位，指标6、2、1、分列第四、第五、第六位。（b）指标1选择双语的人数最多，占54%，其余的6个指标均没有超过44%。

（3）小学、初中、高中生社会用语比较：

从7个指标的综合平均指数看，（a）小学生、初中生、高中生均以使用汉语为主，分别为76%、56%、75%，小学生列第一，高中生第二，初中生排最后；

选择藏语的人数依次是初中、高中和小学生,分别占 44%、25%、24%;选择双语最多的是初中生(48%),其次是高中(41%),最后是小学生(38%)。

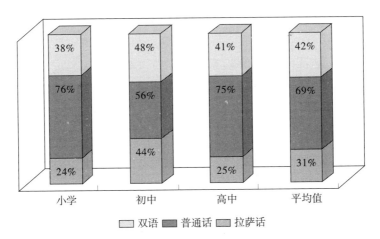

表 5-36　小学、初中、高中生媒体、图书及歌曲用语平均人数比较

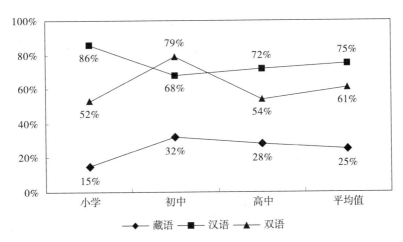

表 5-37　小学、初中、高中生电视用语平均人数比较

三、拉萨市城关区藏族高中生的语言观念

关于藏族高中学生的语言观念,问卷设计与小学和初中相同。

(1)对教学用语的期望

从问卷结果看,希望老师在数学、物理和化学课上使用汉语的占 84%,占第一位。希望老师使用藏语的占 16%;希望使用双语的占 37%,回答不希望的占38%,另有25%的人回答无所谓。从上面的数据看,绝大多数的藏族高中生都希望数学、物理和化学课上使用汉语。

认为小学、中学、高中最好用拉萨话或汉语普通话教学的各占33%和67%,希望用汉语普通话教学的超过了34个百分点;认为应该用双语教学的占62%,认为不应该的有占38%,赞成使用双语教学的占绝大多数。以上数据见表5-38。

(2)对藏语课和汉语课的兴趣

只喜欢上藏语课和汉语课的共占22%,两门课都喜欢的占78%,超过前者56个百分点。这说明今天西藏城镇的藏族高中生在学习中像小学生和初中生一样并不偏向于哪门课,而是对藏语和汉语课都有浓厚的兴趣。

表5-38 拉萨市城关区藏族高中生对教学用语的期望

指标	调查指标	(1)对单语的希望值		(2)对双语的希望值		
		藏 语	汉 语	希 望	不希望	无所谓
1	数、理、化	16%	84%	37%	38%	25%
2	中小学、高中	33%	67%	62%	38%	—

(3)对藏语课和汉语课的兴趣

只喜欢上藏语课和汉语课的共占22%,两门课都喜欢的占78%,超过前者56个百分点。这说明今天西藏城镇的藏族高中生在学习像小学生和初中生一样并不偏向于哪门课,而是对藏语和汉语课都有浓厚的兴趣。

(4)学习汉语的目的

回答为了同更多的汉族人进行交往的占28%,为了获得更多的信息的占44%。回答为了找好工作的占10%,回答为了工作需要的占12%,回答因为学校的要求而学习的6%。

(5)小学、初中、高中生语言观念比较:

从综合平均指数看,(a)小学生(85.48%)、初中生(68.1%)高中生(84%)都希望数、理、化(小学无物理和化学课)使用汉语教学,平均占79%,主张不使用藏语的人占少数,平均占21%;希望使用双语者平均占48%,列首位。不希望使用双语者平均占29%,列第二,回答无所谓者平均占23%,排最后。详细见表5-39。(b)藏语和汉语两门课都喜欢的平均占63%,只喜欢上藏语课和汉语课的平均共占37%。(c)回答为了获得更多信息的人数三者平均占34%,回答为了同更多的汉族人进行交往的平均占33%,分列第一和第二位,其他3项指标平均共占33%。

从单项指标看,(a)希望数、理、化(小学生无后两门课)使用汉语教学的小学生占86%,居第一。其次是高中生,占84%。最后是初中生,占68%。(b)对藏语和汉语课都感兴趣的小学生最多,占94%,其次是初中生,占87%,高中生排在最后,占78%。

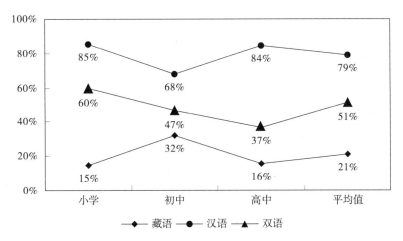

表5-39　数、理、化课期望老师使用不同语言的人数百分比

第五节　拉萨藏族职工的日常语言使用

1999年我除了对拉萨市的中小学和高中生进行了日常语言使用的问卷调查外,还作了"大学生、医务人员、教师、知识分子、公务员专业抽样问卷"的调查。对于学生问卷的处理,我采取的方法是分小学、初中、高中三个不同侧面进行数据统计分析和比较,以揭示其异同。对于"大学生、医务人员、教师、知识分子、公务员专业抽样问卷"(以下简称"藏族干部"问卷)的数据,为了避免烦琐,我将不再采取这种方法,而是把他们看作一个整体来进行统计分析,当然在某些方面我们也要与其他问卷的数据进行比较,目的是要进一步揭示

其语言使用的特征。

这次藏族干部的问卷调查,我先从拉萨市区自治区和市属事业单位中选出西藏大学、西藏日报、西藏藏医学院、人民医院、西藏社科院、自治区广播电台、拉萨市编译局等 14 个样本单位,然后根据随机抽样,对 72 名藏族干部的日常语言使用情况进行了问卷调查。这 72 名藏族干部平均年龄 34.3 岁,拉萨出生的 34 人,外地出生的 38 人。男性 47 人,女性 25 人。中专 19 人,占 21%,大学 42 人,占 46%,大学以上学历者 11 人,占 12%。

为了便于统计分析,"藏族干部专业抽样问卷"的设计也包括五个方面,内容基本与中小学和高中生的问卷相同,只是针对具体的调查对象,在一些提法上作了修改和调整。这五个方面为:第一部分调查"藏族干部"的语言能力,第二部分包括工作场所用语、家庭用语、社会用语、媒体及娱乐场所用语,主要调查其日常语言运用能力,最后一部分是调查"藏族干部"的语言观念,具体的问题与学生问卷有所不同。

一、藏族职工的日常语言使用

(一)拉萨市城关区藏族干部的语言能力

从问卷的结果看,72 名干部中,只能熟练地讲藏语方言的有 6 人,占 8%;能熟练地掌握拉萨话和汉语普通话双语的有 34 人,占 48%;能熟练地掌握拉萨话、藏语方言和汉语普通话三语的有 32 人,占 44%。如果把后两个数据相加,能熟练掌握汉藏双语的人数共占 92%。详见表 5-40。

从文化程度上看,19 名中专文化的藏族干部中,有 15 人能熟练地掌握藏汉双语,平均占 79%,53 名大学以上文化的藏族干部中,则有 51 人,平均占 96%,高于前者 17 个百分点。因此,我们认为文化程度的高低对双语的熟练掌握有一定的影响。另外,从数据上显示,中专文化的干部中,出生于拉萨的占 59%,而大学以上文化的干部中,仅占 43%,低于前者 16 个百分点,这说明城市因素对双语熟练程度的影响不如文化教育的影响大。

再从性别上看,28 位女性中有 24 人能熟练地掌握藏汉双语,平均占 86%,44 名男性中则有 42 人,平均占 95%,比女性高出 9 个百分点。见表 5-41。因此我们认为在拉萨市区的藏族干部中,男性熟练掌握双语的人数比例要略高于女性。从数据上看造成这种状况的主要原因在于女性干部受教育

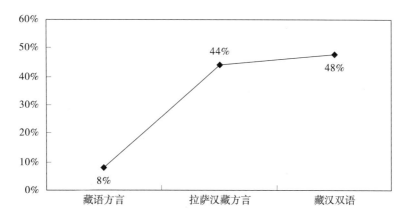

表5-40　拉萨市藏族干部掌握不同语言的人数百分比

的程度要低于男性干部。因为 28 位女性中仅有 13 人是大学以上文化,占 46%,而 44 名男性中却有 33 人,占 75%,高出 29 个百分点。

(二)拉萨市城关区藏族干部的日常语言运用

(1)拉萨市城关区藏族干部的工作场所用语

第一,在工作单位经常使用拉萨话的有 38 人,占 53%,经常使用汉语普通话的有 32 人,占 44%,比前者要低 9 个百分点,列第二位。仅有 2 人经常使用藏语方言,占 3%;另外,经常使用藏汉双语的有 41 人,占 57%,不经常使用者有 4 人,占 6%,比前者要低 51 个百分点,列最后一位。偶尔使用的占 36%,排第二位。

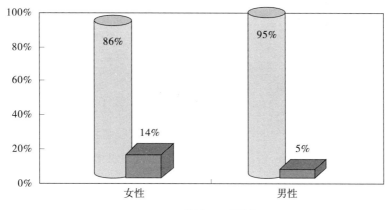

表5-41　不同性别熟练掌握藏汉双语的人数比较

第二,单位开会时经常使用拉萨话的有 22 人,占 31%,经常使用汉语普通话的有 45 人,占 63%,有 4 人经常使用藏语方言,占 6%;另外,经常使用藏汉双语的有 37 人,占 51%,不经常使用者有 14 人,占 19%,比前者要低 32 个百分点,列第二位。偶尔使用的有 21 人占 29%,排最后一位。

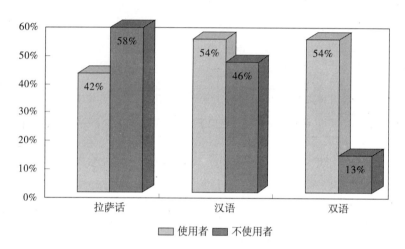

表5-42 工作场所使用不同语言的人数比较

从两项调查指标的综合平均数看,经常使用拉萨话的平均占 42%,经常使用汉语普通话的平均占 54%,后者高出前者 12 个百分点,列第一;经常使用藏汉双语的平均占 54%,不使用者平均占 13%,后者低于前者 41 个百分点。

从文化程度上分析,以上两个调查指标,中专文化的干部使用双语者平均仅占 20%,而大学文化以上的干部则占 80%。另外不同性别的干部在双语的使用上也有所区别。女性使用双语者平均占 40%,男性平均占 60%,高出女性 20 个百分点。

(2)拉萨市城关区藏族干部的家庭用语

表 5-43 显示出藏族干部家庭用语具有下面几个特征:

①从 5 项指标的综合平均指数看,家庭用语以拉萨话为主,使用者平均高达 63%,其次是藏语方言,使用者平均占 26%,使用汉语者仅有 11%,列最后一位;使用双语者平均为 44%,列首位。偶尔使用者平均为 30%,列第二位;不使用者平均为 26%,排最后。

表 5-43　藏族干部的家庭用语情况

指标	调查指标	（1）最常使用的语言			（2）使不使用双语		
		拉萨话	藏语方言	汉话	使用	不用	偶尔用
1	与祖辈	56%	42%	2%	24%	56%	20%
2	与父母之间	66%	28%	6%	33%	39%	28%
3	兄弟姊妹间	64%	25%	11%	47%	17%	36%
4	对儿女	64%	11%	25%	60%	8%	32%
5	夫妻之间	64%	26%	10%	48%	16%	36%

②从 5 个单项指标看,指标 1—4 使用藏语方言的人数依次减少,分别为42%、28%、25%、11%,相反使用汉语普通话和双语者却在依次增加,其中使用汉语者分别是 2%、6%、11%、25%,使用双语者分别是 24%、33%、47%、60%。

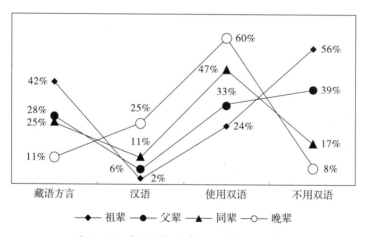

表 5-44　藏族干部家庭不同辈分用语情况

这说明藏族干部在家庭中与辈分越高的人讲话,使用藏语方言的人越多,使用汉语普通话和双语的人越少;相反与辈分越低的人讲话,使用藏语方言的人越少,使用汉语和双语的人越多。这是因为我们调查的 72 位藏族干部平均年龄是 34.3,他们的祖辈年龄应该在 70 岁以上,这些老人虽然来到了城市,但是使用的语言仍然是方言,因此,出生于外地的干部在同他们交谈时更多的是选择方言母语。相反,这些干部在与子女交谈时,则更多地选择拉萨话。另外,由于祖辈以上的老人汉语普通话的水平都比较低,所以指标 1 中只有 2%

的人选择汉语,24%的人选择双语,而指标4在与子女谈话时则有25%的人选择汉语,多出23个百分点,60%的人选择双语,多出36个百分点。见表5-44。

指标5夫妻间的语言使用同指标3(兄弟姊妹)基本相同,这与他们的辈分和年龄相近相同都有一定关系。

③与中小学生相比,干部和学生的家庭用语均以使用拉萨话为主,但是,干部使用方言的人数要高于学生,双语的使用者也要高出学生22个百分点;另外除了汉语普通话的使用者要低于学生5个百分点外,拉萨话的使用者也要低于学生21个百分点。

(3)拉萨市城关区藏族干部的社会用语

表5-45显示出藏族干部社会用语具有下面几个特征:

①从9个指标的综合平均指数看,(a)藏族干部在社会用语中最常使用的语言是拉萨话,使用者平均占61%,列第一位,其次是使用汉语普通话者平均占34%,最后是使用藏语方言者,平均仅占5%。(b)双语的使用者也最多,平均占58%,偶尔使用者平均占22%,居第二位,不使用者平均占20%,列最后。

表5-45 拉萨市城关区藏族干部的社会用语

指标	调查指标	(1)最常使用的语言			(2)使不使用双语		
		拉萨话	藏语方言	汉话	使用	不用	偶尔用
1	公共场合	69%	—	31%	60%	16%	24%
2	同事朋友间	78%	—	22%	71%	29%	—
3	给家打电话	68%	22%	10%	44%	55%	—
4	同事打电话	67%	8%	25%	56%	11%	33%
5	购　物	42%	4%	54%	70%	13%	16%
6	看　病	47%	3%	50%	58%	22%	20%
7	甜茶馆	79%	—	21%	47%	11%	42%
8	茶　园	65%	—	35%	56%	10%	34%
9	政府机关	35%	3%	62%	63%	11%	26%

②从9个指标的单项指数看,(a)指标9、5、6、8经常使用汉语普通话的人

数最多,依次占62%、54%、50%、35%;指标3最少,仅有10%。(b)指标2、5、9、1双语的使用者最多,依次占71%、70%、63%、60%。(c)指标7、2、1、3使用拉萨话者最多,依次占79%、78%、69%、68%;指标5购物时最少,仅有42%。(d)指标3使用藏语方言的人数最多,占22%,其他指标的使用者都很少。

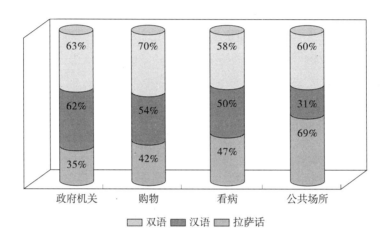

表5-46 社会用语几项指标的人数比较

③与中小学生相比,干部和学生的家庭用语均以使用拉萨话为主,两者的使用人数都在61%—63%之间,相差不大。两者使用汉语普通话的人数也很相近,也在34%—35%之间。双语的使用人数两者都是58%。

(4)拉萨市城关区藏族干部的媒体、图书及歌曲语言

表5-47 藏族干部的媒体、图书及歌曲用语

指标	调查指标	最常使用的语言		选不选择双语	
		藏 语	汉 语	选 择	不选择
1	电 视	22%	78%	49%	51%
2	广 播	33%	67%	44%	56%
3	电 影	21%	79%	50%	50%
4	图 书	28%	72%	44%	56%
5	报 纸	22%	78%	53%	47%
6	歌 曲	24%	76%	46%	54%
7	杂 志	21%	79%	52%	48%

表 5-47 显示出藏族干部的媒体、图书及歌曲用语具有下面几个特征：

①从 7 个指标的综合平均指数看，(a)藏族干部最常使用的语言是汉语普通话，使用者平均占 76%，使用藏语者平均占 24%。(b)选择双语的平均占 48%，不选择双语者平均占 52%。不选择者稍微多一些。

②从 7 个指标的单项指数看，(a)除指标 2 选择藏语的人数达到了 33% 以外，由于其他 6 项指标最常使用汉语普通话的人数均在 72%—78%之间，所以这 6 项指标选择藏语的人数都在 30%以下。(b)选择双语的依次是指标 5、7、3、1 较多，分别是 53%、52%、50%、49%。

③7 个指标的综合平均指数显示，藏族干部和中小学生经常选择的电视语言均为汉语，除初中生外，干部、小学生和高中生三者选择汉语的人数都在 95%—96%之间；选择藏语节目的干部人数也与小学生和高中生基本相同，都在 24%—25%之间；双语的选择人数干部与初中生相同，都是 48%，高于小学生和高中生。

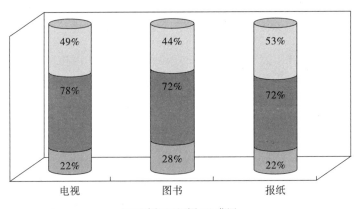

表 5-48　电视、图书、报纸 3 项指标的人数比较

(三)拉萨市城关区藏族干部的语言观念

(1)认为小学、中学、高中最好用拉萨话或汉语普通话教学的各占 60%和 40%，希望用藏语教学的超过了 20 个百分点；认为应该用双语教学的占 88%，认为不应该的有占 12%，赞成使用双语教学的占绝大多数。虽然藏族干部认为小学、中学、高中最好用拉萨话的人数达到了 60%，但是并没有否定双语教学的存在，相反有 88%的人对双语教学持非常积极的态度，认为西藏的小学、

中学、高中应该用双语教学。这说明今天西藏的藏族干部对双语教学的重要性已经有了深刻的认识,在语言观念上已经接受和适应了双语教育迅速发展的历史事实。

(2)社会用语的双语化是西藏自 1987 年以来语言政策的一个重要的组成部分,从调查的数据看,有 93%的藏族干部支持这种双语政策,赞成广告、招牌和标记等社会用语使用双语,不赞成和无所谓的仅为 7%,赞成者占绝大多数。

(3)我国政府自 1949 年以来,为汉语普通话的学习和推广做了大量的工作,取得了举世瞩目的成效。但是藏语至今还没有一个各方言区群众都普遍接受和承认的普通话。尽管政府和五省藏区的干部群众以及藏语言工作者都意识到了这个问题,但是有关部门并没有提出一个藏语普通话的方案。是不是藏语不需要普通话呢?是不是藏语各方言中没有可以供群众选择的普通话呢?为了了解这方面的情况,我在问卷中专门设计了 2 个指标,调查的结果是,认为藏语需要普通话的占 88%,认为不需要的占 3%,认为无所谓的 9%;认为藏语普通话应该以拉萨话为基础的占 91%,认为应该以其他藏语方言为基础的共占 9%。这些数据对于藏语普通话的建立和推广是有一定意义的。

二、藏族工商人员的日常语言使用

1999 年对拉萨市区工商人员日常语言使用情况的调查,是以西藏自治区经贸委所属的十几家企业和城关区部分商业网点中的拉萨啤酒厂、《西藏日报》印刷厂、城关区食品公司等为样本企业和商店,然后根据随机抽样,对 63 名藏族工商人员的日常语言使用情况进行了问卷调查。63 名藏族工商人员中,男性 34 人,女性 29 人。出生于拉萨的有 47 人,外地出生的 16 人。小学文化的 7 人,初中文化的 29 人,高中文化的 12 人,中专以上的 15 人。

"工商人员专业抽样问卷"的设计也包括五个方面,内容基本与"藏族干部问卷"相同,只是针对具体的调查对象,在一些提法上作了修改和调整。

(一)拉萨市城关区工商人员的语言能力

(1)从问卷的结果看,63 名工商人员中,只能熟练地讲藏语方言的有 1 人,占 2%。只能讲拉萨话和藏语方言的有 3 人,占 5%。只能讲藏语方言和汉语普通话的有 2 人,占 3%。只能数量地讲拉萨话的有 22 人,占 35%。能熟练地掌握拉萨话和汉语普通话双语的有26人,占41%;能熟练地掌握拉萨话、藏语方言和汉语普通话三语的有9人,占14%。如果把所有会藏(拉萨话和藏语方言)汉双语的人数相加,能熟练掌握汉藏双语的人数共占58%。详见表5-49。

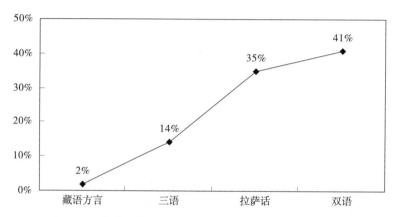

表5-49　拉萨市藏族工商人员掌握不同语言的人数百分比

从文化程度上看,36名初中以下文化的工商人员中,有15人能熟练地掌握藏汉双语,占42%,27名大学以上文化的工商人员中,则有20人,占74%,高于前者32个百分点。因此,我们认为文化程度的高低同样对藏族工商人员的双语程度有相当的影响。

从性别上看,28位女性中有12人能熟练地掌握藏汉双语,平均占43%,35名男性中则有23人,占66%,比女性高出23个百分点。见表5-50。因此我们认为在拉萨市区的工商人员中,男性熟练掌握双语的人数比例要明显高于女性。从数据上看造成这种状况的主要原因在于女性工商人员受教育的程度要低于男性。因为28位女性中仅有9人是高中以上文化,占32%,而35名男性中却有18人,占51%,高出前者19个百分点。

(2)将工商人员的语言能力与干部相比较,我们可以看出下面一些不同的地方:(a)从综合能力上看,两者最大的差别在于藏族干部中仅仅只熟练地掌握拉萨话一门单语的人已经没有了,而工商人员中属于这种情况的人还占35%。(b)从熟练掌握双语(包括熟练掌握三语和双语的人数)的人数百分比看,藏族干部高达92%,而工商人员才55%,相差37个百分点。(c)从不同性

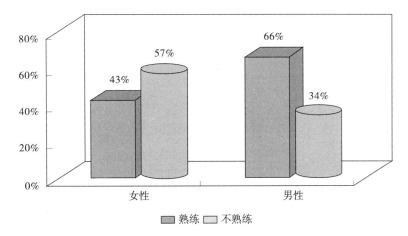

表 5-50　不同性别熟练掌握藏汉双语的人数比较

别掌握双语的情况看,藏族女性干部中熟练掌握双语的人数占 86%,而女性工商人员只占 43%,相差 43 个百分点;同样,藏族男性干部中熟练掌握双语的人数占 95%,而男性工商人员只占 66%,相差 29 个百分点。见表 5-51。以上这些数据比较都说明藏族干部的双语化程度要远远高于工商人员。

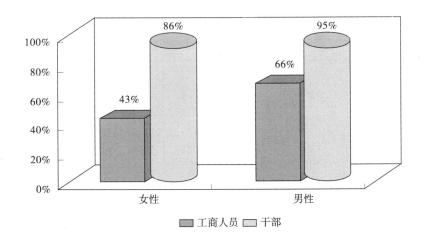

表 5-51　干部、工商人员不同性别熟练掌握藏汉双语的人数比较

(二)拉萨市城关区工商人员的日常语言运用

(1)拉萨市城关区工商人员的工作场所用语

第一,在工作场所经常使用拉萨话的有 38 人,占 60%,经常使用汉语普通话的有 22 人,占 35%,列第二位。仅有 1 人经常使用藏语方言,占 2%;另外,经常使用藏汉双语的有 33 人,占 53%,不经常使用者有 6 人,占 10%,列最后一位。偶尔使用的占 38%,排第二位。

第二,工作单位开会时经常使用拉萨话的有 22 人,占 35%,经常使用汉语普通话的有 38 人,占 60%,有 3 人经常使用藏语方言,占 5%;另外,经常使用藏汉双语的有 15 人,占 24%,排最后。不经常使用者有 27 人,占 44%,列第一位。偶尔使用的有 20 人占 32%,排第二位。

从两项调查指标的综合平均数看,经常使用拉萨话的平均占 48%,经常使用汉语普通话的平均占 48%,两者相等;经常使用藏汉双语的平均占 39%,不使用者平均占 27%,后者低于前者 12 个百分点。

将这两项指标与干部的工作场所用语情况相比,工商人员经常使用拉萨话的平均人数要高于干部 6 个百分点,汉语普通话的使用者则平均要少 6 个百分点;藏汉双语的使用者干部要高出 15 个百分点,不使用者则要低出 14 个百分点。两项指标的比较结果说明,在工作场所工商人员使用拉萨话的人多于干部,双语的使用者则要少于干部。

(2)拉萨市城关区工商人员的家庭用语

表 5-52　藏族干部、工商人员的家庭用语情况

指标	调查指标	(1)最常使用的语言			(2)使不使用双语		
		拉萨话	藏语方言	汉话	使用	不用	偶尔用
1	与爷爷奶奶	67%	30%	2%	8%	68%	24%
2	与父母之间	83%	15%	2%	19%	48%	33%
3	兄弟姊妹间	81%	10%	9%	32%	29%	39%
4	对儿女	79%	4%	17%	55%	12%	33%
5	夫妻之间	80%	10%	10%	48%	16%	36%

表 5-52 显示出工商人员家庭用语具有下面几个特征:

①从 5 项指标的综合平均指数看,工商人员家庭用语以拉萨话为主,使用者平均高达 78%,其次是藏语方言,使用者平均占 14%,使用汉语者仅有 8%,

列最后一位;不使用双语者为35%,列首位。偶尔使用者为33%,列第二位。使用双语者为32%,排最后。

②从5个单项指标看,与干部的情况相同,指标1—4使用藏语方言的人数都是依次减少,分别为30%、15%、10%、4%,使用汉语普通话和双语者也都是依次增加,其中使用汉语者分别是2%、2%、9%、17%,使用双语者分别是8%、19%、32%、55%。

将这5项指标的综合平均数与干部家庭用语的情况相比,虽然工商人员和干部两者的家庭用语都是以拉萨话为主,但是,工商人员的使用人数要高出干部15个百分点,相反使用汉语普通话的人数则要少3个百分点。

藏汉双语的使用者干部要高出12个百分点,不使用者则要低出9个百分点。这说明:在家庭环节中工商人员使用拉萨话的人数同样要多于干部,双语的使用者也同样要少于干部。

(3)拉萨市城关区工商人员的社会用语

表5-53显示出工商人员社会用语具有下面几个特征:

①从9个指标的综合平均指数看,(a)工商人员在社会用语中最常使用的语言同样是拉萨话,使用者占63%,列第一位,其次是使用汉语普通话者占33%,最后是使用藏语方言者,仅占4%。(b)双语的使用者占47%,列第一位,不使用者占36%居第二位,偶尔使用者占17%列最后。

②从9个指标的单项指数看,(a)指标5、9、6、8经常使用汉语普通话的人数最多,依次占62%、59%、57%、35%。(b)指标5、9、6、2双语的使用者最多,依次占60%、56%、57%、48%。(c)指标7、2、3、4使用拉萨话者最多,依次占92%、81%、71%、70%;指标5购物时最少,仅有33%。(d)指标3使用藏语方言的人数最多,占19%。

将这9项指标的综合平均数与干部社会用语的情况相比,拉萨话、汉语普通话、藏语方言的使用者人数都比较接近,最大的差别是双语的使用者干部要多出11个百分点;另外,从单项指标的情况看,工商人员和干部使用汉语普通话的人数最多的都是指标9、5、6、8四项,使用拉萨话人数最少的都是指标5购物。

表 5-53　拉萨市城关区藏族干部的社会用语

指标	调查指标	(1)最常使用的语言			(2)使不使用双语		
		拉萨话	藏语方言	汉话	使用	不用	偶尔用
1	公共场合	67%	—	23%	46%	32%	22%
2	同事朋友间	81%	—	19%	48%	34%	18%
3	给家打电话	71%	19%	10%	32%	29%	38%
4	同事打电话	70%	6%	24%	43%	8%	49%
5	购　物	33%	5%	62%	60%	3%	37%
6	看　病	40%	3%	57%	57%	10%	33%
7	甜茶馆	92%	—	8%	35%	24%	41%
8	茶　园	65%		35%	43%	9%	48%
9	政府机关	38%	3%	59%	56%	5%	39%

（4）拉萨市城关区工商人员的媒体、图书及歌曲语言

表 5-54 显示出工商人员的媒体、图书及歌曲用语具有下面几个特征：

①从 7 个指标的综合平均指数看，(a)工商人员最常使用的语言是汉语普通话，使用者占 75%，使用藏语者平均占 25%。(b)选择双语的平均占 44%，不选择双语者平均占 56%。不选择者多出 12 个百分点。

②从 7 个指标的单项指数看，(a)选择汉语人数依次最多的是指标 3、5、7、1，选择人数在 78%—81%之间，悬殊不大。选择藏语最多的是指标 4、6，分别为 32% 和 30%，悬殊也不大。(b)选择双语最多的依次是指标 2、3、1，选择人数在 56%—59%之间，悬殊不大。

将这 7 项指标的综合平均数与干部相比，拉萨话、汉语普通话的使用者人数都比较接近，双语的使用者干部要多出 4 个百分点。

表 5-54　藏族工商人员的媒体、图书及歌曲用语

指标	调查指标	最常使用的语言		选不选择双语	
		藏语	汉语	选择	不选择
1	电　视	22%	78%	56%	44%
2	广　播	27%	73%	59%	41%

指标	调查指标	最常使用的语言		选不选择双语	
		藏　语	汉　语	选　择	不选择
3	电　影	19%	81%	57%	43%
4	图　书	32%	68%	32%	68%
5	报　纸	21%	79%	32%	68%
6	歌　曲	30%	70%	39%	61%
7	杂　志	21%	79%	33%	67%

（三）拉萨市城关区工商人员的语言观念

（1）认为小学、中学、高中最好用拉萨话或汉语普通话教学的各占43%和57%，希望用汉语教学的超过了14个百分点；认为应该用双语教学的占80%，认为不应该的占20%，赞成使用双语教学的占绝大多数。

（2）有89%的工商人员支持西藏现行的社会用语政策，赞成广告、招牌和标记等社会用语使用双语，不赞成和无所谓的仅为11%，赞成者占绝大多数。

（3）认为学好汉语文对提高技术和业务有帮助的占89%，认为帮助不大的仅有11%。

将前两项指标与干部相比，认为小学、中学、高中最好用汉语普通话教学的人数工商人员要高出干部17个百分点，认为应该用双语教学的人数干部则要高出工商人员8个百分点。赞成广告、招牌和标记等社会用语使用双语的人数干部也要高出4个百分点。

三、结束语

语言的使用除了受到传统的语言习惯的影响外，还受到交际需要的支配和影响。在一个只讲单一语言的社区内，语言的使用只需要依靠母语就可以达到交际目的。可在一个内外交流频繁的多民族聚居区，在一个双语现象已经比较普及的社区，在一个民族语言与国家共同语交织在一起的民族地区，语言的使用就由原来的一元变成了二元，甚至多元，并随着社区的开放度、人与人之间的交际度、双语的发展度以及社区内人口的文化素质、受教育程度、年龄的不同而变得更加复杂。

拉萨市是西藏自治区政治、经济、文化、宗教、人口、交通的中心,1951 年以后由于各级机构的创建、人口的迁移,特别是汉族人口的迁移,除了对其居住格局的改变和城市建设产生了巨大的影响外,对于这一地区的民族构成的改变,并最终形成以藏族为主藏汉杂居的局面也产生了重要的影响。拉萨市作为西藏与祖国内地联系的一个最重要的窗口,各民族尤其是藏汉两个民族的交往非常频繁密切,藏汉两种文化的交流与融合构成了这一地区的文化新特征。表现在语言的使用上则是双语现象已经比较普及,民族语藏语和国家共同语汉语交织一起,人们的语言使用已经处于一元和二元共存的新阶段。

在拉萨市区,无论是人口的文化素质、受教育程度、学校教育、双语的教育、文化氛围,还是汉藏两个民族的交往条件,都居全区之首,经过 50 多年的发展,已经营造出了一种良好的双语学习和使用的人文环境。正是在这样的社会环境中,藏、汉两个不同民族集团成员之间广泛的社会交往,增强了互相之间的理解,消除了误会,在交流和互助的过程中逐步建立起了藏、汉两个民族融洽的关系,藏族群众的语言使用模式也从一元发展成为二元模式。他们除了保持传统的语言使用习惯外,在不同的居住场所、学习场所和工作场所还广泛地使用藏、汉双语,拉萨市城关区已逐步发展成了一个藏族为主藏汉杂居、藏汉双语比较普及的开放地区。

第六节　西藏城镇居民语言使用的专项调查

一、1999 年西藏城乡居民语言使用的入户调查

西藏城乡居民日常语言使用情况的入户调查是我 1999 年西藏语言调查的一部分。国家语委于 1999 年在全国进行的语言抽样问卷调查,除了不同的专业问卷外,也包括有关语言使用方面的入户问卷调查。我的入户问卷调查主要涉及两方面的调查对象,即拉萨市区的城镇居民和拉萨市墨竹工卡县、林周县农村的农民,一共 189 户,其中城镇 138 户,农村 51 户。

首先,在拉萨市城关区,我先从拉萨市区自治区和市属事业单位中选出西藏大学、西藏日报、西藏藏医学院、人民医院、西藏社科院、自治区广播电台、拉萨市编译局、自治区编译局、西藏公安学校、自治区外办、尼威国际旅行社、自治区政协、自治区团委、自治区环保局等 14 个样本单位,从西藏自治区经贸委

所属的十几家企业中选出拉萨啤酒厂、《西藏日报》印刷厂、皮革厂等 3 个工厂为样本企业。这些样本单位的藏族职工都属于拉萨市城关区的集体户,他们的户口在工作的单位,家庭也居住在单位的职工宿舍里;我还从拉萨市城关区选择了八廓办事处、安居工程、雪新村、噶玛滚桑 4 个居民区为样本街区和社区。这些街区和社区的藏族户口都不是单位集体户,前者属于拉萨市老城区的居民住户,后者属于新城区的居民个体户。然后根据随机抽样,对 138 户藏族家庭的日常语言使用情况进行了问卷调查,其中集体户 75 户,个体户 63 户。

我之所以采取这种入户调查方法,其出发点是从拉萨市居民现存的居住基本格局来考虑的。根据马戎教授 1988 年的调查和研究,拉萨市城关区的居民大致可以分为两类:第一类位于市中心围绕大昭寺的八廓等 4 个派出所所管辖的 6 个街道办事处,下属各有若干个居民委员会和几十个"单位集体户";第二类是城关区所属的 4 个乡,分属娘热等 5 个派出所所辖地区的一部分市区,这部分市区的居民都是城镇户口,都属于单位集体户①。1990 年前后拉萨市居民的居住格局和分布情况大致如此。但是从 1991 年开始,拉萨市陆续修建了若干个新的居民住宅小区,如雪新村、团结新村、安居工程、噶玛滚桑等,因此拉萨市传统的居民分布格局已经逐渐被打破,其主要特点是过去传统的单位集体户区里出现了一些新的比较集中的居民个体户区。因此,为了比较全面地反映拉萨市城关区居民(包括集体户和个体户)的语言使用情况,我在选择入户对象时力争做到 4 个兼顾:既要兼顾事业单位的集体户,又要兼顾企业单位的集体户,既要兼顾老城区的居民个体户,又要兼顾新社区的居民个体户。我个人认为,只要我们的入户调查对象涵盖了这四个方面的城镇居民,那么我们的入户调查结果就可以基本上反映出拉萨市区藏族居民的语言使用情况,从而避免调查对象的面过于单一不全的情况。

(一)被访户的基本情况

第一,被访户户主的基本情况:

表 5-55 介绍了 1999 年夏天在拉萨老城区、各乡及所属新社区包括集体户和个体户共 138 户户主的基本情况。首先,在被调查户中,藏族都是主体,在集体户中占 97%,另外有 2 户回族,占 3%,这样调查样本中也有了本地第

---

① 马戎:《西藏的人口与社会》,同心出版社 1996 年版,第 404 页。

一语言使用藏语的回族居民代表;个体户中藏族占100%。

集体户和个体户的一个显著的共同点是户主中男性的比例很高,女性的比例很低。其中集体户男性占99%,女性占1%,个体户男性占92%,女性占8%。另一个共同点是集体户和个体户户主的平均年龄都比较接近,集体户平均42.4岁,个体户平均43岁。

关于户主的户籍性质集体户和个体户的差别也不大,集体户的居民全部是城市人口,而个体户居民中有5%是农业人口。这是因为属于个体户的雪新村居委会在民主改革后有一部分土地,经营这些土地的农民虽然户籍在雪新村,但是属于农业人口。这次调查样本中刚好有3户这样的人家。

受教育的程度集体户和个体户之间存在着明显的差距。在集体户户主中,文盲率仅有2.7%,而个体户户主达到了8%,超过了2倍;集体户户主中小学文化程度者仅有2.7%,而个体户户主却有27%;最多的差别还在于,集体户户主的大专文化程度者达到了55%,大学文化者也高达24%,而个体户户主大专仅有17.5%,大学仅达8%。由于集体户和个体户在受教育程度上存在着很大的差别,因此反映在上学年数上也有较大的不同,集体户户主平均上学年数为10.2年,而个体户户主平均上学年数为6.5年,相差3.7年。集体户户主的文化程度之所以远远高于个体户,这跟集体户户主和个体户户主的职业结构有很大关系。前者多为干部和科技人员,受教育程度自然要高于多为商人和无业人员的个体户。

被访户户主的职业结构大致如下:集体户居民中的干部、工人、科教人员占被访户的97%,个体户则只占49%。集体户中没有农民,而农民则占个体户的3%。拉萨个体户居民职业结构方面的另外一个大特点是"无业人员"高达14%,从商人员高达32%,而集体户中则既无"无业人员",又无专门经商的商人。

表5-55 1999年城镇调查被访户户主基本情况

户主情况		集体户		个体户	
		户数	%	户数	%
民族成分	藏　族	73	97	63	100
	回　族	2	3	—	—
	合　计	75	100	63	100

户主情况		集体户		个体户	
		户数	%	户数	%
性　别	男	74	99	58	92
	女	1	1	5	8
	合　计	75	100	63	100
年　龄	平均年龄	42.4		43	
户籍登记	城　镇	75	100	60	95
	农　业	—	—	3	5
	合　计	75	100	63	100
文化程度	文　盲	2	2.7	8	12.7
	小　学	2	2.7	27	43
	中　学	6	8	7	11
	高　中	6	8	2	3.2
	大　专	41	55	11	17.5
	大　学	18	24	8	12.7
	合　计	75	100	63	100
上学年数	平均年数	10.2		6.5	
职　业	干　部	37	49	17	27
	科技人员	18	24	4	6
	工　人	18	24	10	16
	商　人	—	—	20	32
	农　民	—	—	3	5
	无　业	2	3	9	14
	合　计	75	100	63	100

第二,被访户家庭的基本情况:

表5-56介绍了集体户和个体户共138户家庭半个世纪以来4个阶段的基本情况。

1951年以前,这138户集体户和个体户家庭共有209人,其中男性101人,占48%,女性108人,占52%。在业人口数为63人,占30%。夫妻对数为31对,识字人数96人,占46%。僧尼人数仅有2人,占1%。

从 1951 到 1980 年,人口发展到了 268 人,其中,男性 133 人,女性 135 人,各占 50%。在业人口增加到 119 人,占 44%。夫妻对数也增加到 47 对。识字人数发展到 186 人,僧尼特殊没有变化。

1981 到 1990 年,138 户家庭的人口发展到 386 人,其中男性 179 人,占 46%,女性 207 人,占 54%。在业人数增至 205 人,占 53%。夫妻对数增至 92 对,识字人数发展到 316 人。僧尼人数没有变化。

表 5-56　1999 年城镇调查被访户家庭基本情况

项　目		单位	1951 前		1951—1980		1981—1990		1991—1999	
家庭总人口		人	209	%	268	%	386	%	567	%
性别	男	人	101	48	133	50	179	46	288	51
	女	人	108	52	135	50	207	54	276	49
在业人数		人	63	30	119	44	205	53	263	46
夫妻对数		对	31	—	47	—	92	—	132	—
识字人数		人	96	46	186	69	316	82	431	76
在校生人数		人	—		—		—		126	22
僧尼人数		人	2	1	2	1	2	0.5	2	0.4
家庭结构	核心家庭	—	—		—		—		127	92
	联合家庭	—	—		—		—		5	3.6
	单身家庭	—	—		—		—		5	3.6
	母子家庭	—	—		—		—		1	0.7

1991 到 1999 年,人口数增加到 567 人,比 1990 年增加了 68%。其中男性为 288 人,占 51%,女性 276 人,占 49%。在业人口数增至 263 人,占 49%。夫妻对数增至 139 对,比 1990 年增加了 66%。识字人数增加到 431 人,比 1990 年增加了 73%。在校生人数为 126 人,占 22%。僧尼人数没有变化。

关于 138 户家庭的结构核心家庭的比例最高,有 127 户,占 92%,联合家庭和单身家庭各有 5 户,均占 3.6%,母子家庭只 1 户,占 0.7%。

表 5-57　被访户家庭主要成员的语言能力

指标		被访户家庭的主要成员									
		户　主		妻　子		爷　爷		奶　奶		在校生数	
		人数	%	人数	%	人数	%	人数	%	人数	%
藏语	不　会	—	—	—	—	—	—	—	—	—	—
	会一点	—	—	—	—	—	—	—	—	—	—
	很　好	138	100	132	100	10	100	13	100	126	100
藏文	不　会	9	7	18	13	2	20	8	62	5	4
	会一点	61	44	63	48	4	40	2	15	69	55
	很　好	68	49	51	39	4	40	3	23	52	41
汉语	不　会	18	13	26	20	2	20	7	54	3	2
	会一点	59	43	45	34	3	30	3	23	54	43
	很　好	61	44	61	46	5	50	3	23	69	55
汉文	不　会	45	33	32	24	4	40	10	77	4	3
	会一点	47	34	51	39	3	30	1	8	68	54
	很　好	46	33	49	37	3	30	2	15	54	43

（二）被访户家庭成员的语言能力

表 5-57 介绍了拉萨市城关区被访户家庭 5 类主要成员的语言能力。

1.单项语言能力：

第一,被访户家庭主要成员单项语言的平均能力。

（1）藏文平均能力。家庭主要成员藏文"会一点"者平均占 40%,列首位;"很好"者平均占 39%,排第二;"不会"者平均占 21%,列最后。

（2）汉语平均能力。家庭主要成员汉语"很好"者平均占 43%,列首位;"会一点"者平均占 35%,排第二;"不会"者平均占 22%,列最后。

（3）汉文平均能力。家庭主要成员汉文"不会"者平均占 35%,列首位;"会一点"者平均占 33%,排第二;"很好"者平均占 32%,列最后。见表 5-58。

第二,被访户家庭主要成员的单项语言能力。

（1）藏文"很好"者户主类占 49%,列 5 类家庭主要成员之首。在校生子女类占 41%,列第二位。爷爷类和妻子类各占 40% 和 39%,分列第三、第四位。奶奶类最少,仅占 23%;藏文"不会"的奶奶类占 62% 最多。以下依次是

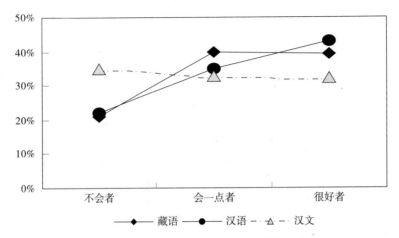

表5-58 被访户家庭主要成员单项语言的平均能力

爷爷类20%、妻子类13%、户主类7%。在校生子女类最少,仅占4%。

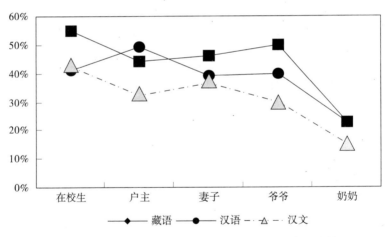

表5-59 藏文、汉语、汉文单项语言能力"很好"者之比较

　　(2)汉语"很好"者在校生子女类占55%,列5类家庭主要成员之首。以下依次是爷爷类50%、妻子类46%、户主类44%、奶奶类23%;汉语"不会"的奶奶类占54%最多。以下依次是爷爷类20%、妻子类20%、户主类13%。在校生子女类最少,仅占2%。

　　(3)汉文"很好"者在校生子女类占43%,列5类家庭主要成员之首。以下依次是妻子类37%、户主类33%、爷爷类30%、奶奶类15%;汉文"不会"的奶奶类占77%最多。以下依次是爷爷类40%、户主类33%、妻子类24%。在校生子女类最少,仅占3%。

2.综合平均能力:

第一,被访户家庭主要成员藏文、汉语、汉文综合平均能力。

(1)藏文、汉语、汉文均"不会"者平均占26%。

(2)藏文、汉语、汉文均"会一点"者平均占36%。

(3)藏文、汉语、汉文均"很好"者平均占38%。见表5-60。

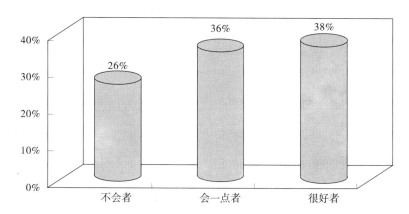

表5-60　藏文、汉语、汉文综合平均能力的比较

第二,被访户家庭主要成员藏文、汉语、汉文综合能力

(1)藏文、汉语、汉文三项调查指标均"不会"的校生子女类平均仅占3%,排在家庭5类主要成员之末;户主类平均占18%,列倒数第二位;妻子类平均占19%,列倒数第三位;爷爷类平均占27%,列第二位;奶奶类平均占64%,列首位。

(2)藏文、汉语、汉文三项调查指标均"会一点"的在校生子女类平均占51%,列5类家庭主要成员之首;户主类和妻子类均平均占40%,并列第二位;爷爷类平均占33%,列第三位;奶奶类平均占64%,排在家庭5类主要成员之末。

(3)藏文、汉语、汉文三者均"很好"的在校生子女类平均占46%,列5类家庭主要成员之首;户主类平均占42%,列第二位;妻子类平均占41%,列第三位;爷爷类平均占40%,列第四位;奶奶类平均占20%,排在最后。

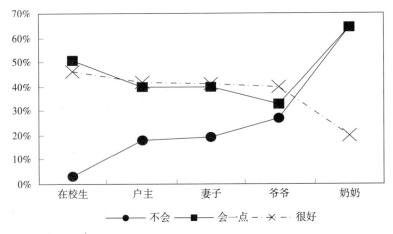

表5-61　家庭成员间综合平均能力的比较

（三）被访户的公共场所语言

表5-62介绍了拉萨市被访户户主在公共场所8个指标中使用语言的基本情况。主要表现为下面几个特点：

表5-62　被访户户主在公共场所的语言选择

语言	在机关		在学校		在商店		甜茶馆		商业街		在医院		开会时		朋友间	
	人数	%	人数	%	人数	%	人数	%	人数	%	人数	%	人数	%	人数	%
藏语	34	25	27	20	19	14	78	56	22	16	19	14	30	22	72	52
汉语	24	17	26	19	28	20	5	4	26	19	30	22	47	34	5	4
双语	80	58	85	61	91	66	55	40	90	65	89	64	61	44	61	44
合计	138	100	138	100	138	100	138	100	138	100	138	100	138	100	138	100

1.8个公共场所使用不同语言的人数情况

（1）藏语使用情况。8个公共场所使用藏语的人数平均占27.4%。8个指标中户主在商店购物、医院看病以及商业街逛街时，使用藏语的人最少，三者均在14%—16%之间。在甜茶馆以及和朋友交谈时，使用藏语的人最多，各占56%和52%。在机关（个体户特指在国家机关或政府部门办事时的情况）、学校（指户主在学校开家长会或参加全体活动）以及开会时，使用藏语的人数居于中等，三者均在20%—25%之间。

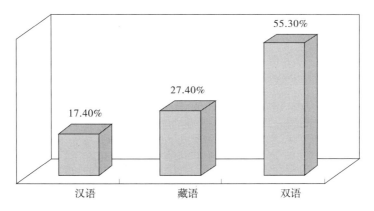

表 5-63　公共场所使用藏、汉、双语的平均人数比较

（2）汉语使用情况。8 个公共场所使用汉语的人数平均占 17.4%。8 个指标中户主在甜茶馆以及与朋友交谈时，使用汉语的人数最少，两者都只占 4%。户主使用汉语最多的场所是开会，使用者占 34%。其他 5 个公共场所户主使用汉语的人数大致在 17%—22% 之间。

（3）双语使用情况。8 个公共场所使用双语的人数平均占 55.3%。其中有 5 个公共场所的人数超过这一平均水平：排在前三位的是在商店购物占 66%、商业街逛街占 65%、医院占 64%。学校（61%）和机关（58%）分列四、五位。使用双语最少的公共场所是甜茶馆、会议和朋友交谈的场合，三者大致在 40%—44% 之间。

2. 8 个公共场所使用不同语言的平均人数情况比较。

从藏语、汉语和双语三者的比较来看，双语的使用者平均占 55.3%，列三者之首。其次是藏语的使用者，平均占 27.4%。最后是汉语的使用者平均占 17.4%。见表 5-63。从这些数字中可以看出，在公共场所，被访户户主的语言使用主要是双语，其次是藏语，最后才是汉语。

（四）被访户家庭成员的语言使用

表 5-64 介绍了拉萨市被访户家庭成员在家庭 8 个场景中的语言使用基本情况。主要表现为下面几个特点：

1. 8 个家庭场景使用不同语言的人数情况

（1）藏语使用情况。8 个家庭场景使用藏语的人数平均占 60%。8 个指标中被访户家庭的主要成员——孩子所涉及的 2 个家庭场景（孩子之间和孩子们玩耍时)中,使用藏语的人数都比较少,前者为52%,后者为49%;使用藏语人数最多、且超过65%者为做家务(71%)、吃饭(69%)、夫妻间(67%)、全家一起(65%)4个家庭场景。另外,娱乐(51%)和闲谈(57%)2个场景使用藏语的人数也相对要少。

(2)汉语使用情况。8个家庭场景使用汉语的人数平均仅占1.4%。

(3)双语使用情况。8个家庭场景使用双语的人数平均占38.6%。8个指标中依然是与孩子有关的2个家庭场景使用双语的人数最多,其中孩子们玩耍时使用者占51%,孩子之间的家庭用语占47%。娱乐时使用双语者也达到了47%,并列第二位。双语使用者相对比较少的依次是闲谈(41%)、全家一起(34%)、夫妻之间(32%)、吃饭(30%)4个家庭场景。做家务时双语的使用者最少,占28%。

表5-64 被访户家庭成员在家庭8个环境中的语言使用

语言	全家以前		孩子间		吃饭时		娱乐时		夫妻间		闲谈时		家务时		孩子玩耍	
	人数	%	人数	%	人数	%	人数	%	人数	%	人数	%	人数	%	人数	%
藏语	89	65	72	52	95	69	70	51	93	67	78	57	98	71	67	49
汉语	2	1	2	1	1	1	4	2	1	1	3	2	2	1	1	1
双语	47	34	64	47	42	30	64	47	44	32	57	41	38	28	70	51
合计	138	100	138	100	138	100	138	100	138	100	138	100	138	100	138	100

2.8个家庭场景使用不同语言的平均人数情况比较。

从藏语、汉语和双语三者的比较来看,藏语的使用者平均占60%,列三者之首。其次是双语的使用者,平均占38.6%。最少是汉语的使用者平均占1.4%。从这些数字中可以看出,在家庭场景中被访户家庭成员的语言使用主要是藏语,这一点正好与公共场所的语言使用情况相反。其次是双语,最后才是汉语。见表5-65。

(五)新闻出版影视、通信网络与被访户家庭成员的语言选择

表5-66介绍了新闻出版影视与被访户家庭成员的语言选择情况。主要表现为下面几个特点:

1.新闻出版场景选择不同语言的户数情况

(1)选择藏语的户数。新闻出版影视场景选择藏语的户数平均占27%。被

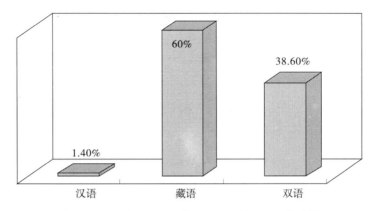

表 5-65　家庭场景使用藏、汉、双语的平均人数比较

访户选择藏语最多的是 5 个指标中的图书,占 31%,选择藏语最少的是电视,占 22%。广播、报纸、电影三者选择藏语的户数比较接近,在 27%—29%之间。

(2)选择汉语的户数。新闻出版影视场景选择汉语的户数平均占 17%。被访户选择汉语最多的是 5 个指标中的报纸,占 22%。选择汉语最少的是广播,占 12%。电视、电影、图书三者选择汉语的户数比较接近,在 15%—17%之间。

表 5-66　新闻出版影视与被访户家庭成员的语言选择

语言选择	电　视		广　播		报　纸		图　书		电　影	
	户数	%	户数	%	户数	%	户数	%	户数	%
藏　语	31	22	41	29	38	27	43	31	37	27
汉　语	23	17	16	12	30	22	21	15	24	17
双　语	84	61	81	59	70	51	74	54	77	56
合　计	138	100	138	100	138	100	138	100	138	100

(3)选择双语的户数。新闻出版影视场景选择双语的户数平均占 56%。被访户选择双语最多的是 5 个指标中的电视和广播,分别占 61%和 59%。选择双语最少的是报纸,占 51%。图书和电影处于中间,各占 54% 和 56%。

2.新闻出版影视场景选择不同语言的平均户数比较。

从藏语、汉语和双语三者的比较来看,选择双语的户数平均占 56%,列三者之首。其次是选择藏语的户数,平均占 27%。最少是选择汉语的户数平均占17%。从这些数字中可以看出,在媒体语言的选择上,被访户家庭选择的语言主要是双语,这一点正好与公共场所的语言使用相同,而与家庭不同场景的语言使用正好相反。详见表5-67。

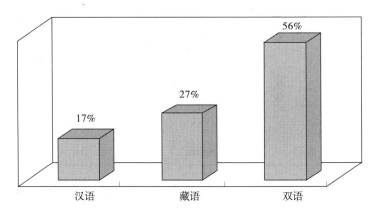

表5-67　新闻出版影视使用藏、汉、双语的平均户数比较

3.通信网络与被访户的关系

(1)根据调查,被访户家庭拥有最多的传媒通信工具是电视,占96%,其次是电话,占85%,排在第三和第四位的分别是收音机和手机,各占66%和47%。最少的是电脑,仅有17%。这些数据显示,在传媒电器中电视的拥有率最高,我们认为拉萨市这种电视的高普及率,对城镇居民的双语发展起到了相当积极的作用。但是在电脑的拥有上,拉萨市的城镇居民还远不能与内地相比,户拥有率相差电视79个百分点;另外,拉萨市城镇居民拥有电话的家庭最多,同时占有手机的家庭也快达到了50%。详见表5-68。

表5-68　通信网络与被访户家庭成员的语言选择和满意度

传媒通信等工具			信息与网络使用			对媒体的满意度		
拥有户数		%	户数		%	户数		%
电视	132	96	使用	23	96	满意	36	26
电脑	23	17	不用	115	17	不	17	12
手机	65	47	语言		47	比较	85	62
电话	117	85	汉语	22	85			
收音机	91	66	英语	1	66			

（2）根据这次调查,被访户使用网络获取信息的家庭占23%,网络语言96%是使用汉语,能使用英语的仅占4%。从语言使用的角度看,西藏一方面应该建立藏语的专门网页或者是站点,这对于藏语文的发展以及只会藏语的上网者来说是非常有益的;另一方面,大力推广发展西藏家庭的电脑使用,逐步提高人们的上网率,对于藏汉双语的学习、使用和发展也是很有好处的。

（3）在被访户中仅有26%的家庭对媒体通信的现状表示满意,62%的家庭比较满意,12%的家庭表示不满意。这说明西藏的媒体和通讯还存在着许多尚待改善和解决的问题,比如不同语言的媒体节目比例的平衡问题,通信技术的发展问题,都必须引起西藏有关部门的注意。

（六）城镇被访户公共场所语言、家庭场景语言、新闻出版影视语言比较

1.公共所场、家庭场景、媒体三者使用不同语言的平均户数比较

（1）三者使用藏语的平均户数为38%。

（2）三者使用汉语的平均户数为12%。

（3）三者使用双语的平均户数为50%。

从上面的数据可以看出,在被访户中,公共场所、家庭场景、媒体三者使用的语言主要是藏汉双语,其次是藏语,最后是汉语。见表5-69。

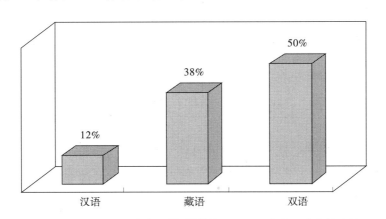

表5-69　公共场所、家庭场景、媒体使用不同语言的平均户数比较

2.公共所场、家庭场景、媒体三者使用不同语言的户数比较

（1）被访户平均使用藏语户数的比较。公共场所、家庭场景、新闻出版影视三者之中,被访户选择藏语最多的是家庭场景,占60%,公共场所和媒体的藏语选择户基本相同,都在27%左右,相差43个百分点。

（2）被访户平均使用汉语户数的比较。三者中被访户选择汉语最多的是公共场所和媒体,都在17%左右。家庭场景的汉语选择户最少,仅有1.4%,相差15.6个百分点。

（3）被访户平均使用双语户数的比较。三者中被访户选择双语最多的是公共场所和媒体,都在56%左右。家庭场景的双语选择户最少,仅有38.6%,相差17.4个百分点。

以上数据见表5-70。

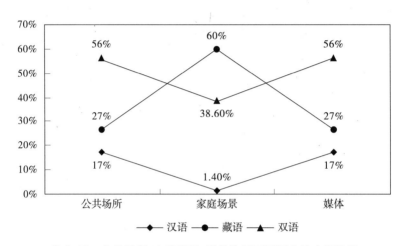

表5-70　公共场所、家庭场景、媒体使用不同语言的户数比较

（七）被访户户主与汉族的交往以及对汉语的看法

表5-68介绍了被访户户主与汉族的交往以及对汉语的看法,主要有下面一些特点:

1.被访户邻居的民族构成以及与汉族的交往

表5-71的数据显示,被访户邻居的民族构成全部是藏族的有60户,占43%,排首位。多半是藏族的有47户,占34%,汉藏各半的有31户,占23%,列最后。这种居住环境民族成分的构成格局与我们调查的单位集体户75户和居委会个体户的户63户的数据基本接近。

从居委会个体户的角度说,"市中心居委会所属的居民中绝大多数是在拉萨居住时间较久的藏族,是拉萨市区的老住户,另有少数回族以及其他民族的人口,只有极少数的汉族的人口。"因此,根据这种状况推测,我们调查的63

户个体户中有 60 户的邻居全部是藏族(占 95%)是符合拉萨城关区居住环境民族成分的构成格局的。另外的 3 户情况比较复杂,但最大的可能是这两年拉萨的外来户急剧增加,一些藏族人家的房屋被汉族或回族商人租住,因而改变了个体户居住环境的民族成分,像团结新村、雪新村、安居工程这种情况都比较多。

表 5-71　被访户户主与汉族的交往以及对汉语的看法

邻居的民族构成			是否与汉族有过交往			发展西藏是否需要汉语			对藏语教学水平的评价			对汉语教学水平的评价			希望孩子主要学习什么语种		
民族	户数	%	经历	户数	%	态度	户数	%	标准	户数	%	标准	户数	%	语言	户数	%
都是藏族	60	43	有过交往	107	78	非常需要	126	91	很好	30	22	很好	38	28	藏语为主	10	7
多数藏族	47	34	没有交往	31	22	不需要	12	9	中等	68	49	中等	74	54	汉语为主	18	13
藏汉各半	31	23							及格	34	25	及格	20	15	藏汉兼通	110	80
多数汉族									很差	6	4	很差	5	4			

从单位集体户的角度说,"拉萨市区集体户的汉藏混居的情况处于中等水平"。另据北京大学和中国藏学研究中心的抽样调查,1988 年城关区两个办事处下属的 91 个单位集体户中藏族或汉族占大多数的共有 59 个,占单位集体户总数的 64.8%,其余 32 个单位的汉藏比例相近。1990 年人口普查时共有 504 个单位集体户,其中藏族或汉藏占大多数的单位有 317 个,占总数的 62.9%,比 1988 年有所减少①。我们这次共调查了 75 户单位集体户,多数是藏族的占 62%,藏汉各半的有 31 户,占 41%,这两个数据与北大的抽样调查和 1990 年的人口普查数据是基本接近的。

马戎教授根据 1988 年的调查和 1990 年人口普查资料指出,"由于城关区常住人口(40418)的 95.5%住在单位集体户,所以拉萨市区汉族居民与藏族居民较多的接触和交往实际上主要发生在单位集体户内部。当然,单位集体户中的藏族职工也有少部分是从拉萨老城区招收的,有些藏族职工虽然来自

---

①　马戎:《西藏的人口与社会》,同心出版社 1996 年版,第 413 页。

拉萨以外,但与老城区居民有亲戚、同学关系因而与老城区居民保持往来,单位集体户的汉族职工通过这些同事也可能间接地与老城区的居民有一些个人的接触,但这类接触从数量和深度来说都是十分有限的。单位集体户的汉族职工,也没有什么机会和渠道与郊区各乡的藏族农民接触和往来。所以对各个单位集体户的汉藏民族构成的分析,实质上成了研究拉萨市区汉藏居民在居住场所和工作场所互相接触、互相往来的关键。"①马戎教授的观点有几个要点,(1)汉藏居民较多的接触和交往发生在集体户内部。(2)集体户的汉族居民与集体户以外的藏族居民的接触和交往机会十分有限。(3)汉族人口仅占4.3%的居委会个体户中,汉藏居民的接触和交往同样十分有限。这些观点是非常符合拉萨市区当时的实际情况的。但是我们这里所要说的是,这种汉藏接触与交往的环境在新的10年间有没有一些新的变化呢?

2.被访户与汉语的交往

从表5-71中我们可以发现今天汉藏两个民族的经常性接触与交往已经较10年前有了一定的发展。因为,从数据上看,我们调查的集体户居民为75户,居委会个体户为63户,按1990年前后的情况,与汉族接触和交往较多的户数应该也在75户左右,而剩下的63户个体户应该不涉及与汉族接触和交往的问题。但是,表5-71的数据显示一共有107户家庭经常性地与汉族接触和交往,这就是说多出了32户。另外从问卷数据统计,在75户集体户中,经常性与汉族接触和交往的有55户,占73%,63户居委会个体户中,经常性与汉族接触和交往的有52户,占83%。这种状况说明,除了在集体户的内部存在着户主和家庭成员经常性地与汉族接触和交往的事实外,在个体户的内部同样存在着经常性地与汉族接触和交往的事实,并且接触和交往的幅度还要略高于(高出10个百分点)单位集体户一些。

为什么会出现这种情况呢?我们认为主要在于:(1)1990年以前拉萨市区的居委会个体户居民主要集中在围绕老城区大昭寺的八角街一带,包括八廓、吉日、吉崩岗、冲赛康4个派出所管理的6个街道办事处的若干个居民委员会。这些居委会的个体户居民户中绝大多数是在拉萨居住时间较久的藏族,是拉萨市区的老住户,而汉族人口仅有4.3%。因此藏族与汉族居民的接

---

① 马戎:《西藏的人口与社会》,同心出版社1996年版,第410页。

触和交往是非常有限的。可是 1990 年到 1999 年的 10 年间,拉萨市陆续兴建了许多新型的居民住宅市区,逐步使城关区所属的居委会个体户社区从传统的大昭寺八角街扩散到了民主改革以后近 50 年兴建的拉萨市新城区内。这些新的居委会个体户社区在地理位置上正好和政府机关以及国家企事业单位交织在一起,这必然会对不同民族的交往和接触起到积极的作用。(2)传统的大昭寺八角街的老住户,在职业上与今天新社区的新住户有很大差别。根据我们的问卷数据统计,63 户个体户主中,国家干部职工占 33%,国家企业工人占 16%,商人占 41%,无业者占 10%。如果将国家干部和工人加在一起,国家职工达 49%。这部分人虽然住在机关单位以外的新社区里,表面上看似乎与机关单位割裂开来,但每个人所属的单位实际上是他们与汉族接触和交往的最重要的场所。(3)同样,从表面上看,拉萨市城关区的商贩和无业者与汉族的接触和交往似乎不如机关职工,但根据问卷的统计,26 户占 41% 的商贩中,有 23 户占 88% 的商人经常性地与汉族接触和交往,这说明拉萨的商贩与汉族的接触和交往率是很高的。

3.被访户户主对汉语文的态度和看法

在民族地区,语言是沟通不同民族的桥梁,同时它还对民族团结、民族和睦相处、民族融合起着一定的积极的作用。因此,从民族社会学的角度看,某个少数民族对国家主体民族的语言即宪法规定的国家共同语的接受度,可以作为衡量这个少数民族与主体民族之间民族关系融洽与否的一个指标。另外,民族接触和交往越频繁的民族地区,人们对国家共同语的接受度越高。为了真正弄清西藏城镇居民对汉语文的接受度,从社会学的角度正确把握汉藏民族关系的现状,在 1999 年的问卷调查中,我们专门设计了 3 个问题,就藏族对汉语文的接受度进行了调查。基本数据如表 5-71 所显示:

(1)发展西藏是否需要学习汉语文的问题。在 138 户被访户中,有 126 户认为很需要,占 91%,认为不需要的仅有 12 户,占 9%。认为很需要的户数占绝对优势。

(2)希望孩子的学习以什么语言为主的问题。在 138 户被访户中,有 110 户希望自己的孩子汉藏双语兼通,占 80%。希望以汉语为主的家庭有 18 户,占 13%。希望以藏语为主的家庭有 10 户,占 7%。

上面的数据比较客观地反映了拉萨城关区居民对汉语文的基本认识和态

度:西藏的发展很需要学习汉语文;西藏的教育应该培养汉藏双语兼通的人才。这一方面说明西藏绝大多数的群众已经完全接受和认同了汉语文,深刻地理解了汉语文的学习与西藏发展的辩证关系,同时又把藏语文的学习、使用和发展放在极其重要的位置,对汉藏兼通的人才的培养给予了很大的期望。

将我们的问卷结果与 1994 年以后的西藏教育和语言政策进行比较,可以发现他们之间有着明显的一致性。

在 1994 年 12 月 21 日颁布的"西藏自治区党委和自治区人民政府关于《中国教育改革和发展纲要》的实施意见"中,在谈及 1994 到 2000 年西藏自治区教育发展的目标和任务时,其中有一条就明确规定:"重视藏语文教学,积极推行双语教学,做到藏汉语兼通,创造条件开设外语课。[①]"由此看来,从 1994 年开始执行的双语教育政策在藏族群众中已经有了一定的基础,并且得到了绝大多数藏族群众的拥护和肯定。

但是目前的藏汉双语教育水平是不是已经达到了人们的要求了呢? 根据表 5-71 看,对藏语文教学水平的评价,138 户中仅有 30 户认为很好,占 22%。认为中等水平的有 68 户,占 49%,列首位。还有 34 户认为只达到了及格的水平,占 25%。5 户认为很差,占 4%;对汉语文教学水平的评价,138 户中仅有 38 户认为很好,占 28%。认为中等水平的有 74 户,占 54%,列首位。有 20 户认为只达到了及格的水平,占 20%。5 户认为很差,占 4%。这些数据显示,在藏族群众的心目中,目前的汉藏双语教育只达到了中等水平,因此进一步加强汉藏双语的教育是西藏自治区教育面临的一项严峻的任务,必须给予高度的重视。

第七节　西藏农村居民的语言使用

1999 年对农村调查对象的选点,我主要选择了拉萨市墨竹公卡县贡嘎镇的论布岗行政村和林周县春堆乡的春堆村。

---

① 吴德刚主编:《西藏自治区教育事业法律法规选编》,西藏人民出版社 1999 年版,第 428 页。

　　墨竹公卡县贡嘎镇的论布岗行政村又名林布,藏语含义为大臣岗,该行政村含林布和嘎康两个自然村,嘎康的意思据说是人名。位于县所在地东偏南15公里左右,北纬 29 度 46 分,东经 91 度 51 分。地处拉萨河南岸,其中的嘎康村基本分布在拉萨河的南岸,绝大部分土地有较好的灌溉条件。该村以南约一里处就是林布村,川藏公路从两自然村中间穿过,成为分割两村的人造界限。林布村的房舍及土地分布于两山之间的谷地,一条蜿蜒的小溪从村中间穿过,该村的灌溉和饮用水均依靠此小溪,每年只有在 12 月至来年 2 月间冰冻封溪。村寨周围的高山峡谷基本为绿色植被所覆盖,有着得天独厚的牧草资源、药材资源和荆棘等燃料资源。村旁的山坳草地基本能满足本村的牧业需求。伦布岗村 1997 年有 37 户、237 人,其规模与大多数西藏的行政村相似。春堆村拥有土地 2244 亩,人均占地面积 9.5 亩。1997 年拥有牲畜 3590头(只),人均占有 5.7 头(只)。伦布岗村有民办小学 1 所,共四个年级,有学生 53 名。有教师 2 人,其中校长 1 人。2 名老师均为兼职,除了教书外,他们还要承担一个藏族农民所有的农业劳动。

　　林周县春堆乡的春堆村,曾名冲堆、措堆。藏语意为湖之上方或集市。该乡位于林周县西南部,乡所在地距县城驻地西南约 37 公里,位于北纬 29 度56 分,东经 91 度 01 分。1960 年建春堆乡,1970 年改称人民公社,1984 年实行包产到户并复乡,1987 年“撤区并乡”时将卡东、洛巴、春堆三乡合并为今日的春堆乡,辖 14 个村民委员会,乡人民政府驻拉康村,东面约 5 公里处就是著名的虎头山水库。该乡面积 162 平方公里,人口 4760。我们的调查点——春堆村,又叫二村,该村大部分农舍坐落于乡政府所在地以西两公里处。一条简易的乡村公路通往县城。从村寨规模上看,春堆村 1997 年有96 户,626 人,其规模在西藏完全算得上是一个大村。拥有耕地 652 亩,人均占有耕地 2.75 亩。1997 年有牲畜 876 头(只),人均拥有的牲畜数量为3.69 头只。春堆村有初小 1 所,共四个年级,有学生 76 名。教师 3 人,均为兼职。

　　伦布岗村和春堆村的文化生活比较贫乏。两个村都没有电,没有电视,没有藏文报纸,没有藏文图书。春堆村的村民要想看电视,每周两次只能去乡里,而且除了电视译制片外,没有其他的信息。当然村里也有一家个人的录像室,但是在牛棚里,到处是牛粪,而且播放都是武打片,大都是汉语,谁也看不懂,另外播放的时候也比较少。布岗村的情况就更差了,由于远离乡所在地和县镇,所以村民们几乎看不着电视。

从总体上看,拉萨市墨竹公卡县贡嘎镇的伦布岗行政村和林周县春堆乡的春堆村都是西藏农村普普通通的山村,经济上主要依赖于传统的农业和一部分牧业,有村民们自己动手修建的初小,文化生活单调贫乏,唯一与城市连接的纽带就是有一部分年轻人到拉萨市打工、做保姆或者是当三轮车夫。因此我们认为把这两个村子作为入户调查的对象是具有普遍意义的。具体的调查方法是:按照两个村长提供的村民花名册,在伦布岗行政村,每10户抽1户,共对24户农民家庭进行了入户调查;在春堆村由于户数过大,则采取了每25户抽1户的方法,对26户村民进行了入户调查。两村共计51户。

一、被访户的基本情况

第一,农村被访户户主的基本情况:

表5-72介绍了拉萨市墨竹公卡县伦布岗行政村和林周县春堆村51户户主的基本情况。首先,在被调查户中,藏族占100%。其中春堆村26户,伦布岗村25户。两村的共同点是户主中男性的比例很高,女性的比例很低。其中春堆村男性户主占92%,女性户主仅占8%;伦布岗村男性户主占100%,女性户主没有。春堆村户主的平均年龄为43岁,伦布岗村为40岁,前者略高一些。

表5-72 1999年农村被访户户主基本情况

户主情况		春堆村		伦布岗村	
		户数	%	户数	%
民族成分	藏 族	26	100	25	100
	回 族	0	0	0	0
	合 计	26	100	25	100
性 别	男	24	92	25	100
	女	2	8	0	0
	合 计	26	100	25	100
年 龄	平均年龄	43		40	

续表

户主情况		春堆村		伦布岗村	
		户数	%	户数	%
文化程度	文　盲	9	35	2	8
	小　学	10	39	17	68
	中　学	5	19	2	8
	高　中	2	8	2	8
	中　专	0	0	2	8
	合　计	26	100	25	100
上学年数	平均年数	4	4.7		
职　业	农　民	26	100	23	92
	牧　民	0	0	0	0
	其　他	0	0	2	8
	合　计	26	100	25	100

受教育的程度两村户主存在着一定的差距。文盲率春堆村占 35%，伦布岗村仅占 8%，比前者低 27 个百分点；小学文化者春堆村占 39%，而伦布岗村高达 68%，比前者高 29 个百分点；中学文化者春堆村占 19%，伦布岗村占 8%，前者略高一些；高中文化者两村都是 8%；春堆村没有中专文化者，而伦布岗村有 2 名，占 8%（都是村小学的老师）；平均上学年数春堆村是 4 年，伦布岗村是 4.7 年，后者略高一些。从整体上看，春堆村 26 名户主的文化程度不如伦布岗村 25 户户主的文化程度。

从职业的情况看，春堆村的 26 位户主都是农民，没有牧民。伦布岗村有 23 户是农民，占 92%，另外 2 位户主，其中 1 户是村小学的校长兼教师，但还要务农；另一位是镇里的普通干部。

表 5-73　1999 农村 51 户被访户家庭的基本情况

项　目		单位	51 年前		51—80		81—90		91—99	
家庭总人口		人		%		%		%	236	%
性别	男	人							119	51
	女	人							117	49

续表

项　目		单位	51 年前		51—80		81—90		91—99	
务农人数		人							154	65
夫妻对数		对							47	
识字人数		人							109	46
在校生人数		人							46	20
僧尼人数		人							0	0
家庭结构	核心家庭	—	—	—	45	88				
	联合家庭	—	—	—	2	4				
	单身家庭	—	—	—	4	8				
	母子家庭	—	—	—	0	0				

第二,农村被访户家庭成员的基本情况:

表5-73 介绍了林周县春堆村和墨竹公卡县伦布岗村51户家庭1999年的基本情况(1951年到1998年的情况基本不详)。从总人口看共有236人,其中男性119人,占51%,女性117人,占49%;从职业上看51户家庭的成员没有从事其他职业的,务农者达154人,占65%;夫妻对数47;识字人数109人,占47%;在校生人数(主要是村小学和乡镇中心小学、中学的学生)54人,占23%;51户家庭都没有人出家为僧。51户中核心家庭占88%,联合家庭2户占4%,还有4户是单身家庭,占8%。

二、农村被访户家庭成员的语言能力

表5-74 介绍了春堆村和伦布岗村51户家庭主要成员的语言能力。

(一)单项语言能力

表5-74　春堆村和伦布岗村51户家庭主要成员的语言能力

指标		农村被访户家庭的主要成员									
		户　主		妻　子		爷　爷		奶　奶		在校生	
		人数	%	人数	%	人数	%	人数	%	人数	%
藏语	不　会	—	—	—	—	—	—	—	—	—	—
	会一点	—	—	—	—	—	—	—	—	—	—
	很　好	51	100	49	100	14	100	9	100	46	100

· 520 ·

续表

指标		农村被访户家庭的主要成员									
		户　主		妻　子		爷　爷		奶　奶		在校生	
		人数	%	人数	%	人数	%	人数	%	人数	%
藏文	不　会	12	24	31	63	12	86	9	100	0	0
	会一点	21	41	12	25	1	7	0	0	28	61
	很　好	18	35	6	12	1	7	0	0	18	39
汉语	不　会	35	69	43	88	14	100	9	100	20	43
	会一点	14	27	6	12	0	0	0	0	26	47
	很　好	2	4	0	0	0	0	0	0	0	0
汉文	不　会	42	82	46	94	14	100	9	100	20	43
	会一点	6	12	3	6	0	0	0	0	26	47
	很　好	3	6	0	0	0	0	0	0	0	0

第一,被访户家庭主要成员单项语言的平均能力。

1.藏文平均能力。5类家庭主要成员藏文"不会"者平均占55%,列首位;藏文"会一点"者平均占27%,排第二;藏文"很好"者平均占18%,列最后。

2.汉语平均能力。5类家庭主要成员汉语"不会"者平均占80%,列首位;汉语"会一点"者平均占17%,排第二;汉语"很好"者平均占0.8%,列最后。

3.汉文平均能力。5类家庭主要成员汉文"不会"者平均占84%,列首位;汉文"会一点"者平均占13%,排第二;汉文"很好"者平均占1.2%,列最后。见表5-75。

第二,被访户家庭主要成员单项语言能力。

1.藏文"很好"者在校生子女占39%,列家庭主要成员之首。户主占35%,第二。妻子类12%,爷爷类7%,分列第三、第四,奶奶类为零;藏文"不会"者奶奶类占100%,最多。以下依次是爷爷类86%、妻子类63%、户主24%。在校生子女为零;藏文"会一点"者在校生子女占61%,列首位。以下依次是户主41%、妻子25%、爷爷7%,奶奶类为零。

2.汉语"很好"者户主占4%,列家庭主要成员之首。其余4类家庭成员均为零;汉语"不会"者奶奶和爷爷类均占100%,最多。以下依次妻子类88%、户主类69%。在校生子女最少,仅占43%;汉语"会一点"者在校生子女占

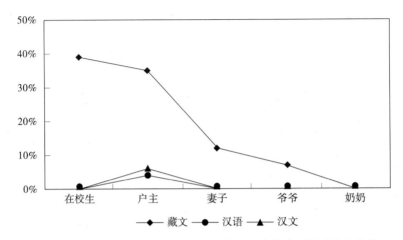

表 5-75　农村被访户 藏文、汉语、汉文单项语言能力"很好"者之比较

47%,最多,以下依次是户主27%、妻子类12%;爷爷和奶奶类为零。

　　3.汉文"很好"者户主占6%,列家庭主要成员之首。其余4类家庭成员均为零;汉文"不会"者奶奶爷爷类均占100%,最多。以下依次是妻子类94%、户主82%、在校生子女最少,仅占43%;汉文"会一点"者在校生子女占47%,最多,以下依次是户主12%、妻子类6%;爷爷和奶奶类为零。

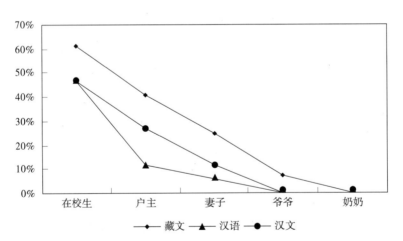

表 5-76　农村被访户 藏文、汉语、汉文单项语言能力"会一点"者之比较

(二)综合平均能力

第一,被访户家庭主要成员藏文、汉语、汉文综合平均能力。

1.藏文、汉语、汉文均"不会"者平均占73%。

2.藏文、汉语、汉文均"会一点"者平均占19%。

3.藏文、汉语、汉文均"很好"者平均占6.7%。

第二,被访户家庭主要成员藏文、汉语、汉文综合能力

1.三项指标均"不会"者在校生子女平均仅占27%,排在家庭主要成员之末;户主平均占58%,列倒数第二位;妻子类平均占82%,列倒数第三位;爷爷类平均占95%,列第二位;奶奶类平均占100%,列首位。

2.三项指标均"会一点"者在校生子女平均占52%,列家庭主要成员之首;户主平均占27%,列第二位;妻子类均平均占12%,列第三位;爷爷类平均占2.3%;奶奶类为零,排在家庭主要成员之末。

3.三项指标均"很好"者户主平均占15%,列首位;在校生子女平均占13%,列第二位;妻子类平均占4%,列第三位;爷爷类平均占2.3%,列第四位;奶奶类为零,排在家庭主要成员之末。

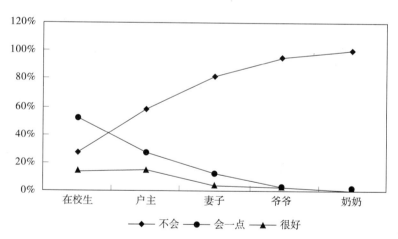

表5-77　农村被访户藏文、汉语、汉文三语综合平均能力的比较

第三,与城镇被访户藏文、汉语、汉文综合平均能力相比,有下面一些特点:

1.农村被访户均"不会"者所占的比例很大,高达73%,比城镇被访户(26%)高出47个百分点。

2.农村被访户"会一点"者所占的比例较小,为19%,比城镇被访户(36%)低17个百分点。

3.农村被访户"很好"者所占的比例最小,仅为 6.7%,比城镇被访户(38%)低 31 个百分点。因此,城镇被访户的藏文、汉语、汉文综合平均能力要明显高于农村被访户。见表 5-78。

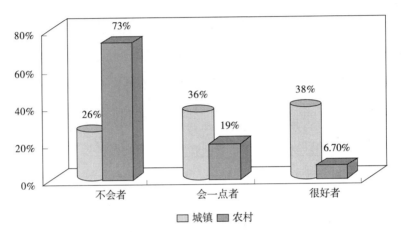

表 5-78　农村和城镇藏文、汉语、汉文综合平均能力比较

三、农村被访户的公共场所语言

表5-79 介绍了春堆村和伦布岗村 51 户户主在公共场所 8 个指标中使用语言的基本情况。主要表现为下面几个特点:

(一)8 个公共场所户主使用不同语言的人数情况

1.藏语使用者平均占 92%。8 个指标中户主在商店和商业街购物、政府机关办事、医院看病时使用藏语的人较少,四者均在 82%—86%之间。其余 4 个公共场所均为 100%。

2.汉语使用者平均占 2%。8 个指标中只有在政府办事时、在商店、商业街和医院治病时 2 人使用汉语。

表 5-79　农村被访户户主在公共场所的语言选择

语言选择	在机关		在学校		在商店		甜茶馆		商业街		在医院		开会时		朋友间	
	人数	%	人数	%	人数	%	人数	%	人数	%	人数	%	人数	%	人数	%
藏语	43	84	51	100	42	82	51	100	43	84	44	86	51	100	51	100
汉语	2	4	0	0	2	4	0	0	2	4	2	4	0	0	0	0

续表

语言选择	在机关		在学校		在商店		甜茶馆		商业街		在医院		开会时		朋友间	
	人数	%	人数	%	人数	%	人数	%	人数	%	人数	%	人数	%	人数	%
双语	6	12			7	14			6	12	5	10				
合计	51	100	51	100	51		51	100	51		51		51	100	51	100

3.双语使用者平均占 6%。其中在商店购物时使用双语者最多,占 14%。学校、甜茶馆、开会、朋友交谈 4 个公共场所没有人使用双语。

(1)8 个公共场所使用不同语言的平均人数比较。

从藏语、汉语和双语三者的比较来看,藏语的使用者平均占 92%,列三者之首。其次是双语的使用者,平均占 6%。最后是汉语的使用者平均占 2%。这些数据说明,农村的被访户户主在城市和乡村的公共场所,使用的语言主要是藏语。汉语几乎不使用。

(2)与拉萨市区城镇被访户相比较(详见表 5-80),农村和城镇被访户主要有以下一些特点:

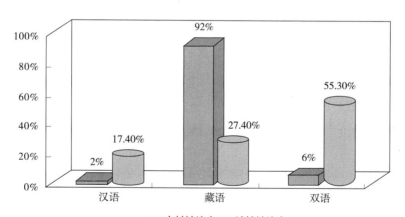

表 5-80　农村和城镇被访户公共场所语言使用平均人数比较

1)城镇被访户在公共场所使用的语言主要是双语(55.3%),而农村被访户主要是藏语(92%)。

2)藏语的使用人数城镇被访户要明显少于农村被访户(相差近 65 个百分点)。

3)汉语的使用人数城镇被访户要高于农村被访户(相差近16个百分点)。

4)双语的使用人数城镇被访户要明显高于农村被访户(相差近50个百分点)。

四、农村被访户的家庭语言

表5-81　农村被访户家庭成员在家庭8个环境中的语言使用

语言选择	全家一起		孩子之间		吃饭时		娱乐时		夫妻之间		闲谈时		做家务时		孩子们玩耍	
	人数	%	人数	%	人数	%	人数	%	人数	%	人数	%	人数	%	人数	%
藏语	51	100	51	100	51	100	51	100	47	100	51	100	51	100	51	100
汉语	0	0	0	0	0	0	0	0	0	0	0	0	0	0	0	0
双语	0	0	0	0	0	0	0	0	0	0	0	0	0	0	0	0
合计	51	100	51	100	51	100	51	100	47	100	51	100	51	100	51	100

表5-81介绍了农村被访户家庭成员在家庭8个场景中的语言使用情况。主要表现为2个特点:首先8个家庭场景51户家庭均使用藏语;其次汉语和双语使用均为零。与城镇被访户相比,城镇被访户虽然在家庭8个场景中也以使用藏语为主,但只有60%,另有38.6%的家庭使用双语,1.4%的家庭使用汉语。

五、新闻出版影视、通信网络与被访户家庭的语言选择

表5-82介绍了新闻出版影视与农村被访户家庭的语言选择。表现为下面几个特点:

(一)新闻出版影视场景选择不同语言的户数

1.选择藏语的户数。新闻出版影视场景选择藏语的户数平均占39%。被访户选择藏语最多的是5个指标中的报纸,占53%,选择藏语最少的是电影,占31%。广播、图书二者选择藏语的户数相同,均为41%。电视选择藏语的户数最少,仅有26%。

2.选择汉语的户数都很少,5个场景平均占3.6%。

表 5-82　新闻出版影视与农村被访户家庭的语言选择

语言选择	电　视		广　播		报　纸		图　书		电　影	
	户数	%	户数	%	户数	%	户数	%	户数	%
藏　语	13	26	21	41	27	53	21	41	16	31
汉　语	1	2	2	4	2	4	2	4	2	4
双　语	12	24	19	37	9	18	17	33	19	37
合　计	26	52	51	100	38	75	40	78	37	73

3.选择双语的户数。新闻出版影视场景选择双语的户数平均占 30%。

（二）将使用不同语言的户数进行比较,选择藏语者最多（39%）,选择双语者其次（31%）,选择汉语的户数最少（3.6%）。但是,这里有一个问题需要指出的是:从表 5-82 中我们可以发现,在 51 户农村被访户中实际上只有 1 户人家有电视机,并且两个村庄都没有通电,怎么会有 26 户人家在看电视呢?从实际调查和问卷的结果看,这 26 户人家都属于林周县的春堆村,而墨竹公卡县的伦布岗村没有 1 户。这是怎么回事呢?

表 5-83　农村被访户家庭与传媒的关系

传媒通信等工具			信息与网络使用			对媒体的态度		
名　称	户　数	%	名　称	户　数	%	满意度	户　数	%
电　视	1	2	使　用	0	0	满　意		
电　脑	0	0	不　用	0	0	不满意		
手　机	0	0	语　言			比较满意		
电　话	0	0	汉　语					
收音机	36	71	英　语					

1998 年和 1999 年我们在林周县调查时发现,县里虽然有广播电视机构,但主要是面对县府机关所在地进行电视转播,此外就是各乡政府有一台卫星电视可以接收,播出节目主要是汉语,藏语节目主要是一周两次定期播出的电视剧译制片。农民要看藏语电视,只能去乡政府。现在林周县电视部门还不能自己制作汉语或藏语的电视新闻节目,有线电视更是空白;另外,县里也没有广播站,更谈不上属全县范围内的藏语广播网络。

　　春堆乡位于县城西约 30 公里,属农业为主、农牧生产兼营的乡。春堆村在乡政府所在地的西面,大约 2—3 公里。在调查时我们发现全村的文化生活比较贫乏。从经济实力上看,春堆村在西藏农村是非常前卫的,全村普遍盖了两层楼的新房;另外在交通上每天有固定的客车去县城和拉萨,对外联络或者是外出打工都很方便,因此这几年发展很快。农民富裕了,有了对文化的新要求。他们渴望像拉萨人那样看电视、看书看报,因为那些经常往来于拉萨、县城和村里的年轻人已经不习惯西藏传统农村的文化氛围,书刊报纸,尤其是电视把他们与外界联系在了一起。

　　可是村里的情况怎么样呢? 电灯靠太阳能,没有照明用电,更没有电视。虽然村里也有自己的文化娱乐室,但也只是空室而已,零星的有一些过时的藏文报纸,藏文图书也很少。乡政府前几年就办起了乡图书馆,但是可供借阅的图书也非常有限。因此乡政府院内利用卫星电视每周两次播放的电视节目,就成为附近各个村村民最重要也是最主要的文化生活享受。根据我们的调查,春堆村有 80% 以上的家庭成员(尤其是年轻人)经常不辞辛苦地去乡政府看电视。播放的节目除了电视、电影藏语译制片外,大多是汉语节目,没有其他的信息。我调查时借助的房东女儿和女婿就每次都要看。当然村里也有 1 户人家在牛棚里办了一个非常简陋的录像室,而且播放的片子都是武打,大都是汉语片,藏语片也有一些。播放的次数也不是很多。原因是他的手提式发电机功率太小,而且老出毛病。虽然村里会汉语的人并不是很多,但是通过电视这种特殊的文化载体,他们尽管身在农村,也有了较多的机会接触到了汉语。尽管很多汉语节目他们看得似懂非懂,但依然一如既往,很少拉下任何一个电视连续剧。

　　从表 5-82 的"合计"一栏中还可发现一个现象:只有"广播"这一项是 51 户家庭都参与了,即百分之百的家庭都在收听广播。而能够接触到图书的仅有 40 户家庭,占 78%,接触报纸的家庭也只有 38 户,占 75%。接触电影的家庭为 37 户,占 73%。电视最低,为 26 户,占 52%。这些数据说明,在西藏农村,只有广播是最实际、最快捷、最实惠的文化载体。我房东的女儿每天在织布机前织氆氇的时候,都要听收音机。我在两个村调查时,也专门就此问题问过多数家庭,他们除了藏语节目外,还经常收听娱乐性的汉语节目。

　　由于 51 户被访户都没有电脑、手机、电话,所以在问到他们对媒体的满意程度时,都回答满意。

六、农村被访户公共场所语言、家庭场景语言、新闻出版影视(以下简称媒体)语言比较

(一)公共所场、家庭场景、媒体三者使用不同语言的平均户数比较

1.三者使用藏语的平均户数为 77%。

2.三者使用汉语的平均户数为 2%。

3.三者使用双语的平均户数为 12%。

从上面的数据可以看出,在被访户中,公共所场、家庭场景、媒体三者使用的语言主要是藏语,其次是双语语,最后是汉语。见表5-84。

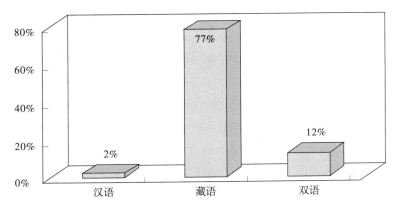

表5-84　公共场所、家庭场景、媒体使用不同语言的平均户数比较

(二)公共场所、家庭场景、媒体三者使用不同语言的户数比较

1.被访户平均使用藏语户数的比较。公共场所、家庭场景、新闻出版影视三者之中,被访户选择藏语最多的是家庭场景,占 100%。公共场所为 92%,列第二。媒体为 39%,排最后。

2.被访户平均使用汉语户数的比较。三者中被访户选择汉语最多的是媒体,不过也仅占 3.6%,其次是公共场所仅为 2%。家庭为零。

3.被访户平均使用双语户数的比较。三者中被访户选择双语最多的是媒体,占 30%。第二是公共场所,占 6%。家庭为零。以上数据见表5-85。

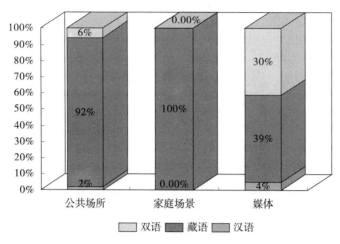

表5-85 公共场所、家庭场景、媒体使用不同语言的户数比较

七、农村被访户户主与汉族的交往以及对汉语的看法

表5-86介绍了被访户户主与汉族的交往以及对汉语的看法,主要有下面一些特点:

(一)农村被访户的邻居都是藏族。

(二)51户被访户中,与汉族有过交往和接触的占73%。没有交往和接触经历的只占27%。有过交往和接触经历的被访户占绝大多数。在两个村调查时,我专门就此问题询问了这51户家庭。他们与汉族的接触和交往主要包括下面几个方面:

第一,因为职业的原因经常要与汉族接触。在51户中有一些户主因为是村长或者是村、乡学校的老师(有些还是校长)、乡里的干部,因此他们同汉族的居委会接触是比较频繁的。像我们在春堆村的房东(户主)就是乡里的干部,而在伦布岗村的房东则是村小学的老师兼校长。

第二,家庭成员中的一部分年轻人经常性地在拉萨等西藏主要城市打工或者从事其他临时职业,这部分人与汉族接触的机会是最多的。这一点在春堆村尤为明显。在那里调查时我们注意到,春堆村的年轻人在外地打工的人数年平均超过30人,从事的工作包括:开出租车、登三轮车、做保姆、在服务性行业干杂活、修房屋等,在汉语的掌握上普通的行业用语和简单的日常用语都

能马马虎虎地应付。

第三,县里的各种工作组、与农牧业科技推广相关的各种科技推广小组、更上一级政府部门下来的调查组、工作组和研究者等,也扩大了农村群众与汉族的接触机会。像我和我的藏学研究中心扶贫课题组的汉族成员,已经连续好几年在这两个村进行语言和扶贫方面的跟踪调查,与大部分的农民家庭建立了广泛的联系。

第四,国家重点项目的开工,也为当地的藏族群众提供了与汉族交往的新机会。像伦布岗村地处川藏公路线,1998年和1999年川藏公路全线铺设柏油路面,伦布岗村的大部分群众也参与了这项工程的建设。据我们的调查,这些路面的具体承包者都是汉族包工头,主要施工员和技术员也大都是汉族,整个工程的建设中,老百姓在工作上、技术上、工作报酬上都经常要与汉族发生关系。

(三)农村被访户户主对汉语文的态度和看法。在1999年的问卷调查中,我的设计内容与城镇的调查内容相同,基本数据如表5-86所显示:

1.发展西藏是否需要学习汉语文的问题。在51户被访户中,有48户认为很需要,占94%,认为不需要的仅有3户,仅占6%。认为很需要的户数占绝对优势。

2.希望孩子的学习以什么语言为主的问题。在51户被访户中,有46户希望自己的孩子汉藏兼通,占90%。希望以汉语为主的家庭有3户,占6%。希望以藏语为主的家庭有2户,占4%。希望孩子汉藏兼通的被访户占绝大多数。

表5-86　农村被访户户主与汉族的交往以及对汉语的看法

邻居的民族构成			是否与汉族有过交往			发展西藏是否需要汉语			对藏语教学水平的评价			对汉语教学水平的评价			希望孩子主要学习什么语种		
民族	户数	%	经历	户数	%	态度	户数	%	标准	户数	%	标准	户数	%	语言	户数	%
都是藏族	51	100	有过交往	37	73	非常需要	48	94	很好	21	41	很好	19	37	藏语为主	2	4
多数藏族			没有交往	14	27	不需要	3	6	中等	17	33	中等	24	47	汉语为主	3	6
藏汉各半									及格	5	10	及格	6	12	藏汉兼通	46	90
多数汉族									很差	8	16	很差	2	4			

上面的数据比较客观地反映了西藏农村的居民对汉语文的基本认识和态度,这一点与城镇居民的情况一致。从数据统计上看,农村和城镇被访户认为发展西藏需要学习汉语文均超过了 90% 以上;另外,希望孩子汉藏兼通的被访户农村要高出城镇 10 百分点,这说明西藏农村的农牧民更迫切地希望掌握汉语文和藏语文,深刻地理解了汉语文的学习与西藏农牧区发展的辩证关系。从语言观念上说,西藏的农牧民并不是单一地强调藏语文的学习,而是把藏汉语的学习放到了同等重要的位置,因此我们认为,1994 年以来开始实施的"重视藏语文教学,积极推行双语教学,做到藏汉语兼通,创造条件开设外语课"的双语教育政策,不光在西藏城镇,而且在农村地区也已经有了一定的基础,并得到了绝大多数藏族群众的拥护和肯定。

但是,在西藏农牧区,藏族群众是怎么看待藏汉双语教育的平均水平的呢?从表 5-86 的数据显示,以及格为下限,认为藏汉双语水平在及格以下的平均占 21%,认为仅为中等水平的平均占 40%,认为很好的平均占 39%。这些数据说明西藏的广大农牧民对目前的农牧区基础教育的看法是比较客观的,既肯定了已经取得的成绩,但又看到了差距和不足。因此,只有加大农村基础教育的力度,使藏汉双语的水平更上一层楼,在农村培养藏汉双语兼通的人才才有可能逐步实现。

八、结束语

总之,1999 年在拉萨市区和墨竹工卡、林周两县农村的入户调查,使我们对西藏城乡居民的语言使用情况有了一个基本的了解。从总体上看,有以下一些主要特点:

第一,西藏城镇居民的语言综合能力要明显高于农村居民。根据城镇和农村被访户藏文、汉语、汉文三者综合平均能力的比较,农村被访户"不会"者高达 73%,比城镇被访户(26%)高出 47 个百分点;农村被访户的"会一点"者为 19%,比城镇被访户(36%)低 17 个百分点;城镇被访户的为"很好"者 38%,比农村被访户高出 31 个百分点。

第二,西藏城镇居民的公共场所语言主要是双语(55.3%),而农村被访户主要是藏语(92%)。另外从基本数据看,藏语的使用人数城镇被访户要明显少于农村被访户,汉语的使用人数城镇被访户要高于农村被访户,双语的使用人数城镇被访户要明显高于农村被访户。

第三,农村被访户家庭成员在 8 个家庭场景中均使用藏语。汉语和双语的使用者均为零。城镇被访户虽然也以使用藏语为主,但只有 60%,另有 38.6%以上的家庭使用藏汉双语。

第四,农村被访户家庭成员新闻出版影视场语言主要是藏语(39%),其次是双语(31%),而城镇被访户则主要是双语(56%),其次是藏语(27%)。

第五,城乡居民对汉语文的基本认识和态度是一致的,90%以上的被访户都认为发展西藏需要学习汉语文,80%以上的家庭都希望孩子达到汉藏兼通的程度。

后 记

这部《中国少数民族的语言生活—以西藏自治区为例》是我近10年的重要研究成果,而且都先后在国内的一些核心刊物上发表。这些成果反映了我所主持实施的三项中国藏学研究中心重点项目的一些重要内容。为了更好地了解我近几年的研究工作,我把这些论文分为五个部分。

第一个部分是欧洲及中国少数民族语言权益保护与比较。包括五篇论文。一直以来我都希望把包括西藏在内的中国少数民族语言权益的保护放到国际的背景下来进行研究,目的是想通过认识国外在这方面的工作,进而更明晰地认识中国政府为少数民族语言的立法和语言权益的保护所做的卓有成效的工作。当然我也非常关心中国的语言法规与中国少数民族的权益关系之间的问题,尤其希望将西藏的语言立法和权益保护放在整个国家的范畴内来进行考察和比较,但是,当我2006年6月中旬,作为一名语言学家和藏学家,有幸参加了国家民委民族研究中心与挪威奥斯路大学人权中心有关中国的民族区域自治制度与少数民族的语言权益保护研究项目,为期半月访问了挪威奥斯拉大学人权中心、挪威国家民委萨米人与少数人事务局、萨米议会(挪威北部萨米人聚居区)、欧洲理事会(法国斯特拉司堡)、欧洲安全理事会(荷兰海牙)后,我对欧洲少数人的语言权益及语言保护有了新的认识。深深地感受到,要讨论西藏的语言立法和语言权益的保护问题,是不能简单地将眼光仅仅局限西藏和中国,而应该从更宽阔的视野来讨论这个问题。因此,在这一部分中,我试图通过五篇论文的研究来达到这样的目的。首先是考察和介绍国际背景下欧洲少数人的语言保护与权益问题,进而考察了我国和西藏自治区基于国家法律基础之上的少数民族语言政策及语言权益保护,并在此基础上与欧洲少数人的语言保护和权益、我国的民族语言政策进行初步的比较,进一步探讨我国和西藏自治区少数民族语言保护政策的成就。

　　第二部分是西藏的语言政策及语言政策变迁。这是我这几年最关心的研究工作。要弄清楚 1951 年到现在共 60 年的脉络,的确需要做大量的研究工作。为此我精选出了九篇论文从不同的角度来讨论这个问题。《西藏语言政策的变迁及藏语文的发展》、《西藏双语政策的形成和完善》、《西藏双语教学的过去、现在和未来》、《西藏的双语使用与科学文化事业的发展》、《西藏现代化进程中双语的特点及其主要原因》、《西藏现代化过程中语言使用模式的分析和讨论》一是想宏观地回顾和研究西藏近 60 年来语言政策的变迁问题;二是想了解在这些政策的影响下,西藏的语言从单语向双语过度和发展中呈现的一些规律,为今后西藏语言政策的制定提供一些新的有价值的理论参考依据。而《西藏的语言文字立法工作》则是认真研究和讨论了西藏自治区的语言立法进展情况,分析了它的历史意义和社会意义。另外两篇文章《语文政策与藏语文教育的发展》和《1987—1989 西藏中小学藏语文教学相关政策的出台》完全是从藏语文教育的角度,讨论了西藏的语言政策与藏语文发展之间的关系,对于我们认识西藏自治区基础教育的发展十分有帮助。

　　第三部分是西藏的语言管理工作。我一直认为西藏人的语言生活中,即使已经有了很好的语言法规,但是,如果缺少了政府对语言的科学管理,那么西藏人的语言生活是不全面的。近几年在欧美、加拿大考察和教学时我感到,在与国外学者的交流当中,他们在谈到某个民族的语言生活时,比较关心的是这个地区的政府在管理语言方面的细节问题,同时也是最重要的问题,比如立法、新词术语的规范、语言管理机构的设置和民族语的标准化等问题。在他们看来,这些工作在一个少数民族聚居区做得怎么样,直接影响了人们对该地区居民语言生活状况的判断。为了讨论和研究西藏的语言管理工作,我专门选择了三篇文章,包括《西藏的藏语文规范化工作》、《西藏的语言管理机构及其历史变迁》和《现代化进程中的藏语文标准化和信息处理》。通过这几篇论文,我们对这个问题会有一些大致的认识。

　　第四部分是西藏藏语文教育的调查与研究。客观地讲,西藏人的语言生活中,有很大一部分与教育有着非常紧密的联系。因此,对西藏自治区从小学到大学各类学校藏语文教育问题,一直是我非常关注的研究工作。这一部分共包括五篇文章。《西藏农村基础教育的变迁及现状调查(1951—1999)》和《西藏农村基础教育调查》对西藏农牧区小学教育阶段的藏语文以及汉语文教育问题进行了调查;《西藏小学藏语文教育调查——以拉萨六所小学为例》、《关于中学藏语文教学历史与现状的调查报告》以及《关于大学藏语文教学历史与现状的调查报告》三篇论文是关于西藏自治区小学、中学和大学藏语文教学历史与现状的调查报告,通过这些研究,我们基本上可以对西藏的学校藏语文教育有一个整体的认识和判断。

第五部分关于西藏居民语言使用的调查与研究,是我的这部专著中最有田野价值和学术价值的七篇论文。包括《拉萨市区基础教育、双语教育、民族交往的发展》、《拉萨市藏族小学生的日常语言使用的专项调查》、《拉萨市城关区藏族初中生的日常语言使用》、《拉萨市藏族高中生的日常语言使用》、《拉萨藏族职工的日常语言使用》、《西藏城镇居民的语言使用》和《西藏农村居民的语言使用》等多篇重要的文章。这些都是运用社会学和社会语言学的理论和方法完成的重要论文。多少年来,很多的语言学家都很想真实地了解西藏人语言生活中的一些重要信息,其中就包括西藏城镇居民语言使用方面的细节问题,比如拉萨的城市居民当中,不同职业、不同年龄段、不同性别、大中小学生等在不同的场合具体使用藏语和汉语或者说藏汉双语的情况,他们之间使用语言的情况有什么明显的区别等。为了获得这些方面的重要研究数据和资料,我通过近千份调查问卷,用了近三个月的时间,收集到了拉萨市区和拉萨郊县居民关于语言使用的数据,并经过科学的统计和分析,最终完成了多篇重要的研究论文,这两篇就是其中的部分研究成果的体现。

总之,这部学术著作,反映了我近 10 年有关西藏语言生活的一些重要研究成果,通过这些论文,在整体上,可以对西藏语言政策和学校藏语文教育以及语言管理机构的变迁有一个新的认识;同时,也可以从理论的高度来把握西藏自治区语言立法和权益保护、藏语文的发展以及语言管理工作的实际状况。

2012 年 9 月 25 日

北　京

责任编辑：赵圣涛
封面设计：周方亚
责任校对：吴晓娟

图书在版编目（CIP）数据

中国少数民族语言生活研究：以西藏自治区为例/周炜 著.
 -北京：人民出版社，2013.8
ISBN 978－7－01－012152－9

Ⅰ.①中…　Ⅱ.①周…　Ⅲ.①少数民族-民族语-研究-西藏　Ⅳ.①H2

中国版本图书馆 CIP 数据核字（2013）第 106095 号

中国少数民族语言生活研究
ZHONGGUO SHAOSHU MINZU YUYAN SHENGHUO YANJIU
——以西藏自治区为例

周　炜　著

人民出版社 出版发行
（100706　北京市东城区隆福寺街 99 号）

环球印刷（北京）有限公司印刷　新华书店经销

2013 年 8 月第 1 版　2013 年 8 月北京第 1 次印刷
开本：710 毫米×1000 毫米 1/16　印张：34.25
字数：600 千字　印数：0,001-2,000 册

ISBN 978－7－01－012152－9　定价：80.00 元

邮购地址 100706　北京市东城区隆福寺街 99 号
人民东方图书销售中心　电话（010）65250042　65289539

版权所有·侵权必究
凡购买本社图书，如有印制质量问题，我社负责调换。
服务电话：（010）65250042